Entscheidungen der Verfassungsgerichte der Länder
Baden-Württemberg, Berlin, Brandenburg, Bremen, Hamburg, Hessen,
Mecklenburg-Vorpommern, Saarland, Sachsen, Sachsen-Anhalt, Thüringen

Entscheidungen der Verfassungsgerichte der Länder

Baden-Württemberg, Berlin, Brandenburg, Bremen, Hamburg, Hessen, Mecklenburg-Vorpommern, Saarland, Sachsen, Sachsen-Anhalt, Thüringen

Herausgegeben
von den Mitgliedern der Gerichte

2000

Walter de Gruyter · Berlin · New York

Entscheidungen der Verfassungsgerichte der Länder

Baden-Württemberg, Berlin, Brandenburg, Bremen, Hamburg, Hessen, Mecklenburg-Vorpommern, Saarland, Sachsen, Sachsen-Anhalt, Thüringen

LVerfGE

8. Band
1. 1. bis 30. 6. 1998

2000

Walter de Gruyter · Berlin · New York

Zitierweise

Für die Zitierung dieser Sammlung wird die Abkürzung LVerfGE empfohlen,
z. B. LVerfGE 1,79 (= Band 1 Seite 79)

∞ Gedruckt auf säurefreiem Papier, das die US-ANSI-Norm über Haltbarkeit erfüllt.

Die Deutsche Bibliothek – CIP-Einheitsaufnahme

Entscheidungen der Verfassungsgerichte der Länder = LVerfGE / hrsg.
von den Mitgliedern der Gerichte. – Berlin ; New York : de Gruyter
Bd. 8. Baden-Württemberg, Berlin, Brandenburg, Bremen, Hamburg, Hessen
Mecklenburg-Vorpommern, Saarland, Sachsen, Sachsen-Anhalt,
Thüringen : 1. 1. bis 30. 6. 1998. – 2000
 ISBN 3-11-016898-7

© Copyright 2000 bei Walter de Gruyter GmbH & Co. KG, D-10785 Berlin
Dieses Werk einschließlich aller seiner Teile, ist urheberrechtlich geschützt. Jede Verwertung außerhalb
der engen Grenzen des Urheberrechtsgesetzes ist ohne Zustimmung des Verlages unzulässig und
strafbar. Das gilt insbesondere für Vervielfältigungen, Übersetzungen, Mikroverfilmungen und die
Einspeicherung und Verarbeitung in elektronischen Systemen.
Printed in Germany
Satz: WERKSATZ Schmidt & Schulz, Gräfenhainichen
Druck: WB-Druck, Rieden am Forggensee
Bindung: Lüderitz & Bauer Buchgewerbe GmbH, Berlin

Inhalt

Entscheidungen des Staatsgerichtshofes für das Land Baden-Württemberg   Seite

| Nr. 1 | 4.5.98
GR 1/96 | Verkehrslastenausgleich im Verband Region Stuttgart | 3 |

Entscheidungen des Verfassungsgerichtshofs des Landes Berlin

Nr. 1	6.2.98 VerfGH 80/96	Verfassungsbeschwerde gegen Herabsetzung der Altersgrenze für Prüfingenieure; Freiheit der Berufswahl	45
Nr. 2	13.2.98 VerfGH 12 A/98	Folgenabwägung im Verfahren auf Gewährung von Eilrechtsschutz bei drohender Haftvollstreckung	56
Nr. 3	18.6.98 VerfGH 56/97	Keine Rechtswegerschöpfung bei Nichtgeltendmachung eines Gehörsverstoßes im fachgerichtlichen Verfahren	59
Nr. 4	18.6.98 VerfGH 104, 104 A/97	Zur Reichweite des Benachteiligungsverbotes; Verfassungsbeschwerde gegen Eigenbeteiligung an den Kosten eines Behindertenfahrdienstes	62

Entscheidungen des Verfassungsgerichts des Landes Brandenburg

Nr. 1	21.1.98 VfGBbg 8/97	Rechtsstellung der Ämter im Lande Brandenburg	71
Nr. 2	16.4.98 VfGBbg 1/98	Prüfungsumfang bei Urteils-Verfassungsbeschwerde; Kontrolle der Anwendung von Bundesverfahrensrecht durch Landesgerichte am Maßstab der mit dem Grundgesetz inhaltsgleichen Landesgrundrechte	82
Nr. 3	18.5.98 VfGBbg 22/97	Zur Frage einer Verletzung der kommunalen Selbstverwaltung durch Begrenzung der Schulkostenbeiträge auf Schüler fremder Gemeinden	88

Nr. 4	18.6.98 VfGBbg 27/97	Inanspruchnahme eines Gemeindegebietes und Gemeindeauflösung zum Zwecke des Braunkohlenabbaus; zur Bedeutung des Sorbenschutzartikels der Brandenburgischen Landesverfassung („Horno II") (mit Sondervoten der Richterin Will und des Richters Schöneburg)	97

Entscheidungen des Staatsgerichtshofs der Freien Hansestadt Bremen

Nr. 1	11.5.98 St 3/97	Prüfung der Zulässigkeit eines Volksbegehrens für ein Ortsgesetz zur Sicherung angemessenen Wohnraums und eines sozialverträglichen Wohnungswesens (mit Sondervoten der Richter Preuß und Rinken)	203

Entscheidungen des Hamburgischen Verfassungsgerichts

Nr. 1	3.4.98 2/97	Aktives Wahlrecht, passives Wahlrecht, ungeschriebener Landesverfassungsrechtssatz der Allgemeinheit und Gleichheit des Wahlrechts, Beschränkung der Wählbarkeit von öffentlich Bediensteten, faktischer Ausschluß von der Wählbarkeit, Willkürverbot	227

Entscheidungen des Staatsgerichtshofes des Landes Hessen

Nr. 1	22.4.98 P.St. 1307 e.A.	Entscheidung über einen Antrag auf Erlaß einer einstweiligen Anordnung in einem Konkurrentenstreit über die Besetzung eines Schulleiterdienstpostens	251

Entscheidungen des Verfassungsgerichtshofes des Saarlandes

Nr. 1	2.6.1998 Lv 4/97	Antragsfrist im Organstreitverfahren bei gesetzgeberischem Unterlassen; Sperrklauseln im Kommunalwahlrecht	257

Entscheidungen des Verfassungsgerichtshofes des Freistaates Sachsen

Nr. 1	23.1.98 Vf. 27-IV-97	Unmittelbar beschwerdefähige Grundrechte; Art. 81 Abs. 1 Nr. 4 SächsVerf als abschließender Katalog; Unzulässigkeit der Rüge der Verletzung anderer als in Art. 81 Abs. 1 Nr. 4 SächsVerf aufgezählter Grundrechte mit der Verfassungsbeschwerde	273

Inhalt VII

Nr. 2	23.1.98 Vf. 14-IV-97	Gegenvorstellung; Rechtswegerschöpfung; keine Unterbrechung der Frist des § 29 Abs. 1 S. 1 SächsVerfGHG durch eine Gegenvorstellung	280
Nr. 3	16.4.98 Vf. 19-I-97	Fragerecht von Abgeordneten; entgegenstehende Rechte Dritter; Darlegungspflicht bei Verweigerung der Antwort; verfassungsgerichtliche Nachprüfung ..	282
Nr. 4	16.4.98 Vf. 25-IV-97	Wahlmöglichkeit für den Abgeordneten zwischen mündlicher Anfrage und Kleiner Anfrage und Anspruch auf Beantwortung in dem von ihm gewählten Verfahren; Zweck des Fragerechts gem. Art. 51 Abs. 1 SächsVerf	288
Nr. 5	14.5.98 Vf. 1-IV-95	Prüfung formellen Bundesrechts an der Sächsischen Verfassung; Verletzung rechtlichen Gehörs; fehlerhafte Anwendung der Präklusionsvorschriften der ZPO	301
Nr. 6	14.5.98	Auslegung von Prozeßerklärungen im verfassungsgerichtlichen Verfahren; Darlegungs- und Begründungsobliegenheiten bei der Rüge eines Grundrechtsverstoßes durch Verletzung fachgerichtlichen Verfahrensrechts; Willkürlichkeit einer gerichtlichen Entscheidung	309
Nr. 7	25.6.98 Vf. 7-IV-97	Verfassungsrechtliche Anforderungen an einen richterlichen Geschäftsverteilungsplan; Willkür bei der Auslegung und Anwendung des Geschäftsverteilungsplans; Dokumentationspflicht	320
Nr. 8	25.6.98 Vf. 27-X-98	Einstweilige Anordnung; Volksantrag; Prüfungskompetenz des Landtagspräsidenten; Pflicht des Landtagspräsidenten, einen von ihm für verfassungswidrig gehaltenen Volksantrag bis zu einer gegenteiligen Entscheidung des Verfassungsgerichtshofes nicht als unzulässig zu behandeln	329

Entscheidungen des Thüringer Verfassungsgerichtshofs

Nr. 1	19.6.98 VerfGH 10/96	Normenkontrollverfahren betreffend das Thüringer Gesetz zum Staatsvertrag über den Mitteldeutschen Rundfunk	337

Sachregister 367

Gesetzesregister 383

Corrigenda

Es ist zu lesen:
Band 7, Nr. 1 (Thür), S. VIII und S. 338. Das Entscheidungsdatum lautet korrekt: 17. Oktober 1997 (statt 18. Juli 1997)."

Abkürzungsverzeichnis

a. F.	alte Fassung
aaO	am angegebenen Ort
AbgG	Abgeordnetengesetz
ABM	Arbeitsbeschaffungsmaßnahme(n)
Abs.	Absatz
AFG	Arbeitsförderungsgesetz
AfNS	Amt für Nationale Sicherheit
AG	Aktiengesellschaft
AH-Drs.	Abgeordnetenhaus-Drucksache
AK-GG	Alternativ-Kommentar zum Grundgesetz
ÄltR	Ältestenrat
ÄltRProt	Ältestenratsprotokoll
Amtsbl.	Amtsblatt des Saarlandes
AmtsO	Amtsordnung
AnwBl	Anwaltsblatt
AP	Nachschlagewerk des Bundesarbeitsgerichts – Arbeitsrechtliche Praxis –
ArbG	Arbeitsgericht
ArbGG	Arbeitsgerichtsgesetz
Art.	Artikel
ASG	Aufgabensicherungsgesetz
AsylVfG	Asylverfahrensgesetz
Aufl.	Auflage
AÜG	Arbeitnehmerüberlassungsgesetz
AuslG	Ausländergesetz
BAG	Bundesarbeitsgericht
BAT	Bundesangestellten-Tarifvertrag
BauGB	Baugesetzbuch
BayObLGZ	Entscheidungen des Bayerischen Obersten Landesgerichts in Zivilsachen
BayVerfGH	Bayerischer Verfassungsgerichtshof
BBergG	Bundesberggesetz
BbgBkGG	Brandenburgisches Braunkohlengrundlagengesetz
BbgSchulG	Brandenburgisches Schulgesetz
Bd.	Band
BGB	Bürgerliches Gesetzbuch
BGBl.	Bundesgesetzblatt
BGH	Bundesgerichtshof

BGHZ	Entscheidungen des Bundesgerichtshofs in Zivilsachen
BHO	Bundeshaushaltsordnung
BLG	Bundesleistungsgesetz
BRAGO	Bundesgebührenordnung für Rechtsanwälte
Brem.GBl.	Bremisches Gesetzblatt
BremLV	Landesverfassung der Freien Hansestadt Bremen
BremStGH	Staatsgerichtshof der Freien Hansestadt Bremen
BremStGHE	Entscheidungen des Staatsgerichtshofs der Freien Hansestadt Bremen
BremStGHG	Gesetz über den Staatsgerichtshof der Freien Hansestadt Bremen
BremVEG	Bremisches Gesetz über das Verfahren beim Volksentscheid
BStU	Bundesbeauftragter für die Unterlagen des Staatssicherheitsdienstes der ehemaligen DDR
BVerfG	Bundesverfassungsgericht
BVerfGE	Entscheidungen des Bundesverfassungsgerichts
BVerfGG	Gesetz über das Bundesverfassungsgericht
BVerwG	Bundesverwaltungsgericht
BVerwGE	Entscheidungen des Bundesverwaltungsgerichts
BWVBl.	Baden-Württembergisches Verwaltungsblatt
CCPR	UN-Pakt über bürgerliche und politische Rechte
DDR	Deutsche Demokratische Republik
DDR-GBl	Gesetzblatt der DDR
DenkmalSchG	Denkmalschutzgesetz
DJT	Deutscher Juristentag
DÖV	Die Öffentliche Verwaltung
Drs.	Drucksache
DtZ	Deutsch-Deutsche-Rechts-Zeitschrift
DVBl.	Deutsches Verwaltungsblatt
DWW	Deutsche Wohnungswirtschaft
EOS	Erweiterte Oberschule
ESVGH	Entscheidungssammlung des Hessischen VGH und des VGH Baden-Württemberg (mit Entscheidungen der Staatsgerichtshöfe)
EuGRZ	Europäische Grundrechte-Zeitschrift
EV	Einigungsvertrag
EzKommR	Entscheidungen zum Kommunalrecht
f, ff	folgend, fortfolgende
FAG	Finanzausgleichsgesetz Baden-Württemberg
FGG	Gesetz über die Angelegenheiten der freiwilligen Gerichtsbarkeit
Fn.	Fußnote
GFG	Gemeindefinanzierungsgesetz
GG	Grundgesetz für die Bundesrepublik Deutschland
GGK II	Grundgesetz – Kommentar Bd. 2 (Hrsg.) v. Münch

GO	Geschäftsordnung
GOBT	Geschäftsordnung des Deutschen Bundestages
GO-SLT	Geschäftsordnung des Sächsischen Landtages
GVABL.	Gesetz-, Verordnungs- und Amtsblatt
GVABl.	Gesetz- und Verordnungsblatt
GVG	Gerichtsverfassungsgesetz
GVRS	Gesetz über die Einrichtung des Verbands Region Stuttgart
HBauO	Hamburgische Bauordnung
Hdb	Handbuch
Hrsg.	Herausgeber
Hs.	Halbsatz
HStR	Isensee/Kirchhof, Handbuch des Staatsrechts
HVerfG	Hamburgisches Verfassungsgericht
i.V.m.	in Verbindung mit
IMS	Inoffizieller Mitarbeiter für Staatssicherheit
insbes.	insbesondere
IPbR	Internationaler Pakt über bürgerliche und politische Rechte
i.S.v.	im Sinne von
JbSächsOVG	Jahrbücher des Sächsischen Oberverwaltungsgerichts
JR	Juristische Rundschau
KG	Kammergericht
KSchG	Kündigungsschutzgesetz
KWahlG	Kommunalwahlgesetz
LAG	Landesarbeitsgericht
LBG	Landesbeamtengesetz
LG	Landgericht
LHO	Landeshaushaltsordnung
lit.	litera
LKrO	Landkreisordnung für Baden-Württemberg
LT-Drs.	Landtagsdrucksache
LuftVG	Luftverkehrsgesetz
LV	Landesverfassung
LVerfGE	Entscheidungen der Verfassungsgerichte der Länder
LVerfGG	Landesverfassungsgerichtsgesetz
m.w.N.	mit weiteren Nachweisen
MdL	Mitglied des Landtages
MDR	Mitteldeutscher Rundfunk
MDR-StaatsV	Staatsvertrag über den Mitteldeutschen Rundfunk
MfS	Ministerium für Staatssicherheit der DDR
MfS/ANS	Ministerium für Staatssicherheit/Amt für Nationale Sicherheit
NDR-StaatsV	Staatsvertrag über den Norddeutschen Rundfunk
NdsStGH	Niedersächsischer Staatsgerichtshof
NJ	Neue Justiz
NJW	Neue Juristische Wochenschrift
NRS	Zweckverband Nahverkehr Region Stuttgart

Abkürzungsverzeichnis

NRW	Nordrhein-Westfalen
NRWVerfGH	Verfassungsgerichtshof Nordrhein-Westfalen
NStZ	Neue Zeitschrift für Strafrecht
NVA	Nationale Volksarmee
NVwZ	Neue Zeitschrift für Verwaltungsrecht
NVwZ-RR	Neue Zeitschrift für Verwaltungsrecht – Rechtsprechungsreport –
NWVBl.	Nordrhein-Westfälische Verwaltungsblätter
NZA	Neue Zeitschrift für Arbeitsrecht
OLG	Oberlandesgericht
ÖPNV	Öffentlicher Personennahverkehr
ÖPNVG	Gesetz über die Planung, Organisation und Gestaltung des öffentlichen Personennahverkehrs Baden-Württemberg
OVG	Oberverwaltungsgericht
OVGE	Entscheidungen der Oberverwaltungsgerichte Nordrhein-Westfalen, Niedersachsen und Schleswig-Holstein
Rdn.	Randnummer
ROG	Raumordnungsgesetz
S.	Seite
SächsAbgG	Sächsisches Abgeordnetengesetz
SächsGVBl.	Sächsisches Gesetz- und Verordnungsblatt
SächsPersVG	Sächsisches Personalvertretungsgesetz
SächsVerf	Verfassung des Freistaates Sachsen
SächsVerfGH	Verfassungsgerichtshof des Freistaates Sachsen
SächsVerfGHG	Gesetz über den Verfassungsgerichtshof des Freistaates Sachsen
SäKitaG	Sächsisches Gesetz über Kindertageseinrichtungen
SGB	Sozialgesetzbuch
SGG	Sozialgerichtsgesetz
SSB	Stuttgarter Straßenbahnen AG
StaatsV	Staatsvertrag (über den Mitteldeutschen Rundfunk)
StAnz.	Staatsanzeiger Baden-Württemberg
std. Rspr.	ständige Rechtsprechung
StGB	Strafgesetzbuch
SVerf	Verfassung des Saarlandes
SWG	Sorben(Wenden)-Gesetz
ThürKO	Thüringer Kommunalordnung
ThürVBl.	Thüringer Verwaltungsblätter
ThürVerf	Verfassung des Freistaates Thüringen
ThürVerfGH	Thüringer Verfassungsgerichtshof
ThürVerfGHG	Thüringer Verfassungsgerichtshofsgesetz
TWh	Terrawattstunden
u. a.	unter anderem; und andere
UA	Urteilsausfertigung
UPR	Umwelt- und Planungsrecht

Abkürzungsverzeichnis XIII

Urt.	Urteil
VerfGGBbg	Verfassungsgerichtsgesetz Brandenburg
VerfGHG	Gesetz über den Verfassungsgerichtshof des Saarlandes
VerfSachsAnh	Verfassung des Landes Sachsen-Anhalt
VfGBbg	Verfassungsgericht des Landes Brandenburg
VG	Verwaltungsgericht
vgl.	vergleiche
VIZ	Zeitschrift für Vermögens- und Investitionsrecht
VOBl.	Verordnungsblatt
Vorb.	Vorbemerkung
VvB	Verfassung von Berlin
VVS	Verkehrs- und Tarifverbund Stuttgart
VVVG	Gesetz über Volksantrag, Volksbegehren und Volksentscheid (Sachsen)
VwGO	Verwaltungsgerichtsordnung
VwZG	Verwaltungszustellungsgesetz
WährG	Währungsgesetz
WDR-Gesetz	Gesetz über den Westdeutschen Rundfunk
ZaöRV	Zeitschrift für ausländisches öffentliches Recht und Völkerrecht
ZAR	Zeitschrift für Ausländerrecht
ZfB	Zeitschrift für Bergrecht
ZPO	Zivilprozeßordnung

Entscheidungen
des Staatsgerichtshofes
für das Land Baden-Württemberg

Die amtierenden Richterinnen und Richter
des Staatsgerichtshofes für das Land Baden-Württemberg

Lothar Freund, Präsident
Prof. Dr. Heinz Jordan, ständiger Stellvertreter
Hans Georgii
Martin Dietrich
Prof. Dr. Thomas Oppermann
Dr. Rudolf Schieler
Sybille Stamm
Ute Prechtl
Prof. Dr. Wolfgang Jäger

Stellvertretende Richter

Dr. Siegfried Kasper
Dr. Roland Hauser
Michael Hund
Dr. Ulrich Gauß
Prof. Dr. Alexander Roßnagel
Dr. Manfred Oechsle
Prof. Dr. Dieter Walther
Prof. Dr. Günter Altner
Prof. Dr. Eberhard Jüngel

Nr. 1

1. Die Zulässigkeit der kommunalen Normenkontrolle nach Art. 76 LV setzt voraus, daß die antragstellende Gemeinde geltend machen kann, durch die angegriffene Norm unmittelbar wegen einer Verletzung der Art. 71–75 LV beschwert zu sein. An dieser Unmittelbarkeit fehlt es bei der kommunalen Normenkontrolle kreisangehöriger Gemeinden gegen einen gesetzlich angeordneten Sonderlastenausgleich, der kraft Gesetzes durch Umlage bei den Kreisen refinanziert wird, dessen weitere Abwälzung auf die Gemeinden im Wege der Kreisumlage jedoch von der autonomen Entscheidung des jeweiligen Kreistags in seiner Haushaltssatzung abhängt.

2. Der Verkehrslastenausgleich nach § 4 Abs. 2 Satz 1 des Gesetzes über den Verband Region Stuttgart (GVRS) ist ein verfassungsrechtlich grundsätzlich zulässiger Sonderlastenausgleich in der Form des horizontalen kommunalen Finanzausgleichs. Er unterliegt dem in Art. 73 Abs. 3 LV enthaltenen allgemeinen Willkürverbot.

3. Bei der Begründung und Ausgestaltung des Verkehrslastenausgleichs steht dem Gesetzgeber ein weiter Gestaltungsspielraum zu.

4. Die Verpflichtung des Verbands Region Stuttgart und der Umlandkreise durch den Verkehrslastenausgleich, ihnen fremde Aufgaben der Landeshauptstadt Stuttgart mitzufinanzieren, auf deren Wahrnehmung sie keinen Einfluß haben, ist verfassungsrechtlich nur zulässig, sofern ein hinreichend gewichtiger sachlicher Rechtfertigungsgrund hierfür besteht.

5. Sachlicher Rechtfertigungsgrund des Verkehrslastenausgleichs nach § 4 Abs. 2 Satz 1 GVRS ist die Regionalbedeutsamkeit des Schienenpersonennahverkehrs der Stuttgarter Straßenbahnen AG (SSB) auf dem Gebiet der Landeshauptstadt Stuttgart für die Umlandkreise. Die Feinverteilungsfunktion des Schienenpersonennahverkehrs der SSB für die Umlandfahrgäste im Stadtgebiet liegt im (Gemeinwohl-)Interesse auch der Umlandkreise.

6. Die mit dem Verkehrslastenausgleich nach § 4 Abs. 2 Satz 1 GVRS ausgeglichene besondere Belastung der Landeshauptstadt Stuttgart aus dem Betrieb des schienengebundenen öffentlichen

Personennahverkehrs der SSB ist gegenwärtig weder durch das sogenannte „Spannungsverhältnis der Kopfbeträge" noch durch die Sonderlastenausgleiche im Gesetz über den kommunalen Finanzausgleich abgedeckt.

7. Werden bei der Gesetzgebung Regelungsmaterien, die in keinem sachlichen Zusammenhang zueinander stehen, insbesondere wegen ihrer finanziellen Folgewirkungen in „politischen Paketlösungen" verknüpft, ist dies verfassungsrechtlich unbedenklich, solange jede Regelung aus sich heraus sachlich gerechtfertigt ist.

8. Die sachliche Rechtfertigung der Bemessung der Höhe des Verkehrslastenausgleichs kann auch durch Erhebungen und Berechnungen bestätigt werden, die erst nach Erlaß des Gesetzes erfolgt sind.

9. Der Gesetzgeber ist von Verfassungs wegen gehalten, die dem Verkehrslastenausgleich zugrunde liegende Annahme im Hinblick auf neuere Erkenntnisse, insbesondere über den Anteil der Umlandfahrgäste am Schienenpersonennahverkehr der SSB im Gebiet der Landeshauptstadt Stuttgart und über das hieraus resultierende Defizit der SSB fortlaufend auf ihre Richtigkeit zu prüfen und die Gesetzeslage gegebenenfalls zu ändern.

Verfassung des Landes Baden-Württemberg Art. 71 Abs. 3, 73 Abs. 1, 76

Urteil vom 4. Mai 1998 – GR 1/96 –

in dem Verfahren über den Antrag auf Entscheidung gem. Art. 76 der Landesverfassung

1) des Landkreises E., 2) der Großen Kreisstadt Sch. wegen Verstoßes des Gesetzes über die Einrichtung des Verbandes Region Stuttgart gegen die Landesverfassung

Entscheidungsformel:

Die Anträge der Antragstellerinnen zu 2) sind unzulässig.
Im übrigen werden § 4 Abs. 2 und § 22 Abs. 3 des Gesetzes über die Errichtung des Verbands Region Stuttgart vom 7. Februar 1994 (GBl. S. 902), geändert durch Art. 5 des Gesetzes zur Umsetzung der Bahnstrukturreform und zur Gestaltung des öffentlichen Personennahverkehrs in Baden-Württemberg vom 8. Juni 1995 (GBl. S. 417) für gültig erklärt.
Das Verfahren ist kostenfrei.
Von der Anordnung der Auslagenerstattung wird abgesehen.

Verkehrslastenausgleich im Verband Region Stuttgart

Gründe:

Die Antragsteller der zu einem gemeinsamen Verfahren verbundenen Anträge wenden sich im Wege der kommunalen Normenkontrolle (Art. 76 LV) gegen den im Gesetz über die Errichtung des Verbands Region Stuttgart (GVRS) dem Verband Region Stuttgart auferlegten Verkehrslastenausgleich für die Durchführung des schienengebundenen öffentlichen Personennahverkehrs durch die Stuttgarter Straßenbahnen AG zugunsten der Landeshauptstadt Stuttgart.

A.

Im Jahre 1977 gründeten die Deutsche Bundesbahn und die Stuttgarter Straßenbahnen AG (SSB) – eine Eigengesellschaft der Landeshauptstadt Stuttgart – den Verkehrs- und Tarifverbund Stuttgart (VVS). Er beruht auf dem zwischen der Bundesrepublik Deutschland, dem Land Baden-Württemberg und der Landeshauptstadt Stuttgart geschlossenen sogenannten „Grundvertrag" vom 19.12.1977. Dieser nennt als Ziel des VVS die Förderung des Öffentlichen Personennahverkehrs (ÖPNV) im Mittleren Neckarraum; insbesondere soll der VVS einen Gemeinschaftstarif für die erfaßten Verkehrsmittel (Schnellbahnlinien, Straßenbahn- und Buslinien) einführen. Die Landkreise Böblingen, Esslingen, Ludwigsburg und der Rems-Murr-Kreis traten noch 1977 dem Grundvertrag zum VVS bei. In der „Verbundstufe I", die den Zeitraum bis zum 30.9.1993 betraf, umfaßte der Verbundtarif die S-Bahn, Eil- und Nahverkehrszüge sowie die Regionalschnellbahnen der DB AG, die Stadtbahn-, Straßenbahn- und Omnibuslinienverkehre der SSB und die Omnibuslinienverkehre der Regionalbus Stuttgart GmbH, einer früheren Bahnbusgesellschaft. Die Finanzierung des VVS wurde in einem zwischen dem Land Baden-Württemberg, den Landkreisen Böblingen, Esslingen, Ludwigsburg und dem Rems-Murr-Kreis, der Landeshauptstadt Stuttgart und der SSB geschlossenen „Finanzierungsvertrag" vom 19.12.1977 näher geregelt. Danach hatten das Land und die Landkreise der Landeshauptstadt zum Ausgleich verbundbedingter Belastungen jährlich jeweils (für Land einerseits und Landkreise insgesamt andererseits) eine pauschale Ausgleichsleistung von 10 Millionen DM zu zahlen, die jährlich um 7% erhöht wurde. Zur Verwirklichung der „Verbundstufe II", die nunmehr sämtliche Omnibuslinienverkehre – einschließlich der privaten Verkehrsunternehmen – in den Verbundtarif einbeziehen sollte, wurde im Jahre 1992 der Zweckverband Nahverkehr Region Stuttgart (NRS) gegründet, dem die Landeshauptstadt Stuttgart und die vier Landkreise Böblingen, Esslingen, Ludwigsburg und der Rems-Murr-Kreis angehörten. Neben der tariflichen Vollintegration im Verbandsgebiet sollte der NRS den 15-Minuten-Takt der S-Bahn verwirklichen und Umsteigeverluste ausgleichen. Durch das „Gesetz über die Stärkung der Zusammenarbeit in der Region Stuttgart" vom 7.2.1994 (GBl. S. 92) wurde in dem darin als Art. 1 enthaltenen „Gesetz über die Errichtung des Verbands Region Stuttgart" (GVRS) mit Wirkung vom 1.10.1994 der „Verband Region Stuttgart" als rechtsfähige Körperschaft des öffentlichen Rechts mit Sitz in Stuttgart errichtet (§ 1 GVRS). Das Verbandsgebiet erstreckt sich auf das Gebiet des Stadtkreises Stuttgart, der Landkreise Böblingen, Esslingen, Göppingen, Ludwigsburg und des Rems-Murr-Kreises. Organe des Verbands sind die Regionalversammlung, der Verbandsvorsitzende und der Regionaldirektor. Das Gesetz überträgt dem Verband als Pflichtaufgaben neben erweiterten Planungskompetenzen zur Steuerung der regionalen Siedlungsentwicklung und Trägerschaft, Aufgaben bei der Abfallentsorgung und bei der Wirtschaftsförderung u. a. auch Aufgaben des Regionalverkehrs; in diesem Zusammenhang ordnet es zugleich den von den Antragstellern angegriffenen Verkehrslastenausgleich an. Die maßgeblichen Gesetzesbestimmungen, von denen § 4 seine nunmehr gültige Fassung durch Art. 5 des „Gesetzes zur Umsetzung der Bahnstrukturreform und zur Gestaltung des öffentlichen Personennahverkehrs in Baden-Württemberg" vom 8.6.1995 (GBl. S. 417) erhalten hat, lauten:

§ 3

Pflichtaufgaben, freiwillige Aufgaben

(1) Der Verband hat folgende Pflichtaufgaben:
 1.–3. ...
 4. regionalbedeutsamer öffentlicher Personennahverkehr nach Maßgabe des § 4,
 5.–7. ...

§ 4

Regionalbedeutsamer öffentlicher Personennahverkehr

(1) Die Aufgabe nach § 3 Abs. 1 Nr. 4 umfaßt
1. die Gewährleistung und Finanzierung des S-Bahn-Verkehrs;
2. die Aufgaben des am 29. Juni 1992 vereinbarten Zweckverbands
 Nahverkehr Region Stuttgart (StAnz. Nr. 63 vom 5. August 1992).
Der Verband und die Mitglieder des Zweckverbands Nahverkehr Region Stuttgart wirken auf eine Übertragung der Rechte und Pflichten des Zweckverbands unter Beibehaltung der Finanzierungsregelungen auf den Verband hin. Sofern eine vertragliche Regelung nach Maßgabe des Satzes 2 bis zum 31. Dezember 1995 nicht zustande kommt, gehen die Rechte und Pflichten des Zweckverbands Nahverkehr

Region Stuttgart unter Beibehaltung der Finanzierungsregelung des § 12 der Zweckverbandssatzung auf den Verband Region Stuttgart über.

(2) Die Landeshauptstadt Stuttgart erhält vom Verband ab dem Jahr 1995 als Ausgleich für Lasten bei der Durchführung des schienengebundenen öffentlichen Personennahverkehrs durch die Stuttgarter Straßenbahnen AG einen jährlichen Betrag in Höhe von 27 Millionen DM in vier gleichen Jahresraten. Satz 1 gilt nicht, wenn eine vertragliche Regelung zwischen der Landeshauptstadt Stuttgart und den Landkreisen Böblingen, Esslingen, Ludwigsburg und Rems-Murr-Kreis über den Verkehrslastenausgleich besteht. Abs. 1 S. 2 und 3 bleiben unberührt.

(3) Die Absätze 1 und 2 sowie § 22 Abs. 2 und 3 gelten für den Landkreis Göppingen erst, wenn er in den Verkehrs- und Tarifverbund Stuttgart einbezogen ist.

(4) Der Zweckverband Nahverkehr Region Stuttgart wird mit Wirkung vom 1. Januar 1996 aufgelöst.

§ 22

Verbandsumlage

(1) ...

(2) ...

(3) Die Finanzierung der Ausgleichsleistungen nach § 4 Abs. 2 erfolgt durch eine Umlage, welche die Landkreise im Verhältnis ihrer Einwohnerzahl am 30. Juni des vorangegangenen Jahres aufbringen.

Die ursprüngliche Fassung des § 4 Abs. 2 GVRS aus dem Jahre 1994 enthielt zunächst lediglich die Absichtserklärung des Gesetzgebers, die Finanzierungsanteile der Landeshauptstadt Stuttgart und der am Verkehrs- und Tarifverbund Stuttgart beteiligten Landkreise an den Lasten für den öffentlichen Personennahverkehr in der Region Stuttgart nach Abschluß der Bahnstrukturreform des Bundes sowie der Regionalisierung des öffentlichen Personennahverkehrs durch Gesetz neu zu regeln „mit dem Ziel eines gerechten Vorteilsausgleichs in der Region". Im Regierungsentwurf zu § 4 Abs. 2 GVRS alter Fassung wurde der in Aussicht genommene Vorteilsausgleich wie folgt begründet (LT-Drs. 11/3067, S. 43):

> Mit der Vorhaltung und dem Betrieb des Schienenpersonennahverkehrs der SSB leistet die Landeshauptstadt Stuttgart im VVS ebenso wie die S-Bahn einen wesentlichen Beitrag zur Verbesserung des Gesamtverkehrs in der Region. Ohne die flächenhafte Feinverteilung der S-Bahn-Fahrgäste durch die SSB und die Aufgabenteilung zwischen S-Bahn und Stadtbahn würde das System des integrierten Schienenschnellverkehrs in der Region Stuttgart nicht funktionieren. Die Forderung der Landeshauptstadt Stuttgart nach einem Ausgleich ihrer Lasten durch die

kommunalen Gebietskörperschaften des Umlands unter Berücksichtigung der Vorteile des Umlands ist deshalb dem Grunde nach gerechtfertigt. Daher soll der Verband der Landeshauptstadt Stuttgart entsprechende Ausgleichsleistungen gewähren (§ 4 Abs. 2). Hierfür sollen die Landkreise nach dem Einwohnerschlüssel aufkommen (siehe § 22 Abs. 3).

Zur nunmehr geltenden Fassung des § 4 Abs. 2 GVRS heißt es in der Begründung des Regierungsentwurfs zu diesem Gesetz (LT-Drs. 11/5626, S. 72):

> In § 4 Abs. 2 wird der schon im Gesetz über die Errichtung des Verbands Region Stuttgart für gerechtfertigt angesehene Ausgleichsanspruch der Landeshauptstadt Stuttgart für die Lasten des SSB-Schienenverkehrs konkretisiert. Dabei wird die Festlegung eines auf verkehrliche oder raumordnerische Daten zurückgreifenden Schlüssels (z. B. Pendler oder Einwohner) der Aufgabenstellung nicht gerecht. Der SSB-Schienenverkehr (Stadtbahnbetrieb) bildet zusammen mit dem S-Bahn-Verkehr der Deutschen Bahn AG als integriertes System das Rückgrat des öffentlichen Personennahverkehrs in der Region Stuttgart. Er ist mithin ebenso wie die S-Bahn regionalbedeutsam und rechtfertigt Ausgleichsleistungen der Region an die Landeshauptstadt Stuttgart als Eigentümerin der SSB. Der mit 27 Millionen DM/Jahr festgelegte Ausgleichsbetrag zugunsten der Landeshauptstadt Stuttgart orientiert sich am Schienenverkehrsdefizit der SSB von 90 Millionen DM im Jahre 1992. Für den Betrag von 27 Millionen DM kommen im Wege der Umlagenfinanzierung die Landkreise gemäß § 22 Abs. 3 im Verhältnis ihrer Einwohnerzahl am 30. Juni des jeweils vorangegangenen Jahres auf. Außerdem wird das Land zusätzliche Ausgleichsleistungen zur Entlastung der Landeshauptstadt Stuttgart im Hinblick auf ihre Belastungen im öffentlichen Personennahverkehr in einer Größenordnung von 10 bis 15 Millionen DM/Jahr erbringen.

Am 1. 12. 1995 schlossen das Land Baden-Württemberg, die Landeshauptstadt Stuttgart, die Landkreise Böblingen, Esslingen, Ludwigsburg und der Rems-Murr-Kreis sowie die Stuttgarter Straßenbahnen AG (SSB) einen „Vertrag über einen Verkehrslastenausgleich zugunsten der Landeshauptstadt Stuttgart und zur Änderung des Finanzierungsvertrags vom 19. 12. 1977" (im folgenden: Vertrag über einen Verkehrslastenausgleich). In § 1 Abs. 1 des Vertrags verpflichten sich die Landkreise, der Stadt Stuttgart mit Wirkung vom 1. 1. 1995 einen Ausgleich für ÖPNV-Lasten in Höhe von 27 Millionen DM jährlich zu gewähren. Dieser Verkehrslastenausgleich wird neben dem Ausgleich für verbundbedingte Belastungen nach dem Finanzierungsvertrag für die Verbundstufe I vom 19. 12. 1977 gewährt (§ 2 Abs. 1). § 2 Abs. 2 des Vertrags bestimmt, daß der Verkehrslastenausgleich nach § 1 entfällt, wenn die ÖPNV-Lasten der Landeshauptstadt Stuttgart durch eine Änderung des Finanzausgleichs um mindestens 27 Millionen DM jährlich vermindert werden; im übrigen soll sich der Verkehrslastenausgleich im entsprechenden Verhältnis zu etwa darunter liegenden Finanzausgleichsleistungen vermindern. In § 8 des Vertrags über einen Verkehrslastenausgleich ist unter der Überschrift „Änderung des Staatstheatervertrags" bestimmt, daß der Vertrag zwischen dem Land und der Stadt über die württembergischen Staatstheater vom 20.12.1983 unter Einhaltung einer Kündigungsfrist von 2 Jahren frühestens zum 1.1.2000 gekündigt werden kann. Abschließend bestimmt § 11 des Vertrags über einen Verkehrslastenausgleich:

(1) Grundlage der vertraglichen Regelungen in I. (§§ 1–5) und III. (§ 8) ist der rechtliche Bestand des § 4 Abs. 2 des Gesetzes über die Errichtung des Verbandes Region Stuttgart vom 7.2.1994 (GBl. S. 92) in der Fassung von Art. 5 Abs. 1 Ziff. 3 des Gesetzes zur Umsetzung der Bahnstrukturreform und zur Gestaltung des öffentlichen Personennahverkehrs vom 8.6.1995 (GBl. S. 417).

(2) Die vertraglichen Regelungen in I. (§§ 1–5) können von den Landkreisen fristlos gekündigt werden, wenn der Staatsgerichtshof feststellen sollte, daß die in Abs. 1 genannte gesetzliche Vorschrift verfassungswidrig ist und Anpassungsverhandlungen zwischen den Vertragspartnern innerhalb von 3 Monaten scheitern.

In einer „Zusatzvereinbarung zum Vertrag über einen Verkehrslastenausgleich zugunsten der Landeshauptstadt Stuttgart und zur Änderung des Finanzierungsvertrags vom 19.12.1977", die ebenfalls am 1.12.1995 zwischen der Landeshauptstadt Stuttgart, dem Landkreis Esslingen und der Stuttgarter Straßenbahnen AG abgeschlossen wurde, verpflichtete sich u.a. die Landeshauptstadt, im Falle der Kündigung des Vertrags über einen Verkehrslastenausgleich nach § 11 Abs. 2 dieses Vertrages dem Landkreis Esslingen die bis dahin gezahlten Beträge abzüglich eines Vorteilsausgleichs zurückzuerstatten.

B.

I. Am 18.12.1995 hat der Antragsteller zu 1) beim Staatsgerichtshof ein Verfahren der kommunalen Normenkontrolle nach Art. 76 LV eingeleitet. Er beantragt,

§ 4 Abs. 2 des Gesetzes über die Errichtung des Verbands Region Stuttgart vom 7.2.1994 (GBl. S. 92) – GVRS – i.d.F. des Art. 5 Nr. 3 des Gesetzes zur Umsetzung der Bahnstrukturreform und zur Gestaltung des öffentlichen Personennahverkehrs in Baden-Württemberg vom 8.6.1995 (GBl. S. 471) und § 22 Abs. 3 GVRS für nichtig zu erklären.

Zur Begründung führt er im wesentlichen aus: Der Antrag sei zulässig. § 4 Abs. 2 GVRS begründe die Pflicht des Verbands Region Stuttgart zur Zahlung des Verkehrslastenausgleichs; § 22 Abs. 3 GVRS verpflichte die

Landkreise, mithin auch ihn, den dadurch entstehenden Aufwand mittels einer Umlage aufzubringen. Infolgedessen sei er durch die angegriffenen Normen unmittelbar beschwert. Diese Beschwer entfalle auch nicht durch den am 1.12.1995 geschlossenen Vertrag über einen Verkehrslastenausgleich. Diese Vereinbarung habe nach § 4 Abs. 2 S. 2 GVRS zwar zur Folge, daß die gesetzliche Zahlungspflicht für den Verkehrslastenausgleich entfalle. Ohne diese gesetzliche Zahlungspflicht wäre der Vertrag jedoch nicht geschlossen worden. Sie sei nach § 11 des Vertrags ausdrücklich seine Geschäftsgrundlage.

Der Verkehrslastenausgleich nach § 4 Abs. 2 i. V. m. § 22 Abs. 3 GVRS sei verfassungswidrig, da er dem aus dem Gleichheitssatz folgenden Gebot der Systemgerechtigkeit widerspreche, den Kreis der Umlagepflichtigen und die Höhe der Ausgleichsabgabe willkürlich festlege und so gegen Art. 71 und 73 LV verstoße.

§ 4 Abs. 2 i. V. m. § 22 Abs. 3 GVRS normiere einen Sonderlastenausgleich im Rahmen des horizontalen Finanzausgleichs; innerhalb dessen erweise er sich als systemwidrig, ohne daß es einen rechtfertigenden Grund hierfür gebe. So ordne § 4 Abs. 2 i. V. m. § 22 Abs. 3 GVRS eine dem System des Finanzausgleichs fremde Zahlung des Verbands Region Stuttgart bzw. der Landkreise an die Landeshauptstadt Stuttgart zur Deckung des Defizits der SSB an. Der Verband Region Stuttgart sei kein körperschaftliches Instrument der Landkreise; diese seien nicht „Mitglieder" des Verbands. § 4 Abs. 2 GVRS stelle schließlich auch nicht die Finanzierung des Verbandes Region Stuttgart sicher. Die Bestimmung diene vielmehr der Finanzierung des Straßenbahnverkehrs in Stuttgart, der ausschließlich der Landeshauptstadt, nicht jedoch dem Verband oder den Nachbarkreisen obliege. Es handele sich insoweit auch nicht um die Wahrnehmung einer an sich den Nachbarlandkreisen oder dem Verband obliegenden Aufgabe. Der Betrieb der Straßenbahnen durch die SSB diene der Erfüllung des Verkehrsbedarfs auf dem Gebiet der Landeshauptstadt, erspare ihm, dem Antragsteller zu 1), oder dem Verband jedoch nicht die Errichtung oder Unterhaltung eigener Stadtbahnen. Da die Sicherstellung einer ausreichenden Bedienung der Bevölkerung mit Verkehrsleistungen nach §§ 5, 6 Abs. 1 ÖPNVG eine freiwillige Aufgabe der Stadt- und Landkreise sei, führe die angegriffene gesetzliche Regelung dazu, daß der Antragsteller zu 1) zwangsweise die freiwillige Aufgabenerfüllung durch die Landeshauptstadt Stuttgart nach deren eigener Verantwortung mitfinanzieren müsse. Der Verkehrslastenausgleich könne schließlich auch nicht mit der „Zentralitätsfunktion" der Stadt Stuttgart begründet werden; diese werde im Rahmen des allgemeinen Finanzausgleichs unter Einbeziehung gerade auch der durch den öffentlichen Personennahverkehr verursachten finanziellen Lasten berücksichtigt. Die Finanzierung der Erfüllung freiwilliger Aufgaben durch die Landeshauptstadt Stuttgart mittels einer finanziellen Zwangsbeteiligung der Umlandkreise sei ein Novum im System des Finanzausgleichs, wofür es keine Rechtfertigung gebe. Den Straßenbahnverkehr innerhalb der Landeshauptstadt habe der Gesetzgeber in §§ 5, 6 Abs. 1 ÖPNVG der Landeshauptstadt belassen und bewußt nicht zur Aufgabe des Verbands Region Stuttgart gemacht. Aus der Aufgabenzuweisung an die Landeshauptstadt Stuttgart folge deren Pflicht, die Aufgabe mit eigenen Mitteln zu erfüllen.

In Wahrheit diene der Verkehrslastenausgleich nach § 4 Abs. 2 GVRS dazu, die Kündigung des Staatstheatervertrages zwischen der Landeshauptstadt einerseits und dem Land Baden-Württemberg andererseits zu verhindern, durch die die Stadt Einsparungen von jährlich 27 Millionen DM angestrebt habe. Um dies zu vermeiden, sei der Verkehrslastenausgleich eingeführt worden, der die Landeshauptstadt in der gewünschten Höhe finanziell entlaste. Diese Verknüpfung sei evident sachwidrig und damit willkürlich. Der Zusammenhang zwischen dem Verkehrslastenausgleich und der Staatstheaterfinanzierung werde durch Art. 11 Abs. 1 des Vertrags vom 1. 12. 1995 über einen Verkehrslastenausgleich eindeutig belegt. Danach sei Grundlage der Verlängerung des Staatstheatervertrages unter Ausschluß des Kündigungsrechts hierfür bis zum 1.1.2000 der rechtliche Bestand des § 4 Abs. 2 GVRS. Der sachwidrige Zusammenhang zwischen der Einführung des Verkehrslastenausgleichs und dem Festhalten der Landeshauptstadt am Staatstheatervertrag sei auch durch zahlreiche öffentliche Äußerungen der beteiligten Politiker aus den Jahren 1993 bis 1995 belegbar.

Ein Sonderlastenausgleich könnte vom Verband Region Stuttgart und damit auch von ihm, dem Antragsteller zu 1), allenfalls erhoben werden, wenn der Betrieb der Straßenbahnen in der Landeshauptstadt für die Umlandkreise eine Aufgabenentlastung bedeutet oder wenn er ihnen erhebliche wirtschaftliche Vorteile brächte. Beides sei nicht der Fall. Dem örtlichen Straßenbahnverkehr innerhalb des Stadtkreises der Landeshauptstadt komme entgegen der Begründung des Regierungsentwurfs zu den angegriffenen Bestimmungen keine Regionalbedeutsamkeit zu, die den Verkehrslastenausgleich rechtfertigen könnte. Zwar treffe es zu, daß das S-Bahn-Netz und das Straßenbahnnetz der SSB sich verkehrlich im Rahmen eines integrierten Systems ergänzten und daß ihr Betrieb aufeinander abgestimmt und ausgerichtet sei. Dies sei jedoch eine betriebswirtschaftliche Selbstverständlichkeit und liege im Interesse aller Verkehrsträger. Die von der Landesregierung erst nachträglich während des laufenden Normenkontrollverfahrens für die vermeintliche Regionalbedeutsamkeit des Straßenbahnverkehrs der SSB gegebene Begründung vermittle ein falsches Bild; insbesondere sei das vorgelegte Zahlenmaterial ungenau und zum Beleg der behaupteten Regionalbedeutsamkeit nicht aussagekräftig. Insgesamt zeige sich, daß ein etwaiges

Ungleichgewicht der Aufgaben- und Ausgabenverteilung in der Region nur im Rahmen des allgemeinen Finanzausgleichs mittels einer Gesamtbetrachtung, nicht aber im Wege eines Sonderlastenausgleichs korrigierbar sei. Die Landesregierung habe im übrigen in ihrer Antragserwiderung eingeräumt, daß die bisherigen vertraglichen Regelungen zum Verbundbetrieb nicht die Finanzierung des Defizits der SSB für den Betrieb der Straßenbahnen im Gebiet der Landeshauptstadt Stuttgart erfaßt hätten, die Berufung auf eine langjährige Vertragspraxis insoweit also unrichtig sei.

Der Kreis der Umlagepflichtigen werde in den angegriffenen Bestimmungen willkürlich und damit unter Verstoß gegen Art. 71, 73 LV festgelegt. Er, der Antragsteller zu 1), ziehe aus dem Straßenbahnnetz der SSB im Stadtgebiet von Stuttgart keinerlei Vorteile. Der Betrieb der Straßenbahnen im Stadtgebiet entlaste ihn auch nicht von eigenen Aufgaben. Gleiches gelte für den Verband Region Stuttgart. Es gebe daher keinen sachlichen Grund dafür, den Verband und die Landkreise des Umlandes durch einen Sonderlastenausgleich zur teilweisen Deckung des Defizits der SSB heranzuziehen.

Schließlich sei auch die Berechnung der Höhe der Ausgleichszahlungen offensichtlich willkürlich. Sachliche Gründe für den gewählten Umlagemaßstab könnten weder dem Gesetz noch den Gesetzesmaterialien entnommen werden; es spreche im Gegenteil alles für die bereits gerügte sachwidrige Verknüpfung mit dem Staatstheatervertrag. Die nunmehr von der Landesregierung im Normenkontrollverfahren nachgeschobenen Überlegungen und Berechnungen könnten das Gesetz nicht stützen, da die Bestimmung des Umlagemaßstabs allein dem „Abschätzungsermessen" des Gesetzgebers obliege. Doch selbst wenn man die Überlegungen der Landesregierung in ihrer Antragserwiderung heranziehe, könnten sie den auf bloße Einwohnerwerte der Landkreise abstellenden Umlagemaßstab nicht rechtfertigen. Der Versuch, die Vorteile des Verbands Region Stuttgart und der umliegenden Landkreise nach dem Fahrtenaufkommen und den dadurch verursachten Kosten zu bestimmen, sei untauglich; diese Kriterien hätten während des gesamten Gesetzgebungsverfahrens keine Rolle gespielt. Auch sei die Vorteilsbemessung auf der Grundlage des Fahrtenaufkommens, wie von der Landesregierung vorgenommen, schon deshalb nicht möglich, weil diese Berechnung an der Verwendung zahlreicher unzutreffender Eingabegrößen leide.

II. Die Antragstellerinnen zu 2) sind Große Kreisstädte im Rems-Murr-Kreis. Sie haben am 17.1.1996 ein Verfahren der kommunalen Normenkontrolle nach Art. 76 LV beim Staatsgerichtshof Baden-Württemberg eingeleitet. Sie beantragen,

> § 4 Abs. 2 des Gesetzes über die Errichtung des Verbands Region Stuttgart vom 7.2.1994 (GBl. S. 92) – GVRS – i.d.F. des Art. 5 Nr. 3 des Gesetzes zur Um-

setzung der Bahnstrukturreform und zur Gestaltung des öffentlichen Personennahverkehrs in Baden-Württemberg vom 8.6.1995 (GBl. S. 417) und § 22 Abs. 3 GVRS für nichtig zu erklären.

Zur Begründung tragen sie im wesentlichen vor: Auch sie seien als Große Kreisstädte befugt, ein Normenkontrollverfahren gegen die angegriffenen Bestimmungen des Gesetzes über die Stärkung der Zusammenarbeit in der Region Stuttgart einzuleiten, denn sie würden durch diese in eigenen, verfassungsrechtlich geschützten Rechten verletzt. Dies seien im einzelnen die durch Art. 71 LV geschützte Finanzhoheit, der in Art. 71, 73 LV enthaltene Grundsatz der Konnexität von Aufgaben- und Finanzverantwortung, ihr Anspruch auf finanziellen Ausgleich von Mehrbelastungen nach Art. 71 Abs. 3 S. 3 LV, der Grundsatz der Impermeabilität sowie die Prinzipien der Verhältnismäßigkeit, der Systemgerechtigkeit und des Willkürverbots. Die Anträge seien auch im übrigen zulässig. Insbesondere seien sie durch die angegriffenen Gesetzesbestimmungen unmittelbar betroffen. Der den Landkreisen in § 4 Abs. 2 S. 1 und § 22 Abs. 3 GVRS auferlegte Verkehrslastenausgleich führe unausweichlich zu einer entsprechenden Erhöhung der Kreisumlage innerhalb der betroffenen Landkreise, die insoweit nach § 49 LKrO auch gesetzlich gerechtfertigt sei. So sei bereits im Nachtragshaushalt 1995 für den Rems-Murr-Kreis die Kreisumlage im Hinblick auf den Verkehrslastenausgleich um 1,5 % erhöht worden. Daß § 4 Abs. 2, § 22 Abs. 3 GVRS nicht unmittelbar sie, die Antragstellerinnen zu 2), sondern den Verband und dann die Landkreise als Schuldner festlege, sei angesichts der belegten Zwangsläufigkeit der Kreisumlagenerhöhung für die Zulässigkeit ihrer Normenkontrollanträge unschädlich. Die behauptete Rechtsverletzung beruhe auch unmittelbar auf dem Gesetz und nicht erst, wie von der Landesregierung eingewandt, auf dem Vertrag über den Verkehrslastenausgleich vom 1.12.1995. Zwar müsse der Rems-Murr-Kreis nach diesem Vertrag einen jährlichen Anteil von 5,0 Millionen DM zum Verkehrslastenausgleich aufbringen, wohingegen sein Anteil am gesetzlichen Verkehrslastenausgleich nach § 4 Abs. 2 S. 1 GVRS ansonsten rund 6,1 Millionen DM betragen hätte. Da dieser Vertrag zwischen den Beteiligten nur geschlossen worden sei, um die gesetzliche Zahlungspflicht nach § 4 Abs. 2 S. 1 GVRS zu vermeiden, lasse er die unmittelbare Gesetzesbetroffenheit der Landkreise und damit auch der Antragstellerinnen unberührt. Durch den Vertrag sei das Ausgleichsverhältnis zwischen den Beteiligten nicht etwa neu konstituiert, sondern lediglich modifiziert worden. Eine echte Dispositionsbefugnis sei den Landkreisen durch § 4 Abs. 2 S. 2 GVRS nicht eingeräumt worden.

Die Normenkontrollanträge seien auch in der Sache begründet. Die rechtlichen Voraussetzungen für einen Vorteilsausgleich wegen der Lasten bei der Durchführung des schienengebundenen öffentlichen Nahverkehrs durch die SSB, wie er in § 4 Abs. 2 GVRS angeordnet worden sei, lägen nicht vor. Soweit das Schienennetz der SSB über die Grenzen des Stadtgebiets der Landeshauptstadt Stuttgart erstreckt werde, beruhe die Tätigkeit der SSB jeweils auf Einzelverträgen mit den betroffenen Nachbargemeinden. Der im Stadtgebiet Stuttgart abgewickelte Verkehr der SSB sei kein regionalbedeutsamer öffentlicher Personennahverkehr, der dem Verband Region Stuttgart übertragen sei. Nach § 4 Abs. 1 S. 1 Nr. 1 GVRS obliege dem Verband Region Stuttgart zum einen der S-Bahn-Verkehr, zum anderen sei er für die Aufgaben des am 29. 6. 1992 vereinbarten Zweckverbands Nahverkehr Region Stuttgart (NRS) nach § 4 Abs. 1 S. 1 Nr. 2 GVRS verantwortlich. Der innerstädtische Straßenbahnverkehr der SSB sei danach schon nicht kraft Gesetzes, aber auch nicht der Sache nach ein regionalbedeutsamer öffentlicher Personennahverkehr. Insbesondere könne diese Behauptung nicht durch die von der Landesregierung hierzu vorgelegten Zahlen über die Nutzung des Schienenpersonennahverkehrs der SSB durch Umlandfahrgäste belegt werden, denn sie seien dafür weder repräsentativ noch aussagekräftig. Die Erledigung des Schienenpersonennahverkehrs der SSB gehöre demzufolge auch nicht zu den Aufgaben des Verbands Region Stuttgart. Die aus der Wahrnehmung dieser Tätigkeit resultierenden Defizite der Landeshauptstadt Stuttgart dürften nicht zum Gegenstand eines Verkehrslastenausgleichs gemacht werden; sie müßten als genereller Stadt-Umland-Ausgleich im allgemeinen Finanzausgleich geregelt werden. Der in § 4 Abs. 2 GVRS angeordnete Verkehrslastenausgleich sei auch deshalb nicht gerechtfertigt, weil weder die Nachbarlandkreise noch der Verband Region Stuttgart durch die Tätigkeit der SSB eigene Aufwendungen erspare. Ein sachlicher Rechtfertigungsgrund für den Verkehrslastenausgleich fehle; in Wahrheit umgehe der Gesetzgeber damit die Verpflichtung aus Art. 71 Abs. 3 S. 3 LV, Ausgleichszahlungen für entsprechende Zusatzaufgaben vorzusehen. Die Willkürlichkeit der Regelung ergebe sich auch daraus, daß der Vorteilsausgleich sich nach der Gesetzesbegründung selbst nicht am Nutzen des Umlands aus dem Straßenbahnverkehr der SSB, sondern an dessen Defizit orientiere. Dies sei kein sachgerechter Ansatzpunkt. In Wahrheit habe der Vorteilsausgleich des § 4 Abs. 2 GVRS im übrigen seine Rechtfertigung nicht im Defizit der SSB, sondern in dem Ziel des Gesetzgebers, auf diese Weise eine Kündigung des Staatstheatervertrags durch die Landeshauptstadt Stuttgart auf absehbare Zeit zu vermeiden. Auch die Festlegung der Höhe des Verkehrslastenausgleichs in § 4 Abs. 2 GVRS auf ein Drittel des jährlichen Defizits der SSB sei sachlich nicht begründbar. Mit den von der Landesregierung vorgelegten Zahlen der Umlandfahrgäste in den Straßenbahnen der SSB lasse sich dies nicht rechtfertigen.

Die Verfassungswidrigkeit des Vorteilsausgleichs ergebe sich auch aus dem Verstoß der Regelung gegen das Konnexitätsprinzip, wie es in Art. 71

Abs. 1, 3 LV seinen Niederschlag gefunden habe. Danach dürften Aufgaben- und Ausgabenverantwortung nicht auseinanderfallen, was hier jedoch der Fall sei. Die angegriffene Regelung verstoße auch gegen den Grundsatz der Impermeabilität. Dieser knüpfe an die Verbandskompetenz der Kommunen an und verbiete ihnen, Aufgaben außerhalb dieser Kompetenz wahrzunehmen. Demzufolge sei es dem Verband Region Stuttgart wie auch den Landkreisen verboten, öffentliche Aufgaben im Stadtgebiet der Landeshauptstadt Stuttgart wahrzunehmen; erst recht dürften sie dann auch keine solchen Aufgaben finanzieren, also auch nicht die Defizite der SSB. Durch den Vorteilsausgleich werde letztlich den Landkreisen in rechtlich unzulässiger Weise die Finanzierung des Verkehrsverbunds Stuttgart als Pflichtaufgabe zugewiesen.

III. Der Landtag von Baden-Württemberg hat erklärt, in dem Verfahren keine Stellungnahme abgeben zu wollen.

Die Landesregierung hat sich geäußert. Sie hält die Anträge der Antragsteller zu 1) und 2) für unzulässig, jedenfalls für unbegründet. Im einzelnen führt sie hierzu aus:

Der Antrag des Antragstellers zu 1) sei unzulässig. Art. 76 LV setze eine unmittelbare Beschwer des jeweiligen Antragstellers durch das angegriffene Gesetz voraus. Der Antragsteller zu 1) sei durch § 4 Abs. 2 S. 1 GVRS nicht unmittelbar belastet, denn die gesetzliche Ausgleichspflicht treffe als Schuldner den Verband Region Stuttgart, nicht die Landkreise. Unmittelbar betroffen sei der Antragsteller zu 1) lediglich durch die Umlage nach § 22 Abs. 3 GVRS. Auch insoweit sei die Beschwer des Antragstellers zu 1) jedoch durch den zwischen den Beteiligten geschlossenen Vertrag über den Verkehrslastenausgleich vom 1. 12. 1995 entfallen. Die vom Antragsteller zu 1) gerügte Belastung mit einer Zahlungspflicht gehe ausschließlich von dem Vertrag, nicht aber von den angegriffenen Bestimmungen des Gesetzes über den Verband Region Stuttgart aus. Zudem verringere der Vertrag die gesetzlich in § 4 Abs. 2 S. 1 GVRS eigentlich vorgesehene Leistungspflicht der Landkreise; so müsse der Antragsteller zu 1) statt des nach dem Gesetz auf ihn entfallenden Sonderlastenausgleichs von 7,7 Millionen DM nach der vertraglichen Regelung lediglich 4 Millionen DM an den Verband Region Stuttgart zahlen. Insgesamt beliefe sich die Belastung der Landkreise auf 17 Millionen DM statt der im Gesetz vorgesehenen 27 Millionen DM. Der zwischen den Beteiligten geschlossene Vertrag habe insoweit Vergleichscharakter, der ausweislich der gesetzlichen Formulierung in § 4 Abs. 2 S. 2 GVRS die Gültigkeit der mit dem Normenkontrollantrag angegriffenen Bestimmungen des § 4 Abs. 2 S. 1 und § 22 Abs. 3 GVRS entfallen lasse.

Die Anträge der Antragstellerinnen zu 2) seien aus den gleichen Gründen wie der Antrag des Antragstellers zu 1) unzulässig. Darüber hinaus seien sie als Große Kreisstädte durch die angegriffenen Bestimmungen auch deshalb nicht unmittelbar beschwert, weil § 22 Abs. 3 GVRS allein die Landkreise als Schuldner der Umlage benenne. Die von den Antragstellerinnen zu 2) in diesem Zusammenhang geltend gemachte Erhöhung der Kreisumlage wegen des Verkehrslastenausgleichs hänge in mehrfacher Weise von zusätzlichen, vom Ermessen ihres Landkreises getragenen Entscheidungen ab, die er im Rahmen seiner Haushaltsautonomie zu treffen habe. Für die Antragstellerinnen zu 2) fehle letztlich auch das erforderliche Rechtsschutzinteresse für den Normenkontrollantrag nach Art. 76 LV, da sie sich sowohl vor den Fachgerichten gegen den zu erwartenden, die behauptete Belastung erst konkretisierenden Umlagebescheid wenden könnten und im übrigen auch mittels eines Normenkontrollverfahrens nach § 47 Abs. 1 VwGO gegen die entsprechende Haushaltssatzung ihres Landkreises vorgehen könnten.

Die Anträge seien jedenfalls unbegründet. § 4 Abs. 2 S. 1 GVRS normiere einen Sonderlastenausgleich, mit dem die Aufwendungen der SSB für ihren schienengebundenen öffentlichen Personennahverkehr vom Verband Region Stuttgart wegen dessen Regionalbedeutsamkeit teilweise ausgeglichen würden. Sachgrund für die Ausgleichspflicht sei die Regionalbedeutsamkeit des schienengebundenen öffentlichen Personennahverkehrs der SSB als Bestandteil eines integrierten Nahverkehrssystems in Stuttgart und seinem Umland. Diese Regionalbedeutsamkeit sei bereits im Gesetz durch den Verweis des § 3 Abs. 1 Nr. 4 GVRS auf § 4 GVRS insgesamt vorgegeben. In § 4 Abs. 2 GVRS werde ausdrücklich der Straßenbahnverkehr der SSB genannt; daß es sich insoweit nur um eine Finanzierungspflicht, nicht jedoch um materielle Verwaltungstätigkeit handele und lediglich § 4 Abs. 1 S. 1 GVRS von den „Aufgaben" des Verbands nach § 3 Abs. 1 Nr. 4 GVRS spreche, sei in diesem Zusammenhang unschädlich. Denn § 4 GVRS liege insgesamt keine begrifflich stringente Differenzierung zwischen Aufgabenwahrnehmung und Finanzierung zugrunde. Dem Verband sei in den genannten Bestimmungen zum Teil die Aufgabe unmittelbaren Verwaltens, zum anderen Teil das mittelbare Finanzieren regionalbedeutsamen Fremdverwaltens aufgetragen worden. Aus der Begründung des Regierungsentwurfs zu § 3 Abs. 1 Nr. 4 und § 4 Abs. 2 GVRS alter wie neuer Fassung ergebe sich zweifelsfrei, daß im Gesetzgebungsverfahren die Regionalbedeutsamkeit u. a. des Schienenpersonennahverkehrs der SSB wegen der flächenhaften Feinverteilung der Umlandfahrgäste als maßgeblicher Sachgrund für den Sonderlastenausgleich angenommen worden sei.

Auch in der Sache lasse sich die Regionalbedeutsamkeit des Straßenbahnverkehrs der SSB belegen. Der S-Bahn komme die Aufgabe zu, die Verkehrsströme aus dem Stadtkreis Stuttgart in die umliegenden Landkreise und umgekehrt zu bedienen, während die Straßenbahn der SSB die flächenhafte

Feinverteilung der S-Bahn-Fahrgäste im Stadtgebiet und darüber hinaus in geringem Umfang auch in einigen Landkreisen übernehme. Ohne diese Feinverteilung, insbesondere die Verknüpfung der S-Bahn-Stationen mit der Mehrzahl der Gebiete der Kernstadt durch die SSB, könnte die S-Bahn die ihr zugewiesene Aufgabe als regionalbedeutsames Verkehrsmittel nur unvollständig erfüllen. Diese Funktion lasse sich ohne weiteres dem Verkehrsnetz des SSB-Schienenverkehrs und der S-Bahn-Linien entnehmen. Die Regionalbedeutsamkeit des SSB-Schienenverkehrs ergebe sich ferner auch aus dem Passagierpotential von insgesamt rund 550 000 Einwohnern der Umlandkreise, die mittels Bussen oder unmittelbar an das Schienennetz der SSB angebunden seien. Hierauf seien das Streckennetz der SSB und ihr gesamtes Leistungsangebot durch entsprechend größere Dimensionierung zugeschnitten. Im Gesetzgebungsverfahren sei erkannt worden, daß Bedeutung und Nutzen des Straßenbahnverkehrs der SSB teilweise lokal begrenzt, zu einem erheblichen Teil aber auch der Region zuzurechnen seien. Da beide Funktionen des Straßenbahnverkehrs nicht hinsichtlich einzelner Linien oder Linienabschnitte hätten getrennt werden können, habe der Gesetzgeber zulässigerweise in einer summarischen Betrachtung auch mit Rücksicht auf die Universalzuständigkeit der Landeshauptstadt Stuttgart die Aufgabe des Straßenbahnverkehrs insgesamt in ihrer Zuständigkeit belassen und nur die Finanzierung des Straßenbahnverkehrs in dem Umfang der Region übertragen, in dem sie Vorteile aus dem integrierten Nahverkehrssystem ziehe. Diese Lösung erweise sich im übrigen als das gegenüber den Landkreisen mildere Mittel, da eine vollständige Aufgabenübertragung des Straßenbahnverkehrs auf den Verband erheblich höhere Belastungen für ihn und die Landkreise mit sich gebracht hätte. Die Regionalbedeutsamkeit des Betriebs der Stuttgarter Straßenbahnen lasse sich darüber hinaus auch empirisch anhand des Fahrgastaufkommens belegen. So zeige das vorhandene Zahlenmaterial, daß der gesamte Stuttgarter öffentliche Personennahverkehr, bestehend aus S-Bahn und Bussen wie auch Straßenbahnen der SSB, zu rund 32 % von Umlandfahrgästen genutzt werde. Der Umsteigeranteil der Umlandfahrgäste von Bus und S-Bahn auf den SSB-Schienenverkehr betrage hingegen ca. 15 % des Gesamtfahrtenaufkommens des SSB-Schienenverkehrs. Betrachte man alle Fahrten mit Umlandbezug gesondert im SSB-Schienenverkehr, so ergebe sich wiederum ein Anteil von rund 30 % der Fahrten je Tag, der auf Umlandfahrgäste entfalle. Obgleich das Zahlenmaterial im wesentlichen der Verkehrsstromerhebung des Jahres 1987 entstamme, sei es hinreichend aussagekräftig, so daß sich der Gesetzgeber mangels neueren Zahlenmaterials habe hierauf stützen können. Diese Zahlenangaben seien im übrigen auch von der Verkehrs- und Tarifverbund Stuttgart GmbH als plausibel und korrekt bezeichnet worden.

Für den in § 3 Abs. 1 Nr. 4, § 4 Abs. 2 S. 1 und § 22 Abs. 3 GVRS normierten Sonderlastenausgleich verlangten das Grundgesetz wie auch die Landesverfassung lediglich, daß der allgemeine Gleichheitsgrundsatz beachtet und insbesondere die Umlage willkürfrei zugeordnet und bemessen sei. Diesen Voraussetzungen genüge die angegriffene Regelung. So sei zunächst die Schuldnerauswahl des Verbands Region Stuttgart und der Umlandkreise willkürfrei erfolgt. Dem baden-württembergischen Finanzausgleichsrecht sei es keineswegs fremd, daß auch Verbände und Landkreise Finanzausgleichspflichten zu erfüllen hätten. Der Vorteilsausgleich sei am sachgerechtesten ausgestaltet, wenn die belastet würden, denen der Vorteil tatsächlich und in erheblichem Umfang zugute komme. Nutznießer der Regionalbedeutsamkeit des Straßenbahnverkehrs der SSB seien hier sowohl der Verband Region Stuttgart als auch die Landkreise des Umlands von Stuttgart. Deshalb dränge sich ein Sonderlastenausgleich zwischen ihnen und der Landeshauptstadt auf. Die Einbeziehung der Vorteilsabgeltung in den allgemeinen Finanzausgleich hingegen, wie sie von den Antragstellern gefordert werde, hätte demgegenüber eine sachlich nicht gerechtfertigte Verteilung der Lasten auf alle Kreise des Landes zur Folge. Im übrigen werde entgegen der Auffassung der Antragsteller eine spezifisch zentralörtliche Belastung der Landeshauptstadt durch Verkehrslasten etwa im kommunalen Finanzausgleich bisher nicht berücksichtigt.

Die Bemessung des Verkehrslastenausgleichs nach dem Vorteil für das Umland sei rechtlich nicht zu beanstanden. Zu Unrecht würfen die Antragsteller dem Gesetzgeber vor, er habe den jährlichen Vorteilsausgleich zweckwidrig nur deshalb auf 27 Millionen DM festgesetzt, um so die befürchtete Kündigung des Staatstheatervertrags durch die Landeshauptstadt wegen eines ihr drohenden Defizits in gleicher Höhe zu verhindern. Diese behauptete sachwidrige Verknüpfung bestehe in Wahrheit nicht; insbesondere finde sich im Gesetz, worauf es letztlich ankomme, keinerlei Bezug zum Staatstheatervertrag.

Die in § 4 Abs. 2 S. 1 GVRS normierte Ausgleichspflicht in Höhe von 27 Millionen DM pro Jahr sei dem Grunde und der Höhe nach sachlich gerechtfertigt. Sie sei auf rund ein Drittel des Defizits festgelegt, das sich aus dem Straßenbahnverkehr der SSB im Jahre 1992 in einer Höhe von 90 Millionen DM ergeben habe. Insoweit habe der Gesetzgeber zulässigerweise den Vorteil der Region und der umliegenden Landkreise durch den SSB-Schienenverkehr nach dem auf rund ein Drittel berechneten Aufkommen der Umlandfahrten am Schienenverkehr der SSB berechnet. Die Drittelung des Defizits erweise sich auch als gerechtfertigt, wenn der Vorteil der Region und des Umlandes durch den SSB-Schienenverkehr nach dem Anteil der Kosten berechnet werde, die der SSB aus der Bedienung von Umlandfahrgästen zusätzlich entstünden.

Wegen der weiteren Einzelheiten des Sachverhalts, insbesondere des Sachvortrags der Antragsteller und der Landesregierung wird auf die zwischen den Beteiligten gewechselten Schriftsätze und den Inhalt der Gerichtsakte verwiesen.

Entscheidungsgründe:

Der Antrag des Antragstellers zu 1) ist zulässig, aber nicht begründet; die Anträge der Antragstellerinnen zu 2) sind unzulässig.

I.

1. Der Antrag des Antragstellers zu 1) ist statthaft. Er wendet sich mit der ihm als Gemeindeverband nach Art. 76 LV i.V.m. § 8 Abs. 1 Nr. 8 StGHG gegebenen kommunalen Normenkontrolle gegen ein Gesetz mit der Behauptung, daß dieses Gesetz gegen Art. 71 und 73 LV verstoße.

Die Zulässigkeit der kommunalen Normenkontrolle setzt zunächst voraus, daß der antragstellende Gemeindeverband eine konkrete eigene Beschwer durch die angegriffene Gesetzesnorm geltend macht (vgl. StGH, Urteil vom 14.10.1992 – GR 2/92 – ESVGH 44, 8/9; ebenso *Braun*, Kommentar zur Verfassung des Landes Baden-Württemberg, 1984, Art. 76 Rdn. 2; *Sander*, in: Feuchte, Verfassung des Landes Baden-Württemberg, 1987, Art. 76 Rdn. 2, 6). Sie ist darüber hinaus aber auch davon abhängig, daß diese Beschwer den Gemeindeverband unmittelbar trifft (vgl. StGH, Urteil vom 4.6.1976 – GR 3/75 – ESVGH 26, 129/131 sowie *Braun*, aaO, Art. 76 Rdn. 8; *Pestalozza*, Verfassungsprozeßrecht, 1991, S. 396). Anders als die abstrakte Normenkontrolle (vgl. Art. 68 Abs. 1 Nr. 2, Abs. 2 Nr. 2 LV oder auch Art. 93 Abs. 1 Nr. 2 GG), bei der der Kreis der Antragsberechtigten sehr eng auf Landesregierung, Bundesregierung oder ein größeres Abgeordnetenquorum begrenzt ist, steht die kommunale Normenkontrolle nach Art. 76 LV allen Gemeinden und Gemeindeverbänden offen. Der Kreis der Antragsberechtigten bei der kommunalen Normenkontrolle verlangt eine Einschränkung auf die eigene Rechtsbetroffenheit in Art. 71 bis 75 LV in Form der konkreten Beschwer und auf ein unmittelbares Betroffensein durch das angegriffene Gesetz.

Der Antragsteller zu 1) erleidet durch den mit der Normenkontrolle angegriffenen § 22 Abs. 3 GVRS eine konkrete eigene Beschwer. § 22 Abs. 3 GVRS verpflichtet die Landkreise zur Finanzierung des Verkehrslastenausgleichs nach § 4 Abs. 2 GVRS. Hierdurch ist nach dem Vortrag des Antragstellers zu 1) jedenfalls eine Verletzung von seinen durch Art. 73 LV geschützten verfassungsrechtlichen Rechten möglich. Denn nach der Rechtsprechung des Staatsgerichtshofs umfaßt Art. 73 LV für den Bereich des kommunalen Finanzausgleichs auch das Willkürverbot (vgl. StGH, Urteil vom 1.7.1972 – GR 5, 8/71 und 1/72 – ESVGH 22, 202/207), dessen Verletzung der Antragsteller zu 1) im Hinblick auf die finanzielle Belastung aus § 22 Abs. 3 GVRS rügt.

Der Antragsteller zu 1) ist durch die Leistungspflicht aus § 22 Abs. 3 GVRS auch unmittelbar betroffen. Die Vorschrift benennt ausdrücklich die Landkreise als Schuldner des Verkehrslastenausgleichs. Auf die Anfechtung eines zur Umsetzung der Ausgleichspflicht der Landkreise nach § 22 Abs. 3 GVRS etwa noch erforderlichen Umlagebescheids braucht sich der Antragsteller zu 1) nicht verweisen zu lassen. Da die Leistungspflicht der Landkreise dem Grund und der Höhe nach in § 4 Abs. 2 S. 1, § 22 Abs. 3 GVRS verbindlich und eindeutig festgelegt ist, bestünde für einen solchen Umlagebescheid kein Spielraum mehr. Ein vorgängiger Prozeß um einen Umlagebescheid ersparte weder die spätere kommunale Normenkontrolle gegen die Leistungsnormen noch verspräche er eine für das verfassungsgerichtliche Verfahren hilfreiche fachgerichtliche Aufklärung der Sach- und Rechtslage.

In Übereinstimmung mit dieser Sichtweise hat der Staatsgerichtshof in seinem Urteil zu den „Klinikkostenbeiträgen" (v. 2.6.1956 – GR 1/55 BWVBl. 1956, 168) in einer vergleichbaren Fallkonstellation ohne weiteres die Zulässigkeit der Normenkontrollanträge verschiedener Landkreise gegen sie belastende Ausgleichspflichten bejaht.

Zwar ist der Antragsteller zu 1) zunächst nur durch § 22 Abs. 3 GVRS unmittelbar beschwert. Gleichwohl ist sein Normenkontrollantrag auch hinsichtlich § 4 Abs. 2 GVRS zulässig. Die Abwälzung des Verkehrslastenausgleichs in § 22 Abs. 3 GVRS auf die Landkreise erhält allein durch die Begründung des Verkehrslastenausgleichs in § 4 Abs. 2 GVRS seinen Sinn. Ohne § 4 Abs. 2 S. 1 GVRS geht die Regelung des § 22 Abs. 3 GVRS ins Leere. Schon deshalb bedingt die Zulässigkeit der Normenkontrolle gegen § 22 Abs. 3 GVRS die Einbeziehung der den Verkehrslastenausgleich eigentlich begründenden Bestimmung in § 4 Abs. 2 S. 1 GVRS. Im übrigen ist in der Rechtsprechung des Staatsgerichtshofs geklärt, daß er eine kommunale Normenkontrolle, sofern sie nur gegen eine der angegriffenen gesetzlichen Bestimmungen zulässig ist, auch auf andere Regelungen dieses Gesetzes erstrecken darf, selbst wenn insoweit die Sachurteilsvoraussetzungen im einzelnen nicht gegeben wären (vgl. etwa StGH, Urteil vom 15.6.1974 – GR 1/74 – ESVGH 24, 155/157).

Entgegen der Auffassung der Landesregierung führt der zwischen dem Land Baden-Württemberg, der Landeshauptstadt Stuttgart, den Landkreisen Böblingen, Esslingen, Ludwigsburg und dem Rems-Murr-Kreis sowie der Stuttgarter Straßenbahn AG geschlossene Vertrag vom 1.12.1995 über einen Verkehrslastenausgleich zugunsten der Landeshauptstadt Stuttgart und zur

Änderung des Finanzierungsvertrags vom 19.12.1977 nicht zur Unzulässigkeit der Normenkontrolle des Antragstellers zu 1). Es trifft allerdings zu, daß die an dem Vertrag beteiligten Landkreise, darunter auch der Antragsteller zu 1), Zahlungen an die Landeshauptstadt Stuttgart als „Ausgleich für ÖPNV-Lasten" nur nach Maßgabe der §§ 1, 3 dieses Vertrags erbringen. Solange dieser Vertrag besteht, entfällt nach § 4 Abs. 2 S. 2 GVRS der vom Verband Region Stuttgart zu leistende Verkehrslastenausgleich nach § 4 Abs. 2 S. 1 GVRS und damit auch die Umlage auf die Landkreise nach § 22 Abs. 3 GVRS. Das Rechtsschutzinteresse des Antragstellers zu 1) für die Normenkontrolle gegen die angegriffenen Bestimmungen der §§ 4 Abs. 2, 22 Abs. 3 GVRS entfällt dadurch gleichwohl nicht. Denn der Vertrag über den Verkehrslastenausgleich wurde von den beteiligten Landkreisen nur deshalb abgeschlossen, um die ihnen sonst unmittelbar aus § 4 Abs. 2 S. 1 i.V.m. § 22 Abs. 3 GVRS drohende Zahlungspflicht abzuwenden. Der Gesetzgeber selbst hat ihnen die vertragliche Dispositionsbefugnis in dem erwähnten § 4 Abs. 2 S. 2 GVRS eingeräumt. Daß die Landkreise die Zahlungspflicht in § 1 des Vertrags vom 1.12.1995 über den Verkehrslastenausgleich nur unter der Voraussetzung eingegangen sind, daß ihnen der gesetzliche Verkehrslastenausgleich in § 4 Abs. 2 S. 1 GVRS i.V.m. § 22 Abs. 3 GVRS in rechtlich nicht zu beanstandender Weise aufgebürdet wurde, ergibt sich aus § 11 des Vertrags. Er erklärt § 4 Abs. 2 GVRS ausdrücklich zur Geschäftsgrundlage und räumt den Landkreisen für den Fall der Aufhebung dieser Bestimmung durch den Staatsgerichtshof ein fristloses Kündigungsrecht ein. Danach kann die Verknüpfung des Vertrags über den Verkehrslastenausgleich mit dem Bestand von § 4 Abs. 2 GVRS nicht, wie die Landesregierung meint, als bloß unbeachtliches Vertragsmotiv bewertet werden. Der Gesetzgeber wollte den Beteiligten des Verkehrslastenausgleichs mit der in § 4 Abs. 2 S. 2 GVRS eröffneten vertraglichen Dispositionsbefugnis lediglich mehr Flexibilität in der Ausgestaltung des Verkehrslastenausgleichs einräumen. Dies führte in dem Vertrag in der Tat zu einer im Ergebnis niedrigeren Zahlungspflicht der Landkreise, darunter auch des Antragstellers zu 1), als diese sie nach der gesetzlichen Regelung des § 4 Abs. 2 S. 1 i.V.m. § 22 Abs. 3 GVRS zu tragen hätten. Ungeachtet dessen besteht für die Landkreise auch nach Vertragsschluß die latente Belastung durch den gesetzlichen Verkehrslastenausgleich aus § 4 Abs. 2 S. 1 i.V.m. § 22 Abs. 3 GVRS, selbst wenn sie sich eben wegen des Vertrags nicht aktuell realisiert. Angesichts dieser auch vom Gesetzgeber so gewollten Verknüpfung zwischen gesetzlichem Verkehrslastenausgleich und vertraglicher Dispositionsbefugnis ist es nach Auffassung des Staatsgerichtshofs nicht gerechtfertigt, den betroffenen Landkreisen die verfassungsgerichtliche Kontrollmöglichkeit über den gesetzlichen Verkehrslastenausgleich zu nehmen, weil sie die in jenem Gesetz vorgesehene Vertragsoption gewählt haben.

Entgegen der Auffassung der Landesregierung führt die vertragliche Verpflichtung zum Verkehrslastenausgleich schließlich auch nicht zu einem Geltungsverlust der angegriffenen gesetzlichen Bestimmungen, gleichsam wie durch einen Vergleichsvertrag. Eine solche Auslegung überinterpretierte die Wortwahl „gilt nicht" in § 4 Abs. 2 S. 2 GVRS. Aus dieser Bestimmung folgt lediglich, daß im Falle einer vertraglichen Regelung über den Verkehrslastenausgleich selbstverständlich nicht zugleich auch noch die gesetzliche Zahlungspflicht fortbesteht; dem Grunde nach bleibt die latente gesetzliche Zahlungspflicht jedoch vorhanden. Demzufolge griffe bei Wegfall oder Kündigung des Vertrags vom 1. 12. 1995 die gesetzliche Zahlungspflicht aus dem Verkehrslastenausgleich unmittelbar wieder Platz.

2. Die Anträge der Antragstellerinnen zu 2) sind unzulässig. Sie werden durch die angegriffenen Vorschriften des Gesetzes über den Verband Region Stuttgart nicht unmittelbar beschwert.

§ 4 Abs. 2 S. 1 GVRS bestimmt den Verband Region Stuttgart als Schuldner des Verkehrslastenausgleichs, § 22 Abs. 3 GVRS die Landkreise als Schuldner der zur Finanzierung dieser Ausgleichsleistungen zu erhebenden Umlage. Für die kreisangehörigen Gemeinden begründet der Verkehrslastenausgleich danach nicht unmittelbar kraft der gesetzlichen Regelungen in § 4 Abs. 2, § 22 Abs. 3 GVRS eine finanzielle Leistungspflicht. Die Abwälzung der finanziellen Belastungen aus dem Verkehrslastenausgleich auf die kreisangehörigen Gemeinden kann nur durch Erhebung einer entsprechenden Kreisumlage nach § 49 Abs. 2 LKrO erfolgen. Dies setzt eine in kommunaler Eigenverantwortung zu fällende Entscheidung des Landkreises voraus, ob und in welcher Höhe er über die Haushaltssatzung eine den Verkehrslastenausgleich abdeckende Kreisumlage erhebt. Auch wenn es nahe liegt – und nach dem unwidersprochenen Vortrag der Antragstellerinnen zu 2) durch den Rems-Murr-Kreis zu ihren Lasten mittlerweile auch geschehen ist –, daß die Landkreise die Belastung aus dem Verkehrslastenausgleich mittels der Kreisumlage an die kreisangehörigen Gemeinden weitergeben, ist dies doch nicht rechtlich zwingend der Fall. Der Annahme einer unmittelbaren Betroffenheit auch der Antragstellerinnen zu 2) durch die nur über die Kreisumlage weitergegebene Belastung aus dem Verkehrslastenausgleich steht danach entscheidend entgegen, daß die Mittelung durch eine in Ausübung der kommunalen Selbstverwaltungshoheit getroffene eigenverantwortliche Entscheidung des Landkreises über die Kreisumlage erfolgt. Etwas anderes ergibt sich auch nicht aus den von den Antragstellerinnen zu 2) angeführten, aber im Sachverhalt anders gelagerten Entscheidungen des BVerfG in E 71, 25 (35) und NVwZ 1987, 123.

II.

Die Normenkontrolle des Antragstellers zu 1) bleibt in der Sache ohne Erfolg. Die von ihm angegriffenen Bestimmungen des § 4 Abs. 2 und § 22 Abs. 3 GVRS sind mit Art. 71 bis 75 LV vereinbar.

1. § 4 Abs. 2 S. 1 GVRS verpflichtet den Verband Region Stuttgart, an die Landeshauptstadt Stuttgart ab 1995 jährlich 27 Millionen DM „als Ausgleich für Lasten bei der Durchführung des schienengebundenen öffentlichen Personennahverkehrs durch die Stuttgarter Straßenbahnen AG" zu zahlen. Die Finanzierung dieser Zahlung erfolgt gem. § 22 Abs. 3 GVRS durch eine Umlage, welche die Landkreise – mit Ausnahme des Landkreises Göppingen (vgl. § 4 Abs. 3 GVRS) – an den Verband Region Stuttgart aufbringen. Zutreffend sehen der Antragsteller zu 1) und die Landesregierung in dem beschriebenen Finanzfluß zwischen den Landkreisen und der Landeshauptstadt Stuttgart über den Verband Region Stuttgart übereinstimmend eine Form des horizontalen kommunalen Finanzausgleichs. Denn es handelt sich um die gesetzlich angeordnete Verschiebung finanzieller Mittel zwischen kommunalen Hoheitsträgern, die aus einem bestimmten Anlaß und zu einem bestimmten Zweck erfolgt (vgl. zum Begriff des kommunalen Sonderlastenausgleichs BVerfG, Beschluß vom 7. 2. 1991 – 2 BvL 24/84 – BVerfGE 83, 362/390 sowie *Katz*, in: Handbuch der kommunalen Wissenschaft und Praxis, Band VI, 2. Auflage 1985, S. 311, 324 ff; *Henneke*, Die Kommunen in der Finanzverfassung des Bundes und der Länder, 1994, S. 107/109 f).

2. Als Sonderlastenausgleich im Rahmen des kommunalen Finanzausgleichs ist die angegriffene Regelung der Art nach verfassungsrechtlich grundsätzlich nicht zu beanstanden. Die Belastung der Kommunen mit einem Sonderlastenausgleich hat der Staatsgerichtshof bereits in seinem Urteil zu den „Klinikkostenbeiträgen" vom 2.6.1956 für grundsätzlich verfassungsrechtlich zulässig befunden (aaO, S. 168).

Erweist sich danach der in § 4 Abs. 2, § 22 Abs. 3 GVRS angeordnete Verkehrslastenausgleich als insoweit verfassungsrechtlich nicht zu beanstandende Ausformung des kommunalen Finanzausgleichs, ist seine konkrete Verfassungsmäßigkeit in erster Linie an Art. 73 Abs. 3 LV zu messen. Diese Bestimmung in der Landesverfassung räumt allerdings zunächst den Gemeinden und Gemeindeverbänden nur einen Beteiligungsanspruch an den Steuereinnahmen des Landes unter Berücksichtigung seiner Aufgaben ein und überläßt es dem Gesetzgeber, „Näheres" zu regeln. Das in dieser Verfassungsbestimmung angesprochene Finanzausgleichsgesetz kann nach der Rechtsprechung des Staatsgerichtshofs aber auch umgekehrt Ausgleichsleistungen der kommunalen Körperschaften an das Land erfassen (StGH,

Urteil vom 2. 6.1956, aaO). Auch der horizontale Finanzausgleich zwischen den Kommunen ist nach Auffassung des Staatsgerichtshofs von dem verfassungsrechtlichen Regelungsvorbehalt in Art. 73 Abs. 3 S. 2 LV umfaßt. Ausdrückliche Vorgaben für die zulässige Ausgestaltung des kommunalen Finanzausgleichs enthält Art. 73 Abs. 3 LV nicht. Nach gefestigter Rechtsprechung des Staatsgerichtshofs ist Art. 73 LV für die Regelungen des Finanzausgleichs jedoch ein allgemeines Willkürverbot zu entnehmen. Es verlangt, daß „für eine gesetzliche Differenzierung beim Finanzausgleich ein vernünftiger, sich aus der Natur der Sache ergebender oder sonstwie einleuchtender Grund" vorhanden ist (StGH, Urteil vom 15. 6.1974 – GR 1/74 – ESVGH 24, 155/164; Urteil vom 1. 7.1972 – GR 5 und 8/71, 1/72 – ESVGH 22, 202/207; Urteil vom 2. 6.1956 – aaO, S. 169). In Übereinstimmung hiermit kommt nach der Rechtsprechung des Bundesverfassungsgerichts im grundsätzlich nicht grundrechtlich gesteuerten Bereich des Finanzausgleichs zwischen staatlichen Hoheitsträgern der allgemeine, als fundamentales Prinzip auch im Rechtsstaatsgebot verankerte Gleichheitssatz nur in seiner Ausprägung als Willkürverbot zur Anwendung (vgl. BVerfGE 83, 363/393), gegen das ein Verstoß erst festgestellt werden kann, wenn die Unsachlichkeit der Differenzierung evident ist (vgl. BVerfGE 88, 87/96 m. w. N.). Der Gesetzgeber handelt demgemäß nicht schon dann willkürlich, wenn er unter mehreren Lösungen nicht die zweckmäßigste, vernünftigste oder gerechteste wählt, vielmehr nur dann, wenn sich ein sachgerechter Grund für eine gesetzliche Bestimmung nicht finden läßt; dabei genügt Willkür im objektiven Sinn, d. h. die tatsächliche und eindeutige Unangemessenheit der Regelung in bezug auf den zu ordnenden Gesetzgebungsgegenstand (vgl. BVerfGE 55, 72/90; 36, 174/187; 4, 144/155).

Der Prüfung am Maßstab des Willkürverbots hält der angegriffene Verkehrslastenausgleich stand; insbesondere ist er durch die Regionalbedeutsamkeit des Schienenverkehrs der SSB sachlich gerechtfertigt (unten 3.). Die hiergegen vorgebrachten Einwände greifen nicht (unten 4.). Auch die Bemessung der Höhe des Verkehrslastenausgleichs (unten 5.) und die Bestimmung der Abgabepflichtigen (unten 6.) erweisen sich nicht als willkürlich.

3. Der zur Vermeidung des Willkürvorwurfs erforderliche sachliche Rechtfertigungsgrund für die Belastung des Verbands Region Stuttgart mit dem Verkehrslastenausgleich ist die Regionalbedeutsamkeit von Teilen des Schienenpersonennahverkehrs der SSB. Dieser Schienenverkehr erbringt Leistungen für die Region von solchem Gewicht, daß sie die finanzielle Belastung des Verbands Region Stuttgart hinreichend rechtfertigen.

Bereits die Begründung des Regierungsentwurfs zum Gesetz über die Errichtung des Verbands Region Stuttgart läßt keinen Zweifel daran, daß die

sachliche Rechtfertigung für den Verkehrslastenausgleich in der – positiven –
Bedeutung des Schienenpersonennahverkehrs der SSB für die Region gesehen
wurde. So heißt es in der Einzelbegründung des Regierungsentwurfs zu § 4
Abs. 2 GVRS in seiner ursprünglichen Fassung des Jahres 1994 (LT-Drs.
11/3067 S. 44):

> Mit der Vorhaltung und dem Betrieb des Schienenpersonennahverkehrs der SSB
> leistet die Landeshauptstadt Stuttgart im VVS ebenso wie die S-Bahn einen wesentlichen Beitrag zur Verbesserung des Gesamtverkehrs in der Region. Ohne die
> flächenhafte Feinverteilung der S-Bahn-Fahrgäste durch die SSB und die Aufteilung zwischen S-Bahn und Stadtbahn wird das System des integrierten
> Schienenschnellverkehrs in der Region nicht funktionieren. Die Forderung der
> Landeshauptstadt Stuttgart nach einem Ausgleich ihrer Lasten durch die kommunalen Gebietskörperschaften des Umlands unter Berücksichtigung der Vorteile des
> Umlands ist deshalb dem Grunde nach gerechtfertigt. Daher soll der Verband der
> Landeshauptstadt Stuttgart entsprechende Ausgleichsleistungen gewähren (vgl. § 4
> Abs. 2). Hierfür sollen die Landkreise nach dem Einwohnerschlüssel aufkommen
> (siehe § 22 Abs. 3).

In der allgemeinen Begründung zum Gesetz über die Errichtung des
Verbands Region Stuttgart ist gleichfalls verschiedentlich von dem mit dem
Verkehrslastenausgleich bewirkten „Vorteilsausgleich zur Abgeltung regionaler Vorteile" die Rede (LT-Drs. 11/3067 S. 31, 33). Die Landesregierung
bestätigte diesen Standpunkt in der Einzelbegründung zur Neufassung des
§ 4 Abs. 2 GVRS im Jahre 1995; dort heißt es (LT-Drs. 11/5626 S. 72):

> In § 4 Abs. 2 wird der schon im Gesetz über die Errichtung des Verbands Region
> Stuttgart für gerechtfertigt angesehene Ausgleichsanspruch der Landeshauptstadt
> Stuttgart für die Lasten des SSB-Schienenverkehrs konkretisiert. ... Der SSB-Schienenverkehr (Straßenbahnbetrieb) bildet zusammen mit dem S-Bahn-Verkehr
> der Deutsche Bahn AG als integriertes System das Rückgrat des öffentlichen Personennahverkehrs in der Region Stuttgart. Er ist mithin ebenso wie die S-Bahn
> regionalbedeutsam ...

In Übereinstimmung mit den Gesetzesmaterialien legt das Gesetz selbst
die Regionalbedeutsamkeit auch des Schienenpersonennahverkehrs der SSB
normativ fest. § 3 Abs. 1 Nr. 4 GVRS weist dem Verband Region Stuttgart als
Pflichtaufgabe u. a. den „regionalbedeutsamen öffentlichen Personennahverkehr nach Maßgabe des § 4" zu. In § 4 GVRS sind unter der gemeinsamen
Überschrift „Regionalbedeutsamer öffentlicher Personennahverkehr" zwar
zunächst in Abs. 1 lediglich die Gewährleistung und Finanzierung des
S-Bahn-Verkehrs und der Aufgabenkreis des Zweckverbands Nahverkehr
Region Stuttgart als Pflichtaufgabe im Sinne des § 3 Abs. 1 Nr. 4 GVRS
genannt. Die Anordnung des Verkehrslastenausgleichs im Abs. 2 des § 4
GVRS „als Ausgleich für Lasten bei der Durchführung des schienengebundenen öffentlichen Personennahverkehrs durch die Stuttgarter Straßenbahnen

AG" läßt jedoch keinen Zweifel, daß das Gesetz auch diesen Schienenpersonennahverkehr der SSB dem regionalbedeutsamen öffentlichen Personennahverkehr zuordnet. Die gesetzliche Anerkennung der Regionalbedeutsamkeit des Schienenpersonennahverkehrs der SSB entspricht auch den tatsächlichen Gegebenheiten. Das Schienennetz der SSB ist u. a. wesentlich auch darauf angelegt, die täglich aus dem Umland in das Gebiet der Landeshauptstadt Stuttgart hineinkommenden und wieder herausfahrenden Fahrgäste innerhalb des Stadtgebiets zu verteilen. Dies belegen das dem Staatsgerichtshof vorliegende Kartenmaterial über das Schienennetz der SSB und dessen Erläuterung in den Schriftsätzen der Landesregierung und in der mündlichen Verhandlung. Danach übernehmen die Straßenbahnen der SSB am Stadtrandgebiet die aus dem Umland in erster Linie mit den S-Bahnen der Deutschen Bahn AG oder mit Buslinien nach Stuttgart hineinpendelnden Umlandfahrgäste zum Zwecke der Feinverteilung innerhalb des Stadtgebiets und bringen sie auch wieder an diese Endpunkte zurück. Basierend im wesentlichen auf der Verkehrsstromerhebung aus dem Jahre 1987, jedoch auch ergänzt durch weitere, zwischenzeitlich verfügbare Zählungen, hat die Landesregierung einen Anteil der Umlandfahrgäste von 30,56 % am täglichen Gesamtverkehrsaufkommen des SSB-Schienenverkehrs von 308 000 Fahrten errechnet. Zu einem vergleichbaren Ergebnis gelangt eine auf den Umlandverkehrsanteil des gesamten Stuttgarter öffentlichen Personennahverkehrs abstellende ergänzende Berechnung der Landesregierung. Ihr zufolge beträgt der Verkehrsanteil des Umlandes am integrierten Stuttgarter ÖPNV-Netz aus Stuttgarter Straßenbahn AG und S-Bahn 32 %. Die von den Antragstellern gegen diese Berechnungen vorgebrachten Einwände vermögen ihre grundsätzliche Aussagekraft nicht in Frage zu stellen. So ist es nicht zu beanstanden, daß die Berechnungen mangels neueren Zahlenmaterials wesentlich auf die Verkehrsstromerhebung 1987 zurückgreifen. Es spricht nichts dafür, daß sie für den Beleg der Regionalbedeutsamkeit des Schienenverkehrs der SSB zum Zeitpunkt des Erlasses der angegriffenen gesetzlichen Bestimmungen gänzlich ungeeignet gewesen seien. Neben der durch das vorhandene Schienennetz nachweisbaren Feinverteilungsfunktion der Stuttgarter Straßenbahn liefern die Zahlen über den Umlandverkehrsanteil ohnehin nur einen ergänzenden Beleg für die Regionalbedeutsamkeit des Schienenpersonennahverkehrs der SSB. Hierfür genügen relativ grobe Angaben über den Anteil der Umlandfahrgäste am Schienenverkehr. Demzufolge vermögen auch die einzelnen Einwendungen der Antragsteller gegen verschiedene Rechnungsposten in der Berechnung der Landesregierung deren Grundaussage über einen etwa 30 %igen Umlandverkehrsanteil am Schienenpersonennahverkehr der SSB nicht grundsätzlich in Frage zu stellen.

Verkehrslastenausgleich im Verband Region Stuttgart 27

Zu Unrecht hält der Antragsteller zu 1) den Berechnungen der Landesregierung schließlich entgegen, daß sie schon deshalb nicht zum Beleg der Regionalbedeutsamkeit des Schienenpersonennahverkehrs der SSB herangezogen werden könnten, weil sie bei Erlaß der angegriffenen gesetzlichen Bestimmungen über den Verkehrslastenausgleich offensichtlich dem Gesetzgeber nicht vorgelegen hätten. Mit den Berechnungen zum Umlandverkehrsanteil bestätigt die Landesregierung lediglich die Richtigkeit der in §§ 3, 4 GVRS normierten Annahme des Gesetzgebers von der Regionalbedeutsamkeit auch des Schienenpersonennahverkehrs der SSB, unterschiebt dem Gesetzgeber jedoch nicht nachträglich eine so nicht in Erwägung gezogene Begründung für die gesetzliche Regelung.

Aus der Regionalbedeutsamkeit des Schienenpersonennahverkehrs der SSB folgt allerdings weder ein unmittelbarer wirtschaftlicher Vorteil für den Verband Region Stuttgart oder die an das Stadtgebiet angrenzenden Landkreise, noch ändert sie etwas daran, daß es sich bei Errichtung und Betrieb der Stuttgarter Straßenbahnen innerhalb des Stadtgebiets Stuttgart um eine freiwillige Selbstverwaltungsaufgabe der Stadt selbst handelt (vgl. §§ 5, 6 ÖPNVG), nicht hingegen um eine eigentlich den Umlandkreisen obliegende Aufgabe. Gleichwohl liegt die möglichst reibungslose Abwicklung gerade auch des Pendlerverkehrs zwischen dem Zentrum Stuttgart und dem Umland natürlich auch wesentlich im (Gemeinwohl-)Interesse der Bevölkerung der Umlandkreise. Daß die Landeshauptstadt Stuttgart zunächst ein erhebliches Eigeninteresse an der möglichst effektiven Bewältigung der Pendlerströme durch den öffentlichen Personennahverkehr hat, nimmt dieser Leistung nicht ihren Wert auch für die Region. Das Land, die Landeshauptstadt Stuttgart und die Landkreise haben dieses gemeinsame Interesse in der Vergangenheit im Grundsatz ebenso gesehen, wie die verschiedenen zwischen ihnen, der Deutschen Bundesbahn und der SSB geschlossenen Verträge im Zusammenhang mit dem Verkehrsverbund in der Region Stuttgart belegen (vgl. etwa den Grundvertrag vom 19. 12. 1977, die Finanzierungsverträge vom 19. 12. 1977 und vom 29. 6. 1992 oder auch die Gründung des Zweckverbands Nahverkehr Region Stuttgart im Jahre 1992). Zwar ist nicht zu verkennen, daß es in erster Linie das gesamte integrierte System von Schiene und Bussen in der Region ist, das den öffentlichen Personennahverkehr hier trägt. Dies ändert indes nichts daran, daß gerade auch der auf dem Gebiet der Landeshauptstadt Stuttgart durch die Straßenbahnen abgewickelte Verkehr mit Rücksicht auf seine Feinverteilungsfunktion für die Umlandfahrgäste einen wichtigen spezifischen Eigenbeitrag an der Regionalbedeutsamkeit des Gesamtverkehrssystems erbringt. Wenn der Gesetzgeber diesen Beitrag zum Anlaß nimmt, die Region zur Mitfinanzierung für den regionalbedeutsamen Anteil des defizitären Schienenpersonennahverkehrs der SSB heranzuziehen, ist dies durch einen hinreichenden Sachgrund gerechtfertigt, jedenfalls nicht willkürlich.

4. a) Der zentrale rechtliche Einwand des Antragstellers zu 1) gegen den Verkehrslastenausgleich zielt darauf, daß die Landkreise nach § 22 Abs. 3 GVRS über die Umlage an den Verband Region Stuttgart fremde, da weder ihnen noch dem Verband obliegende Aufgaben finanzieren müssen, ohne auf deren Erfüllung Einfluß nehmen zu können. Im wesentlichen in dieselbe Richtung gehende Vorbehalte haben der Landkreistag, der Gemeindetag und die Kommunen im Gesetzgebungsverfahren geäußert (vgl. LT-Drs. 11/3067, S. 41).

Im Ausgangspunkt teilt die Landesregierung diese Einschätzung des Verkehrslastenausgleichs als Teilfinanzierung fremder Aufgaben. Sie entspricht auch der Gesetzeslage. Nach § 6 Abs. 1 ÖPNVG obliegt den Stadt- und Landkreisen die Sicherstellung einer ausreichenden Bedienung der Bevölkerung mit Verkehrsleistungen im öffentlichen Personennahverkehr (§ 5 ÖPNVG) als freiwillige Aufgabe der Daseinsvorsorge in eigener Verantwortung. Eine Ausnahme hiervon (§ 6 Abs. 2 S. 2 ÖPNVG) sieht § 3 Abs. 1 Nr. 4 GVRS vor, der dem Verband Region Stuttgart als Pflichtaufgabe den „regionalbedeutsamen öffentlichen Personennahverkehr nach Maßgabe des § 4" GVRS überträgt. Der Abs. 1 des in bezug genommenen § 4 GVRS nennt ausdrücklich nur die Gewährleistung und Finanzierung des S-Bahn-Verkehrs – gemeint ist hiermit der der Deutschen Bahn AG – und die Aufgaben des am 29. Juni 1992 vereinbarten, mittlerweile durch § 4 Abs. 4 GVRS aufgelösten Zweckverbands Nahverkehr Region Stuttgart als Aufgaben nach § 3 Abs. 1 Nr. 4 GVRS. Nach § 3 der Zweckverbandssatzung (vgl. StAnz. Nr. 63 vom 5. 8. 1992) war Aufgabe des Zweckverbands Nahverkehr Region Stuttgart die Verwirklichung und anteilige Finanzierung der tariflichen Vollintegration, die Verwirklichung des 15-Minuten-Taktes der S-Bahn und der Ausgleich von zusätzlichen Umsteigeverlusten aus der Verbundstufe. Darunter fallen nicht der Betrieb und die Finanzierung des Schienenverkehrs der Stuttgarter Straßenbahnen AG. Er ist demzufolge nach § 3 Abs. 1 Nr. 4 i. V. m. § 4 Abs. 1 GVRS nicht Pflichtaufgabe des Verbands Region Stuttgart und damit auch nicht der ihn letztlich finanzierenden Landkreise. Auch in § 4 Abs. 2 GVRS wird weder dem Verband noch den Landkreisen der Betrieb der Stuttgarter Straßenbahnen als eigene Aufgabe übertragen. Die genannte Bestimmung enthält lediglich die finanzielle Verpflichtung des Verbands Region Stuttgart, ab dem Jahr 1995 der Landeshauptstadt Stuttgart „als Ausgleich für Lasten bei der Durchführung des schienengebundenen öffentlichen Personennahverkehrs durch die Stuttgarter Straßenbahnen AG" jährlich 27 Millionen DM zu zahlen.

Mithin obliegt der Betrieb des schienengebundenen öffentlichen Personennahverkehrs der Stuttgarter Straßenbahnen AG weder dem Verband noch den Landkreisen als eigene Aufgabe; ihnen wird in § 4 Abs. 2 GVRS insoweit in der Tat lediglich die Mitfinanzierung einer fremden Aufgabe auferlegt.

Die Mitfinanzierungspflicht des Verbands Region Stuttgart und über die Umlage nach § 22 Abs. 3 GVRS auch der Landkreise für eine fremde Verwaltungsaufgabe ist jedoch im Ergebnis verfassungsrechtlich nicht zu beanstanden. Es gibt keinen Verfassungsrechtssatz des Inhalts, daß Hoheitsträger durch Sonderlastenausgleich nicht auch zur Mitfinanzierung von Aufgaben anderer Hoheitsträger herangezogen werden können. Insbesondere gilt auf landesrechtlicher Ebene nicht das im Konnexitätsprinzip des Art. 104a Abs. 1 GG für den Bereich des Bundes geregelte Verhältnis von Aufgaben- und Ausgabenverantwortung. Diese Vorschrift des Grundgesetzes bezieht sich auf das Verhältnis des Bundes zu den Ländern, legt die Kostenverteilung zwischen ihnen fest und überläßt die Regelung der Kostenverteilung zwischen den Ländern und ihren Gemeinden und Gemeindeverbänden dem Landesrecht (vgl. StGH, Urteil vom 10.10.1993 – GR 3/93 – ESVGH 44, 1/3 f). Die Lastenverteilungsregel des Art. 104a Abs. 1 GG stellt für die Ausgabenlast und ihre Konnexität mit der Aufgabenverantwortung allein Bund und Länder einander gegenüber und behandelt die Gemeinden und Gemeindeverbände als Glieder des betreffenden Landes (BVerfGE 86, 148/215). Einer Einbeziehung der Gemeinden und Gemeindeverbände in das Land steht der Anwendung des Konnexitätsprinzips auf landesverfassungsrechtlicher Ebene entgegen. Durch die Regelung des Art. 71 Abs. 1 i.V.m. Art. 73 Abs. 1 LV trägt das Land grundsätzlich die Finanzverantwortung für die Gemeinden und Gemeindeverbände. Land und Gemeinden sowie Gemeindeverbände stehen sich daher nicht auf dieselbe Weise eigenständig gegenüber wie Bund und Land (zu diesen Grundsätzen vgl. StGH, Urteil vom 10.10.1993, aaO, S. 4; ebenso VerfGH Nordrhein-Westfalen, DÖV 1985, 620/621).

Gleichwohl ist die Verpflichtung eines kommunalen Hoheitsträgers zur (Teil-)Finanzierung einer fremden Aufgabe verfassungsrechtlich nicht völlig unbedenklich und nicht stets uneingeschränkt zulässig. Dies gilt besonders dann, wenn – wie hier – die allein zahlungspflichtigen Kommunen oder Kommunalverbände keine Einflußnahmemöglichkeit auf Umfang, Art und Weise der Aufgabenwahrnehmung und keine Kontrollmöglichkeit hierüber haben. Es bedarf stets eines hinreichend gewichtigen sachlichen Rechtfertigungsgrundes für die Auferlegung einer solchen Verpflichtung zur Finanzierung in fremder Verantwortung stehender Aufgaben. Dies hat der Staatsgerichtshof auch in seiner bereits zitierten Entscheidung vom 2.6.1956 (aaO,

BWVBl. 1956, 169) zum Klinikkostenbeitrag im Rahmen der Gleichheitsprüfung gefordert. Es wäre daher verfassungsrechtlich nicht hinnehmbar, einen kommunalen Hoheitsträger im Wege des Sonderlastenausgleichs gesetzlich zur Finanzierung einer fremden Aufgabe zu verpflichten, die in keinerlei Bezug zu seinen Angelegenheiten steht oder sogar seinen Interessen zuwider läuft.

Ein sachlicher Rechtfertigungsgrund für die Verpflichtung zur Finanzierung fremder Aufgaben kann etwa darin liegen, daß der ausgleichsberechtigte Hoheitsträger eine Aufgabe wahrnimmt, für deren Erfüllung ansonsten der Ausgleichspflichtige Sorge tragen müßte, wodurch ihm eine eigene Aufgabe erspart würde oder dem ausgleichspflichtigen Hoheitsträger sonst ein zurechenbarer Vorteil entstünde.

Letzteres ist hier im Hinblick auf die festgestellte Regionalbedeutsamkeit (siehe oben 3.) wesentlicher Teile des Schienenpersonennahverkehrs der SSB der Fall. Die Feinverteilung der Umlandfahrgäste im Stadtgebiet von Stuttgart über das Streckennetz der SSB ist zwar zunächst für die Landeshauptstadt Stuttgart eine in ihrem Eigeninteresse liegende Notwendigkeit, erweist sich auf der anderen Seite jedoch für die Bevölkerung der Umlandkreise und damit auch für die Landkreise selbst objektiv von Vorteil. Denn ein funktionierender öffentlicher Personennahverkehr zwischen der Region und dem Zentrum Stuttgart wie auch innerhalb des Stadtgebiets von Stuttgart liegt offensichtlich nicht nur im Interesse jedes einzelnen privaten Umlandfahrgasts von und nach Stuttgart, sondern ist auch von hoher Bedeutung für das Gemeinwohlinteresse sowohl der Landeshauptstadt als auch der Umlandkreise. Vor diesem Hintergrund ist es verfassungsrechtlich nicht zu beanstanden, daß sich der Landesgesetzgeber in Erkenntnis des strukturell defizitären Straßenbahnbetriebs dafür entschieden hat, die Aufgabenverantwortung hierfür bei der Landeshauptstadt zu belassen und nur die Finanzierung dieser Sonderlast, soweit sie auf der Verteilung der Umlandfahrgäste beruht, dem Verband und den letztlich dahinterstehenden Landkreisen zu übertragen. Daß bisher weder gesetzlich noch durch die u. a. zwischen der Landeshauptstadt Stuttgart und den Landkreisen geschlossenen Verträge zur Koordinierung und gemeinsamen Teilfinanzierung bestimmter Aufgaben des öffentlichen Personennahverkehrs in der Region die durch den regionalbedeutsamen Schienenverkehr verursachten Defizite bei der SSB auf die Landkreise abgewälzt wurden, kann den Gesetzgeber nicht hindern, diesem Umstand nunmehr durch einen Sonderlastenausgleich Rechnung zu tragen.

Es bedarf hier keiner Entscheidung des Staatsgerichtshofs, ob in Fällen wie diesem, in denen die zahlungspflichtigen Kommunen oder Kommunalverbände keinen Einfluß auf und keine Kontrolle über die Art und Weise der Aufgabenwahrnehmung haben, ein Sonderlastenausgleich von Verfassungs wegen auf eine feste Größe beschränkt sein muß, um unkalkulierbare Risiken für die Zahlungspflichtigen zu vermeiden. Dies ist hier in § 4 Abs. 2 S. 1 GVRS der Fall.

b) Im Gesetzgebungsverfahren haben sich der Gemeindetag und zahlreiche Kommunen gegen den Verkehrslastenausgleich mit der Begründung gewandt, die besonderen Belastungen der Landeshauptstadt Stuttgart durch den regionalbedeutsamen Schienenpersonennahverkehr der SSB seien durch das hohe Spannungsverhältnis der Kopfbeträge im allgemeinen Finanzausgleich, der für die Landeshauptstadt Stuttgart eine Bedarfsmeßzahl von 1 : 1,86 festsetze (vgl. § 7 Abs. 2 FAG) „mehr als angemessen ausgeglichen" (vgl. hierzu LT-Drs. 11/3067, S. 36). Diese Einschätzung teilt der Antragsteller zu 1) unter Hinweis auf einen vom Staatsministerium am 9. 3. 1993 für die Regierungskommission Verwaltungsreform vorgelegten „Bericht des Finanzministeriums zum Ausgleich zentralörtlicher Lasten der Stadt Stuttgart", worin die Auffassung vertreten werde, daß das erhöhte „Spannungsverhältnis" im kommunalen Finanzausgleich unter anderem die Belastungen der Stadt Stuttgart durch den ÖPNV abgelte.

In der Tat verlöre die festgestellte Regionalbedeutsamkeit des Schienenverkehrs der SSB wohl ihre Rechtfertigungskraft für den Verkehrslastenausgleich, wenn die aus der Bedienung der Umlandfahrgäste durch die SSB für die Landeshauptstadt Stuttgart resultierenden Sonderlasten bereits im allgemeinen Finanzausgleich abgedeckt wären.

Dies ist indes nicht so. Zutreffend verweist die Landesregierung in diesem Zusammenhang darauf, daß das Gesetz über den kommunalen Finanzausgleich in Baden-Württemberg zwar in den Schlüsselzuweisungen nach § 5 FAG an die Gemeinden durch das sog. „Spannungsverhältnis" (§ 7 Abs. 2 FAG) bei der Bedarfsmeßzahl allgemeine zentralörtliche Erschwernisse in gewissem Umfang berücksichtigt, besonderen zentralörtlichen Belastungen aber, wie etwa den Schullasten, den Straßenlasten, den Krankenhauslasten und eben auch den Verkehrslasten, im Wege eines gezielten Sonderlastenausgleichs Rechnung trägt, um so wirksam und „elastisch" auf die sehr unterschiedlichen örtlichen Verhältnisse reagieren zu können. Dieses differenzierte Ausgleichssystem hat das Gesetz über den kommunalen Finanzausgleich ganz bewußt auf Empfehlung der „Gemeinsamen Kommission zur Erarbeitung von Grundlagen und Vorschlägen für eine Neuregelung des kommunalen Finanzausgleichs" (Finanzausgleichskommission) aus dem Jahre 1977 beibehalten und ausgebaut (vgl. hierzu den Bericht der Finanzausgleichskommission vom 21. 6. 1977, S. 21 ff mit Anlage 5 und S. 29 f). Dementsprechend sieht das Gesetz über den kommunalen Finanzausgleich im zweiten Abschnitt unter der Überschrift „Ausgleich von Sonderlasten" einen

„Verkehrslastenausgleich" vor (§§ 24 – 28 FAG). Darin sind zweckgebundene Zuweisungen an die Gemeinden und Landkreise aus der Kraftfahrzeugsteuer-Verbundmasse „zur Förderung der ihnen auf dem Gebiet des Verkehrs obliegenden Aufgaben" (§ 24), Pauschalzuweisungen für den Neu-, Um- und Ausbau sowie die Unterhaltung von Kreis- und Gemeindestraßen (§§ 25, 26 FAG) sowie allgemeine ergänzende Zuweisungen zur Förderung des öffentlichen Personennahverkehrs (§§ 27 Abs. 2, 28 FAG) geregelt. Ein Ausgleich besonderer zentralörtlicher Belastungen, wie sie hier der Landeshauptstadt Stuttgart durch die Regionalbedeutsamkeit des Schienenverkehrs der SSB entstehen, ist in den genannten Bestimmungen des Finanzausgleichsgesetzes nicht enthalten. Sofern das Finanzministerium in seinem vom Antragsteller zu 1) zitierten Bericht aus dem Jahre 1983 hierzu anderer Auffassung sein sollte, was nicht eindeutig ist, träfe dies nicht zu. Die Schaffung des Verkehrslastenausgleichs für die Landeshauptstadt Stuttgart in § 4 Abs. 2 GVRS ist mithin nicht deshalb überflüssig und damit sachwidrig, weil diese Sonderlasten der Landeshauptstadt im Finanzausgleichsgesetz bereits berücksichtigt wären.

c) Ohne Erfolg versucht der Antragsteller zu 1) die Verfassungswidrigkeit des Verkehrslastenausgleichs im Anschluß an ein von *Püttner* im Dezember 1994 erstattetes Rechtsgutachten damit zu begründen, daß er einen nicht gerechtfertigten Systembruch im bestehenden Regelwerk des kommunalen Finanzausgleichs darstelle. Die Systemwidrigkeit des Verkehrslastenausgleichs ergebe sich in zweifacher Hinsicht. Zum einen würden durch ihn die Landkreise zur Finanzierung einer freiwilligen Selbstverwaltungsaufgabe der Landeshauptstadt Stuttgart herangezogen, dies sei den Sonderlastenausgleichsregelungen des Gesetzes über den Finanzausgleich fremd. Zum anderen müßten nach § 22 Abs. 3 GVRS letztlich die Landkreise die Kosten des Verkehrslastenausgleichs tragen, obgleich sie nicht Mitglieder des Verbands Region Stuttgart seien. Auch dies sei mit dem geltenden System der Finanzierung körperschaftlicher Aufgaben durch Umlagen, wie sie bisher an verschiedenen Stellen im Landesrecht geregelt seien, nicht vereinbar.

Der Verstoß einer Bestimmung gegen vom Gesetzgeber selbst gesetzte Wertungssysteme und Regelungsstrukturen ist nicht aus sich heraus ohne weiteres verfassungswidrig, sondern allenfalls ein Indiz für einen Gleichheitsverstoß (vgl. BVerfGE 85, 238/247; 81, 156/207; 78, 104/123). Der Gesetzgeber wird durch das sog. Gebot der „Systemgerechtigkeit" an die eigenen Grundentscheidungen nur in dem Sinne gebunden, daß gegensätzliche Regelungen einer folgerichtigen Begründung bedürfen. Verfassungsrechtlich relevant ist nicht die Konsistenz oder die Inkonsistenz der Gesetzessystematik für sich genommen, sondern ausschließlich das Ergebnis einer Regelung für den Betroffenen (vgl. *Osterloh,* in: Sachs, GG-Kommentar, 1996, Art. 3 Rdn. 99 sowie *Kirchhof,* HStR Bd. V, § 124 Rdn. 231 ff jeweils m. w. N.). Zum Bund-Länder-Finanzausgleich hat das Bundesverfassungsgericht in entsprechendem Zusammenhang ausgeführt, das Willkürverbot sei in diesem Zusammenhang erst dann verletzt, wenn der Gesetzgeber selbstgesetzte Maßstäbe für die – stufenweise – Wirkung des angemessenen Ausgleichs ohne irgendwie einleuchtenden Grund wieder verlasse und dies Ergebnisse hervorrufe, die zu den selbstgesetzten Maßstäben und Ausgleichsschritten in Widerspruch stünden (BVerfGE 86, 148/252).

Gegen diese Grundsätze verstößt der Verkehrslastenausgleich nicht.

Der Antragsteller zu 1) weist allerdings im Ausgangspunkt zu Recht darauf hin, daß die im 2. Abschnitt des Gesetzes über den kommunalen Finanzausgleich geregelten Sonderlastenausgleiche anders als der hier in Streit stehende Verkehrslastenausgleich ganz überwiegend nicht im Rahmen des horizontalen Finanzausgleichs zwischen Gemeinden und Gemeindeverbänden erfolgen, sondern Anwendungsfälle des vertikalen Finanzausgleichs zwischen Land und Selbstverwaltungskörperschaften sind. Lediglich die Bestimmung über die Erstattung der Schülerbeförderungskosten in § 18 Abs. 1, 2 FAG und über den Schullastenausgleich für Schüler der Grundschule in § 19 FAG regeln Fälle des horizontalen Sonderlastenausgleichs. Insoweit bewegt sich der Verkehrslastenausgleich nach §§ 4 Abs. 2, 22 Abs. 3 GVRS im Rahmen des geltenden Finanzausgleichsrechts. Den eigentlichen Systembruch sieht der Antragsteller zu 1) hierbei nun darin, daß in beiden Fällen, bei den Schülerbeförderungskosten wie auch beim Schullastenausgleich, jeweils die Selbstverwaltungskörperschaften, denen „eigentlich" die betreffende Aufgabe obliege, zum Finanzausgleich gegenüber jenen Körperschaften verpflichtet würden, die im konkreten Fall diese Aufgabe wahrnähmen. Dies seien bei den Schülerbeförderungskosten die Stadt- und Landkreise gegenüber den Schulträgern (vgl. zum System der Erstattung der Schülerbeförderungskosten VGH Baden-Württemberg, Urteil vom 10. 6. 1991 – 9 S 2111/90 – SPE 670 Nr. 38) und bei den sachlichen Schulkosten im Grundschulbereich der für den Wohnort zuständige Schulträger gegenüber dem durch schulgebietsfremde Schüler tatsächlich belasteten Schulträger (vgl. § 19 Abs. 1 FAG).

Diese Funktionsverteilung trifft auf das Verhältnis des Verbands Region Stuttgart bzw. der letztlich belasteten Landkreise zur Landeshauptstadt Stuttgart nicht zu. Der Verkehrslastenausgleich dient, worauf der Antragsteller zu 1) zu Recht hinweist, nicht der Finanzierung einer eigentlich dem Verband oder den Landkreisen obliegenden Aufgabe, sondern, wie sich aus §§ 5, 6 ÖPNVG ergibt, einer freiwilligen Selbstverwaltungsaufgabe der Landeshauptstadt Stuttgart. Dies führt indes nicht zur Verfassungswidrigkeit der

Regelung. Den beiden Vorschriften über den horizontalen Sonderlastenausgleich in §§ 18, 19 FAG kann ersichtlich schon keine durchgängige Regelungsstruktur und kein generelles gesetzliches Wertungssystem des Inhalts entnommen werden, daß ein Sonderlastenausgleich zwischen Selbstverwaltungskörperschaften ausschließlich wegen ersparter Aufwendungen für die ansonsten gebotene Wahrnehmung eigener Aufgaben angeordnet werden dürfte. §§ 18, 19 FAG sind Einzelfallregelungen, wobei die Ersparung eigener Aufwendungen natürlich ein vernünftiger Sachgrund für eine „horizontale" Sonderlastenausgleichsabgabe ist; die Möglichkeit anderer sachlicher Rechtfertigungsgründe für einen horizontalen Sonderlastenausgleich wird damit gleichwohl nicht abgeschnitten. Demzufolge bleibt es auch unter dem Gesichtspunkt der Systemgerechtigkeit bei der bereits getroffenen Feststellung (oben a) und insbes. unter 3.), daß die Regionalbedeutsamkeit von Teilen des Schienenpersonennahverkehrs der SSB ein hinreichender sachlicher Rechtfertigungsgrund ist, der es dem Gesetzgeber, wie in § 4 Abs. 2 GVRS geschehen, erlaubt, den Verband Region Stuttgart zur Teilfinanzierung der regionalbedeutsamen Teile des Schienenverkehrs der Stadt Stuttgart heranzuziehen, obgleich es sich insoweit um eine freiwillige Selbstverwaltungsaufgabe der Landeshauptstadt handelt. Die dogmatische Einordnung des Verkehrslastenausgleichs als Teil des horizontalen Sonderlastenausgleichs verleiht der Frage nach dem sachlichen Rechtfertigungsgrund insoweit keine andere Qualität.

Die Heranziehung der Landkreise in § 22 Abs. 3 GVRS zur Finanzierung des Verkehrslastenausgleichs durch Umlage ordnet der Antragsteller zu 1) zu Recht nicht dem System des kommunalen Finanzausgleichs zu, sondern sieht darin, wie bei einer Umlage typisch, ein Mittel zur Finanzierung des Verkehrslastenausgleichs. Der Vorwurf des „Systembruchs", weil die Landkreise nicht körperschaftliche Mitglieder des Verbands Region Stuttgart seien, ist allerdings schon im Ansatz verfehlt. Auch andere gesetzliche Umlagen sind nicht dadurch gekennzeichnet, daß sie jeweils nur von Verbandsmitgliedern erhoben werden könnten (so etwa die bei den kreisangehörigen Gemeinden zu erhebende Kreisumlage nach § 49 Abs. 2 LKrO); denn auch die Gemeinden sind nicht Mitglieder der Gebietskörperschaft Landkreis. Zu § 22 Abs. 3 GVRS bleibt es mithin bei der weiter unten (5.) zu beantwortenden Frage, ob es einen hinreichenden sachlichen Grund dafür gibt, letztlich die Kreise mit dem Verkehrslastenausgleich zu belasten. Unter dem Gesichtspunkt der Systemgerechtigkeit hingegen besteht insoweit kein zusätzlicher Rechtfertigungsbedarf.

d) Der Antragsteller zu 1) hält den Verkehrslastenausgleich schließlich schon deshalb für dem Grunde wie der Höhe nach willkürlich, weil er in offensichtlich sachwidriger Weise nur geschaffen worden sei, um durch seine

Finanzleistungen an die Landeshauptstadt Stuttgart diese von der Kündigung des Staatstheatervertrags abzuhalten, der sie mit jeweils 50% des jährlichen Defizits aus dem Betrieb des Staatstheaters belaste. Zwar lassen die Gesetzesmaterialien zu § 4 Abs. 2 GVRS die vom Antragsteller zu 1) behauptete Verknüpfung zwischen Verkehrslastenausgleich und Staatstheatervertrag nicht erkennen (vgl. LT-Drs. 11/3067, 28 ff, 37 ff und 43 ff sowie LT-Drs. 11/5626, 71 f). Der Vertrag zwischen dem Land Baden-Württemberg, der Landeshauptstadt Stuttgart, den Landkreisen und der SSB vom 1.12.1995 über den Verkehrslastenausgleich macht jedoch deutlich, daß jedenfalls zum Zeitpunkt des Vertragsschlusses – der allerdings zeitlich nach dem Inkrafttreten der Neufassung des § 4 Abs. 2 GVRS liegt – die in § 8 des Vertrags vereinbarte Verlängerung des „Vertrags zwischen dem Land und der Stadt über die Württembergischen Staatstheater vom 20.12.1983" bis zumindest zum 1.1.2000 ein wesentliches Anliegen zwischen den Vertragsbeteiligten war, das offensichtlich im Zusammenhang mit dem übrigen, die Finanzierung des öffentlichen Personennahverkehrs betreffenden Vertragsgegenstand stand. Die vom Antragsteller zu 1) darüber hinaus in diesem Verfahren mit Schriftsatz vom 28.11.1997 vorgelegten Unterlagen (Behördenprotokolle und Zeitungsberichte über öffentliche Äußerungen der beteiligten Politiker) sprechen in der Tat für seine Behauptung, daß schon zuvor – vor Erlaß der Neufassung des § 4 Abs. 2 GVRS im Juni 1995 – in den Verhandlungen zwischen dem Land und der Landeshauptstadt Stuttgart jedenfalls auf seiten der Stadt ein enger Zusammenhang zwischen der Fortführung des Staatstheatervertrags und der Schaffung des Verkehrslastenausgleichs gesehen wurde. Der weiteren Aufklärung bedarf dies indes nicht. Denn selbst wenn die Vertragsbeteiligten, insbesondere die Vertreter der Landeshauptstadt Stuttgart, die Verlängerung des Staatstheatervertrags in Abhängigkeit von der Schaffung eines angemessenen Verkehrslastenausgleichs gesehen hätten, führte dies allein nicht zur Willkürlichkeit der Regelung über den Verkehrslastenausgleich, da er sich unabhängig davon auf einen hinreichenden sachlichen Rechtfertigungsgrund stützen kann. Für die Verfassungsmäßigkeit eines Gesetzes kommt es insoweit grundsätzlich nur auf seinen Inhalt und seinen objektivierten, in den Materialien und im Gesetzestext selbst zum Ausdruck gelangten Regelungszweck an. Die unterschiedlichen Motive der am Zustandekommen des Gesetzes beteiligten – historischen – Personen hingegen sind für seine Verfassungsmäßigkeit grundsätzlich unerheblich. Das Schnüren von „politischen Paketen", die verschiedene zur Entscheidung anstehende Regelungsgegenstände enthalten, ohne daß sie notwendig einen inneren Zusammenhang miteinander aufweisen, mit dem Ziel, über sie nur gemeinsam, zumeist im Wege eines politischen Kompromisses zu entscheiden, ist im politischen Raum nicht nur vielfach üblich, sondern im grundgesetzlich vorgegebenen

Mehrparteiensystem auch strukturell so angelegt. Solche „Paketlösungen" sind für die getroffenen Einzelentscheidungen ohne Belang, sofern jede Entscheidung sich auf einen eigenständigen sachlichen Rechtfertigungsgrund stützen kann. Dies ist beim Verkehrslastenausgleich wegen der Regionalbedeutsamkeit des Schienenpersonennahverkehrs der SSB der Fall (s. dazu oben a) und 3.).

5. Die Bemessung der Höhe des Verkehrslastenausgleichs ist verfassungsrechtlich nicht zu beanstanden. Maßstab der verfassungsrechtlichen Prüfung ist auch insoweit das aus dem Gleichheitssatz fließende Willkürverbot. Das Bundesverfassungsgericht hat in seinem Beschluß zur Krankenhausumlage in Rheinland-Pfalz (BVerfGE 83, 363) darauf hingewiesen, daß das Äquivalenzprinzip kein tauglicher verfassungsrechtlicher Maßstab zur Beurteilung der gewählten Umlagehöhe sei. Das Äquivalenzprinzip sei nach der Rechtsprechung des Bundesverfassungsgerichts eine gebührenrechtliche Ausprägung des Grundsatzes der Verhältnismäßigkeit und besage, daß Gebühren in keinem Mißverhältnis zu der von der öffentlichen Gewalt gebotenen Leistung stehen dürften. Das lasse sich auf das Umlagerecht nicht übertragen. Zum einen stünden umlagepflichtige und umlageberechtigte Körperschaften einander nicht gegenüber wie abgabepflichtige Bürger und Staat; die Umlage unter Gebietskörperschaften sei keine Abgabe, auch nicht „im weiteren Sinne", sondern ein Instrument des Finanzausgleichs zwischen öffentlichen Aufgabenträgern. Daraus ergebe sich zum einen, daß mit einer Umlage stets auch allgemeine Finanzausgleichseffekte erzielt werden dürften, ohne daß dies insoweit mit einer speziellen Aufgaben- oder Ausgabenverantwortung oder -entlastung korrespondieren müßte. Dem Landesgesetzgeber stehe es daher frei, mit der Wahl auch untypischer Umlagemaßstäbe besondere Finanzausgleichseffekte zu erzielen. Die Umlage müsse allerdings dem Gleichheitsgrundsatz genügen und deshalb müßten sowohl der Kreis der Umlagepflichtigen als auch der Umlagemaßstab sachbezogen bestimmt werden (BVerfGE aaO, S. 392 ff).

Diese Grundsätze gelten auch für den Verkehrslastenausgleich nach § 4 Abs. 2 S. 1 GVRS als Form des Sonderlastenausgleichs, denn sie wurden vom Bundesverfassungsgericht nicht nur für die allein refinanzierende Umlage, sondern allgemein für die Instrumente des Finanzausgleichs formuliert. Ihnen genügt die Bemessung des Verkehrslastenausgleichs mit 27 Millionen DM je Jahr. Auf diese Höhe hat der Gesetzgeber den Verkehrslastenausgleich aus nachvollziehbaren, sachlichen Gründen festgelegt.

Die Begründung des Regierungsentwurfs zu § 4 Abs. 2 GVRS in der ursprünglichen Fassung des Jahres 1994 versteht den Verkehrslastenausgleich als „Vorteilsausgleich". Es heißt dort (LT-Drs. 11/3067, 44):

Verkehrslastenausgleich im Verband Region Stuttgart

Mit der Vorhaltung und dem Betrieb des Schienenpersonennahverkehrs der SSB leistete die Landeshauptstadt Stuttgart im VVS ebenso wie die S-Bahn einen wesentlichen Beitrag zur Verbesserung des Gesamtverkehrs in der Region. Ohne die flächenhafte Feinverteilung der S-Bahn-Fahrgäste durch die SSB und die Aufgabenteilung zwischen S-Bahn und Stadtbahn würde das System des integrierten Schienenschnellverkehrs in der Region Stuttgart nicht funktionieren. Die Forderung der Landeshauptstadt Stuttgart nach einem Ausgleich ihrer Lasten durch die kommunalen Gebietskörperschaften des Umlands unter Berücksichtigung der Vorteile des Umlands ist deshalb dem Grunde nach gerechtfertigt. Daher soll der Verband der Landeshauptstadt Stuttgart entsprechende Ausgleichsleistungen gewähren (§ 4 Abs. 2).

Weniger den Ausgleich eines nicht näher benannten Vorteils als vielmehr die Teilhabe an den Lasten aus dem Schienenverkehrsdefizit stellt die Begründung des Regierungsentwurfs zu der den Gegenstand der Normenkontrolle bildenden Neufassung des § 4 Abs. 2 GVRS durch das Gesetz zur Umsetzung der Bahnstrukturreform und zur Gestaltung des öffentlichen Personennahverkehrs in Baden-Württemberg vom 8.6.1995 in den Vordergrund; dort heißt es in der Einzelbegründung zu § 4 Abs. 2 (LT-Drs. 11/5626, 72):

Der SSB-Schienenverkehr (Stadtbahnbetrieb) bildet zusammen mit dem S-Bahn-Verkehr der Deutsche Bahn AG als integriertes System das Rückgrat des öffentlichen Personennahverkehrs in der Region Stuttgart. Er ist mithin ebenso wie die S-Bahn regionalbedeutsam und rechtfertigt Ausgleichsleistungen der Region an die Landeshauptstadt Stuttgart als Eigentümerin der SSB. Der mit 27 Millionen/Jahr festgelegte Ausgleichsbetrag zugunsten der Landeshauptstadt Stuttgart orientiert sich am Schienenverkehrsdefizit der SSB von 90 Millionen DM im Jahre 1992.

Hier wird deutlich, daß leitender Gesichtspunkt der Regelung in § 4 Abs. 2 S. 1 GVRS entsprechend der gesetzlichen Formulierung der „Ausgleich für Lasten bei der Durchführung des schienengebundenen öffentlichen Personennahverkehrs durch die Stuttgarter Straßenbahnen AG" ist, wobei der Gesetzgeber den sachlichen Rechtfertigungsgrund für die Beteiligung der Umlandkreise an diesen Lasten in der Regionalbedeutsamkeit des Schienenpersonennahverkehrs der SSB sieht (dazu oben unter 3.). An diesem gesetzlichen Ziel des Lastenausgleichs muß sich die Regelung messen lassen; für die Verfolgung weitergehender, distributiver Zielsetzungen durch den Verkehrslastenausgleich bestehen keine Anhaltspunkte.

Das Ziel, der Landeshauptstadt Stuttgart einen Ausgleich für die strukturellen Defizite des – auch regionalbedeutsamen – Schienenpersonennahverkehrs der SSB durch Zahlungen des Verbands Region Stuttgart zu verschaffen, beläßt dem Gesetzgeber gemäß den dargelegten Grundsätzen einen erheblichen Einschätzungs- und Regelungsspielraum. So ist es jedenfalls von Verfassungs wegen nicht geboten, die Höhe des Verkehrslastenausgleichs exakt auf den Umlandanteil am Schienenpersonennahverkehr der SSB festzulegen. Es genügt, wenn die Höhe des Verkehrslastenausgleichs sich nachvollziehbar und vertretbar hieran orientiert, ohne die regionalbedingte Verlustquote der SSB evident zu verfehlen.

Vor diesem Hintergrund ist es verfassungsrechtlich nicht zu beanstanden, daß der Gesetzgeber den Defizitanteil des regionalbedeutsamen Personennahverkehrs am Nutzeranteil der Umlandfahrgäste orientiert. Der beläuft sich, wie dargelegt (oben 3.), auf knapp ein Drittel des Gesamtfahrtenaufkommens des Schienenverkehrs der SSB im Stadtgebiet. Des Nachweises, daß der Eindrittelanteil der Umlandfahrgäste auch tatsächlich ein Drittel des Defizits der SSB verursacht, bedarf es hingegen angesichts des dem Gesetzgeber hier zustehenden Pauschalierungs- und Beurteilungsspielraums nicht. Deshalb kommt es auch nicht auf Einzelheiten der zwischen der Landesregierung und dem Antragsteller zu 1) in Streit stehenden Fragen an, ob die Bedienung der Umlandfahrgäste eher kostenintensiver oder kostengünstiger als die „einheimischer" Fahrgäste ist.

Für die Verfassungsmäßigkeit der konkreten Höhe des Verkehrslastenausgleichs genügt, daß die Drittelung des Defizits das Ziel des gerechten Ausgleichs der Lasten des Schienenpersonennahverkehrs der SSB wegen ihrer Regionalbedeutsamkeit nicht eindeutig verfehlt. Dies ist, wie gezeigt, nicht der Fall.

Der Antragsteller zu 1) wendet gegen die Drittelung des Straßenbahndefizits ein, sie sei in der Höhe allein und damit evident sachwidrig an der Belastung der Landeshauptstadt Stuttgart aus dem Staatstheatervertrag ausgerichtet; die nachträglichen Erwägungen der Landesregierung taugten nicht zur „Rettung" dieser gesetzgeberischen Fehlleistung. Selbst wenn der behauptete politische Zusammenhang zwischen der Verlängerung des Staatstheatervertrags und der Schaffung des Verkehrslastenausgleichs Motiv des „historischen" Gesetzgebers für die Bestimmung der Höhe des Verkehrslastenausgleichs wegen der Belastungen der Landeshauptstadt Stuttgart aus dem Staatstheatervertrag gewesen sein sollte, berührte dies die Wirksamkeit der gesetzlichen Regelung nicht. Denn der in den Gesetzesmaterialien und insbesondere im Gesetzestext selbst zum Ausdruck kommende Gesetzeszweck, mit dem Verkehrslastenausgleich durch Drittelung des „Schienenverkehrsdefizit (s) der SSB" aus dem Jahre 1992 (LT-Drs. 11/5626, S. 72) einen Ausgleich für Lasten bei der Durchführung des schienengebundenen öffentlichen Personennahverkehrs durch die Stuttgarter Straßenbahnen AG herbeizuführen, wurde, wie gezeigt, objektiv umgesetzt. Die Ausführungen der Landesregierung zum Anteil der Umlandfahrgäste am Fahrgastaufkommen des Schienenpersonennahverkehrs der SSB in Höhe von einem Drittel bestätigen lediglich die im Ergebnis nicht zu beanstandende Umsetzung des objektivierten Gesetzeswillens, schieben jedoch keine neue Begründung für den Verkehrslastenausgleich nach.

Es ist schließlich von Verfassungs wegen auch nicht zu beanstanden, daß der Verkehrslastenausgleich mit 27 Millionen DM je Jahr auf eine gleichbleibende Größe festgelegt und nicht etwa am jährlich neu zu ermittelnden Defizit des Schienenverkehrs der SSB orientiert ist. Dies ist vor allem mit Rücksicht darauf gerechtfertigt, wenn nicht gar geboten, daß weder der Verband Region Stuttgart noch die letztlich zahlungspflichtigen Umlandkreise Einfluß auf oder Kontrolle über die Stuttgarter Straßenbahnen AG haben. Die Dynamisierung des Verkehrslastenausgleichs durch Koppelung an das jährliche Defizit der Stuttgarter Straßenbahnen AG setzte die mit dem Verkehrslastenausgleich Belasteten daher einem von ihnen nicht steuerbaren und auch nicht kalkulierbaren Zahlungsrisiko aus. Die vom Gesetzgeber gewählte Form, den Verkehrslastenausgleich in der Höhe konkret festzulegen, ist daher sachgerecht. Diese Fixierung auf einen Umfang von 27 Millionen DM im Jahr entbindet den Gesetzgeber freilich nicht von der Pflicht, die Richtigkeit seiner Entscheidung „unter Kontrolle" zu halten mit der Folge, daß ein etwa deutlich und nachhaltig sich verringerndes Defizit im Schienenverkehr der SSB oder ein gravierender Rückgang des Umlandfahrgästeanteils hieran Anlaß zu einer entsprechenden Verringerung des Verkehrslastenausgleichs geben müßten.

6. Auch die Bestimmung des Kreises der Abgabepflichtigen in § 4 Abs. 2 S. 1 GVRS wie auch der Umlagepflichtigen in § 22 Abs. 3 GVRS ist von hinreichenden sachlichen Erwägungen getragen und verfassungsrechtlich nicht zu beanstanden.

Da der Verkehrslastenausgleich der Landeshauptstadt Stuttgart eine Entlastung für die Defizite des Schienenpersonennahverkehrs der SSB gewähren will, der wiederum wegen seiner Regionalbedeutsamkeit auch den Interessen der Region dient, ist es nur konsequent und sachgerecht, den Verband Region Stuttgart, der in wesentlichen Bereichen Träger des regionalbedeutsamen öffentlichen Personennahverkehrs ist (vgl. § 3 Abs. 1 Nr. 4, § 4 GVRS), mit der Abgabe zu belasten. Richtig ist es auch, in § 4 Abs. 2 S. 1 GVRS die Landeshauptstadt Stuttgart zur Zahlungsempfängerin zu bestimmen, denn sie hält die Stuttgarter Straßenbahnen AG zu 100%.

Nach § 22 Abs. 1 GVRS kann der Verband Region Stuttgart, soweit sein Finanzbedarf nicht über Gebühren und Zweckzuweisungen gedeckt wird, von den Gemeinden des Verbandsgebiets eine Umlage erheben. Abweichend hiervon werden Umlagen zur Deckung des Finanzbedarfs für den regionalbedeutsamen öffentlichen Personennahverkehr (§ 3 Abs. 1 Nr. 4 und § 4 GVRS) nach § 22 Abs. 2 GVRS von der Stadt Stuttgart und den Landkreisen erhoben. Auch dies ist sachgerecht, denn die Stadt- und Landkreise sind nach § 6 Abs. 1 ÖPNVG verantwortlich für die Sicherstellung einer ausreichenden Bedienung der Bevölkerung mit Verkehrsleistungen im öffentlichen Personennahverkehr, wovon die Zuständigkeit des Verbands Region Stuttgart für den regionalbedeutsamen öffentlichen Schienenpersonennahverkehr eine Ausnahme macht (vgl. § 6 Abs. 2 S. 2 ÖPNVG i. V. m. § 3 Abs. 1 Nr. 4, § 4 Abs. 1 GVRS). Wiederum eine Sonderregelung zu dem beschriebenen § 22 Abs. 2 GVRS enthält der hier mit der Normenkontrolle angegriffene § 22 Abs. 3 GVRS, indem er vorschreibt, daß die Finanzierung der Ausgleichsleistungen nach § 4 Abs. 2 GVRS durch eine Umlage erfolgt, welche die Landkreise im Verhältnis ihrer Einwohnerzahl aufzubringen haben. Auch diese Sonderregelung beruht auf sachgerechten, verfassungsrechtlich nicht zu beanstandenden Erwägungen. Sie nimmt entgegen § 22 Abs. 2 GVRS für die Finanzierung des Verkehrslastenausgleichs die Landeshauptstadt Stuttgart aus dem Kreis der Umlagepflichtigen heraus, da sie durch den Finanzlastenausgleich gerade von den besonderen Lasten durch den regionalbedeutsamen Schienenpersonennahverkehr der SSB entlastet werden soll. Nicht zu beanstanden ist es auch, daß § 4 Abs. 3 GVRS den Landkreis Göppingen aus dem Geltungsbereich des § 4 Abs. 1 und 2 GVRS sowie des § 22 Abs. 2 und 3 GVRS herausnimmt, solange er noch nicht in den Verkehrs- und Tarifverbund Stuttgart einbezogen ist. Solange dies nämlich nicht der Fall ist, hat er nicht uneingeschränkt an den Möglichkeiten des regionalbedeutsamen Schienenpersonennahverkehrs des Verbundsystems und damit auch nicht an dem der SSB teil. Im übrigen ist er der einzige Landkreis des Verbandes, der nicht unmittelbar an das Stadtgebiet der Landeshauptstadt Stuttgart grenzt, so daß die Annahme nahe liegt, seine Bevölkerung profitiere ohnehin nicht in vergleichbarer Weise wie die der unmittelbar an das Stadtgebiet grenzenden Landkreise von den regionalbedeutsamen Verkehrsleistungen der SSB.

Keine verfassungsrechtlichen Bedenken bestehen schließlich nach Auffassung des Staatsgerichtshofs dagegen, daß § 22 Abs. 3 GVRS die Umlage auf die Landkreise „im Verhältnis ihrer Einwohnerzahl" aufteilt. Dieser Verteilungsschlüssel liegt innerhalb der Bandbreite des gesetzgeberischen Pauschalierungsspielraums. Es erscheint nicht sachwidrig, den Verkehrslastenausgleich nach Maßgabe ungewichteter Kopfteile auf die betroffenen Landkreise zu verteilen, da vermutet werden darf, daß sie entsprechend ihrer Einwohnerzahl den regionalbedeutsamen Personennahverkehr der SSB in Anspruch nehmen. Es bestehen jedenfalls keine Anhaltspunkte dafür, daß mit diesem Verteilungsschlüssel offensichtlich sachwidrige Ungleichheiten in der Belastung durch den Verkehrslastenausgleich auftreten würden.

7. Der Verkehrslastenausgleich nach § 4 Abs. 2, § 22 Abs. 3 GVRS verstößt auch nicht gegen andere Vorschriften der Verfassung. Insbesondere läßt er die Finanzhoheit der Gemeinden unberührt (a), ist mit dem Gebot des finanziellen Ausgleichs für neue Aufgaben vereinbar (b) und verstößt auch nicht gegen einen – vermeintlichen – Grundsatz der Impermeabilität (c).

a) Art. 71 Abs. 1 LV gewährleistet den Gemeinden und Gemeindeverbänden eine eigenverantwortliche Einnahme- und Ausgabewirtschaft und garantiert ihre Finanzhoheit. Er ist damit wesentlicher Teil der Selbstverwaltungsgarantie. In Art. 73 Abs. 1 LV wird die finanzielle Leistungsfähigkeit gesondert sichergestellt. Das Land hat für eine Finanzausstattung der Stadt- und Landkreise zu sorgen, die ihnen eine angemessene und „kraftvolle" Erfüllung ihrer Aufgaben erlaubt und nicht durch eine Schwächung der Finanzhoheit zu einer Aushöhlung des Selbstverwaltungsrechts führt (StGH, Urteil vom 10.10.1993 – GR 3/93 – ESVGH 44, 1/5 m. Nachw. zur Rspr. des StGH, sowie Urteil vom 14.10.1993 – GR 2/92 – ESVGH 44, 8/10).

Es ist nicht ersichtlich, daß die Umlage nach § 22 Abs. 3 GVRS eine Belastung für die betroffenen Landkreise, darunter auch den Antragsteller zu 1), erreicht, die ihre finanzielle Leistungsfähigkeit in der umschriebenen Form gefährden könnte; dies wird vom Antragsteller zu 1) ausdrücklich auch nicht geltend gemacht.

b) Nach Art. 71 Abs. 3 S. 3 LV ist für Gemeinden oder Gemeindeverbände, denen durch Gesetz die Erledigung bestimmter öffentlicher Aufgaben übertragen wird, die für sie zu einer Mehrbelastung führen, ein entsprechender finanzieller Ausgleich zu schaffen.

Die Übertragung einer finanziellen Lastenausgleichspflicht ist keine Übertragung einer Aufgabe i.S.d. Art. 71 Abs. 3 LV (StGH, Urteil vom 4.6.1956, aaO, S. 168; Urteil vom 10.10.1993, aaO, S. 2f). Auf die Übertragung einer finanziellen Leistungspflicht ist das Ausgleichsgebot des Art. 71 Abs. 3 S. 3 LV entgegen der Auffassung der Antragsteller zu 2) auch nicht entsprechend anwendbar (StGH, Urteil vom 10.10.1993, aaO, S. 3).

c) Die Antragstellerinnen zu 2) sehen in den angegriffenen Bestimmungen über den Verkehrslastenausgleich einen Verstoß gegen den von ihnen so bezeichneten Grundsatz der „Impermeabilität". Diesem Grundsatz entnehmen sie im Umkehrschluß zu der in Art. 71 Abs. 1 LV geschützten Verbandskompetenz den Gedanken, daß es anderen Verwaltungsträgern auch verboten sei, Aufgaben im Kompetenzbereich des jeweils in seiner Selbständigkeit geschützten Kommunalverbandes zu erfüllen. Der Grundsatz der Impermeabilität verbiete es daher, den Landkreisen die Finanzierung von Aufgaben der Landeshauptstadt Stuttgart in ihrem Stadtgebiet aufzuerlegen.

Es bedarf hier keiner Entscheidung des Staatsgerichtshofs, ob ein Grundsatz dieses Inhalts dem Art. 71 Abs. 1 LV entnommen werden kann. Selbst wenn er existierte, verstieße die Regelung des Verkehrslastenausgleichs nicht dagegen. Denn wenn schon der eigene Aufgabenbestand der Kommunen und Kommunalverbände im Grundsatz nur nach Maßgabe der Gesetze garantiert ist (vgl. Art. 71 Abs. 1 S. 2, Abs. 2 LV sowie *Braun,* Kommentar zur LV, Art. 71, Rdn. 30 ff), muß dies auch für die Beteiligung fremder Hoheitsträger an der Aufgabenerfüllung im eigenen Gemeindegebiet gelten. Die im Verkehrslastenausgleich angeordnete Fremdfinanzierung eigener Aufgaben der Landeshauptstadt Stuttgart auf ihrem Gebiet durfte daher auch unter Beachtung eines solchen – in seiner Geltung unterstellten – Grundsatzes durch den Gesetzgeber angeordnet werden, sofern hierfür ein hinreichender sachlicher Grund gegeben ist. Dies ist, wie dargelegt (s. o. 3. und 4.a), hier der Fall.

III.

Die Kostenentscheidung beruht auf § 50 Abs. 1, 3 StGHG. Es entstehen keine Gerichtskosten, da das Verfahren vor dem Staatsgerichtshof gemäß § 55 Abs. 1 StGHG kostenfrei ist. Von der Möglichkeit, eine Erstattung der Auslagen der Antragsteller gem. § 55 Abs. 3 StGHG anzuordnen, wird abgesehen. Eine Erstattung der Auslagen erscheint nicht geboten, da die Anträge erfolglos bleiben und besondere Gründe für einen Auslagenausgleich nicht vorliegen.

Entscheidungen des Verfassungsgerichtshofs des Landes Berlin

Die amtierenden Richterinnen und Richter
des Verfassungsgerichtshofs des Landes Berlin

Prof. Dr. Klaus Finkelnburg, Präsident
Dr. Ulrich Storost, Vizepräsident
Veronika Arendt-Rojahn
Prof. Dr. Hans-Joachim Driehaus
Klaus Eschen
Prof. Dr. Philip Kunig
Dr. Renate Möcke
Prof. Dr. Albrecht Randelzhofer
Edeltraut Töpfer

Nr. 1

1. Die Freiheit der Berufswahl erschöpft sich nicht in der Entscheidung über den Eintritt in einen Beruf, sondern erfaßt auch die Entscheidung, wie lange man diesen Beruf ausüben will.

2. Hinsichtlich der Berufswahl stimmen Art. 17 VvB und Art. 12 Abs. 1 GG vom materiellen Inhalt überein (wie Urteil vom 31. Mai 1995 – VerfGH 55/93 – JR 1996, 146).

3. Die Festlegung der Altersgrenze von 65 Jahren für Prüfingenieure für Baustatik ist nicht zu beanstanden. Auch bei freien Berufen und staatlich gebundenen Berufen muß das Fehlen der Leistungsfähigkeit nicht im Einzelfall nachgewiesen werden, vielmehr kann eine allgemeine, nicht widerlegbare Vermutung in Gestalt einer Altersgrenze aufgestellt werden.

4. Ein Übergangszeitraum von mindestens fünf Jahren bei einer Herabsetzung der Altersgrenze von 70 auf 65 Jahre ist bei der gebotenen generalisierenden Betrachtung ausreichend.

Verfassung von Berlin Art. 17

Beschluß vom 6. Februar 1998 – VerfGH 80/96 –

in dem Verfahren über die Verfassungsbeschwerde
des Herrn D. E.

- Verfahrensbevollmächtigte:
Rechtsanwälte H., D., D., U.straße 165/66,

gegen
§ 13 Abs. 2 der Verordnung über die bautechnische Prüfung baulicher Anlagen vom 15. August 1995 (GVBl. S. 574)

Entscheidungsformel:

Die Verfassungsbeschwerde wird zurückgewiesen.
Das Verfahren ist gerichtskostenfrei.
Auslagen werden nicht erstattet.

Gründe:

I.

1. Der 1935 geborene Beschwerdeführer wurde durch Anerkennungsurkunde des Senators für Bau- und Wohnungswesen vom 11. Mai 1981 gemäß der Verordnung über die bautechnische Prüfung von Bauvorhaben vom 14. Dezember 1966 (GVBl. S. 1787), geändert durch Gesetz vom 26. November 1974 (GVBl. S. 2746), als Prüfingenieur für Baustatik für die Fachrichtungen Stahlbau und Massivbau anerkannt. Der Beschwerdeführer ist seitdem als selbständiger Prüfingenieur mit eigenem Büro tätig. Nach § 8 Abs. 1 Nr. 3 lit. c) der BauPrüfVO 1966 erlischt die Anerkennung, wenn der Prüfingenieur das 70. Lebensjahr vollendet.

Am 17. September 1995 trat die aufgrund des § 76 Abs. 4 Nr. 3 der Bauordnung für Berlin vom 28. Februar 1985 erlassene BauPrüfVO vom 15. August 1995 in Kraft. Nach § 6 Abs. 1 Nr. 2 dieser Verordnung erlischt die Anerkennung als Prüfingenieur für Baustatik, wenn der Prüfingenieur das 65. Lebensjahr vollendet hat. Nach der Übergangsregelung des § 13 Abs. 2 BauPrüfVO 1995 gelten Anerkennungen aufgrund der BauPrüfVO vom 14. Dezember 1966 als Anerkennungen im Sinne dieser Verordnung. Für Prüfingenieure, die im Zeitpunkt des Inkrafttretens dieser Verordnung das 60. Lebensjahr bereits vollendet haben, erlischt die Anerkennung abweichend von § 6 Abs. 1 Nr. 2 erst 5 Jahre nach Inkrafttreten dieser Verordnung, spätestens jedoch mit Vollendung des 70. Lebensjahres.

Aufgrund der Anerkennung vom 11. Mai 1981 galt für den Beschwerdeführer bis zum Inkrafttreten der BauPrüfVO 1995 die Regelung des § 8 Abs. 3 Nr. 3 lit. c) der BauPrüfVO 1966; seine Anerkennung ware mit Vollendung des 70. Lebensjahres, d. h. im Januar 2005, erloschen. Mit dem Inkrafttreten der BauPrüfVO 1995 und der Übergangsregelung des § 13 Abs. 2 Satz 2 erlischt die Anerkennung des Beschwerdeführers bereits fünf Jahre nach Inkrafttreten dieser Verordnung, d. h. am 16. September 2000.

Mit Schreiben der Senatsverwaltung für Bau- und Wohnungswesen – Prüfamt für Baustatik – vom 27. September 1995 wurde der Beschwerdeführer auf die geänderte Rechtslage hingewiesen.

2. Der Beschwerdeführer beantragt mit seiner am 11. September 1996 bei dem Verfassungsgerichtshof eingegangenen Verfassungsbeschwerde, § 13 Abs. 2 der Verordnung über die bautechnische Prüfung baulicher Anlagen vom 15. August 1995 (GVBl. S. 574) insoweit für nichtig zu erklären, als Anerkennungen aufgrund der Verordnung über die bautechnische Prüfung von Bauvorhaben vom 14. Dezember 1966 (GVBl. S. 1787, 1967, S. 138), zuletzt geändert durch die Verordnung vom 12. Januar 1991 (GVBl. S. 50),

vor Ablauf des 70. Lebensjahres erlöschen. § 13 Abs. 2 der BauPrüfVO betreffe ihn selbst, unmittelbar und gegenwärtig und verletze sein Grundrecht der Berufsfreiheit aus Art. 11 der Verfassung von Berlin (VvB) von 1950 (jetzt gleichlautend Art. 17 VvB von 1995). Die angegriffene Vorschrift beende seine berufliche Tätigkeit als Prüfingenieur für Baustatik am 16. September 2000, ohne daß es eines weiteren Vollzugsaktes bedürfe. Eine Anrufung der Fachgerichte sei ihm nicht zuzumuten, da die angegriffene Regelung nur verfassungsrechtliche Fragen aufwerfe und nicht solche, die einer fachrichterlichen Vorprüfung bedürften. Auch würde ein fachgerichtlicher Rechtsschutz nicht rechtzeitig zu erlangen sein. Das angesichts der Bedeutung der zu klärenden Fragen zu erwartende Durchlaufen dreier Instanzen würde am 16. September 2000 nicht abgeschlossen sein. Daß die angegriffene Norm ihn schon gegenwärtig betreffe, ergebe sich daraus, daß die Herabsetzung der Altersgrenze ihn schon jetzt zu einer Änderung seiner Berufs- und Lebensplanung zwinge.

Die Verletzung des Grundrechts der Berufsfreiheit liege darin, daß die Herabsetzung der Altersgrenze zu dem angestrebten Zweck der Sicherstellung ordnungsgemäßer Berufstätigkeit außer Verhältnis stehe. Es lägen keine Anhaltspunkte dafür vor, daß bei Prüfingenieuren nach dem 65. Lebensjahr die Leistungsfähigkeit derart abnehme, daß eine ordnungsgemäße Erfüllung der Berufstätigkeit nicht mehr gewährleistet sei. Die Herabsetzung der Altersgrenze sei auch in Wahrheit nicht durch einen befürchteten Leistungsabfall eines über 65 Jahre alten Prüfingenieurs veranlaßt, sondern aus anderen Gründen, wie sich aus der amtlichen Begründung des Entwurfs der BauPrüfVO von 1995 ergebe, in der es heißt:

> „In der derzeit geltenden Fassung der BauPrüfVO erlischt die Anerkennung der Prüfingenieure für Baustatik mit Vollendung des 70. Lebensjahres. Da in anderen Bundesländern die Altersgrenze wesentlich niedriger liegt, ist die Tendenz zu beobachten, daß Prüfingenieure dieser Länder nach Erlöschen ihrer dortigen Anerkennung ihre Anerkennung in Berlin betreiben. Dies führt auf die Dauer zur Überalterung. Prüfingenieure üben als beliehene Unternehmer hoheitliche Tätigkeiten aus. Die Altersgrenze soll daher an die des öffentlichen Dienstes angeglichen und auf die Vollendung des 65. Lebensjahres gesenkt werden. Damit ist auch eine Angleichung an die im Land Brandenburg geltende Altersgrenze erreicht. Insgesamt wird mit der Novellierung der aus dem Jahre 1966 stammenden BauPrüfVO – im Hinblick auf die angestrebte Vereinigung der Länder Berlin und Brandenburg – eine Angleichung an die BauPrüfVO Brandenburg verfolgt."

Diese Erwägungen könnten die Herabsetzung der Altersgrenze schon deswegen nicht rechtfertigen, da sie auf unzutreffenden tatsächlichen Grundlagen beruhten. Es treffe nicht zu, daß in anderen Bundesländern die Altersgrenze für Prüfingenieure „wesentlich niedriger" liege als in Berlin vor der Neufassung der BauPrüfVO. In drei Bundesländern liege sie bei 70 Jahren, in zehn bei 68 Jahren, und nur in Brandenburg und nun auch in Berlin liege sie bei 65 Jahren. Es sei im übrigen nicht vorstellbar, daß eine Differenz von nur zwei Jahren zu einem erheblichen Zuzug von Prüfingenieuren nach Berlin führe. Die vom Verordnungsgeber beobachtete Tendenz rechtfertige keinen derart massiven Eingriff in die Berufsfreiheit, sondern allenfalls eine Herabsetzung der Altersgrenze auf 68 Jahre.

Selbst wenn man aber die Herabsetzung der Altersgrenze, gemessen am Grundrecht der Berufsfreiheit, für verfassungsmäßig halte, ergebe sich ihre Verfassungswidrigkeit in Fällen wie dem vorliegenden daraus, daß der Beschwerdeführer in seinem schutzwürdigen Vertrauen darauf verletzt werde, daß seine Rechtsposition nicht nachträglich verschlechtert werde. Das Übersiedeln von Prüfingenieuren aus anderen Bundesländern nach Berlin werde auch verhindert, wenn die neue Altersgrenze nur für neu zuzulassende Prüfingenieure gelte. Eine Erstreckung auf bereits im Beruf tätige Prüfingenieure sei dafür nicht erforderlich. Auch die beabsichtigte Harmonisierung mit dem Recht anderer Bundesländer sei nicht gefährdet, wenn es bei zugelassenen Prüfingenieuren bei der Altersgrenze von 70 Jahren bleibe. Dabei sei zu berücksichtigen, daß § 6 Abs. 3 Nr. 2 BauPrüfVO von 1995 den Widerruf der Anerkennung zulasse, wenn der Prüfingenieur infolge geistiger und körperlicher Gebrechen nicht mehr in der Lage ist, seine Tätigkeit ordnungsgemäß auszuüben.

3. Die Senatsverwaltung für Bauen, Wohnen und Verkehr hat sich mit Schreiben vom 30. Oktober 1996, bei Gericht eingegangen am 18. November 1996, gemäß § 53 Abs. 1 VerfGHG zur Verfassungsbeschwerde geäußert. Sie hält die Verfassungsbeschwerde für unzulässig und unbegründet.

Im einzelnen trägt sie vor: Die Verfassungsbeschwerde sei bereits mangels Rechtswegerschöpfung unzulässig. Der Beschwerdeführer hätte zuvor gegen das Schreiben vom 27. September 1995 vor dem Verwaltungsgericht vorgehen müssen. Weiter scheitere die Zulässigkeit der Verfassungsbeschwerde daran, daß der Beschwerdeführer von § 6 Abs. 1 Nr. 2 i. V. m. § 13 Abs. 2 BauPrüfVO von 1995 nicht schon gegenwärtig betroffen werde.

Die Verfassungsbeschwerde sei im übrigen jedenfalls unbegründet. Die Altersgrenze von 65 Jahren beruhe auf der allgemeinen Erkenntnis, daß ab diesem Lebensjahr eine Abnahme der geistigen und körperlichen Leistungsfähigkeit des Menschen eintrete.

In diesem Zusammenhang sei zu beachten, daß ein Prüfingenieur selbst auf den Baustellen anwesend sein müsse, um sich von der statischen Festigkeit der Gebäude ein Bild zu machen. Daher sei gerade die volle körperliche Leistungsfähigkeit wichtig.

Selbst wenn die amtliche Begründung für die BauPrüfVO von 1995 den Gedanken in den Vordergrund stelle, den Zuzug älterer Prüfingenieure aus anderen Bundesländern und damit die Überalterung der Prüfingenieure in Berlin zu verhindern, so sei der Sinn der Senkung der Altersgrenze doch auch der Schutz der Allgemeinheit vor unsicheren Gebäuden. Was den überdies angestrebten Zweck der Rechtsangleichung anlange, so sei das Verhältnis zu Brandenburg von besonderer Bedeutung. Wegen der dort schon geltenden Altersgrenze von 65 Jahren und der räumlichen Nähe sei gerade von dort her ein Zuzug älterer Prüfingenieure nach Berlin zu erwarten gewesen. Die Rechtsangleichung habe auch nicht durch das Scheitern der Fusion im Mai 1996 an Bedeutung verloren, da beide Länder einen einheitlichen Wirtschaftsraum darstellten. Bei seiner Bestellung zum Prüfingenieur habe der Beschwerdeführer nicht darauf vertrauen können, daß es bei der Altersgrenze von 70 Jahren bleibe. Soweit in diesem Zusammenhang Vertrauensschutz überhaupt bestehe, sei dem durch die Übergangsregelung des § 13 Abs. 2 BauPrüfVO von 1995 Rechnung getragen, der dem Beschwerdeführer eine ausreichende Frist einräume, sich auf die geänderte Rechtslage einzustellen. Insgesamt ergebe sich daraus, daß weder das Grundrecht auf Berufsfreiheit des Beschwerdeführers noch der Grundsatz des Vertrauensschutzes verletzt seien.

4. Zur Stellungnahme der Senatsverwaltung für Bauen, Wohnen und Verkehr hat sich der Beschwerdeführer mit Schreiben vom 28. Januar 1997 nochmals geäußert. Er tritt ihr im Kern mit den bereits vorgebrachten Argumenten der Verfassungsbeschwerde entgegen.

5. Präsident Prof. Dr. Finkelnburg ist gemäß § 16 Abs. 1 Nr. 2 VerfGHG von der Ausübung des Richteramtes im vorliegenden Verfahren ausgeschlossen.

II.

1. Die Verfassungsbeschwerde ist zulässig.

a) § 13 Abs. 2 BauPrüfVO, gegen den sich die Verfassungsbeschwerde richtet, ist ein Akt der öffentlichen Gewalt des Landes Berlin i. S. des § 49 Abs. 1 VerfGHG. Der Beschwerdeführer rügt die Verletzung seines Grundrechts auf Berufsfreiheit durch diese Norm und damit die Verletzung eines seiner in der Verfassung von Berlin enthaltenen Rechte (siehe § 49 Abs. 1 und § 50 VerfGHG i. V. m. Art. 17 VvB). Eine Verletzung des genannten Grundrechts erscheint, was für die Zulässigkeit der Verfassungsbeschwerde genügt, als möglich. Der Beschwerdeführer ist durch § 13 Abs. 2 BauPrüfVO selbst, unmittelbar und gegenwärtig betroffen, wie es die Zulässigkeit einer unmittelbar gegen eine Rechtsnorm gerichteten Verfassungsbeschwerde voraussetzt (vgl. dazu den Beschluß vom 17. September 1992 – VerfGH 16/92 – sowie den Beschluß vom 16. August 1995 – VerfGH 1/95 – LVerfGE 3, 43, 45). Der Beschwerdeführer ist durch § 13 Abs. 2 BauPrüfVO selbst betroffen, da diese Norm seine konkrete Berufssituation regelt, indem sie bewirkt, daß er nicht mehr, wie nach der zuvor geltenden Rechtslage, bis zum 23. Januar 2005 seinen Beruf als Prüfingenieur für Baustatik ausüben kann, sondern nur noch bis zum 16. September 2000. Er ist durch die genannte Norm auch unmittelbar betroffen, da es keines weiteren Umsetzungsaktes bedarf, um das eben genannte Ergebnis herbeizuführen. Allein die Norm bewirkt, daß für den Beschwerdeführer seine Funktion als Prüfingenieur für Baustatik am 16. September 2000 endet (vgl. BVerfGE 1, 97, 102 f).

Der Beschwerdeführer ist schließlich durch § 13 Abs. 2 BauPrüfVO auch gegenwärtig betroffen, obgleich sich die neue Altersgrenze für ihn erst am 16. September 2000 in der Weise auswirken wird, daß seine Position als Prüfingenieur für Baustatik endet. Das Erfordernis des gegenwärtigen Betroffenseins soll ausschließen, daß sich der Verfassungsgerichtshof mit Verfassungsbeschwerden befassen muß, bei denen es um nur mögliche (virtuelle) Rechtsverletzungen des Beschwerdeführers geht (vgl. für das parallele Bundesrecht BVerfGE 1, 97, 102; 60, 360, 371 f).

Nicht ausgeschlossen werden sollen durch dieses Erfordernis demgegenüber Verfassungsbeschwerden gegen Normen, die den Beschwerdeführer zum Zeitpunkt der Erhebung der Verfassungsbeschwerde zwar noch nicht aktuell betreffen, wohl aber, den normalen, zu erwartenden Ablauf der Lebensumstände vorausgesetzt, in naher Zukunft (vgl. BVerfGE 29, 283, 296). Insbesondere soll die Verfassungsbeschwerde nicht gegen Normen ausgeschlossen werden, die den Beschwerdeführer zwar noch nicht rechtlich aktuell betreffen, wohl aber schon jetzt zu Dispositionen veranlassen, die bedingt sind durch die erst in Zukunft eintretende Wirkung der Norm (vgl. BVerfGE 43, 291, 387; 45, 104, 118 f; 58, 81, 107).

So hat das Bundesverfassungsgericht festgestellt, daß ein Gesetz, das bestimmten Berufsgruppen die Führung der Bezeichnung „Ingenieur" verbietet, auch schon die noch Auszubildenden dieser Berufsgruppen betrifft (vgl. BVerfGE 26, 246, 251). Im Hinblick auf ein Schulpflicht-Gesetz hält das Bundesverfassungsgericht auch die ihm noch gar nicht unterfallenden Kinder, die aber alsbald schulpflichtig werden, schon für gegenwärtig betroffen (vgl. BVerfGE 34, 165, 180; 41, 29, 42). Schließlich hat das Bundesverfassungsgericht die Zulässigkeit von Verfassungsbeschwerden gegen eine gesetzlich festgelegte Altersgrenze durch Beschwerdeführer, die diese Altersgrenze noch nicht erreicht hatten, nicht wegen mangelnden gegenwärtigen Betroffenseins scheitern lassen (vgl. BVerfGE 1, 264, 270). Auch im vorliegenden Fall wird der Beschwerdeführer durch § 13 Abs. 2 BauPrüfVO nicht erst am 16. September 2000 betroffen, wenn seine Bestellung zum Prüfingenieur endet, sondern schon gegenwärtig. Den normalen Verlauf der Dinge vorausgesetzt, wird der Beschwerdeführer am 16. September 2000 der Altersgrenze des § 13 Abs. 2 BauPrüfVO unterfallen. Er kann vernünftigerweise diesen Zeitpunkt aber nicht einfach auf sich zukommen lassen. Vielmehr muß er vielfältig Vorkehrungen treffen, ausgelöst durch den Umstand, daß er seine Position als Prüfingenieur für Baustatik nicht mehr, wie geplant, bis zum 23. Januar 2005 innehaben kann, sondern nur noch bis zum 16. September 2000. Solche Vorkehrungen betreffen namentlich den Bereich der Altersversorgung, die Fragen eines eventuellen Verkaufs seines Büros, die Übernahme neuer und Abwicklung alter Projekte, die Einstellung bzw. Entlassung von Personal.

Nicht alle diese Entscheidungen wären bzw. sind voll korrigierbar. Daher hat der Beschwerdeführer ein berechtigtes Interesse daran, daß die Rechtslage möglichst bald und nicht erst ab dem 16. September 2000 geklärt wird.

b) Ein nach § 49 Abs. 2 Satz 1 VerfGHG zuvor auszuschöpfender Rechtsweg ist nicht gegeben.

Der Berliner Gesetzgeber hat im AGVwGO von der Ermächtigung des § 47 Abs. 1 Ziffer 2 VwGO keinen Gebrauch gemacht. Eine Anfechtungsklage nach § 42 VwGO kommt nicht in Betracht, da gegenüber dem Beschwerdeführer kein Verwaltungsakt ergangen ist. Das Schreiben an ihn vom 27. September 1995 ist offensichtlich kein Verwaltungsakt, gibt vielmehr nur einen Hinweis auf die geänderte Rechtslage. Eine unmittelbare, nach außen gerichtete Rechtswirkung wohnt ihm nicht inne.

Die Jahresfrist des § 51 Abs. 2 VerfGHG für die Erhebung der Verfassungsbeschwerde ist gewahrt.

c) Die Zulässigkeit der Verfassungsbeschwerde scheitert schließlich auch nicht an dem Grundsatz der Subsidiarität der Verfassungsbeschwerde, dem allgemein zu entnehmen ist, daß ein Beschwerdeführer über das Gebot der Erschöpfung des Rechtswegs im engeren Sinne hinaus alle nach Lage der Sache zur Verfügung stehenden und ihm zumutbaren prozessualen Möglichkeiten ergreift, um eine Korrektur der geltend gemachten Grundrechtsverletzung zu erwirken oder eine Grundrechtsverletzung zu verhindern (vgl. zum Bundesrecht z. B. BVerfGE 81, 22, 27). Dabei mag dahinstehen, welche Konsequenzen einem derartigen Grundsatz, der im Schrifttum auf Kritik gestoßen ist (vgl. etwa *E. Klein,* Subsidiarität der Verfassungsgerichtsbarkeit und Subsidiarität der Verfassungsbeschwerde, in: Fürst/Herzog/Umbach (Hrg.), Festschrift für Wolfgang Zeidler, Bd. 2, 1987, S. 1305 ff; *Pestalozza,* Verfassungsprozeßrecht, 3. Aufl., 1991, S. 166 f), im einzelnen zu entnehmen sind. Denn im vorliegenden Fall ist nicht gesichert, daß der Beschwerdeführer vor den Verwaltungsgerichten einen rechtzeitigen Rechtsschutz erlangen könnte.

Des weiteren geht es hier nicht um Rechtsfragen, die einer vorherigen Prüfung durch die Fachgerichtsbarkeit bedürften. Es geht vielmehr um allgemeine verfassungsrechtliche Fragen, namentlich diejenigen, inwieweit Altersgrenzen mit dem Grundrecht der Berufsfreiheit vereinbar sind und inwieweit sich bezüglich des Vertrauensschutzes des Bürgers Schranken aus dem Rechtsstaatsprinzip gegen eine Herabsetzung der Altersgrenze für einen bestimmten Beruf ergeben, die sich auch auf solche Bürger erstreckt, welche sich schon im Beruf befinden und unter Geltung der früheren, höheren Altersgrenze in den Beruf eingetreten sind.

2. Die Verfassungsbeschwerde ist jedoch nicht begründet.

a) Die Reduzierung der Altersgrenze von 70 auf 65 Jahre verletzt den Beschwerdeführer nicht in seinem Grundrecht auf Berufsfreiheit aus Art. 17 VvB.

Altersgrenzen sind subjektive Zulassungsschranken, durch welche die Freiheit der Berufswahl beschränkt wird. Die Freiheit der Berufswahl erschöpft sich nicht im Eintritt in einen Beruf, sondern wirkt fort in der Entscheidung darüber, wie lange man diesen Beruf ausüben will (grundlegend BVerfGE 9, 338, 344f; vgl. ferner BVerfGE 64, 72, 82). Da es im vorliegenden Fall also um die Freiheit der Berufswahl geht, ist die diesbezügliche Rechtsprechung des Bundesverfassungsgerichts einschlägig, da hinsichtlich der Berufswahl Art. 17 VvB und Art. 12 Abs. 1 GG vom materiellen Inhalt her übereinstimmen (siehe Urteil des Verfassungsgerichtshofs vom 31. Mai 1995 – VerfGH 55/93 – in partieller Korrektur der Beschlüsse vom 10. November 1993 – VerfGH 78/93 – und vom 25. April 1994 – VerfGH 34/94 – LVerfGE 2, 16, 17, in denen das Gericht noch von einer durchgehenden inhaltlichen Übereinstimmung der beiden Normen ausgegangen ist).

Subjektive Zulassungsschranken sind nach der vom Bundesverfassungsgericht im sog. Apothekenurteil (BVerfGE 7, 377, 400ff) entwickelten, seither in std. Rspr. vertretenen und im wissenschaftlichen Schrifttum überwiegend anerkannten (vgl. statt vieler *Breuer,* Die staatliche Berufsregelung und Wirtschaftslenkung, in: Isensee/Kirchhof (Hrg), Handbuch des Staatsrechts, Bd. VI, 1989, S. 957ff, Rdn. 8ff) Drei-Stufen-Theorie mit der Berufsfreiheit vereinbar, wenn sie dem Schutz eines besonders wichtigen Gemeinschaftsgutes dienen und verhältnismäßig sind.

Was eine Altersgrenze für Prüfingenieure für Baustatik anlangt, so hat das Bundesverfassungsgericht festgestellt, daß die Standfestigkeit von Gebäuden als ein Aspekt der öffentlichen Sicherheit ein besonders wichtiges Gemeinschaftsgut ist und eine Altersgrenze rechtfertigt (siehe BVerfGE 64, 72, 83). Im konkreten Fall ging es um die Altersgrenze von 70 Jahren. Im vorliegenden Fall wird auch der Schutz der Allgemeinheit vor Gefahren, die von instabilen Gebäuden ausgehen, für die Reduzierung der Altersgrenze von 70 auf 65 Jahre angeführt. Zwar ergibt sich das nicht ausdrücklich aus der amtlichen Begründung der BauPrüfVO von 1995, doch heißt es in der Stellungnahme der Senatsverwaltung für Bauen, Wohnen und Verkehr vom 30. Oktober 1996 zur Verfassungsbeschwerde: „Sinn und Zweck der Altersgrenze für Prüfingenieure ist generell der Schutz der Allgemeinheit vor Gefahren, so daß dieser Punkt in der amtlichen Begründung vom 16. September 1995 nicht noch einmal besonders hervorgehoben wurde." Aus der Rechtsprechung des Bundesverfassungsgerichts wird deutlich, daß bei der Festlegung einer konkreten Altersgrenze dem Gesetzgeber ein gewisses Ermessen zusteht.

Das Bundesverfassungsgericht hat zu erkennen gegeben, daß die Altersgrenze von 65 Jahren der Lebenserfahrung entspricht, nach der ab diesem Zeitpunkt von einer Abnahme der menschlichen Leistungsfähigkeit auszugehen ist (siehe BVerfGE 9, 338, 346 f). Zu Recht ist darauf hingewiesen worden, daß insofern für die freien Berufe nichts anderes gilt als für die staatlichen oder staatlich gebundenen Berufe (vgl. BVerfGE 9, 338, 347). Auch bei freien Berufen und staatlich gebundenen Berufen muß das Fehlen der Leistungsfähigkeit nicht im Einzelfall nachgewiesen werden, vielmehr kann eine allgemeine, nicht widerlegbare Vermutung in Gestalt einer Altersgrenze aufgestellt werden. Die Festlegung einer Altersgrenze von 65 Jahren für Prüfingenieure für Baustatik ist nicht zu beanstanden. Daher greift der Einwand des Beschwerdeführers nicht durch, die Erstreckung der neuen Altersgrenze auf die bereits im Beruf tätigen Prüfingenieure sei nicht erforderlich. Entsprechendes gilt für den Einwand, § 6 Abs. 3 Nr. 2 BauPrüfVO von 1995 lasse den Widerruf der Anerkennung zu, wenn der Prüfingenieur nicht mehr in der Lage sei, seine Tätigkeit ordnungsgemäß auszuüben. Im vorliegenden Fall kommt hinzu, daß die Festlegung einer Altersgrenze von 65 Jahren auch damit gerechtfertigt wird, es solle ein Zustrom von Prüfingenieuren aus anderen Bundesländern verhindert werden, in denen, wie in den meisten Bundesländern, eine unter 70 Jahre liegende Altersgrenze gilt. Die Wahrung einer bestimmten Altersstruktur, die zugleich den Chancen der jüngeren Prüfingenieure für Baustatik dient, ist ein besonders wichtiges Gemeinschaftsgut im Sinne der Rechtsprechung des Bundesverfassungsgerichts. Die Herabsetzung der Altersgrenze ist im übrigen geeignet, dem Schutz dieses wichtigen Gemeinschaftsguts zu dienen.

Eine Altersgrenze von 65 Jahren ist überdies nicht unverhältnismäßig. Das gilt schon deshalb, weil sie, von geringen Ausnahmen abgesehen, die Altersgrenze für den öffentlichen Dienst bildet.

Mit dem Einwand, es stimme nicht, daß in anderen Bundesländern die Altersgrenze für Prüfingenieure „wesentlich niedriger" sei als in Berlin, da in zehn Bundesländern die Altersgrenze bei 68 Jahren liege, weshalb allenfalls diese Altersgrenze verhältnismäßig sei, hebt der Beschwerdeführer auf einen Gesichtspunkt ab, auf den es nicht entscheidend ankommt. Entgegen seiner Auffassung ist es nämlich durchaus vorstellbar, daß es auch aus Bundesländern mit einer Altersgrenze von 68 Jahren zu einem Zuzug älterer Prüfingenieure kommen kann, wenn in Berlin die Altersgrenze bei 70 Jahren bleibt. Vor allem aber wird mit einer solchen Argumentation übersehen, daß Berlin sich aus triftigen Gründen besonders an dem nächstgelegenen Bundesland Brandenburg orientiert. Dort gilt eine Altersgrenze von 65 Jahren. Von dort würde es wegen der räumlichen Nähe deshalb in erster Linie zum Zuzug älterer Prüfingenieure kommen können.

Soweit der Beschwerdeführer weiter vorträgt, die lediglich beobachtete Tendenz, daß Prüfingenieure nach Erlöschen ihrer Anerkennung in anderen Bundesländern ihre Anerkennung in Berlin betreiben, rechtfertige nicht einen so weitgehenden Eingriff wie die Reduzierung der Altersgrenze, bringt er damit Anforderungen ins Spiel, die erst auf der dritten Stufe der oben genannten Drei-Stufen-Theorie eine Rolle spielen. Beschränkungen der Berufswahl als subjektive Zulassungsschranken sind zum Schutze eines besonders wichtigen Gemeinschaftsguts auch gegen nur mögliche Gefahren erlaubt. Erst für objektive, d. h. außerhalb der Person des Bewerbers liegende Zulassungsschranken wird gefordert, daß sie dem Schutze eines überragend wichtigen Gemeinschaftsguts zur Abwehr nachweisbarer oder höchstwahrscheinlicher Gefahren dienen müssen (grundlegend BVerfGE 7, 377, 408). Im vorliegenden Fall geht es aber um subjektive, nicht um objektive Zulassungsschranken.

b) Die Rechtmäßigkeit einer gesetzlichen Beschränkung des Art. 17 VvB setzt des weiteren ihre Vereinbarkeit mit dem Rechtsstaatsprinzip voraus, zu dem sich die Verfassung von Berlin sinngemäß schon im Vorspruch sowie nach ihrer Gesamtkonzeption bekennt (siehe Beschluß vom 15. Juni 1993 – VerfGH 18/92 – LVerfGE 1, 81, 83). Das Rechtsstaatsprinzip verlangt u. a., einem berechtigten Vertrauen der Bürger in den Fortbestand einer Rechtslage Rechnung zu tragen. Es begrenzt demgemäß die Rückwirkung von Gesetzen.

Hier handelt es sich nicht um den Fall einer sog. echten Rückwirkung, d. h. um den Fall einer Rückbewirkung von Rechtsfolgen, sondern es geht um eine unechte Rückwirkung, d. h. eine tatbestandliche Rückanknüpfung (zur Unterscheidung siehe BVerfGE 63, 343, 353 ff; 72, 200, 241 ff). Dabei wird in einen Tatbestand, der noch nicht abgeschlossen ist, für die Zukunft eingegriffen. Das ist verfassungsrechtlich grundsätzlich zulässig; jedoch können sich aus dem Grundsatz des Vertrauensschutzes und dem Verhältnismäßigkeitsprinzip Grenzen ergeben (vgl. BVerfGE 67, 1, 15; 70, 69, 84; BVerwGE 44, 180, 185 f; *J. Fiedler,* Neuorientierung der Verfassungsrechtsprechung zum Rückwirkungsverbot und zum Vertrauensschutz?, NJW 1988, 1624, 1630 f).

Grundsätzlich kann der Bürger nicht darauf vertrauen, daß eine für ihn günstige gesetzliche Regelung in aller Zukunft bestehen bleibt. Der verfassungsrechtlich verbürgte Vertrauensschutz gebietet nicht, den von einer bestimmten Rechtslage Begünstigten vor jeder Enttäuschung zu bewahren. Andernfalls würde die Anpassungsfähigkeit der Rechtsordnung beeinträchtigt. Grundsätzlich muß jedes Rechtsgebiet zur Disposition des Gesetzgebers stehen. Das Ziel der Gesetzesänderung kann dabei auch Lösungen fordern, die in nicht unerheblichem Umfang an in der Vergangenheit liegende Umstände anknüpfen (vgl. BVerfGE 71, 255, 272 f; 70, 69, 84; 48, 403, 416; 50, 386, 395 f).Wird dabei eine in der Vergangenheit begründete Rechtsposition nachträglich in ihrem Wert beeinträchtigt, so muß unter dem Gesichtspunkt des Vertrauensschutzes sowie des Verhältnismäßigkeitsgrundsatzes den Betroffenen ein angemessener Zeitraum zugestanden werden, um sich auf die neue Rechtslage einstellen zu können. Bei der Ausgestaltung einer solchen Übergangsregelung steht dem Gesetzgeber ein weiter Gestaltungsspielraum zur Verfügung (vgl. BVerfGE 64, 72, 83 m.w. N.; 67, 1, 15 m.w. N.; 71, 255, 273; 76, 256, 359 ff).

Der verfassungsgerichtlichen Nachprüfung unterliegt insofern nur, ob der Gesetzgeber bzw. der durch ihn ermächtigte Verordnungsgeber bei einer Gesamtabwägung zwischen der Schwere des Eingriffs und dem Gewicht und der Dringlichkeit der ihn rechtfertigenden Gründe unter Berücksichtigung aller Umstände die Grenze der Zumutbarkeit überschritten hat. Für die Beurteilung der Zumutbarkeit ist dabei nicht die Interessenlage des Einzelnen maßgebend; vielmehr ist eine generalisierende Betrachtungsweise geboten, die auf die betroffene Gruppe insgesamt abstellt (vgl. BVerfGE 70, 1, 30; 70, 69, 84 f; 76, 256, 356).

Im Falle der Reduzierung des Emeritierungsalters von Universitätsprofessoren in Nordrhein-Westfalen von 68 auf 65 Jahre hat das Bundesverfassungsgericht eine Anpassungsfrist von einem Jahr als verfassungsrechtlich noch ausreichend angesehen (siehe BVerfGE 67, 1, 16 ff). Im Falle der Einführung einer Altersgrenze für Prüfingenieure für Baustatik hat das Bundesverfassungsgericht eine Anpassungsfrist von drei Jahren für ausreichend erachtet (siehe BVerfGE 64, 72, 84 f).

Anhand dieser Maßstäbe ist die angegriffene Regelung verfassungsrechtlich nicht zu beanstanden. In der bereits erwähnten Stellungnahme der Senatsverwaltung für Bauen, Wohnen und Verkehr wird hierzu ausgeführt, für die Herabsetzung der Altersgrenze der Prüfingenieure und den damit verbundenen Schutzzweck für die Allgemeinheit sei es erforderlich, auch die schon anerkannten Prüfingenieure in Berlin über die Übergangsregelung des § 13 BauPrüfVO einzubeziehen, da auch bei ihnen die allgemeine Gefahr des Leistungsabfalls zwischen dem 65. und 70. Lebensjahr bestehe. Diese Erwägung ist nachvollziehbar. Auch die vom Gesetzgeber zu beachtende Zumutbarkeitsgrenze für die älteren Prüfingenieure ist nicht überschritten. Prüfingenieure üben eine staatlich gebundene Berufstätigkeit aus, soweit sie von den Bauaufsichtsbehörden zu einer diesen obliegenden Prüfung herangezogen werden (vgl. § 7 BauPrüfVO). Im Falle eines altersbedingten Versagens bei dieser Tätigkeit, zu der insbesondere die Prüfung der Standsicherheit von baulichen Anlagen und der Feuerwiderstandsdauer tragender Bauteile gehört, bestehen erhebliche Gefahren für Leben und Gesundheit der Bevölkerung. Im Hinblick auf die staatliche Verantwortung für den Schutz vor solchen Gefahren genügt die vom Verordnungsgeber vorgenommene Abwägung zwischen den Bestandsinteressen der betroffenen Prüfingenieure nach früherem Recht mit der Bedeutung des gesetzgeberischen Anliegens für das Wohl der Allgemeinheit den von Verfassungs wegen zu stellenden Anforderungen. Der durch § 13 Abs. 2 Satz 2 BauPrüfVO normierte Übergangszeitraum von mindestens fünf Jahren erscheint bei der gebotenen generalisierenden Betrachtungsweise ausreichend, um älteren Prüfingenieuren die Möglichkeit zu geben, sich in zumutbarer Weise auf das vorzeitige Ende dieser beruflichen Tätigkeit einzurichten, zumal ihre sonstige Berufstätigkeit als selbständige Bauingenieure von der Herabsetzung der Altersgrenze unberührt bleibt. Die vom Beschwerdeführer vorgetragenen individuellen Besonderheiten seiner Interessenlage können demgegenüber nicht zum Maßstab der dem Gemeinwohl insgesamt gegenüberzustellenden Einzelinteressen erhoben werden.

Die Kostenentscheidung beruht auf §§ 33, 34 VerfGHG.

Dieser Beschluß ist unanfechtbar.

Nr. 2

Zur Folgenabwägung im Verfahren auf Gewährung von Eilrechtsschutz bei drohender Haftvollstreckung.

Verfassung von Berlin Art. 8 Abs. 1 S. 2

Gesetz über den Verfassungsgerichtshof § 31 Abs. 1

Beschluß vom 13. Februar 1998 – VerfGH 12 A /98 –

Verfahren auf Gewährung von Eilrechtsschutz bei drohender Haftvollstreckung 57

in dem Verfahren auf Erlaß einer einstweiligen Anordnung
des Herrn J. B., E.straße 4
gegen
1. den Beschluß des Landgerichts Berlin vom 23. Januar 1998 – 510 Qs 5/98 –
2. den Beschluß des Amtsgerichts Tiergarten vom 30. Dezember 1997 –
241 Ds 151/95 VH –

Entscheidungsformel:

Die Strafvollstreckung aus dem Urteil des Amtsgerichts Tiergarten vom 8. August 1995 – 241 Ds 151/95 – wird bis zur Entscheidung des Verfassungsgerichtshofs über die Verfassungsbeschwerde des Antragstellers ausgesetzt.

Gründe:

I.

Der Antragsteller wendet sich mit seiner Verfassungsbeschwerde gegen den Beschluß des Landgerichts Berlin vom 23. Januar 1998, mit dem dieses Gericht den Beschluß des Amtsgerichts Tiergarten vom 30. Dezember 1997 bestätigt hat. Mit diesem letzteren Beschluß hat das Amtsgericht Tiergarten Einwendungen zurückgewiesen, die der Antragsteller gegen die Zulässigkeit der Strafvollstreckung aus dem Urteil des Amtsgerichts Tiergarten vom 8. August 1995 nach Bewährungswiderruf erhoben hatte; insoweit hatte der Antragsteller beanstandet, die Staatsanwaltschaft als Vollstreckungsbehörde habe eine anderweitige Strafhaft nicht zum 2/3-Zeitpunkt am 13. August 1997 unterbrochen und rechtzeitig für die Anschlußnotierung der Vollstreckung in dem jetzt in Rede stehenden Verfahren gesorgt.

In der ausdrücklich vom Landgericht gebilligten Begründung seiner Entscheidung hat das Amtsgericht Tiergarten ausgeführt, die Einwendungen des Antragstellers seien nicht geeignet, eine Unzulässigkeit der Vollstreckung zu begründen (§ 458 Abs. 1 StPO). Zwar treffe es zu, daß mehrere Freiheitsstrafen hintereinander vollstreckt werden sollten. Doch setze dies voraus, daß der Vollstreckungsbehörde die erforderlichen Unterlagen rechtzeitig vorliegen. Hier seien die Akten der Staatsanwaltschaft erst am 14. Oktober 1997 zwecks Übernahme der Vollstreckung zugeleitet worden, da sie zuvor wegen eines 2/3-Gesuchs und eines Gnadengesuchs des Antragstellers an andere Stellen hätten versandt werden müssen.

Mit seiner Verfassungsbeschwerde rügt der Antragsteller sinngemäß eine Verletzung seines Grundrechts auf Freiheit der Person. Er macht geltend, bei einer dem Gesetz entsprechenden Verfahrensweise hätte er nur noch eine Woche in Haft verbringen müssen. Angeblich sei die Verzögerung auf eine krankheitsbedingte Unterbesetzung der Kanzleien zurückzuführen. Das aber könne es nicht rechtfertigen, daß er eine längere Haft absitzen müsse.

Im Wege der einstweiligen Anordnung begehrt er zu erkennen, daß die „Vollstreckung in dieser Sache bis zur Entscheidung in der Hauptsache zu unterbleiben hat".

II.

Der Antrag auf Erlaß einer einstweiligen Anordnung ist zulässig und begründet.

Nach § 31 Abs. 1 VerfGHG kann der Verfassungsgerichtshof im Streitfall einen Zustand durch einstweilige Anordnung vorläufig regeln, wenn dies zur Abwehr schwerer Nachteile, zur Verhinderung drohender Gewalt oder aus einem anderen wichtigen Grund zum gemeinen Wohl dringend geboten ist. Die Gründe, die für oder gegen den Erfolg einer eingelegten Verfassungsbeschwerde sprechen, müssen bei der Prüfung der Voraussetzungen des § 31 Abs. 1 VerfGHG außer Betracht bleiben, es sei denn, das in der Hauptsache erstrebte Begehren erweist sich als von vornherein unzulässig oder offensichtlich unbegründet. Bei offenem Ausgang des Hauptsacheverfahrens sind die Nachteile, die entstünden, wenn die einstweilige Anordnung nicht erginge, gegen diejenigen abzuwägen, die entstünden, wenn sie erginge und deshalb hier die Strafvollstreckung vorläufig ausgesetzt würde.

Die Verfassungsbeschwerde ist weder von vornherein unzulässig noch offensichtlich unbegründet. Der Antragsteller rügt sinngemäß die Verletzung eines auch zu seinen Gunsten in der Verfassung von Berlin (Art. 8 Abs. 1 Satz 2 VvB) garantierten, inhaltsgleich vom Grundgesetz (Art. 2 Abs. 2 Satz 2 GG) verbürgten Grundrechts, nämlich des Grundrechts auf Freiheit der Person, und macht geltend, der Erlaß der einstweiligen Anordnung sei zur Abwehr eines schweren Nachteils für ihn geboten. In dem Grundrecht auf Freiheit der Person ist nach der Rechtsprechung des Bundesverfassungsgerichts, der sich der Verfassungsgerichtshof anschließt, mit Blick auf Haftsachen ein verfassungsrechtliches Beschleunigungsgebot enthalten, das im Prinzip sowohl vor als auch nach Erlaß eines Strafurteils Geltung beansprucht (BVerfG, u. a. Beschlüsse vom 19. Oktober 1977 – 2 BvR 1309/76 – BVerfGE 46, 194, 195, und vom 2. Mai 1988 – 2 BvR 321/88 – NStZ 1988, 474 f) und gegen das nach dem Vorbringen des Antragstellers hier verstoßen worden sein soll. Die Beantwortung der Frage, ob im vorliegenden Fall das Freiheitsgrundrecht tatsächlich verletzt worden ist, muß der Entscheidung im Hauptsacheverfahren vorbehalten bleiben.

Angesichts dessen ist hier ausschlaggebend abzustellen auf die zuvor bezeichnete Abwägung. Diese Abwägung geht zugunsten des Antragstellers aus. Erginge die begehrte einstweilige Anordnung nicht, müßte der Antragsteller sofort die in Rede stehende Haftstrafe antreten, obwohl jedenfalls nicht völlig auszuschließen ist, daß bei sachangemessener Würdigung der Gesamtumstände des vorliegenden Falles entgegen der Annahme des Landgerichts eine Strafvollstreckung aus dem Urteil des Amtsgerichts Tiergarten vom 8. August 1995 unzulässig ist. Erginge dagegen die einstweilige Anordnung, stünde lediglich ein entsprechend späterer Haftantritt auf dem Spiel; Gesichtspunkte, die die Annahme eines sonstigen Nachteils für die Verwirklichung des staatlichen Strafanspruchs begründen könnten, sind nicht ersichtlich. Vor diesem Hintergrund ist namentlich wegen des besonderen Ranges, der dem Freiheitsgrundrecht zukommt, anzunehmen, daß die Nachteile, die eintreten, wenn die einstweilige Anordnung nicht erginge, von größerem Gewicht sind als die, die bei Erlaß einer einstweiligen Anordnung eintreten können.

Von der Anhörung gemäß § 53 Abs. 1 VerfGHG wird wegen besonderer Dringlichkeit abgesehen (§ 31 Abs. 2 Satz 2 VerfGHG).

Nr. 3

Dem Erfordernis der Erschöpfung des Rechtswegs im Sinne des § 49 Abs. 2 Satz 1 VerfGHG ist nicht genügt, wenn ein Verfahrensmangel im Instanzenzug deshalb nicht nachgeprüft werden konnte, weil er nicht in einer den Anforderungen der einschlägigen Verfahrensvorschriften genügenden Weise gerügt worden ist.

Gesetz über den Verfassungsgerichtshof § 49 Abs. 2 Satz 1

Beschluß vom 18. Juni 1998 – VerfGH 56/97 –

in dem Verfahren über die Verfassungsbeschwerde
des Herrn R. S., L.
gegen
1. das Urteil des Sozialgerichts Berlin vom 5. August 1991 – S 69 U 166/90 –,
2. das Urteil des Landessozialgerichts Berlin vom 12. Dezember 1996 – L 3 U 70/91 – sowie die Beschlüsse des Landessozialgerichts Berlin vom 27. Oktober 1994 und 16. April 1997 – L 3 U 70/91 –,
3. den Beschluß des Bundessozialgerichts vom 27. Mai 1997 – 2 BU 66/97 –

Entscheidungsformel:

Die Verfassungsbeschwerde wird zurückgewiesen.
Das Verfahren ist gerichtskostenfrei.
Auslagen werden nicht erstattet.

Gründe:

I.

Der Beschwerdeführer begehrte im Ausgangsverfahren eine Verurteilung der Berufsgenossenschaft für Gesundheitsdienst und Wohlfahrtspflege, ihm wegen der Folgen einer Berufskrankheit eine Verletztenrente zu gewähren. Seine Klage hat das Sozialgericht Berlin durch Urteil vom 5. August 1991 abgewiesen, seine Berufung hat das Landessozialgericht Berlin durch Urteil vom 12. Dezember 1996 zurückgewiesen. Im Rahmen des Berufungsverfahrens hat das Landessozialgericht Berlin durch Beschluß vom 27. Oktober 1994, wegen festgestellter Schreibfehler berichtigt durch Beschluß vom 16. Januar 1995, das Ablehnungsgesuch des Beschwerdeführers gegen eine Richterin am Landessozialgericht zurückgewiesen; durch Beschluß vom 16. April 1997 hat das Landessozialgericht Berlin überdies einem Antrag des Beschwerdeführers auf Berichtigung des Tatbestands seines Urteils vom 12. Dezember 1996 teilweise stattgegeben und im übrigen den Antrag abgelehnt. Durch Beschluß vom 27. Mai 1997 hat das Bundessozialgericht die Beschwerde des Beschwerdeführers gegen die Nichtzulassung der Revision im Urteil des Landessozialgerichts Berlin als unzulässig verworfen.

Gegen die bezeichneten gerichtlichen Entscheidungen – mit Ausnahme des Berichtigungsbeschlusses vom 16. Januar 1995 – richtet sich die am 3. Juli 1997 eingegangene Verfassungsbeschwerde des Beschwerdeführers. Er macht geltend, durch die angegriffenen Entscheidungen in seinem durch Art. 15 Abs. 1 der Verfassung von Berlin garantierten Anspruch auf rechtliches Gehör verletzt zu sein. Er meint, die Gerichte hätten ohne Begründung seine Beweisanträge übergangen; das rechtfertige den Schluß auf einen verfassungsrechtlich beachtlichen Verfahrensmangel.

Der Präsident des Verfassungsgerichtshofs, Prof. Dr. Finkelnburg, ist gemäß § 17 Abs. 1 VerfGHG von der Mitwirkung an der Entscheidung in diesem Verfahren ausgeschlossen (vgl. Beschluß vom 6. Mai 1998 – VerfGH 56/97 –).

II.

Die Verfassungsbeschwerde ist unzulässig.

1. Soweit sich der Beschwerdeführer gegen den Beschluß des Bundessozialgerichts vom 27. Mai 1997 wendet, ist seine Verfassungsbeschwerde gemäß § 49 Abs. 1 VerfGHG schon deshalb unstatthaft, weil es sich bei diesem Beschluß nicht – wie von § 49 Abs. 1 VerfGHG verlangt – um einen Akt der öffentlichen Gewalt des Landes Berlin handelt. Soweit sich die Verfassungsbeschwerde gegen den Beschluß des Landessozialgerichts vom 27. Oktober 1994 richtet, mit dem ein Ablehnungsgesuch des Beschwerdeführers gegen eine Richterin am Landessozialgericht zurückgewiesen worden ist, ist die Verfassungsbeschwerde unzulässig, weil der Beschwerdeführer insoweit nicht die Frist des § 51 Abs. 1 VerfGHG eingehalten hat. Da dieser Beschluß gemäß § 177 SGG unanfechtbar war und gemäß § 202 SGG i. V. m. § 548 ZPO auch in der Revisionsinstanz nicht hätte nachgeprüft werden können, begann die zweimonatige Frist des § 51 Abs. 1 VerfGHG mit dem Eingang des Beschlusses beim Beschwerdeführer am 12. November 1994 zu laufen.

Die Verfassungsbeschwerde ist ferner unzulässig, soweit sie sich gegen den dem Beschwerdeführer am 16. Mai 1997 zugegangenen Beschluß des Landessozialgerichts vom 16. April 1997 richtet, mit dem das Gericht über einen Tatbestandsberichtigungsantrag des Beschwerdeführers entschieden hat. Gemäß §§ 49 Abs. 1, 50 VerfGHG setzt die Zulässigkeit einer Verfassungsbeschwerde die konkrete und nachvollziehbare Darlegung der Möglichkeit voraus, daß der Beschwerdeführer durch die von ihm beanstandete Maßnahme – hier also den in Rede stehenden Beschluß des Landessozialgerichts – in einem seiner in der Verfassung von Berlin enthaltenen Rechte verletzt sein könnte (vgl. u. a. Beschluß vom 23. Februar 1993 – VerfGH 43/92 – LVerfGE 1, 68). Daran fehlt es in der Beschwerdebegründung; Sie erschöpft sich in dem sinngemäßen Vorbringen, der angegriffene Beschluß sei inhaltlich unrichtig. Damit ist den Anforderungen der §§ 49 Abs. 1, 50 VerfGHG nicht genügt.

2. Schließlich ist die Verfassungsbeschwerde auch unzulässig, soweit der Beschwerdeführer mit ihr das Urteil des Landessozialgerichts Berlin vom 12. Dezember 1996 und das diesem vorausgegangene Urteil des Sozialgerichts Berlin vom 5. August 1991 angreift. Insoweit hat der Beschwerdeführer den Rechtsweg nicht im Sinne des § 49 Abs. 2 VerfGHG erschöpft.

Mit Blick namentlich auf die Entscheidung des Landessozialgerichts macht der Beschwerdeführer geltend, sie beruhe auf einem Verfahrensmangel, nämlich der Verletzung des rechtlichen Gehörs. Die Verletzung des rechtlichen Gehörs ist ein Verfahrensmangel im Sinne des § 160 Abs. 2 Nr. 3 SGG. Er ist im sozialgerichtlichen Verfahren mit der Nichtzulassungsbeschwerde angreifbar. Deshalb muß derjenige, der einen solchen, mit einem Rechtsmittel angreifbaren, Verfahrensmangel rügen will, zur Erschöpfung des Rechtswegs im Sinne des § 49 Abs. 2 Satz 1 VerfGHG diesen Mangel selbst dann, wenn es sich um einen Verfassungsverstoß handelt, zunächst nach Maßgabe der jeweils einschlägigen Verfahrensvorschriften geltend machen (vgl. zum Bundesrecht ebenso BVerfG, u. a. Beschluß vom 15. Mai 1963 – 2 BvR 106/93 – BVerfGE 16, 124, 127). Dem Erfordernis der Erschöpfung des Rechtswegs ist daher u. a. dann nicht genügt, wenn ein Verfahrensmangel im Instanzenzug nicht nachgeprüft werden konnte, weil er nicht in einer den Anforderungen der maßgeblichen Verfahrensvorschriften genügenden Form gerügt worden ist. So liegen die Dinge hier. Das Bundessozialgericht hat in seinem Beschluß vom 27. Mai 1997 erkannt, die insbesondere auf den Verfahrensmangel der Verletzung rechtlichen Gehörs gestützte Nichtzulassungsbeschwerde des Beschwerdeführers sei unzulässig, weil die Beschwerdebegründung nicht den Anforderungen genüge, die § 160a Abs. 2 Satz 3 SGG an eine ordnungsgemäße Nichtzulassungsbeschwerde stellt.

Die Kostenentscheidung beruht auf den §§ 33f VerfGHG.

Dieser Beschluß ist unanfechtbar.

Nr. 4

1. Die Kürzung von Haushaltsmitteln für einen Behindertenfahrdienst (Telebus) und die Einführung einer differenzierten Kostenbeteiligung der Nutzer stellen als solche noch keine verbotene Benachteiligung Behinderter im Sinne des Art. 11 Satz 1 VvB dar.

2. Der in Art. 11 Satz 2 VvB enthaltene Verfassungsauftrag, für die faktische Gleichstellung Behinderter und Nichtbehinderter zu sorgen, begründet keinen Anspruch auf unentgeltliche Benutzung eines Behindertenfahrdienstes. Eine Eigenbeteiligung bei der Nutzung des Behindertenfahrdienstes, die nicht höher ist als der Preis für eine Monatskarte für Nichtbehinderte, ist maßvoll und zumutbar.

3. Die Höhe der Eigenbeteiligung nach dem bundesrechtlichen Schwerbehindertengesetz für die Nutzung des öffentlichen Personennahverkehrs stellt keine Höchstgrenze dar, über die hinaus Behinderte bei einem zusätzlichen Angebot eines individuellen Fahrdienstes auf Landesebene nicht in Anspruch genommen werden dürfen.

Benachteiligungsverbot bei Eigenbeteiligung eines Behindertenfahrdienstes

Verfassung von Berlin Art. 10 Abs. 1, 11

Beschluß vom 18. Juni 1998 – VerfGH 104, 104 A/97 –

in dem Verfahren über die Verfassungsbeschwerde
und den Antrag auf Erlaß einer einstweiligen Anordnung
des Herrn H.
gegen
das Land Berlin

Entscheidungsformel:

Die Verfassungsbeschwerde wird zurückgewiesen.
Damit erledigt sich der Antrag auf Erlaß einer einstweiligen Anordnung.
Das Verfahren ist gerichtskostenfrei.
Auslagen werden nicht erstattet.

Gründe:

I.

Mit seiner Verfassungsbeschwerde wendet sich der Beschwerdeführer gegen Kürzungen der Haushaltsmittel für den Behindertenfahrdienst (Telebus-Teletaxi-System) durch das Land Berlin und die damit verbundene Einführung einer erhöhten Eigenbeteiligung der Nutzer. Der Beschwerdeführer ist ausweislich seines Schwerbehindertenausweises u. a. außergewöhnlich gehbehindert und auf ständige Begleitung angewiesen. Seit 1996 wurden für die ursprünglich unentgeltliche Benutzung des Fahrdienstes pauschal 100,– DM im Jahr von den Nutzern gefordert. Aufgrund eines von der Senatsverwaltung für Gesundheit und Soziales in Zusammenarbeit mit dem Landesbeirat für Behinderte und dem Betreiber des Fahrdienstes (Berliner Zentralausschuß für soziale Aufgaben – BZA –) ausgearbeiteten Konzepts für die Sicherung des Telebus-Teletaxi-Systems gilt mit Wirkung vom 1. Januar 1998 eine differenzierte Eigenbeteiligung unter Wegfall des bisherigen Fahrtenkontingents. Nach der neuen Regelung müssen mit Ausnahme von Heimbewohnern, die ein Taschengeld vom Sozialhilfeträger erhalten, alle Benutzer des Fahrdienstes eine Eigenbeteiligung entrichten. Der Einzelfahrpreis beträgt für zahlungspflichtige Sozialhilfeempfänger 3,– DM und für die übrigen Benutzer 4,– DM; der monatliche Höchstbetrag ist auf 40,– DM und 60,– DM begrenzt. Der Beschwerdeführer hat die Eigenbeteiligung nicht erbracht und ist daraufhin mit Wirkung vom 6. Mai 1998 vom Fahrdienst ausgeschlossen worden. Nach seinen Angaben gibt es weitere 203 Nichtzahler.

Ein Antrag des Beschwerdeführers auf Gewährung vorläufigen Rechtsschutzes beim Verwaltungsgericht Berlin, mit dem er sich gegen die Einführung der Eigenbeteiligung 1996 wandte, ist erfolglos geblieben. In seinem Beschluß vom 6. Januar 1997 verneinte das Verwaltungsgericht die Antragsbefugnis, da ein subjektives Recht auf haushaltsrechtliche Absicherung des Fahrdienstes nicht dargetan sei. Ein Anspruch des einzelnen auf eine bestimmte Haushaltsgesetzgebung bestehe nicht (VG 17 A 666.96). Ein weiteres vorläufiges Rechtsschutzverfahren, mit dem sich der Beschwerdeführer gegen die Eigenbeteiligung 1997 wandte, blieb ebenfalls ohne Erfolg, da er die verlangten 100,– DM Eigenbeteiligung, wenn auch unter Vorbehalt, gezahlt hatte (VG 17 A 457.97, Beschluß vom 17. September 1997).

Mit seiner Verfassungsbeschwerde rügt der Beschwerdeführer die Verletzung einer Reihe von Vorschriften der Verfassung von Berlin durch die Zuwendungskürzung und die Einführung der differenzierten Eigenbeteiligung. Insbesondere macht er geltend, das Benachteiligungsverbot des Art. 11 VvB werde verletzt. Die Eigenbeteiligung in ihrer jetzigen Form mißachte das Gebot, für Menschen mit Mobilitätsbehinderungen gleichwertige Lebensvoraussetzungen zu schaffen und verletze die freie Entfaltung, Selbstverwirklichung, Handlungsfreiheit und körperliche Selbstbestimmung. Der Telebusfahrdienst werde als Almosen betrachtet. Die Kostenbeteiligung bedeute eine Streichung des Nachteilsausgleichs nach dem Schwerbehindertengesetz und verstoße gegen die Eingliederungshilfevorschriften des Sozialhilferechts. Die Ausgestaltung des Fahrdienstes liege weit unter dem Niveau des übrigen öffentlichen Personennahverkehrs. Schwerbehinderte, die den öffentlichen Personennahverkehr noch nutzen könnten, müßten nach dem Schwerbehindertengesetz nur 120,– DM im Jahr zahlen, während diejenigen, die auf den Fahrdienst angewiesen seien, bis zu 720,– DM im Jahr aufbringen müßten. Die Zuwendungen seien in der Vergangenheit nicht bedarfsgerecht angepaßt, sondern von 1995 bis 1998 von 33,6 Mio. DM auf 26 Mio. DM gesenkt worden. Die durchschnittlichen Einzelfahrten hätten sich damit von 4,99 auf 3,77 reduziert. Der Senat sei verpflichtet, ein Konzept vorzulegen, daß Anspruchsberechtigten Spontaneität erlaube und einen Aktionsradius sichere, der mit dem des übrigen öffentlichen Personennahverkehrs vergleichbar sei. Eine gesetzliche Absicherung des Fahrdienstes sei erforderlich und von der Verfassung geboten. Da er vor dem Verwaltungsgericht sein Begehren nicht geltend machen könne, und ein Hauptsacheverfahren außerdem Jahre dauern würde sowie im Hinblick auf die allgemeine Bedeutung für die Nutzer des Fahrdienstes sei der Erlaß einer einstweiligen Anordnung erforderlich.

Die Akten des Verwaltungsgerichts VG 17 A 666.96 und VG 17 A 457.97 wurden beigezogen.

II.

Die Verfassungsbeschwerde hat keinen Erfolg.

Der Beschwerdeführer wird durch die Zuwendungskürzungen und die ab Januar 1998 verlangte differenzierte Eigenbeteiligung an den Kosten des Telebus-Teletaxi-Fahrdienstes nicht in den von ihm bezeichneten Grundrechten der Verfassung von Berlin verletzt. Insbesondere das in erster Linie in Betracht kommende Benachteiligungsverbot des Art. 11 Satz 1 VvB steht der Mittelkürzung und Eigenbeteiligung nicht entgegen.

Nach Art. 11 Satz 1 VvB dürfen Menschen mit Behinderungen nicht benachteiligt werden. Satz 2 verpflichtet das Land, für gleichwertige Lebensbedingungen von Menschen mit und ohne Behinderung zu sorgen. Das mit Art. 3 Abs. 3 S. 2 GG inhaltlich übereinstimmende Benachteiligungsverbot in Satz 1 will den Schutz des allgemeinen Gleichheitssatzes nach Art. 10 Abs. 1 VvB für Behinderte verstärken und der staatlichen Gewalt insoweit engere Grenzen vorgeben, als die Behinderung nicht als Anknüpfungspunkt für eine – benachteiligende – Ungleichbehandlung dienen darf (vgl. BVerfG, B. v. 8. Oktober 1997 – 1 BvR 9/97 – NJW 1998, 131 zu Art. 3 Abs. 3 S. 2 GG). Indem die Verfassung von Berlin das Benachteiligungsverbot in einem eigenen Artikel in Anschluß an den allgemeinen Gleichheitssatz festschreibt, betont sie dessen eigenständige Bedeutung, die sich daraus ergibt, daß Behinderung nicht nur ein bloßes Anderssein bezeichnet, sondern vielmehr eine Eigenschaft ist, die die Lebensführung für den Betroffenen auch bei einem gesellschaftlichen Einstellungs- und Auffassungswandel gegenüber Behinderten grundsätzlich schwieriger macht (vgl. BVerfG, B. v. 8. Oktober 1997, aaO). Durch die in Satz 2 niedergelegte Verpflichtung des Landes zur Schaffung gleichwertiger Lebensbedingungen wird die Bedeutung des Verbots unterstrichen und gleichzeitig um einen staatlichen Förderungs- und Integrationsauftrag ergänzt. Vor diesem Hintergrund ist in Übereinstimmung mit der Entscheidung des Bundesverfassungsgerichts vom 8. Oktober 1997 zu Art. 3 Abs. 3 Satz 2 GG eine Benachteiligung im Sinne des Art. 11 Satz 1 VvB nicht nur bei Regelungen und Maßnahmen gegeben, die die Situation des Behinderten wegen seiner Behinderung verschlechtern, indem ihm etwa der tatsächlich mögliche Zutritt zu öffentlichen Einrichtungen verwehrt wird oder Leistungen, die grundsätzlich jedermann zustehen, verweigert werden. Vielmehr kann eine Benachteiligung auch bei einem Ausschluß von Entfaltungs- und Betätigungsmöglichkeiten durch die öffentliche Gewalt gegeben sein, wenn dieser nicht durch eine auf die Behinderung bezogene Förderungsmaßnahme hinlänglich kompensiert wird. Ob sich aus dieser Bedeutung des Art. 11 Satz 1 VvB und dem Verfassungsauftrag des Satzes 2 zur faktischen Gleichstellung von Behinderten und Nichtbehinderten nicht nur beizutragen, sondern „zu sorgen", originäre Leistungsansprüche herleiten lassen, bedarf im vorliegenden Zusammenhang keiner Vertiefung und Entscheidung (ebenfalls offengelassen vom Bundesverfassungsgericht, B. v. 8. Oktober 1997, aaO hinsichtlich des Art. 3 Abs. 3 S. 2 GG unter Hinweis auf das allerdings einhellig ablehnende Schrifttum). Auch wenn man unterstellt, aus Art. 11 VvB ließen sich Ansprüche auf staatliche Leistungen begründen, bedeutete dies gleichwohl nicht, daß eine Kürzung der Zuwendungen und die Einführung einer (erhöhten) Eigenbeteiligung dem Land Berlin von Verfassungs wegen untersagt wäre.

Aus der Verfassung abgeleitete Leistungsansprüche stehen stets unter dem Vorbehalt dessen, was vernünftigerweise vom Staat geleistet werden kann. Darüber hat in erster Linie der Gesetzgeber in eigener Verantwortung unter Berücksichtigung anderer Gemeinwohlbelange und der gesamtwirtschaftlichen Leistungsfähigkeit zu entscheiden. Dieser muß Prioritäten setzen, die verschiedenen Belange koordinieren und in eine umfassende Planung einfügen. Er bleibt daher befugt, die nur begrenzt verfügbaren Mittel für andere wichtige Gemeinschaftsbelange einzusetzen. Bei notwendigen allgemeinen Kürzungen darf er daher auch weniger Mittel als bisher bereitstellen und gewährte Leistungen oder Leistungshöhen wieder ganz oder teilweise zurücknehmen (Beschluß vom 20. August 1997 – VerfGH 101/96 – LKV 1998, 19, zu Art. 21 VvB; vgl. auch BVerfGE 33, 303, 333; 60, 16, 42f; 75, 40, 68; 90, 107, 116f; s. a. zum Benachteiligungsverbot: *Scholz,* in: Maunz-Dürig, Komm. z. GG, Art. 3 Abs. 3 Rdnr. 175). Ein Verbot jeglicher Kürzung der Zuwendungshöhe und ein Anspruch auf unentgeltliche Beförderung kann daher von vornherein nicht aus dem Benachteiligungsverbot abgeleitet werden. Angesichts der angespannten Haushaltslage des Landes Berlin kann es vielmehr keine Frage sein, daß grundsätzlich auch im sozialen Bereich jede staatliche Leistung darauf überprüft werden darf, ob sie weiter in der bisherigen Höhe finanzierbar ist oder ob nicht Einsparungen und Eigenbeteiligungen möglich und vertretbar sind.

Erweisen sich somit die Mittelkürzungen und die Einführung einer Eigenbeteiligung – immer einen aus Art. 11 VvB ableitbaren originären Leistungsanspruch unterstellt – als verfassungsrechtlich grundsätzlich unproblematisch, so begegnet auch die Erhöhung der verlangten Eigenbeteiligung keinen Bedenken. Sie ist – auch wenn sie gegenüber der zunächst 1996 eingeführten Eigenbeteiligung von lediglich 100,– DM pro Jahr nicht unerheblich ist – im Ergebnis maßvoll und zumutbar. Der Höchstbetrag von 40,– DM pro Monat für Empfänger laufender Hilfe zum Lebensunterhalt entspricht genau dem, was ein nichtbehinderter Hilfeempfänger für den Erwerb der sogenannten Sozialkarte der BVG aus dem Regelsatz aufbringen muß. Der Höchstbetrag von 60,– DM für andere Nutzer liegt sogar deutlich unter dem

Betrag für ein Monatsticket der BVG. Daß das Leistungsangebot des Fahrdienstes sich von dem des öffentlichen Personennahverkehrs unterscheidet und insbesondere im Hinblick auf die Spontaneität der Inanspruchnahme Grenzen durch die Notwendigkeit der Vorbestellung gesetzt sind, liegt in der Natur eines individuellen Fahrdienstes und ist daher für sich genommen für die verfassungsrechtliche Beurteilung ohne ausschlaggebende Bedeutung.

Soweit der Beschwerdeführer weiter geltend macht, es sei mit einer drastischen Verschlechterung des Fahrdienstes zu rechnen, fehlt es an einer Substantiierung dieser Befürchtung. Es ist weder dargetan noch in anderer Weise ersichtlich, daß sich das Fahrtangebot deutlich verschlechtern wird oder bereits verschlechtert hat. Im Gegenteil geht die Senatsverwaltung für Gesundheit und Soziales in ihrem in Zusammenarbeit mit dem Fahrdienstbetreiber und dem Landesbeirat für Behinderte erarbeiteten Konzept zur weiteren Entwicklung des Fahrdienstes davon aus, daß der Service weiter verbessert werden kann und die Zuwendungskürzungen durch die Eigenbeteiligung ausgeglichen werden. Hiermit stimmt die Einschätzung des Betreibers überein, der für 1998 eine Verkürzung der Auftragsannahme auf einen Tag angekündigt hat und durch den Einsatz von Großraumtaxen die Flexibilität weiter erhöhen will (vgl. Mitteilung der Senatsverwaltung für Gesundheit und Soziales vom 13. Juni 1997 über die Konzeption zur weiteren Entwicklung des Fahrdienstes für Behinderte bis zum Jahr 2000, Abgeordnetenhaus-Drucksache 13/1857 und Schreiben des BZA von Dezember 1997 an die Nutzer).

In diesem Zusammenhang ist zu berücksichtigen, daß der Fahrdienst nur ein Segment in der Gesamtkonzeption der verkehrlichen Mobilität Behinderter ist. Durch einen ebenfalls erhebliche finanzielle Mittel erfordernden behindertengerechten Ausbau des öffentlichen Personennahverkehrs und seine Verschränkung mit dem Angebot des Telebussystems sowie durch eine verbesserte Versorgung mit und Verteilung von behindertengerechten Wohnungen wird eine Erhöhung der Mobilität bei gleichzeitiger Entlastung des Fahrdienstes angestrebt (vgl. Senatsverwaltung für Gesundheit und Soziales, aaO). Der Einführung und der Höhe der Eigenbeteiligung steht ferner nicht entgegen, daß Schwerbehinderte, die zur unentgeltlichen Benutzung des öffentlichen Personennahverkehrs berechtigt und körperlich auch in der Lage sind, nach § 59 SchwbG nur 120,- DM jährlich für die entsprechenden Wertmarken zahlen müssen. Die Höhe der Eigenbeteiligung nach dem bundesrechtlichen Schwerbehindertengesetz stellt keine Höchstgrenze dar, über die hinaus Behinderte, die den öffentlichen Nahverkehr nicht nutzen können, bei einem zusätzlichen Angebot eines individuellen Fahrdienstes auf Landesebene nicht in Anspruch genommen werden dürften. Einer solchen Betrachtungsweise stünde schon entgegen, daß der Verfassungsgrundsatz der

Gleichbehandlung lediglich die Gleichbehandlung der Bürger durch den nämlichen – zuständigen –, nicht aber auch die Gleichbehandlung durch mehrere, voneinander unabhängige Hoheitsträger verlangt (vgl. zu Art. 3 Abs. 1 GG, BVerfGE 79, 127, 158; 21, 54, 68).

Eine andere Beurteilung im Rahmen der Prüfung des Art. 11 VvB ergibt sich auch nicht unter Berücksichtigung der weiteren, vom Beschwerdeführer als verletzt gerügten Grundrechte der Verfassung von Berlin. Weder die Menschenwürdegarantie (Art. 6 VvB) noch das allgemeine Persönlichkeitsrecht (Art. 7 VvB) noch das Recht auf Wahrnehmung staatsbürgerlicher Rechte (Art.19 VvB) und schließlich auch nicht das Petitionsrecht (Art. 34 VvB) können durch eine – wie dargelegt – maßvolle und zumutbare Eigenbeteiligung verletzt werden. Aus Art. 1 Abs. 3 VvB kann der Beschwerdeführer für sich nichts herleiten, weil diese Bestimmung lediglich die objektive Geltung des Grundgesetzes und der Gesetze des Bundes in Berlin betrifft, nicht aber ihrerseits Rechte begründet, welche mit der Verfassungsbeschwerde vor dem Verfassungsgerichtshof geltend gemacht werden konnten (Beschluß vom 8. September 1993 – VerfGH 59/93 – LVerfGE 1, 149, 151). Auch Art. 36 Abs. 1 VvB, wonach durch die Verfassung gewährleistete Grundrechte für Gesetzgebung, Verwaltung und Rechtsprechung verbindlich sind, ist eine Vorschrift objektiven Rechts, auf die eine Verfassungsbeschwerde nicht gestützt werden kann (Beschluß vom 20. August 1997 VerfGH 101/96 – LKV 1998,119). Ob – wofür allerdings einiges spricht – gleiches für Art. 22 VvB gilt, wonach das Land Berlin verpflichtet ist, im Rahmen seiner Kräfte die soziale Sicherung zu verwirklichen (Abs. 1) und die Errichtung und Unterhaltung von Einrichtungen für soziale und karitative Zwecke zu fördern, bedarf keiner Vertiefung, da aus den zu Art. 11 VvB dargelegten Gründen ein Verstoß auch bei Bejahung eines Förderungsanspruchs ersichtlich ausscheidet.

Mit dieser Entscheidung erledigt sich auch der Antrag auf Erlaß einer einstweiligen Anordnung.

Die Kostenentscheidung beruht auf §§ 33, 34 VerfGHG.

Dieser Beschluß ist unanfechtbar.

Entscheidungen des Verfassungsgerichts des Landes Brandenburg

Die amtierenden Richter
des Verfassungsgerichts des Landes Brandenburg

Dr. Peter Macke, Präsident
Dr. Wolfgang Knippel, Vizepräsident
Dr. Matthias Dombert
Prof. Dr. Beate Harms-Ziegler
Prof. Dr. Rolf Mitzner
Prof. Dr. Richard Schröder
Prof. Dr. Karl-Heinz Schöneburg
Monika Weisberg-Schwarz
Prof. Dr. Rosemarie Will

Nr. 1

Die Ämter im Lande Brandenburg sind keine Gemeindeverbände im Sinne von Art. 97 ff der Landesverfassung. Sie können deshalb keine Kommunalverfassungsbeschwerde erheben.*

Verfassung des Landes Brandenburg Art. 97 ff

Verfassungsgerichtsgesetz Brandenburg §§ 12 Nr. 5; 51 Abs. 1

Amtsordnung für das Land Brandenburg §§ 1 Abs. 1; 4 Abs. 1 und 2; 5

Beschluß vom 21. Januar 1998 – VfGBbg 8/97 –

in dem Verfahren über die kommunale Verfassungsbeschwerde betreffend § 16 Abs. 3 Satz 1 und 2 des Kindertagesstättengesetzes des Landes Brandenburg vom 10. Juni 1992 (GVBl. I S. 178) in der Änderungsfassung des Gesetzes vom 7. Juni 1996 (GVBl. I S. 182).

Entscheidungsformel:

Die Verfassungsbeschwerde wird verworfen.

Gründe:

A.

Der Beschwerdeführer ist ein von 17 Gemeinden gebildetes Amt, die ihm die Trägerschaft ihrer Kindertagesstätten übertragen haben. Mit der Kommunalverfassungsbeschwerde greift er eine Vorschrift des Kindertagesstättengesetzes des Landes Brandenburg an, nach der er sich zur Erstattung von Sachkosten für die Kindertagesstätte eines freien Trägers im Amtsgebiet verpflichtet sieht. Das Begehren des Beschwerdeführers wirft die Frage auf, ob Ämter im Lande Brandenburg Gemeindeverbände im Sinne der Landesverfassung sind und als solche Kommunalverfassungsbeschwerde erheben können.

* Nichtamtlicher Leitsatz.

I.

Der Zusammenschluß der Gemeinden zur Bildung des beschwerdeführenden Amtes beruht auf der mit Artikel 1 des Gesetzes vom 19. Dezember 1991 eingeführten Amtsordnung für das Land Brandenburg (GVBl. I S. 682), die als Artikel 3 der Kommunalverfassung des Landes Brandenburg vom 15. Oktober 1993 neu bekannt gemacht worden ist (GVBl. I S. 398, 450; geändert durch Gesetz vom 30. Juni 1994, GVBl. I S. 230). Die Amtsordnung beschreibt die Ämter als Körperschaften des öffentlichen Rechts, die aus aneinandergrenzenden Gemeinden desselben Landkreises bestehen (§ 1 Abs. 1 Satz 1 AmtsO). Soweit in Gesetzen oder Verordnungen der Gemeindeverband als Sammelbegriff verwendet wird, gelten nach § 1 Abs. 1 Satz 2 AmtsO auch die Ämter als Gemeindeverbände. Organe des Amtes sind der Amtsausschuß und der Amtsdirektor. Der Amtsausschuß trifft alle für das Amt wichtigen Entscheidungen (§ 7 Abs. 1 AmtsO). Er besteht aus den Bürgermeistern der amtsangehörigen Gemeinden und jeweils einem weiteren, aus der Mitte der Gemeindevertretung gewählten Mitglied (§ 6 AmtsO). Der Amtsausschuß wählt für die Dauer von 8 Jahren den Amtsdirektor, der das Amt als hauptamtlicher Beamter gesetzlich vertritt (§ 9 Abs. 1 und 4 AmtsO). Der Amtsdirektor führt die Geschäfte der laufenden Verwaltung des Amtes und der amtsangehörigen Gemeinden; er bereitet die Beschlüsse des Amtsausschusses vor und führt sie durch (§ 9 Abs. 3 AmtsO).

Das Verhältnis zu den amtsangehörigen Gemeinden und der Aufgabenkreis der Ämter wird in den §§ 4 und 5 AmtsO wie folgt bestimmt:

§ 4
Amt und Gemeinde

(1) Das Amt bereitet durch den Amtsdirektor im Benehmen mit dem jeweiligen Bürgermeister bei Selbstverwaltungsangelegenheiten die Beschlüsse der Gemeindevertretung vor und führt sie nach deren Beschlußfassung durch.

(2) Die Ämter sind ferner Träger der Aufgaben nach § 5.

(3) In gerichtlichen Verfahren und in Rechts- und Verwaltungsgeschäften wird die Gemeinde durch das Amt vertreten; dies gilt nicht in den Fällen, in denen das Amt selbst Verfahrensbeteiligter ist oder mehrere dem Amt angehörenden Gemeinden am Prozeß beteiligt sind.

...

§ 5
Aufgaben der Ämter

(1) Das Amt ist Träger der ihm durch Gesetz oder Verordnung übertragenen Pflichtaufgaben zur Erfüllung nach Weisung; in allen anderen Fällen verbleibt es bei der Zuständigkeit der amtsangehörigen Gemeinden. ...

(2) Das Amt besorgt die Kassen- und Rechnungsprüfung und die Vorbereitung der Aufstellung der Haushaltspläne sowie deren Durchführung für die amtsangehörigen Gemeinden. Dazu gehören auch die Veranschlagung und Erhebung der Gemeindeabgaben.

(3) Das Amt hat die Gemeinden zu unterstützen sowie bei der Wahrnehmung ihrer gesetzlichen Aufgaben zu beraten und auf deren Erfüllung hinzuwirken. Die Rechte der Aufsichtsbehörden bleiben unberührt.

(4) Ferner erfüllt das Amt einzelne Selbstverwaltungsaufgaben der amtsangehörigen Gemeinden nur dann an deren Stelle, wenn mehrere Gemeinden des Amtes die Aufgaben auf das Amt übertragen haben. Bei der Beschlußfassung haben die Mitglieder des Amtsausschusses, deren Gemeinden von der Übertragung nicht betroffen sind, kein Stimmrecht. Eine Rückübertragung einzelner Aufgaben kann verlangt werden, wenn alle Gemeinden dies beschließen und sich die Verhältnisse, die der Übertragung zugrunde lagen, so wesentlich geändert haben, daß den Gemeinden ein Festhalten an der Übertragung nicht weiter zugemutet werden kann. ...

II.

Mit der am 17. April 1997 erhobenen kommunalen Verfassungsbeschwerde rügt der Beschwerdeführer eine Verletzung seines Selbstverwaltungsrechts aus Art. 97 Abs. 1 Landesverfassung (LV) durch die angegriffene Vorschrift des Kindertagesstättengesetzes. Zur Zulässigkeit der Verfassungsbeschwerde macht er geltend, daß die Ämter Gemeindeverbände im Sinne der Art. 97 ff LV und als solche nach Art. 100 LV beschwerdefähig seien. Sie nähmen nach § 5 Abs. 1 AmtsO die ihnen vom Gesetzgeber übertragenen Pflichtaufgaben zur Erfüllung nach Weisung wahr, die ihrerseits zu den durch Art. 97 Abs. 1 LV geschützten Selbstverwaltungsangelegenheiten zu zählen seien. Daneben seien sie Träger der ihnen von den amtsangehörigen Gemeinden übertragenen Selbstverwaltungsaufgaben. Im konkreten Fall sei ihm – dem Beschwerdeführer – mit der Trägerschaft der Kindertagesstätten eine Selbstverwaltungsaufgabe von erheblichem Gewicht überantwortet worden. Als Träger dieser Selbstverwaltungsaufgabe dürfe ihm der verfassungsrechtliche Schutz vor gesetzgeberischen Eingriffen und damit die Möglichkeit, Kommunalverfassungsbeschwerde nach Art. 100 LV zu erheben, nicht versagt werden. In der Sache selbst macht der Beschwerdeführer im wesentlichen geltend, daß die Pflicht zur Förderung von Kindertagesstätten freier Träger, soweit sie unabhängig vom tatsächlichen Bedarf bestehe, einen ungerechtfertigten Eingriff in eine freiwillige Selbstverwaltungsangelegenheit darstelle.

III.

Die Landesregierung hat von der ihr eingeräumten Gelegenheit zur Stellungnahme Gebrauch gemacht. Sie hält die Verfassungsbeschwerde für unzulässig, weil der Beschwerdeführer nicht beschwerdefähig sei. Zwar hätten Gemeinden und Gemeindeverbände nach Art. 97 Abs. 1 Satz 1 LV das Recht der Selbstverwaltung, das sie nach Art. 100 LV und § 51 Abs. 1 Verfassungsgerichtsgesetz Brandenburg (VerfGGBbg) mit der Kommunalverfassungsbeschwerde gegen Eingriffe verteidigen könnten. Ämter seien jedoch keine Gemeindeverbände im Sinne dieser Vorschriften; dort seien vielmehr nur die Gemeinden und Landkreise gemeint. Die Ämter seien hiermit nicht vergleichbar, weil sie keine Selbstverwaltungsaufgaben von einigem Gewicht wahrnähmen. Die ihnen durch die Amtsordnung übertragenen Pflichtaufgaben zur Erfüllung nach Weisung seien lediglich in abgeschwächter Form Selbstverwaltungsaufgaben. Im übrigen erfüllten sie nur Selbstverwaltungsaufgaben, wenn und soweit ihnen diese von den amtsangehörigen Gemeinden übertragen würden. Die originäre Trägerschaft für diese Aufgaben verbleibe bei den Gemeinden. Durch die Fiktion des § 1 Abs. 1 Satz 2 AmtsO habe der Gesetzgeber ein eigenes Selbstverwaltungsrecht für die Ämter nicht anerkennen wollen. In der Sache selbst macht die Landesregierung im wesentlichen geltend, daß die angegriffene Regelung des Kindertagesstättengesetzes vom Gesetzesvorbehalt des Art. 97 Abs. 5 LV gedeckt sei; sie diene dem öffentlichen Wohl, verstoße nicht gegen Bundesrecht und sei verhältnismäßig.

B.

Die Kommunalverfassungsbeschwerde ist unzulässig. Der Beschwerdeführer ist nicht beschwerdefähig. Nach Art. 100 LV, § 51 Abs. 1 VerfGGBbg können nur Gemeinden und Gemeindeverbände Verfassungsbeschwerde mit der Behauptung erheben, daß ein Gesetz des Landes ihr Recht auf Selbstverwaltung nach der Verfassung verletzt. Die Ämter im Lande Brandenburg zählen nicht zu den Gemeindeverbänden im Sinne dieser Normen.

I.

1. Der Begriff „Gemeindeverbände" hat keinen genau bestimmten, feststehenden Inhalt. In der Landesverfassung werden die Gemeindeverbände an verschiedenen Stellen genannt, aber nicht näher beschrieben; vielmehr wird ihre Existenz vorausgesetzt. Auch Art. 28 Abs. 2 Satz 2 des Grundgesetzes (GG) verwendet den Begriff ohne weitere Erläuterung. Es

Rechtsstellung der Ämter in Brandenburg 75

handelt sich um einen Sammelbegriff, dem nach allgemeinem Verständnis jedenfalls die Landkreise als Gebietskörperschaften unterfallen (vgl. etwa BVerfGE 83, 363, 383; *Stern,* in: Bonner Kommentar zum Grundgesetz, Zweitbearbeitung, Stand 1964, Art. 28 Rdn. 80 m.w.N.; *Löwer,* in: v. Münch/Kunig (Hrsg.), Grundgesetz, Band 2, 3. Aufl. 1995, Art. 28 Rdn. 83). Für die Einordnung der in einigen Bundesländern zwischen Gemeinde und Kreis angesiedelten kommunalen Verwaltungsträger, zu denen die Ämter zählen, hat sich keine einheitliche Linie herausgebildet. Teilweise werden – bis auf die Zweckverbände – alle kommunalen Zusammenschlüsse, die räumlich mehrere Gemeinden umfassen, zu den Gemeindeverbänden gezählt (so etwa *Schmidt-Bleibtreu,* in: Maunz/Schmidt-Bleibtreu/Klein/Ulsamer, Bundesverfassungsgerichtsgesetz, Stand 1997, § 91 Rdn. 8 m.w.N.; *Gönnewein,* Gemeinderecht, 1963, §§ 59 und 66). Von anderer Seite wird zur Differenzierung auf den Status als Gebietskörperschaft abgestellt *(Jarass/Pieroth,* Grundgesetzkommentar, 4. Aufl. 1997, Art. 28 Rdn. 15; *Maunz,* in: Maunz/Dürig (Hrsg.), Grundgesetzkommentar, Stand 1977, Art. 28 Rdn. 55; wohl auch *Stern,* aaO) oder eine unmittelbar von den Einwohnern gewählte Vertretung gefordert *(Wächter,* Kommunalrecht, 3. Aufl. 1997, Rdn. 82; vgl. auch *Litzenburger,* Die kommunale Verfassungsbeschwerde in Bund und Ländern, 1985, S. 75 ff, der zusätzlich den Status einer Gebietskörperschaft fordert). Die verfassungsgerichtliche Rechtsprechung und das ihr folgende Schrifttum verstehen unter Gemeindeverbänden im verfassungsrechtlichen Sinne nur die zur Erfüllung von Selbstverwaltungsaufgaben gebildeten Gebietskörperschaften und die diesen wegen des Gewichts ihrer Selbstverwaltungsaufgaben gleichzuachtenden Zusammenschlüsse (BVerfGE 52, 95, 109; Nds. StGH, DVBl. 1981, 214; *Gern,* Kommunalrecht, 2. Aufl. 1997, Rdn. 95; *Schmidt-Aßmann,* Kommunalrecht, in: v. Münch (Hrsg.), Besonderes Verwaltungsrecht, 8. Aufl. 1988, S.194 f; *Schmidt-De Caluwe,* Die kommunale Grundrechtsklage in Hessen, 1996, S. 25 f; *Clemens,* NVwZ 1990, 834, 842 m.w.N.). Letztlich ist der Begriff „Gemeindeverbände" durch Auslegung der Verfassung zu bestimmen und hängt die Einordnung als Gemeindeverband von der konkreten rechtlichen Ausgestaltung und dem jeweiligen Regelungszusammenhang ab.

2. Der Landesverfassung liegt in Art. 100 LV nach dem Regelungszusammenhang der Norm ein enges Verständnis des Begriffs „Gemeindeverbände" zugrunde. Hiernach sind Gemeindeverbände nur Gebietskörperschaften und diesen wegen des Gewichts der wahrgenommenen Selbstverwaltungsaufgaben gleichzuachtende gemeindliche Zusammenschlüsse.

a) Art. 100 LV dient der verfassungsprozessualen Absicherung der in den Art. 97 ff LV garantierten und näher ausgestalteten kommunalen Selbstverwaltung. Der in diesen Normen jeweils verwendete Begriff „Gemeindeverbände" ist deshalb in einem einheitlichen Sinne zu verstehen. Der Verfassungsgeber stellt dort die Gemeindeverbände auf eine Stufe mit den Gemeinden, indem er sie jeweils in den institutionellen und objektiv-rechtlichen Gewährleistungsbereich der Vorschriften über die kommunale Selbstverwaltung einbezieht. Da einerseits die Gemeinden Gebietskörperschaften sind und andererseits zu den Gemeindeverbänden jedenfalls die Kreise als Gebietskörperschaften zählen, liegt es nahe, daß die Verfassung unter Gemeindeverbänden, wenn nicht ausschließlich Gebietskörperschaften, so doch jedenfalls nur solche kommunalen Zusammenschlüsse versteht, deren Rechte und Pflichten sich nicht auf einzelne Aufgaben beschränken, vielmehr einen ähnlichen Umfang erreichen wie diejenigen der Gebietskörperschaften Gemeinde und Kreis. Nur dann erscheint es gerechtfertigt, ihnen die Selbstverwaltungsgarantie des Art. 97 Abs. 1 LV zugute kommen zu lassen.

b) Dieses Verständnis bestätigt Art. 97 Abs. 2 LV, wonach die Gemeinden und Gemeindeverbände in ihrem Gebiet alle Aufgaben der örtlichen Gemeinschaft erfüllen, die nicht nach der Verfassung oder kraft Gesetzes anderen Stellen obliegen. Diese gebietsbezogene Allzuständigkeit besitzen neben den Gemeinden − in jedenfalls subsidiärer Form − allein noch die Kreise als Gebietskörperschaften, nicht aber solche kommunalen Zusammenschlüsse, deren Sinn und Zweck nicht in der Verantwortlichkeit für ein bestimmtes *Territorium,* sondern in der Wahrnehmung bestimmter *Aufgaben* besteht.

c) Art. 98 LV geht erkennbar ebenfalls von einem engen Verständnis der Gemeindeverbände aus, wenn er an die Änderung des Gebietes von Gemeinden und Gemeindeverbänden besondere Anforderungen stellt. Solche Gebietsänderungen setzen naturgemäß Körperschaften voraus, deren Wesensmerkmal in der Hoheit über ein bestimmtes Gebiet liegt; nur bei ihnen macht es Sinn, sie vor Änderungen ihres Hoheitsgebietes zu schützen. Aufgabenbezogene kommunale Zusammenschlüsse hingegen werden durch Neugliederungsmaßnahmen allenfalls mittelbar betroffen. Gebietsänderungen der ihnen angehörigen Gemeinden lassen den kommunalen Zusammenschluß als solchen unberührt. Er besteht dann eben aus anders zugeschnittenen Gemeinden.

d) Daß die Verfassung im Zusammenhang mit den Vorschriften über die kommunale Selbstverwaltung zu den Gemeindeverbänden nur Gebietskörperschaften wie die Kreise zählt, bestätigt sich in der Entstehungsgeschichte des Art. 1 Abs. 2 LV. Im Verfassungsentwurf vom 13. Dezember 1991 (LT-Drs. 1/625) hieß es: „Das Land gliedert sich in Gemeinden, Kreise und kreisfreie Städte. Sie haben das Recht der Selbstverwaltung." Diese Fassung wurde durch die Verfassungstext gewordene Formulierung ersetzt: „Das Land gliedert sich in Gemeinden und Gemeindeverbände." Die Änderung des Entwurfs zielte auf eine Vereinheitlichung der Terminologie im Verfassungstext. Die Erwähnung des Selbstverwaltungsrechts in Art. 1 wurde mit Blick auf die Regelung des Art. 97 als entbehrlich angesehen (vgl. Protokoll der 3. Sitzung des Verfassungsausschusses II vom 18. März 1992, S. 3, Ausführungen des Abgeordneten *Vietze*). Dieser Gang der Beratungen läßt erkennen, daß der Verfassungsgeber im Zusammenhang mit der Selbstverwaltungsgarantie bei den Gemeindeverbänden in erster Linie an die Kreise gedacht hat.

e) Auf der anderen Seite zeigt die Verwendung des umfassenden Begriffes „Gemeindeverbände" (statt lediglich „Kreise") ebenso wie die in Art. 98 Abs. 3 LV vorgenommene Unterscheidung zwischen Kreisen und (sonstigen) Gemeindeverbänden, daß der Verfassungsgeber die Anwendung der Normen über die kommunale Selbstverwaltung nicht definitiv auf die Kreise beschränken wollte. Die Verfassung ist insoweit für Zusammenschlüsse von Gemeinden auf anderer Ebene, mit anderen Aufgaben oder in anderen Organisationsformen offen und steht einer Entwicklung solcher Zusammenschlüsse zu Gemeindeverbänden nicht entgegen. Sie verlangt jedoch für die Einbeziehung in die Schutzvorschriften der Art. 97 ff LV eine den Gemeinden und Kreisen vergleichbare Bedeutung, d. h. den Status als Gebietskörperschaft, mindestens aber die Zuständigkeit für Selbstverwaltungsaufgaben in vergleichbarem Umfang.

II.

Die Ämter im Land Brandenburg zählen danach in der gegenwärtigen rechtlichen Ausgestaltung nicht zu den Gemeindeverbänden im Sinne der Art. 97 ff LV.

1. Die Ämter sind keine Gebietskörperschaften. Hierunter sind solche Körperschaften des öffentlichen Rechts zu verstehen, bei denen sich für die Bürger Rechtsfolgen – wie beispielsweise Wahlrecht oder Steuerpflichten – aus dem Wohnsitz im Gebiet der Gebietskörperschaft ergeben. Sie werden von ihren Einwohnern getragen. Wesentlich ist – in diesem Sinne – das unmittelbare Verhältnis zwischen Personen, Fläche und hoheitlicher Gewalt (*Wolff/Bachof/Stober*, Verwaltungsrecht II, 5. Aufl. 1987, § 84 Rdn. 24; BVerfGE aaO, S. 117, wo zusätzlich eine zumindest subsidiäre Allzuständigkeit gefordert wird). Die Ämter hingegen werden nicht von den Einwohnern,

sondern von den amtsangehörigen Gemeinden getragen, deren Repräsentanten den Amtsausschuß bilden. Sie sind deshalb keine Gebiets-, sondern Bundkörperschaften (BVerfGE aaO; *Wolff/Bachof/Stober,* aaO; *Bracker/Dehn,* Gemeindeordnung für Schleswig-Holstein, 1997, S. 66; namentlich für die Ämter in Brandenburg: *Vogelsang/Lübking/Jahn,* Kommunale Selbstverwaltung, 2. Aufl. 1997, Rdn. 912; *Stork,* in: Stork/Muth, Amtsordnung für das Land Brandenburg, 2. Aufl. 1992, Erl. 1 zu § 1 AmtsO; *Köstering,* DÖV 1992, 369, 370). Dem entspricht die Wertung des Landesgesetzgebers, der die Gemeinden und Kreise ausdrücklich als Gebietskörperschaften bezeichnet (vgl. jeweils § 1 der Gemeinde- und der Landkreisordnung), bei den Ämtern jedoch hiervon abgesehen hat.

2. Die Ämter nehmen darüber hinaus nach der Amtsordnung keine Selbstverwaltungsaufgaben in einem den Gebietskörperschaften Gemeinde und Kreis vergleichbaren Umfange wahr.

a) Die den Ämtern obliegenden originären Aufgaben im Bereich der Selbstverwaltungsangelegenheiten sind vergleichsweise unbedeutend. Die wesentliche Aufgabe der Ämter besteht in der Vorbereitung und Durchführung der Beschlüsse der amtsangehörigen Gemeinden (§ 4 Abs. 1 AmtsO), der Kassen- und Rechnungsprüfung sowie der Aufstellung und Durchführung der Haushaltspläne (§ 5 Abs. 2 AmtsO). Die Ämter nehmen insoweit nur eine dienende Funktion für die Gemeinden wahr, die selbst uneingeschränkt Träger der vom Amt durchgeführten oder haushaltsrechtlich betreuten Selbstverwaltungsaufgaben bleiben. Neben diesen eher verwaltungstechnischen Hilfsaufgaben kommt den Ämtern über § 5 Abs. 3 AmtsO als Berater der Gemeinden eine gewisse Koordinierungsfunktion zu. Tatsächliche Entscheidungsbefugnisse in Selbstverwaltungsangelegenheiten der Gemeinden sind damit aber nicht verbunden. Die Ämter können keine Aufgaben an sich ziehen und sie können ein bestimmtes Verhalten der Gemeinden nicht erzwingen; sie sind keine Aufsichtsbehörden (vgl. § 5 Abs. 3 Satz 2 AmtsO).

b) Die Möglichkeit einer Übertragung von Selbstverwaltungsangelegenheiten von den Gemeinden auf das Amt nach § 5 Abs. 4 AmtsO stellt die prinzipielle Abhängigkeit des Amtes von den Gemeinden nicht in Frage. Eine solche Übertragung setzt den übereinstimmenden Entschluß von mindestens zwei amtsangehörigen Gemeinden voraus. Das Amt kann einer Übertragung zwar widersprechen (*Cronauge/Lübking,* Gemeindeordnung und Amtsordnung für das Land Brandenburg, Stand 1996, § 5 AmtsO Rdn. 6 m.w.N.). Ohne oder gar gegen den Willen der Gemeinden kommt jedoch eine Übertragung von Selbstverwaltungsangelegenheiten auf das Amt nicht in

Betracht. Der Wortlaut des § 5 Abs. 4 Satz 1 AmtsO („einzelne Selbstverwaltungsaufgaben") verdeutlicht zudem, daß die Gemeinden in dieser Weise nicht global einen nennenswerten Teil ihrer Selbstverwaltungsaufgaben in die Hand des Amtes geben können.

Wenn auch durch die Übertragung eine Verlagerung der Aufgabe auf das Amt stattfindet (*Bracker,* Amtsordnung für das Land Brandenburg, Stand 1994, Erl. 6 zu § 5 AmtsO), so handelt es sich doch weiterhin um eine Aufgabe im Verantwortungsbereich der Gemeinden; die Aufgabe wird lediglich vom Amt für die Gemeinden (vgl. § 5 Abs. 4 Satz 1 AmtsO: „an deren Stelle") wahrgenommen. Die Gemeinden behalten über den Amtsausschuß Einfluß auf die Ausführung der von ihnen übertragenen Aufgabe (§ 7 Abs. 1 AmtsO), um so mehr als die an der Übertragung nicht beteiligten Gemeinden insoweit kein Stimmrecht haben (§ 5 Abs. 4 Satz 2 AmtsO). Die Gemeinden können Beschlüssen des Amtsausschusses widersprechen (§ 7 Abs. 5 AmtsO). Unter bestimmten Voraussetzungen kann die Gemeinde die Rückübertragung der Aufgabe verlangen (§ 5 Abs. 4 Satz 3 bis 5 AmtsO). Die unterschiedlichen Leistungen des Amtes für die Gemeinden werden nach § 14 AmtsO durch eine entsprechende Mehr- oder Minderbelastung der einzelnen Gemeinden berücksichtigt. All dies zeigt, daß die Verankerung der Aufgabe in der Gemeinde durch die Übertragung nicht gelöst wird (vgl. BVerfGE aaO, S. 124). Die Gemeinden begeben sich der übertragenen Aufgabe nicht zur Gänze, sondern nehmen sie – freilich mit geringerem Einfluß auf die Art und Weise ihrer Erfüllung – über die Organisationsform „Amt" im Zusammenwirken mit anderen Gemeinden weiterhin wahr. Demgemäß bleibt es der Gemeinde, unbeschadet der Übertragung einer Aufgabe auf das Amt, unbenommen, sich staatlicher Eingriffe in die Aufgabe mit der Kommunalverfassungsbeschwerde zu erwehren (vgl. hierzu bereits Verfassungsgericht des Landes Brandenburg, Urteil vom 17. Juli 1997 – VfGBbg 1/97 –, LVerfGE 7, 75, 84 f).

Die Einordnung der auf das Amt übertragenen gemeindlichen Aufgabe als weiterhin in der Gemeinde verankert bleibt im Einklang mit der vom erkennenden Gericht im Zusammenhang mit der „Hochzonung" von gemeindlichen Aufgaben auf die Ämter getroffenen Entscheidung, daß die Selbstverwaltungsgarantie der Gemeinden auch im Verhältnis zum Amt gilt (vgl. hierzu Verfassungsgericht des Landes Brandenburg, Urteil vom 17. Oktober 1996 – VfGBbg 5/95 –, LVerfGE 5, 79, 89 f). Auch wenn eine (freiwillige) Übertragung auf das Amt den gemeindlichen Charakter der Aufgabe nicht aufhebt, kann eine gesetzgeberisch erzwungene Verlagerung auf das Amt wegen der damit verbundenen Einbuße an Alleinverantwortlichkeit gegebenenfalls einen Eingriff in das Selbstverwaltungsrecht der Gemeinde bedeuten.

c) Auch die originäre Zuständigkeit der Ämter für die ihnen durch Gesetz oder Verordnung übertragenen Pflichtaufgaben zur Erfüllung nach Weisung (§ 5 Abs. 1 AmtsO) rechtfertigt es nicht, die Ämter als den Gemeinden und Kreisen vergleichbare Selbstverwaltungsträger einzuordnen. Allerdings zählen auch die Pflichtaufgaben zur Erfüllung nach Weisung zu den Selbstverwaltungsangelegenheiten, soweit es sich dabei zugleich um klassische Aufgaben der örtlichen Gemeinschaft handelt (Verfassungsgericht des Landes Brandenburg, Urteil vom 17. Oktober 1996 – VfGBbg 5/95 –, aaO, S. 89). Indesssen betreffen die bei den Ämtern angesiedelten Pflichtaufgaben zur Erfüllung nach Weisung überwiegend – soweit nämlich die Ämter als örtliche Ordnungsbehörde nach § 3 Abs. 1 Ordnungsbehördengesetz handeln – den Bereich der Gefahrenabwehr, der seinen Ursprung im Polizeirecht hat und insoweit nicht zu den klassischen Angelegenheiten der örtlichen Gemeinschaft, sondern eher zu den staatlichen, den Kommunen lediglich übertragenen Aufgaben zählt (vgl. zur Entwicklung in Preußen etwa §§ 1 und 10ff II 17 des Allgemeinen Landrechts für die Preußischen Staaten vom 1. Juni 1794 und § 166 der Preußischen Städteordnung vom 19. November 1808; hierzu *Lisken/Denninger*, Handbuch des Polizeirechts, 2. Aufl. 1996, S. 2ff, insb. Rdn. 32). Die ordnungsrechtlichen Befugnisse der Ämter sind deshalb zu einem erheblichen Teil – ohne dies hier für jeden Einzelfall bestimmen zu müssen – keine Selbstverwaltungsangelegenheiten.

Soweit den Ämtern daneben einzelne Pflichtaufgaben zur Erfüllung nach Weisung übertragen sind, die zu den klassischen Angelegenheiten der örtlichen Gemeinschaft gehören, so handelt es sich hierbei zwar um Selbstverwaltungsaufgaben, allerdings – wegen der Belastung mit dem staatlichen Eingriffsrecht – nur um solche in „abgeschwächter Form" (Verfassungsgericht des Landes Brandenburg, aaO, für den Brandschutz). Verglichen mit den nur einer Rechtsaufsicht unterworfenen Selbstverwaltungsangelegenheiten der Gemeinden und Kreise kommt ihnen für die hier zu entscheidende Frage nur eine mindere Bedeutung zu.

d) In der Gesamtschau bleiben die von den Ämtern wahrzunehmenden Selbstverwaltungsaufgaben deutlich hinter denen der Gemeinden und Kreise zurück. Die Ämter bilden keine gleichwertig zwischen die Gemeinden und Kreise tretende weitere Ebene der kommunalen Selbstverwaltung, sondern haben als Verwaltungsgemeinschaften der Gemeinden im wesentlichen die Funktion, deren Selbstverwaltung zu bewahren und zu stärken. Sie zählen in ihrer gegenwärtigen Form deshalb nicht zu den Gemeindeverbänden im Rechtssinne (so auch *Cronauge/Lübking*, aaO, § 1 AmtsO Rdn. 9; *Stork*, aaO, Erl. 2 zu § 1 AmtsO; *Vogelsang/Lübking/Jahn*, aaO; wohl auch *Bracker*, aaO, Erl. 1 zu § 1 AmtsO; widersprüchlich *Sundermann/Miltkau*, Kommunalrecht

Brandenburg, 1995, S. 44 und 217; a. A. *Gern,* aaO, Rdn. 960, ohne Begründung).

3. Dieses Ergebnis entspricht dem zum Zeitpunkt des Inkrafttretens der Landesverfassung bestehenden Rechtszustand. Die vom Verfassungsgeber vorgefundene Amtsordnung, auch in ihrer damaligen Form, kennt keine gewählte Vertretung, wie sie Art. 98 Abs. 3 Satz 3 LV bei Gemeindeverbänden voraussetzt (vgl. auch Art. 22 Abs. 1 LV). Die Ämter sind nicht durch die jährlichen Gemeindefinanzierungsgesetze in den kommunalen Finanzausgleich einbezogen, für den Art. 99 LV eine Einbeziehung der Gemeindeverbände vorsieht. Aus den Verfassungsmaterialien spricht nichts dafür, daß der Verfassungsgeber diesen Zustand in bezug auf die Ämter durch die Einführung der Verfassung hat ändern wollen.

4. Die Fiktion des § 1 Abs. 1 Satz 2 AmtsO, wonach die Ämter als Gemeindeverbände gelten, soweit in Gesetzen oder Verordnungen der Gemeindeverband als Sammelbegriff verwendet wird, spricht nicht für, sondern – weil sonst unnötig – eher gegen die Einordnung der Ämter als Gemeindeverbände im Sinne der Landesverfassung und ist für die verfassungsrechtliche Einordnung jedenfalls ohne Bedeutung; sie dient dem Gesetzgeber lediglich dazu, die Ämter in bestimmte gesetzliche Regelungen einzubeziehen, die auch für andere kommunale Körperschaften gelten (vgl. Begründung zu § 1 des Gesetzentwurfes der Landesregierung, LT-Drs. 1/433).

III.

Das Gericht hat erwogen, ob die vorliegende Kommunalverfassungsbeschwerde, gegebenenfalls hilfsweise, als eine solche der Gemeinden des Amtes behandelt werden kann. Indessen hat der – zudem anwaltlich vertretene – Beschwerdeführer insbesondere in seinem Schriftsatz vom 14. August 1997 das in Art. 97 Abs. 1 LV auch den Gemeindeverbänden garantierte Selbstverwaltungsrecht ausdrücklich für sich selbst in Anspruch genommen und sich hierzu auf die von den Ämtern wahrzunehmenden Pflichtaufgaben zur Erfüllung nach Weisung, welche als Selbstverwaltungsaufgaben einzustufen seien, und die von den amtsangehörigen Gemeinden nach § 5 Abs. 4 AmtsO auf die Ämter übertragenen Aufgaben berufen. Unter diesen Umständen war dem Gericht eine Auslegung als Verfassungsbeschwerde (auch) der Gemeinden des Beschwerdeführers nicht möglich.

IV.

Das Verfassungsgericht hat gemäß § 22 Abs. 1 VerfGGBbg ohne mündliche Verhandlung entschieden, weil es sie einstimmig nicht für erforderlich gehalten hat.

V.

Für die beantragte Auslagenerstattung ist angesichts der Erfolglosigkeit der Verfassungsbeschwerde kein Raum (§ 32 Abs. 7 VerfGGBbg).

Nr. 2

Das Landesverfassungsgericht ist bei Verfassungsbeschwerden gegen letztinstanzliche Entscheidungen der Gerichte des Landes befugt, die Anwendung von Verfahrensrecht des Bundes am Maßstab der mit dem Grundgesetz inhaltsgleichen Grundrechte der Landesverfassung zu messen und bei einer Grundrechtsverletzung die fachgerichtliche Entscheidung aufzuheben.*

Verfassung des Landes Brandenburg Art. 6 Abs. 2

Grundgesetz Art. 74 Abs. 1 Nr. 1

Verfassungsgerichtsgesetz Brandenburg § 45 Abs. 2

Beschluß vom 16. April 1998 – VfGBbg 1/98 –

in dem Verfassungsbeschwerdeverfahren der Eheleute T. gegen das Urteil des Amtsgerichts B.

Entscheidungsformel:

Die Verfassungsbeschwerde wird zurückgewiesen.

Gründe:

A.

Die Beschwerdeführer sind seit 1988 Mieter einer Wohnung in D., die vormals als Volkseigentum vom Rat der Gemeinde als Rechtsträger verwaltet und vermietet wurde. 1994 wurde die Heckelberger Wohnungswirtschaft

---

* Nichtamtlicher Leitsatz.

GmbH auf Ersuchen der Vermögenszuordnungsstelle der Oberfinanzdirektion Cottbus als Eigentümerin des entsprechenden Grundstücks im Grundbuch eingetragen.

Die Beschwerdeführer erhoben am 1. Juli 1997 Klage vor dem Amtsgericht B. auf Vorlage nachvollziehbarer Betriebskostenabrechnungen gegen die in der Klageschrift als Verwalterin bezeichnete Wohnungswirtschafts GmbH. Im Laufe des Verfahrens änderten sie die Klage auf Rückzahlung von 1 334,69 DM zuvielgezahlter Betriebskosten und verlangten die Beseitigung von Schimmelflecken in der Wohnung. Die Beklagte verlangte widerklagend Zahlung ausstehender Betriebskosten in Höhe von 140,13 DM. Sie schilderte gegenüber dem Amtsgericht schriftsätzlich unter anderem die Praxis der Betriebskostenabrechnung und führte dazu aus, daß in dieser Weise von allen Großvermietern verfahren werde und auch sie selbst so gegenüber ihren Mietern verfahre. Das Amtsgericht forderte die Beschwerdeführer mit der Terminsverfügung auf, die Klage hinsichtlich der Passivlegitimation der Beklagten schlüssig zu begründen und den Mietvertrag vorzulegen. Der Prozeßbevollmächtigte der Beschwerdeführer führte daraufhin schriftsätzlich aus, daß sich die Beklagte nicht auf eine fehlende Passivlegitimation berufe und selbst am ehesten angeben könne, auf welcher Basis sie für den Wohnungseigentümer auftrete. Im Termin zur mündlichen Verhandlung am 25. September 1997 legte der Prozeßbevollmächtigte der Beschwerdeführer den im Jahre 1988 mit dem Rat der Gemeinde abgeschlossenen Mietvertrag vor. Die Beklagte legte ihrerseits einen ihre Eigentümerstellung nachweisenden Grundbuchauszug vor. Das Amtsgericht wies die Klage mit Urteil vom 30. September 1997, den Beschwerdeführern zugestellt am 5. November 1997, mangels Schlüssigkeit ab. Die Beschwerdeführer hätten nur vorgetragen, daß die Beklagte Verwalterin des Hauses sei. Ansprüche aus dem Mietverhältnis müßten jedoch gegen den Vermieter geltend gemacht werden. Die Beklagte selbst habe eine solche Vermieterstellung ebenfalls nicht vorgetragen. Der vorgelegte Mietvertrag und der Grundbuchauszug seien für die Annahme einer Vermieterstellung, auch nach § 571 BGB, nicht ausreichend. Aus den gleichen Erwägungen wies das Amtsgericht auch die Widerklage der Beklagten ab. Eine von den Beschwerdeführern gegen das Urteil erhobene Gegenvorstellung blieb ohne Erfolg.

Mit der am 5. Januar 1998 erhobenen Verfassungsbeschwerde rügen die Beschwerdeführer eine Verletzung des Anspruchs auf rechtliches Gehör (Art. 52 Abs. 3 Landesverfassung Brandenburg – LV –) und auf ein faires Verfahren (Art. 52 Abs. 4 LV) sowie eine Verletzung des Willkürverbotes (Art. 52 Abs. 3 LV). Das Amtsgericht habe es unterlassen, einen weiteren Hinweis nach §§ 139, 278 Abs. 3 Zivilprozeßordnung – ZPO – zu erteilen, bevor es die Klage wegen fehlender Passivlegitimation der Beklagten zurückwies. Sie seien davon ausgegangen, daß hierzu nach dem ersten Hinweis des Gerichts hinreichend vorgetragen worden sei. Das Urteil sei für sie überraschend und erscheine willkürlich.

Die Wohnungswirtschafts GmbH hat zu der Verfassungsbeschwerde Stellung genommen und im wesentlichen ausgeführt, daß die Erörterung der Passivlegitimation auch in der mündlichen Verhandlung breiten Raum eingenommen habe. Von einer Verletzung des rechtlichen Gehörs könne deshalb keine Rede sein. Wenn auch die Ausführungen des Amtsgerichts zur Frage der Vermieterstellung wohl unzutreffend seien, so sei das Urteil gleichwohl deshalb noch nicht verfassungswidrig.

B.

Die Verfassungsbeschwerde ist zulässig. Sie hat jedoch in der Sache keinen Erfolg.

I.

Der Zulässigkeit der Verfassungsbeschwerde steht nicht entgegen, daß mit ihr die Verletzung von Landesgrundrechten bei der Durchführung eines bundesrechtlich – durch die Zivilprozeßordnung und das Gerichtsverfassungsgesetz – geordneten Verfahrens gerügt wird. Allerdings ist in einem solchen Fall zu beachten, daß die Aufhebung von Entscheidungen der Fachgerichte durch ein Landesverfassungsgericht die Zuständigkeit des Bundes gemäß Art. 74 Abs. 1 Nr. 1 Grundgesetz (GG) zur Regelung der Rechts- und Bestandskraft gerichtlicher Entscheidungen berührt. Raum für eine landesrechtliche Regelung verbleibt deshalb nur insoweit, als diese zur Erreichung des Zwecks der Landesverfassungsbeschwerde unerläßlich ist (BVerfGE 96, 345, 372). Die insoweit erforderlichen Voraussetzungen im Sinne der genannten Entscheidung des Bundesverfassungsgerichts, der sich das erkennende Gericht anschließt, sind hier gegeben.

1. Der brandenburgische Gesetzgeber hat – in näherer Ausgestaltung des Art. 6 Abs. 2 der Landesverfassung (LV) – die Erhebung der Landesverfassungsbeschwerde gemäß § 45 Abs. 2 Satz 1 Verfassungsgerichtsgesetz Brandenburg (VerfGGBbg) erst nach – hier erfolgter – Erschöpfung des Rechtswegs zugelassen. Diese ausdrückliche Zulässigkeitsvoraussetzung ist nach der ständigen Rechtsprechung des erkennenden Gerichts um den – über das Gebot der Rechtswegerschöpfung im engeren Sinne hinausgehenden – Grundsatz der Subsidiarität zu ergänzen, wonach der Beschwerdeführer gehalten ist, alles im Rahmen seiner Möglichkeiten Stehende zu unternehmen, um eine etwaige Grundrechtsverletzung zu beseitigen oder zu ver-

hindern (vgl. etwa Beschluß vom 21. November 1996 – VfGBbg 17/96, 18/96 und 19/96 –, LVerfGE 5, 112, 118 ff m. w. N.). Auch diese Voraussetzung ist hier erfüllt. Damit ist dem Umstand hinreichend Rechnung getragen, daß die Aufhebung einer gerichtlichen Entscheidung durch ein Landesverfassungsgericht regelmäßig erst dann „unerläßlich" ist, wenn feststeht, daß durch fachgerichtlichen Rechtsschutz eine Beseitigung der behaupteten Grundrechtsverletzung nicht mehr zu erreichen ist und auch nicht hätte erreicht werden können (vgl. BVerfGE 96, 345, 372).

Inwieweit die durch Art. 74 Abs. 1 Nr. 1 GG begrenzte Kompetenz des Landesgesetzgebers darüber hinaus eine besonders restriktive Auslegung der Voraussetzungen verlangt, unter denen Landesrecht (hier § 45 Abs. 2 Satz 2 VerfGGBbg) eine Entscheidung vor Erschöpfung des Rechtswegs ausnahmsweise zuläßt (vgl. zur weitgehend entsprechenden Regelung des § 27 Abs. 2 Satz 2 SächsVerfGHG wiederum BVerfGE 96, 345, 372), bedarf aus Anlaß dieses Falles, bei dem eine solche Vorabentscheidung nicht in Rede steht, keiner Klärung.

2. Weiter beruht die behauptete Beschwer der Beschwerdeführer auf der Entscheidung eines Gerichts des Landes Brandenburg; ein Bundesgericht war nicht befaßt (vgl. hierzu abermals BVerfGE 96, 345, 372).

3. Die als verletzt gerügten Landesgrundrechte bzw. grundrechtsgleichen Gewährleistungen sind ferner inhaltsgleich mit den entsprechenden Rechten des Grundgesetzes (vgl. zu dieser Voraussetzung ebenfalls BVerfGE 96, 345, 372). Der Anspruch auf rechtliches Gehör aus Art. 52 Abs. 3 LV entspricht insoweit Art. 103 Abs. 1 GG. Das ebenfalls in Art. 52 Abs. 3 LV verankerte Willkürverbot entspricht dem aus Art. 3 Abs. 1 GG abzuleitenden Verbot willkürlicher gerichtlicher Entscheidungen (vgl. hierzu etwa BVerfGE 74, 102, 127 m. w. N.). Das auf Landesverfassungsebene ausdrücklich normierte Gebot des fairen Verfahrens (Art. 52 Abs. 4 LV) ergibt sich auf Bundesverfassungsebene als Ableitung aus dem Rechtsstaatsprinzip (vgl. hierzu etwa BVerfGE 78, 123, 126). Die genannten Rechte sind jeweils „inhaltsgleich", denn sie führen im konkreten Fall, wie sogleich dargelegt, zu demselben Ergebnis.

II.

Die von den Beschwerdeführern angeführten Landesgrundrechte (und die ihnen entsprechenden Rechte des Grundgesetzes) sind durch das Urteil des Amtsgerichts B. vom 30. September 1997 nicht verletzt worden.

1. Das angegriffene Urteil verstößt nicht gegen den als verletzt gerügten Grundsatz rechtlichen Gehörs nach Art. 52 Abs. 3 LV, 103 Abs. 1 GG. Diese

Verfassungsnormen gewähren den Beteiligten eines gerichtlichen Verfahrens zwar ein Recht darauf, sich zu den entscheidungserheblichen Fragen vor Erlaß der Entscheidung zu äußern. Sie verpflichten das Gericht aber nicht, die Verfahrensbeteiligten von sich aus auf alle entscheidungserheblichen Umstände hinzuweisen oder solche Hinweise gar zu wiederholen. Erst wenn das Gericht in der Entscheidung auf einen Aspekt abstellt, mit dem auch ein gewissenhafter und kundiger Prozeßvertreter nicht zu rechnen braucht, kann dies als „Überraschungsurteil" eine Verletzung des rechtlichen Gehörs begründen (vgl. Verfassungsgericht des Landes Brandenburg, Beschluß vom 16. Oktober 1997 – VfGBbg 25/97 –, Seite 12 des Entscheidungsumdrucks; vgl. auch BVerfG, NJW 1996, 454).

Daran gemessen ist das angegriffene Urteil nicht zu beanstanden. Die Beschwerdeführer wußten aufgrund des richterlichen Hinweises in der Ladungsverfügung, daß das Gericht die Klage für unschlüssig hielt. Sie hatten danach Gelegenheit, zur Passivlegitimation der Beklagten schriftsätzlich und in der mündlichen Verhandlung weiter vorzutragen. Damit war dem Grundsatz des rechtlichen Gehörs Genüge getan. Das Gericht war nicht verpflichtet, die anwaltlich vertretenen Beschwerdeführer erneut auf den Aspekt der Passivlegitimation hinzuweisen. Es durfte davon ausgehen, daß der Prozeßbevollmächtigte der Beschwerdeführer aufgrund des Hinweises in seinem nachfolgenden Schriftsatz und in der mündlichen Verhandlung nunmehr alles ihm erforderlich Erscheinende zu dieser Frage geltend machen würde.

2. Die Verfahrensweise des Amtgerichts begründet aus demselben Grunde auch keinen Verstoß gegen den ebenfalls als verletzt gerügten Grundsatz des fairen Verfahrens (Art. 52 Abs. 4 LV; 20 Abs. 3 GG). Das Vorgehen des Gerichts entsprach insoweit den Verfahrensvorschriften.

3. Das angegriffene Urteil verstößt ferner nicht gegen das Willkürverbot der Art. 52 Abs. 3 LV, 3 Abs. 1 GG. Willkürlich ist eine Entscheidung erst dann, wenn sie unter keinem rechtlichen Gesichtspunkt vertretbar ist und sich deshalb der Schluß aufdrängt, sie beruhe auf sachfremden Erwägungen (ständige Rechtsprechung des Verfassungsgerichts des Landes Brandenburg, vgl. etwa Beschluß vom 20. Januar 1997 – VfGBbg 45/96 –, NJ 1997, 307 m. w. N.; vgl. auch BVerfGE 89, 1, 13 f). So liegen die Dinge hier jedoch nicht. Das Amtsgericht hat die Klage abgewiesen, weil die Beschwerdeführer nicht schlüssig vorgetragen hätten, daß die Beklagte die Vermieterin der Wohnung sei, und auch die Beklagte selbst eine solche Vermieterstellung nicht schlüssig behauptet habe. Über diese fachrichterliche Wertung des Parteivortrags mag sich freilich streiten lassen. Die Beklagte hat mit Schriftsatz vom 11. September 1997 immerhin vorgetragen, nach ihrer Praxis der Betriebskostenabrechnung verführen alle Großvermieter und so verfahre auch sie gegenüber

ihren Mietern. Darin könnte das Eingeständnis gesehen werden, selbst Vermieterin zu sein. Hätte das Amtsgericht dies so gewürdigt, hätte sich die dann naheliegende Prüfung anschließen müssen, ob die Beschwerdeführer sich diesen Vortrag der Beklagten durch ihr weiteres prozessuales Verhalten, insbesondere den Schriftsatz ihres Prozeßbevollmächtigten vom 25. September 1997, zu eigen gemacht haben. Jedenfalls wäre es dem Amtsgericht in einer solchen Situation nicht verwehrt gewesen und hätte es ggfls. sogar nahegelegen, nochmals nach der Vermieterstellung der Beklagten zu fragen, um sich insoweit Klarheit zu verschaffen.

Gleichwohl liegt noch kein Verfassungsverstoß vor. Willkürlich ist eine Entscheidung nach dem oben Dargelegten erst dann, wenn sie – jenseits der richtigen Anwendung des einfachen Rechts – ganz und gar unverständlich erscheint und das Recht in einer Weise falsch anwendet, die jeden Auslegungs- oder Bewertungsspielraum überschreitet (vgl. Verfassungsgericht des Landes Brandenburg, Beschluß vom 14. August 1996 – VfGBbg 23/95 –, LVerfGE 5, 67, 72 m. w. N.). Dies ist stets eine Frage des Einzelfalls. Insoweit ist hier zu berücksichtigen, daß der Vortrag der Beklagten zur Praxis der Betriebskostenabrechnung, wenn auch in diesem Sinne auslegbar, jedenfalls nicht klar und eindeutig die Behauptung enthielt, selbst Vermieterin zu sein, wie es von einer anwaltlich vertretenen Partei erwartet werden kann. Die Vermieterstellung verstand sich auch nicht ohne weiteres von selbst, da die Beklagte in Mietprozessen vor dem Amtsgericht B. teils als Vermieterin, teils als Verwalterin aufgetreten ist. Auch die Vorlage des Grundbuchauszugs mußte das Amtsgericht angesichts des komplizierten rechtlichen Schicksals des kommunalen Wohnungsbestands im Zuge der deutschen Wiedervereinigung und des gerade deshalb möglichen Auseinanderfallens von Eigentümer- und Vermieterstellung nicht notwendigerweise in diesem Sinne werten. Zu berücksichtigen ist ferner, daß die Beschwerdeführer selbst auf den Hinweis des Gerichts hin von sich aus nichts Substantielles zur Passivlegitimation vorgetragen, sondern auf die – hier erkennbar unproblematische – Partei- und Prozeßfähigkeit der Beklagten abgehoben haben. Sie haben schließlich ihre ursprüngliche Behauptung, die Beklagte sei Verwalterin, nicht – jedenfalls nicht ausdrücklich – zurückgenommen und statt dessen eine Vermieterstellung der Beklagten behauptet, sondern sich auf eine zwar in diesem Sinne auslegbare (s. o.), aber eben doch nicht unmißverständliche Formulierung zurückgezogen. Insgesamt erscheint dem Verfassungsgericht deshalb die fachgerichtliche Wertung nicht eklatant fehlerhaft und somit nicht willkürlich. Die Verantwortung für die Richtigkeit des Urteils bleibt damit beim Amtsgericht.

Nr. 3

Zu der Frage, ob es die kommunale Selbstverwaltung verletzt, daß nach dem Brandenburgischen Schulgesetz einer Gemeinde, die Trägerin einer Schule der Sekundarstufe I ist, Schulkostenbeiträge nicht auch für Schüler aus der eigenen Gemeinde zufließen.*

Verfassung des Landes Brandenburg Art. 97 Abs. 1 Satz 1; 99

Brandenburgisches Schulgesetz § 116 Abs. 1

Beschluß vom 14. Mai 1998 – VfGBbg 22/97 –

in dem Verfahren über die kommunale Verfassungsbeschwerde der Stadt B., vertreten durch das Amt B., dieses vertreten durch den Amtsdirektor, betreffend das Gesetz über die Schulen im Land Brandenburg (Brandenburgisches Schulgesetz – BbgSchulG –) vom 12. April 1996 (GVBl. I S. 102) in der Fassung vom 10. März 1998 (GVBl. I S. 48).

Entscheidungsformel:

Die Verfassungsbeschwerde wird verworfen.

Gründe:

A.

Die Beschwerdeführerin, eine amtsangehörige Gemeinde, wendet sich mit ihrer kommunalen Verfassungsbeschwerde gegen die in § 116 Abs. 1 Brandenburgisches Schulgesetz (BbgSchulG) vorgenommene Ausgestaltung des sog. Schulkostenbeitrags sowie gegen die in § 107 Abs. 1 BbgSchulG vorgesehene entschädigungslose Übertragung von Schulanlagen.

I.

Zur Finanzierung der Kosten der Schulträgerschaft (Sachkosten und die Kosten für das sonstige Personal nach § 68 Abs. 2 Satz 2 BbgSchulG, s. § 108 Absätze 1, 3 und 4 BbgSchulG) erhält die Kommune u. a. einen sog. Schulkostenbeitrag, wenn die Schule nicht nur von Kindern aus der eigenen Gemeinde, sondern auch von Kindern aus umliegenden Gemeinden besucht wird. Der durch das Erste Gesetz zur Änderung des Brandenburgischen Schulgesetzes geänderte § 116 BbgSchulG lautet in Absatz 1:

---

* Nichtamtlicher Leitsatz.

(1) Die Schulträger können Schulkostenbeiträge verlangen. Leistungsberechtigt ist der Schulträger der besuchten Schule. Eine Leistungsberechtigung besteht nicht für Schülerinnnen und Schüler aus dem Gebiet des kreisangehörigen Schulträgers. Leistungsverpflichtet ist der gemäß § 100 Abs. 1 bis 3 verpflichtete Schulträger, in dessen Gebiet die Schülerinnen oder Schüler ihre Wohnung haben. Abweichend von Satz 4 ist bei Gesamtschulen, die mit Grundschulen zusammengefaßt wurden, für die laufenden Ausgaben der Grundschule die Gemeinde, in der die Schülerin oder der Schüler die Wohnung hat, leistungsverpflichtet. ...

...

II.

Die mit der kommunalen Verfassungsbeschwerde angegriffene Vorschrift des § 107 Abs. 1 BbgSchulG, die bereits Gegenstand des Urteils des Verfassungsgerichts des Landes Brandenburg vom 17. Juli 1997 (VfGBbg 1/97) war, bestimmt u. a.:

§ 107
Übertragung von Schulanlagen

(1) Soweit die Schulträgerschaft übertragen wird und der neue Schulträger das Schulvermögen für schulische Zwecke benötigt, gehen die vermögensrechtlichen Rechte und Pflichten des bisherigen Schulträgers entschädigungslos auf den neuen Schulträger über.

...

(3) Wird das übereignete Schulvermögen nicht mehr für schulische Zwecke benötigt, kann der frühere Schulträger innerhalb eines Jahres nach der Entwidmung die entschädigungslose Rückübertragung unter Berücksichtigung eines anteiligen Wertausgleichs für den kreislichen Eigenanteil an Investitionen verlangen. Dieser Anspruch entfällt, wenn der neue Schulträger für die übergegangenen Schulanlagen Ersatzbauten errichtet.

...

III.

Die Beschwerdeführerin ist Trägerin einer integrierten Gesamtschule, die aus Grundschule und Sekundarstufe I besteht. Für diese Schule ist sie auch in bezug auf die Sekundarstufe I, und zwar auch nach dem Inkrafttreten des Brandenburgischen Schulgesetzes, aufgrund der „Bestandsschutzregelung" des § 142 Satz 3 BbgSchulG weiter zuständig. § 142 BbgSchulG in der Fassung vom 10. März 1998 bestimmt diesbezüglich ab Satz 3:

Fortbestehende Schulträgerschaft

... Soweit Gemeinden oder Gemeindeverbände bei Inkrafttreten dieses Gesetzes Träger von weiterführenden allgemeinbildenden Schulen sind, bleiben sie hierfür weiter zuständig. Sie können diese Zuständigkeit mit Zustimmung des Landkreises auf diesen übertragen. Stimmt der Landkreis der Übertragung nicht zu, ist er abweichend von § 116 Abs. 1 Satz 3 BbgSchulG auch für die Schülerinnen und Schüler der Sekundarstufe I und der gymnasialen Oberstufe aus dem Gebiet des kreisangehörigen Schulträgers leistungspflichtig. ...

Das Schulgebäude, in dem ihre Gesamtschule untergebracht ist, hat die Beschwerdeführerin im Zusammenwirken mit den übrigen Gemeinden des Amtes B. unter Einsatz von Mitteln auch aus dem eigenen Haushalt in den Jahren 1994–1996 saniert und modernisiert. Derzeit besuchen insgesamt 395 Schüler diese Schule; 233 der Schüler wohnen in dem Gebiet der Beschwerdeführerin, die übrigen 162 Schüler kommen aus den umliegenden Gemeinden G., W., W./M. und B. Im Jahr 1997 hatte die Beschwerdeführerin – nach Anrechnung des Schullastenausgleichs und sonstiger Einnahmen – laufende Ausgaben i. H. v. circa 324 300,00 DM zu bestreiten. Das bedeutet ein Betrag von 821,01 DM pro Schüler. Diese 821,01 DM pro Schüler hat die Beschwerdeführerin für die nicht in ihrem Gebiet wohnenden Schüler als Schulkostenbeitrag erstattet bekommen (insgesamt 133 003,62 DM). Die verbleibenden Kosten in Höhe von 191 295,33 DM mußte sie aus ihren eigenen Mitteln aufbringen.

IV.

Mit ihrer am 24. Juli 1997 bei Gericht eingegangenen kommunalen Verfassungsbeschwerde wendet sich die Beschwerdeführerin gegen § 116 Abs. 1 Satz 3 und § 107 Abs. 1 BbgSchulG. Sie macht geltend, durch diese Regelungen in ihrem Recht auf Selbstverwaltung nach Art. 97 Landesverfassung (LV) verletzt zu sein. Im wesentlichen trägt sie vor:

1. Die in § 116 Abs. 1 Satz 3 BbgSchulG vorgenommene Ausgestaltung des Schulkostenbeitrags, wonach eine Leistungsberechtigung nicht für Schülerinnen und Schüler aus dem Gebiet des kreisangehörigen Schulträgers besteht, führe für sie zu einer doppelten finanziellen Belastung für ein und dieselbe Aufgabe. Einerseits müsse sie die Kosten für die Schüler aus der eigenen Gemeinde auch in bezug auf den Sekundarbereich I selbst tragen. Andererseits werde sie für die Finanzierung der Schulträgerschaft im Sekundarbereich I, die nach der Bestimmung des § 100 Abs. 2 Satz 1 BbgSchulG nunmehr grundsätzlich beim Kreis angesiedelt sei, in gleichem Maße wie die anderen Gemeinden auch durch die Kreisumlage in Anspruch genommen. Denn der Kreis finanziere die ihm insoweit „zugewachsene" Schulträgerschaft über die Kreisumlage, die er zur Bewältigung der (neuen) Aufgabe um schätzungsweise 2 % erhöhen müsse. Sie, die Beschwerdeführerin, müsse die Kreisumlage ohne Rücksicht darauf in voller Höhe

zahlen, daß sie die Schulträgerschaft für die Sekundarstufe I für Schüler aus ihrem Gebiet selbst wahrnehme und selbst dafür aufkomme. Einen Anspruch auf eine insoweit differenzierende Festsetzung der Kreisumlage im Sinne einer „Freistellung" von der Finanzierung der Sekundarstufe I auf Kreisebene habe sie nicht. Aufgrund der Regelung in § 116 Abs. 1 Satz 3 BbgSchulG müsse sie daher zweimal für diesen Aufgabenbereich zahlen. Diese Doppelbelastung führe mittelbar zu dem Zwang, die Schulen nach § 142 Satz 4 BbgSchulG dem Landkreis „anzudienen". Es komme, so die Beschwerdeführerin wörtlich, „nicht ... darauf an, ob der Gesetzgeber den Aufgabenentzug positiv formuliert oder ob er im Gewand von Kostenregelungen den bisherigen Aufgabenträger fiskalisch dazu zwingt, die Aufgabe abzugeben". So oder so sei ein Aufgabenentzug verfassungsrechtlich nicht zu rechtfertigen, wenn – wie hier – die Aufgabe auch auf einer unteren kommunalen Ebene erfüllt werden könne. Dies gelte umso mehr, als die Schulträgerschaft, zumindest für den Grundschulbereich, dem Kernbereich der kommunalen Selbstverwaltung zuzuordnen sei. Dies sei vorliegend deshalb von Bedeutung, weil die Beschwerdeführerin ihre integrierte Gesamtschule dem Kreis nur insgesamt übertragen könne und daher ggf. gezwungen sei, zugleich ihre Grundschule „abzugeben".

2. In der Regelung des § 107 BbgSchulG, so die Beschwerdeführerin weiter, setze sich die beschriebene Doppelbelastung fort. Sähe sie sich aus den dargelegten Gründen gezwungen, ihre Schule dem Landkreis zu übertragen, bleibe sie weiterhin zur Ablösung der Kommunalkredite verpflichtet, die sie zur Finanzierung des betreffenden Haushaltes aufgenommen und anteilig zur Sanierung der Schule genutzt habe. Die Kommunalkredite gehörten nicht zu den „vermögensrechtlichen Pflichten", die nach § 107 Abs. 1 BbgSchulG mit dem Schulvermögen übergingen. Daneben müsse sie außerdem die – erhöhte – Kreisumlage mit tragen. Augenscheinlich solle der Kreis auf diesem Wege auf Kosten der Gemeinden in die Lage versetzt werden, die Schulträgerschaft wahrzunehmen.

V.

Die Landesregierung hat von der Gelegenheit zur Äußerung Gebrauch gemacht. Sie hält die kommunale Verfassungsbeschwerde zu § 116 BbgSchulG für jedenfalls unbegründet, zu § 107 BbgSchulG schon für unzulässig. Sie führt im einzelnen aus:

1. Es könne – wie von der Beschwerdeführerin dargelegt – in der Tat dazu kommen, daß eine kreisangehörige Gemeinde die Kosten für die Beschulung „ihrer" Kinder in eigenen weiterführenden Schulen (Sekundar-

stufe I und II) zu einem – unter Umständen erheblichen – Teil selbst zu tragen habe und zugleich einen finanziellen Beitrag zu den entsprechenden Schulkosten des Kreises über die Kreisumlage leisten müsse. Dies sei indes verfassungsrechtlich nicht zu beanstanden. Es verstoße nicht gegen die kommunale Selbstverwaltung, den Gemeinden die Kosten für freiwillig übernommene Aufgaben der örtlichen Gemeinschaft nicht zu erstatten. Um eine solche Aufgabe handele es sich bei der hier in Rede stehenden Schulträgerschaft. Nach der Entscheidung des erkennenden Gerichts vom 17. Juli 1997 sei die Schulträgerschaft im Bereich der Sekundarstufe I nach wie vor eine im Grunde örtliche Angelegenheit. Soweit die von einer Kommune getragene Schule auch Kinder aus Nachbargemeinden aufnehme, nehme die betreffende Kommune allerdings zugleich eine Aufgabe über den eigenen Bereich hinaus wahr. Für diesen Fall sehe § 116 Abs. 1 BbgSchulG einen Schulkostenbeitrag vor. Nach der Systematik des Brandenburgischen Schulgesetzes komme es aber für den Bereich der Sekundarstufe I zu einer Kostentragungslast der kreisangehörigen Gemeinde für die Kinder aus ihrem Gebiet nur, soweit die Schulträgerschaft freiwillig wahrgenommen werde. § 100 Abs. 2 BbgSchulG räume – wie das Verfassungsgericht festgestellt habe – den kreisangehörigen Gemeinden die Möglichkeit ein, Schulträger zu werden. Wo sie von dieser Möglichkeit Gebrauch machten, täten sie dies freiwillig. Umgekehrt: Entscheide sich die Gemeinde nach § 142 Satz 4 BbgSchulG dafür, die Aufgabe nicht mehr wahrnehmen zu wollen, und beantrage sie dementsprechend, die Zuständigkeit auf den Landkreis zu übertragen, stimme der Landkreis aber der Übertragung nicht zu, so sei nach § 142 Satz 5 BbgSchulG, abweichend von der Grundregelung des § 116 Abs. 1 Satz 3 BbgSchulG, der Landkreis auch für die Schülerinnen und Schüler aus dem Gebiet des kreisangehörigen Schulträgers zur Leistung eines Schulkostenbeitrages verpflichtet.

2. Soweit die Beschwerdeführerin beanstande, daß sie, obwohl sie selbst eine weiterführende Schule betreibe, voll zur Kreisumlage herangezogen werde, gelte § 65 Abs. 3 Landkreisordnung (LKrO). Hiernach entscheide der Landkreistag nach eigenem Ermessen, ob und wieweit bei der Kreisumlage zu differenzieren sei. Es sei ggf. Aufgabe der Verwaltungsgerichte zu klären, ob sich das nach § 65 Abs. 3 LKrO eröffnete Ermessen des Kreises etwa im Falle der Beschwerdeführerin dahingehend reduziere, daß eine differenzierte Kreisumlage festgesetzt werden müsse.

Jedenfalls insgesamt gesehen habe der Gesetzgeber mit den Bestimmungen des Brandenburgischen Schulgesetzes in Verbindung mit § 65 Abs. 3 LKrO ein Regelungssystem geschaffen, das einen angemessenen finanziellen Ausgleich zwischen den beteiligten Körperschaften ermögliche. Weder die

Beschwerdeführerin noch andere Gemeinden in vergleichbaren Situationen seien in ihrer „finanziellen Lebensfähigkeit" berührt.

3. Soweit sich die kommunale Verfassungsbeschwerde gegen § 107 BbgSchulG richte, sei sie bereits unzulässig. Die Beschwerdeführerin sei diesbezüglich schon nicht beschwerdebefugt. Wie das Verfassungsgericht des Landes bereits in seiner Entscheidung vom 17. Juli 1997 festgestellt habe, schütze die kommunale Selbstverwaltung die Gemeinden nicht davor, im Falle des verfassungsmäßigen Entzugs einer Aufgabe das der Erfüllung dieser Aufgabe dienende Verwaltungsvermögen zu verlieren. Eine andere Sicht der Dinge ergebe sich auch nicht daraus, daß die Beschwerdeführerin beabsichtigt habe, das Schulgebäude auch für andere Zwecke zu nutzen. Die nicht schulische Nutzung der Schulgebäude sei auch nach dem Brandenburgischen Schulgesetz weiter möglich. Im übrigen übernehme der Landkreis bei einem Schulträgerwechsel nach § 107 Abs. 1 BbgSchulG nicht nur das Schulvermögen, sondern auch die vermögensrechtlichen Pflichten, zu denen durchaus auch die Kommunalkredite zählten. Daß das Schulvermögen „entschädigungslos" übergehe, bedeute lediglich, daß die Kommune keine Gegenleistung für das Schulvermögen vom Landkreis erhalte.

B.

Die kommunale Verfassungsbeschwerde ist unzulässig. Die Beschwerdeführerin ist nicht beschwerdebefugt. Es scheidet aus, daß sie durch die hier angegriffenen Vorschriften des § 116 Abs. 1 Satz 3 und des § 107 Abs. 1 BbgSchulG in ihrem Recht auf kommunale Selbstverwaltung aus Art. 97 LV verletzt wird.

I.

1. Soweit sich die Beschwerdeführerin in ihrer kommunalen Selbstverwaltung dadurch verletzt sieht, daß sie aufgrund § 116 Abs. 1 Satz 3 BbgSchulG für die Finanzierung der Schulträgerschaft im Sekundarbereich I zweifach herangezogen werde, verkennt sie, daß diese Vorschrift im Zusammenhang mit den weiteren Bestimmungen des § 116 Abs. 1 BbgSchulG im Kern eine die Gemeinde als Schulträgerin begünstigende Regelung ist.

a. Eine Bestimmung wie § 116 Abs. 1 BbgSchulG gehört im weiteren Sinne, ohne daß der die Finanzierung der Gemeinden betreffende Art. 99 LV eine dahingehende verfassungsrechtliche Vorgabe enthielte, zum interkommunalen Lastenausgleich (vgl. entspr. BayVerfGH, Entscheidung vom

18. April 1996 – Az.: Vf. 13-VII-93 – S. 37, 38 f, 48 des Umdrucks; *Heckel/ Avenarius,* Schulrechtskunde, 6. Auflage, S. 113; BVerfGE 83, 363, 386; Bericht der Kommission Schulrecht des DJT, Schule im Rechtsstaat, Band 1, Entwurf für ein Landesschulgesetz, 1981, S. 381). Indem § 116 Abs. 1 BbgSchulG einen Schulkostenbeitrag für die nicht in dem Gebiet des betreffenden Verwaltungsträgers wohnhaften Schülerinnen und Schüler vorsieht, trägt die Regelung zu einem Kostenausgleich zwischen den Gemeinden und Gemeindeverbänden bei (entspr. zum ThürSchFG VG Meiningen, LKV 1998, 32, 34). Dies ist, auch was die nähere Ausgestaltung angeht, von Verfassungs wegen nicht zu beanstanden. Das gilt auch insoweit, als § 116 Abs. 1 Satz 3 BbgSchulG von dem Grundsatz ausgeht, daß jeder Schulträger für die Kosten „seiner" Schüler selbst aufzukommen hat. Die der Beschwerdeführerin hierfür verbleibende Kostenlast folgt unmittelbar daraus, daß eine Gemeinde von Verfassungs wegen die Kosten für die Erledigung ihrer eigenen Aufgaben grundsätzlich selbst trägt. Daß die Schulträgerschaft im Sekundarbereich I eine eigene Aufgabe in diesem Sinne ist, hat das erkennende Gericht in seinem Urteil vom 17. Juli 1997 ausgeführt (VfGBbg 1/97, LVerfGE 7, 75, 87 ff). An dem Charakter dieser Aufgabe als Angelegenheit der örtlichen Gemeinschaft ändert auch der Umstand nichts, daß der Einzugsbereich der Schule die Verwaltungsgrenzen der Beschwerdeführerin überschreitet (vgl. BayVerfGH, Entscheidung vom 18. April 1996, aaO, S. 42 des Umdrucks; BVerfGE 83, 363, 377). Hiervon ausgehend federn die weiteren Regelungen des § 116 Abs. 1 BbgSchulG die Belastungen ab, die sich für eine Gemeinde durch eine eigene Schule dadurch ergeben, daß die Schule auch von anderen Schülern aus Nachbargemeinden besucht wird. So gesehen läuft § 116 Abs. 1 BbgSchulG der kommunalen Selbstverwaltung nicht zuwider. Vielmehr kommt die Regelung, indem sie der Gemeinde für auswärtige Schüler Schulkostenbeiträge zuführt (und damit zugleich auffängt, daß an anderer Stelle – nämlich bei den für diese Schüler eigentlich zuständigen Gemeinden – entsprechend geringere Kosten anfallen), der Finanzierung der Schule – auch vor dem Hintergrund des Art. 99 LV – und damit – mittelbar – der kommunalen Selbstverwaltung zustatten.

b. Soweit sich die Kosten der kreislichen Schulträgerschaft im Sekundarbereich I in der Kreisumlage niederschlagen und auf diesem Wege zu einer zusätzlichen Kostenbelastung auch der Beschwerdeführerin führen (zu den hiermit verbundenen Kausalitätsfragen insb. *Kirchhof,* Die Rechtsmaßstäbe der Kreisumlage, 1995, S. 63 ff einerseits und BayVerfGH, BayVBl. 1993, 112 sowie OVG Bbg, LKV 1998, 23, 24 f andererseits), betrifft dies den Regelungsbereich des § 65 Abs. 3 LKrO. Hiernach kann der Kreistag, wenn Einrichtungen oder Leistungen des Landkreises, die ausschließlich in besonders

Begrenzung von Schulkostenbeiträgen 95

großem oder besonders geringem Maße einzelnen Teilen des Landkreises zustatten kommen, eine ausschließliche Belastung oder eine nach dem Umfang näher zu bestimmende Mehr- oder Minderbelastung dieser Landkreisteile beschließen. Demzufolge muß sich die Beschwerdeführerin ggf. um eine Minderbelastung nach § 65 Abs. 3 LKrO bemühen. Es sind durchaus Fallgestaltungen denkbar, in denen der Landkreis gehalten ist, von dieser Differenzierungsmöglichkeit Gebrauch zu machen. Unter Zugrundelegung der Rechtsprechung des Bundesverwaltungsgerichts könnte dies etwa der Fall sein, wenn und soweit die Doppelbelastung durch die gemeindeeigene Schule einerseits und eine wegen gleichartiger Schulen in kreislicher Trägerschaft entsprechend erhöhte Kreisumlage andererseits das vertretbare Maß überstiege und die Belastung nicht durch besondere Aufwendungen des Kreises aufgehoben würde (i. e. BVerwGE 10, 224, 228; OVG Bbg, aaO, S. 27, 28). Unter Einbeziehung dessen ist das Regelungsgefüge des § 116 Abs. 1 BbgSchulG in Verbindung mit § 65 Abs. 3 LKrO als solches verfassungsrechtlich nicht zu beanstanden.

2. Soweit es der Beschwerdeführerin darum geht, für ihre Schulträgerschaft mehr Geld zu bekommen, um diese Aufgabe überhaupt weiterhin wahrnehmen zu können und ihre Schule nicht dem Landkreis übertragen zu müssen, ist die kommunale Verfassungsbeschwerde ebenfalls unzulässig. Ob und inwieweit die Beschwerdeführerin einen Anspruch auf weitere Finanzierung dieser Aufgabe hat, richtet sich nach Art. 99 LV, der die Finanzausstattung der Gemeinden für die Erledigung ihrer eigenen Angelegenheiten regelt. Nach dieser Verfassungsbestimmung haben die Gemeinden zur Erfüllung ihrer Aufgaben das Recht, sich nach Maßgabe der Gesetze eigene Steuerquellen zu erschließen und sorgt das Land durch einen Finanzausgleich dafür, daß sie ihre Aufgaben erfüllen können. Daß diese Finanzausstattungsgarantie im Falle der Beschwerdeführerin verletzt sein könnte, ist nicht dargetan oder ersichtlich.

a. Die Beschwerdeführerin hat nicht überprüfbar dargelegt, daß sie mangels aufgabenadäquater Finanzausstattung zur Wahrnehmung ihrer Selbstverwaltungsaufgaben insgesamt nicht mehr in der Lage wäre (vgl. bereits Verfassungsgericht des Landes Brandenburg, Urteil vom 18. Dezember 1997 – VfGBbg 47/96 – LVerfGE 7, 144, 152). Die Finanzierung der Angelegenheiten der örtlichen Gemeinschaft nach Art. 99 LV ist nicht auf eine „Einzelkostendeckung" für jede einzelne Aufgabe gerichtet. Sie ist vielmehr darauf zugeschnitten, den Kommunen ein ihrer Aufgabenlast – bei angemessener (ggf. auch angemessen sparsamer) Wirtschaftsführung – entsprechendes Gesamtvolumen an die Hand zu geben (vgl. ständige Rechtsprechung der Landesverfassungsgerichte: BayVerfGH, Entscheidung vom

18. April 1996, aaO, S. 38 sowie Entscheidung vom 27. Februar 1997 – Az.: Vf. 17-VII-94 – S. 52, 74 des Umdrucks; NdsStGH, DVBl. 1995, 1175, 1177 f sowie DVBl. 1998, 185, 186 f; VerfGH Rheinl.-Pfalz, DÖV 1978, 763, 764; StGH Bad.-Württ., DÖV 1994, 297, 299; VerfGHNW, DVBl. 1997, 483, 484; s. auch *Wendt*, in: Festschrift für Stern, 1997, S. 603, 620 f). Es reicht daher nicht aus, lediglich geltend zu machen, daß bezogen auf einen bestimmten Sektor – hier: in den Schulangelegenheiten – nicht genügend Geld zur Verfügung stehe. Ergänzend ist darauf aufmerksam zu machen, daß das Land die Schulträger bereits gesondert durch einen Zuschuß zu den Sachkosten (sog. Schullastenausgleich, § 14 GFG 1996, § 14 GFG 1997, § 15 GFG 1998) und durch besondere Investitionshilfen etwa für den Schulbau unterstützt (vgl. etwa §§ 17, 18 des GFG 1996 sowie des GFG 1997).

b. Unbeschadet dessen bestünde von Verfassungs wegen kein Anspruch darauf, die Finanzausstattung gerade durch eine andersartige Ausgestaltung des Schulkostenbeitrags zu verbessern. Es unterliegt weitgehend der Gestaltungsfreiheit des Gesetzgebers, auf welche Weise er den Kommunen die nach Art. 99 LV erforderliche Finanzausstattung zukommen läßt (vgl. BayVerfGH, Entscheidung vom 27. Februar 1997, aaO, S. 50 des Umdrucks; Entscheidung vom 18. April 1996, aaO, S. 35 des Umdrucks, jeweils m. w. N.; vgl. auch NdsStGH, DVBl. 1998, 185, 186). Auch aus diesem Grunde kann die Beschwerdeführerin nicht verlangen, ihre Finanzausstattung dadurch zu verbessern, daß sie Schulkostenbeiträge auch für die Schüler aus ihrem eigenen Gebiet erhält oder als Ausgleich für eine eigene weiterführende Schule kraft Gesetzes in bestimmtem Umfange von der Kreisumlage freigestellt wird. Ein verfassungsrechtlicher Anspruch gerade auf Finanzierung durch den Landkreis besteht ohnehin nicht (vgl. Bericht der Kommission Schulrecht des DJT, Schule im Rechtsstaat, Band 1, Entwurf für ein Landesschulgesetz, 1981, S. 381; in diesem Sinne auch OVG Schleswig-Holstein, DVBl. 1995, 469, 473 m. Anm. *Henneke*, 475, 477).

II.

Die kommunale Verfassungsbeschwerde ist auch insoweit mangels Beschwerdebefugnis unzulässig, als sie sich gegen § 107 Abs. 1 BbgSchulG wendet. Das erkennende Gericht hat in seinem Urteil vom 17. Juli 1997 (aaO) hierzu bereits ausgeführt:

> Allerdings ist die Beschwerdeführerin schon nicht beschwerdebefugt, soweit sie die Regelung des § 107 BbgSchulG (Übertragung von Schulanlagen) angreift. Eine Verletzung des Art. 97 LV kommt insoweit von vornherein nicht in Betracht. Gemäß § 107 Abs. 1 BbgSchulG gehen die vermögensrechtlichen Rechte und

Pflichten des bisherigen Schulträgers entschädigungslos auf den neuen Schulträger über, soweit die Schulträgerschaft übergeht und der neue Schulträger das Schulvermögen für schulische Zwecke benötigt. Hier ist schon wegen der „Bestandsschutzregelung" des § 142 Satz 3 BbgSchulG nicht ersichtlich, daß der Beschwerdeführerin ein Verlust von gegenwärtigem Schulvermögen droht. Denkbar ist ein Verlust nur für den Fall, daß das Amt gemäß Satz 4 des § 142 BbgSchulG beschließt, die Zuständigkeit für die Realschule auf den Kreis zu übertragen. Auch unabhängig davon entfällt bezüglich des Schulvermögens eine Beschwerdebefugnis der Beschwerdeführerin. Das Schulvermögen dient der Erfüllung der mit der Schulträgerschaft verbundenen (öffentlichen) Aufgaben und ist deshalb an die Trägerschaft gebunden. Von daher scheidet in dieser Hinsicht eine von der Frage der Schulträgerschaft losgelöste Verletzung der Selbstverwaltungsgarantie ebenso wie ein grundrechtlicher Schutz dieses Vermögens im übrigen (vgl. BVerfGE 21, 362, 369 ff; 45, 63, 78; 61, 82, 108) von vornherein aus.

Hierbei hat es sein Bewenden.

III.

Das Gericht hat einstimmig eine mündliche Verhandlung nicht für erforderlich gehalten, vgl. § 22 Abs. 1 VerfGGBbg.

Nr. 4

1. Zum Kreis der im Rahmen eines abstrakten Normenkontrollverfahrens zu beteiligenden Stellen und Personen.

2. Zur Gesetzgebungskompetenz des Landes im Bereich des Braunkohlenplanungsrechts.

3. Das durch Art. 25 Abs. 1 Satz 1 LV gewährleistete Recht des sorbischen Volkes auf Schutz, Erhaltung und Pflege seines angestammten Siedlungsgebietes bietet keinen absoluten Schutz vor der Inanspruchnahme einer sorbisch geprägten Siedlung durch den Braunkohlentagebau.

4. Art. 25 Abs. 1 Satz 1 LV ist, jedenfalls solange kein gezielt gegen das Sorbentum gerichteter Eingriff in Frage steht, nicht als Grundrecht im Sinne eines Abwehrrechts, sondern als Staatszielbestimmung, und zwar von herausgehobenem Stellenwert und mit entsprechend erhöhten Schutzpflichten, einzuordnen. Als so verstandenes Minder-

heitenrecht ist Art. 25 Abs. 1 Satz 1 LV mit höherrangigem Recht, insbesondere Art. 3 Abs. 3 GG, vereinbar, der in bestimmten Grenzen eine Besserstellung von Minderheiten zum Ausgleich faktischer Nachteile erlaubt.

5. Zu Art und Umfang der Verpflichtung des Landes zur Gewährleistung des Rechts auf Schutz, Erhaltung und Pflege des angestammten Siedlungsgebietes des sorbischen Volkes.

6. Das Verfassungsgericht ist darauf beschränkt zu prüfen, ob der Landesgesetzgeber auf der Grundlage einer sorgfältigen Sachverhaltsermittlung Bedeutung und Umfang des Schutzauftrages aus Art. 25 Abs. 1 Satz 1 LV richtig erkannt hat, ob die dagegen abgewogenen Verfassungsgüter in vertretbarer Weise in Ansatz gebracht sind und das Ergebnis nicht unverhältnismäßig ist.

7. Der Gesetzgeber darf sich bei der Beurteilung der zukünftigen wirtschaftlichen Entwicklung auf die sachverständige Einschätzung von Gutachtern verlassen, wenn deren Prognosen nachvollziehbar und plausibel sind. Unterschiedliche Einschätzungen der Gutachter hindern den Gesetzgeber nicht, sich auf eine von mehreren Prognosen zu stützen, solange sie ihm bei angemessener Auseinandersetzung mit den anderslautenden Gutachten vertretbar erscheinen darf. Bei verbleibenden Unsicherheiten, die auch durch weitere Gutachten nicht zu beseitigen sind, sondern in der Natur der Sache liegen, hat er in eigener Verantwortung politisch zu entscheiden.

8. Die von dem Gesetzgeber unter Abwägung des Staatsziels Schutz, Erhaltung und Pflege des Siedlungsgebietes der Sorben (Art. 25 Abs. 1 Satz 1 LV) gegen die Staatsziele Strukturförderung (Art. 44 LV), Arbeitssicherung (Art. 48 Abs. 1 LV) und Energieversorgung getroffene Entscheidung zur Auflösung der Gemeinde Horno unter Inanspruchnahme ihres Gemeindegebietes für den Braunkohlentagebau (Art. 2 § 1 i.V.m. Art. 1 BbgBkGG) läßt sich unter Mitberücksichtigung der Begleitregelungen, zumal des Angebots einer geschlossenen Umsiedlung innerhalb des sorbischen Siedlungsgebietes, mit Art. 25 Abs. 1 Satz 1 LV noch vereinbaren.

9. Art. 2 § 1 i.V.m. Art. 1 BbgBkGG verstößt auch nicht aus anderen Gründen oder in Verbindung mit ihnen gegen die Landesverfassung.

10. Es hält sich im Rahmen des gesetzgeberischen Gestaltungsermessens, daß nach Art. 2 § 1 BbgBkGG die Gemeinde Horno bereits

zum Tage der nächsten landesweiten Kommunalwahlen und damit schon vor der tatsächlichen Inanspruchnahme des Gemeindegebietes für den Braunkohlentagebau aufgelöst wird. Das dem zugrundeliegende gesetzgeberische Bestreben, einer schleichenden Entleerung der Selbstverwaltung Hornos zuvorzukommen, das Gemeindegebiet geordnet überzuleiten und kommunalrechtliche Übergangsregelungen zu vermeiden, ist verfassungsrechtlich nicht zu beanstanden.

Grundgesetz:

Art. 3 Abs. 3; Art. 14; 20 Abs. 1; 31; 70 Abs. 1; 72; 74 Abs. 1 Nr. 11; 75 Abs. 1 Nr. 4

Verfassung des Landes Brandenburg:

Art. 25 Abs. 1 Satz 1, Abs. 3; 98 Abs. 1, Abs. 2 Satz 2; 2 Abs. 1, Abs. 3; 8 Abs. 1; 10; 12 Abs. 2; 17 Abs. 1; 34 Abs. 2; 39 Abs. 2; 41; 44; 48 Abs. 1; 113 Nr. 2

Brandenburgisches Braunkohlengrundlagengesetz: Art. 1; Art. 2 § 1

Sorben (Wenden-)Gesetz: §§ 1 Abs. 2, Abs. 3; 2; 3

Einigungsvertrag Art. 35 und Protokollnotiz Nr. 14

UN-Pakt über bürgerliche und politische Rechte Art. 27

Rahmenübereinkommen des Europarats zum Schutz nationaler Minderheiten Art. 4 Abs. 2; 16

Bundesberggesetz §§ 48 Abs. 1 Satz 2, Abs. 2 Satz 1; 55 Abs. 1 Nr. 9

Raumordnungsgesetz § 2 Abs. 2 Nr. 9 Satz 3

Verfassungsgerichtsgesetz Brandenburg §§ 12 Nr. 2; 13 Abs. 1; 39 Nr. 1; 40

Verwaltungsgerichtsordnung § 65

Urteil vom 18. Juni 1998 – VfGBbg 27/97 –

in dem Verfahren über den Normenkontrollantrag der Abgeordneten des Landtages Brandenburg Kerstin Bednarsky, Hannelore Birkholz, Prof. Dr. Lothar Bisky, Ralf Christoffers, Petra Faderl, Christel Fiebiger, Christian Gehlsen, Prof. Dr. Bernhard Gonnermann, Stefan Ludwig, Dr. Helmuth Markov, Kerstin Osten, Harald Petzold, Prof. Dr. Michael Schumann, Gerlinde Stobrawa, Anita Tack, Dr. Margot Theben, Andreas Trunschke und Heinz Vietze, wegen Überprüfung des Art. 2 § 1 des Gesetzes zur Förderung der Braunkohle im Land Brandenburg, zur Auflösung der Gemeinde Horno und zur Eingliederung des Gemeindegebietes in die Gemeinde Jänschwalde sowie zur Änderung des Enteignungsgesetzes des Landes Brandenburg vom 7. Juli 1997 (Brandenburgisches Braunkohlengrundlagengesetz – BbgBkGG –, GVBl. I S. 72) i. V. m. Art. 1 des Gesetzes, soweit er die Inanspruchnahme des Gebietes der Gemeinde Horno für den Braunkohlentagebau betrifft, auf seine Vereinbarkeit mit der Verfassung des Landes Brandenburg.

Entscheidungsformel:

Art. 2 § 1 des Brandenburgischen Braunkohlengrundlagengesetzes i. V. m. Art. 1 des Gesetzes, soweit er die Inanspruchnahme des Gebietes der Gemeinde Horno für den Braunkohlentagebau betrifft, ist mit der Landesverfassung vereinbar.

Gründe:

A.

Die 18 Antragsteller, Abgeordnete des Landtages Brandenburg, stellen im Wege des Normenkontrollantrages zur Überprüfung, ob Art. 2 § 1 des Brandenburgischen Braunkohlengrundlagengesetzes (BbgBkGG) – Auflösung der Gemeinde Horno mit dem Tage der nächsten Kommunalwahlen – i. V. m. Art. 1 des Gesetzes, soweit er die Inanspruchnahme des Gebietes der Gemeinde Horno für den Braunkohlentagebau betrifft, mit der Landesverfassung vereinbar ist.

I.

Das Brandenburgische Braunkohlengrundlagengesetz besteht aus drei Artikeln. Art. 1 enthält allgemeine Grundsätze zur Braunkohlengewinnung und zu einer Inanspruchnahme von Siedlungen. Art. 2 regelt die Auflösung der Gemeinde Horno mit dem Tag der nächsten landesweiten Kommunalwahlen (27. September 1998) und ihre Eingliederung in die Gemeinde Jänschwalde; daneben enthält er Bestimmungen über eine Wiederansiedlung der Gemeindebewohner. Art. 3 ergänzt das bestehende Landesenteignungsgesetz um Sondervorschriften für Braunkohlengebiete. Die wesentlichen Vorschriften der Art. 1 und 2 des Gesetzes lauten wie folgt:

Braunkohlentagebau im sorbischen Siedlungsgebiet

Art. 1
Gesetz zur Förderung der Braunkohle im Land Brandenburg

§ 1 Braunkohlengewinnung

Braunkohle, die in der Region Lausitz-Spreewald lagert, kann nach Maßgabe der Gesetze zur Sicherung der Rohstoff- und Energieversorgung sowie zur Stärkung der Wirtschaftskraft des Landes unter Berücksichtigung des Lagerstättenschutzes, des Schutzes der natürlichen Lebensgrundlagen und bei schonender Nutzung des Bodens gewonnen werden.

§ 2 Bergbaubedingte Umsiedlungen

Für die unvermeidbare Inanspruchnahme von Siedlungen ist rechtzeitig gleichwertiger Ersatz anzubieten und zu gewährleisten. Es ist anzustreben, dörfliche Gemeinschaften und soziale Bindungen durch gemeinsame Umsiedlungen zu erhalten. Die Umsiedlung erfolgt auf Kosten des Bergbautreibenden.

§ 3 Siedlungsgebiet der Sorben (Wenden)

Für Siedlungen, in denen eine kontinuierliche sprachliche und kulturelle sorbische Tradition bis in die Gegenwart nachweisbar ist, sind im Falle einer bergbaubedingten Umsiedlung geeignete Wiederansiedlungsflächen innerhalb des angestammten Siedlungsgebietes der Sorben (Wenden) im Sinne von § 3 Abs. 2 des Sorben(Wenden)-Gesetzes anzubieten.

Art. 2
Gesetz zur Auflösung der Gemeinde Horno und zur Eingliederung
ihres Gemeindegebietes in die Gemeinde Jänschwalde

§ 1 Gebietsgliederung

Die Gemeinde Horno (Landkreis Spree-Neiße) wird mit dem Tag der nächsten landesweiten Kommunalwahlen aufgelöst; ihr Gebiet wird zum selben Zeitpunkt in die Gemeinde Jänschwalde (Landkreis Spree-Neiße) eingegliedert.

§ 2 Rechtsnachfolge

(1) Die Gemeinde Jänschwalde wird mit dem Zeitpunkt der Eingliederung des Gebietes der Gemeinde Horno Rechtsnachfolgerin der Gemeinde Horno.

...

§ 4 Ortsteilbildung und Ortsrecht im Eingliederungsgebiet

(1) Das Gebiet der Gemeinde Horno (Eingliederungsgebiet) erhält mit dem Zeitpunkt der Eingliederung in die Gemeinde Jänschwalde den besonderen Status als Ortsteil der Gemeinde Jänschwalde ...

§ 5 Wiederansiedlung

(1) Zum Erhalt der dörflichen Gemeinschaft sowie sozialer Bindungen sind den Einwohnern der Gemeinde Horno auf dem Gebiet der Gemeinde Jänschwalde geeignete Flächen für die Wiederansiedlung anzubieten. ... Vor der Feststellung des Braunkohlenplanes sind die Bürger der Gemeinde Horno vom Braunkohlenausschuß zur Wiederansiedlung auf dem Gebiet der Gemeinde Jänschwalde oder dem Gebiet der Gemeinde Turnow oder dem Gebiet der Städte Peitz oder Forst (Lausitz) anzuhören. ...

§ 6 Ortsteilbildung im Wiederansiedlungsgebiet

(1) Das für die Wiederansiedlung der Einwohner der Gemeinde Horno gemäß § 5 Abs. 1 oder 2 bestimmte Gebiet erhält den besonderen Status als Ortsteil der aufnehmenden Gemeinde, wenn mindestens ein Drittel der Einwohner der Gemeinde Horno dort mit Hauptwohnung gemeldet ist. ...

Das Brandenburgische Braunkohlengrundlagengesetz hat die Umsetzung der Maßgaben des Verfassungsgerichts des Landes Brandenburg aus seinem Urteil vom 1. Juni 1995 – VfGBbg 6/95 – (LVerfGE 3, 157, 162f) zum Ziel. Mit dieser Entscheidung hat das Gericht auf eine Kommunalverfassungsbeschwerde der Gemeinde Horno die Verordnung über die Verbindlichkeit des Braunkohlenplanes Tagebau Jänschwalde vom 28. Februar 1994 für nichtig erklärt, weil die in dem Braunkohlenplan vorgesehene vollständige Inanspruchnahme des Gebietes der Gemeinde Horno auf eine Auflösung der Gemeinde im Sinne von Art. 98 Abs. 2 Satz 2 LV hinauslaufe und deshalb eines Gesetzes bedürfe. Das Brandenburgische Braunkohlengrundlagengesetz soll die Weiterführung des Tagebaus Jänschwalde „auf einer sicheren planungsrechtlichen Grundlage" ermöglichen (LT-Drs. 2/3750, S. 1).

II.

Der Braunkohlentagebau Jänschwalde, aufgeschlossen 1970, dient der Versorgung des heute von der Vereinigten Energiewerke AG (VEAG) betriebenen Kraftwerkes Jänschwalde mit Braunkohle. Das Kraftwerk wird daneben mit Braunkohle aus dem Tagebau Cottbus-Nord versorgt. Nutzungsberechtigte in bezug auf das entsprechende Bergwerkseigentum zum Vorhaben Tagebau Jänschwalde ist seit Dezember 1991 die Lausitzer Braunkohle AG (LAUBAG).

Das Gebiet für den Tagebau Jänschwalde befindet sich nördlich der Bahntrasse Cottbus-Forst und soll sich bis zum voraussichtlichen Ende des Abbauzeitraums im Jahre 2019 in nördlicher Richtung bis zur sog. Taubendorfer Rinne erstrecken. Bis Ende 1993 wurden 3243 ha. in Anspruch genommen. Bei Fortführung des Tagebaus in der vorgesehenen Form werden weitere 4699 ha. devastiert. In der Feldesmitte liegt die Ortslage Horno. Sie soll nach Maßgabe des Rahmenbetriebsplans der LAUBAG im Jahre 2000 umgesiedelt und voraussichtlich im Jahre 2002 überbaggert werden.

Der Rahmenbetriebsplan „Weiterführung des Tagebaus Jänschwalde 1994 bis Auslauf" der LAUBAG vom 1. Dezember 1992 wurde vom Oberbergamt des Landes Brandenburg am 14. März 1994 zugelassen. Der landesrechtliche Braunkohlenplan „Tagebau Jänschwalde" vom 23. September 1993 sieht eine geschlossene Umsiedlung der Einwohner der Gemeinde Horno vor, die auf Kosten des Bergbautreibenden durchgeführt werden soll. Der Braunkohlenplan ist nach der Entscheidung des erkennenden Gerichts vom 1. Juni 1995 bislang nicht erneut für verbindlich erklärt worden.

III.

Die von der Fortführung des Braunkohlentagebaus betroffene Gemeinde Horno liegt im angestammten Siedlungsgebiet der Sorben, die in der Niederlausitz, dem südlichen Brandenburg, und in der Oberlausitz, dem östlichen Sachsen, siedeln. Die Angaben über die heutige Größe der sorbischen Volksgruppe schwanken; sie wird im allgemeinen auf etwa 50000 bis 80000 Personen geschätzt. Etwa 20000 Angehörige der sorbischen Volksgruppe leben im Lande Brandenburg.

Die Landesverfassung (LV) befaßt sich mit der in Brandenburg lebenden sorbischen Minderheit in Art. 25 LV. Die Norm lautet:

Art. 25
Rechte der Sorben (Wenden)

(1) Das Recht des sorbischen Volkes auf Schutz, Erhaltung und Pflege seiner nationalen Identität und seines angestammten Siedlungsgebietes wird gewährleistet. Das Land, die Gemeinden und Gemeindeverbände fördern die Verwirklichung dieses Rechtes, insbesondere die kulturelle Eigenständigkeit und die wirksame politische Mitgestaltung des sorbischen Volkes.

(2) Das Land wirkt auf die Sicherung einer Landesgrenzen übergreifenden kulturellen Autonomie der Sorben hin.

(3) Die Sorben haben das Recht auf Bewahrung und Förderung der sorbischen Sprache und Kultur im öffentlichen Leben und ihre Vermittlung in Schulen und Kindertagesstätten.

(4) Im Siedlungsgebiet der Sorben ist die sorbische Sprache in die öffentliche Beschriftung einzubeziehen. Die sorbische Fahne hat die Farben Blau, Rot, Weiß.

(5) Die Ausgestaltung der Rechte der Sorben regelt ein Gesetz. Dies hat sicherzustellen, daß in Angelegenheiten der Sorben, insbesondere bei der Gesetzgebung, sorbische Vertreter mitwirken.

Die Umsetzung des Art. 25 Abs. 5 LV erfolgte durch das Sorben-(Wenden)-Gesetz vom 7. Juli 1994 – SWG – (GVBl. I S. 294). Nach § 2 Abs. 1 SWG gehört zum sorbischen Volk, wer sich zu ihm bekennt. Zur Bezeichnung des angestammten Siedlungsgebiets der Sorben führt das Gesetz die Gemeinden, Ämter und Kreise auf, in denen eine kontinuierliche sprachliche und kulturelle Tradition nachweisbar ist (§ 3 Abs. 2 SWG). Daneben konkretisiert es im wesentlichen die in Art. 25 LV genannten Rechte der Sorben auf Schutz, Erhaltung und Pflege ihrer nationalen Identität und ihres angestammten Siedlungsgebietes (§§ 1 und 3 SWG), führt zur Sicherstellung der Mitwirkung der Sorben in sie betreffenden Angelegenheiten einen beim Landtag zu bildenden Rat für sorbische (wendische) Angelegenheiten ein (§ 5 SWG) und enthält Regelungen zur Förderung der sorbischen Belange u. a. in den Bereichen Kultur, Sprache, Wissenschaft und Bildung (§§ 7 bis 10 SWG).

IV.

In Vorbereitung des Brandenburgischen Braunkohlengrundlagengesetzes legte die Landesregierung dem Landtag am 15. Dezember 1995 als Ergebnis einer interministeriellen Arbeitsgruppe einen ersten Bericht zu den Eckpunkten eines solchen Gesetzes zur Beratung vor (LT-Drs. 2/1946), der bereits die wesentlichen Regelungen des späteren Gesetzes enthielt. Im Zuge der weiteren Erarbeitung des Gesetzentwurfes fand im Zeitraum März/April 1996 eine Anhörung der betroffenen Gemeinden und der Bevölkerung statt. An der brieflichen Befragung beteiligten sich 85 % der Einwohner Hornos; davon äußerten sich 91 % ablehnend.

Ferner holte die Landesregierung verschiedene Gutachten und sachverständige Stellungnahmen zu den tatsächlichen Bedingungen für eine Fortführung des Braunkohlentagebaus Jänschwalde ein. Die Gutachten befaßten sich mit der zukünftigen Stromnachfrage und dem hieraus folgenden Braunkohlenbedarf für das Kraftwerk Jänschwalde einerseits und – abhängig hiervon – mit den Möglichkeiten zur Fortführung des Tagebauprojektes andererseits. Dabei wurden vorrangig 3 Varianten untersucht. Variante 1 beinhaltet die vollständige Abbaggerung des Gebietes der Gemeinde Horno, Variante 2 eine Umfahrung des Gemeindegebietes, Variante 3 eine Stillsetzung des Tagebaus südlich der Gemeinde. Die – sodann auch in der Begründung des Gesetzentwurfs abgehandelten – Gutachten kommen zu unterschiedlichen Ergebnissen. Die Prognos-AG befürwortet die Variante 1. Das Wuppertal

Institut für Klima, Umwelt, Energie GmbH im Wissenschaftszentrum Nordrhein-Westfalen (im folgenden: Wuppertal-Institut) spricht sich für die Variante 3 aus. Die Divergenz beruht letztlich auf unterschiedlichen Annahmen zur wirtschaftlichen Entwicklung, der hieraus abzuleitenden künftigen Stromnachfrage in den neuen Bundesländern und zu dem danach zu erwartenden Braunkohlenbedarf.

Die Landesregierung spricht sich mit dem am 31. Januar 1997 in den Landtag eingebrachten Gesetzentwurf grundsätzlich für eine Fortführung des Braunkohlentagebaus aus und stützt sich dabei maßgeblich auf das Gutachten der Prognos-AG. Sie führt in der Begründung des Gesetzentwurfs unter anderem aus, daß eine annähernde Stagnation des Strombedarfs, wie sie vom Wuppertal-Institut prognostiziert werde, auch angesichts der gegenwärtigen Wirtschaftsentwicklung nicht zu erwarten sei. Vielmehr habe sich auch für 1996 eine zunehmende Stromnachfrage ergeben, die mit der geplanten Stromerzeugungskapazität ohne Überkapazitäten befriedigt werden könne. Daneben werden in der Begründung des Gesetzentwurfes als Gründe für die Fortführung des Braunkohlentagebaus die regionale Strukturförderung (Art. 44 LV) und die Arbeitsplatzsicherung (Art. 48 Abs. 1 LV) angeführt. Hiervon ausgehend und unter Berücksichtigung des Rohstoffertrags, der Wirtschaftlichkeit, der Bergbaufolgelandschaft, des Immissionsschutzes und der wasserwirtschaftlichen Konsequenzen verdiene Variante 1, also Fortführung des Tagebaus unter Abbaggerung von Horno, den Vorzug. Unter den Bedingungen der Varianten 2 oder 3 sei eine konkurrenzfähige Stromerzeugung in Jänschwalde nicht möglich. In beiden Fällen müsse mindestens mit einer Teilstillegung des Energiekomplexes gerechnet werden, möglicherweise auch mit einer vollständigen Verlagerung der unternehmerischen Aktivitäten in den sächsischen Teil des Lausitzer Reviers. Der Schutz des angestammten Siedlungsgebietes der Sorben gemäß Art. 25 Abs. 1 Satz 1 LV stehe einer Fortführung des Tagebaus nicht oder doch allenfalls in besonderen Ausnahmefällen – und ein solcher Fall liege hier nicht vor – entgegen. Die staatliche Schutzpflicht werde durch die hier vorgesehene Neuansiedlung im angestammten Siedlungsgebiet erfüllt. Im Rahmen der Gesamtabwägung setzt sich die Begründung des Gesetzentwurfs weiter mit den Belangen der Einwohner, den Rechten der Sorben auf Schutz, Erhaltung und Pflege ihrer nationalen Identität sowie auf Bewahrung und Förderung der sorbischen Sprache und Kultur, dem Schutz der natürlichen Lebensgrundlagen und dem Denkmalschutz auseinander.

Der Landtag behandelte den Gesetzentwurf am 12. Februar 1997 in 1. Lesung. Der federführende Ausschuß für Umwelt, Naturschutz und Raumordnung führte am 23. April 1997 eine durch schriftliche Stellungnahmen vorbereitete ganztägige öffentliche Anhörung durch, bei der 33 Vertreter von Verbänden, Interessengruppen, Forschungsinstituten und juristische Gutachter zu Wort kamen (Ausschußprotokoll 2/712 Band 1 und 2). Das Gesetz wurde nach Beratung in insgesamt 20 Sitzungen der beteiligten Ausschüsse und des Rates für sorbische (wendische) Angelegenheiten am 11. Juni 1997 in 2. Lesung vom Landtag verabschiedet und ist am 12. Juli 1997 in Kraft getreten.

V.

Mit dem am 5. September 1997 beim Verfassungsgericht eingegangenen Antrag auf abstrakte Normenkontrolle beantragen die Antragsteller,

> festzustellen, daß Artikel 2 § 1 des Gesetzes zur Förderung der Braunkohle im Land Brandenburg, zur Auflösung der Gemeinde Horno und zur Eingliederung ihres Gemeindegebietes in die Gemeinde Jänschwalde sowie zur Änderung des Enteignungsgesetzes des Landes Brandenburg (Brandenburgisches Braunkohlengrundlagengesetz – BbgBkGG –) vom 7. Juli 1997 (GVBl. I S. 72 ff) einschließlich Art. 1 des Gesetzes, soweit dieser Artikel auch die Inanspruchnahme des Gebietes der Gemeinde Horno betrifft, wegen seiner Unvereinbarkeit mit Art. 25 Abs. 1 S. 1 und 98 der Verfassung des Landes Brandenburg nichtig ist.

Zur Begründung machen sie geltend: Die angegriffenen Normen seien an Art. 98 LV und daneben unmittelbar am Prüfungsmaßstab des Art. 25 Abs. 1 Satz 1 LV zu messen. Es handele sich nicht nur um eine Maßnahme der kommunalen Neugliederung. Vielmehr habe der Gesetzgeber erklärtermaßen die Grundlagen für die Inanspruchnahme der Gemeinde Horno durch den Tagebau Jänschwalde schaffen wollen.

Art. 2 § 1 i. V. m. Art. 1 BbgBkGG verletze Art. 25 Abs. 1 Satz 1 LV. Diese Verfassungsbestimmung schütze nicht nur das angestammte sorbische Siedlungsgebiet als Ganzes, sondern bedeute nach ihrem Sinn und Zweck einen absoluten Schutz für jede einzelne Ortschaft. Es gehe nicht um den Schutz eines Territoriums an sich, sondern um den generellen Schutz eines kulturell verbundenen Siedlungsgefüges. Das Sorben-(Wenden)-Gesetz bestätige dies, indem der Gesetzgeber dort zur Definition des Begriffs „angestammtes Siedlungsgebiet" auf die einzelnen Ortschaften zurückgreife. Freilich sei das angestammte Siedlungsgebiet keiner generellen landesplanerischen Veränderungssperre unterworfen. Raum für Veränderungen bleibe bei einer Auslegung des Art. 25 Abs. 1 Satz 1 LV, die etwa zwischen bewohntem und nichtbewohntem Siedlungsgebiet oder zwischen der bloßen Umgestaltung einer Siedlung und ihrer Beseitigung unterscheide. Selbst wenn man nur ausnahmsweise einen Bestandsschutz für einzelne Gemeinden annähme, seien hier jedenfalls die Voraussetzungen dafür erfüllt. Bei einer so kleinen Volksgruppe wie den Sorben sei spezifisches Kulturgut etwas anderes als bei einer großen Volksgruppe. Eine Gemeinde mit der Einwohnerzahl Hornos sei in Relation zum gesamten Siedlungsgebiet der Sorben vergleichbar etwa der Bedeutung der Stadt Hamburg für die Deutschen. In Horno werde eine einzigartige sorbische Mundart gesprochen, die es nur noch in dieser Gemeinde gebe und die einen hohen Anteil mundartlicher Besonderheiten aufweise. Gerade die Sprache sei von zentraler Bedeutung für die kulturelle Identität der sorbischen Gemeinschaft. Der bis zur Mitte des 20. Jahrhunderts geübte Assimilierungsdruck habe sich vor allem in der Verdrängung der sorbischen Sprache geäußert. Der Verlust jeder weiteren sprachlichen Eigenart sei eine erhebliche Einbuße; sie könne auch bei einer geschlossenen Umsiedlung nicht verhindert werden.

Art. 25 Abs. 1 Satz 1 LV beinhalte ein Grundrecht und als solches ein subjektives Abwehrrecht. Bereits der Wortlaut der Norm spreche von einem „Recht". Dieses stehe sowohl dem Einzelnen als auch dem sorbischen Volk als Ganzem zu. Die Landesverfassung gewähre Grundrechte nach Art. 5 Abs. 1 LV auch gesellschaftlichen Gruppen. Der Gesetzgeber des Sorben-(Wenden)-Gesetzes habe dies im Hinblick auf die nationale Identität in § 1 Abs. 3 Satz 1 SWG regelrecht ausbuchstabiert, indem er das Recht auf Schutz, Erhaltung und Pflege der nationalen Identität dem sorbischen Volk und jedem Sorben zuspreche. Der Annahme eines bloßen Staatszieles stehe entgegen, daß die anerkannten Staatszielbestimmungen der Brandenburger Verfassung, nämlich Art. 48 (Arbeit), 47 (Wohnung) und 45 (soziale Sicherung) keinen Rechtsträger nennen, sondern nur eine Verpflichtung des Landes aussprechen. Art. 25 Abs. 1 Satz 1 LV sei zudem wie alle Grundrechte für sich vollzugsfähig. Die Vorschrift gewähre ein Eingriffsabwehrrecht gegen die Beseitigung sorbischer Siedlungen. Dies bestätige sich in der Entstehungsgeschichte. Der mit der Erarbeitung einer Vorlage zum späteren Art. 25 Abs. 1 Satz 1 LV befaßte sorbische Schriftsteller *Koch* habe seinerzeit ausgeführt, daß es hier um die Verhinderung weiterer Verluste durch den Braunkohlentagebau gehe. Die Abwehrfunktion entspreche dem historischen Kontext. In der DDR sei es in großem Umfang zur Abbaggerung sorbisch besiedelter Gebiete gekommen. Die DDR-Verfassung habe zwar Schutzbestimmungen für die sorbische Bevölkerung vorgesehen, nicht aber für das angestammte sorbische Siedlungsgebiet; eben ein solcher Schutz sei nun die Absicht des brandenburgischen Verfassungsgebers gewesen. Dies zeige auch der vom Land Brandenburg seinerzeit bei der Kommission „Verfassungsreform" des Bundesrates eingereichte Vorschlag zur Ergänzung des Grundgesetzes durch eine Schutzbestimmung für ethnische Minderheiten, der ebenfalls subjektiv-rechtlich formuliert gewesen sei.

Als Grundrecht stehe Art. 25 Abs. 1 Satz 1 LV in Einklang mit höherrangigem Recht. Er erweitere schlicht den Grundrechtskatalog, um der besonderen Situation einer autochthonen Minderheit Genüge zu tun. Im Bundesberggesetz sei eine Öffnung für derartige rechtliche Belange außerhalb des Bergrechts in § 48 Abs. 2 Satz 1 BBergG angelegt, demzufolge die für die Zulassung von Betriebsplänen zuständige Behörde eine Aufsuchung oder Gewinnung von Bodenschätzen beschränken oder untersagen könne, soweit ihr überwiegende öffentliche Interessen entgegenstünden. Art. 25 Abs. 1 Satz 1 LV sei ein solches öffentliches Interesse. Die so verstandene Norm bleibe auch in Einklang mit dem Gleichheitssatz des Art. 3 Grundgesetz (GG). Die absoluten Differenzierungsverbote des Art. 3 Abs. 3 GG – hier nach den Merkmalen Abstammung, Rasse und Heimat – seien nicht einschlägig, denn die Zugehörigkeit zum sorbischen Volk werde nicht nach objektiven Kriterien, sondern nach dem Bekenntnisprinzip des § 2 SWG ermittelt. Art. 25 Abs. 1 Satz 1 LV gewähre im übrigen einen besonderen Minderheitenschutz, der mit Blick auf die Geschichte der Sorben sachlich gerechtfertigt sei und eine Kompensation der Minderheitensituation auch vor Art. 3 GG zulasse.

Das Grundrecht aus Art. 25 Abs. 1 Satz 1 LV unterliege allenfalls verfassungsimmanenten Schranken, die der Gesetzgeber hier fehlerhaft gezogen habe. Er habe den Sachverhalt nicht richtig ermittelt, sondern sich im wesentlichen auf die Erhebungen der Prognos-AG gestützt. Seinen Erwägungen lägen veraltete und zu optimistische Zahlen zum Wirtschaftswachstum und zur Stromnachfrage zugrunde. Von daher habe er die möglichen Auswirkungen einer veränderten gesamtwirtschaftlichen Entwicklung nicht ausreichend in Rechnung gestellt. Ferner habe er nur auf kurzfristige Arbeitsplatzeffekte gesetzt, ohne die langfristigen Folgen für die Arbeitsmarktsituation in der Region zu untersuchen. Seine Arbeitsplatzprognosen seien ebenfalls zu optimistisch und schon deshalb zu bezweifeln, weil VEAG und LAUBAG keine entsprechenden Beschäftigungsgarantien abgegeben hätten. Darüber hinaus habe der Gesetzgeber unzulässigerweise die Kosten der verschiedenen Varianten für das Bergbauunternehmen und damit dessen privates Rentabilitätsinteresse in die Abwägung eingestellt. Art. 44 (Strukturförderung) und Art. 48 LV (Recht auf Arbeit bzw. Arbeitsplatzsicherung) seien auch insofern in fehlerhafter Weise herangezogen worden, als die mögliche Verlagerung der positiven Effekte des Braunkohlentagebaus in das Nachbarland Sachsen wie deren gänzlicher Fortfall behandelt worden sei. Dies verbiete das Föderalismusprinzip.

Schließlich sei der Eingriff unverhältnismäßig. Die Abbaggerung einer ganzen Gemeinde sei ein massiver Eingriff in Art. 25 Abs. 1 Satz 1 LV. Die dem gegenübergestellten Staatsziele der Art. 44 und 48 LV seien Bestimmungen von geringerer normativer Kraft. Sie könnten nicht den schweren Schaden des Eingriffs überwiegen, der auch durch eine geschlossene Umsiedlung nicht zu kompensieren sei. Die Unverhältnismäßigkeit werde noch deutlicher bei Einbeziehung weiterer beeinträchtigter Rechtspositionen der Bürger von Horno. Die Umsiedlung bedeute einen schweren Eingriff in das allgemeine Persönlichkeitsrecht und die Eigentumsrechte der Einwohner. Wenn auch die Auflösung diese Rechtspositionen formal noch nicht betreffe, so diene sie doch letztlich der Abbaggerung des Dorfes.

Art. 25 Abs. 1 Satz 1 LV sei auch dann verletzt, wenn man die Norm lediglich als Staatsziel verstehe. Sie besitze jedenfalls eine besondere normative Dichte und komme im Hinblick auf ihre Verbindlichkeit für den Gesetzgeber einem Grundrecht nahe.

Art. 2 § 1 BbgBkGG verstoße ferner gegen Art. 98 LV, der zwar keinen absoluten Bestandsschutz für einzelne Gemeinden gewähre, an die Auflösung von sorbischen Gemeinden wegen Art. 25 Abs. 1 Satz 1 LV aber besondere Anforderungen stelle. Ihre Auflösung sei nur aus Gründen zulässig, die nach normativer Ranghöhe und nach dem Ausmaß, in dem sie berührt seien, schwerer wögen als die Bestandsgarantie für sorbische Gemeinden. Auch insoweit gelte, daß der Gesetzgeber Abwägungsfehler begangen und eine mit dem Grundsatz der Verhältnismäßigkeit unvereinbare Entscheidung getroffen habe.

VI.

Der Landtag ist dem Verfahren gem. § 40 Satz 2 Verfassungsgerichtsgesetz Brandenburg (VerfGGBbg) beigetreten. Er hält den Normenkontrollantrag für unbegründet. Mit der Auflösungsentscheidung werde zwar zugleich die landesgesetzgeberische Planentscheidung zur Weiterführung des Tagebaus Jänschwalde getroffen. Deshalb müßten die angegriffenen Normen nicht nur an Art. 98 LV, sondern auch an Art. 25 LV, desgleichen an den Grundrechten der durch die Inanspruchnahme der Gemeinde Horno betroffenen Menschen, gemessen werden. Sie seien jedoch mit der Landesverfassung vereinbar.

Art. 25 Abs. 1 Satz 1 LV stehe der Auflösung und Inanspruchnahme der Gemeinde Horno nicht absolut entgegen. Andernfalls mache es keinen Sinn, daß das Verfassungsgericht Brandenburg den Gesetzgeber auf den Weg des Parlamentsgesetzes verwiesen habe. Dementsprechend lasse Art. 25 Abs. 1 Satz 1 LV eine Abwägung zu. Die Verfassungsnorm sei – was Bedeutung für die Methode der Prüfung habe – kein Grundrecht. Weder der Wortlaut noch der systematische Zusammenhang der Norm ließen sich hierfür in Anspruch nehmen. In Anlehnung an das völkerrechtliche Instrumentarium liege eine subjektiv-rechtliche Ausprägung von Minderheitenrechten im Bereich der unmittelbaren Identitätserhaltung wegen ihres Menschenwürdebezuges zwar nahe. Hierzu zähle etwa die eigene Sprache, die eigene Kultur und gegebenenfalls die eigene Religion. Insofern enthalte insbesondere Art. 25 Abs. 3 LV einen subjektiv-rechtlichen Anspruchscharakter. In dieser Hinsicht finde die Annahme einer subjektiven Freiheitskomponente auch in dem Protokoll zu Art. 35 des Einigungsvertrages (EV) und in der Fassung von § 1 Abs. 2 SWG eine Bestätigung. In bezug auf das Siedlungsgebiet im Sinne des Art. 25 Abs. 1 Satz 1 LV sei derartiges aber nicht erkennbar.

Die Gemeinde Horno sei als Teil des angestammten Siedlungsgebietes des sorbischen Volkes zwar auch Teil des Schutzgutes von Art. 25 Abs. 1 Satz 1 LV. Schutz, Erhaltung und Pflege des Siedlungsgebietes zielten jedoch nicht auf einen Stillstand, sondern auf die Sicherung der Lebensfähigkeit des Gebietes als Entfaltungsraum des sorbischen Volkes. Art. 25 Abs. 1 Satz 1 LV beinhalte deshalb neben einer – hier nicht berührten – Bestandsgarantie für das Siedlungsgebiet als solches nur einen relativen Bestandsschutz für die einzelnen sorbischen Siedlungen. Dies habe der Gesetzgeber eingehend berücksichtigt. Die in die Abwägung eingestellten Verfassungsbelange, die hier mit der Schutzpflicht aus Art. 25 Abs. 1 Satz 1 LV kollidierten, seien gleichen Ranges. Den sorbischen Interessen sei durch die Ermöglichung einer geschlossenen Umsiedlung und der Ortsteilbildung hinreichend Rechnung getragen worden.

Die Auflösungsentscheidung des Art. 2 § 1 BbgBkGG sei durch Gründe des öffentlichen Wohls im Sinne des Art. 98 LV gerechtfertigt. Art. 98 LV sehe keine Eingrenzung auf Gebietsneugliederungen im Zuge kommunaler Gebietsreformen vor. Auch andere gesetzgeberische Ziele könnten die Auflösung einer Gemeinde erfordern. Der Gesetzgeber habe sich hier in Ausübung des ihm zustehenden Ermessens von legitimen Zielen leiten lassen. Der Braunkohlentagebau sei in der Region Lausitz der maßgebliche Industriefaktor, der zugleich die Weiterentwicklung der regionalen Wirtschaft absichere. Die Wettbewerbsfähigkeit des Rohstoffes sei richtig eingeschätzt. Es könne davon ausgegangen werden, daß auch bei einer möglichen Einführung einer CO_2-Energiesteuer die Braunkohlennutzung nicht unrentabel und sinnlos werde. Gleiches gelte für die EU-Richtlinie zum Elektrizitätsbinnenmarkt. Die deutsche Braunkohle sei auch bei Öffnung der nationalen Märkte konkurrenzfähig. Die Abwägung des Gesetzgebers sei verfassungsrechtlich nicht zu beanstanden. Er habe sich durch eine vollständige Sachverhaltsermittlung ein eigenes Bild von der Situation gemacht und die entgegenstehenden Belange nicht übersehen. Das Abwägungsergebnis sei verhältnismäßig und frei von willkürlichen Erwägungen. Die Entscheidung sei geeignet, die gesetzgeberisch legitimen Ziele zu verwirklichen. Sie sei erforderlich, denn es gebe zur Verwirklichung dieser Ziele keinen realistischen schonenderen Weg. Soweit die Entscheidung des Gesetzgebers auf

Prognosen beruhe, seien diese jedenfalls nicht eindeutig widerlegbar oder etwa offensichtlich fehlsam. Die Entscheidung sei auch verhältnismäßig im engeren Sinne. Sie berücksichtige die Situationsgebundenheit der Gemeinde Horno, bedingt durch ihre Lage mitten im Bereich erheblicher Braunkohlenvorkommen, und mildere die Auflösungsentscheidung und die Inanspruchnahme des Gemeindegebietes durch weitreichende Schutzmaßnahmen zugunsten der Bevölkerung.

Art. 2 § 1 i. V. m. Art. 1 BbgBkGG sei auch im übrigen mit der Landesverfassung vereinbar. Er verstoße insbesondere nicht gegen die Rechte aus Art. 8 Abs. 1, 17 Abs. 1, 39 Abs. 2 und Art. 41 LV. Soweit diese Rechte überhaupt berührt würden, geschehe dies jedenfalls noch nicht durch die angegriffenen Normen, sondern erst durch spätere Entscheidungen der Bergbehörde.

VII.

Die Landesregierung ist dem Verfahren ebenfalls beigetreten. Sie macht geltend: Die angegriffenen Normen seien, soweit sie die Auflösung der Gemeinde zum Gegenstand hätten, am Maßstab des Art. 98 LV zu messen. Der Gesetzgeber sei unter Abwägung gegen die anderen in Betracht kommenden Rechtsgüter und Belange zu dem Ergebnis gelangt, daß Art. 25 Abs. 1 Satz 1 LV einer Auflösung der Gemeinde Horno nicht entgegenstehe. Die Auflösungsentscheidung falle als Regelung des kommunalen Organisationsrechts schon nicht in den Anwendungsbereich des Art. 25 Abs. 1 Satz 1 LV. Durch sie werde die Gemeinde Horno als Gebietskörperschaft aufgelöst, nicht aber die Siedlung Horno im geographischen Sinne. Zum Recht des sorbischen Volkes nach Art. 25 Abs. 1 Satz 1 LV gehöre nicht die Erhaltung aller sorbisch geprägten Gebietskörperschaften. Die Verfassungsnorm erfasse außerdem nur das Siedlungsgebiet als Ganzes und nicht einzelne Siedlungen. Ein „Recht auf konkrete Dorferhaltung" wäre zudem mit Bundesrecht unvereinbar.

Selbst vor dem Hintergrund der beabsichtigten Inanspruchnahme des Gebietes der Gemeinde Horno für die Fortführung des Braunkohlentagebaus verstoße Art. 2 § 1 i. V. m. Art. 1 BbgBkGG nicht gegen Art. 25 Abs. 1 Satz 1 LV. Die Verfassungsnorm sei kein Grundrecht, sondern ein Staatsziel. Sie gewährleiste zwar ein „Recht"; daraus könne aber nicht auf ein Grundrecht geschlossen werden, denn die Landesverfassung garantiere an verschiedenen Stellen „Rechte", ohne damit Grundrechte einräumen zu wollen. Grundrechte seien in erster Linie individuelle Rechte zum Schutz konkreter Bereiche menschlicher Freiheit. Es gehöre zum Wesen der Grundrechte, daß einzelne Menschen Träger der darin verbürgten Ansprüche gegen den Staat seien. Daneben kämen nur inländische juristische Personen, gesellschaftliche Gruppen i. S. d. Art. 5 Abs. 1 LV und bestimmte teilrechtsfähige Organisationen als Grundrechtsträger in Betracht. Das in Art. 25 Abs. 1 Satz 1 LV genannte sorbische Volk sei kein möglicher Grundrechtsträger, insbesondere keine gesellschaftliche Gruppe im Sinne des Art. 5 Abs. 1 LV. Es fehle das hierfür notwendige Mindestmaß an verbandlicher Struktur. Die historische Auslegung stehe der Annahme eines Staatsziels nicht entgegen. Zwar habe ein Mitglied des vorparlamentarischen Verfassungsausschusses im Rahmen der Beratungen geäußert, daß es hier um die Verhinderung weiterer Verluste durch den Braunkohlentagebau gehe. Unabhängig vom Stellenwert dieser Äußerung ergebe sich hieraus jedenfalls nicht, daß die Norm nach dem Verständnis der Verfassungsgeber ein Grundrecht wäre. Die Verfassungsmaterialien im übrigen böten hierfür keine Anhaltspunkte.

Als Staatsziel verpflichte Art. 25 Abs. 1 Satz 1 LV das Land, sich dem Recht des sorbischen Volkes auf Schutz, Erhaltung und Pflege seiner nationalen Identität und seines angestammten Siedlungsgebietes entsprechend zu verhalten. Diese Schutzpflichten seien den objektiven Schutzpflichten aus Grundrechten vergleichbar. Dem Gesetzgeber komme bei der Erfüllung dieser Pflichten ein Einschätzungs- und Bewertungsspielraum zu, der auch Raum lasse, etwa konkurrierende öffentliche oder private Interessen zu berücksichtigen. Die verfassungsgerichtliche Überprüfung habe sich darauf zu beschränken, ob der Gesetzgeber sich an einer sachgerechten und vertretbaren Beurteilung des erreichbaren Materials orientiert und die relevanten Gesichtspunkte in verfassungsrechtlich vertretbarer Weise abgewogen habe. Dem habe der Gesetzgeber hier genügt. Der Sachverhalt sei umfassend ermittelt worden. Die im Laufe des Gesetzgebungsverfahrens erhobenen Informationen und Materialien seien ausführlich erörtert und unter allen Aspekten erwogen und beraten worden. Die relevanten Gesichtspunkte seien in vertretbarer Weise bewertet worden. Die Sicherstellung der Energieversorgung sei eine öffentliche Aufgabe von größter Bedeutung. Zur Strukturförderung und zur Sicherung der Arbeitsplätze in der Region sei kein vergleichbarer Arbeitgeber vorhanden. Die Prognosen zur Entwicklung des Stromverbrauchs seien Gegenstand intensiver Beratungen im Gesetzgebungsverfahren gewesen. Noch im Mai 1997 habe das Wirtschaftsministerium den letzten Stand aller erreichbaren Daten ermittelt. Gegenüber der Bedeutung des Braunkohlentagebaus für Wirtschaftsstruktur, Energieversorgung und Arbeitsplätze habe das Staatsziel des Art. 25 Abs. 1 Satz 1 LV zurücktreten müssen. Der hohe verfassungsrechtliche Rang der Norm sei allen Beteiligten des Gesetzgebungsverfahrens stets bewußt gewesen. Allerdings dürfe die sorbische Prägung der 322 Einwohner zählenden Gemeinde Horno auch nicht überzeichnet werden. Die alltägliche Kommunikation im Ort finde in deutscher Sprache statt. Kein einziger Schüler aus Horno nehme am Schulunterricht in sorbischer Sprache teil. In den letzten 5 Jahren sei lediglich ein einziger Gottesdienst in Horno in sorbischer Sprache abgehalten worden. Sorbischer Gesang und sorbische Bräuche würden erst seit kurzem wieder gepflegt. Daß in Horno eine spezifische Mundart des Sorbischen gepflegt werde, sei angesichts der Größe des Dorfes unter den heutigen Bedingungen der Sprachentwicklung kaum vorstellbar. Unverlagerbare, spezifisch sorbische Kultur- oder Naturdenkmäler gebe es in Horno nicht. Der Gesetzgeber habe im Interesse der sorbischen Belange detaillierte Vorschriften über eine gemeinsame Wiederansiedlung der Einwohner in unmittelbarer Nähe ihrer bisherigen Siedlung getroffen, um die Erhaltung sorbischer Traditionen zu ermöglichen.

Art. 2 § 1 BbgBkGG verstoße nicht gegen Art. 98 LV. Bei der Konkretisierung des öffentlichen Wohls im Sinne des Art. 98 Abs. 1 LV stehe dem Gesetzgeber ein Ermessensspielraum zu. Verfassungswidrig sei seine Entscheidung erst, wenn er sich nicht an unverzichtbaren, aus dem Grundgesetz bzw. der Landesverfassung abzuleitenden Wertmaßstäben orientiere und gegen das Willkürverbot verstoße. Danach sei die hier getroffene gesetzgeberische Entscheidung verfassungsrechtlich nicht zu beanstanden. Der Gesetzgeber habe alle maßgeblichen Gesichtspunkte berücksichtigt, zu denen nicht zuletzt auch die sog. Rohstoffsicherungsklausel des § 48 Abs. 1 Satz 2 BBergG gehöre. Auf der anderen Seite seien die Belange des Denkmalschutzes, der kommunalen Selbstverwaltung und der Einwohner im allgemeinen sowie das Staatsziel des Schutzes der natürlichen Lebensgrundlagen gesehen und angemessen gewürdigt worden. Zum Schutz der kommunalen Belange habe der Gesetzgeber dem Eingliederungsgebiet und dem Wiederansiedlungsgebiet den besonderen Status eines Ortsteils verliehen und einen finanziellen Ausgleich vorgesehen. Da das Gebiet der Gemeinde Horno im Amtsbereich verbleibe, werde das Amt Jänschwalde durch die Auflösungsentscheidung nicht existentiell betroffen. Das Amt zähle zwar mit 3 104 Einwohnern (per 31. Dezember 1996) zu den einwohnerschwächsten Ämtern im Lande Brandenburg. Vornehmlich wegen der bergbaubedingten Einnahmen sei es jedoch zugleich eines der stabilsten des Landkreises, weshalb ein möglicher geringer Einwohnerrückgang als Folge der Umsiedlung seine Existenz nicht gefährden werde. Beeinträchtigungen der Belange der Einwohner habe der Gesetzgeber durch weitreichende Schutzvorschriften im Zusammenhang mit der Umsiedlung soweit wie möglich ausgeglichen.

VIII.

Die LAUBAG hat Gelegenheit erhalten, zu dem Normenkontrollantrag Stellung zu nehmen. Sie hält ihn für unbegründet und Art. 2 § 1 i. V. m. Art. 1 BbgBkGG für mit Art. 25 Abs. 1 Satz 1 LV vereinbar. Die Auslegung ergebe, daß die Verfassungsnorm kein Eingriffsabwehrrecht sei, sondern ein Staatsziel, das dem Gesetzgeber besondere Schutzpflichten auferlege, die er mit weitreichenden Vorkehrungen im Sinne der nationalen Identität und des angestammten Siedlungsgebietes der Sorben beachtet habe. Selbst wenn man in Art. 25 Abs. 1 Satz 1 LV ein Eingriffsabwehrrecht sähe, sei dieses durch Art. 2 § 1 i.V.m. Art. 1 BbgBkGG nicht verletzt, sondern lediglich in seinen verfassungsimmanenten Schranken konkretisiert worden. Ein Eingriff in das angestammte Siedlungsgebiet liege insofern gar nicht vor als die geographische Umschreibung unverändert bleibe.

Auch Art. 98 LV sei nicht verletzt. Bei der Ausfüllung des Begriffs des öffentlichen Wohls habe der Gesetzgeber ein Einschätzungsermessen. Die hier von ihm verfolgten Ziele leiten sich aus der Landesverfassung und aus bundesrechtlichen Prämissen ab. Die Neugliederungsentscheidung sei nicht willkürlich, berücksichtige den entscheidungserheblichen Sachverhalt und genüge dem Verhältnismäßigkeitsgrundsatz. Die Regelung sei geeignet und erforderlich, um die verfolgten Ziele zu erreichen. Durch sie würden die verfassungsrechtlichen Voraussetzungen geschaffen, die nach dem Urteil des Landesverfassungsgerichts vom 1. Juni 1995 für eine Fortführung des Braunkohlentagebaus Jänschwalde notwendig seien. Die Auflösung der Gemeinde Horno (bzw. die Inanspruchnahme des Gemeindegebietes) sei erforderlich, weil eine gleichermaßen geeignete Maßnahme von geringerer Eingriffsqualität, wie der Variantenvergleich ergebe, nicht zu Gebote stehe. Die theoretisch denkbare Alternative, auf einer Teilfläche der jetzigen Gemeinde Jänschwalde die Gemeinde Horno neu zu gründen, sei wegen der damit zwangsläufig verbundenen Belastung der Gemeinde Jänschwalde keine Maßnahme geringerer Eingriffsintensität. Eine Herauslösung von Teilgebieten aus der Gemeinde Jänschwalde führe zudem zu einer nachteiligen territorialen Struktur, die eine geordnete räumliche Entwicklung erschweren würde. Die Neugliederungsentscheidung stehe in ihren Auswirkungen auf die kommunale Selbstverwaltungsgarantie insgesamt nicht außer Verhältnis zu den damit verfolgten Zwecken der Strukturförderung und der Erhaltung von mehreren tausend Arbeitsplätzen.

IX.

Die Gemeinde Horno, die Gemeinde Jänschwalde und das Amt Jänschwalde haben ebenfalls Gelegenheit erhalten, zu dem Normenkontrollantrag Stellung zu nehmen. Die Gemeinde Horno hat sich im wesentlichen der Argumentation der Antragsteller angeschlossen und die besonderen Gegebenheiten im Dorf Horno dargelegt. Darüber hinaus vertritt sie die Auffassung, daß für ihre Auflösung einfache Gründe des Gemeinwohls nicht ausreichten, sondern im Hinblick auf Art. 25 Abs. 1 Satz 1 LV qualifizierte Anforderungen zu stellen seien. Das Amt Jänschwalde hat die Erwartung zum Ausdruck gebracht, daß seine Existenz, auch im Hinblick auf die sorbische Verwurzelung der amtsangehörigen Gemeinden, durch die gesetzgeberische Entscheidung nicht in Frage gestellt werde.

Der Rat für sorbische (wendische) Angelegenheiten und die DOMO-WINA, Bund Lausitzer Sorben e.V., haben zu dem Normenkontrollantrag ebenfalls Stellung genommen und sich im wesentlichen dem Vortrag der Antragsteller angeschlossen. Nicht zuletzt haben sie darauf hingewiesen, daß es gelte, die einzelne sorbische Gemeinde zu schützen. Das Sorbentum könne die Abbaggerung einer weiteren sorbischen Gemeinde schwerlich verkraften.

B.

I.

Der Antrag auf abstrakte Normenkontrolle ist nach Art. 113 Nr. 2 LV, §§ 12 Nr. 2, 39 ff VerfGGBbg zulässig. Die 18 antragstellenden Abgeordneten stellen zur Überprüfung, ob Art. 2 § 1 BbgBkGG i.V.m. Art. 1 des Gesetzes, soweit er die Inanspruchnahme des Gebietes der Gemeinde Horno für den Braunkohlentagebau betrifft, – also Landesrecht – mit der Landesverfassung vereinbar ist. Sie erfüllen das nach Art. 113 Nr. 2 LV, § 39 VerfGGBbg erforderliche Quorum von einem Fünftel der Mitglieder des Landtags, dessen gesetzliche Mitgliederzahl 88 beträgt (§ 1 Abs. 1 Satz 1 Brandenburgisches Landeswahlgesetz). Daß einzelne von ihnen dem Gesetz zugestimmt haben, hindert sie nicht daran, die Regelung verfassungsgerichtlich überprüfen zu lassen.

II.

Das Gericht hat davon abgesehen, auch betroffenen Einzelpersonen, etwa dem Beschwerdeführer der gegen das Brandenburgische Braunkohlengrundlagengesetz gerichteten Individual-Verfassungsbeschwerde VfGBbg 31/97, in dem vorliegenden Normenkontrollverfahren Gelegenheit zur Äußerung zu geben. Soweit nach der über § 13 Abs. 1 VerfGGBbg „entsprechend" heranzuziehenden Verwaltungsgerichtsordnung (VwGO) gemäß § 65 Abs. 1 VwGO „andere, deren rechtliche Interessen durch die Entscheidung berührt werden", beigeladen werden können und nach Abs. 2 der Vorschrift Dritte, die „an dem streitigen Rechtsverhältnis" derart beteiligt sind, „daß die Entscheidung auch ihnen gegenüber nur einheitlich ergehen kann", beizuladen sind, mag dahinstehen, ob sich diese Regelungen überhaupt für eine entsprechende Anwendung im Normenkontrollverfahren eignen (vgl. zum Normenkontrollverfahren nach § 47 VwGO: BVerwGE 65, 131). Jedenfalls ergibt sich im Rahmen einer „entsprechenden" Anwendung der Verwaltungsgerichtsordnung keine Verpflichtung, hier sämtliche Betroffenen – das wären allein bezogen auf das Dorf Horno mehrere hundert, bezogen auf das angestammte Siedlungsgebiet des sorbischen Volkes mehrere tausend Einzelpersonen – zuzuziehen. Darauf, ob der Einzelne ein Verfassungsgerichtsverfahren anhängig gemacht hat, kommt es ohnehin nicht an, weil § 65 Abs. 1 und 2 VwGO nicht auf ein überschneidendes Verfahren, sondern allein auf die rechtliche Berührtheit abstellt. Das Gericht ist über die entsprechende Anwendbarkeit des § 65 VwGO gegebenenfalls lediglich gehalten zu prüfen, wieweit es über den Kreis der kraft Gesetzes zu beteiligenden Stellen – im Falle des Normenkontrollverfahrens über § 40 VerfGGBbg – hinaus sachdienlicherweise weitere Stellen oder Personen zu Wort kommen läßt. Hiervon ausgehend erschien es dem Gericht angemessen, aber auch hinreichend, neben den beteiligten Kommunen dem Rat für sorbische (wendische) Angelegenheiten und der DOMOWINA Gelegenheit zu geben, zu den verfahrensgegenständlichen Fragen aus der Sicht der Sorben Stellung zu nehmen.

C.

Der Antrag bleibt jedoch in der Sache ohne Erfolg. Die mit den angegriffenen Normen vom Landesgesetzgeber getroffenen Regelungen (dazu im folgenden I.) sind formell (dazu im folgenden II.) und materiell (dazu im folgenden III. und IV.) mit der Landesverfassung vereinbar.

I.

Gegenstand der Normenkontrolle ist zum einen die mit Art. 2 § 1 BbgBkGG bestimmte Auflösung der Gemeinde Horno zu den nächsten landesweiten Kommunalwahlen und die Eingliederung des Gemeindegebietes in die Gemeinde Jänschwalde. Daneben stellen die Antragsteller im Zusammenhang mit Art. 2 § 1 BbgBkGG Art. 1 des Braunkohlengrundlagengesetzes zur Überprüfung, soweit dieser Artikel die Inanspruchnahme des Gebietes der Gemeinde Horno für den Braunkohlentagebau betrifft. Prüfungsgegenstand ist damit zugleich – und der Sache nach vorrangig – die gesetzgeberische Grundentscheidung für die Inanspruchnahme des Gebietes der Gemeinde Horno zugunsten des Tagebaus Jänschwalde. Daß Art. 2 § 1 BbgBkGG in diesem Sinne auf Art. 1 des Gesetzes fußt, bestätigt sich in der Vorgeschichte, dem Sinnzusammenhang und der Begründung der gesetzlichen Regelung. Auslösend war das Urteil des erkennenden Gerichts vom 1. Juni 1995 – VfGBbg 6/95 – (LVerfGE 3, 157, 162 ff), demzufolge die vollständige Inanspruchnahme des Gemeindegebietes, da auf eine Auflösung hinauslaufend, eines förmlichen Gesetzes bedarf. Diese gesetzliche Grundlage will das Braunkohlengrundlagengesetz erklärtermaßen schaffen. Der Gesetzgeber will mit dem Braunkohlengrundlagengesetz im ganzen und den angegriffenen Normen im besonderen die Voraussetzungen dafür schaffen, daß der Tagebau Jänschwalde unter Abbaggerung der Gemeinde Horno – also in der sogenannten Variante 1 – fortgeführt werden kann. Weil das Gebiet der Gemeinde Horno nach Auffassung des Gesetzgebers für den Braunkohlentagebau benötigt wird, wird Horno preisgegeben. Nachdem Art. 1 BbgBkGG die Grundsatzentscheidung für die Fortführung des Braunkohlentagebaus in der Region Lausitz-Spreewald (§ 1) sowie Regelungen für den Fall der unvermeidbaren Inanspruchnahme von Siedlungen im allgemeinen (§ 2) und von Siedlungen mit sorbischer Tradition im besonderen (§ 3) enthält, stellt sich Art. 2 § 1 BbgBkGG als die auf das Gebiet der Gemeinde Horno bezogene Konkretisierung dieser Grundsätze unter gleichzeitiger Auflösung der Gemeinde dar.

Diese Sicht tritt auch in der Begründung zum Gesetzentwurf zutage. Der Gesetzgeber meinte der Entscheidung des erkennden Gerichts vom 1. Juni 1995 (aaO) entnehmen zu müssen, daß es für die vollständige Inanspruchnahme des Gebietes einer Gemeinde durch den Braunkohlentagebau nicht nur eines dahingehenden – die gebietliche Inanspruchnahme zulassenden – Gesetzes, sondern auch (bereits) der förmlichen Auflösung der Gemeinde bedürfe (LT-Drs. 2/3750, S. 14 f). Schon daraus ergibt sich, daß der Gesetzgeber die Auflösung der Gemeinde Horno mit der Inanspruchnahme ihres Gebietes für den Braunkohlentagebau verknüpft hat. In diesem Sinne heißt es bereits in dem Bericht der Landesregierung über die Eckpunkte zur Erarbeitung des Braunkohlengrundlagengesetzes, die Entscheidung über die Auflösung enthalte „die Feststellung, daß zur Weiterführung des Braunkohlentagebaus Jänschwalde die Inanspruchnahme des Gebietes der Gemeinde Horno zu Bergbauzwecken notwendig ist ..." (LT-Drs. 2/1946, S. 6). In der Begründung des Gesetzentwurfes ist davon die Rede, daß zur Verwirklichung der angestrebten Ziele „die Inanspruchnahme der Gemeinde Horno erforderlich" sei (LT-Drs. 2/3750, S. 1). Die im Gesetzgebungsverfahren für die Auflösung der Gemeinde Horno erörterten Gründe – Arbeitsplatzsicherung, Sicherung der Energieversorgung und strukturelle Entwicklung in der Region – zielen auf die Inanspruchnahme des Gemeindegebietes für den Braunkohlentagebau.

Nicht entgegen steht, daß nach § 12 Abs. 6 Satz 1 des Gesetzes zur Einführung der Regionalplanung und der Braunkohlen- und Sanierungsplanung im Lande Brandenburg (RegBkPlG) die landesplanerische Entscheidung für die Inanspruchnahme eines Gebietes für den Braunkohlentagebau erst mit der Verbindlicherklärung des Braunkohlenplans durch Rechtsverordnung der Landesregierung erfolgt. Der Sache nach hat der Gesetzgeber diese Entscheidung hier – bezogen auf das Gebiet der Gemeinde Horno – mit den angegriffenen Normen bereits getroffen (so auch *Bendig,* NJ 1998, 169, 174, Fn. 33). Nicht zuletzt die Begründung des Gesetzentwurfs zeigt, daß die Auflösung der Gemeinde nur deshalb erfolgt, weil sich der Gesetzgeber – planungsrechtlich – für eine Abbaggerung entschieden hat. Eine spätere Rechtsverordnung der Landesregierung wird, soweit es um das Gebiet der bisherigen Gemeinde Horno geht, keine eigenständige Bedeutung mehr haben, sondern insoweit die gesetzgeberische Entscheidung lediglich nachzeichnen.

II.

Art. 2 § 1 i. V. m. Art. 1 BbgBkGG ist formell verfassungsgemäß zustandegekommen. Insbesondere hat sich der Landesgesetzgeber – wie das Gericht nicht als bundesrechtliche Vorfrage, sondern deshalb zu prüfen hat, weil es das Rechtsstaatsgebot des Art. 2 LV dem Landesgesetzgeber untersagt, Landesrecht zu setzen, ohne dazu befugt zu sein (siehe Urteil des erkennenden Gerichts vom 21. März 1996 – VfGBbg 18/95 –, LVerfGE 4, 114, 129) – im Rahmen seiner Gesetzgebungskompetenz gehalten.

1. Soweit der Gesetzgeber mit Art. 2 § 1 i. V. m. Art. 1 BbgBkGG die landesplanungsrechtliche Entscheidung für die Inanspruchnahme des Gemeindegebietes durch den Braunkohlentagebau getroffen hat, ergibt sich seine Zuständigkeit aus der Ausfüllungskompetenz der Länder auf dem Gebiet des rahmenrechtlich durch den Bund vorgegebenen Raumordnungs- und Landesplanungsrechts (Art. 75 Abs. 1 Nr. 4, 72 Abs. 1 GG). Der Sache nach bewegt sich der Gesetzgeber in dieser Hinsicht – und auch, soweit er Regelungen zu bergbaubedingten Umsiedlungen getroffen hat – auf dem Gebiet der Braunkohlenplanung, die als besondere Form der Regionalplanung zur Landesplanung zählt (*Schulte,* Raumplanung und Genehmigung bei der Bodenschätzegewinnung, 1996, S. 276; *Degenhart,* DVBl. 1996, 773 f m. w. N.).

Allerdings sind gegen die kompetenzielle Zuordnung der Braunkohlenplanung zum Bereich der Landesplanung im Schrifttum Bedenken geäußert worden: Es handele sich nicht um eine überörtliche, zusammenfassende Planung, sondern um eine „eindimensionale" energiewirtschaftliche Fachplanung, der auch wegen ihrer Parzellenschärfe unmittelbar bodenordnende Wirkung zukomme und die deshalb den durch Art. 75 Abs. 1 Nr. 4 GG gesetzten Rahmen in verfassungswidriger Weise überschreite (so insbesondere *Erbguth,* DVBl. 1982, 1 ff; *Erbguth/Schoeneberg,* Raumordnungs- und Landesplanungsrecht, 2. Aufl. 1992, S. 136 f; *Hoppe,* UPR 1983, 105, 108; *ders.,* DVBl. 1982, 101, 108). Das erkennende Gericht teilt diese Bedenken, jedenfalls im Hinblick auf das in den hier zur Überprüfung gestellten Normen enthaltene Planungselement, also die landesplanerische Grundsatzentscheidung für die Abbaggerung der Gemeinde Horno, nicht. Die im Vergleich zur „normalen" Regionalplanung bestehenden Besonderheiten der Braunkohlenplanung – nämlich ihre räumliche und gegenständliche Beschränkung – resultieren aus der besonderen von ihr zu bewältigenden Situation und liegen in der Natur der Sache (*Degenhart,* Rechtsfragen der Braunkohlenplanung in Brandenburg, 1996, S. 28 f; vgl. auch *Koch/Hendler,* Baurecht, Raumordnungs- und Landesplanungsrecht, 2. Auflage 1995, 1. Teil, Kap. VI, Rdn. 1 und 26 ff). Die Braunkohlenplanung steht im Spannungsverhältnis zwischen den Erfordernissen einer langfristigen Energieversorgung und den vielfältigen durch einen großflächigen Abbau betroffenen infrastrukturellen, wirtschaftlichen, sozialen und kulturellen Gütern. Um dieses mehrdimensionale Spannungsverhältnis zu ordnen und zu gestalten, bedarf es einer „übergeordneten und zusammenfassenden" Planung, mithin der Landesplanung (vgl. *Depenbrock/Reiners,* Landesplanungsgesetz Nordrhein-Westfalen, 1985, § 24, Rdn. 2; *Schnapp,* Braunkohlenplanung in Nordrhein-Westfalen, in: Festschrift für Fabricius, 1989, S. 90; vgl. auch *Kamphausen,* DÖV 1984, 146, 147 f; *Niemeier/Dahlke/Lowinski,* Landesplanungsgesetz Nordrhein-Westfalen,1977, Kap. 1.6, S. 37). Das Raumordnungsgesetz des Bundes fordert eine solche planerische Bewältigung der Bodenschatzgewinnung (vgl. § 2 Abs. 1 Nr. 9 ROG a. F.; § 2 Abs. 2 Nr. 9 Satz 3 ROG n. F.) und gesteht den Ländern bei der Ausgestaltung entsprechende Spielräume zu (siehe näher *Schnapp,* aaO; *Schleifenbaum/Kamphausen,* UPR 1984, 43 ff).

Die Gesetzgebungskompetenz des Landesgesetzgebers für die hier getroffene Entscheidung besteht darüber hinaus unbeschadet der konkurrierenden Gesetzgebungszuständigkeit des Bundes für den Bergbau nach Art. 74 Abs. 1 Nr. 11 GG. Insbesondere ist es nicht etwa so, daß angesichts der bundesrechtlich verbindlichen Ausgestaltung der Betriebsplanzulassung nach dem Bundesberggesetz für planungsrechtliche Regelungen zum Braunkohlentagebau auf Landesebene kein Raum bliebe (in diesem Sinne aber *Degenhart,* aaO, S. 37 f). In diesem Zusammenhang mag dahinstehen, in welchem Umfang Aspekte der Raumordnung und Landesplanung über § 48 Abs. 2 Satz 1 BBergG Eingang in das bergrechtliche Verfahren der Betriebsplanzulassung finden können (vgl. hierzu etwa *Rausch,* Umwelt- und Planungsrecht beim Bergbau, 1990, S. 227; *Schulte,* aaO, S. 284; *Gutbrod/Töpfer,* Praxis des Bergrechts, 1996, Rdn. 63 und 66 m.w.N.). Selbst wenn die

Braunkohlenplanung die Voraussetzungen, an die das Bundesberggesetz die Zulassungsentscheidung der Bergbehörde zu einem Betriebsplan bindet, nicht erweitern könnte, bliebe sie ein sinnvolles Instrument zur planerischen Bewältigung der mit dem Braunkohlentagebau verbundenen raumbedeutsamen und die Oberfläche verändernden Maßnahmen mit ihren weitreichenden Auswirkungen (siehe BVerwG, NVwZ 1991, 992, 993; VerfGH Nordrhein-Westfalen, Urteil vom 9. Juni 1997 – VerfGH 20/95 u. a. –, S. 35 des Urteilsumdrucks).

2. Die mit Art. 2 § 1 i. V. m. Art. 1 BbgBkGG getroffene Entscheidung ist auch nicht unter dem Gesichtspunkt einer planungsrechtlichen Regelung eines Einzelfalls – nämlich nur das Gebiet der Gemeinde Horno betreffend – der Organkompetenz des Parlaments entzogen. Staatliche Planung ist ihrem Charakter nach weder eindeutig und ausschließlich der Exekutive noch eindeutig der Legislative zugeordnet (vgl. BVerfGE 95, 1, 15 ff; VerfGH Nordrhein-Westfalen, NWVBl. 1997, 247, 251). Soweit es um die Existenz (auch) einer einzelnen Gemeinde geht, ist dies einer (landes-)gesetzlichen Regelung nicht nur zugänglich. Vielmehr ist in einem solchen Fall im Lande Brandenburg eine landesgesetzliche Regelung, wie sich aus Art. 98 Abs. 2 Satz 2 LV ergibt, sogar geboten; Art. 98 Abs. 2 Satz 2 LV gilt für die vollständige Inanspruchnahme des Gemeindegebietes durch den Braunkohlentagebau entsprechend (vgl. Urteil des Verfassungsgerichts des Landes Brandenburg vom 1. Juni 1995, aaO).

3. Soweit der Gesetzgeber mit Art. 2 § 1 BbgBkGG eine kommunale Neugliederungsentscheidung getroffen hat, folgt seine Zuständigkeit aus Art. 70 Abs. 1 GG. Das Kommunalrecht fällt nicht in die Gesetzgebungszuständigkeit des Bundes, sondern in die der Länder (BVerfGE 1, 167, 176). Hierzu zählt auch die kommunale (Neu-)Gliederung (siehe auch Art. 98 Abs. 1 bis 4 LV).

III.

Auch materiell sind die angegriffenen Normen mit der Landesverfassung vereinbar.

1. Art. 2 § 1 i. V. m. Art. 1 BbgBkGG verstößt mit der Entscheidung über eine Inanspruchnahme des Gebietes der Gemeinde Horno für den Braunkohlentagebau nicht gegen Art. 25 Abs. 1 Satz 1 LV, soweit dieser das Recht des sorbischen Volkes auf Schutz, Erhaltung und Pflege seines angestammten Siedlungsgebietes gewährleistet. Die Verfassungsnorm begründet in dieser Hinsicht kein absolutes Eingriffsverbot, sondern gewährt dem angestammten Siedlungsgebiet der Sorben als Ganzem sowie den darin liegenden

einzelnen Siedlungen einen der Abwägung zugänglichen Schutz vor Veränderungen der hier in Rede stehenden Art (dazu a.). Es handelt sich, jedenfalls solange kein gezielt gegen das Sorbentum gerichteter Eingriff in Frage steht, nicht um ein Grundrecht, sondern um ein Staatsziel (dazu b.). Die sich hieraus ergebenden Schutzpflichten hat der Gesetzgeber beachtet (dazu c.).

a. Art. 25 Abs. 1 Satz 1 LV vermittelt entgegen der Auffassung der Antragsteller grundsätzlich keinen absoluten Bestandsschutz für einzelne Siedlungen im angestammten Siedlungsgebiet der Sorben im allgemeinen und vor einer Inanspruchnahme durch den Braunkohlentagebau im besonderen. Eine dahingehende Auslegung widerspräche dem Sinn und Zweck der Verfassungsnorm und würde gegen Bundesrecht verstoßen.

Bereits das Urteil des erkennenden Gerichts vom 1. Juni 1995 (aaO) geht davon aus, daß die vollständige (und auch deshalb einer Auflösung gleichkommende) Inanspruchnahme des Gebietes der Gemeinde Horno für den Braunkohlentagebau nicht von vornherein ausgeschlossen ist, vielmehr auf der Grundlage eines förmlichen Gesetzes jedenfalls denkbar ist. Ließe Art. 25 Abs. 1 Satz 1 LV die Inanspruchnahme der Gemeinde Horno wegen ihrer Belegenheit im sorbischen Siedlungsgebiet nicht zu, hätte das Gericht verantwortlicherweise nicht auf den Weg eines förmlichen Gesetzes verweisen dürfen. Selbstverständliche Voraussetzung ist freilich, daß dem Gesetz eine umfassende Sachverhaltsermittlung und eine sorgfältige Abwägung der berührten Rechts- und Verfassungsgüter zugrunde liegt. Das ist hier jedoch, wie näher darzulegen sein wird, der Fall.

aa. Allerdings bietet die Entstehungsgeschichte des Art. 25 Abs. 1 Satz 1 LV Anhaltspunkte für die Intention des Verfassunggebers, das angestammte Siedlungsgebiet des sorbischen Volkes gerade auch vor einer weiteren Inanspruchnahme durch den Braunkohlentagebau nach Möglichkeit zu bewahren. Im Rahmen der Beratungen des Unterausschusses I des vorparlamentarischen Verfassungsausschusses wurde durch einen Formulierungsvorschlag zum damaligen Art. 50 des Verfassungsentwurfes neben der nationalen Identität auf Vorschlag der sorbischen Vertreter erstmals auch das angestammte Siedlungsgebiet in das Recht des sorbischen Volkes auf Schutz, Erhaltung und Pflege einbezogen. Zur Erläuterung der Vorlage wurde von dem Ausschußmitglied *Koch* ausgeführt, „daß es hier um die Verhinderung weiterer Verluste durch Braunkohlenabbau gehe. Der Schutz des Siedlungsgebietes sei ein wichtiger Terminus." (Protokoll V/1 UA I/4 vom 12. April 1991, S. 9, Ausführungen *Koch,* abgedruckt in: Dokumentation Verfassung des Landes Brandenburg, Band 2, 1993, S. 472). Diese Ausführungen des Ausschußmitgliedes und der Umstand, daß der Passus vom „angestammten Siedlungsgebiet" daraufhin Eingang in die Verfassung gefunden hat, lassen erkennen, daß bei der Einbeziehung des angestammten Siedlungsgebietes in Art. 25 Abs. 1 Satz 1 LV die Vorstellung eine Rolle gespielt hat, dem fortschreitenden Braunkohlentagebau Einhalt zu gebieten.

bb. Damit läßt sich aber die Frage, ob dieser Schutz stets und gegenüber allen übrigen denkbaren Belangen Vorrang genießen soll und – wie die Antragsteller meinen – als absoluter Schutz für jede einzelne sorbische Siedlung wirkt, noch nicht beantworten. Zwar läßt der Umstand, daß die Verfassungsvorschrift noch verhältnismäßig jung ist, in gewissem Umfang Raum für eine subjektivierende Auslegung zur Ermittlung des Willens der am Gesetzesbeschluß beteiligten Organe (vgl. *Bydlinski,* Juristische Methodenlehre und Rechtsbegriff, 2. Aufl. 1991, S. 453). Ausschlaggebend für die Auslegung einer Norm ist jedoch letztlich nicht die Vorstellung einzelner an ihrer Entstehung beteiligter Personen, sondern der in der Vorschrift zum Ausdruck kommende objektivierte Wille des Verfassung-(Gesetz-)gebers, wie er sich aus der Bestimmung und nach ihrem Sinn und Zweck ergibt (vgl. BVerfGE 1, 299, 312; 20, 283, 293; 79, 106, 121; *H. P. Schneider,* Der Wille des Verfassunggebers, in: Burmeister (Hrsg.), Festschrift für Klaus Stern, 1997, S. 915 ff). Das Gericht sieht sich deshalb auch nicht veranlaßt, den subjektiven Vorstellungen einzelner Mitglieder des damaligen Unterausschusses, etwa – wie von den Antragstellern und den sorbischen Interessenvertretungen angeregt – durch das Abhören von Tonbandaufzeichnungen der damaligen Beratungen, weiter nachzugehen. Derartige Ermittlungen kommen nur in bezug auf Tatsachen, nicht aber für die Bestimmung des Sachgehalts der Verfassung als einer Rechtsfrage in Betracht (vgl. Verfassungsgericht des Landes Brandenburg, Urteil vom 21. März 1996 – VfGBbg 18/95 –, LVerfGE 4, 114, 139).

Der objektive Sinn und Zweck des Art. 25 LV aber spricht für eine Auslegung im Sinne eines einer Abwägung zugänglichen Bestandsschutzes. Der mit der Verfassungsnorm gewährleistete Minderheitenschutz für die Sorben (Wenden) erfordert eine Bewahrung und Sicherung ihrer identitätsstiftenden Eigenheiten und eine Sicherung der Grundlagen, auf denen die Kultur und das Selbstverständnis der Angehörigen der sorbischen Minderheit fußen. Prägend in diesem Sinne ist für die Sorben neben ihrer Sprache ihre traditionelle örtliche Verwurzelung in der Region Lausitz (vgl. zur Geschichte der Sorben und zur Entwicklung ihres Siedlungsgebietes: *Oschlies,* Die Sorben – Slawisches Volk im Osten Deutschlands, 2. Aufl. 1991; *Marti,* Die Sorben – Prüfstein und Experimentierfeld für Nationalitätenpolitik, Europa Ethnica, 1992, 13 ff; *Pastor,* Die rechtliche Stellung der Sorben in Deutschland, 1996, S. 17 ff). Dem hat der Verfassungsgeber durch die ausdrückliche Verpflichtung zu Schutz, Erhaltung und Pflege auch des angestammten Siedlungsgebietes des sorbischen Volkes Rechnung getragen. Es soll als die notwendige räumliche Grundlage zur Entfaltung der nationalen Identität der Sorben geschützt werden. Hieraus folgt einerseits, daß das Gebiet nicht nur in seinen äußeren – geographischen – Grenzen geschützt ist, sondern auch und insbesondere als gewachsenes Siedlungsgefüge mit der vorhandenen Bevölkerungs- und Infrastrukur, deren Charakter auch durch einzelne Siedlungen wie etwa die Gemeinde Horno mit geprägt sein kann. Das Schutzgut des Art. 25 Abs. 1 Satz 1 LV ist deshalb nicht erst dann berührt, wenn das Siedlungsgebiet als Ganzes betroffen ist, sondern durch jede Maßnahme, die die bisherigen Siedlungsstrukturen verändert und sich nachteilig auf die Verbundenheit mit dem angestammten Lebensraum auswirken kann. Zu den Maßnahmen, die dies bewirken können, gehört auch der Braunkohlentagebau, durch den einzelne Landstriche und etwa einzelne Gemeinden aus dem geschützten Gebiet gleichsam herausgeschnitten werden. Die Abbaggerung führt zu einer Verwüstung der Oberfläche in dem betreffenden Gebiet und läßt es auf Jahrzehnte nicht mehr als Siedlungsfläche zur Verfügung stehen.

Die Sicherung des Siedlungsgefüges erfordert aber zugleich die Möglichkeit einer Fortentwicklung der Strukturen und gegebenenfalls ihre Anpassung an sich verändernde Umstände. Ohne Teilhabe am technischen, wirtschaftlichen und kulturellen „Fortschritt" im weitesten Sinne könnte das Siedlungsgebiet auf Dauer keine tragfähige Lebensgrundlage bieten. Diese – letztlich auf der Hand liegende – Erkenntnis entspricht dem heutigen allgemeinen Verständnis eines wirksamen Minderheitenschutzes (vgl. etwa *Murswiek*, Schutz der Minderheiten in Deutschland, in: Isensee/Kirchhof (Hrsg.), Handbuch des Staatsrechts, Band VIII, 1995, § 201, Rdn. 40 ff; *Kimminich*, Rechtsprobleme der polyethnischen Staatsorganisation, 1985, S. 189 ff).

Dieser Sicht würde das Schutzkonzept, das die Antragsteller der Verfassungnorm entnehmen wollen, nicht gerecht. Ein absoluter Schutz des Siedlungsraumes vor Veränderungen bzw. auch nur der Siedlungen vor Inanspruchnahme für andere Zwecke „unter allen Umständen" würde insoweit zu einer Abkoppelung von der allgemeinen infrastrukturellen Entwicklung führen, zu einer Art „Reservat", wie es auf Dauer der sorbischen Nationalität nicht bekömmlich wäre. Daran würde auch die von den Antragstellern entwickelte, aus dem Wortlaut der Verfassungsnorm nicht ableitbare Unterscheidung zwischen besiedeltem und unbesiedeltem Raum nichts Grundlegendes ändern. Auch die besiedelten Gebiete müssen der Entwicklung und Veränderung zugänglich sein und gegebenenfalls, wenn gegenläufige Belange schwer genug wiegen, weichen. Im übrigen legt – entgegen der Auffassung der Antragsteller – auch das Sorben-(Wenden)-Gesetz mit seiner konkreten Bezeichnung sorbisch geprägter Siedlungen in § 3 Abs. 2 Satz 2 SWG eine solche Unterscheidung zwischen besiedelten und unbesiedelten Gebieten nicht nahe. Das einfache Landesrecht kann, auch wenn es wie hier der Ausgestaltung der Verfassungsrechte dient (vgl. Art. 25 Abs. 5 LV), den Inhalt der Verfassung nicht fortentwickeln. Die Aufzählung der sorbisch geprägten Gemeinden, Ämter und Kreise in § 3 Abs. 2 Satz 2 SWG besagt außerdem nur, daß diese Körperschaften im angestammten Siedlungsgebiet des sorbischen Volkes liegen. Die Vorschrift besagt dagegen nichts darüber, in welchem Maße das so bezeichnete Gebiet einem Schutz vor Veränderungen unterfallen soll. Dies ist allein aus der Verfassung heraus zu beantworten.

cc. Eine Auslegung des Art. 25 Abs. 1 Satz 1 LV im Sinne eines absoluten Schutzes nur für sorbisch geprägte Siedlungen verbietet sich auch aus Gründen des Bundesrechts. Die Landesverfassung muß, weil sie sonst wegen Art. 31 GG keinen Bestand hat, bundesrechtskonform ausgelegt werden (vgl. Verfassungsgericht des Landes Brandenburg, Urteil vom 19. Mai 1994 – VfGBbg 9/93 –, LVerfGE 3, 93, 101 f; BVerfGE 48, 40, 45; vgl. auch *Stern*, Das Staatsrecht der Bundesrepublik Deutschland, Band 1, 2. Aufl. 1984, S. 131 ff). Diese Auslegung findet ihre Grenze erst dort, wo sie mit dem Wortlaut und dem klar erkennbaren Willen des Verfassunggebers in Widerspruch treten würde (BVerfGE 18, 97, 111; 52, 357, 368 f).

(1) Ein absoluter Bestandsschutz für sorbische Siedlungen gegenüber einer Inanspruchnahme durch den Braunkohlentagebau geriete zum einen – in dieser apodiktischen Form – in Konflikt mit dem in Art. 3 Abs. 3 GG verankerten Gleichbehandlungsgrundsatz. Zufolge Art. 3 Abs. 3 GG darf, ohne daß es allerdings auf die Frage der sogenannten Nationalität ankommt, niemand z. B. wegen seiner Abstammung, seiner Sprache und seiner Heimat – all dies spielt beim Sorbentum eine Rolle – benachteiligt, aber auch nicht aus diesen Gründen bevorzugt werden. Ein absoluter Bestandsschutz für sorbisch geprägte Siedlungen würde sich aber wie eine Privilegierung gegenüber der sonstigen Bevölkerung auswirken können, deren Ortschaften, denkbarerweise in unmittelbarer Nachbarschaft, nach Maßgabe der hierfür geltenden Bestimmungen und Grundsätze einer Inanspruchnahme – etwa durch den Braunkohlentagebau – unterliegen. Das Gericht ist sich zwar bewußt, daß historische oder durch die Minderheitensituation bedingte Benachteiligungen eine diese kompensierende „Besser"behandlung rechtfertigen können. Aber es gibt eine – im einzelnen schwer zu bestimmende – Grenze, von der an Kompensation von Nachteilen in Ungleichbehandlung, bezogen auf die übrige Bevölkerung, umschlägt. Schon unter diesem Gesichtspunkt kann der Schutz des angestammten Siedlungsgebietes der Sorben und der darin liegenden Ortschaften nicht absolut, sondern muß einer Abwägung, sei es auch nur unter besonderen und hoch anzusiedelnden Voraussetzungen, zugänglich sein.

(2) Zum anderen stünde ein absoluter Bestandsschutz für sorbische Siedlungen nicht in Einklang mit der bundesrechtlichen Ausgestaltung des bergrechtlichen Verfahrens der Betriebsplanzulassung. Die Zulassung ist nach § 55 Abs. 1 BBergG als sog. präventives Verbot mit Erlaubnisvorbehalt ausgestaltet. Ist keiner der in dem abschließenden Katalog des § 55 Abs. 1 BBergG genannten Versagungsgründe gegeben und besteht auch nach der ergänzend heranzuziehenden Vorschrift des § 48 Abs. 2 Satz 1 BBergG kein Anlaß für eine Versagung, so ist der Betriebsplan zwingend zuzulassen. Die Inanspruchnahme sorbischen Siedlungsgebiets ist aber nach dem Katalog des § 55 Abs. 1 BBergG kein Versagungsgrund, auch nicht unter dem Gesichtspunkt gemeinschädlicher Einwirkungen im Sinne des § 55 Abs. 1 Nr. 9 BBergG (vgl. zur Bedeutung der Gemeinschadensklausel: BVerwGE 74, 315, 321; *Boldt/Weller*, Bundesberggesetz, 1984, § 55 Rdn. 38 ff; *Schulte*, Gemeinschädliche Einwirkungen nach § 55 BBergG, in: Festschrift für Fabricius, 1989, S. 149 ff). Art. 25 Abs. 1 Satz 1 LV würde in der Lesart der Antragsteller dem Katalog der Versagungsgründe des § 55 BBergG einen weiteren bindenden Versagungsgrund hinzufügen, also eine bergrechtliche Regelung treffen, für die wegen der insoweit abschließenden Normierung des Bergrechts durch den Bundesgesetzgeber (Art. 74 Abs. 1 Nr. 11 GG) kein Raum ist.

Auch der von den Antragstellern herangezogene § 48 Abs. 2 Satz 1 BBergG führt im Grunde zu einer Auslegung des Art. 25 Abs. 1 Satz 1 LV dahin, daß die Norm keinen absoluten Bestandsschutz für sorbische Siedlungen gewährt, sondern für eine Abwägung offen bleiben muß. Nach § 48 Abs. 2 Satz 1 BBergG kann die für die Zulassung von Betriebsplänen zuständige Behörde eine Aufsuchung oder Gewinnung von Bodenschätzen beschränken oder untersagen, soweit ihr überwiegende öffentliche Interessen entgegenstehen. § 48 Abs. 2 Satz 1 BBergG öffnet das Zulassungsverfahren in gewissem Maße für die Berücksichtigung außerbergrechtlicher öffentlicher Belange (BVerwGE 100, 1, 16; 74, 315, 323; *Piens/Schulte/Graf Vietzthum*, Bundesberggesetz, 1983, § 48, Rdn. 17). Zu diesen öffentlichen Belangen gehört gegebenenfalls auch das Recht des sorbischen Volkes aus Art. 25 Abs. 1 Satz 1 LV auf Schutz, Erhaltung und Pflege seines angestammten Siedlungsgebietes. Die nach § 48 Abs. 2 Satz 1 BBergG vorgesehene Prüfung, ob anderweitige Interessen überwiegen, setzt jedoch stets ein Abwägen, nämlich mit den Belangen des Bergbaus, voraus (BVerwG, ZfB 130 (1989), 210, 215 f; OVG Rheinland-Pfalz, ZfB 138 (1997), 42 ff; VG Weimar, ZfB 137 (1996), 321 ff). Dabei kommt insbesondere der Rohstoffsicherungsklausel des § 48 Abs. 1 Satz 2 BBergG große Bedeutung zu. Danach ist dafür Sorge zu tragen, daß die Aufsuchung und Gewinnung von Bodenschätzen so wenig wie möglich beeinträchtigt wird. Die Norm enthält eine allgemeine Grundsatzentscheidung des Bundesgesetzgebers zugunsten des Bergbaus, die auch im Rahmen des § 48 Abs. 2 Satz 1 BBergG zu beachten ist (BVerwG aaO; BVerwGE 81, 329, 339). Wie weit die Bedeutung der Rohstoffsicherungsklausel im einzelnen reicht, ob sie generell Vorrang hat oder gegenüber anderen Belangen gleichgeordnet ist, kann in diesem Zusammenhang offenbleiben (vgl. zu den unterschiedlichen Standpunkten etwa BVerwGE 74, 315, 318; VGH Mannheim, NuR 1989, 130, 133; siehe auch *Büllersbach,* Die rechtliche Beurteilung von Abgrabungen nach Bundes- und Landesrecht, 1994, S. 97 ff). Entscheidend ist, daß ein absoluter Bestandsschutz für sorbische Siedlungen im Abgrabungsgebiet mit dem Abwägungsgebot des § 48 Abs. 2 Satz 1 BBergG und der Rohstoffsicherungsklausel des § 48 Abs. 1 Satz 2 BBergG nicht zu vereinbaren wäre.

Daß die Rohstoffsicherungsklausel ihrem Wortlaut nach nur (und erst) bei der Anwendung von Verbotsnormen greift und sich deshalb nicht an den Normgeber wendet (vgl. hierzu BVerwG, Buchholz 406.27 § 48 Nr. 5, S. 6 f; *Rausch,* aaO, 1990, S. 197), bedeutet lediglich, daß der jeweilige Normgeber die Prüfung, ob im Einzelfall eine Abgrabung zugelassen wird, dem administrativen Vollzug überlassen kann. Sie setzt jedoch notwendigerweise voraus, daß die Verbotsnorm über unbestimmte Rechtsbegriffe oder Ermessen eine solche Prüfung durch den Anwender überhaupt ermöglicht und keine absoluten Verbote aufstellt.

dd. Eine bundesrechtskonforme Auslegung des Art. 25 Abs. 1 Satz 1 LV im Sinne eines der Abwägung zugänglichen und in diesem Sinne nur relativen Bestandsschutzes gerät nicht in Widerspruch zum Willen des Verfassunggebers. Bei den Beratungen im vorparlamentarischen Verfassungsausschuß hat zwar die Vorstellung eine Rolle gespielt, das Siedlungsgebiet der Sorben vor einer weiteren Inanspruchnahme durch den Braunkohlentagebau nach Möglichkeit zu schützen. Dies bedeutet aber nicht notwendig einen vollständigen Bestandsschutz für sorbische Siedlungen, sondern läßt Spielraum für eine Interpretation nach Maßgabe des Bundesrechts, ohne die die Verankerung des Rechts des sorbischen Volkes auf Schutz, Erhaltung und Pflege seines angestammten Siedlungsgebietes in Art. 25 Abs. 1 Satz 1 LV vollständig wegbräche. Im Sinne einer geltungserhaltenden Auslegung ist daher Art. 25 Abs. 1 Satz 1 LV als Gewährleistung von Schutz für das sorbische Siedlungsgebiet bis an die Grenze des (bundes-)rechtlich Möglichen zu verstehen.

Ergänzend sei angemerkt: In der Protokollnotiz Nr. 14 zu Art. 35 EV ist im Zusammenhang mit dem Schutz der Sorben zwischen der Bundesrepublik Deutschland und der ehemaligen DDR vereinbart worden, daß die grundgesetzliche Zuständigkeitsverteilung zwischen Bund und Ländern unberührt bleibt (BGBl. 1990 II, S. 885, 906, dort Ziffer 4). Mit der Protokollnotiz sollten die Rechte der Sorben im vereinten Deutschland unter der Wahrung der Kompetenz von Bund und Ländern gesichert werden (vgl. Denkschrift, BT-Drs. 11/7760, S. 355, 378). Auch dies spricht dafür, daß der Verfassungsgeber mit Art. 25 Abs. 1 Satz 1 LV nicht in Bereiche eingreifen wollte, die dem Bund vorbehalten sind.

b. Die so zu verstehende Regelung des Art. 25 Abs. 1 Satz 1 LV stellt, jedenfalls soweit nicht eine gezielt gegen die sorbischen Belange gerichtete Maßnahme in Frage steht, kein Grundrecht, sondern ein Staatsziel dar. Die Unterscheidung ist auch im Normenkontrollverfahren von Bedeutung, weil sie sich auf die verfassungsgerichtliche Kontrolldichte auswirkt (vgl. *Simon,* Staatsziele, in: Simon/Franke/Sachs (Hrsg.), Handbuch der Verfassung des Landes Brandenburg, 1994, § 4, Rdn. 11). Da die Landesverfassung entsprechend der Überschrift in ihrem 2. Hauptteil („Grundrechte und Staatsziele") die beiden Normtypen nicht trennt, ist für die Einordnung von Art. 25 Abs. 1 Satz 1 LV als Staatsziel oder Grundrecht auf die allgemeinen diesbezüglichen Unterscheidungskriterien zurückzugreifen.

aa. Das Gericht läßt offen, ob Art. 25 Abs. 1 Satz 1 LV für den Fall, daß eine Maßnahme sich gegen die Sorben richtet, nicht auch eine subjektivrechtlich/grundrechtliche Komponente enthält und sich für diesen Fall als grundrechtliches Abwehrrecht darstellt, welches gegebenenfalls das Abwehrrecht aus Art. 3 Abs. 3 GG und das teilweise deckungsgleiche Abwehrrecht aus Art. 12 Abs. 2 LV bezogen auf die Sorben verdeutlicht, verstärkt oder erweitert (einen solchen Normgehalt nicht ausschließend: *Franke/Kier,* Die Rechte der sorbischen Minderheit, in: Simon/Franke/Sachs, aaO, § 10, Rdn. 5; *Degenhart,* aaO, S. 73; *Fischer,* Staatszielbestimmungen in den Verfassungen und Verfassungsentwürfen der neuen Bundesländer, 1994, S. 81 f; *Stopp,* Jahrbuch zur Staats- und Verwaltungswissenschaft, Band 8, 1995, 9, 26 f). Die Frage bedarf hier keiner Entscheidung, weil es sich bei der durch das Brandenburgische Braunkohlengrundlagengesetz vorgesehenen Inanspruchnahme von Gelände für den Braunkohlentagebau – und in diesem größeren Zusammenhang steht auch die Inanspruchnahme von Horno – nicht um einen in diesem Sinne sorbenspezifischen – gegen die Sorben als Sorben gerichteten oder nur sie betreffenden – Eingriff handelt, sondern der Braunkohlentagebau sorbisches wie nichtsorbisches Gebiet betreffen kann. Auch die Gemeinde Horno ist nicht wegen ihres sorbischen Charakters betroffen, sondern wegen ihrer Lage im Bereich abbauwürdiger Braunkohlenvorkommen.

bb. Vorbehaltlich der Erwägung zu aa. ist Art. 25 Abs. 1 Satz 1 LV als Staatsziel einzuordnen. Staatszielbestimmungen sind Verfassungsnormen mit rechtlich bindender Wirkung, die der Staatstätigkeit die fortdauernde Beachtung oder Erfüllung bestimmter Aufgaben (sachlich umschriebener Ziele) vorschreiben (vgl. Bericht der Sachverständigenkommission „Staatszielbestimmungen/Gesetzgebungsaufträge", hrsg. von den Bundesministern des Innern und der Justiz, 1983, S. 21). Sie begründen anders als Grundrechte keine Abwehransprüche gegen staatliches Handeln, sondern eine objektivrechtliche Verpflichtung des Staates, sein Handeln (auch) an dem betreffenden Staatsziel auszurichten (vgl. etwa *Stern,* Staatsrecht, Band 1, 2. Aufl. 1984, S. 119; *Jutzi,* ThürVBl. 1995, 25, 26; *Fischer,* aaO, S. 20). Grundrechte sind demgegenüber ihrer Natur nach und jedenfalls in erster Linie subjektive Abwehrrechte des Bürgers gegen den Staat (vgl. BVerfGE 50, 290, 337; 7, 198, 204).

In bezug auf die hier drohende – und von dem Verfassungsgeber als Bedrohung erkannte – Beeinträchtigung des angestammten sorbischen Siedlungsgebietes durch den Braunkohlentagebau erlegt Art. 25 Abs. 1 Satz 1 LV dem Land und den anderen in Art. 25 Abs. 1 Satz 2 LV genannten Körperschaften die objektiv-rechtliche Verpflichtung zum Schutz und zur Erhaltung und Pflege dieses Siedlungsgebietes auf. Art. 25 Abs. 1 Satz 1 LV beinhaltet in diesem Sinne ein Staatsziel und kein subjektives Abwehrrecht (*Simon,* aaO, § 4 Rdn. 9; *Degenhart,* aaO, S. 73; *Postier,* NJ 1995, 511, 513; im Ergebnis ebenso *Bendig,* NJ 1998, 169, 174; wohl auch *Franke/Kier,* aaO; offen: *Sachs,* Die Grundrechte der Brandenburgischen Landesverfassung, in: Simon/Franke/Sachs, aaO, § 5, Rdn. 17; *Gern,* LKV 1997, 433, 435). Dies ergibt sich aus dem Sinn und Zweck der Norm und unter Beachtung des Bundesrechts.

(1) Bereits der Wortlaut des Art. 25 Abs. 1 Satz 1 LV spricht insofern eher für ein Staatsziel als für ein Abwehrrecht, als nicht etwa von dem Recht auf das angestammte Siedlungsgebiet, sondern von der Gewährleistung des Rechts *auf Schutz, Erhaltung und Pflege* des angestammten Siedlungsgebietes die Rede ist. Mit dieser Akzentuierung liest sich die Vorschrift wie ein Handlungsprogramm für den Staat und nicht wie eine Regelung, die ihn in seine Schranken weist. Der Eindruck einer Handlungsanweisung für den Staat wird verstärkt durch Satz 2, der dem Land, den Gemeinden und Gemeindeverbänden aufgibt, die Verwirklichung dieses Rechts zu „fördern". Andererseits spricht Art. 25 Abs. 1 Satz 1 LV von einem „Recht" des sorbischen Volkes. Dies läßt jedoch nicht ohne weiteres auf eine subjektive Berechtigung im Sinne eines Abwehrrechts schließen (so aber wohl *Hahn,* in: Frowein/Hofmann/Oeter (Hrsg.), Das Minderheitenschutzrecht europäischer Staaten, Teil 1, 1993, S. 81; *Stopp,* aaO, S. 25 u. S. 74 Fn. 70). Die Verwendung des nämlichen Begriffes in der Überschrift des 4. Abschnitts der Landesverfassung („Rechte der Sorben (Wenden)") zeigt, daß der Verfassungsgeber damit nicht in jedem Fall subjektive Ansprüche gemeint hat. Denn der

so überschriebene Artikel enthält zugleich auch Bestimmungen wie die Hinwirkungspflicht des Landes auf eine landesübergreifende kulturelle Autonomie der Sorben in Art. 25 Abs. 2 LV, dessen Einordnung als (bloßes) Staatsziel nicht zweifelhaft sein kann. Darüber hinaus verwendet die Landesverfassung den Begriff „Recht auf ..." auch im Rahmen anerkannter Staatsziele, so in Art. 45 Abs. 1 (soziale Sicherung), 47 Abs. 1 (Wohnung) und 48 Abs. 1 (Arbeit) LV. Auch läßt sich daraus, daß der Begriff „Recht auf ..." in Art. 45 Abs. 1, 47 Abs. 1 und 48 Abs. 1 LV jeweils in die Formulierung „Das Land ist verpflichtet, im Rahmen seiner Kräfte für die Verwirklichung des Rechts auf ... zu sorgen" eingebettet ist, nicht etwa herleiten, daß es sich bei Art. 25 Abs. 1 Satz 1 LV um ein (echtes) Grundrecht handele. Die sog. sozialen Grundrechte stehen in einer eigenen verfassungsrechtlichen Tradition (vgl. *Böckenförde,* in: Böckenförde/Jekewitz/Ramm (Hrsg.), Soziale Grundrechte, 1981, S. 7). Art. 25 Abs. 1 Satz 1 LV ist damit nicht vergleichbar.

Gegen die Einordnung des Art. 25 Abs. 1 Satz 1 LV als Grundrecht spricht im übrigen, daß der Verfassunggeber in anderen Vorschriften des 2. Hauptteils der Landesverfassung sowohl bei den „klassischen" Grundrechten als auch bei über den ausdrücklichen Regelungsgehalt des Grundgesetzes hinausgehenden Gewährleistungen dort, wo er sie als Grundrechte ausgestalten will (etwa beim Datenschutz, Art. 11 LV, und bei der politischen Mitgestaltung, Art. 21 und 22 LV), Formulierungen zu verwenden pflegt, die den Charakter als subjektives Recht deutlich erkennen lassen. Wenn der Verfassunggeber Art. 25 Abs. 1 Satz 1 LV ebenfalls als Grundrecht hätte ausgestalten wollen, hätte es nahegelegen, eine dem vergleichbare zweifelsfreie Formulierung zu verwenden.

(2) Auch der Entstehungsgeschichte des Art. 25 Abs. 1 Satz 1 LV läßt sich entgegen der Auffassung der Antragsteller nicht entnehmen, daß es sich um ein subjektives Abwehrrecht handelt.

Zwar änderte sich im Laufe der Verfassungsberatungen der Standort des Sorbenschutzartikels. Der die Sorben betreffende Art. 23a des sog. ersten Verfassungsentwurfs aus dem Jahre 1990 war dem damaligen, vor allem objektiv-rechtliche Regelungen enthaltenden 3. Hauptteil („Das Gemeinschaftsleben") zugeordnet (vgl. JÖR N.F. 39, 387ff), während der Sorbenschutzartikel seit dem dritten Verfassungsentwurf dem 2. Hauptteil zugeordnet ist (vgl. GVBl. 1991 S. 96ff), welcher neben Staatszielen auch Grundrechte enthält. Dies spricht indes nicht für eine „Hochstufung" zu einem Grundrecht (so aber *Bendig,* NJ 1998, 169, 170), sondern ergab sich aus der Auflösung des ursprünglichen 3. Hauptteils und der Zusammenfassung der dortigen Bestimmungen und der Grundrechte zu einem gemeinsamen 2. Hauptteil („Grundrechte und Staatsziele").

Die textliche Veränderung, die Art. 25 Abs. 1 Satz 1 LV im Laufe der Verfassungsberatungen erfahren hat, spricht hingegen eher für eine Einordnung als Staatsziel (anders *Kemper/Szarka*, NJ 1995, 294, 295; *Pastor,* aaO, S. 99). Die Einbeziehung des angestammten Siedlungsgebiets der Sorben geht – wie erwähnt – auf einen Formulierungsvorschlag (der beiden sorbischen Mitglieder *Koch* und *Konzack*) des Unterausschusses I des vorparlamentarischen Verfassungsausschusses zurück. Der Vorschlag lautete in der hier interessierenden Passage (vgl. Anlage 4 zum Protokoll V 1/UA I/4 vom 12. April 1991, Dokumentation Verfassung des Landes Brandenburg aaO, S. 490):

> Art. 50 (Rechte der Sorben/Wenden)
>
> (1) Das Sorbische Volk besitzt das Recht auf Schutz, Erhaltung und Pflege seiner nationalen Identität und seines angestammten Siedlungsgebietes. Das Land fördert die Verwirklichung dieses Rechts.

Zur Erläuterung des Vorschlags führte das Ausschußmitglied *Koch* aus (vgl. Protokoll vom 12. April 1991, aaO, S. 471 f):

> Die Sorben hätten in der Verfassung der DDR einen Artikel gehabt, der ihre Grundrechte garantiert habe. Im Grundgesetz der Bundesrepublik sei dazu nichts gesagt. Das heißt, man könne sich nicht auf das Grundgesetz berufen. Abzusehen sei aber, daß bei einer Diskussion über eine Grundgesetzänderung mit Sicherheit die ethnischen Gruppen eine Initiative ergreifen würden, um ihre Grundrechte auch im Grundgesetz zu verankern. In den beiden Landesverfassungen sollte das für die jeweils spezifischen Verhältnisse geregelt werden. Es sei notwendig, das Vorhandene zu schützen, weil die Lebensqualität der künftigen Generationen davon abhängen werde, ob eine Vielfalt von Lebensweisen erhalten bleibe. ... Im Zusammenhang mit dem Problem der „angestammten Gebiete" weist Herr *Koch* darauf hin, daß es hier um die Verhinderung weiterer Verluste durch Braunkohlenabbau gehe. Der Schutz des Siedlungsgebietes sei ein wichtiger Terminus.

Im Rahmen der Erörterung schlug das weitere Mitglied des Ausschusses, der frühere Bundesverfassungsrichter *Simon,* sodann diejenige Formulierung vor, die vom Ausschuß angenommen wurde und die der Fassung des heutigen Art. 25 Abs. 1 Satz 1 LV entspricht (vgl. Protokoll vom 12. April 1991, aaO, S. 472).

Dieser Gang der Beratungen spricht nicht für die Annahme eines Grundrechts, sondern läßt eher eine Tendenz in Richtung Staatszielbestimmung erkennen: Während in der zunächst vorgeschlagenen Formulierung das „Recht auf Schutz, Erhaltung und Pflege ... seines angestammten Siedlungsgebietes" im Vordergrund steht, ist im endgültigen Verfassungstext nur noch davon die Rede, daß das Recht auf Schutz, Erhaltung und Pflege des angestammten Siedlungsgebietes „gewährleistet" werde. Darin liegt eine gewisse Verschiebung hin zu einer objektiv-rechtlichen Verpflichtung des Staates.

Dem Hinweis des Ausschußmitglieds *Koch* auf die in der DDR-Verfassung enthaltenen und im Grundgesetz fehlenden „Grundrechte" der Sorben läßt sich entgegen der Auffassung der Antragsteller nichts Hinreichendes dafür entnehmen, daß Art. 25 Abs. 1 Satz 1 LV ein subjektives Abwehrrecht darstellt. Der Hinweis des Ausschußmitglieds legt vielmehr die Vermutung nahe, daß im Unterausschuß I über den Begriff „Grundrechte" letztlich keine Klarheit bestand. Der die Sorben betreffende Art. 40 der Verfassung von 1968/1974 enthielt ebensowenig wie die Verfassung(en) der DDR im übrigen Grundrechte im Sinne des Grundgesetzes. Zugrunde lag vielmehr die marxistisch-leninistische Grundrechtskonzeption (vgl. hierzu etwa *Mampel,* Die sozialistische Verfassung der DDR, Kommentar, 2. Aufl. 1982, Art. 40, Rdn. 5). Dabei ging es nicht um die Gewährung von Freiheit gegenüber dem Staat, also um Abwehr staatlicher Eingriffe, sondern um eine „positive Verhaltensorientierung staatlicher und gesellschaftlicher Organe bzw. Funktionäre und der Bürger" (so Lehrbuch „Staatsrecht der DDR", hrsg. v. der Akademie für Staats- und Rechtswissenschaften der DDR, 2. Aufl. 1984, S. 181). So gesehen ist der Umstand, daß das Ausschußmitglied *Koch* im Zusammenhang mit den Sorbenschutzbestimmungen in der DDR-Verfassung – ohne allerdings auf diesen Rechtszustand abzuzielen – von „Grundrechten" gesprochen hat, für die Auslegung des Art. 25 Abs. 1 Satz 1 LV unergiebig.

Jedenfalls andere Ausschußmitglieder hatten bei den Beratungen zu Art. 25 LV erkennbar objektiv-rechtliche Verpflichtungen des Staates im Blick. Dies zeigen etwa die Ausführungen des Ausschußvorsitzenden *Reuter.* Auf die Frage, wer die Sorben vertrete und ob dies in der Verfassung geregelt werden müsse, führte er aus, daß die Vertretung der Sorben nicht in der Verfassung geregelt sei. Es sei nur die Pflicht des Staates gegenüber dem sorbischen Volk in den Artikeln festgeschrieben (Protokoll vom 12. April 1991, aaO, S. 475). *Simon,* von dem – wie erwähnt – die endgültige Formulierung der Verfassungsnorm stammt, sieht vor dem Hintergrund der dargelegten Erörterungen im Ausschuß keinen Anlaß, Art. 25 Abs. 1 Satz 1 LV anders als als Staatsziel einzuordnen (vgl. *Simon,* aaO).

(3) Eine über die engere Entstehungsgeschichte der Norm hinausgehende historische Betrachtung liefert für die Einordnung der Norm als Staatsziel oder Grundrecht keine brauchbaren Anhaltspunkte. Ein „Recht auf Schutz, Erhaltung und Pflege des angestammten Siedlungsgebietes" findet weder in dem die Sorben betreffenden Art. 40 der Verfassung der DDR von

1968/1974 noch in der besagten Protokollnotiz zum Einigungsvertrag eine Parallele, die zum Verständnis des Art. 25 Abs. 1 Satz 1 LV herangezogen werden könnte. Das Nämliche gilt für den Minderheitenschutzartikel 27 des – bundesrechtlich geltenden und auch unter Art. 2 Abs. 3 LV fallenden – UN-Paktes über bürgerliche und politische Rechte vom 19. Dezember 1966 (– CCPR –, BGBl. 1973 II S. 1534), der sich über das Siedlungsgebiet nicht verhält. Eine in gewissem Sinne raumbezogene Schutzkomponente läßt sich allenfalls Art. 16 des Rahmenübereinkommens des Europarates vom 1. Februar 1995 zum Schutz nationaler Minderheiten entnehmen (BGBl. 1997 II S. 1406, 1413; in Kraft getreten am 1. Februar 1998). Indessen ist zweifelhaft, ob die Erwägungen zu diesem Rahmenabkommen, wenn es auch schon während der Erarbeitung der Landesverfassung auf Europaratsebene vorbereitet wurde (vgl. *Hofmann,* ZaöRV 52, 1 ff), Eingang in die Entscheidung des brandenburgischen Verfassunggebers gefunden haben. Im übrigen begründet Art. 16 des Rahmenübereinkommens aber auch nicht etwa subjektive Abwehrrechte, sondern beschränkt sich darauf, die vertragsschließenden Staaten zu geeigneten Maßnahmen zu verpflichten.

Auch den Vorschlägen, die das Land Brandenburg in den Jahren 1991/1992 in der Bundesratskommission „Verfassungsreform" zur Aufnahme eines Minderheitenschutzartikels in das Grundgesetz gemacht hat, lassen sich keine verwertbaren Anhaltspunkte für den Normcharakter des Art. 25 Abs. 1 Satz 1 LV entnehmen. Unabhängig davon, ob die von einem Regierungsvertreter an anderer Stelle und in anderem Zusammenhang vorgetragenen Formulierungsvorschläge für einen (bundesrechtlichen) Minderheitenschutzartikel überhaupt Rückschlüsse für die hier interessierende Frage erlauben, läßt der Gang der Beratungen in der Kommission (vgl. hierzu *Franke/Hofmann,* EuGRZ 1992, 401, 406 ff) erkennen, daß es dem Lande Brandenburg damals nicht um subjektive Abwehrrechte ging, sondern um eine Differenzierung zwischen Ausländern und Minderheiten deutscher Staatsangehörigkeit. Nur letztere sollten in den Genuß von Schutz und Förderung durch den Staat kommen und solche Maßnahmen verlangen können. Um Abwehrrechte, also klassische Grundrechte, für diese Minderheiten ging es dabei nicht.

(4) Das Sorben-(Wenden)-Gesetz gibt für die Einordnung des Art. 25 Abs. 1 Satz 1 LV als Grundrecht oder Staatsziel gleichfalls nichts Entscheidendes her. Der Inhalt der Verfassung erschließt sich nicht aus den Regelungen des einfachen Landesrechts (s. o.). Unabhängig davon legt das genannte Gesetz entgegen der Ansicht der Antragsteller einen individualrechtlichen Bezug für das sorbische Siedlungsgebiet gerade nicht nahe. Während das Recht, die ethnische, kulturelle und sprachliche Identität frei

zum Ausdruck zu bringen, ausdrücklich (auch) jedem Sorben zuerkannt wird (§ 1 Abs. 2 SWG), wird das Recht auf Schutz, Erhaltung und Pflege des angestammten Siedlungsgebietes (nur) dem sorbischen Volk zugeordnet (§ 3 Abs. 1 Satz 1 SWG) und damit gewissermaßen außerhalb des Individualrechtsschutzes angesiedelt.

(5) Unter diesen Umständen ist der Normcharakter des Art. 25 Abs. 1 Satz 1 LV – Grundrecht oder Staatsziel – nach dem Sinn und Zweck dieser Norm zu bestimmen. Insoweit fällt auf, daß der vom Verfassunggeber erkennbar beabsichtigte Schutz des sorbischen Siedlungsgebietes nicht zuletzt vor einer weiteren Inanspruchnahme durch den Braunkohlentagebau letztlich nicht auf Schutz vor Eingriffen des Staates, sondern auf Schutz vor Handlungen Dritter, nämlich der Bergbautreibenden, zielt. Dies ist nicht die Konstellation eines Grundrechts, also eines Abwehrrechts des Bürgers gegenüber dem Staat. Es ist nicht der Staat, der dem Bürger gegenübertritt, sondern das Bergbauunternehmen. Der Staat kommt lediglich als allgemeiner Ordnungsfaktor ins Spiel und muß sich in dieser Hinsicht an den für ihn geltenden Prinzipien messen lassen. Im einzelnen:

Die Abwehrfunktion, die das bestimmende Wesensmerkmal der Grundrechte bildet, wird durch die duale Beziehung zwischen dem grundrechtsberechtigten Bürger auf der einen und der grundrechtsverpflichteten Staatsgewalt auf der anderen Seite bestimmt. Der Staat ist dabei der Urheber der möglichen Gefahr für die grundrechtlich gewährleisteten Freiheiten. In der hier zugrundeliegenden Konstellation geht die Gefahr dagegen nicht vom Staat aus, sondern von einem Dritten. Dem Staat steht nach geltendem Bergrecht das Verfügungsrecht an den Bodenschätzen nicht zu. Er nimmt mit der Konzessionierung der Gewinnung von Bodenschätzen nur eine formale Ordnungsfunktion wahr, indem er dem Bergbautreibenden, der von seinem grundrechtlich geschützten Bergwerkseigentum Gebrauch machen will, den Weg freigibt bzw. freigeben muß, wenn keine Versagungsgründe vorliegen. Dies gilt auch und erst recht für die hier in Rede stehende Ebene des Landesplanungsrechts. Mit der Braunkohlenplanung greift das Land nicht unmittelbar in Freiräume einzelner Bürger ein (vgl. BVerfG, NVwZ 1991, 978), sondern schafft die planungsrechtlichen Voraussetzungen für eine möglichst raumverträgliche Durchführung des Abbauvorhabens. Der Konflikt zwischen dem Schutz des sorbischen Siedlungsgebietes und dem Braunkohlentagebau läßt sich folglich nicht durch negatorische Rechte zur Bewahrung eines „staatsfreien Raumes" bewältigen. Vielmehr kann Art. 25 Abs. 1 Satz 1 LV seinen Zweck nur erfüllen, wenn er Schutz *durch* den Staat, nicht dagegen, indem er grundrechtlichen Schutz *vor* dem Staat bietet. Die Norm ist deshalb als ein an die staatliche Gewalt gerichteter Schutzauftrag zu verstehen. Eben darin besteht die dem Land obliegende Gewährleistung des Rechts des sorbischen Volkes auf Schutz, Erhaltung und Pflege des angestammten Siedlungsgebietes. Das Land muß sich, weil hierzu durch Art. 25 Abs. 1 Satz 1 LV angehalten, bei jeder Entscheidung, die das angestammte Siedlungsgebiet der Sorben berührt, so auch bei das sorbische Siedlungsgebiet betreffenden landesplanerischen Entscheidungen, daran ausrichten, daß es dem sorbischen Volk zum Schutz, zur Erhaltung und zur Pflege seines angestammten Siedlungsgebietes verpflichtet ist.

Damit erweist sich Art. 25 Abs. 1 Satz 1 LV als Staatszielbestimmung. Zwar wird der Staat auch durch die Grundrechte zum Schutz und zur Gewährleistung der grundrechtlichen Freiheiten verpflichtet (vgl. etwa BVerfGE 39, 1, 41; 46, 160, 164; 49, 89, 141; 53, 30, 57; *Dreier,* in: ders., Grundgesetz, Band 1, 1996, Vorb. vor Art. 1, Rdn. 62 ff). Diese sogenannten grundrechtlichen Schutzpflichten knüpfen indes an die subjektiv-rechtliche Komponente der Grundrechte als Abwehrrechte an und sind von der Rechtswissenschaft hieraus entwickelt worden (vgl. *Unruh,* Zur Dogmatik der grundrechtlichen Schutzpflichten, 1996, S. 26 ff; *Stern,* Das Staatsrecht der Bundesrepublik Deutschland, Band III/1, 1988, S. 890 ff). Sie unterscheiden sich von den Verpflichtungen aus Staatszielen eben darin, daß sie der Gewährleistung individual-rechtlich abgesicherter Freiheitsräume dienen. Sie sollen die Grundrechte als subjektive Rechte stärken (BVerfGE 50, 290, 337; *Brohm,* JZ 1994, 213, 217). Das von Art. 25 Abs. 1 Satz 1 LV vom Staat Verlangte ist dagegen Ausdruck einer objektiv-rechtlichen Pflicht zum Schutz des sorbischen Siedlungsgebietes nicht zuletzt vor der weiteren Inanspruchnahme durch den Braunkohlentagebau, wie ihn nicht der Staat, sondern der Bergbauberechtigte betreibt und für den der Staat lediglich den Ordnungsrahmen vorgibt. Es kommt daher auch nicht darauf an, daß sich grundrechtliche Schutzpflichten zu subjektiven Ansprüchen auf staatlichen Schutz auswachsen können (vgl. hierzu etwa *Dreier,* aaO, Rdn. 56; *Alexy,* Theorie der Grundrechte, 2. Aufl. 1994, S. 410 ff). Die Subjektivierung grundrechtlicher Schutzpflichten läßt sich auf staatliche Schutzpflichten aus Staatszielen nicht übertragen. Dies schließt es freilich nicht aus, daß auch Staatsziele punktuell subjektive Elemente im Sinne eines Rechtes auf Schutz enthalten können (vgl. *Klein,* DVBl. 1991, 729, 733; *Böckenförde,* aaO, S. 14; Bericht der Sachverständigenkommission aaO, S. 4, Rdn. 5; in diesem Sinne bei Art. 25 Abs. 1 Satz 1 LV wohl *Franke/Kier,* aaO, Rdn. 5). Die Frage bedarf hier jedoch keiner Vertiefung. Ein subjektives Recht auf Schutz könnte nur in den Grenzen bestehen, die die objektiv-rechtliche Verpflichtung vorgibt und ließe den Charakter des Art. 25 Abs. 1 Satz 1 LV als Staatsziel unberührt.

(6) Als Staatsziel läßt sich Art. 25 Abs. 1 Satz 1 LV auch mit dem Bundesrecht vereinbaren.

a) (aa) Als Abwehrrecht gegen die Inanspruchnahme von sorbischem Siedlungsgebiet durch den Bergbau verstieße Art. 25 Abs. 1 Satz 1 LV gegen Art. 3 Abs. 3 GG. Wie bereits ausgeführt (s. oben III.1.a.cc.(1)), treffen die Kriterien, die nach Art. 3 Abs. 3 GG weder zu einer Benachteiligung noch zu einer Bevorzugung führen dürfen, auf die Sorben im wesentlichen zu. Das gilt unbeschadet dessen, daß sich einfachgesetzlich die Zugehörigkeit zum sorbischen Volk nach dem Bekenntnisprinzip (§ 2 SWG) richtet. Dieses will lediglich verhindern, daß Einzelne gegen ihren Willen zu der Minderheit gezählt werden oder etwa gezwungen sind, ihre Zugehörigkeit zu der Volksgruppe „beweisen" zu müssen. Das SWG greift damit ein im Minderheitenrecht allgemein anerkanntes Prinzip auf (vgl. etwa *Franke/Hofmann*, EuGRZ 1992, 401, 402; *Nowak*, CCPR-Kommentar, 1989, Art. 27, Rdn. 32, vgl. auch Art. 3 Abs. 1 des Rahmenübereinkommens des Europarates zum Schutz nationaler Minderheiten vom 1. Februar 1995, aaO). Die Freiheit des Einzelnen, sich der Minderheit zuzurechnen, läßt das Differenzierungsverbot, das im Verhältnis zu dieser Minderheit gilt, unberührt.

Fallen somit die Angehörigen der sorbischen Volksgruppe unter Art. 3 Abs. 3 GG, so würde Art. 25 Abs. 1 Satz 1 LV als subjektives Abwehrrecht gegen eine Inanspruchnahme des Siedlungsgebietes etwa durch den Braunkohlentagebau gegen das Differenzierungsverbot des Art. 3 Abs. 3 GG verstoßen. Art. 3 Abs. 3 GG verbietet gleichermaßen Bevorzugungen „wegen" der dort genannten Merkmale. Ein allein Sorben, in keinem Falle aber anderen zustehendes subjektives Abwehrrecht gegenüber einer allgemeinen Belastung wie dem Bergbau wäre eine unzulässige, auch unter dem Gesichtspunkt der Kompensation für minderheitsbedingte Benachteiligungen (s. dazu nachfolgend) nicht gerechtfertigte Bevorzugung und könnte vor Art. 3 Abs. 3 GG keinen Bestand haben.

(bb) Als Staatszielbestimmung ist Art. 25 Abs. 1 Satz 1 LV dagegen mit Art. 3 Abs. 3 GG vereinbar. Eine Staatszielbestimmung läßt die allgemeinen und anderweitige rechtsstaatliche Bindungen der Staatsgewalt unberührt (vgl. *Klein*, DVBl. 1991, 729, 733). Sie eröffnet keine Interventionsmöglichkeiten außerhalb der geltenden Gesetzgebung, sondern fordert angemessene Berücksichtigung bei gesetzgeberischen Entscheidungen und verpflichtet zu einer das Staatsziel in Rechnung stellenden Abwägung und Auslegung in Verwaltung und Rechtsprechung (vgl. *Wienholtz*, AöR 109, 532, 548). Zwar knüpft auch Art. 25 Abs. 1 Satz 1 LV – ebenso wie die weiteren Regelungen der Verfassungsnorm – an unter Art. 3 Abs. 3 GG fallende Differenzierungskriterien an, indem er dem Staat speziell für das Siedlungsgebiet der Sorben

Schutz, Erhaltung und Pflege aufgibt. Dies ist jedoch – in der Ausgestaltung als Staatsziel – zulässig. Wenn auch die in Art. 3 Abs. 3 GG genannten Merkmale grundsätzlich nicht als Anknüpfungspunkt für eine rechtliche Ungleichbehandlung herangezogen werden dürfen (BVerfGE 85, 191, 206), so sind doch differenzierende und kompensierende Regelungen zulässig, wenn sie Fragen gelten, die ihrer Art nach in besonderer Weise bei einer bestimmten Menschengruppe auftreten (vgl. BVerfG aaO). Unabhängig davon kann eine Differenzierung im Wege einer Abwägung mit anderen Verfassungsgütern veranlaßt sein (vgl. BVerfGE 92, 91, 109; *Jarass,* in: Jarass/Pieroth, Grundgesetz, 4. Aufl. 1997, Art. 3, Rdn. 78; *Rüfner,* in: Dolzer (Hrsg.), Bonner Kommentar zum Grundgesetz, 1996, Art. 3, Rdn. 577; *Gubelt,* in: von Münch/Kunig (Hrsg.), Grundgesetz, Band 1, 4. Aufl. 1992, Art. 3, Rdn. 104 a. E.; kritisch hierzu *Sachs,* Die grundrechtliche Gleichheit, in: Isensee/Kirchhof (Hrsg.), Handbuch des Staatsrechts, Band V, 1992, § 126, Rdn. 59 ff); so kann etwa eine unterschiedliche rechtliche Behandlung von Männern und Frauen durch das Gleichberechtigungsgebot des Art. 3 Abs. 2 GG gerechtfertigt sein und den Gesetzgeber berechtigen, faktische Nachteile, die typischerweise Frauen treffen, durch begünstigende Regelungen auszugleichen (BVerfGE 92, 91, 109; 74, 163, 180).

Für den Minderheitenschutz, um den es hier geht, läßt sich die Legitimation für eine kompensierende Staatszielbestimmung, wie sie Art. 25 Abs. 1 Satz 1 LV in der hier vorgenommenen Auslegung darstellt, aus dem Sozialstaatsprinzip der Art. 20 Abs. 1 GG, Art. 2 Abs. 1 LV ableiten (vgl. zu diesem Ansatz *Gubelt,* aaO, Rdn. 98; *Starck,* in: v. Mangoldt/Klein/Starck, Grundgesetz, Band 1 1985, Art. 3, Rdn. 258; vgl. auch *Osterloh,* in: Sachs (Hrsg.), Grundgesetz, 1996, Art. 3, Rdn. 245; *Rüfner,* aaO, Rdn. 590). Die Sozialstaatsklausel beinhaltet das Gebot zum „Schutz des Schwächeren" (*Sachs,* in: ders., aaO, Art. 20, Rdn. 28 m. w. N.). Das ist nicht nur eine Frage der sozialen Stellung oder der wirtschaftlichen Leistungsfähigkeit. „Schwächer" in diesem Sinne sind auch die Angehörigen einer ethnischen Minderheit, die ihre Identität, Sprache, Kultur und Lebensweise gegenüber der Mehrheit auf Dauer nicht oder doch nicht aus eigener Kraft bewahren kann. Wirksamer Minderheitenschutz kann sich deshalb nicht darin erschöpfen, die Angehörigen der Minderheit im Rechtssinne gleich zu behandeln. Er muß sich vielmehr angelegen sein lassen, die identitätsstiftenden Charakteristika der Minderheit – ihre Kultur und ihre Sprache sowie das von ihr geprägte Siedlungsgebiet – zu schützen und zu fördern. Nur so kann dem Assimilierungsdruck durch die Mehrheit und deren Lebensweise entgegengewirkt werden. Diese Erkenntnis findet im Minderheitenrecht allgemeine Anerkennung (vgl. *Murswiek,* aaO, Rdn. 38; *E. Klein,* Der Status des deutschen Volkszugehörigen und die Minderheiten im Ausland, in: Isensee/Kirchhof (Hrsg.), Handbuch des Staatsrechts, Band VIII, 1995, § 200, Rdn. 72; ders., Der Staat 32, 357, 370 m. w. N.; *Messtorf,* Die Rechtsstellung der ethnischen Minderheiten in der Bundesrepublik Deutschland, 1987, S. 40 ff; *Veiter,* Nationalitätenkonflikt und Volksgruppenrecht im ausgehenden 20. Jahrhundert, Band 1, 2. Aufl. 1984, S. 221 ff, der zwischen duldendem und förderndem Nationalitätenrecht unterscheidet). Sie hat ihren Niederschlag auch in internationalen Abkommen gefunden. So hat sich Deutschland in dem bereits erwähnten – am 1. Februar 1998 in Kraft getretenen – Rahmenübereinkommen des Europarats vom 1. Februar 1995 zum Schutz nationaler Minderheiten (aaO) dazu verpflichtet, „erforderlichenfalls angemessene Maßnahmen zu ergreifen, um in allen Bereichen des wirtschaftlichen, sozialen, politischen und kulturellen Lebens die vollständige und tatsächliche Gleichheit zwischen den Angehörigen einer nationalen Minderheit und den Angehörigen der Mehrheit zu fördern" (Art. 4 Abs. 2 des Abkommens). Die Sorben sind eine solche nationale Minderheit im Sinne des Abkommens (vgl. Erklärung der Bundesrepublik Deutschland bei der Zeichnung, BGBl., 1997 II S. 1418). Auch wenn die in dem Abkommen festgelegten Grundsätze keine unmittelbar geltenden Rechtssätze, sondern Handlungsaufträge für die Unterzeichnerstaaten sind (vgl. Art. 19 des Abkommens), so bestätigen sie doch, daß Minderheitenschutz nicht auf die Gewährung formaler Gleichheit beschränkt ist, sondern ausgleichende und fördernde Maßnahmen einschließt. Dem entspricht Art. 25 LV im ganzen und Abs. 1 Satz 1 im besonderen. Die Verfassungsnorm stellt die prägenden Elemente der sorbischen Minderheit unter den besonderen Schutz des Landes und verpflichtet das Land zu Erhaltung, Bewahrung und Förderung. Auch soweit Abs. 1 Satz 1 in diesem Kontext die Verpflichtung zum Schutz und zur Erhaltung und Pflege des angestammten Siedlungsgebietes der Sorben enthält, ist dies, als Staatsziel verstanden, mit Art. 3 Abs. 3 GG vereinbar.

(b) Als Staatsziel läßt sich Art. 25 Abs. 1 Satz 1 LV auch unschwer mit dem Bundesberggesetz vereinbaren, welches über § 48 Abs. 2 Satz 1 BBergG die Berücksichtigung überwiegender öffentlicher Interessen zuläßt, womit sich das Zulassungsverfahren, wie dargelegt (s. oben III.1.a.cc.(2)), für die Abwägung gegen anderweitige öffentliche Interessen öffnet, zu denen der Schutz des sorbischen Siedlungsgebietes gehört.

(c) Sähe man in Art. 25 Abs. 1 Satz 1 LV mit *Bendig* (NJ 1998, 169 ff; ähnlich *Stopp,* aaO, S. 27) ein Grundrecht, das Individualrechtsschutz in Form der Verfassungsbeschwerde sogar schon gegen Planungsakte eröffnet, wäre ein solches Grundrecht auch mit den Grundsätzen des Raumordnungsgesetzes, welches – weil nur die Planungsträger bindend – Individualrechtsschutz nicht zuläßt, nicht zu vereinbaren und deshalb auch unter diesem

Gesichtspunkt bundesrechtswidrig. Als Staatsziel, als welches *Bendig* Art. 25 Abs. 1 Satz 1 LV aus diesem Grunde geltungserhaltend auslegt, ergibt sich dagegen ein solcher Konflikt mit dem Bundesrecht nicht.

c. Der Landesgesetzgeber hat bei Erlaß der angegriffenen Normen die ihn nach Art. 25 Abs. 1 Satz 1 LV als Staatsziel treffende Pflicht zum Schutz und zur Erhaltung und Pflege des angestammten Siedlungsgebietes der Sorben hinreichend beachtet.

aa. Art und Umfang dieser sich aus Art. 25 Abs. 1 Satz 1 LV ergebenden Verpflichtung in Abwägung mit entgegenstehenden Rechtsgütern im einzelnen zu bestimmen, ist Aufgabe des Gesetzgebers. Welches Maß an Berücksichtigung ein Staatsziel vom Gesetzgeber verlangt und welche Grenzen seinem Ausgestaltungsspielraum gesetzt sind, läßt sich nicht für alle Staatsziele gleichermaßen beantworten. Die Anforderungen in dieser Hinsicht hängen maßgeblich ab von der Konkretheit des Schutzauftrags und der normativen Ranghöhe des Schutzgutes. Je nachdem, ob die Verfassungsnorm zurückhaltend/allgemein formuliert oder „deutlich greifend" ist, ist der dem Gesetzgeber eingeräumte Ausgestaltungsspielraum und damit der verfassungsgerichtliche Kontrollmaßstab weiter oder enger (vgl. *Schlaich,* Das Bundesverfassungsgericht, 4. Auflage 1997, Rdn. 491 m. w. N.; *Heun,* Funktionalrechtliche Schranken der Verfassungsgerichtsbarkeit, 1982, S. 36). Insoweit gilt für die Beachtung von Schutzpflichten aus Staatszielen nichts anderes als für grundrechtliche Schutzpflichten (vgl. zum Kontrollmaßstab bei grundrechtlichen Schutzpflichten: BVerfGE 92, 26, 46; 88, 203, 254; 79, 174, 201 f; 77, 170, 214 f).

Danach sind dem Gesetzgeber bei der Wahrnehmung und Ausgestaltung der Schutzpflichten aus Art. 25 Abs. 1 Satz 1 LV enge Grenzen gesetzt. Die Rechte der Sorben sind in der Landesverfassung, wie schon in der Stellung des Art. 25 LV als eigener Abschnitt der Landesverfassung zum Ausdruck kommt, von herausgehobener Bedeutung. „Schutz, Erhaltung und Pflege" des angestammten Siedlungsgebietes des sorbischen Volkes, wie sie Art. 25 Abs. 1 Satz 1 LV dem Landesgesetzgeber aufgibt, beinhalten einen klaren und konkreten Handlungsauftrag, der nicht schon dadurch erfüllt wird, daß der verfassungsrechtliche Schutzauftrag überhaupt in die jeweiligen Erwägungen einbezogen wird. Der Gesetzgeber ist vielmehr aufgerufen, aktiv für einen wirksamen und angemessenen Schutz des sorbischen Siedlungsgebietes einzutreten und diesem Belang bei gesetzgeberischen Entscheidungen einen sehr hohen Stellenwert beizumessen. Dies bedeutet für Konfliktsituationen, in denen – wie hier – die Schutzpflicht für das angestammte Siedlungsgebiet mit der Verfolgung anderweitiger Belange kollidiert, daß dem Staatsziel „Schutz, Erhaltung und Pflege des sorbischen Siedlungsgebietes" bei der

Braunkohlentagebau im sorbischen Siedlungsgebiet 139

Abwägung – insoweit übereinstimmend mit der von der Gemeinde Horno in der mündlichen Verhandlung vertretenen Auffassung – in qualifizierter Weise Rechnung zu tragen ist. Das Staatsziel muß sich zwar bei gegenläufigen Rechtsgütern nicht stets und ohne jede Einschränkung durchsetzen. Es darf jedoch nur gegenüber Belangen zurücktreten, die sowohl nach ihrer normativen Ranghöhe als auch nach dem Maß ihrer jeweiligen Betroffenheit vergleichbares Gewicht und vergleichbare Bedeutung haben wie der Schutz des sorbischen Siedlungsgebietes. Darf hiernach im Einzelfall eine Beeinträchtigung des Siedlungsgebietes zugunsten anderer verfassungsrechtlicher Belange erfolgen, so wird Art. 25 Abs. 1 Satz 1 LV gleichwohl nicht etwa gänzlich verdrängt, sondern entfaltet seine Wirkung dahin, daß eine schonende Lösung zu suchen ist und möglichst wirksame Ausgleichsmaßnahmen vorzusehen sind.

Mit diesen engen Grenzen des gesetzgeberischen Spielraums korrespondiert eine entsprechend dichte verfassungsgerichtliche Kontrolle. Sie beschränkt sich nicht wie bei allgemein formulierten Staatszielen auf die bloße Prüfung, ob der Gesetzgeber die ihn treffende Schutzpflicht etwa gänzlich unberücksichtigt gelassen oder sich in unangemessener Weise darüber hinweggesetzt hat (vgl. hierzu etwa *Jutzi,* in: Linck/Jutzi/Hopfe, Die Verfassung des Freistaates Thüringen, 1994, Art. 43, Rdn. 14; vgl. auch – zur Beachtung des Sozialstaatsprinzips – BVerfGE 82, 60, 80; 40, 121, 133). Das Verfassungsgericht hat vielmehr zu prüfen, ob der Landesgesetzgeber Bedeutung und Umfang des Schutzauftrages aus Art. 25 Abs. 1 Satz 1 LV richtig erkannt hat, ob die dagegen abgewogenen gegenläufigen Verfassungsgüter ihrem Rang nach eine solche Abwägung rechtfertigen und ob der Gesetzgeber bei der Abwägung zu einem vertretbaren, insbesondere verhältnismäßigen Ergebnis gelangt ist; alles dies muß auf der Grundlage einer sorgfältigen Sachverhaltsermittlung erfolgt sein.

Andererseits ist das Verfassungsgericht nach allgemeinen Grundsätzen nicht legitimiert, seine eigene Abwägung an die Stelle derjenigen des Normgebers zu setzen. Die politischen Zielsetzungen, auf denen die gesetzgeberische Entscheidung beruht und deren Umsetzung sie dient, fallen grundsätzlich in die alleinige Verantwortung des Parlaments. Soweit die Entscheidung selbst auf Prognosen und Tatsachenbeurteilungen beruht, kommt dem Gesetzgeber ferner ein Einschätzungs- und Beurteilungsspielraum zu, und zwar auch dann, wenn er – wie hier – verfassungsrechtlich zu Schutz- und Ausgleichsmaßnahmen verpflichtet ist (vgl. BVerfGE 88, 203, 262; 88, 87, 97). Dieser Beurteilungsspielraum ist gewahrt, wenn sich der Gesetzgeber bei seinen Einschätzungen und Prognosen an einer nachvollziehbaren und vertretbaren Beurteilung des erreichbaren Materials orientiert. Die Anforderungen im einzelnen hängen dabei von der Eigenart des betreffenden Sachgebietes und der Möglichkeit ab, sich im Entscheidungszeitpunkt ein hinreichend verläßliches Urteil zu bilden (vgl. BVerfGE 50, 290, 332 f).

bb. Daran gemessen sind die angegriffenen Normen mit Art. 25 Abs. 1 Satz 1 LV vereinbar. Im einzelnen:

(1) Der Gesetzgeber hat den Sachverhalt umfassend ermittelt. Der von der Landesregierung dem Landtag im Dezember 1995 vorgelegte Bericht zu den Eckpunkten für die Erarbeitung eines Braunkohlengrundlagengesetzes und der von der Landesregierung im Januar 1997 in den Landtag eingebrachte Gesetzentwurf stützen sich auf zahlreiche Gutachten und Expertisen zu technischen, betriebswirtschaftlichen, ökologischen und juristischen Aspekten im Zusammenhang mit der Fortführung des Tagebaus Jänschwalde. Die dem Verfassungsgericht von der Landesregierung vorgelegte Übersicht zu den verwerteten gutachterlichen Stellungnahmen (Stand 11. Dezember 1997) zählt 28 Ausarbeitungen unterschiedlicher Gutachter aus dem Zeitraum von Juli 1991 bis Mai 1996 auf. Hinzu kommt das im Rahmen des von der Landesregierung initiierten Konfliktvermittlungsverfahrens vom „Runden Tisch Horno" in Auftrag gegebene Gutachten vom Dezember 1996. Allein dieses Gutachten setzt sich zusammen aus detaillierten Einzelgutachten des Wuppertal-Instituts, der Prognos-AG und der Harress Pickel Consult GmbH zu energie-, struktur- und arbeitsmarktpolitischen Aspekten des Tagebaus Jänschwalde und zur Überprüfung der Sanierungsvarianten für die rückwärtigen Bereiche.

Die Landesregierung hat während der Erarbeitung des Gesetzentwurfes darüber hinaus Stellungnahmen der kommunalen Spitzenverbände, von Interessenverbänden der Wirtschaft, Umweltschutzorganisationen, der DOMOWINA und der evangelischen Kirche eingeholt. Das Ministerium des Innern hat die Gemeinde Jänschwalde sowie die als Eingliederungs- und Wiederansiedlungsgemeinden in Betracht kommenden Orte Jänschwalde, Turnow, Peitz und Forst (Lausitz) angehört. Zugleich sind die Einwohner dieser Orte durch Auslegung eines Entwurfs der beabsichtigten Regelung nebst Begründung und weiteren Materialien sowie Befragungsbögen angehört und die Einwohner der Gemeinde Horno zusätzlich brieflich befragt worden. Die Ergebnisse der Anhörung sind öffentlich erörtert worden.

Die genannten Gutachten und Stellungnahmen sowie das Ergebnis der Anhörungen standen den Mitgliedern des Landtages im Gesetzgebungsverfahren zur Verfügung. Der federführende Ausschuß für Umwelt, Naturschutz und Raumordnung des Landtages Brandenburg hat am 23. April 1997 eine ganztägige, durch schriftliche Stellungnahmen vorbereitete Anhörung verschiedenster Interessengruppen und Gutachter durchgeführt (vgl. im einzelnen Ausschußprotokoll 2/712, Band 1 und 2).

Der Vorwurf der Antragsteller, der Gesetzgeber habe seiner Entscheidung veraltete Zahlen zu Wirtschaftswachstum, Strombedarfsentwicklung und Braunkohlenbedarf zugrundegelegt, erscheint nicht gerechtfertigt. Die Frage der Verläßlichkeit der Prognosen war wiederholt Gegenstand der parlamentarischen Beratung. Hiermit haben sich insbesondere die Ausschüsse für Wirtschaft, Mittelstand und Technologie sowie für Umwelt, Naturschutz und Raumordnung auseinandergesetzt (vgl. Ausschußprotokoll 2/728, S. 5f; Ausschußprotokoll 2/744, S. 2ff; LT-Drs. 2/4122, S. 3). Im Rahmen der parlamentarischen Anhörung vom 23. April 1997 haben die Vertreter der beauftragten Forschungsinstitute ihre Prognosen zum Wirtschaftswachstum und zur Stromnachfrage unter Einbeziehung des aus ihrer Sicht zu diesem Zeitpunkt verfügbaren Zahlenmaterials aktualisieren können (vgl. Ausschußprotokoll 2/712, Band 1, S. 75ff – Wuppertal-Institut –, S. 110ff – Prognos-AG –, S. 127ff – Deutsches Institut für Wirtschaftsforschung –). Das Wirtschaftsministerium hat nach der parlamentarischen Anhörung vom 23. April 1997 nach Überprüfung im Ergebnis keinen Anlaß zu einer Veränderung der bisherigen Annahmen gesehen. Den Mitgliedern des Ausschusses für Wirtschaft, Mittelstand und Technologie ist hierüber eine Stellungnahme des Wirtschaftsministeriums zugeleitet worden. In der abschließenden Beratung des Gesetzentwurfes hat ein Mitglied der Landesregierung in diesem Ausschuß hierzu noch einmal mündlich Stellung genomen (vgl. Ausschußprotokoll 2/728, S. 5f). Nach alledem kann davon ausgegangen werden, daß der zum damaligen Zeitpunkt aktuellste Erkenntnisstand zur Frage des zu erwartenden Wirtschaftswachstums und der zukünftigen Stromnachfrage in die parlamentarischen Beratungen eingeflossen ist.

Die von der Landesregierung und vom Landtag veranlaßten und unternommenen Untersuchungen und Anhörungen genügen dem Gebot einer umfassenden und erschöpfenden Sachverhaltsermittlung. Es ist nicht erkennbar, welche konkreten weiteren Erkenntnisquellen – im Rahmen eines vertretbaren Aufwandes – zusätzlich hätten herangezogen werden können. Der Gesetzgeber hat sich aufgrund des gewonnenen Materials ein hinreichendes Bild von der Lage machen können. Ob die insoweit unternommenen Anstrengungen in jeder Hinsicht verfassungsrechtlich erforderlich waren, mag dabei dahinstehen; jedenfalls bleiben sie nicht hinter dem Gebotenen zurück.

(2) Der Gesetzgeber hat in seine Abwägung die maßgeblichen Belange mit dem ihnen zukommenden Gewicht eingestellt. Auch insoweit kann offen bleiben, ob der Gesetzgeber zu sämtlichen in diesem Zusammenhang angestellten Einzelerwägungen verfassungsrechtlich verpflichtet war. Jedenfalls war die Gesamtabwägung hinreichend sorgfältig.

(a) Auf der einen Seite hat der Gesetzgeber die Bedeutung und den Umfang seiner Schutzpflicht aus Art. 25 Abs. 1 Satz 1 LV für das angestammte Siedlungsgebiet gesehen, als das Hauptproblem bei der Inanspruchnahme der Gemeinde Horno für den Braunkohlentagebau erkannt und sich damit, ablesbar aus der amtlichen Begründung des Gesetzentwurfs und den Beratungen im Landtag und seinen Ausschüssen, gründlich auseinandergesetzt. Er ist dabei davon ausgegangen, daß der Begriff des angestammten Siedlungsgebietes den landschaftlichen Charakter, die gewachsene Bevölkerungs- und Siedlungsstruktur sowie die kulturelle und politische Infrastruktur umfaßt und daß sich der Verfassungsauftrag des Art. 25 Abs. 1 Satz 1 LV im Einzelfall auch zu einem Bestandsschutz für einzelne Siedlungen verdichten kann (vgl. LT-Drs. 2/3750, S. 34 f). Dieses Verständnis des Schutzgutes wird Art. 25 Abs. 1 Satz 1 LV gerecht: Das angestammte Siedlungsgebiet der Sorben wird durch Art. 25 Abs. 1 Satz 1 LV nicht nur als geographische Größe geschützt, sondern als räumliche Grundlage für die Entfaltung der nationalen Identität des sorbischen Volkes, so daß das Schutzgut auch bei einer Veränderung des gewachsenen Siedlungsgefüges im Zuge des Braunkohlentagebaus betroffen ist.

(b) Auf der anderen Seite hat der Gesetzgeber als gegenläufige Belange in zulässiger und vertretbarer Weise vor allem die Strukturförderung, die Arbeitsförderung und die Energiesicherung berücksichtigt. Diese Belange sind gegenüber der Schutzpflicht aus Art. 25 Abs. 1 Satz 1 LV von vergleichbarem verfassungsrechtlichen Gewicht:

Nach Art. 44 LV gewährleistet das Land eine Strukturförderung der Regionen mit dem Ziel, in allen Landesteilen gleichwertige Lebensbedingungen zu schaffen. Damit ist die Strukturförderung als überörtliches Gemeinwohlinteresse für das Land Brandenburg ausdrücklich zum Staatsziel erhoben. Das Land ist danach verpflichtet, im Rahmen seiner Möglichkeiten die wirtschaftlichen Grundlagen der Regionen durch eine Verbesserung der Infrastruktur und der sonstigen Standortfaktoren zu stärken. Eine solche Förderung der Infrastruktur erschöpft sich nicht in sich selbst, sondern dient der Verbesserung der Lebensbedingungen der Bevölkerung in allen Teilen des Landes einschließlich des von Sorben bewohnten. Das Staatsziel der Strukturförderung hat damit eine verfassungsrechtliche Bedeutung, die dem Range nach hinter der Pflicht zum Schutz und zur Pflege des angestammten Siedlungsgebietes des sorbischen Volkes nicht zurückbleibt.

Nach Art. 48 Abs. 1 LV ist das Land verpflichtet, im Rahmen seiner Kräfte durch eine Politik der Vollbeschäftigung und Arbeitsförderung für eine Verwirklichung des Rechts auf Arbeit zu sorgen, welche das Recht jedes einzelnen umfaßt, seinen Lebensunterhalt durch freigewählte Arbeit zu verdienen. Es handelt sich anerkanntermaßen um eine Staatszielbestimmung. Die überragende Bedeutung eines hohen Beschäftigungsgrades als Fundament des allgemeinen Wohlstandes und die Gefahren steigender Arbeitslosenzahlen für die sozialen Sicherungssysteme und das Gemeinwesen insgesamt liegen auf der Hand; sie bedürfen an dieser Stelle keiner weiteren Erläuterung und werden auch von den Antragstellern grundsätzlich anerkannt. Die Bekämpfung der Arbeitslosigkeit ist in den letzten Jahren in den Mittelpunkt allseitiger Bemühungen gerückt und kann gegenwärtig als eine der wichtigsten Aufgaben bezeichnet werden, an denen das Land Brandenburg nach Art. 48 Abs. 1 LV im Rahmen seiner Kräfte mitzuwirken hat. Auch das Staatsziel des Art. 48 LV steht seinem Rang nach nicht unter Art. 25 Abs. 1 Satz 1 LV.

Die Energiesicherung wird in der Landesverfassung zwar nicht ausdrücklich als Staatsziel formuliert. Sie ist gleichwohl eine öffentliche Aufgabe von größter Bedeutung. Das Interesse an einer langfristig gesicherten Energieversorgung ist heute – mit den Worten des Bundesverfassungsgerichts – von gleichem Gewicht wie das Interesse am täglichen Brot (BVerfG, NJW 1995, 381, 383). Die Energieversorgung ist Teil der Daseinsvorsorge und für die Sicherung einer menschenwürdigen Existenz unumgänglich (BVerfGE 66, 248, 258). Als solche ist sie auch in der Landesverfassung im Sozialstaatsprinzip (Art. 2 Abs. 1 LV) und in der Pflicht zum Schutz der Menschenwürde (Art. 7 Abs. 1 LV) als Verfassungsauftrag verankert, der wiederum in seiner Bedeutung hinter der Schutzpflicht aus Art. 25 Abs. 1 Satz 1 LV nicht zurücksteht. Daß die Energieversorgung gerade durch Gewinnung heimischer Rohstoffvorkommen mit gesichert werden soll, wird durch die auch vom Landesgesetzgeber zu beachtende bundesrechtliche Rohstoffsicherungsklausel des § 48 Abs. 1 Satz 2 BBergG unterstrichen.

Die Antragsteller verkennen die Bedeutung dieser gegenläufigen Belange, wenn sie dem Gesetzgeber vorhalten, den Schutz des angestammten Siedlungsgebietes des sorbischen Volkes an den privaten Rentabilitätsinteressen des Energieunternehmens und des Bergbautreibenden gemessen zu haben. Das Land kann auf die Verwirklichung der genannten Staatsziele nur eingeschränkt durch unmittelbare eigene Aktivitäten hinwirken. Es ist nicht in erster Linie aufgerufen, selbst Arbeitsplätze einzurichten oder etwa Energie in eigenen Kraftwerken zu produzieren. Der Hauptteil der Aufgabe besteht vielmehr darin, die geeigneten Rahmenbedingungen dafür zu schaffen, daß die genannten Ziele durch die Entfaltung unternehmerischer Aktivitäten erreicht werden. Von daher muß das Land für die landesplanerische Entscheidung, ob und in welcher Form weiterer Braunkohlentagebau im angestammten Siedlungsgebiet der Sorben für die Verwirklichung der genannten Staatsziele erforderlich ist, notwendigerweise auch die Ertragschancen der beteiligten Unternehmen in den Blick nehmen. Dies geschieht nicht entscheidend um dieser selbst Willen, sondern im Interesse der Verwirklichung der genannten Staatsziele. Am Rande – wenn auch mit deutlich geringerem Stellenwert – verdient aber auch das Interesse des Bergbauberechtigten an einer wirtschaftlichen Nutzung der Bergbauberechtigung Berücksichtigung; die Bergbauberechtigung unterfällt dem Schutzbereich der Art. 14 GG und Art. 41 Abs. 1 LV und ist damit ebenfalls verfassungsrechtlich zu beachten.

(3) Die konkrete Gewichtung der gegenläufigen Belange, die der Gesetzgeber des Brandenburgischen Braunkohlengrundlagengesetzes mit der Inanspruchnahme des Gebietes der Gemeinde Horno für den Braunkohlentagebau getroffen hat, beruht auf einer vertretbaren Bewertung des herangezogenen Materials. Soweit sie sich auf Prognosen stützt, hat sich der Gesetzgeber im Rahmen seines Einschätzungsspielraums gehalten.

Der Gesetzgeber ist in vertretbarer Weise davon ausgegangen, daß der Braunkohlentagebau und die mit ihm verbundene Energiewirtschaft auch in Zukunft als Bestandteil und Impulsgeber der weiteren industriell-gewerblichen Entwicklung der Region Lausitz und damit zur Strukturförderung und Arbeitsplatzsicherung von zentraler Bedeutung ist, weil dort andere Industriezweige vergleichbarer Größenordnung nicht vorhanden sind. Die Landesregierung hat hierzu im Strukturkonzept Lausitz vom Juli 1995 eine sog. „Mehr-Wege-Strategie" entwickelt, derzufolge zunächst die Braunkohlen- und Energiewirtschaft stabilisiert werden soll, um hieran anknüpfend langfristig neue Wirtschaftsstrukturen entwickeln zu können (vgl. Strukturkonzept Lausitz, LT-Drs. 2/1105, S. 35 ff; siehe auch Energiekonzept für das Land Brandenburg, LT-Drs. 2/3137, S. 84 ff). Die Grundsatzentscheidung für den weiteren Abbau der Braunkohlenvorkommen in der Region Lausitz hat auch in Art. 1 § 1 BbgBkGG seinen Niederschlag gefunden. Durch den weiteren Abbau des Braunkohlenvorkommens soll zugleich eine zuverlässige und kostengünstige Stromversorgung durch heimische Energieträger gesichert werden.

Die Tragfähigkeit dieser Annahmen und damit auch das konkrete Gewicht, daß hier den Staatszielen Strukturförderung, Arbeitsförderung und Energiesicherung zukommt, hängt freilich davon ab, wie sich die Stromnachfrage und damit der Braunkohlenbedarf in Zukunft entwickeln werden. Diese Entwicklung wird von einer Vielzahl im einzelnen nicht mit mathematischer Genauigkeit meßbarer Umstände beeinflußt, die nur Schätzungen zulassen und wegen des weit in die Zukunft reichenden Prognosezeitraums naturgemäß mit Unsicherheiten behaftet sind. Einfluß auf die Stromnachfrage hat zum einen die zukünftige gesamtwirtschaftliche Entwicklung, die ihrerseits von verschiedenen Standortfaktoren und sich ändernden volkswirtschaftlichen Bedingungen abhängig ist; daneben kann die Stromnachfrage etwa durch das Bevölkerungswachstum oder den vermehrten Einsatz neuer Techniken beeinflußt werden. Auf der anderen Seite hängt der Braunkohlenbedarf außer von der zukünftigen Stromnachfrage unter anderem von den Kosten für andere Energieträger, der Nutzbarmachung erneuerbarer Energien und der Konkurrenzfähigkeit des Rohstoffs in einem liberalisierten europäischen Energiemarkt ab. Darüber hinaus wird der konkrete Braunkohlenbedarf des Kraftwerks Jänschwalde von unternehmerischen Entscheidungen – etwa der Höhe der Investitionen in diesen Standort oder dem Aus- und Neubau von Kraftwerken an anderer Stelle – beeinflußt, auf die der Gesetzgeber keinen direkten Einfluß hat und die er wiederum nur abschätzen kann.

Angesichts dieser Unwägbarkeiten stößt die Pflicht des Gesetzgebers, Chancen und Risiken seiner Entscheidung zu ermitteln, notwendigerweise auf Grenzen. Der Gesetzgeber muß sich insoweit auf die sachverständige Einschätzung von Gutachtern verlassen, wenn deren Prognosen nachvollziehbar und plausibel sind. Bei verbleibenden Unsicherheiten, die auch durch weitere Gutachten nicht zu beseitigen sind, sondern – wie hier – in der Natur der Sache liegen, muß von ihm in eigener Verantwortung politisch entschieden werden.

Danach erscheint hier die Einschätzung des Gesetzgebers zur Entwicklung des Strombedarfs vertretbar. Er stützt sich hierzu auf die Untersuchungen der Prognos-AG und sieht diese im Einklang mit den Schätzungen der VEAG. Die Prognos-AG hat in ihrem im Konfliktvermittlungsverfahren erstellten Gutachten den Bruttostromverbrauch in Ostdeutschland für das Jahr 2000 auf ca. 81 TWh (Terrawattstunden) und für das Jahr 2010 auf ca. 99 TWh prognostiziert. Im einzelnen sind dabei der sog. Endenergieverbrauch in den privaten Haushalten, im Kleinverbrauchssektor, in der Industrie und im Verkehrssektor sowie der Energieverbrauch bei der Rohstoffgewinnung, der Kraftwerkseigenverbrauch, die Leitungsverluste und der Pumpstromverbrauch berücksichtigt (vgl. Prognos-AG, Abschlußbericht vom 30. Oktober 1996, S. 9ff). Der danach ermittelte Braunkohleneinsatz in den brandenburgischen Kraftwerken deckt sich mit den Absatzplänen der LAUBAG und führt gegebenenfalls zu einer Auslastung des Kraftwerks Jänschwalde. Die Prognos-AG stützt sich dabei auf eigene Schätzungen des zu erwartenden Wirtschaftswachstums in den neuen Bundesländern aus einer Studie des Jahres 1995 und räumt zugleich ein, daß die seitdem eingetretene tatsächliche wirtschaftliche Entwicklung hinter diesen Schätzungen zurückgeblieben ist. Gleichwohl sieht sie im Ergebnis keinen Anlaß, die langfristige Strombedarfsprognose zu korrigieren, weil der tatsächliche Stromverbrauch in den letzten

2 Jahren dennoch deutlich gestiegen sei und sich dem eigenen Prognosewert für das Jahr 2000 annähere. Auf eine geringere Stromnachfrage könne durch einen Verzicht oder eine Verschiebung der Kraftwerksneubauten Boxberg II sowie Stendal I und II reagiert werden. Das Gutachten prüft auch mögliche Einflüsse einer Liberalisierung des Strommarktes und die Auswirkungen etwaiger Stromimporte aus Osteuropa und Skandinavien und kommt zu dem Ergebnis, daß dadurch eine Auslastung der bestehenden Kraftwerke voraussichtlich nicht in Frage gestellt werde. Bei optimistischen Annahmen könne durch Stromexporte in die alten Bundesländer die Auslastung der Braunkohlenkraftwerke sogar noch verbessert werden.

Die Entscheidung des Gesetzgebers ist auf dieser Grundlage gemessen an dem hier anzulegenden verfassungsgerichtlichen Kontrollmaßstab hinreichend abgesichert. Die gutachterlichen Darlegungen und Einschätzungen sind aus sich selbst heraus schlüssig und nachvollziehbar. Die Antragsteller verweisen demgegenüber im wesentlichen auf anderslautende Prognosen des Fraunhofer Instituts und des Wuppertal-Instituts, die von deutlich geringeren Wachstumsraten ausgehen. Diese Bewertungsdifferenzen machen die gesetzgeberische Entscheidung indes nicht unvertretbar. Abweichungen in der prognostischen Beurteilung der wirtschaftlichen Entwicklung sind bei einer Begutachtung durch verschiedene Sachverständige geradezu vorprogrammiert. Sie hindern den Gesetzgeber nicht, sich für seine Entscheidung auf eine von mehreren Prognosen zu stützen, solange sie ihm auch bei angemessener Auseinandersetzung mit den anderslautenden Gutachten vertretbar erscheinen darf. So liegt es hier. Bereits das Gutachten der Prognos-AG selbst greift die Kritik an zu optimistischen Schätzungen des Wirtschaftswachstums auf, hält aber – wie dargelegt – eine Korrektur der prognostizierten Strombedarfsentwicklung im Ergebnis nicht für veranlaßt. Auch die Landesregierung setzt sich in der Begründung zum Gesetzentwurf mit den anderslautenden Prognosen auseinander, sieht jedoch trotz des derzeitigen Trends angesichts der gebremsten Preisentwicklung und des geringeren Zinsniveaus verbesserte Chancen für ein stärkeres Wirtschaftswachstum in den nächsten Jahren. Sie verweist zudem darauf, daß die Stromnachfrage nicht allein von der wirtschaftlichen Entwicklung abhängt, sondern auch durch zunehmende – über stromverbrauchende Apparaturen bewirkte – Rationalisierung und verstärkten Einsatz neuer Techniken steigen kann und gestiegen ist. Außerdem sei selbst bei einer um 10 bis 12 % niedrigeren Stromnachfrage wegen eines dann möglichen – und von der VEAG selbst für diesen Fall in Aussicht gestellten – Verzichts auf den Neubau von Kraftwerken eine Auslastung der brandenburgischen Kraftwerke erreichbar. Alles dies ist nachvollziehbar und plausibel und deshalb den verfassungsrechtlich zu stellenden Anforderungen genügend. Ein Blick auf den benachbarten Freistaat Sachsen zeigt, daß der dortige Gesetzgeber im Rahmen des sogenannten Heuersdorf-Gesetzes, welches ebenfalls die Inanspruchnahme des Gebietes einer Gemeinde für den Braunkohlentagebau und in diesem Zusammenhang ihre Eingliederung in eine andere Gemeinde zum Gegenstand hat, auf vergleichbarer Grundlage, zum Teil mit den nämlichen Gutachten, zu einer im wesentlichen übereinstimmenden Einschätzung der künftigen Stromnachfrage, der Wettbewerbsfähigkeit der Braunkohle und der mit dem Braunkohlentagebau verbundenen Arbeitsplatz- und Wirtschaftsstruktureffekte gelangt ist (Sächsischer Landtag, LT-Drs. 2/7268, S. 20 ff, insbesondere 21–23, 25 f und 28 f).

Soweit im übrigen das inzwischen verabschiedete Gesetz zur Neuregelung des Energiewirtschaftsrechts (BGBl. 1998 I S. 370 ff) von den damaligen Vorstellungen in der Einzelausgestaltung abweichende Schutzvorkehrungen für die ostdeutsche Braunkohle enthält (vgl. Art. 4 § 3 des Gesetzes), wird hierdurch die von dem Gesetzgeber bei Erlaß des Brandenburgischen Braunkohlengrundlagengesetzes zugrundegelegte Prognose als solche nicht unrichtig und verändert sich die Situation auch nicht so grundlegend, daß eine gesetzgeberische Neubewertung veranlaßt wäre.

(4) Auf der Grundlage der in vertretbarer Weise vorgenommenen Einschätzung der Stromnachfrage und – damit zusammenhängend – der wirtschaftlichen Entwicklung ist auch die gesetzgeberische Entscheidung für die sog. Variante 1 vertretbar. Der Gesetzgeber hat sich im wesentlichen deshalb für diese Variante entschieden, weil nur bei einem vollständigen Abbau des gesamten Feldes die erforderliche Rohstoffmenge zur Befeuerung des Kraftwerks Jänschwalde bis zum Jahr 2020 gesichert werden könne. Bei Variante 2 sei während der Umfahrung von Horno für ca. 6 Jahre mit erheblich höheren Förderkosten zu rechnen. Außerdem müsse in diesem Falle Braunkohle aus weiter entferntem Tagebau zugeführt werden und sei bei der Sanierung der rückwärtigen Flächen mit erheblichen Mehrkosten zu rechnen, an denen sich das Land beteiligen müsse. Bei Variante 3 sei mit Mehrkosten von ca. 2 Mrd. DM zu rechnen. Bei beiden Varianten – den Varianten 2 und 3 – sei eine konkurrenzfähige Stromerzeugung im Kraftwerk Jänschwalde nicht mehr gewährleistet, so daß mit Teilstillegungen oder sogar einer vollständigen Verlagerung der unternehmerischen Aktivitäten in den sächsischen Teil des Lausitzer Braunkohlenreviers gerechnet werden müsse. Auch diese Erwägungen sind schlüssig und nachvollziehbar. Sie stützen sich auf die Gutachten der Prognos-AG und der Harress Pickel Consult GmbH und decken sich mit den Angaben der Vertreter der LAUBAG und VEAG, die in der parlamentarischen Anhörung am 23. April 1997 in offenbar als realistisch empfundener Weise dargelegt haben, daß ohne die Inanspruchnahme des

Gebietes der Gemeinde Horno die Stillegung des Tagebaus drohe (Ausschußprotokoll 2/712 Band 1, S. 10 und S. 22).

Die Antragsteller halten der Entscheidung des Gesetzgebers für die Variante 1 lediglich die anderslautende Einschätzung des Wuppertal-Instituts entgegen, wonach eine modifizierte Variante 3 für die LAUBAG am kostengünstigsten sei. Diese Einschätzung beruht indes auf der Annahme einer verringerten Braunkohlennachfrage und setzt voraus, daß eine Abbaggerung im Umfang der Variante 1 zur Bedarfsdeckung nicht erforderlich sei. Dem brauchte der Gesetzgeber nicht zu folgen; er durfte vielmehr auf die von ihm in vertretbarer Weise angenommene Entwicklung der Stromnachfrage abstellen.

Soweit die Verfahrensbevollmächtigte des Rates für sorbische (wendische) Angelegenheiten und der DOMOWINA einen damals im Wirtschaftsministerium des Landes mit dem Horno-Komplex befaßten Referatsleiter dafür benannt hat, daß er die Kosten für die Variante 2 niedriger als in dem Gutachten der safetec GmbH eingeschätzt, damit aber kein Gehör gefunden habe und später sogar „strafversetzt" worden sei, kommt es hierauf nicht an. In einem Ministerium liegt es naturgemäß in der Hand der jeweils vorgeordneten Dienstebene, zwischen differierenden Vorstellungen innerhalb des eigenen Ministeriums eine Entscheidung zu treffen. Das dies hier in unverantwortlicher Weise und sozusagen wider besseres Wissen geschehen sei, ist für das Verfassungsgericht, auch nach der Art des hier in Frage stehenden Vorbringens, nicht erkennbar. Unabhängig davon spielen bei der Entscheidung für die Variante 1 ausweislich der Gesetzesbegründung auch andere Gesichtspunkte eine Rolle, insbesondere die Belastung mit Immissionen für die Gemeinden Horno und Heinersbrück sowie erhöhte Schwierigkeiten bei der Sanierung der rückwärtigen Bereiche. Insgesamt erscheint nach alledem die Variantenentscheidung, die dem Gesetz zugrundeliegt, jedenfalls verantwortbar.

(5) Auch die gesetzgeberische Einschätzung der zu erwartenden Arbeitsplatzeffekte ist verfassungsrechtlich nicht zu beanstanden. Der Gesetzgeber ist insoweit davon ausgegangen, daß um das Jahr 2000 bei der angestrebten jährlichen Förderrate von 35 bis 40 Mio./t Braunkohle etwa 7000 direkte Arbeitsplätze (Rohstofförderung und Verstromung) von der Braunkohle abhängen werden. Hinzu kommen – nach seiner Einschätzung – etwa 6000 bis 10000 indirekte Arbeitsplätze in den vor- und nachgelagerten Bereichen. Speziell für den Energiekomplex Jänschwalde erwartet der Gesetzgeber nach Abschluß von Rationalisierungsmaßnahmen für das Jahr 2000 insgesamt etwa 8000 bis 10000 direkte und indirekte Arbeitsplätze. Hierbei stützt er sich auf die Erwartungen der Unternehmen und die sachverständige Einschätzung der Prognos-AG. Die Antragsteller halten dem auch hier die

anderslautende Prognose des Wuppertal-Instituts entgegen, das bei Annahme geringerer Braunkohlennachfrage und aufgrund in Einzelheiten abweichender Berechnungsmodi zu geringeren Arbeitsplatzeffekten gelangt. Auch dem brauchte sich der Gesetzgeber aber nicht anzuschließen, sondern durfte die Arbeitsplatzeffekte auf der Grundlage der von ihm für zutreffend gehaltenen – nicht unsichereren – Wachstumszahlen veranschlagen. Dabei hat er nicht nur – wie die Antragsteller meinen – kurzfristige Arbeitsplatzeffekte in den Blick genommen, sondern im Gegenteil die Variante 1 gerade deshalb gewählt, weil hierdurch nach seiner Einschätzung der Energiekomplex Jänschwalde rentabel und damit langfristig weiterbetrieben werden kann und bei den anderen Varianten der Standort und die davon abhängigen Arbeitsplätze gefährdet wären. Diese Abwägung ist verfassungsrechtlich haltbar. Die tatsächliche Entwicklung der Arbeitsplätze ist im hohen Maße abhängig von unternehmerischen Entscheidungen, die das Land nur durch die in seinen Möglichkeiten liegende Gestaltung der Standortfaktoren beeinflussen kann. Nicht entgegen steht, daß das Land die von ihm prognostizierten Arbeitsplätze gleichwohl nicht „garantieren" oder – wie dies von Antragstellerseite anklingt – die beteiligten Unternehmen zur Abgabe von Arbeitsplatzgarantien zwingen kann. Das Staatsziel Arbeitsförderung verpflichtet das Land im Interesse der Schaffung und des Erhalts von Arbeitsplätzen zu jedweder zu verantwortenden Bemühung, die ihm hinreichend erfolgversprechend erscheinen darf. Unbeschadet dessen hat die LAUBAG in der mündlichen Verhandlung erklären lassen, daß sie entschlossen sei, an der Fortführung des Tagebaus Jänschwalde festzuhalten, wenn die Variante 1 realisiert werde.

Daß bei einer – für den Fall, daß der Braunkohlentagebau im Lande Brandenburg unrentabel wird – möglichen Verlagerung der Braunkohle geltender unternehmerischer Aktivitäten nach Sachsen dort Arbeitsplätze entstehen können, vermindert nicht das Gewicht, das der brandenburgische Gesetzgeber den bei einer Teilstillegung des Energiekomplexes Jänschwalde im Lande Brandenburg zu besorgenden strukturellen Einbrüchen und Arbeitsplatzverlusten beimessen durfte. Die Landesverfassung verpflichtet das Land in Art. 44, 48 LV zur Strukturförderung und Arbeitsplatzsicherung im Lande Brandenburg. Dem würde der Landesgesetzgeber nicht gerecht, wenn er den von ihm befürchteten Verlust von Arbeitsplätzen im Lande Brandenburg als weniger gravierend ansähe oder gar hinnähme, weil an anderer Stelle außerhalb Brandenburgs möglicherweise neue Arbeitsplätze entstünden.

(6) Das Abwägungsergebnis wahrt den Grundsatz der Verhältnismäßigkeit. Die Fortführung des Tagebaus Jänschwalde mit der Inanspruchnahme des

Gebietes der Gemeinde Horno ist geeignet und – unter der Prämisse, daß die zugrundeliegenden Einschätzungen des Gesetzgebers zutreffen, wie es der Gesetzgeber in vertretbarer Weise annehmen durfte – erforderlich, um den Staatszielen Strukturförderung, Arbeitsplatzsicherung und Energiesicherung Genüge zu tun. Es ist kein gleichermaßen geeigneter Weg erkennbar, um diese Ziele mit der gleichen Wirksamkeit zu erreichen. Aus der – vertretbaren – Sicht des Gesetzgebers stellte sich die Situation sogar so dar, daß ohne die Abbaggerung von Horno der Tagebau Jänschwalde gänzlich eingestellt und das Kraftwerk Jänschwalde jedenfalls in erheblichem Umfange stillgelegt werden müßte. Der Gesetzgeber stand damit vor der Frage, ob zugunsten der Bewahrung des Ortes Horno die Staatsziele Strukturförderung und Arbeitsplatzsicherung in der Region sowie Energiesicherung durch heimische Rohstoffe sehr weitgehend zurückzustellen seien. In diesem Konflikt ist die Entscheidung des Gesetzgebers für eine Abbaggerung der Gemeinde Horno hinzunehmen. Im einzelnen:

(a) Das Gericht verkennt nicht und empfindet Bedauern darüber, daß die Fortführung des Tagebaus Jänschwalde in der Variante 1 zur Abbaggerung von Horno führt, einer traditionsreichen Ortschaft im sorbischen Siedlungsgebiet mit über 300 Einwohnern, deren Geschichte sich bis in die Zeit des 13. bzw. 14. Jahrhunderts zurückverfolgen läßt (erste urkundliche Erwähnung von Horno im April 1451) und in der die sorbische Kultur bis auf den heutigen Tag lebendig geblieben ist (vgl. zur sorbischen Prägung des Ortes und seiner Geschichte: *Gromm,* Horno – ein Dorf in der Lausitz will leben, 1995, S. 23 ff m. w. N.). Dabei kommt es – entgegen dahingehenden Bemerkungen in Schriftsätzen des vorliegenden Verfahrens – nicht darauf an, in welchem Maße im einzelnen die traditionellen Bräuche in Horno in den letzten Jahren gepflegt worden sind, wieviele Kinder sorbischen Schulunterricht besuchen oder wieviele Gottesdienste in sorbischer Sprache abgehalten werden. Entscheidend ist, daß der Ort Horno im angestammten Siedlungsgebiet des sorbischen Volkes liegt, eine sorbische Geschichte hat und sich ein beachtlicher Teil seiner Einwohner zum Sorbentum bekennt (nach Angaben des Vorsitzenden des Rates für sorbische (wendische) Angelegenheiten *Konzack* etwa 30 bis 35%, vgl. Ausschußprotokoll 2/712, Band 1, S. 164). Es ist deshalb davon auszugehen, daß Horno eine (auch) sorbisch geprägte Siedlung ist. Als solche ist Horno ein Teil des gewachsenen Siedlungsgefüges des sorbischen Volkes, der in dieser Form durch die Abbaggerung für immer untergeht. Dies bedeutet für das angestammte Siedlungsgebiet der Sorben eine schmerzhafte Einbuße. Zwar wird die Verwurzelung des Sorbentums im brandenburgischen Teil der Lausitz nicht in Frage gestellt. Aber die Abbaggerung bedeutet für die davon unmittelbar Betroffenen und darüber hinaus eben doch, daß ein Stück Heimat verloren geht und die Verbundenheit der Menschen mit dem Siedlungsgebiet gefährdet wird. Die Aufgabe der Ortschaft wird für die Bewohner, die sich nahezu einhellig gegen die Inanspruchnahme des Ortes für den Braunkohlentagebau gestellt haben, ein bedrückender Vorgang sein. Sie müssen ihre Häuser verlassen, in denen die Familie womöglich schon seit Generationen gelebt hat und mit denen sie Erinnerungen an ihr bisheriges Leben verbinden. Die gewachsenen Bindungen der Dorfgemeinschaft, der Pfarrgemeinde, der Nachbarschaft und des Vereinslebens werden einer schweren Belastung ausgesetzt. All dies bedeutet zwar, gemessen am sorbischen Siedlungsgebiet im ganzen und an der Anzahl der sorbisch geprägten Siedlungen in der Niederlausitz insgesamt, für das Sorbentum im Lande Brandenburg noch keine Existenzbedrohung. Aber der Eingriff trifft eine Minderheit, die Belastungen dieser Art umso schwerer verkraften kann und darauf entsprechend sensibel reagiert. Die Abbaggerung des Ortes Horno ist zudem vor dem Hintergrund des bisherigen Braunkohlentagebaus im Siedlungsgebiet der Sorben zu sehen, der seit 1924 zur Abbaggerung von 76 Ortschaften und zur Umsiedlung von über 23 000 Menschen in der Lausitz geführt hat (Angaben nach *Pastor,* aaO, S. 52 m. w. N.). Auch vor diesem Hintergrund müssen für die Abbaggerung einer (weiteren) Ortschaft im sorbischen Siedlungsgebiet – und Art. 25 Abs. 1 Satz 1 LV ist eine Frucht dieser Erkenntnis – besondere Schutzvorkehrungen gelten.

(b) Auf der anderen Seite läßt sich aber nicht darüber hinwegsehen, daß bei einer Fortführung des Braunkohlentagebaus in der geplanten Form der bestehende und prognostizierte Energiebedarf der neuen Bundesländer praktisch vollständig gedeckt werden kann. Zwar ist nicht anzunehmen, daß für den Fall einer Stillegung des Tagebaus die Stromversorgung überhaupt ausfiele und sozusagen die Lichter ausgingen. Vielmehr würden, wie den Ausführungen des Vertreters der VEAG bei der parlamentarischen Anhörung zu entnehmen ist, die entstehenden Versorgungslücken wahrscheinlich durch die Erschließung anderweitiger Braunkohlenvorkommen, gegebenenfalls außerhalb Brandenburgs, oder durch verstärkten Import ausländischen Stroms geschlossen werden können. Indessen verpflichtet das Gebot zur Sicherung der Energieversorgung das Land, auf eine mittel- und langfristige Bedarfsdeckung gerade auch durch Nutzung heimischer Rohstoffe hinzuwirken. Dies verdeutlichen nicht zuletzt die auch vom Land zu beachtende Rohstoffsicherungsklausel des § 48 Abs. 1 Satz 2 BBergG sowie das allgemeine Postulat des § 1 Nr. 1 BBergG, die Sicherung der Rohstoffversorgung durch die Nutzung heimischer Bodenschätze zu fördern. Dem hierin zum Ausdruck kommenden gesetzlichen Anliegen zur Erhaltung eines deutschen

Kohlenbergbaus (vgl. zum Steinkohlenbergbau BVerfG, NJW 1995, 381 ff; zum Braunkohlenbergbau VerfGH Nordrhein-Westfalen, Urteil vom 9. Juni 1997 – VerfGH 20/95 –, S. 29 des Entscheidungsumdrucks) kann das Land wirksam nur gerecht werden, wenn es die Gewinnung abbauwürdiger und durch die vorhandene technische Ausrüstung bereits abbaubarer Rohstoffe fördert.

Darüber hinaus sind die strukturellen Folgen für die Region von erheblichem Gewicht. Ohne eine Abbaggerung der Gemeinde Horno wäre der Tagebau Jänschwalde in Gefahr und könnte das Kraftwerk Jänschwalde nur noch mit verringerter Kapazität gefahren oder müßte ganz stillgelegt werden. Allein in dieses Kraftwerk sind nach Angaben der VEAG in den letzten Jahren 3,5 Mrd. DM zur Modernisierung und Anpassung an Umweltnormen und mehr als eine Mrd. DM zur Instandhaltung investiert worden (Ausschußprotokoll 2/712, Band 1, S. 19). Diese Aufwendungen blieben für die strukturelle Entwicklung der Region künftig ungenutzt und wären zu einem größeren Teil fehlinvestiert, wenn der Tagebau Jänschwalde stillgelegt würde. Der Braunkohlentagebau ist für die Lausitz der bei weitem bedeutsamste Wirtschaftssektor, über dessen Stützung und Förderung das Land den notwendigen Strukturwandel in der Region bewältigen will. Ohne seinen Fortbestand wäre dem „Strukturkonzept Lausitz" des Landes das tragende Fundament entzogen. Andere die Fortentwicklung der Region absichernde Konzepte sind nicht in Sicht. Das Ausbleiben der vom Land verfolgten Maßnahmen zur Strukturverbesserung würde eine Region treffen, die nach übereinstimmender Auffassung der Gutachter in den ersten Jahren nach 1990 besonders stark unter den wirtschaftlichen Veränderungen gelitten hat, in zahlreichen Industrie- und Gewerbesektoren drastische Einbrüche hinnehmen mußte und in der infolgedessen ein besonders ausgeprägter „Handlungsbedarf" besteht.

Nicht zuletzt fällt die Bedeutung des Braunkohlentagebaus, wie er ohne die Inanspruchnahme der Gemeinde Horno gefährdet wäre, für die Arbeitsplatzsicherung ins Gewicht. Vom Fortbestand des Energiekomplexes Jänschwalde hängen nach der – in vertretbarer Weise gewonnenen – Einschätzung des Gesetzgebers 8000 bis 10000 direkte und indirekte Arbeitsplätze ab. Wenn das Gebiet der Gemeinde Horno für den Braunkohlentagebau nicht zur Verfügung stünde und der Tagebau Jänschwalde deshalb stillgelegt werden müßte, würde ein erheblicher Teil der Arbeitsplätze in der Region ersatzlos wegfallen. Damit würde einer großen Zahl von Privathaushalten die gegenwärtige existentielle Grundlage entzogen. Das Ausmaß der damit einhergehenden Einkommensverluste führt die vom Vertreter der LAUBAG genannte und von keiner Seite in Zweifel gezogene Angabe vor Augen, daß die LAUBAG im Jahr 1996 ca. 800 Mio. DM an Löhnen und Gehältern aufgebracht habe, von denen rund ein Drittel auf den Tagebau Jänschwalde entfalle (Ausschußprotokoll 2/712, Band 1, S. 8). Hinzu träten die Einkommensverluste durch den Wegfall indirekter Arbeitsplätze. Hierdurch würde sich die schon jetzt angespannte regionale Arbeitsmarktsituation mit einer Arbeitslosenquote weit über dem Bundesdurchschnitt dramatisch verschärfen und damit die wirtschaftliche Situation der Region massiv verschlechtern.

(c) Angesichts des aufgezeigten Konfliktes zwischen dem durch Art. 25 Abs. 1 Satz 1 LV verfassungsrechtlich geschützten Interesse am Erhalt der Gemeinde Horno als Teil des angestammten sorbischen Siedlungsgebietes und den weitreichenden Folgen, die nach der – vertretbaren – Einschätzung des Gesetzgebers ohne die Inanspruchnahme von Horno für Energieversorgung, Strukturentwicklung und Arbeitsplätze, ebenfalls Verfassungsgüter von vergleichbarem Rang, zu gegenwärtigen sind, vermag das Gericht alles in allem einen verfassungswidrigen Verstoß gegen Art. 25 Abs. 1 Satz 1 LV nicht anzunehmen. Dies gilt umso mehr, als das Brandenburgische Braunkohlengrundlagengesetz erkennbar um eine – auf dem Boden der schmerzhaften Grundentscheidung – schonende Lösung bemüht ist und mit begleitenden Regelungen versucht, die Folgen der Inanspruchnahme der Ortschaft für die Betroffenen nach Möglichkeit abzumildern. Hierzu zählen das Angebot einer geschlossenen Umsiedlung innerhalb des angestammten Siedlungsgebietes an alternativen Standorten (Art. 2 § 5 BbgBkGG) auf Kosten der LAUBAG (s. Art. 1 § 2 Satz 3 BbgBkGG), die Möglichkeit der Ortsteilbildung im Eingliederungsgebiet (Art. 2 § 4 Abs. 1 BbgBkGG und in der Wiederansiedlungsgemeinde (Art. 2 § 6 BbgBkGG) und die Regelung finanzieller Ausgleichszahlungen (Art. 2 § 7 BbgBkGG). Daß sich die Stadt Forst als einer der angebotenen Wiederansiedlungsorte, wie der Rat für sorbische (wendische) Angelegenheiten und die DOMOWINA geltend machen, (noch) nicht zur sorbischen Gemeinde erklärt hat, läßt ihre Zugehörigkeit zum sorbischen Siedlungsgebiet im hier maßgeblichen Sinne unberührt, sofern – auch unabhängig von einer förmlichen Erklärung zur sorbischen Gemeinde durch Gemeinderatsbeschluß – die Voraussetzungen des § 3 Abs. 2 SWG gegeben sind. Selbst wenn man das Angebot zur Umsiedlung nach Forst nicht als „vollwertig" ansähe, blieben mit Jänschwalde und Turnow sowie der Stadt Peitz immer noch drei sorbische Gemeinden als Wiederansiedlungsorte zur Auswahl. Die Einwohner der Gemeinde Horno können sich, wenn sie dies wollen, innerhalb des angestammten Siedlungsgebietes der Sorben nur wenige Kilometer von ihrem bisherigen Wohnort entfernt erneut niederlassen. Das Verfassungsgericht hat keinen Anlaß zu der Annahme, daß sich die für die Wiederansiedlung in Betracht kommenden Gemeinden ihrer Verpflichtung zur rechtzeitigen Aufstellung einer entsprechenden Satzung nach Art. 2 § 5 Abs. 3 BbgBkGG i. V. m. den Ausweisungen des Braunkohlenplans entziehen werden. Das Gericht ist sich bewußt, daß eine solche Umsiedlung, auch wenn sie „sozialverträglich" durchgeführt wird, gleichwohl mit Belastungen verbunden ist und keine Gewähr dafür bietet, daß sich vergleichbare Strukturen wie in der bisherigen dörflichen Gemeinschaft wiederherstellen. Die Erfahrungen mit bisherigen Umsiedlungen, auch solchen, die von den Betroffenen jedenfalls zum Teil positiv aufgenommen worden sind, sind in dieser Hinsicht nicht ermutigend (vgl. etwa: *Klemmer u. a.,* Morken-Harff – Dokumentation eines Umsiedlungsortes, in: Beiträge zur Geschichte des Erftkreises, Band 1, 1982; zur Umsiedlung des Ortes Kausche in der Lausitz: *Gromm,* aaO, S. 9 f). Auch eine geschlossene Umsiedlung kann den Verlust des Heimatortes nicht wirklich wiedergutmachen. Gleichwohl bietet die gemeinsame Wiederansiedlung, wie sie das Brandenburgische Braunkohlengrundlagengesetz eröffnet, noch am ehesten die Möglichkeit, die gewohnten menschlichen und sozialen Bindungen aufrechtzuerhalten. Insgesamt ist der Gesetzgeber mit den Begleitregelungen seiner Verpflichtung nachgekommen, eine möglichst schonende Regelung zu treffen und die Folgen der Inanspruchnahme der Gemeinde Horno für den Braunkohlentagebau so weit wie möglich abzumildern.

2. Die angegriffene Entscheidung über die Inanspruchnahme des Gebietes der Gemeinde Horno verstößt auch nicht gegen das ebenfalls in Art. 25 Abs. 1 Satz 1 LV gewährleistete „Recht des sorbischen Volkes auf Schutz, Erhaltung und Pflege seiner nationalen Identität".

a. Art. 25 Abs. 1 Satz 1 LV enthält auch insoweit, wie schon die beide Schutzgüter gleicherweise einschließende Formulierung ergibt, kein Grundrecht, sondern ein Staatsziel. Die diesbezüglichen Ausführungen zum „Recht des sorbischen Volkes auf Schutz, Erhaltung und Pflege seines angestammten Siedlungsgebietes" (s. oben III.1.b.) gelten entsprechend. Auch in diesem Zusammenhange kann offenbleiben, ob Art. 25 Abs. 1 Satz 1 LV für den Fall, daß sich eine Maßnahme gegen die Sorben richtet, nicht auch eine subjektivrechtlich/grundrechtliche Komponente enthält und sich für diesen Fall als grundrechtliches Abwehrrecht darstellt, weil hier sowohl Sorben als auch Nichtsorben betroffen sind und deshalb kein in diesem Sinne sorbenspezifischer Eingriff in Rede steht. Vorbehaltlich dessen verlangt Art. 25 Abs. 1 Satz 1 LV auch in bezug auf die nationale Identität von der Staatsgewalt kein Unterlassen, das gegebenenfalls ein Abwehrrecht auslöst, sondern ein förderndes Tätigwerden des Staates zum Schutz und zur Erhaltung und Pflege der nationalen Identität der Sorben. Damit handelt es sich um ein typisches Staatsziel.

b. Der Gesetzgeber hat der ihm obliegenden Schutzpflicht in bezug auf die nationale Identität des sorbischen Volkes hinreichend Rechnung getragen.

Nationale Identität umfaßt alle Elemente, die das Selbstverständnis einer Minderheit prägen und die ihren Charakter als eigene Volksgruppe ausmachen (vgl. *Murswiek,* aaO, Rdn. 11). Hierzu zählen für das sorbische Volk insbesondere die eigene Sprache, das kulturelle Erbe sowie die traditionelle Verwurzelung in der Region und in den sorbisch geprägten Siedlungen. Art. 25 LV greift diese Einzelaspekte der nationalen Identität jeweils auch gesondert auf. Der zusätzlich normierte Schutz der nationalen Identität als solcher bildet gleichsam die Zusammenfassung in einem Verfassungsauftrag, der das Land, die Gemeinden und Gemeindeverbände verpflichtet, über die Einzelverpflichtungen hinaus die nationale Identität der Sorben als einer ethnischen Minderheit zu sichern.

Dieses Verfassungsauftrages war sich der Gesetzgeber des Braunkohlengrundlagengesetzes – ebenso wie in bezug auf das angestammte sorbische Siedlungsgebiet – hinreichend bewußt. Die landesplanerische Inanspruchnahme Hornos zugunsten des Braunkohlentagebaus stellt die nationale Identität des sorbischen Volkes als Ganzes nicht grundsätzlich in Frage. Das Schutzgut der nationalen Identität wird hierdurch weniger einschneidend betroffen als das angestammte Siedlungsgebiet selbst, welches durch die Abbaggerung teilweise unmittelbar unbrauchbar gemacht wird. Durch die Inanspruchnahme der sorbisch geprägten Gemeinde Horno wird das sorbische Volk nicht in seinen Grundlagen gefährdet. Sorbische Sprache, Bräuche und Kultur im angestammten Siedlungsgebiet bleiben weiterhin möglich.

Unbeschadet dessen bedeutet auch die Abbaggerung eines einzelnen Dorfes im sorbischen Siedlungsgebiet eine Belastung der nationalen Identität der Sorben, weil eine kleine und gegenüber Beeinträchtigungen dieser Art durch die Erfahrungen der Vergangenheit besonders sensible Minderheit betroffen ist. Gleichwohl durfte der Gesetzgeber aus den zum Staatsziel „Schutz, Erhaltung und Pflege des sorbischen Siedlungsgebietes" dargelegten Gründen die Schutzpflicht aus Art. 25 Abs. 1 Satz 1 LV in Abwägung gegen die ihm ebenfalls von der Verfassung aufgegebenen Staatsziele Strukturförderung, Arbeitssicherung und Energiesicherung zurücktreten lassen. Dies gilt jedenfalls in Ansehung der vom Gesetzgeber gleichzeitig ergriffenen Schutzmaßnahmen zugunsten der von der Inanspruchnahme des Gemeindegebietes betroffenen Bevölkerung. Das Angebot einer gemeinsamen Umsiedlung innerhalb des angestammten Siedlungsgebietes der Sorben in unmittelbarer Nähe zum bisherigen Wohnort kommt auch dem Schutzgut der nationalen Identität des sorbischen Volkes zugute.

c. Eine andere verfassungsrechtliche Bewertung ergibt sich auch nicht mit Blick auf das Amt Jänschwalde, dessen Existenz die Antragsteller für den Fall der Inanspruchnahme Hornos gefährdet sehen, so daß (auch) von daher ein Verstoß gegen Art. 25 Abs. 1 Satz 1 LV vorliege. Zwar mag das Amt Jänschwalde als im besonderen Maße sorbisch geprägt anzusehen sein (vgl. auch den Widerruf des Zuordnungserlasses zum Amt Schenkendöbern vom 23. September 1992 des Ministers des Innern aus Dezember 1992). Die Existenz des Amtes erscheint indes nicht gefährdet. Die mit der Auflösung Hornos verbundene Verringerung der Anzahl der dem Amt angehörenden Gemeinden von vier auf drei dürfte die für das Amt erforderliche Stabilität nicht in Frage stellen. Weiter stehen – und zwar unabhängig davon, ob die Einwohner (für den Fall, daß sie sich dafür entscheiden, nach Jänschwalde umzusiedeln) innerhalb des Amtsgebietes bleiben oder (für den Fall, daß sie sich für einen der anderen Standorte entscheiden) das Amtsgebiet verlassen – Auswirkungen auf die Leistungsfähigkeit des Amtes nicht zu erwarten. Auch wenn sich die Einwohnerzahl des Amtes um die Einwohner Hornos von derzeit ca. 3500 auf ca. 3200 verringern sollte, ist nicht zu sehen, daß das Amt Jänschwalde allein aus diesem Grunde nicht mehr in der Lage wäre, seine Aufgaben zu erfüllen. Im übrigen hat sich auch der Landtag im Rahmen der mündlichen Verhandlung für einen Erhalt des Amtes Jänschwalde ausgesprochen. In der Tat bleibt in dieser Frage der Förderpflicht aus Art. 25 Abs. 1 Satz 2 LV Rechnung zu tragen. Gegebenenfalls können etwaige Beeinträchtigungen der Funktionsfähigkeit des Amtes Jänschwalde – wie bisher – über Kooperationsmöglichkeiten mit dem Amt Schenkendöbern abgefangen werden.

3. Die in Art. 2 § 1 i. V. m. Art. 1 BbgBkGG getroffene Entscheidung für eine Inanspruchnahme des Gebietes der Gemeinde Horno für den Braunkohlentagebau verstößt auch nicht gegen das Recht auf Bewahrung und Förderung der sorbischen Sprache und Kultur im öffentlichen Leben und ihre Vermittlung in Schulen und Kindertagesstätten gemäß Art. 25 Abs. 3 LV. Soweit das Recht der Sorben auf *Bewahrung* ihrer Sprache in Rede steht, ist schon der Gewährleistungsbereich der verfassungsrechtlichen Norm nicht betroffen (dazu unter a.). Das Recht auf Bewahrung der sorbischen Kultur im öffentlichen Leben wird zwar beeinträchtigt; diese Beeinträchtigung hält sich jedoch im Rahmen des verfassungsrechtlich Vertretbaren (dazu unter b.). Eine Verletzung des Rechts der Sorben auf *Förderung* von Sprache und Kultur ist im Ergebnis nicht gegeben (dazu unter c.).

a. Das Recht der Sorben auf Bewahrung ihrer Sprache im öffentlichen Leben gewährleistet ihnen die Möglichkeit, sich ihrer Sprache im staatlichen Bereich – etwa vor den Behörden und anderen öffentlichen Stellen des

Landes – zu bedienen; ergänzend bestimmt Art. 25 Abs. 4 Satz 1 LV, daß die sorbische Sprache in die öffentliche Beschriftung einzubeziehen ist. Hierdurch wird der im Bundesgebiet ansonsten für Anderssprachige bestehende Anpassungs- oder Assimilierungsdruck abgemildert. Anderssprachige, die sich im Bundesgebiet aufhalten, können grundsätzlich nicht erwarten, daß sich das öffentliche Leben auf ihre Fremdsprachigkeit einstellt. Vielmehr haben sie sich ihrerseits auf die deutsche Sprache einzustellen (vgl. im einzelnen *Kirchhof,* in: Isensee/Kirchhof (Hrsg.), Handbuch des Staatsrechts, Band I, 1987, § 18, Rdn. 64 f; BVerfGE 64, 135, 156 f; BVerfG, NVwZ 1987, 785). So sind fremdsprachige Verfahrensbeteiligte grundsätzlich gehalten, ihre Eingaben an ein deutsches Gericht in deutscher Sprache abzufassen oder zumindest mit einer deutschen Übersetzung einzureichen (BGH, NJW 1982, 532 f zur Auslegung des § 184 GVG; BVerwG, NJW 1990, 3103; vgl. auch BVerfG, NVwZ, aaO). Vor den Verwaltungsbehörden sind grundsätzlich nur in deutscher Sprache abgegebene Erklärungen zu berücksichtigen (s. *Kopp,* VwVfG, Kommentar, 6. Aufl., 1996, § 23, Rdn. 4 ff). Vor diesem Hintergrund drängt Art. 25 Abs. 3 LV durch die Gewährleistung des Rechts der Sorben auf Bewahrung ihrer Sprache im öffentlichen Leben den Assimilierungsfaktor „Sprache" für die Sorben zurück (vgl. *Pastor,* Die rechtliche Stellung der Sorben in Deutschland, 1996, S. 102 f, 159 ff; *Mäder,* ZAR 1997, 29, 32 f; s. auch BT-Drs. 12/6000 S. 74). Die Ausformung im einzelnen ist Sache des Gesetzgebers. Art. 25 Abs. 3 LV ist in diesem Sinne ein auf normative Ausgestaltung angewiesenes Grundrecht (vgl. auch *Franke/Kier,* Handbuch der Verfassung des Landes Brandenburg, 1994, § 10, Rdn. 5; *Hahn,* aaO, S. 81 f; *Fischer,* Staatszielbestimmungen in den Verfassungen und Verfassungsentwürfen der neuen Länder, 1994, S. 82; *Stopp,* Jahrbuch zur Staats- und Verwaltungswissenschaft, Band 8, 1995, S. 9, 25, 28; anders – für eine bloße Staatszielbestimmung – *Pastor,* aaO, S. 103). Der Gesetzgeber hat etwa für das Verwaltungsverfahren vor Landesbehörden bestimmt, daß die Sorben – anders als andere Fremdsprachige – Erklärungen in ihrer Sprache wirksam abgeben können (§ 23 Abs. 5 des Verwaltungsverfahrensgesetzes des Landes Brandenburg – VwVfGBbg –), obwohl die Amtssprache ansonsten deutsch ist (§ 23 Abs. 1 VwVfGBbg). In diesem Sinne bedeutet Art. 25 Abs. 3 LV einen Schritt in Richtung Gleichstellung der sorbischen Sprache mit der deutschen Sprache (vgl. *Pastor,* aaO, S. 180; vgl. auch für die Rechtslage auf Bundesebene – bezogen auf § 184 GVG i.V. m. EV Anlage I Kapitel III Sachgebiet A Abschnitt III Nr. 1 Buchst. r – *Kissel,* Gerichtsverfassungsgesetz, 2. Aufl., § 184, Rdn. 19).

Der so zu verstehende Schutzbereich des Rechts der Sorben auf Bewahrung ihrer Sprache im öffentlichen Leben wird durch die angegriffenen Normen nicht betroffen. Eine Regelung, die den Gebrauch der sorbischen

Sprache im staatlichen Bereich beträfe, enthält Art. 2 § 1 i. V. m. Art. 1 BbgBkGG ersichtlich nicht. Daß der Schutzbereich des Art. 25 Abs. 3 LV über das hier Dargelegte hinaus jede auch nur mittelbare Auswirkung auf den Gebrauch sorbischer Sprache (wie sie auch mit dem Verschwinden einer Gemeinde im Siedlungsgebiet der Sorben verbunden sein kann) erfaßte, ist nicht erkennbar. Art. 25 Abs. 3 LV, der seiner Formulierung nach an Art. 13 Abs. 3 des Entwurfs der parlamentarischen Arbeitsgruppe des Bezirkstages Dresden vom 19. März 1990 (abgedruckt in JöR N. F. 39 – 1990 – S. 417; vgl. zu der ursprünglichen Fassung des Art. 25 Abs. 3, Art. 26 des Entwurfs der Verfassung vom 31. Mai 1991, GVBl. I S. 96) angelehnt ist, steht im Zusammenhang mit den die Sorben betreffenden Regelungen der DDR-Verfassung und dem – insoweit an den durch die DDR-Verfassung geschaffenen Rechtszustand anknüpfenden – Einigungsvertrag (vgl. hierzu *Hahn,* aaO, S. 79; *Pastor,* aaO, S. 84). Nach Art. 40 DDR-Verfassung in seiner Ausgestaltung durch das Gesetz zur Wahrung der Rechte der sorbischen Bevölkerung vom 23. März 1948 war die sorbische Sprache als Amtssprache zugelassen; dementsprechend räumte § 12 Abs. 2 des Gerichtsverfassungsgesetzes der DDR vom 27. September 1974 (GBl. DDR I S. 457) den Sorben das Recht ein, die sorbische Sprache vor Gericht zu gebrauchen (i. e. *Mampel,* Die sozialistische Verfassung der Deutschen Demokratischen Republik, Kommentar, 2. Aufl., 1982, Art. 40, Rdn. 7 f). Dieser Standard sollte gemäß der Protokollnotiz Nr. 14 zu Art. 35 des Einigungsvertrages aufrecht erhalten bleiben (i. e. *Pastor,* aaO, S. 84). Daß es dem Brandenburgischen Verfassungsgesetzgeber seinerseits mit Art. 25 Abs. 3 LV darum ging, das Recht auf Gebrauch der sorbischen Sprache vor Gericht und vor den Behörden abzusichern, belegen auch die Verfassungsberatungen. In dem Protokoll der 13. Sitzung des Verfassungsausschusses Unterausschuß I vom 11. Oktober 1991 heißt es:

> Weiterhin werde in einer Zuschrift vorgeschlagen:
>
> ‚Die Sorben haben das Recht, ihre Muttersprache vor Gerichten und Verwaltungsbehörden zu gebrauchen.'
>
> Dieser Vorschlag sei, so Herr *Koch,* schon im Abs. 3 durch die Formulierung ‚... im öffentlichen Leben ...' verwirklicht (Ausschußprotokoll VA/ UA I-13, Dokumentation zur Verfassung des Landes Brandenburg, Band 2, 1993, S. 694).

Nach alledem ist hier Art. 25 Abs. 3 LV, weil das Brandenburgische Braunkohlengrundlagengesetz von dem Gebrauch der sorbischen Sprache im öffentlichen Leben keinerlei Abstriche macht, nicht betroffen.

b. Die Inanspruchnahme der Gemeinde Horno für den Braunkohlentagebau beeinträchtigt freilich das – gleichfalls in Art. 25 Abs. 3 LV abge-

Braunkohlentagebau im sorbischen Siedlungsgebiet 159

sicherte, allerdings (lediglich) als Staatsziel zu begreifende (vgl. auch *Pastor,* aaO, S. 103) – Recht der Sorben auf Bewahrung ihrer Kultur im öffentlichen Leben. Mit der Staatszielbestimmung auf Bewahrung der sorbischen Kultur im öffentlichen Leben soll gesichert werden, daß sich der Staat auch für die kulturellen Belange der Sorben einsetzt, die sorbische Kultur im öffentlichen Leben nicht hintanstellt und dazu beiträgt, sie, wie der Begriff „Bewahrung" ergibt, nach Möglichkeit nicht verlorengehen zu lassen. Der kulturelle Bereich ist freilich – abgesehen von der Frage der Sprache (hierzu schon oben a. sowie *Kirchhof,* aaO, Rdn. 50 ff) – der staatlichen Betätigung nur begrenzt zugänglich. Raum für eine staatliche Bewahrung der sorbischen Kultur gemäß Art. 25 Abs. 3 LV bleibt von daher nur insoweit, als das Land kulturelle Einrichtungen wie etwa Museen unterhält oder es sich in anderer Weise kulturschützend oder -fördernd betätigt (vgl. *Pastor,* aaO, S. 102). Dazu zählt aber auch der hier ebenfalls betroffene Bereich des Denkmalschutzes, der den Staat verpflichtet, darauf hinzuwirken, daß Denkmäler in der Raumordnung und Landesplanung, in der städtebaulichen Entwicklung und in der Landespflege angemessen berücksichtigt werden (vgl. insoweit § 1 Abs. 1, 2 Denkmalschutzgesetz Brandenburg – DenkmSchG). Die Inanspruchnahme der Gemeinde Horno für den Braunkohlentagebau beeinträchtigt das so verstandene Recht der Sorben auf Bewahrung ihrer Kultur. Die Auffassung in der Gesetzesbegründung, daß vorliegendenfalls sorbisches Kulturgut und damit der Normbereich des Art. 25 Abs. 3 LV nicht betroffen sei, teilt das Gericht in dieser Form nicht. Es kommt insoweit nicht darauf an, ob in Horno sorbisches Kulturgut von „unersetzliche(r) Bedeutung für überliefertes Brauchtum oder Zwecke der Religionsausübung" vorhanden ist (LT-Drs. 2/3750, S. 49). Die nachfolgend wiedergegebenen Ausführungen aus der Gesetzesbegründung:

> „Als identitätsstiftendes Bauwerk von hohem Rang kommt allein die Kirche in Betracht, die den Mittelpunkt des religiösen Lebens der Hornoer Bevölkerung darstellt. Hierbei handelt es sich jedoch um eine religiöse, nicht um eine ethnisch-kulturelle Bezugsgröße. Zwar haben gelegentlich in der Kirche stattfindende Gottesdienste in sorbischer (wendischer) Sprache Bedeutung für die sorbische (wendische) Identität, aber dem Kirchengebäude als solchem kommt eine solche Bedeutung nicht zu. Eine solche Bedeutung wäre etwa denkbar, wenn die Kirche eine Wallfahrtsstätte mit nationaler Bedeutung für das sorbische (wendische) Volk darstellte oder es sich um ein Gebäude handeln würde, das eine erhebliche Rolle in der sorbischen (wendischen) Geschichte gespielt hätte. Ein solcher Fall ist nicht gegeben. Auch eine über Horno hinausreichende überörtliche Bedeutung kommt der Kirche nicht zu. ...
> In der Denkmalbereichsatzung der Gemeinde Horno vom 5. April 1993 wird der Denkmalwert der Ortslage Horno mit dem historischen Siedlungsgrundriß und dem äußeren Erscheinungsbild des Straßenangerdorfes begründet. Dabei handelt

es sich um eine bemerkenswerte städtebauliche Situation aus dem 19. und 20. Jahrhundert, der siedlungs- und kulturgeschichtliche sowie baugeschichtliche Bedeutung zukommt. Die Bedeutung resultiert jedoch nicht aus der Tatsache, daß in dem Ort Sorben leben bzw. gelebt haben oder daß dort sorbisches (wendisches) Brauchtum gepflegt wird. Vielmehr handelt es sich um eine bedeutende Dorfanlage in der Kulturlandschaft der Niederlausitz, die u. a. von sorbischer (wendischer) Kulturtradition beeinflußt ist. Eine spezifische „sorbische" Architektur oder Siedlungsweise ist insofern nicht gegeben. Auch unter Berücksichtigung des der Denkmalbereichsatzung zugrundeliegenden Denkmalwertes handelt es sich daher bei der Ortslage selbst ungeachtet des Vorhandenseins anderer Äußerungen sorbischen Lebens nicht um sorbisches Kulturgut" (LT-Drs. 2/3750, S. 50).

verengen Art. 25 Abs. 3 LV zu sehr. Handelt es sich bei Horno – wovon der Gesetzgeber ausweislich der wiedergegebenen Begründung ausgeht – „um eine bedeutende Dorfanlage in der Kulturlandschaft der Niederlausitz, die u. a. von sorbischer (wendischer) Kulturtradition beeinflußt ist", ist die Ortschaft damit Teil (auch) der regional-sorbischen Kultur. Daß in den Schutzbereich des Art. 25 Abs. 3 LV nur Kulturgüter von „erheblicher" oder „unersetzlicher" Bedeutung für die sorbische Kultur fallen, läßt sich der Norm nicht entnehmen.

In der in Frage stehenden Beeinträchtigung des Rechts der Sorben auf Bewahrung ihrer Kultur liegt jedoch deshalb keine verfassungswidrige Verletzung des Staatsziels „Bewahrung der Kultur der Sorben", weil es auch insoweit vertretbar ist, den Staatszielen Energiesicherung, Strukturförderung und Arbeitsplatzsicherung das größere Gewicht beizumessen, um so mehr, als, wie in der wiedergegebenen Passage der Gesetzesbegründung dargelegt, der spezifisch sorbische Anteil der Dorfkultur Hornos, wenn auch mitprägend, so doch nicht absolut und durchgängig ist. Da das Gericht in letzterem – entsprechend der wiedergegebenen Gesetzesbegründung – den Kern der (auch) die Auswirkungen auf die Kultur der Sorben in den Blick nehmenden Abwägung des Gesetzgebers sieht, wirkt sich die zum Schutzbereich „Bewahrung der sorbischen Kultur" verengte Sicht des Gesetzgebers auch nicht unter dem Gesichtspunkt eines Abwägungsfehlers auf den Bestand der hier überprüften Regelung aus.

Eine Zurückstellung sorbischer Belange ist auch in bezug auf die Auswirkungen auf die sorbische Kultur nicht unverhältnismäßig. Das Gericht sieht die Bedeutung der Siedlung Horno als sorbisches Kulturgut durchaus. Sie ist der Sache nach auch vom Gesetzgeber beachtet worden. Im Rahmen seiner Abwägung zwischen den für die Inanspruchnahme der Gemeinde Horno streitenden Belangen und denen des Denkmalschutzes (und damit der Kulturbewahrung) hat er auf die von der Gemeinde Horno beschlossene Denkmalbereichsatzung vom 5. April 1993 Bezug genommen und gesehen, daß die Ortschaft in ihrer Substanz und in ihrem Erscheinungsbild u. a. mit Blick auf die traditionelle Hofbebauung und die Feldsteinkirche aus dem 14. Jahrhundert siedlungs-, kultur- und baugeschichtlich von Bedeutung sei. Er hat ferner einbezogen, daß die Hügelplatte, auf der sich Horno befindet und an deren Rand Funde aus der 3. Bronzezeit, der ostgermanischen und der südslawischen Zeit gemacht worden sind, und der sog. Teufelsberg, der vermutlich eine spätslawische Wallanlage ist, und Bodendenkmäler durch die Inanspruchnahme der Gemeinde Horno zerstört werden würden (LT-Drs. 2/3750, S. 54 ff). Der Gesetzgeber hat jedoch den Belangen der Strukturförderung, der Arbeitsplatzsicherung und der Energiesicherung in vertretbarer Weise den Vorrang eingeräumt. Für die diesbezügliche – schwierige – Abwägung gelten die Ausführungen zu Art. 25 Abs. 1 Satz 1 LV entsprechend. Über Art. 2 § 4 Abs. 4 BbgBkGG hat der Gesetzgeber im übrigen Vorsorge getroffen, daß die untergehenden Kulturgüter dokumentiert werden können und für diesen Fall wenigstens in dieser Form für die Nachwelt bewahrt werden.

c. Schließlich verletzt Art. 2 § 1 i. V. m. Art. 1 BbgBkGG auch nicht das Recht der Sorben auf (über eine bloße Bewahrung der bezeichneten Rechtsgüter hinausgehende) *Förderung* der sorbischen Sprache und Kultur im öffentlichen Leben. Mit dem „Recht auf Förderung" greift die Verfassung – wie schon durch die Protokollnotiz zu Art. 35 des Einigungsvertrages abgesichert und auch im internationalen Rahmen gefordert – den Gedanken einer akzentuiert über eine bloße „Bewahrung" hinausgehenden aktiven staatlichen Betätigung im Interesse der genannten Rechtsgüter auf (vgl. abermals *Hahn,* aaO, S. 79; BT-Drs. 12/6000, S. 74). „Förderung" verlangt ein (positives) Handeln des Staates und verstärkt den Staatszielcharakter im Sinne eines „Auftrags zur Förderung". Der damit in die Landesverfassung aufgenommene sogenannte „fördernde Minderheitenschutz" (vgl. *Veiter,* Nationalitätenkonflikt und Volksgruppenrecht im ausgehenden 20. Jahrhundert, Band 1, 2. Aufl., 1984, S. 221 ff, 224 ff) verpflichtet den Staat, Maßnahmen zu ergreifen, um den tatsächlichen Assimilierungsdruck durch die Mehrheitsbevölkerung auszugleichen (s. oben III.1.b.bb.(6) (a)(bb)). Gegen diesen Förderauftrag, der sich auf die sorbische Sprache und Kultur im ganzen bezieht, hat der Gesetzgeber des Brandenburgischen Braunkohlengrundlagengesetzes nicht verstoßen. Auch ein solcher Förderauftrag findet seine Grenzen in der Verfassung selbst; auch insoweit muß der Gesetzgeber ggfs. im Einzelfalle einen Ausgleich mit gegenläufigen Verfassungsgütern herstellen können. Die Norm benennt als konkret zu ergreifende Fördermaßnahmen nur die Vermittlung der Sprache in den Schulen und Kindertagesstätten, bestimmt die vom Land zu veranlassenden Maßnahmen zur Förderung der sorbischen Sprache und Kultur im übrigen aber nicht näher. Die Bestimmung weiterer Fördermaßnahmen im einzelnen obliegt daher dem Gesetzgeber, der dabei einen Gestaltungsspielraum hat (vgl. BVerfGE 70, 278, 288; 82, 60, 80), der ihm auch Raum zur Berücksichtigung ggfs. auch gegenläufiger Verfassungsgüter beläßt. In diesem Gestaltungsspielraum hat sich der Gesetzgeber im vorliegenden Falle gehalten, wobei er durch die in Art. 2 § 4 Abs. 4 BbgBkGG bestimmte Dokumentationspflicht wenigstens eine Aufzeichnung der verlorengehenden Kulturgüter bestimmt hat, was freilich den Verlust der Kulturgüter nicht auch annähernd ersetzen kann. Immerhin läßt diese Vorsorge erkennen, daß sich der Gesetzgeber seiner Verantwortung für die Kultur des sorbischen Volkes bewußt gewesen ist. Insgesamt ist die Abwägung des Gesetzgebers, auch soweit das Recht der Sorben auf Förderung der sorbischen Sprache und Kultur in Frage steht, verfassungsrechtlich hinnehmbar.

4. Die mit Art. 2 § 1 i.V.m. Art. 1 BbgBkGG geregelte Inanspruchnahme des Gebietes der Gemeinde Horno für den Braunkohlentagebau ist auch im übrigen mit der Landesverfassung vereinbar.

a. Die angegriffenen Normen bleiben im Einklang mit den allgemeinen Grundrechten der Landesverfassung. Dabei mag dahinstehen, inwieweit planerische Entscheidungen durch rechtliche oder zwangsläufige Auswirkungen auf nachfolgende Verfahrensschritte je nach Verbindlichkeit bereits „Vorwirkungen" entfalten und unter diesem Gesichtspunkt bereits im materiellen Sinne in Grundrechte eingreifen können (vgl. im einzelnen *Lübbe-Wolff,* Die Grundrechte als Eingriffsabwehrrechte, 1988, S. 52ff; vgl. auch BVerfG, DVBl. 1981, 374f; BVerfGE 95, 1, 21 ff; s. auch – zur Braunkohlenplanung – *Gern,* LKV 1997, 433, 434). Durch die hier zur Überprüfung gestellten Normen des Braunkohlengrundlagengesetzes wird jedenfalls noch nicht in verfassungswidriger Weise in den Schutzbereich der Grundrechte eingegriffen. Unbeschadet dessen bleibt in die Gesamtabwägung einzubeziehen, ob und inwieweit die gesetzgeberische Entscheidung späterer Grundrechtsbeeinträchtigungen bereits den Weg bereiten hilft. Auch unter diesem Gesichtspunkt ist aber die vom Gesetzgeber vorgenommene Abwägung nicht zu beanstanden. Im einzelnen:

aa. Das Recht auf Unversehrtheit nach Art. 8 Abs. 1 LV ist, auch wenn man bereits die Umsiedlung in den Blick nimmt, durch die angegriffenen Normen nicht betroffen.

Art. 8 Abs. 1 LV erfaßt zunächst – in Entsprechung des Grundrechts auf körperliche Unversehrtheit nach Art. 2 Abs. 2 Satz 1 GG – Beeinträchtigungen im Sinne einer Schädigung der Gesundheit und der körperlichen Integrität (vgl. zu Art. 2 GG *Murswiek,* in: Sachs, aaO, Art. 2, Rdn. 147 ff).

Derartige Auswirkungen auf die körperliche Unversehrtheit der Einwohner der Gemeinde Horno sind mit der Umsiedlung nicht verbunden. Anders als – dem Wortlaut nach – das Bundesgrundrecht ist Art. 8 Abs. 1 LV allerdings nicht auf die körperliche Unversehrtheit beschränkt. Demzufolge werden – entsprechend den in der Rechtsprechung des Bundesverfassungsgerichts anerkannten Schutzwirkungen des Art. 2 Abs. 2 Satz 1 GG (vgl. etwa BVerfGE 56, 54, 73) – auch psychische Verletzungen vom Schutzbereich mit umfaßt (vgl. *Sachs,* Die Grundrechte der brandenburgischen Verfassung, aaO, § 5, Rdn. 31). Art. 8 Abs. 1 LV beinhaltet jedoch kein Grundrecht gegen jegliche Beeinträchtigungen der psychischen Befindlichkeit, sondern will den Einzelnen vor solchen staatlichen Eingriffen schützen, die zwar nicht unmittelbar körperlicher Natur sind, in ihren psychischen Auswirkungen aber vergleichbar sind. Hinreichend faßbare und Krankheitswert erreichende psychische Verletzungen sind aber, auch bei Hinzunahme des sorbenbezogenen Hintergrundes, mit der Inanspruchnahme des Gebietes der Gemeinde Horno nicht verbunden. Der durch die gesetzgeberische Entscheidung vorgezeichnete Verlust der vertrauten Umgebung und der Umzug zu dem einige Kilometer entfernt liegenden Umsiedlungsort oder auch – je nach Wahl – an einen anderen Ort ist für die Einwohner der Gemeinde Horno gewiß belastend. Die Belastung geht aber nicht objektivierbar über dasjenige hinaus, was allgemein mit einem Wohnortwechsel verbunden ist. Sie liegt ihrer Art nach außerhalb des Schutzbereichs des Art. 8 Abs. 1 LV.

bb. Gleiches gilt für das Recht aus Art. 39 Abs. 2 LV auf Schutz der Unversehrtheit vor Verletzungen und unzumutbaren Gefährdungen, die aus Veränderungen der natürlichen Lebensgrundlagen entstehen. Verletzungen und Gefährdungen der Unversehrtheit der Gemeindebewohner stehen nicht zu erwarten. Das zu Art. 8 Abs. 1 LV Ausgeführte gilt entsprechend.

cc. Auch soweit der Gebrauch der sorbischen Sprache im privaten Bereich – speziell in der Hornoer Mundart – als Teil der Menschenwürde und der freien Entfaltung der Persönlichkeit i. S. von Art. 10, 7 und 12 Abs. 2 LV begriffen werden kann (vgl. entspr. auf Bundesebene *Hahn,* in: Frowein/Hofmann/Oeter (Hrsg.), Das Minderheitenrecht europäischer Staaten, Teil 1, 1993, S. 62, 83), hält sich die Beeinträchtigung unterhalb der Grenze des Verfassungsverstoßes. Die Inanspruchnahme der Gemeinde Horno für den Braunkohlentagebau greift nicht gezielt in das Recht ein, die Hornoer Mundart im privaten Bereich zu gebrauchen. Vielmehr ergibt sich nur mittelbar, daß sich die überkommenen sozialen Bande lockern können und dies zu Lasten der Mundart geht, derer man sich bedient. Allerdings bieten die Grundrechte Schutz auch vor tatsächlichen Auswirkungen, wenn sie darin bestehen, daß die Grundrechtsausübung unmöglich oder wesentlich erschwert wird (vgl. *Pieroth/Schlink,* Die Grundrechte, 13. Aufl., Rdn. 240; *Dreier,* in: ders. (Hrsg.), Grundgesetz, Band 1, 1996, Vorb. Rdn. 82). So liegt es hier jedoch nicht. Die betroffenen Menschen können sich weiterhin der Hornoer Mundart bedienen. Zwar verlieren die Dorfbewohner durch die Aussiedlung ihren bisherigen engeren Lebensraum. Zerfällt auf diese Weise die Dorfgemeinschaft, bedeutet dies eine Gefährdung auch des in dieser Gemeinschaft gebräuchlichen Dialekts. Insoweit ist jedoch zu berücksichtigen, daß die zufolge Art. 2 § 5 BbgBkGG angestrebte gemeinsame Umsiedlung diese Beeinträchtigung abmildern kann. Nach den Erkenntnissen des Gesetzgebers sind etwa 150–200 der Bürger Hornos zu einer gemeinsamen Umsiedlung bereit, so daß die Sprachgemeinschaft nicht gänzlich zu zerfallen braucht. Es liegt in der Hand der Hornoer Bürger selbst, die Beeinträchtigung noch weitergehend abzumildern, indem sie sich noch geschlossener der gemeinsamen Umsiedlung anschließen. Unbeschadet dessen wäre ein Eingriff in das Recht auf freie Entfaltung der Persönlichkeit, die nur im Rahmen der Rechte anderer bzw. der Verfassung und der ihr entsprechenden Gesetze geschützt ist, wiederum mit Rücksicht auf die von dem Gesetzgeber hiergegen abgewogenen und ihrerseits Verfassungsrang genießenden Staatsziele Strukturförderung, Arbeitsförderung und Energiesicherung jedenfalls vertretbar.

dd. Das Grundrecht auf Freizügigkeit aus Art. 17 Abs. 1 LV wird durch die angegriffene Entscheidung nicht verletzt. Das gegenüber der allgemeinen Handlungsfreiheit aus Art. 10 LV insoweit speziellere Grundrecht gewährleistet die Freiheit, unbehindert durch die Staatsgewalt an jedem Ort innerhalb des Landes Aufenthalt und Wohnsitz zu nehmen (BVerfGE 2, 266, 273, zu Art. 11 GG). Es umfaßt auch die „negative" Freiheit, an einem freigewählten Wohnort zu verbleiben (*Krüger,* in: Sachs, aaO, Art. 11, Rdn. 14). Indessen wird das Grundrecht auf Freizügigkeit nur durch direkte staatliche Eingriffe in das Grundrecht verletzt (*Jarass,* in: Jarass/Pieroth, Grundgesetz, 4. Aufl. 1997, Art. 11, Rdn. 7 m. w. N.; *Krüger,* aaO, Rdn. 20), d. h. bei Eingriffen, deren Regelungsgegenstand auf die Beschränkung der Freizügigkeit gerichtet ist, nicht aber bei Eingriffen, die für bestimmte Bereiche eine bestimmte Nutzung erzwingen (vgl. für planerische Entscheidungen *Jarass,* aaO, Rdn. 7 a. E.; *Pernice,* in: Dreier (Hrsg.), Grundgesetz, Band 1, 1996, Art. 11, Rdn. 20 m. w. N.; *Kunig,* in: v. Münch/Kunig (Hrsg.), Grundgesetz, Art. 11, Rdn. 19 a. E. [„programmatische Funktion" des Grundrechts]).

ee. Auch in das durch Art. 41 Abs. 1 LV geschützte Eigentum an dem von der Abbaggerung betroffenen Grund und Boden samt aufstehenden Gebäuden wird nicht in verfassungswidriger Weise eingegriffen. Es wird durch die in Art. 2 § 1 i. V. m. Art. 1 BbgBkGG liegende planerische Entscheidung noch nicht berührt. Der konkrete Ausgleich zwischen den Interessen der Oberflächeneigentümer, den ihrerseits eigentumsrechtlich geschützten Rechten des Bergbautreibenden und dem öffentlichen Interesse an der Gewinnung von Braunkohle findet erst im Rahmen der bergrechtlichen Entscheidungen statt. Der Eingriff in das Eigentumsrecht aus Art. 41 Abs. 1 LV liegt dabei erst in der bergrechtlichen Grundabtretung nach §§ 77 ff BBergG. Dort können die Oberflächeneigentümer die Rechtmäßigkeit der Maßnahme, für die ihr Grundstück in Anspruch genommen werden soll, zur Überprüfung stellen (BVerwG, NVwZ 1991, 992). Selbst die Betriebsplanzulassung ist noch kein unmittelbarer Eingriff (BVerwG aaO; BVerwGE 87, 241). Dies gilt erst recht für die landesplanerische Inanspruchnahme eines Gebietes für die bergbauliche Nutzung.

Ob Art. 2 § 1 BbgBkGG bereits eine eigentumsrechtliche Vorwirkung zukommt, bedarf hier keiner abschließenden Entscheidung (bejahend *Gern,* LKV 1997, 433, 434; verneinend *Degenhart,* Rechtsfragen der Braunkohlenplanung für Brandenburg, 1996, S. 94 f), weil Inhalt und Schranken des Eigentums der Bestimmung durch die Gesetze unterliegen (Art. 41 Abs. 1 Satz 2 LV), das Eigentum dem Wohle der Allgemeinheit zu dienen hat (Art. 41 Abs. 2 Satz 2 LV) und eine Enteignung zum Wohle der Allgemeinheit (durch Gesetz oder aufgrund eines Gesetzes und bei gleichzeitiger Regelung der Entschädigung, Art. 41 Abs. 4 LV) sowie speziell zur Gewinnung von Bodenschätzen eine Überführung in Gemeineigentum „oder in andere Eigentumsformen" zum Wohle der Allgemeinheit (gegen Entschädigung) landesverfassungsrechtlich zulässig ist (Art. 41 Abs. 5 LV). Von daher ist der gesetzgeberische Zugriff auf das Gemeindegebiet Horno für den Braunkohlentagebau auch gemessen an Art. 41 LV vertretbar. Er ist, soweit man eine in den Schutzbereich des Art. 41 LV fallende Vorwirkung annimmt, zum Wohle der Allgemeinheit und als Konsequenz der Situationsgebundenheit der betreffenden Fläche in einem Gebiet mit Braunkohlevorkommen zulässig. Die gesetzliche Regelung der bergrechtlichen Grundabtretung ist eine nach Art. 14 Abs. 3 GG zulässige Beschränkung der Bestandsgarantie des Eigentums im Wege der Enteignung (vgl. BVerwGE 87, 241). Entsprechendes gilt für den Eigentumsschutz des Art. 41 LV. Das Braunkohlengrundlagengesetz hält sich, ohne schon unmittelbar in Eigentumsrechte einzugreifen, auf dieser Linie.

Soweit die angegriffene gesetzgeberische Entscheidung, ohne bereits Vorwirkungen für konkrete Eigentumspositionen der Grundstückseigentümer im Plangebiet zu entfalten, späteren Enteignungen jedenfalls den Weg bereitet, kann allerdings Art. 41 LV in seiner objektiv-rechtlichen Dimension, als Element objektiver Ordnung, berührt sein (vgl. insoweit *Dreier,* in: ders. (Hrsg.), Grundgesetz, Band 1, 1996, Vorb. Rdn. 55 ff). Auch dem hat der

Gesetzgeber aber bei seiner Entscheidung hinreichend Rechnung getragen. Er hat die Möglichkeit späterer Enteignungen ausweislich der Begründung zum Gesetzentwurf gesehen (vgl. LT-Drs. 2/3750, S. 48) und in die Abwägung einbezogen. Wenn er gleichwohl zu der Auffassung gelangt ist, daß in diesem Fall die eigentumsrechtliche Bestandsgarantie hinter dem enteignungsrechtlichen Allgemeinwohlerfordernis zurückzutreten habe, ist dies von Verfassungs wegen nicht zu beanstanden, weil die vom Gesetzgeber verfolgten Ziele dem Allgemeinwohlerfordernis des Art. 41 Abs. 4 LV entsprechen (s. o.) und deshalb – jedenfalls grundsätzlich und vorbehaltlich der Rechtmäßigkeit konkreter späterer Enteignungsakte – einen staatlichen Zugriff auf das Eigentum zu rechtfertigen vermögen.

b. Die Entscheidung für die Inanspruchnahme Hornos bleibt darüber hinaus in Einklang mit dem Verfassungsauftrag (im Sinne einer Staatszielbestimmung) des Art. 34 Abs. 2 LV. Danach werden „das kulturelle Leben in seiner Vielfalt" und die Vermittlung des kulturellen Erbes öffentlich gefördert (Satz 1) und stehen Kunstwerke und Denkmale der Kultur unter dem Schutz des Landes, der Gemeinden und Gemeindeverbände (Satz 2). Zwar ist der Schutzgehalt der Norm berührt, weil das kulturelle Leben in der Gemeinde Horno Teil des kulturellen Lebens „in seiner Vielfalt" ist und sowohl das Ortsbild als auch die Kirche der Gemeinde Horno denkmalrechtlichen Schutz genießen; sie unterfallen aufgrund der gemeindlichen Denkmalbereichssatzung bzw. der Eintragung als Einzeldenkmal dem Geltungsbereich des Denkmalschutzgesetzes Brandenburg (vgl. § 8 DenkmSchG). Indessen ist auch die Zurückstellung der Staatszielbestimmung des Art. 34 Abs. 2 LV in Abwägung gegen die hier konkurrierenden Staatsziele der Strukturförderung, Arbeitsförderung und Energiesicherung verfassungsrechtlich vertretbar, zumal der Gesetzgeber durch Art. 2 § 4 Abs. 4 BbgBkGG eine Dokumentation über den Zeitpunkt des Außerkrafttretens der örtlichen Denkmalsatzung hinaus bestimmt und sich damit seiner Aufgabe zur „Vermittlung des kulturellen Erbes" i. S. von Art. 34 Abs. 2 LV bewußt gezeigt hat. Darüber hinausgehende Schutzmaßnahmen, etwa eine Pflicht des Bergbautreibenden zur Bergung einzelner Bauteile von besonderer denkmalrechtlicher Bedeutung, bleiben im Rahmen der nach § 15 DenkmSchG zu treffenden Entscheidungen möglich.

c. Soweit, wie das erkennende Gericht in seinem Urteil vom 1. Juni 1995 dargelegt hat, die vollständige Inanspruchnahme für den Braunkohlentagebau auch an Art. 98 Abs. 2 LV zu messen ist, fällt die Prüfung insoweit mit derjenigen der in Art. 2 § 1 BbgBkGG gleichzeitig bestimmten Auflösung der Gemeinde Horno zusammen und ist, wie hierzu auszuführen sein wird, auch unter diesem Gesichtspunkt mit der Landesverfassung vereinbar.

5. Die Entscheidung des Gesetzgebers für eine Inanspruchnahme des Gebiets der Gemeinde Horno ist auch in der Gesamtschau der berührten Belange verfassungsrechtlich vertretbar. Der Gesetzgeber hat die durch Art. 2 § 1 i. V. m. Art. 1 BbgBkGG berührten Staatsziele, Grundrechte und Belange nicht etwa, was fehlerhaft gewesen wäre, jeweils nur für sich gegen die Verfassungsaufträge Strukturförderung, Arbeitsförderung und Energiesicherung abgewogen, sondern war sich erkennbar der Verantwortung bewußt, eine Gesamtabwägung unter Einbeziehung sämtlicher berührter Rechts- und Verfassungsgüter vorzunehmen. Daß er hierbei die durch die Inanspruchnahme der Gemeinde Horno berührten Staatsziele und Grundrechte (auch) in ihrer Gesamtheit hinter den Staatszielen Strukturförderung, Arbeitsförderung und Energiesicherung, alles dies staatliche Aufgaben von Verfassungsrang und von fundamentalem Interesse für das Gemeinwesen, hat zurücktreten lassen, bleibt im Rahmen des nach der Landesverfassung Zulässigen.

IV.

Soweit Art. 2 § 1 BbgBkGG über die planerische Grundentscheidung für die Inanspruchnahme des Gemeindegebietes Horno zum Zwecke des Braunkohlentagebaus hinaus bereits die juristische Auflösung der Gemeinde Horno (zum Tag der nächsten landesweiten Kommunalwahlen) angeordnet hat, ist die Entscheidung an Art. 98 LV zu messen. Die Auflösung einer Gemeinde stellt der Sache nach einen Unterfall der gemeindlichen Gebietsänderung dar (vgl. StGHBW, ESVGH 25, 1, 5; BVerfGE 50, 195, 203; für Gemeindeverbände bereits Verfassungsgericht des Landes Brandenburg, Urteil vom 14. Juli 1994 – VfGBbg 4/93 – LVerfGE 2, 125, 134; Urteil vom 15. September 1994 – VfGBbg 3/93 – LVerfGE 2, 143, 155 f), wie sie gemäß Art. 98 Abs. 1 LV aus Gründen des öffentlichen Wohls zulässig ist. Im Falle der Auflösung einer Gemeinde gegen ihren Willen bedarf es eines förmlichen Gesetzes. Wie die (bloße) Gebietsänderung muß infolgedessen (erst recht) die Auflösung als Unterfall der Gebietsänderung bzw. das hierfür erforderliche Gesetz Gründe des öffentlichen Wohls für sich in Anspruch nehmen können. Vor einer Änderung des Gemeindegebietes, also auch vor einer Gemeindeauflösung, muß gemäß Art. 98 Abs. 2 Satz 3 LV die Bevölkerung der unmittelbar betroffenen Gebiete gehört werden. Unabhängig davon ist – über den Wortlaut des Art. 98 LV hinaus – jeweils auch die Gemeinde, die von der Gebietsänderung betroffen ist, anzuhören. Das Recht der Gemeinde auf Anhörung im Vorfeld einer sie betreffenden Gebietsänderung zählt zur kommunalen Selbstverwaltungsgarantie (vgl. etwa BVerfGE 86, 90, 107; 50, 195, 202; 50, 50; siehe auch StGHBW, ESVGH 23, 1, 18; 25, 1, 25 zu der nahezu gleichlautenden Bestimmung des Art. 74 der Verfassung des Landes Baden-Württemberg). Die hiernach erforderlichen Voraussetzungen für die Auflösung der Gemeinde Horno hat der Gesetzgeber des Brandenburgischen Braunkohlengrundlagengesetzes ohne Verfassungsverstoß angenommen.

1. Die gebotenen Anhörungen haben stattgefunden. Art. 98 LV schreibt für die Anhörung kein bestimmtes förmliches Verfahren vor. Vielmehr sind alle Formen der Anhörung zulässig, die dem Zweck der Anhörung gerecht werden (vgl. bereits Verfassungsgericht des Landes Brandenburg, Urteil vom 14. Juli 1994 – VfGBbg 4/93 – LVerfGE 2, 125, 135, sowie Urteil vom 15. September 1994 – VfGBbg 3/93 – LVerfGE 2, 143, 156 f).

a. Mit der Anhörung muß die Gemeinde Gelegenheit erhalten, ihre Belange darzulegen und zu den Vor- und Nachteilen der Neugliederungsmaßnahme Stellung zu nehmen. Das setzt voraus, daß der Anhörung eine rechtzeitige Information über die beabsichtigte Regelung einschließlich ihres wesentlichen Inhalts und ihrer maßgeblichen Begründung vorausgegangen ist (Verfassungsgericht des Landes Brandenburg, aaO, LVerfGE 2, 135 sowie 156 f). Dem ist hier Genüge getan. Sowohl die Gemeinden Horno und Jänschwalde, die konkret von der hier in Rede stehenden Gebietsänderung betroffen sind, als auch – unbeschadet der Frage, ob die Anhörung auch insoweit geboten war – die Kommunen Turnow, Peitz und Forst (Lausitz) sind bereits im Vorfeld der Erarbeitung des Gesetzentwurfs zu der dann Gesetz gewordenen Regelung und deren Hintergrund angehört worden. Die den Gemeinden zugänglich gemachten Anhörungsunterlagen haben – neben dem Entwurf der Regelung und einer ausführlichen Begründung hierzu – umfassendes Informationsmaterial aus den Standortuntersuchungen für eine Neuansiedlung sowie Unterlagen zur Frage der Weiterführung des Tagebaus Jänschwalde enthalten (LT-Drs. 2/3750, S. 56). Ferner hat insbesondere die Gemeinde Horno nochmals in der öffentlichen Anhörung des Ausschusses für Umwelt, Naturschutz und Raumordnung vom 23. April 1997 Gelegenheit gehabt, ihren Standpunkt zu der geplanten Neugliederung darzustellen (Ausschußprotokoll 2/712, Band 1).

b. Die Anhörung der Bevölkerung der betroffenen Gebiete ist ebenfalls in nicht zu beanstandender Weise erfolgt. Sie soll dem Gesetzgeber die Meinung der betroffenen Einwohner zu dem Neugliederungsvorhaben vermitteln. Im Rahmen des Gesetzgebungsverfahrens sind die Einwohner der genannten Gemeinden angehört worden. Die Einwohner Hornos sind darüber hinaus brieflich befragt worden. Dementsprechend hat sich der Gesetzgeber ein hinreichend verläßliches Bild von der Haltung insbesondere der Hornoer Bürger gegenüber dem Neugliederungsvorhaben machen

Braunkohlentagebau im sorbischen Siedlungsgebiet 169

können, wobei diese dem Vorhaben überwiegend ablehnend gegenübergestanden haben und weiterhin stehen (vgl. LT-Drs. 2/3750 S. 56 ff, 59, wo eine Ablehnungsquote von etwa 91 % festgehalten ist). Daß sich der Gesetzgeber mit der Auflösung Hornos im Gegensatz zu dem mehrheitlichen Willen der Einwohner befindet, macht seine Entscheidung nicht fehlerhaft. Der Wille der Bevölkerung ist im Rahmen des Gesetzgebungsverfahrens lediglich ein – wenn auch besonderes Interesse verdienender – Gesichtspunkt unter anderen, der in das Gesetzgebungsverfahren einzufließen hat und dort zu berücksichtigen ist (vgl. StGHBW, ESVGH 25, 1, 20, 25).

2. Der Gesetzgeber hat sich fehlerfrei auf den Standpunkt gestellt, daß für die Auflösung der Gemeinde Horno Gründe des öffentlichen Wohls i. S. von Art. 98 Abs. 1 LV vorliegen, und auf dieser Grundlage eine verfassungsrechtlich nicht zu beanstandende Regelung getroffen.

a. Der Inhalt des Begriffs „öffentliches Wohl" ist nicht festgelegt. Er muß im konkreten Falle vom Gesetzgeber ausgefüllt werden. Ihm kommt dabei grundsätzlich – in dem von der Verfassung gesteckten Rahmen – ein Beurteilungsspielraum und Gestaltungsfreiheit in dem Sinne zu, daß er Ziele, Leitbilder und Maßstäbe der Gebietsänderung selbst festlegen kann. Die Ausübung dieses gesetzgeberischen Spielraums unterliegt nur einer eingeschränkten verfassungsgerichtlichen Überprüfung. Für die verfassungsgerichtliche Kontrolle von Neugliederungsgesetzen ist nach der Rechtsprechung des erkennenden Gerichts auf diejenigen Grundsätze zurückzugreifen, die vom Bundesverfassungsgericht und anderen Landesverfassungsgerichten herausgebildet worden sind. Da das Verfassungsgericht sich nicht an die Stelle des Gesetzgebers setzen darf, hat es seine Nachprüfung darauf zu beschränken, ob die Zielvorstellungen, Sachabwägungen, Wertungen und Einschätzungen des Gesetzgebers offensichtlich fehlerhaft oder eindeutig widerlegbar sind oder der verfassungsmäßigen Wertordnung widersprechen. Das Verfassungsgericht überprüft den Abwägungsvorgang daraufhin, ob der Gesetzgeber den entscheidungserheblichen Sachverhalt umfassend ermittelt, seiner Regelung zugrundegelegt und die mit ihr einhergehenden Vor- und Nachteile in vertretbarer Weise gewichtet und in die Abwägung eingestellt hat. Bei Beachtung dieser prozeduralen Maßgaben ist die Bevorzugung einzelner und die gleichzeitige Hintanstellung anderer Belange dem Gesetzgeber soweit überlassen, als das mit einem Eingriff in den Bestand einzelner Kommunen verbundene Abwägungsergebnis zur Erreichung der verfolgten Zwecke nicht offenkundig ungeeignet oder unnötig ist oder zu den angestrebten Zielen deutlich außer Verhältnis steht und frei von willkürlichen Erwägungen und Differenzierungen ist. Es ist nicht die Aufgabe des Gerichts zu prüfen, ob der Gesetzgeber die beste und zweckmäßigste Neugliederungsentscheidung getroffen hat (zu alledem bereits Verfassungsgericht des Landes Brandenburg, Urteil vom 15. September 1994 – VfGBbg 3/93 – LVerfGE 2, 143, 158f sowie Urteil vom 14. Juli 1994 – VfGBbg 4/93 – LVerfGE 2, 125, 136f).

b. Das von dem Gesetzgeber mit der Auflösung der Gemeinde Horno verfolgte Ziel, die Weiterführung des Tagebaus Jänschwalde landesplanerisch abzusichern, ist ein Grund des öffentlichen Wohls, der eine kommunale Neugliederung zu rechtfertigen vermag. Es ist nicht etwa so, daß sich die Gründe für eine gemeindliche Neuordnung aus der kommunalen Struktur als solche – etwa aus dem Zuschnitt, der Größe, dem Maß der verwaltungsmäßigen und finanziellen Leistungsfähigkeit der Kommunen usw. – ergeben müßten. Vielmehr handelt es sich bei dem Begriff des öffentlichen Wohls um einen offenen Begriff, der auch andere Belange umfaßt (vgl. SachsAnh-VerfGH, LKV 1995, 75, 78 m.w.N.; StGHBW, ESVGH 25, 1, 5ff), so daß auch andere Gründe, wenn sie im öffentlichen Wohl liegen, einen Eingriff in die Kommunallandschaft erlauben. Hierzu kann auch die Inanspruchnahme größerer Flächen für den Bergbau gehören. Vorliegend geht es dem Gesetzgeber mit der Auflösung der Gemeinde Horno, die letztlich der Weiterführung des Tagebaus Jänschwalde dienen soll, um die Verwirklichung von Staatszielen, die dem Land von Verfassungs wegen aufgegeben sind: Wie schon näher dargelegt, will der Gesetzgeber des Brandenburgischen Braunkohlengrundlagengesetzes eine tragfähige strukturelle Entwicklung in der Lausitz fördern, zur Arbeitsplatzsicherung in der Region beitragen und eine langfristige Energieversorgung aus der heimischen Braunkohle sichern (vgl. LT-Drs. 2/3750, S. 1, 36), wie dies Art. 44, 48 und, soweit die Energieversorgung eine Voraussetzung für ein menschenwürdiges Leben darstellt, Art. 2 Abs. 1 und 7 Abs. 1 LV entspricht. Hierbei handelt es sich fraglos um Gründe, die das öffentliche Wohl betreffen.

c. Im Gesetzgebungsverfahren ist der zugrundeliegende Sachverhalt, wie schon in anderem Zusammenhange dargelegt, umfassend ermittelt und erörtert worden. Hierauf wird verwiesen. Speziell mit der Frage der Auflösung der Gemeinde Horno und der dadurch berührten Interessen hat sich im Rahmen der Anhörung zum Gesetzentwurf noch einmal der – federführende – Ausschuß für Umwelt, Naturschutz und Raumordnung des Landtages Brandenburg befaßt (Ausschußprotokoll 2/712, Band 1, S. 2 und insb. S. 179ff).

d. Der Gesetzgeber hat die mit der Auflösung Hornos verbundenen Vor- und Nachteile in verfassungsrechtlich nicht zu beanstandender Weise gewichtet und gegeneinander abgewogen. Gemessen an der vollständigen Beseitigung der Siedlung Horno durch Abbaggerung ist die Beendigung der juristischen Selbständigkeit gleichsam der kleinere Schritt. Insofern überschneidet sich die Abwägung mit derjenigen zur Inanspruchnahme des Gemeindegebietes für den Braunkohlentagebau (oben unter III.1.c.bb.) und kann auf die Ausführungen hierzu Bezug genommen werden. Auch in bezug auf den Bestand von Horno als eigenständige Gemeinde durfte der Gesetzgeber den Staatszielen Strukturförderung, Arbeitsplatzsicherung und Energieversorgung angesichts ihrer überörtlichen Bedeutung (vgl. hierzu etwa *Hoffmann,* Ministerium des Innern, Ausschußprotokoll 2/743, S. 3f, und in der Stellungnahme zu Komplex Nr. 1 („Auflösung der Gemeinde Horno"); s. auch 2. Lesung des Gesetzentwurfs im Landtag, etwa Äußerung der Abgeordneten *Gregor,* Plenarprotokoll 2/63 S. 5286f) das größere Gewicht beimessen. Daß es sich um eine Gemeinde im Siedlungsgebiet der Sorben handelt, ist in erster Linie eine Frage des Art. 25 Abs. 1 Satz 1 LV und wirkt – jedenfalls wenn es sich wie hier um eine Neuordnung innerhalb des Siedlungsgebietes handelt – nicht derart in den Bereich der kommunalen Gliederung herüber, daß Horno und die anderen im Sorbengebiet liegenden Gemeinden auch im Bereich der gemeindlichen Gliederung allgemein einen „verstärkten Bestandsschutz" in Anspruch nehmen könnten. Art. 25 LV ist keine kommunale Schutzvorschrift in dem Sinne, daß das Bild der Selbstverwaltungsgarantie davon mitgeprägt würde (vgl. dazu BVerfGE 71, 25, 37 f; 56, 298, 310; 1, 167, 181). Art. 25 Abs. 1 Satz 1 LV schützt nicht die sorbisch geprägte Siedlung als Kommune, sondern das angestammte Siedlungsgebiet der Sorben als Ganzes und gegebenenfalls die Siedlung als Teil dieses Siedlungsgebietes. Ebenso wie das tatsächliche Schicksal Hornos war daher auch das rechtliche Schicksal Hornos dem Zugriff des Gesetzgebers nicht absolut entzogen.

e. Der Gesetzgeber ist mit der förmlichen Auflösung der Gemeinde Horno nicht „zu weit gegangen". Dies gilt unbeschadet dessen, daß er dem Urteil des erkennenden Gerichts vom 1. Juni 1995 (VfGBbg 6/95, LVerfGE 3, 157) unzutreffenderweise entnommen hat, daß damit für die Inanspruchnahme des Gemeindegebietes Horno zum Zwecke des Braunkohlentagebaus eine vorherige förmliche Auflösung der Gemeinde verlangt worden wäre. In Wahrheit hat sich das Gericht in der genannten Entscheidung vom 1. Juni 1995 darauf beschränkt auszuführen, daß die vollständige Inanspruchnahme des Gemeindegebiets durch einen Braunkohlenplan, nicht zuletzt wegen der über § 5 Abs. 4 ROG (a. F.) bewirkten Festlegung der Gemeinde auf ihre eigene „Abwicklung" und wegen der damit in die Wege geleiteten physischen Eliminierung, auf eine Auflösung i. S. von Art. 98 Abs. 2 Satz 2 LV hinauslaufe und dementsprechend eines förmlichen Gesetzes bedürfe, die Entscheidung hierüber also in die Hand des Landtags gehöre.

Von daher hätte es den in dem Urteil vom 1. Juni 1995 klargestellten Voraussetzungen genügt, den Braunkohlenplan – verkürzt gesagt – statt durch Verordnung der Landesregierung durch Gesetz für verbindlich zu erklären. Insoweit ist der Gesetzgeber mit Art. 2 § 1 BbgBkGG, indem er dort über die Inanspruchnahme des Gebietes der Gemeinde Horno für den Braunkohlentagebau hinaus bereits die Auflösung der Gemeinde bestimmt hat, über das Urteil vom 1. Juni 1995 hinausgegangen.

Die Auflösung der Gemeinde Horno ist jedoch aus anderen – im Gesetzgebungsverfahren mit in Betracht gezogenen – Gründen im Ergebnis mit der Landesverfassung vereinbar. Der Gesetzgeber ist erkennbar davon ausgegangen, daß die Inanspruchnahme der Siedlung für den Braunkohlentagebau das Ende der kommunalen Selbstverwaltung in Horno bedeutet und damit die Grundlage für eine eigenständige Gemeinde an dieser Stelle absehbar entfällt. Zugleich hat er sich davon leiten lassen, daß schon vorher die Umsiedlung der Bewohner Hornos stattfinden müsse. In der amtlichen Gesetzesbegründung heißt es:

> „Die Inanspruchnahme erfolgt entsprechend der flächenhaften Ausdehnung und in Abhängigkeit von der Tagebauentwicklung über einen längeren Zeitraum. Die südliche Gemeindegebietsgrenze ist in etwa mit der Linie identisch, an der im Jahr 2000 die Einrichtung eines Vorschnittbetriebes erforderlich wird. Die eigentliche Überbaggerung des Gemeindegebietes beginnt demzufolge im Jahr 2000. Bebaute Grundstücke innerhalb des Ortes Horno müssen zur Gewährleistung der Tagebauweiterführung spätestens ab Anfang des Jahres 2003 in Anspruch genommen werden. Daraus ergibt sich, daß die Umsiedlung der Bewohner des Ortes Horno bis Ende 2002 abgeschlossen werden soll" (LT-Drs. 2/3750, S. 62).

Somit hat der Gesetzgeber des Brandenburgischen Braunkohlengrundlagengesetzes der Sache nach – zutreffend – darauf abgestellt, daß die Gemeinde Horno mit der Inanspruchnahme für den Braunkohlentagebau mehr und mehr ihre Lebensfähigkeit verlieren, sich fortschreitend entvölkern und schließlich mit ihren Einrichtungen und den Gebäuden Stück für Stück zerstört werden wird. Damit wird eine gemeindliche Daseinsvorsorge nach und nach entbehrlich und verliert eine gemeindliche Selbstverwaltung schließlich ihren Sinn (vgl. auch *v. Mutius,* Kommunalrecht, 1996, Rdn. 71, 84).

Unter diesen Umständen ist die in Art. 2 § 1 BbgBkGG bestimmte Auflösung der Gemeinde Horno folgerichtig und sachgerecht. Sie vermeidet eine agonieartige Entleerung der gemeindlichen Selbstverwaltung bis hin zu ihrer gänzlichen Wirkungslosigkeit und leitet das Gemeindegebiet rechtzeitig und geordnet, ausgewiesen als eigener Ortsteil, in das unmittelbar benachbarte Jänschwalde über. Auf diese Weise wird sichergestellt, daß in der Phase der fortschreitenden Abbaggerung der Gemeinde fortlaufend eine geordnete Gemeindeverwaltung und eine geregelte gemeindliche Vertretung zur Verfügung stehen, nämlich durch die Gemeinde Jänschwalde, den Ortsvorsteher und den Ortsbeirat (vgl. Art. 2 § 4 Abs. 2 BbgBkGG i.V. m. § 54 Gemeindeordnung). Zugleich wird Klarheit über den endgültigen kommunalen Verbleib des Abbaggerungsgeländes geschaffen und eine sonst erforderliche spätere Auflösung in einem weiteren Horno betreffenden Gesetzgebungsverfahren (vgl. hierzu auch *Postier,* NJ 1995, 511, 512) entbehrlich. Jedenfalls war der Gesetzgeber aus diesen Gründen verfassungsrechtlich nicht gehindert, bereits jetzt die Auflösung der Gemeinde Horno zu bestimmen und ihre Eingemeindung zu regeln.

f. Es ist ferner nicht zu beanstanden, daß die Auflösung der Gemeinde – bereits – „mit dem Tag der nächsten landesweiten Kommunalwahlen" – im September 1998 – erfolgt. Auch hierfür standen dem Gesetzgeber hinreichende Gründe zur Seite. In der amtlichen Begründung des Gesetzentwurfs heißt es insoweit:

„Die Anbindung der Auflösung der Gemeinde Horno an den Tag der landesweiten Kommunalwahlen vermeidet kommunalwahlrechtliche Sonderregelungen. Für den kurzen Zeitraum zwischen dem Wahltag und der konstituierenden Sitzung der Gemeindevertretung (§ 4 des Brandenburgischen Kommunalwahlgesetzes) sind zudem keine kommunalvertretungsrechtlichen Übergangsregelungen, die wenig praktikabel sind, erforderlich. Die Auflösung soll infolgedessen mit Beginn des Tages der nächsten landesweiten Kommunalwahlen, voraussichtlich IV. Quartal 1998, wirksam werden. Eine Verschiebung auf die übernächsten landesweiten Kommunalwahlen (voraussichtlich 2. Halbjahr 2003) kommt angesichts des vorgesehenen Zeitplans nicht in Betracht" (LT-Drs. 2/3750, S. 62).

Dahinter steht erkennbar das Interesse an einer Kommunalwahl an ein und demselben Tage im ganzen Land. Dies steht im Einklang mit Erwägungen des erkennenden Gerichts in seinem Urteil vom 30. November 1993 – VfGBbg 3/93 EA – (LVerfGE 1, 205, 209). Hinzu kommt folgendes: Auch im Rahmen von Neugliederungsmaßnahmen hat der Gesetzgeber grundsätzlich darauf zu achten, daß sozusagen eine „bruchlose" Repräsentierung in einer Gemeindevertretung gewahrt bleibt, die aus einer allgemeinen und gleichen Wahl hervorgegangen ist, Art. 22 Abs. 1 Satz 1, Abs. 3 Satz 1 LV, Art. 28 Abs. 1 Satz 2 GG (vgl. auch BVerwG, DVBl. 1973, 890, 891). Bei einer Auflösung der Gemeinde Horno zu einem späteren, etwa zu einem an die übernächsten Kommunalwahlen (im Jahre 2003) heranrückenden oder damit zusammenfallenden Zeitpunkt fiele aber mit der zwischenzeitlich einsetzenden Umsiedlung der Bewohner von Horno eine sie demokratisch repräsentierende Gemeindevertretung mehr und mehr aus. Auch aus diesem Grunde erscheint es sachgerecht und insgesamt jedenfalls vertretbar, die rechtliche Beendigung der Gemeinde Horno der sich faktisch abzeichnenden tatsächlichen Beendigung des kommunalen Lebens rechtsklärend voranzustellen und zeitlich mit den der Umsiedlung vorangehenden Kommunalwahlen zusammenfallen zu lassen.

Soweit in der mündlichen Verhandlung die Frage aufgeworfen worden ist, „was denn eigentlich passiere", wenn der Tagebau Jänschwalde wider Erwarten vor Horno zu einem Zeitpunkt zum Stillstand kommt, in dem die Ortschaft Horno unbeschadet der jetzt erfolgenden juristischen Auflösung noch lebensfähig ist, ist darauf zu verweisen, daß der Gesetzgeber bei einer unvorhergesehenen und die gesetzgeberische Abwägung in Frage stellenden Entwicklung gehalten sein kann, seine Entscheidung zu überprüfen und ggfs. zu korrigieren (vgl. BVerfGE 25, 1, 13; 49, 89, 130 ff; 65, 1, 55 f; 86, 90, 109 ff; 87, 348, 358; s. weiter *Schlaich,* Das Bundesverfassungsgericht, 4. Aufl. 1997, Rdn. 396 ff, insb. Rdn. 401).

g. Der Gesetzgeber war nicht verpflichtet, eine Gemeinde Horno andernorts, etwa auf dem Gebiet der Gemeinde Jänschwalde, neu zu bilden. Da kein gemeindefreies Gebiet zur Verfügung steht, wäre eine solche Neubildung der Gemeinde Horno – die in Wahrheit die Gründung einer neuen Gemeinde wäre – nur über eine Herauslösung von Gemeindegebiet aus der Gemeinde Jänschwalde oder aus anderen Gemeinden möglich. Da die in Betracht kommenden Gemeinden zu einer entsprechenden „Gebietsabtretung" nicht bereit waren, hätte eine Neubildung Hornos nur durch einen gesetzlichen Eingriff in den Gebietsbestand einer anderen Gemeinde erfolgen können, der damit diese andere Gemeinde in ihrer – ihrerseits durch Art. 98 LV geschützten – Gebietsautonomie verletzt hätte. Auch abgesehen davon wäre nach der – plausiblen und damit vertretbaren – Einschätzung des Gesetzgebers eine neue leistungsfähige Gebietskörperschaft Horno nicht zustande gekommen. Zum einen hätte sich jedenfalls in den in Betracht kommenden Gemeinden in der Nähe ein ungünstiger Gebietszuschnitt – nach Art eines Korridors oder einer Exklave – ergeben (vgl. LT-Drs. 2/3750, S. 47 sowie Anlage zum Ausschußprotokoll 2/743 zu Komplex Nr. 2 [„Wiederansiedlung der Bürger"]). Zum anderen ist nach dem Erkenntnisstand des Gesetzgebers überhaupt nur ein Teil der Bevölkerung Hornos (schätzungsweise 150–200 Einwohner) zu einer geschlossenen Umsiedlung bereit (vgl. Anlage zum Ausschußprotokoll 2/743, aaO). Die Bildung einer neuen selbständigen Gemeinde Horno hätte daher absehbarerweise eine weitere Kleinstgemeinde mit entsprechend eingeschränkter Verwaltungs- und Finanzkraft bedeutet.

V.

Die Entscheidung ist mit 7 gegen 2 Stimmen ergangen.

Sondervotum der Richterin Will

Entgegen der Mehrheitsmeinung sind Art. 1 §§ 2 und 3 des Gesetzes zur Förderung der Braunkohle im Land Brandenburg, soweit er die bergbaubedingte Inanspruchnahme und Umsiedlung von Gemeinden regelt, in denen eine kontinuierliche sprachliche und kulturelle sorbische Tradition bis in die Gegenwart nachweisbar ist, und Art. 2 §§ 2 und 5 dieses Gesetzes verfassungswidrig. Sie verstoßen gegen Art. 25 Abs. 1 S. 1 LV.

I. Die Auslegung von Art. 25 Abs. 1 S. 1 LV

Der Streit darüber, ob die sorbische Gemeinde Horno abgebaggert werden darf, um Braunkohle fördern zu können, entscheidet sich mit der Interpretation von Art. 25 Abs. 1 S. 1 LV. Art. 25 Abs. 1 S. 1 LV lautet:

> Das Recht des sorbischen Volkes auf Schutz, Erhaltung und Pflege seiner nationalen Identität und seines angestammten Siedlungsgebietes wird gewährleistet.

Interpretiert man Art. 25 Abs. 1 S. 1 LV wie die Mehrheit als Staatsziel, kann Horno abgebaggert werden. Der Schutz des sorbischen Siedlungsgebietes tritt, wenn er „nur" als Staatsziel verstanden wird, auch nach meiner Auffassung hinter den Staatszielen regionale Strukturförderung, Arbeitsplatzsicherung und Energieversorgung zurück. Versteht man dann noch wie die Mehrheit unter dem angestammten Siedlungsgebiet des sorbischen Volkes nicht die konkreten sorbischen Siedlungen, sondern eine virtuelle territoriale Einheit, die grundsätzlich nur als Ganzes erhalten werden muß, läuft der von Verfassungs wegen zu gewährleistende Schutz des sorbischen Siedlungsgebietes leer.

Mein Verständnis von Art. 25 Abs. 1 S. 1 LV geht demgegenüber davon aus, daß der Schutz für das angestammte Siedlungsgebiet ein Minderheitenrecht ist. Was als angestammtes Siedlungsgebiet wie zu schützen ist, ergibt sich deshalb vor allem aus dem Sinn und Zweck von Art. 25 Abs. 1 S. 1 LV, das sorbische Volk als ethnische Minderheit zu schützen. Die internationalen Standards des Minderheitenschutzes, zu denen sich die Bundesrepublik verpflichtet hat, lassen mich zu dem Ergebnis kommen, daß Art. 25 Abs. 1 S. 1 LV keine Staatszielbestimmung, sondern ein Grundrecht mit staatlicher Schutzpflicht ist (dazu nachstehend Ziff. 1). Der durch dieses Grundrecht gewährleistete Schutz des angestammten Siedlungsgebietes erstreckt sich auf konkrete sorbische Gemeinden wie Horno (dazu nachstehend Ziff. 2). Die Schutzgewährleistung von Art. 25 Abs. 1 S. 1 LV geht über ein „bloßes" Diskriminierungsverbot von Sorben hinaus und verstößt nicht gegen Art. 3 Abs. 3 GG. Sie schützt sorbische Gemeinden vor bergbaubedingter Inanspruchnahme (dazu nachstehend Ziff. 3).

1. Die Mehrheitsmeinung verkennt den normativen Gehalt von Art. 25 Abs. 1 S. 1 LV. Diese Verfassungsnorm ist keine Staatszielbestimmung, sondern ein subjektives Abwehrrecht verbunden mit einer staatlichen Schutzpflicht.

a. Die normative Qualität von Art. 25 Abs. 1 S. 1 LV ist für die beiden Schutzgüter „nationale Identität" und „angestammtes Siedlungsgebiet" einheitlich.

Die normative Qualität von Art. 25 Abs. 1 S. 1 LV kann für die beiden Schutzgüter „nationale Identität" und „angestammtes Siedlungsgebiet" nicht unterschiedlich bzw. getrennt voneinander bestimmt werden. Insbesondere die gleichgewichtige Aufzählung beider Schutzgüter, aber auch ihre Unterstellung unter einen Regelungszweck mit denselben Gewährleistungsmodalitäten „Schutz, Erhaltung und Pflege" verleiht Art. 25 Abs. 1 S. 1 LV eine einheitliche normative Qualität. Der subjektivrechtliche Abwehrcharakter und die staatliche Schutzpflicht des Art. 25 Abs. 1 Satz 1 LV gelten daher in gleicher Weise für die „nationale Identität" und das „angestammte Siedlungsgebiet" des sorbischen Volkes.

b. Art. 25 Abs. 1 S. 1 LV ist kein Staatsziel.

aa. Art. 25 Abs. 1 S. 1 LV wurde nicht wie ein Staatsziel unter den Vorbehalt des finanziell und wirtschaftlich Möglichen gestellt.

Aufschluß über den normativen Charakter des Art. 25 Abs. 1 S. 1 LV gibt der systematisch-logische Vergleich mit den sozialen Verfassungsverbürgungen, die rechtsdogmatisch als Staatszielbestimmungen verstanden werden und die „nur" eine objektivrechtliche Förderpflicht der Staatsorgane begründen. Die Brandenburgische Landesverfassung enthält derartige soziale Staatsziele in Art. 47 („Recht auf Wohnung") und Art. 48 („Recht auf Arbeit"). Nach diesen Bestimmungen ist das Land verpflichtet, im Rahmen seiner Kräfte für die Verwirklichung der genannten Rechte zu sorgen. Anders als in Art. 25 Abs. 1 S. 1 LV, wo von einer „Gewährleistung" die Rede ist, wird in den Art. 47 und 48 LV nur von einer staatlichen „Sorgen-Pflicht" gesprochen. Vor allem aber steht die Verpflichtung des Staates, Sorge zu tragen, unter dem Vorbehalt des finanziell und wirtschaftlich Möglichen, denn sie ist lediglich „im Rahmen der Kräfte des Landes" zu erfüllen. Damit unterscheiden sich die sozialen Staatszielbestimmungen der Brandenburgischen Landesverfassung deutlich von Art. 25 Abs. 1 S. 1 LV. Dieser enthält den Vorbehalt des finanziell und wirtschaftlich Möglichen nicht.

bb. Der Verfassunggeber unterscheidet die in Art. 25 Abs. 1 S. 1 LV geregelten Gewährleistungen von der in Satz 2 geregelten Förderpflicht. Diese Unterscheidung spricht gegen das Verständnis von Satz 1 als Staatsziel und für ein abwehrrechtliches Verständnis.

Art. 25 Abs. 1 LV regelt in Satz 1 „Gewährleistungen". Satz 2 hingegen normiert ausdrücklich eine objektivrechtliche positive „Förderung". Er enthält für das Land, die Gemeinden und Gemeindeverbände den Auftrag, die Verwirklichung des Rechtes aus Satz 1 zu fördern. Dabei wird unter „Förderung" dieses Rechtes offensichtlich etwas anderes verstanden als unter „Gewährleistung". Die Aufnahme der Förderungspflicht in einen zweiten, erst nachfolgenden Satz bedeutet systematisch-logisch, daß die Gewährleistung des Art. 25 Abs. 1 S. 1 LV eine eigenständige Schutzgewährung ist, getrennt und unterscheidbar von der nur objektivrechtlichen positiven Förderungspflicht.

cc. Dafür, daß Art. 25 Abs. 1 S. 1 LV kein Staatsziel, sondern ein subjektives Abwehrrecht ist, spricht auch der Wille des brandenburgischen Verfassungsgesetzgebers.

Zum Verständnis einer Verfassungsnorm die Entstehungsgeschichte heranzuziehen, ist sachdienlich und „nach den Grundsätzen der allgemeinen Rechtslehre jedenfalls bei neuen Gesetzen unbedenklich, für deren Auslegung sich feste Grundsätze noch nicht haben bilden können" (BVerfGE 1, 117, 127; 41, 291, 309; 62, 1, 45).

Art. 25 Abs. 1 S. 1 LV mit seinem heutigen Wortlaut erscheint erstmals als Art. 26 Abs. 1 S. 1 im Entwurf des Verfassungsausschusses vom 31. Mai 1991 (GVBl. I S. 96). Sein unmittelbarer Vorläufer war Art. 23a des Referentenentwurfs I vom 22. April 1990 (JöR N.F. 39, 387 ff). Nach dieser Bestimmung sollte das sorbische Volk ein Recht auf Schutz, Erhaltung und Entfaltung seiner nationalen Identität besitzen. Die heutige Textfassung entstand in der 4. Sitzung des Ausschusses am 12. April 1991. Das Sitzungsprotokoll weist zum Tagesordnungspunkt „Rechte der Sorben" aus, daß die Mitglieder des Verfassungsausschusses *Koch* und *Konzack* folgende gemeinsame Vorlage in die Sitzung einbrachten: „Das sorbische Volk besitzt das Recht auf Schutz, Erhaltung und Pflege seiner nationalen Identität und seines angestammten Siedlungsgebietes" (vgl. Landtag Brandenburg, Dokumentation „Verfassung des Landes Brandenburg" Band 2, S. 490, Anlage 4, Ausschußprotokoll V 1/UA I/4 vom 12. April 1991). Dieser Vorschlag veränderte den Text von Art. 23a in zweierlei Hinsicht. Aus dem Recht auf Schutz, Erhaltung und Entfaltung wurde das Recht auf Schutz, Erhaltung und Pflege. Zum ursprünglichen alleinigen Objekt „nationale Identität" wurde mittels der koordinierenden Konjunktion „und" als zweites Objekt „das angestammte Siedlungsgebiet" hinzugefügt.

In der Beratung entstand eine dritte Änderung, aus dem Prädikat „besitzt" wurde „wird gewährleistet". Vor allem die Ergänzung des Identitätsschutzes um den Schutz des angestammten Siedlungsgebietes ist im Unterausschuß I des Verfassungsausschusses breit erörtert worden. Im

Protokoll ist über die dabei verfolgte Absicht vermerkt: „Im Zusammenhang mit dem Problem der ‚angestammten Gebiete' weist Herr Koch darauf hin, daß es hier um die Verhinderung weiterer Verluste durch Braunkohlenabbau gehe. Der Schutz des Siedlungsgebietes sei ein wichtiger Terminus." Nach dem Protokolltext ist demnach der Identitätsschutz um den Schutz des angestammten Siedlungsgebietes wegen der bis 1989 stetigen Zerstörung sorbischer Siedlungen durch Braunkohlenabbau ergänzt worden. Da später die nach dieser Beratung entstandene Textfassung nicht mehr geändert wurde, ist davon auszugehen, daß der brandenburgische Verfassunggeber dies im weiteren Verfahren der Verfassunggebung mit der dafür erforderlichen Mehrheit in seinen Willen aufgenommen hat (Ausschußprotokoll, aaO, S. 472). Durch die zusammenhängende Regelung von Identitätsschutz und Gebietsschutz in Art. 25 Abs. 1 S. 1 LV hat der Verfassunggeber deutlich gemacht, daß er den Schutz des angestammten Siedlungsgebietes als unerläßlich für den Identitätsschutz ansieht. Daraus kann nicht geschlußfolgert werden, daß die Norm insgesamt, also auch der Identitätsschutz, seinen abwehrrechtlichen Charakter verloren hat und zum Staatsziel wurde. Vielmehr liegt es umgekehrt nahe, daß die Ergänzung des Identitätsschutzes um den Gebietsschutz den negatorischen Abwehrcharakter der Regelung verstärken sollte.

Auch die Veränderung des Satzprädikates durch den Verfassungsausschuß – aus „besitzt" wurde „wird gewährleistet" – stützt die Annahme, daß mit der Formulierung in Art. 25 Abs. 1 S. 1 LV keine Staatszielbestimmung, sondern ein Abwehrrecht mit einer darauf bezogenen Schutzpflicht intendiert war.

c. Art. 25 Abs. 1 S. 1 LV ist ein subjektives Abwehrrecht.

aa. Der durch Art. 25 Abs. 1 S. 1 LV gebotene Identitätsschutz kann nur als subjektives Recht gewährleistet werden. Die Verbindung von Identitätsschutz und Gebietsschutz in Art. 25 Abs. 1 S. 1 LV führt dazu, daß die Schutzgewährleistung für das angestammte Siedlungsgebiet des sorbischen Volkes ebenso wie der Identitätsschutz nur als subjektives Recht verstanden werden kann.

Nationalen Identitätsschutz anders als als subjektives Grundrecht gewährleisten zu wollen, verbietet sich bereits wegen des zu schützenden Gutes. Identitätsschutz ist seiner Natur nach Persönlichkeitsschutz. Er ist insoweit mit dem Menschenwürdeschutz verbunden, als er den Einzelnen nicht nur in seinem Verhalten, sondern in seiner qualitativen Prägung als Subjekt schützt. Zudem existiert nationale Identität nur als Teil menschlicher Individualität. Menschliche Identität zu schützen muß daher grundsätzlich bedeuten, die Identität des Einzelnen zu schützen. Da in der Rechtsordnung der Bundesrepublik der Mensch grundsätzlich als sittlich autonomes Individuum behandelt wird, kann der durch Art. 25 Abs. 1 S. 1 LV gebotene Schutz nationaler Identität des sorbischen Volkes nicht anders als ein dem einzelnen Sorben zustehendes subjektives Grundrecht verstanden werden. Aus der gleichrangigen Verbindung von Identitätsschutz und Gebietsschutz im Wortlaut von Art. 25 Abs. 1 S. 1 LV durch die koordinierende Konjunktion „und" folgt daher, daß auch der Gebietsschutz als subjektives Recht gewährleistet wird.

bb. Die Mehrheitsmeinung verkennt den normativen Charakter des für Sorben zu gewährleistenden Minderheitenschutzes. Die in Art. 27 des UN-Paktes über bürgerliche und politische Rechte (im folgenden: UN-Pakt) vom 19. Dezember 1966 (BGBl. 1973 II S. 1534) geregelten Minderheitenrechte stehen den Angehörigen von Minderheiten als subjektive, negatorische Abwehrrechte zu. Da nicht ersichtlich ist, daß der brandenburgische Verfassunggeber dahinter zurückbleiben wollte, sind bei der Auslegung von Art. 25 Abs. 1 S. 1 LV die sich daraus ergebenden normativen internationalen Standards zu beachten.

Sorben sind eine in der Bundesrepublik anerkannte Minderheit, für die die völkerrechtlichen Verpflichtungen des Minderheitenschutzes gelten (vgl. BGBl. 1997 II S. 1418). Bereits durch Art. 27 UN-Pakt hat sich die Bundesrepublik verpflichtet, den Angehörigen von Minderheiten die gemeinsame Pflege ihres kulturellen Lebens, die gemeinsame Ausübung ihrer Religion und den gemeinsamen Gebrauch ihrer Sprache nicht vorzuenthalten. Diese durch Art. 27 UN-Pakt gewährleisteten Rechte stehen nicht der Minderheit als solcher zu, sondern den Angehörigen der Minderheit als negatorische Individualrechte (vgl. *Nowak,* aaO, Rdn. 35 und 38; *Frowein,* in: Isensee/Kirchhof [Hrsg.], Handbuch des Staatsrechts, Band VII, 1992, § 180, Rdn. 33). Die Regelungen des UN-Paktes gelten in der Bundesrepublik als einfaches Bundesrecht (BGBl. 1973 II S. 1534). Der dort entwickelte Standard darf nicht unterschritten werden. Die Inhalte, Zwecke und Instrumente des speziellen innerstaatlichen Minderheitenschutzes müssen den internationalen Vorgaben entsprechen. Für Sorben hat die Bundesrepublik mit dem Einigungsvertrag (Einigungsvertrag, Protokollnotiz Nr. 14 zu Art. 35; Anlage I, Kap. III, Sachgebiet A, Abschnitt III, Lit. R) diese Rechte als subjektive Rechte auf der Ebene des Bundesrechtes ausgestaltet. In der Protokollerklärung Nr. 14 zu Art. 35 des Einigungsvertrages wurden dem Art. 27 UN-Pakt entsprechende einzelne subjektive Schutzrechte für Sorben festgeschrieben: so die Freiheit des Bekenntnisses zum sorbischen Volkstum und zur sorbischen Kultur und die Freiheit zur Pflege und Bewahrung der sorbischen Sprache im öffentlichen Leben. Als Teil des Vertrages ist auch das Protokoll mit dem Beitritt der DDR zum Grundgesetz einfaches Bundesrecht nach Art. 45 Einigungsvertrag geworden.

Im Landesrecht sind entsprechende subjektive Rechte durch das Sorben (Wenden)-Gesetz vom 7. Juli 1994 – SWG – (GVBl. I S. 294) geregelt. Nach § 2 Abs. 1 SWG gehört zum sorbischen Volk, wer sich zu ihm bekennt. Nach § 1 Abs. 2 SWG haben das sorbische (wendische) Volk und jeder Sorbe (Wende) das Recht, ihre ethnische, kulturelle und sprachliche Identität frei zum Ausdruck zu bringen, zu bewahren und weiterzuentwickeln, frei von jeglichen Versuchen, gegen ihren Willen assimiliert zu werden. Auch diese landesrechtlichen Regelungen werden als subjektive, negatorische Rechte gewährleistet.

Bei der Interpretation von 25 Abs. 1 S. 1 LV sind diese durch das Völker-, Bundes- und Landesrecht gewährleisteten normativen Standards zu beachten, weil es sich bei ihnen um Konkretisierungen des nationalen Identitätsschutzes handelt. Zudem enthält Art. 25 Abs. 5 LV ein Ausgestaltungsgebot für den Landesgesetzgeber, das auch für die Rechte aus Art. 25 Abs. 1 S. 1 LV gilt. Hat der Landesgesetzgeber davon Gebrauch gemacht, ist verfassungsrechtlich gegebenenfalls nur noch zu beurteilen, inwieweit die einfachrechtliche Ausgestaltung dem von Verfassungs wegen zu gewährleistenden Recht entspricht. Unterschreitet der Gesetzgeber den von der Verfassung garantierten Inhalt, müssen die weitergehenden Rechte aus der Verfassung selbst abgeleitet werden. Regelt hingegen der Gesetzgeber weitergehende als durch die Verfassung garantierte Inhalte, sind diese verfassungsgerichtlich nicht einklagbar.

Vorliegend hat der Landesgesetzgeber bundesrechtliche Regelungen nachvollzogen. Der Bundesgesetzgeber hat in den vorgestellten Regelungen im wesentlichen seine völkerrechtlichen Verpflichtungen realisiert. Wie bereits ausgeführt, entspricht es dem völkerrechtlichen Standard, diese Rechte als subjektive Rechte der Angehörigen der Minderheit zu gewährleisten. Gründe, die dafür sprechen, bei der Interpretation von Art. 25 Abs. 1 S. 1 LV diesen Standard zu unterschreiten, sind nicht ersichtlich. Vielmehr ist es für den Schutz der nationalen Identität aus mehreren bereits dargestellten Gründen zwingend, ihn als subjektives Recht zu gewährleisten. Hinzu kommt, daß eine Interpretation von Art. 25 Abs. 1 S. 1 LV als Staatsziel in bezug auf den Identitätsschutz gegen Bundesrecht verstößt. Daß dies in gleicher Weise für den Gebietsschutz gilt, liegt zunächst an der Normenstruktur von Art. 25 Abs. 1 S. 1 LV (siehe 1.a.). Der Gebietsschutz ist in Art. 25 Abs. 1 S. 1 LV mit dem Identitätsschutz so verkoppelt, daß er dieselbe normative Qualität erlangt wie der Identitätsschutz.

Dies liegt aber auch am objektiv existierenden Zusammenhang von Identitäts- und Gebietsschutz für nationale Minderheiten. Der brandenburgische Verfassunggeber war weder völkerrechtlich noch bundesrechtlich ausdrücklich gehalten, den Gebietsschutz in der Weise mit dem Identitätsschutz zu verbinden, wie er es in Art. 25 Abs. 1 S. 1 LV getan hat. Im Minderheitenschutzrecht ist es jedoch ein stetig wiederkehrendes Problem, daß durch Gebietsveränderungen der Minderheitenschutz unterlaufen wird. Bisher gibt es dazu jedoch keine bindende Regelung. Art. 16 des Rahmenübereinkommens des Europarates vom 1. Februar 1995 zum Schutz nationaler Minderheiten (BGBl. 1997 II S. 1406 ff), der dieses Problem regelt, hat nur empfehlenden Charakter. Danach soll von Maßnahmen abgesehen werden, die das Bevölkerungsverhältnis in von Angehörigen nationaler Minderheiten bewohnten Gebieten verändern und darauf gerichtet sind, die Rechte und Freiheiten dieser Minderheiten einzuschränken. Art. 16 macht deutlich, wie Gebietsschutz Teil des Minderheitenschutzes ist. Gebietsveränderungen sind unter Gesichtspunkten des Minderheitenschutzes bedeutsam, wenn sie das Bevölkerungsverhältnis in dem von der Minderheit bewohnten Gebiet zu ihren Ungunsten verändern und dadurch den Assimilierungsdruck erhöhen. Insoweit gibt es einen objektiven Zusammenhang zwischen Gebietsschutz und Identitätsschutz von Minderheiten. Dieser Zusammenhang ist bei der Gewährleistung von Minderheitenrechten zu beachten. Die brandenburgische Regelung, die den Schutz des sorbischen Siedlungsgebiets mit dem Identitätsschutz des sorbischen Volkes verbindet, ist daher als Konkretisierung des Minderheitenschutzes zu interpretieren. Versteht man Gebietsschutz so wie der brandenburgische Verfassunggeber als Ergänzung des Identitätsschutzes der Minderheit, kann dessen normative Qualität keine andere als die des Identitätsschutzes sein.

cc. Im Unterschied zu den Staatszielbestimmungen benennt Art. 25 Abs. 1 S. 1 LV einen personalen Schutzbereich. Zwar werden im Verfassungstext rechtsfähige Subjekte nicht genauer bezeichnet, sie können aber durch Verfassungsauslegung ermittelt werden. Danach stehen Rechte aus Art. 25 Abs. 1 Satz 1 LV dem einzelnen Sorben zu. Geht es um den Schutz des angestammten Siedlungsgebietes, ist auch die sorbische Gemeinde rechtsbefugt.

Im Wortlaut des Art. 25 Abs. 1 S. 1 LV ist der Begriff „Recht" mit der Präposition „auf" verbunden. „Recht auf" bedeutet soviel wie „Anrecht auf" oder „Berechtigung", wenn zugleich ein Berechtigter, ein Träger des Anspruchs benannt wird. In Art. 25 Abs. 1 S. 1 LV wird „das Recht ... auf" als „Recht des sorbischen Volkes" bezeichnet. Das sorbische Volk ist dem Wortlaut von Art. 25 Abs. 1 S. 1 LV zufolge Träger des Rechtes „auf Schutz, Erhaltung und Pflege seiner nationalen Identität und seines angestammten Siedlungsgebietes". Der Begriff „Recht" steht damit nicht für eine Regelung, die ein bestimmtes Ziel im Interesse aller verfolgt. Vielmehr nennt Art. 25 Abs. 1 S. 1 LV für den zu gewährleistenden Identitäts- und Gebietsschutz einen personalen Schutzbereich, das sorbische Volk. Art. 25 Abs. 1 S. 1 LV beinhaltet demnach eine subjektiv ausgeformte Rechtsposition des sorbischen Volkes. Die Zuordnung der rechtlich geschützten Interessen der sorbischen Minderheit zu konkreten Rechtssubjekten kann und muß gegebenenfalls weiter konkretisiert werden. Der Gesetzgeber des SWG hat das nicht geleistet. Dies muß daher durch Verfassungsinterpretation, gestützt auf Art. 27 des UN-Paktes über bürgerliche und politische Rechte vom 19. Dezember 1966 (BGBl. 1973 II S.1534) und auf Art. 5 Abs. 1 S. 1 LV, geklärt werden. Rechte aus Art. 27 des UN-Paktes stehen dem einzelnen Angehörigen der Minderheit als individuelle Rechte zu. Der durch Art. 25 Abs. 1 S. 1 LV gewährleistete sorbische Identitätsschutz kann nicht unter dieses Niveau fallen. Zugleich ist jedoch wegen des kollektiven Elements jedes Minderheitenrechts – es kann immer nur gemeinsam mit anderen Angehörigen der Minderheit ausgeübt werden – im jeweils konkreten Fall zu prüfen, ob weitere kollektive Rechtssubjekte rechtsbefugt sind. Nach Art. 5 Abs. 1 S. 1 LV ist dies prinzipiell möglich. Danach stehen die Grundrechte der Brandenburgischen Landesverfassung auch gesellschaftlichen Gruppen unmittelbar zu. Geht es um den Schutz des angestammten Siedlungsgebietes, liegt ein solcher Gruppenbezug vor. In Brandenburg gibt es kein gemeindefreies Gebiet. Siedlungen liegen immer auf dem Gebiet einer konkreten Gemeinde. Die Inanspruchnahme von sorbischem Siedlungsgebiet betrifft daher immer auch die sorbische Gemeinde, ihr Gemeindegebiet. Bei raumbezogenen, standortgebundenen Maßnahmen entspricht es daher dem Sinn und Zweck von Art. 25 Abs. 1 S. 1 LV als Minderheitenschutzrecht, daß Gemeinden, in denen Sorben zusammen siedeln, auch Träger des Rechts aus Art. 25 Abs. 1 S. 1 LV sind.

d. Art. 25 Abs. 1 S. 1 LV regelt bezogen auf die nationale Identität des sorbischen Volkes und sein angestammtes Siedlungsgebiet eine *staatliche Schutzpflicht, die das Abwehrrecht ergänzt.*
Nach dem Wortlaut von 25 Abs. 1 S. 1 LV wird ein Recht „auf Schutz" der nationalen Identität des sorbischen Volkes und seines angestammten Siedlungsgebiet gewährleistet. Recht „auf Schutz" bedeutet, daß der Staat zum Schutz verpflichtet wird. Damit wird das subjektive Abwehrrecht aus Art. 25 Abs. 1 S. 1 LV durch eine staatliche Schutzpflicht funktional ergänzt. Beide, Abwehrrecht und Schutzpflicht, sichern identische Schutzgüter – die nationale Identität und das angestammte Siedlungsgebiet des sorbischen Volkes – vor Eingriffen. Das Abwehrrecht sichert die Schutzgüter vor Eingriffen der öffentlichen Gewalt, die Schutzpflicht sichert sie vor Eingriffen Privater. Das Abwehrrecht gebietet dem Staat, die Angehörigen der Minderheit, ihre ethnische Identität und die dafür erforderlichen räumlichen Voraussetzungen im Siedlungsgebiet von sich aus zu schonen. Bei der Realisierung seiner Schutzpflicht hingegen muß er die sorbische Identität und das sorbische

Siedlungsgebiet vor Dritten schützen. Objekt der Gefahr, die der Staat kraft seiner Schutzpflicht abzuwehren hat, ist das Schutzgut des Grundrechts. Die Schutzpflicht des Staates lebt auf, wenn ein Privater ein grundrechtliches Schutzgut verletzt oder wenn die Gefahr einer solchen Verletzung droht. Daß es sich beim „Recht auf Schutz" aus Art. 25 Abs. 1 S. 1 LV um eine staatliche Schutzpflicht handelt, die ein Abwehrrecht ergänzt, wird auch durch die weiter aufgezählte Gewährleistungsmodalität „Erhaltung" bestätigt. Auch die Erhaltung von Schutzgütern erfordert den Schutz vor Eingriffen.

2. Entgegen der Mehrheitsmeinung schützt Art. 25 Abs. 1 S. 1 LV als angestammtes Siedlungsgebiet des sorbischen Volkes nicht eine virtuelle territoriale Einheit als Ganzes, sondern die konkrete sorbische Siedlung. Zum angestammten Siedlungsgebiet gehören die Gemeinden, in denen eine kontinuierliche sprachliche und kulturelle sorbische Tradition bis in die Gegenwart nachweisbar ist. Ihr besiedeltes Gebiet wird vor solchen Veränderungen geschützt, die das Zusammenleben der Sorben als ethnische Gruppe beeinträchtigen.

a. Der von Art. 25 Abs. 1 S. 1 LV gewährleistete Schutz des angestammten Siedlungsgebietes des sorbischen Volkes ist, wie ausgeführt, ein Minderheitenschutzrecht. Das Siedlungsgebiet des sorbischen Volkes wird geschützt, damit Sorben als ethnische Minderheit existieren können. Das angestammte Siedlungsgebiet des sorbischen Volkes ist der Ort, an dem sich sorbische Identität bilden und erhalten kann.

aa. Der Wortlaut von Art. 25 Abs. 1 S. 1 LV stellt neben das Schutzgut „nationale Identität" durch die Konjunktion „und" das Schutzgut „angestammtes Siedlungsgebiet". Zuvor zählt er für beide Schutzgüter einheitliche Gewährleistungsmodalitäten („Schutz, Erhaltung und Pflege") auf. Dies bedeutet zum einen, daß es zwei voneinander unterscheidbare, nicht identische Schutzgüter gibt. Es bedeutet zum anderen, daß beide Schutzgüter in normativ derselben Weise einem einheitlichen Regelungszweck unterstellt werden. Die Ermittlung der Gewährleistungsinhalte beider Schutzgüter muß daher getrennt voneinander, jedoch wegen des einheitlichen Zweckes und desselben normativen Gehalts der Regelung auch funktionell aufeinander bezogen erfolgen. Das, was als angestammtes Siedlungsgebiet geschützt wird, und die Art und Weise seines Schutzes bezieht sich funktional auf die Identität des sorbischen Volkes.

bb. Sorbische Identität kann der einzelne Sorbe nur dann erwerben und erhalten, wenn er in einer Gruppe lebt, die die sorbische Sprache, Kultur und Tradition gemeinsam pflegt. Die sorbische Identität des Einzelnen hat insoweit die Existenz einer zusammenlebenden Gruppe von Sorben zur Voraussetzung. Identitätsschutz von Minderheiten erschöpft sich deshalb nicht in der Gewährleistung individueller Freiheit zur Pflege ihrer Sprache, Kultur und Tradition. Geschützt werden muß zugleich die Gruppe, in der der Angehörige der Minderheit seine Sprache, Kultur und Tradition gemeinsam mit anderen pflegt. Zum Identitätsschutz des einzelnen Sorben gehört deshalb auch der Schutz gegen Maßnahmen, die das alltägliche Zusammenleben von Gruppen des sorbischen Volkes zerstören. Die Verbindung des Identitätsschutzes mit dem Schutz des Siedlungsgebietes gibt dabei dem Identitätsschutz einen Raum, in dem das Recht auf Schutz der nationalen Identität als Gruppenschutz gewährleistet werden kann. Die territoriale Umgrenzung der Gewährleistung von Minderheitenschutz begrenzt nicht räumlich die individuelle Selbstbestimmung, Selbstbewahrung und Selbstdarstellung des einzelnen Sorben bezogen auf die sorbische Sprache, Kultur und Tradition. Umgrenzt wird vielmehr der Raum, in dem der Staat verpflichtet ist, die *gemeinsame* Pflege von Kultur, Sprache und Tradition von Angehörigen der Minderheit zu schützen und zu bewahren. Das alltägliche Zusammenleben der Minderheit wird in diesem Raum vor Assimilation an die Mehrheit geschützt.

b. Der durch Art. 25 Abs. 1 S. 1 LV gewährleistete Gebietsschutz gilt für Gemeinden, in denen Sorben gemeinsam siedeln. Ihr besiedeltes Territorium wird vor Veränderungen geschützt, die den Gruppenzusammenhang von Sorben zerstören.

Was als angestammtes Siedlungsgebiet geschützt ist, hat der Landesgesetzgeber dem Regelungsvorbehalt von Art. 25 Abs. 5 S. 1 LV gemäß wie folgt konkretisiert:

– Zum angestammten Siedlungsgebiet der Sorben (Wenden) gehören nach § 3 Abs. 2 S. 1 SWG alle Gemeinden, in denen eine kontinuierliche sprachliche und kulturelle Tradition bis zur Gegenwart nachweisbar ist.

– Durch die in § 3 Abs. 2 S. 2 SWG erfolgende Aufzählung der Kreise bzw. Ämter wird das Territorium bestimmt, in dem diese Gemeinden liegen können.

Der Schutz des Siedlungsgebietes bezieht sich demnach auf Gemeinden, in denen Sorben gegenwärtig siedeln. Diese gesetzliche Konkretisierung ist verfassungsrechtlich nicht zu beanstanden. Sie folgt vielmehr Sinn und Zweck der Regelung, die sorbische Minderheit zu schützen. Durch Beschränkung des Gebietsschutzes auf diejenigen Gemeinden, in denen eine kontinuierliche sprachliche und kulturelle Tradition bis zur Gegenwart nachweisbar ist, können konkrete Siedlungen, in denen Sorben zusammen in Gruppen leben, ihre gemeinsame Pflege der sorbischen Sprache, Kultur und

Traditionen geschützt werden. Die Gewährleistung von staatlichem Schutz für die sorbische Minderheit hat so einen bestimmbaren Ort. Die Bezugnahme des Gesetzgebers auf die einzelne sorbische Gemeinde ist normativ bestimmt genug, um die Gewährleistung von Art. 25 Abs. 1 S. 1 LV nicht leerlaufen zu lassen. Die sorbische Gemeinde ist der Ort, in dem die sorbische Minderheit als Gruppe zusammenlebt. Ohne daß Sorben zusammenleben, was voraussetzt, daß sie in Gemeinden zusammen siedeln, kann sorbische Identität weder bewahrt noch gepflegt werden. Das Recht des sorbischen Volkes auf Schutz, Erhaltung und Pflege seines angestammten Siedlungsgebietes bezieht sich daher auf sorbische Gemeinden. Schutzgut von Art. 25 Abs. 1 S. 1 LV ist demnach nicht das Gebiet, in dem Sorben siedeln, sondern die sorbische Gemeinde, ihr besiedeltes Territorium. Erst durch den Schutz des besiedelten Gemeindeterritoriums werden die räumlichen Voraussetzungen für die Existenz einer sorbischen Minderheit gewährleistet (vgl. LT-Drs. 2/3750, S. 70). Dazu müssen die bestehenden sorbischen Gemeinden vor Eingriffen geschützt werden, die den Gruppenzusammenhang von gemeinsam siedelnden Sorben zerstören. Da das Bekenntnis zum Sorbentum frei ist, jeder Sorbe das Recht hat, seine kulturelle und sprachliche Identität frei zum Ausdruck zu bringen, ist es dem Staat verwehrt, darüber zu entscheiden, welche Bedeutung die in der konkreten Siedlung von Sorben gepflegte sorbische Kultur und Sprache für das gesamte sorbische Volk hat. Auch im Bereich von verfassungsrechtlich gewährleisteten Minderheitenrechten darf der Staat nicht den Gebrauch von Freiheit bewerten, um sie in unterschiedlicher Weise zu schützen. Nach § 1 Abs. 3 SWG wird das Recht des sorbischen Volkes auf Schutz, Erhaltung und Pflege seiner nationalen Identität vom Land und von den Kommunen „im angestammten Siedlungsgebiet der Sorben (Wenden)" gewährleistet. Das bedeutet nicht, daß die Selbstbewahrung von sorbischer Kultur, Tradition und Sprache wie die Selbstdarstellung durch sie für den einzelnen auf das angestammte Siedlungsgebiet begrenzt ist. Begrenzt auf das sorbische Siedlungsgebiet wird der besondere Schutz *gemeinsamer Pflege sorbischer Kultur und Sprache.* Die in § 1 Abs. 3 SWG ausgesprochene Verpflichtung des Landes und der Kommunen, im angestammten Siedlungsgebiet der Sorben die nationale Identität des sorbischen Volkes zu schützen, zu pflegen und zu erhalten, kann nicht bedeuten, daß im Land Brandenburg die bereits im Bundesrecht für Sorben gewährleisteten individuellen Freiheitsrechte auf das im SWG näher bestimmte angestammte Siedlungsgebiet begrenzt werden. Vielmehr bedeutet die gesonderte Aufnahme des angestammten Siedlungsgebietes in die Schutzgewährleistung des Art. 25 Abs. 1 S. 1 LV ein Mehr an Identitätsschutz für Sorben. Dieses Mehr an Identitätsschutz entsteht dadurch, daß Gemeinden, in denen eine kontinuierliche sprachliche und kulturelle Tradition bis zur

Gegenwart nachweisbar ist, als angestammtes Siedlungsgebiet geschützt werden (§ 3 Abs. 2 S. 1 SWG). Dadurch werden die eigene gemeinsame Kultur und Sprachpflege von Sorben geschützt. Sorbischer Identitätsschutz im angestammten Siedlungsgebiet ist demnach ein Gruppenschutz derjenigen Sorben, die in sorbischen Gemeinden gemeinsam siedeln.

Die zum deutschen Staatsvolk gehörende sorbisch-wendische Minderheit wird in ihrem Siedlungsgebiet auch als Gruppe geschützt. Dieser Gruppenschutz beinhaltet Schutz vor dem deutschen Mehrheitsvolk, dem von ihm – aufgrund seiner zahlenmäßigen Überlegenheit – ausgehenden Assimilationsdruck. Der durch Art. 25 Abs. 1 S. 1 LV gewährleistete Minderheitenschutz schützt die sorbisch (wendische) Minderheit vor Assimilation an die Mehrheitskultur, vor Aufgabe der eigenen Sprache, der eigenen Kultur und Verlusten sorbischer Gemeinden in seinem angestammten Siedlungsgebiet. Das Land Brandenburg muß danach die Besonderheit der sorbischen Minderheit in sorbischen Gemeinden, die im Siedlungsgebiet liegen, respektieren, und nicht nur das: Es muß den Gruppenzusammenhang der dort lebenden Sorben schützen, indem es die Siedlung vor Zerstörung schützt. Dieser Schutz ist notwendig, um dem mit dem deutschen Mehrheitsvolk verbundenen rein faktischen Assimilierungsdruck entgegenzuwirken.

3. Die subjektiven Rechte aus Art. 25 Abs. 1 S. 1 LV verstoßen entgegen der Mehrheitsmeinung weder gegen Art. 3 Abs. 3 GG noch gegen Regelungen des Bundesbergrechts.

a. Art. 25 Abs. 1 S. 1 LV verstößt nicht gegen die in Art. 3 Abs. 3 GG verbotenen Bevorzugungen. Der im Vergleich zu nicht sorbischen Gemeinden weiterreichende Schutz sorbischer Siedlungen ist Sinn und Zweck des von Art. 25 Abs. 1 S. 1 LV gewährleisteten Minderheitenschutzes für das sorbische Volk. Die bergbaubedingte Inanspruchnahme von Siedlungen, in denen eine kontinuierliche sprachliche und kulturelle sorbische Tradition bis in die Gegenwart nachweisbar ist, ist daher entgegen der Mehrheitsmeinung ein Eingriff in die Schutzgewährleistungen von Art. 25 Abs. 1 S. 1 LV. Die Verneinung eines sorbenspezifischen Eingriffes bei bergbaubedingter Inanspruchnahme sorbischer Gemeinden durch die Mehrheit läßt den Schutz der sorbischen Minderheit, der durch den Schutz seines angestammten Siedlungsgebietes gewährleistet werden soll, leerlaufen.

Die Mehrheit entnimmt Art. 3 Abs. 3 GG das Merkmal der Nationalität, das Art. 3 Abs. 3 GG nicht enthält, und folgert daraus, daß Art. 25 Abs. 1 S. 1 LV nur als Staatsziel ausgelegt werden kann. Dahinter steht die Vorstellung, daß ein weitergehender Schutz von sorbischen Siedlungen bei bergbaubedingter Inanspruchnahme im Vergleich zu nichtsorbischen Siedlungen eine nach Art. 3 Abs. 3 S. 1 GG verbotene Bevorzugung wäre. In dieser Logik wird der Gewährleistungsinhalt von Art. 25 Abs. 1 S. 1 LV auf ein Diskriminierungsverbot verkürzt und ein Eingriff durch bergbaubedingte Inanspruchnahme von sorbischen Siedlungen als nicht sorbenspezifisch verneint. Art. 3 Abs. 3 S. 1 GG verbietet, bestimmte Gegebenheiten zum Anlaß für Bevorzugungen und Benachteiligungen zu nehmen. Der Merkmalkatalog des Art. 3 Abs. 3 S. 1 GG hat bezüglich der verbotenen Differenzierungskriterien abschließenden Charakter; andere als die enumerierten Kriterien sind nicht erfaßt und können nicht im Wege der Analogie hinzugefügt werden (vgl. bereits BVerfGE 3, 225, 241; *Sachs,* in: Handbuch des Staatsrechts, Band V, 1992, § 126, Rdn. 40). Bezogen auf das Minderheitenschutzrecht aus Art. 25 Abs. 1 S. 1 LV werden die Merkmale Abstammung, Sprache und Heimat als Anknüpfung für verbotene Bevorzugungen von der Mehrheit in Bezug genommen, um daraus zu folgern, daß Art. 25 Abs. 1 S. 1 LV, als Abwehrrecht verstanden, gegen Bundesrecht verstößt. Nach der herrschenden und verbindlichen Auslegung dieser Merkmale sind sie jedoch für nationale Minderheiten nicht einschlägig.

Das Merkmal der *„Abstammung"* soll im Kontext der sich zum Teil überschneidenden Merkmale des Art. 3 Abs. 3 GG „vornehmlich die natürliche biologische Beziehung eines Menschen zu seinen Vorfahren bezeichnen" (BVerfGE 9, 124, 128). Einzubeziehen ist die regelmäßig damit zusammentreffende familienrechtliche Abstammung, weil sie die praktisch maßgebliche Grundlage für Erscheinungen wie Sippenhaft oder Vetternwirtschaft, die Art. 3 Abs. 3 GG ausschließen will, bietet (vgl. BVerfGE 8, 212, 221; 26, 265, 272 m. w. N.).

Mit der *„Sprache"* greift das Grundgesetz ein Merkmal auf, das auch Bestandteil des Minderheitenschutzes ist. Sprache in Art. 3 Abs. 3 GG meint die Muttersprache eines Menschen.

„Heimat" bedeutet die örtliche Beziehung zur Umwelt und zielt vor allem auf eine Gleichbehandlung deutscher Flüchtlinge (BVerfGE 2, 266, 286; 3, 58, 159; 5, 17, 22; 9, 124, 128; 17, 199, 203; 23, 258, 262; 48, 281, 287).

Diese durch die Rechtsprechung des Bundesverfassungsgerichtes näher ausgeformten verbotenen Merkmale für die Anknüpfung einer Bevorzugung weisen zwar Berührungspunkte zur Nationalität auf, sind aber nicht das Merkmal Nationalität oder Ethnie, schon gar nicht das Merkmal nationale oder ethnische Minderheit. Von daher enthält Art. 3 Abs. 3 GG kein Verbot eines besonderen Schutzes ethnischer und nationaler Minderheiten.

Dafür, daß die privilegierte Behandlung nationaler Minderheiten erlaubt ist, spricht auch die Regelung von § 6 Abs. 4 S. 2 BWahlG. Danach nehmen Parteien nationaler Minderheiten am Verhältnisausgleich teil, auch wenn sie die 5 %-Sperrklausel nicht überschritten haben oder die Voraussetzung der Grundmandatsklausel nicht erfüllen. Das Bundesverfassungsgericht hat die positive Diskriminierung von Parteien nationaler Minderheiten für verfassungsgemäß gehalten (BVerfGE 6, 84, 97).

Es widerspricht vielmehr umgekehrt den völkerrechtlichen Verpflichtungen der Bundesrepublik, den Minderheitenschutz auf ein bloßes Diskriminierungsverbot zu reduzieren. Bereits mit den Verpflichtungen aus Art. 27 UN-Pakt ist die Bundesrepublik anerkanntermaßen über ein bloßes Diskriminierungsverbot gegenüber nationalen Minderheiten hinausgegangen (vgl. auch *Nowak,* UN-Pakt über bürgerliche und politische Rechte und Fakultativprotokoll, CCPR-Kommentar, 1989, Rdn. 39; *Tomuschat,* in: Bernhardt/Geck [Hrsg.], Festschrift für Hermann Mosler, 1983, S. 966 ff). Art. 27 UN-Pakt enthält Elemente eines Rechtes auf faktische Gleichheit bzw. eines positiven Diskriminierungsschutzes, deren Sinn und Zweck die privilegierte Behandlung von Minderheiten zur Erreichung realer Gleichheit ist. „Daraus folgt, daß den Angehörigen von Minderheiten mehr Rechte eingeräumt sind als dem Rest der Bevölkerung" (*Nowak,* aaO, Rdn. 39). Das Mehr an Rechten bezieht sich dabei auf die für Minderheiten notwendige Gemeinsamkeit bei der Religionsausübung und der Kultur- und Sprachpflege. Religionsausübung, Kultur- und Sprachpflege ist für jedermann durch subjektive Grundrechte geschützt. Minderheitenrechte schützen nicht nur die diesbezügliche individuelle Grundrechtsrealisierung, sondern die kollektive Ausübung dieser Grundrechte „gemeinsam mit anderen Angehörigen ihrer Gruppe".

Auch die Schutzgewährleistung von Art. 25 Abs. 1 S. 1 LV geht dem Sinn und Zweck von Minderheitenrechten folgend über ein bloßes Diskriminierungsverbot gegenüber Sorben hinaus. Auch sie enthält Elemente eines Rechtes auf faktische Gleichheit bzw. eines positiven Diskriminierungsschutzes, dessen Sinn und Zweck die privilegierte Behandlung der sorbischen Minderheit ist. Privilegiert werden die *gemeinsame* Sprach-, Kultur- und Traditionspflege von Sorben. Nach Art. 25 Abs. 1 S. 1 LV gehört dazu ein besonderer Schutz der hierzu erforderlichen räumlichen Voraussetzungen, der Schutz des angestammten Siedlungsgebietes. Der von Art. 25 Abs. 1 S. 1 LV gebotene Schutz des angestammten Siedlungsgebietes führt dazu, daß sorbische Gemeinden stärker gegen Zerstörungen geschützt werden als nicht sorbische Gemeinden.

b. Art. 25 Abs. 1 S. 1 LV verstößt nicht gegen das Bergrecht des Bundes. § 48 Abs. 2 BBergG eröffnet für die Zulassung von Betriebsplänen die Möglichkeit, die Aufsuchung oder Gewinnung von Bodenschätzen zu beschränken oder zu untersagen, soweit ihr überwiegende öffentliche Interessen entgegenstehen. Der Schutz nationaler Minderheiten kann ein solches überwiegendes öffentliches Interesse sein.

Im Verfahren zur Genehmigung des Betriebsplanes ist § 48 BBergG die Nahtstelle des Bergrechts zu anderen öffentlich-rechtlichen Vorschriften.

Die Norm erweitert den Prüfungsumfang der Bergbehörden auf andere öffentlich-rechtliche (auch landesrechtliche oder landesverfassungsrechtliche) Vorschriften, soweit es um Verbote oder Beschränkungen eines konkreten Vorhabens geht. Dabei ist nach der „Rohstoffsicherungsklausel" des § 48 Abs. 1 S. 2 BBergG zu beachten, daß die Anwendung anderer öffentlich-rechtlicher Vorschriften den Bergbau nicht über Gebühr behindert (BVerwGE 74, 315, 318). Da es sich bei Art. 25 Abs. 1 S. 1 LV um ein hinreichend konkretes rechtliches Gebot bezüglich eines Standortes handelt, ist im vorliegenden Fall die vorrangige Standortgebundenheit des Bergbaus einerseits und das standortgebundene Siedlungsgebiet der Sorben andererseits bei der Betriebsplangenehmigung gegeneinander abzuwägen. Diese Abwägung hat die Ausstrahlungswirkung der dabei berührten Grundrechte zu beachten (vgl. BVerfGE 7, 198, 207). Das Bundesbergrecht untersagt jedenfalls nicht von vornherein eine Abwägung mit einer als Grundrecht verstandenen Minderheitenschutzbestimmung wie der des Art. 25 Abs. 1 S. 1 LV.

II. Die Prüfung des Gesetzes zur Förderung von Braunkohle im Land Brandenburg (BbgBkGG) am Maßstab von Art. 25 Abs. 1 S. 1 LV

Die in Art. 1 §§ 2 und 3 des Gesetzes zur Förderung der Braunkohle im Land Brandenburg geregelte bergbaubedingte Inanspruchnahme und Umsiedlung von Gemeinden, in denen eine kontinuierliche sprachliche und kulturelle sorbische Tradition bis in die Gegenwart nachweisbar ist, ist entgegen der Mehrheitsmeinung verfassungswidrig. Die Normen verstoßen gegen Art. 25 Abs. 1 S. 1 LV. Art. 2 § 5 BbgBkGG, der das in Art. 1 entwickelte Schutzkonzept für die Gemeinde Horno konkretisiert, ist aus denselben Gründen verfassungswidrig. Aus der Verfassungswidrigkeit von Art. 1 §§ 2 und 3 und Art. 2 § 5 BbgBkGG folgt die Verfassungswidrigkeit von Art. 2 § 1 BbgBkGG.

1. Die Verfassungswidrigkeit von Art. 1 §§ 2 und 3 BbgBkGG

Der Gesetzgeber verkennt im Gesetz zur Förderung von Braunkohle im Lande Brandenburg, daß Art. 25 Abs. 1 S. 1 LV ein subjektives Abwehrrecht verbunden mit einer staatlichen Schutzpflicht enthält, wonach die sorbischen Siedlungen vor Eingriffen geschützt werden, die den Gruppenzusammenhang von gemeinsam siedelnden Sorben zerstören. Bereits die generell-abstrakten Regelungen in Art. 1 §§ 2 und 3 BbgBkGG zur bergbaubedingten Inanspruchnahme und Umsiedlung von Siedlungen, in denen eine kontinuierliche sprachliche und kulturelle sorbische Tradition bis in die Gegenwart nachweisbar ist, verletzen die Schutzpflicht aus Art. 25 Abs. 1 S. 1 LV; sie unterschreiten das Untermaßverbot.

a. Der Gesetzgeber des Braunkohlengrundlagengesetzes hat den Inhalt seiner Schutzpflicht aus Art. 25 Abs. 1 S. 1 LV verkannt und deshalb das Untermaßverbot unterschritten.

aa. Das Bundesverfassungsgericht erkennt dem Gesetzgeber bei der Realisierung seiner Schutzpflicht einen weiten Einschätzungs-, Wertungs- und Gestaltungsspielraum zu (BVerfGE 56, 54, 80f; 77, 170, 214f; 77, 381, 405; 79, 174, 202). Die richterliche Kontrolle setzt grundsätzlich erst ein, wenn die staatlichen Organe gänzlich untätig geblieben sind oder wenn offensichtlich ist, daß die getroffenen Maßnahmen völlig ungeeignet oder unzulänglich sind (BVerfGE 56, 54, 71/80ff; 77, 170, 214f; 77, 381, 404/405). Die Schutzpflicht richtet dem Gestaltungsermessen ein Untermaßverbot auf, das mit dem Übermaßverbot des Abwehrrechtes korrelliert. Ungeeignete, nicht erforderliche und unzumutbare Ausübungen der staatlichen Schutzpflicht sind danach ausgeschlossen. Das „Untermaßverbot" stellt demgegenüber die Versagung effektiven Schutzes unter einen staatlichen Rechtfertigungszwang.

Die richterliche Kontrolldichte am Maßstab der Schutzpflicht schwankt erheblich. In der Entscheidung zur gesetzlichen Freigabe der Abtreibung im Rahmen der Fristenlösung 1975 (BVerfGE 39, 1, 41ff), die insoweit am weitesten geht, wurde die Erfüllung dieser Pflicht umfassend und detailliert in der gesamten Rechtsordnung nachgeprüft. Im Schleyer-Urteil hingegen wurde die Erfüllung dieser Pflicht für das Leben der Geisel der Verantwortung der staatlichen Organe anheim gestellt (BVerfGE 46, 160, 164f). Im Kontaktsperre-Beschluß wird mit dem Schutzpflichtargument der empfindliche Grundrechtseingriff gegenüber den Untersuchungshäftlingen gerechtfertigt (BVerfGE 49, 24, 53ff). Bei der gerichtlichen Überprüfung von staatlichen Schutzpflichten zur Abwehr von Technikrisiken (zivile Nutzung von Kernenergie, BVerfGE 49, 89, 124ff; 53, 30, 57ff; 77, 381, 402ff; 81, 310, 339; Flug- und Straßenlärm, BVerfGE 56, 54, 73ff; 79, 174, 201ff) hat das BVerfG die materiellen und verfahrensrechtlichen Vorschriften der staatlichen Genehmigung als staatliche Schutzpflichtrealisierung angesehen und daraus z. T. einen dynamischen Schutz mit Nachbesserungspflichten für den Gesetzgeber gefolgert. In diesen unterschiedlichen Beispielen richterlicher Kontrolle staatlicher Schutzpflichten stimmt nur die Überprüfung der Rechtsstaatlichkeit und der Zwecktauglichkeit der angewandten Schutzmittel überein. Ansonsten differiert die Nachprüfung der politischen staatlichen Ermessensausübung. Bezogen auf Minderheitenschutz gibt es bisher keine verfassungsgerichtliche Überprüfung staatlicher Schutzpflichten.

bb. Der von Art. 25 Abs. 1 S. 1 LV gewährleistete Schutz des angestammten Siedlungsgebietes wird durch die Regelungen zur bergbaubedingten Inanspruchnahme sorbischer Siedlungen verfehlt, weil er die konkrete sorbische Siedlung nur ausnahmsweise schützt.

Art. 25 Abs. 1 S. 1 LV schützt die sorbischen Siedlungen vor Eingriffen, die den Gruppenzusammenhang von gemeinsam siedelnden Sorben zerstören. Die bergbaubedingte Inanspruchnahme einer sorbischen Gemeinde führt regelmäßig zur Zerstörung des historisch gewachsenen Gruppenzusammenhanges der dort siedelnden Sorben. Die bisherige gemeinsame Sprach-, Kultur- und Traditionspflege wird an diesem Ort unmöglich. Für die bergbaubedingte Inanspruchnahme von sorbischen Siedlungen regelt Art. 1 § 2 BbgBkGG keinerlei zusätzliche tatbestandliche Voraussetzungen im Vergleich zur Inanspruchnahme anderer Siedlungen. In der Gesetzesbegründung zu § 2 wird zwar gefordert, „die Belange des Minderheitenschutzes" (LT-Drs. 2/3750, S. 31) in den Abwägungsprozeß darüber, ob die Inanspruchnahme einer Siedlung unvermeidbar ist, einzustellen. Woran dieses geprüft werden soll, macht aber auch die Gesetzesbegründung zu § 2 nicht deutlich. Vielmehr erschließt sich aus der Begründung zu § 3, daß bei der Inanspruchnahme sorbischer Siedlungen nur ausnahmsweise auf den Umstand, daß es sich um sorbische Siedlungen handelt, Rücksicht genommen werden soll. In der Gesetzesbegründung heißt es, „daß die energie-, arbeitsmarkt- und strukturpolitischen Belange nur dann zurückstehen müssen, wenn eine Umsiedlung den Verlust ortsgebundenen, unverlagerbaren Kulturguts von prägender Bedeutung für die sorbische (wendische) Identität als Ganzes zur Folge hätten bzw. wenn sich die Zahl sorbischer (wendischer) Gemeinden in Zukunft insgesamt derart verringert haben würde, daß jede weitere Umsiedlung substantielle und irreparable Auswirkungen auf das ganze sorbische (wendische) Siedlungsgefüge hätte" (aaO, S. 35). Damit stellt die Gesetzesbegründung klar, daß die konkrete sorbische Siedlung vor der bergbaubedingten Inanspruchnahme nicht grundsätzlich geschützt wird. Bezogen auf das Schutzgut von Art. 25 Abs. 1 S. 1 LV braucht nach § 2 – vom Ausnahmefall abgesehen – bei der Inanspruchnahme konkreter Siedlungen keine Abwägung unter Minderheitenschutzgesichtspunkten stattzufinden. Damit verstößt der Gesetzgeber gegen die ihm von Art. 25 Abs. 1 Satz 1 LV aufgegebene Schutzpflicht.

cc. Die in Art. 1 § 3 BbgBkGG geregelte Umsiedlung von sorbischen Siedlungen im angestammten Siedlungsgebiet kann unter den in § 3 geregelten Voraussetzungen den von Art. 25 Abs. 1 S. 1 LV geforderten Minderheitenschutz der Sorben nicht regelmäßig realisieren.

Art. 2 § 1 BbgBkGG regelt die bergbaubedingte Inanspruchnahme und Umsiedlung sorbischer Siedlungen so wie die bergbaubedingte Inanspruchnahme und Umsiedlung nicht sorbischer Siedlungen. In Art. 1 § 3

BbgBkGG ist lediglich vorgesehen, daß im Falle einer bergbaubedingten Umsiedlung für Siedlungen, in denen eine kontinuierliche sprachliche und kulturelle sorbische Tradition bis in die Gegenwart nachweisbar ist, geeignete Wiederansiedlungsflächen innerhalb des angestammten Siedlungsgebietes anzubieten sind. Damit wird faktisch nicht über die Umsiedlungsmodalitäten für nicht sorbische Siedlungen hinausgegangen. Auch bei nicht sorbischen Siedlungen ist nach Art. 1 § 2 BbgBkGG anzustreben, dörfliche Gemeinschaften und soziale Bindungen durch gemeinsame Umsiedlungen zu erhalten.

Im angestammten Siedlungsgebiet der Sorben siedeln heute mehrheitlich Bürger deutscher Nationalität (vgl. dazu auch die Gesetzesbegründung, aaO, S. 33 ff). Auch in ihrem angestammten Siedlungsgebiet leben die Sorben heute als Minderheit zusammen mit einer deutschen Mehrheit. Selbst in der Mehrzahl der sorbischen Gemeinden leben die Sorben als Minderheit. Die Umsiedlung von sorbischen Siedlungen innerhalb des angestammten Siedlungsgebiets ist daher nicht in jedem Fall geeignet, den Minderheitenschutz der Umgesiedelten weiter zu gewährleisten. Die voraussetzungslose Umsiedlung im Territorium des Siedlungsgebietes stellt den von Art. 25 Abs. 1 S. 1 LV zu gewährleistenden Minderheitenschutz nicht sicher. Auch innerhalb der Grenzen des angestammten Siedlungsgebietes können Umsiedlungen den Assimilationsdruck auf die umgesiedelten Sorben so erhöhen, daß der Identitätsschutz als Gruppenschutz leerläuft.

Hinzu kommt, daß geeignete Wiederansiedlungsflächen nur angeboten werden müssen. Hinter dem Angebot stehen keine weiteren Vollzugssicherungen, die den zu gewährleistenden Minderheitenschutz garantieren. Die Schutzgewährleistung für das sorbische Siedlungsgebiet hat die Funktion, durch den Schutz des besiedelten Territoriums sorbischer Gemeinden sorbische Gruppenzusammengehörigkeit und ihre gemeinsame Sprach- und Kulturpflege zu schützen. Die Schutzpflicht für das angestammte Siedlungsgebiet unterschreitet daher das Untermaßverbot, wenn sie sich darauf beschränkt, lediglich geeignete Wiederansiedlungsflächen in dem von § 3 Abs. 2 SWG bezeichneten Gebiet anzubieten.

Seit seiner Entscheidung zur Schwangerschaftsunterbrechung von 1975 hat das Bundesverfassungsgericht bezüglich grundrechtlicher Schutzpflichten des Staates eine Ermessensausübung des Gesetzgebers gefordert, die die effektive Erfüllung der Schutzpflicht garantiert. Sie muß den verfassungsrechtlich gebotenen Mindeststandard an Grundrechtssicherheit gewährleisten.

Ein wirksamer Schutz der grundrechtlichen Güter von Art. 25 Abs. 1 S. 1 LV wird nicht schon durch das bloße Angebot einer gemeinsamen Wiederansiedlung garantiert, sondern erst durch einen rechtsstaatlich verbürgten

Vollzug einer gemeinsamen Wiederansiedlung. Wie der Gesetzgeber dem effektiven Schutz Rechnung trägt, bleibt dabei ihm überlassen. Auch unter dem Gesichtspunkt einer Verhältnismäßigkeitsprüfung im engeren Sinne (Zumutbarkeit) erweist sich das bloße Angebot einer gemeinsamen Wiederansiedlung und das Fehlen einer entsprechenden Vollzugssicherung als unverhältnismäßig. Nur wenn regelmäßig davon ausgegangen werden kann, daß die von Art. 25 Abs. 1 S. 1 LV geschützte sorbische Siedlung erhalten bleibt, läßt sich eine Umsiedlung rechtfertigen. Unter der Voraussetzung, daß der Gesetzgeber in sein Schutzkonzept auch Maßnahmen aufnimmt, die dem effektiven Vollzug des Minderheitenschutzes bei Wiederansiedlung genügen, entspricht er dem Untermaßverbot. Dazu muß er zunächst ein Verfahren entwickeln, mit dem er das Einverständnis der sorbischen Siedlung zur gemeinsamen Wiederansiedlung im angestammten Siedlungsgebiet erzielt. Wie der Gesetzgeber eine freiwillige gemeinsame Umsiedlung realisiert, liegt in seiner Gestaltungsmacht. Gelingt eine freiwillige gemeinsame Umsiedlung im angestammten Siedlungsgebiet nicht, kann eine Umsiedlung nur dann gegen den Willen der Betroffenen vorgenommen werden, wenn ein anderes verfassungsrechtlich gleichermaßen geschütztes Gut noch stärker als die von Art. 25 Abs. 1 Satz 1 LV geschützten Güter beeinträchtigt wird.

b. Da der Gesetzgeber des BbgBkGG Art. 25 Abs. 1 S. 1 LV fälschlicherweise nur für ein objektivrechtliches Staatsziel hält, nimmt er verfassungswidrige Abwägungen mit den rangniederen Staatszielen Strukturförderung (Art. 44 LV) und Vollbeschäftigung (Art. 48 Abs. 1 LV) vor.

2. Art. 2 § 5 BbgBkGG, der das in Art. 1 entwickelte Konzept für die bergbaubedingte Umsiedlung für die Gemeinde Horno konkretisiert, ist aus den unter 1. dargestellten Gründen verfassungswidrig.

Die Gemeinde Horno, in der eine Gruppe von etwa 100 Sorben siedelt, ist unstrittig eine Gemeinde, die nach § 3 Abs. 2 SWG zum angestammten Siedlungsgebiet des sorbischen Volkes gehört. Auch nach der Mehrheitsmeinung ist in Horno eine kontinuierliche sprachliche und kulturelle sorbische Tradition bis in die Gegenwart nachweisbar. Horno nimmt daher an der Schutzgewährleistung von Art. 25 Abs. 1 S. 1 LV teil. Diese Schutzgewährleistung umfaßt auch die Abwehr nachteiliger Auswirkungen des Braunkohlentagebaus auf die Schutzgüter des Art. 25 Abs. 1 S. 1 LV.

Der Gesetzgeber schafft mit dem Braunkohlengrundlagengesetz die Voraussetzungen dafür, daß der Tagebau Jänschwalde unter Abbaggerung der Gemeinde Horno fortgeführt werden kann. Weil das Gemeindegebiet für den Braunkohlentagebau benötigt wird, soll Horno preisgegeben werden. Bezogen auf die Gemeinde Horno regelt Art. 2 § 5 BbgBkGG, daß im wieder in Kraft zu setzenden Braunkohlenplan geeignete Flächen auf dem Gebiet der Gemeinde Jänschwalde für die Umsiedlung Hornos auszuweisen sind. Vor der Feststellung des Braunkohlenplanes sind die Bürger der Gemeinde Horno vom Braunkohlenausschuß zur Wiederansiedlung anzuhören (Art. 2 § 5 S. 3 BbgBkGG). Dieses Wiederansiedlungsangebot, das die Regelung aus Art. 1 § 3 BbgBkGG in Horno konkretisiert, unterschreitet das Untermaßverbot, das dem Gesetzgeber durch die in Art. 25 Abs. 1 S. 1 LV enthaltene staatliche Schutzpflicht aufgegeben ist. Die einschlägigen Erwägungen in der Gesetzesbegründung (LT-Drs. 2/3750, S. 49) machen deutlich, daß er sich nicht verpflichtet fühlt, der Gemeinde Horno als Teil des sorbischen Siedlungsgebietes Schutz vor der bergbaubedingten Inanspruchnahme zu gewähren. Sie wird vor der Inanspruchnahme nicht geschützt, weil sie, so der Gesetzgeber, keine unverzichtbare Bedeutung für das Sorbentum hat. Bezogen auf Horno heißt es in der Gesetzesbegründung, „... unverlagerbare, ortsgebundene Kulturgüter von identitätsprägender Bedeutung finden sich in Horno nicht" (LT-Drs. 2/3750, S. 49). Auch im Falle Horno geht das Gesetz davon aus, daß lediglich die gemeinsame Wiederansiedlung innerhalb des angestammten Siedlungsgebietes der Sorben (Wenden) angeboten werden muß (vgl. LT-Drs. 2/3750, S. 51). Die Gemeindebürger Hornos haben sich mit übergroßer Mehrheit gegen eine Umsiedlung ausgesprochen (vgl. LT-Drs. 2/3750, S. 59). Im Falle Hornos ist nach dem gegenwärtigen Stand eine gemeinsame Wiederansiedlung völlig ungewiß. Der konkrete sorbische Siedlungszusammenhang in Horno kann somit unwiederbringlich zerstört werden. Die Regelung des Gesetzgebers, daß, wenn Wiederansiedlungsflächen innerhalb des angestammten Siedlungsgebietes für Horno angeboten werden, die bergbaubedingte Inanspruchnahme und Umsiedlung zulässig ist, ist verfassungswidrig. Sie unterschreitet das Untermaßverbot der Schutzpflicht aus Art. 25 Abs. 1 S. 1 LV.

3. Die Auflösungsentscheidung für die Gemeinde Horno in Art. 2 § 1 BbgBkGG hat ihren Grund in der beabsichtigten bergbaubedingten Inanspruchnahme. Aus der Verfassungswidrigkeit von Art. 1 §§ 2 und 3 und Art. 2 § 5 BbgBkGG folgt daher die Verfassungswidrigkeit von Art. 2 § 1 BbgBkGG.

Sondervotum des Richters Schöneburg

Im Unterschied zur Meinung der Mehrheit des Verfassungsgerichts ist Art. 2 § 1 des Gesetzes zur Förderung der Braunkohle im Land Brandenburg i. V. m. Art. 1 des Gesetzes mit der Verfassung des Landes Brandenburg **nicht**

Braunkohlentagebau im sorbischen Siedlungsgebiet 195

vereinbar, soweit die Inanspruchnahme der Gemeinde Horno für den Braunkohlentagebau betroffen ist.

Das Sondervotum widerspricht in folgenden Hauptpunkten der Mehrheitsmeinung des Verfassungsgerichts:

1. Art. 2 § 1 i. V. m. Art. 1 des Braunkohlegrundlagengesetzes verstößt, soweit die Abbaggerung der Gemeinde Horno betroffen ist, gegen Art. 25 der Verfassung des Landes Brandenburg.

a) Art. 25 Abs. 1 Satz 1 der LV beinhaltet subjektiv ausgeprägte Rechte des sorbischen Volkes. Das belegt die historische Entstehung des Art. 25 LV genauso wie dessen systematische und wörtliche Auslegung.

Der Verfassungsgesetzgeber in Brandenburg hat mit Vorbedacht im 2. Hauptteil der LV „Grundrechte und Staatsziele" zusammengefaßt. Damit wurde nicht zuletzt das Ziel angestrebt, Staatsziele in ihrer Rechtsverbindlichkeit hervorzuheben, sowie den Zusammenhang **und** die Differenzierung zwischen Grundrechten und Staatszielen zu betonen. Daher enthalten viele Artikel des 2. Hauptteils Staatsziele **und** Grundrechte. Dies gilt auch für Art. 25 LV.

Abgesehen davon, daß dieser Artikel einen eigenen 4. Abschnitt „Rechte der Sorben (Wenden)" erhalten hat, beginnt der Artikel in seinem ersten Satz des Absatzes 1 mit dem **Recht** des sorbischen Volkes auf Schutz, Erhaltung und Pflege seiner nationalen Identität und seines angestammten Siedlungsgebietes. **Dies unterstreicht die Grundrechtsqualität.** Sie ist verbunden mit der **staatlichen Verpflichtung**, dieses grundrechtliche Schutzrecht zu gewährleisten. Insofern bilden Abwehrrechte des sorbischen Volkes gegen Beeinträchtigungen seiner Identität als Minderheit durch den Staat und die Pflichten des Staates, den Schutz der nationalen Minderheit gegenüber Dritten zu gewährleisten, eine untrennbare Einheit.

Erst anschließend werden im Art. 25 Abs. 1 Satz 2 LV die für Staatsziele typischen Förderungsverpflichtungen des Staates geregelt. Es sei darauf verwiesen, daß die LV in anderen Artikeln des 2. Hauptteils (z. B. in Art. 47 und Art. 48 LV) bewußt anders verfährt. Dort werden zunächst die entsprechenden Staatsziele benannt und **anschließend** in eigenen Absätzen mögliche subjektiv-grundrechtliche Bestimmungen angefügt.

b) Der **hohe rechtliche Rang** des Art. 25 LV ergibt sich daraus, daß es sich um eine **gezielte Umsetzung der Rechte nationaler Minderheiten** in eine Verfassung handelt. Nicht von ungefähr wird in Art. 2 Abs. 3 der LV hervorgehoben, daß sich das Volk des Landes Brandenburg zu den völkerrechtlich niedergelegten Menschenrechten bekennt. Und dazu zählen nicht zuletzt die Schutzrechte von nationalen Minderheiten. Mit Art. 25 LV hat der Verfassungsgesetzgeber in Brandenburg dem menschenrechtlich geforderten

Minderheitenschutz entsprochen und ihn grundrechtlich als Abwehrrecht gegenüber jeder Art von Eingriffen in die nationale Identität der Sorben (Wenden) ausgestaltet.

An dieser Stelle muß auch verfassungsrechtlich unterstrichen werden, daß Art. 25 LV mit seinen Minderheitenschutzrechten keinesfalls dem Art. 3 Abs. 3 des Grundgesetzes (GG) widerspricht. Der Schutz der sorbischen Identität gemäß Art. 25 LV ist vielmehr eine **notwendige Voraussetzung** für die Gleichheit gemäß Art. 3 Abs. 3 GG. Leider kennt das GG bis heute keine ausdrückliche Verfassungsnorm über Minderheitenschutz. M.E. muß diese daher u. a. aus Art. 1 GG (Schutz der Würde des Menschen – Abs. 1 – und Bekenntnis zu den Menschenrechten – Abs. 2 –) sowie aus Art. 20 und 28 GG (sozialer und demokratischer Rechtsstaat) abgeleitet werden.

Jedenfalls ist aus der notwendigen menschenrechtlichen Sichtweise keinesfalls ein Verstoß des Art. 25 Abs. 1 LV mit dem GG, speziell Art. 3 Abs. 3, konstruierbar.

c) Der Verfassungsgesetzgeber des Landes Brandenburg hat mit dem in Art. 25 LV verankerten Recht des sorbischen Volkes auf Schutz und Erhaltung seines angestammten Siedlungsgebietes eindeutig ein **Abwehrrecht** gegen die Zerstörung des Siedlungsgebietes durch den Braunkohletagebau festgelegt. Dies war nicht zuletzt eine Konsequenz aus der bürokratisch-zentralistisch erfolgten Zerstörung zahlreicher sorbischer Siedlungen im Interesse der Braunkohlegewinnung in der DDR.

Deshalb ist der Begriff „Siedlungsgebiet" für den Verfassungsgesetzgeber niemals eine abstrakte Größe oder Menge von Land gewesen, sondern immer ein Gebiet, in dem die Sorben (Wenden) in **konkreten Siedlungen** leben und so ihre ethnische Identität und Tradition wahren. Es stand für den Verfassungsgesetzgeber immer außer Frage, daß Gemeinden wie Horno, mit einer jahrhundertealten sorbischen Tradition, als gewichtige Teile des Siedlungsgebietes der Sorben (Wenden) selbstverständlich alle Rechte auf Erhaltung ihrer Siedlung als untrennbarer Teil des angestammten Siedlungsgebietes zustehen. Es war ja gerade eine Ausgangsposition, der übrigens alle Mitglieder des Verfassungsausschusses folgten, bei der Schaffung des Art. 25 LV, daß Dörfer wie Horno zukünftig nicht mehr den Interessen des Braunkohletagebaus geopfert werden dürfen. Ethnische Identität, die in dörflichen Gemeinschaften lebt und damit menschliche Gestalt erhält, hatte für den Verfassungsgesetzgeber ganz ohne Zweifel einen höheren Rang als die Braunkohleförderung.

Jedes Abgehen von dieser Position, wie sie mit der vorgesehenen Vernichtung Hornos durch Abbaggerung eklatant und unwiderruflich erfolgen würde, ist mit Art. 25 LV und damit der brandenburgischen Verfassungsidentität unvereinbar. Die Abbaggerung Hornos wäre ein gezielt gegen die sorbische Identität gerichteter Eingriff. Er hat also „sorbenspezifische" Qualität.

d) Die Abwehrrechte des Art. 25 Abs. 1 Satz 1 LV stehen dem sorbischen Volk zu. Sie können von der ethnischen Minderheit der Sorben (Wenden) als Ganzes, von jedem ihrer Teile und jeder Gruppierung, aber genauso von jedem Individuum, das sich als Sorbe (Wende) bekennt, in Anspruch genommen werden. Dies folgt nicht nur aus Art. 5 Abs. 1 LV, sondern letztlich aus einem verfassungsrechtlichen Begriff des Volkes oder einer Volksgruppe, der davon bestimmt ist, daß diese aus menschlichen Individuen bestehen, die zusammen, als Gruppen und jeder für sich jene Rechte haben (so z. B. auch die Landesregierung Brandenburg in ihrer Antwort auf die große Anfrage Nr. 44 vom 25.11.1997: LT-Drs. 2/5136, S. 14, März 1998).

2. Diesem Inhalt des Art. 25 LV widerspricht Art. 2 § 1 i.V.m. Art. 1 BbgBkGG. Der Landesgesetzgeber hat seine Schutzpflichten zur Bewahrung der sorbischen Identität nicht wahrgenommen, vielmehr den Interessen des Braunkohletagebaus eindeutige Priorität gegeben.

Die verfassungsrechtliche Ranghöhe des Art. 25 LV wurde vom Landesgesetzgeber unterminiert und statt dessen die Staatsziele des Art. 44 LV (Strukturförderung) und Art. 48 LV (Arbeitsförderung) dem Art. 25 LV übergeordnet. Damit ist die Abwägung des Gesetzgebers grob unverhältnismäßig und verfassungswidrig.

In diesem Zusammenhang hat der Landesgesetzgeber die zahlreichen Gutachten und Stellungnahmen im Prozeß seiner Gesetzgebung äußerst einseitig verwertet und vor allem den Gutachten, die den Interessen der Braunkohleförderung durch Abbaggerung von Horno besonders zugetan waren, deutlichen Vorrang gegeben (Gutachten der Prognos-AG und Variante 1). Andere Gutachten und Varianten, die einen Kompromiß der Interessen der Laubag und denen der Gemeinde Horno ins Auge faßten, wurden leichtfertig abgelehnt.

Hinsichtlich der Arbeitsplatzsicherung im Braunkohletagebau Jänschwalde fällt auf, daß der bereits bei der 2. Lesung des Braunkohlegrundlagengesetzes im Landtag am 11.6.1997 versprochene Vertrag der Landesregierung mit der Laubag und VEAG über die Sicherung von 4000 Vollzeit-Arbeitsplätzen am Standort Jänschwalde bis heute nicht bekannt geworden ist. Seitdem sind weiterhin Beschäftigte der Laubag entlassen worden.

Es darf auch vermerkt werden, daß durchaus Überlegungen möglich und angebracht wären, die Art. 44 LV (Strukturförderung) und Art. 48 LV (Arbeitsförderung) in der Lausitz nicht ausschließlich aus der Sicht der Braunkohleförderung anstellen, zumal diese mit der Liberalisierung der

Strommärkte in Europa und den Zukunftsaussichten der Braunkohle-Verstromung durchaus schwierigen Problemen gegenüberstehen wird. Warum spielen andere Beschäftigungsarten als die Braunkohleabbaggerung bei den Überlegungen der Landesregierung zur Strukturförderung der Lausitz eine kaum sichtbare Rolle? Auf die Problematik des auch verfassungsrechtlich geforderten Umweltschutzes sei an dieser Stelle nur allgemein verwiesen.

3. Der Art. 25 LV als Minderheitenschutzrecht mit subjektiven Abwehrrechten der Sorben (Wenden) gegen unwiederbringliche Schädigung ihres angestammten Siedlungsgebietes verstößt auch nicht gegen das Bergrecht der Bundesrepublik. So ist es durchaus vertretbar, daß Art. 25 LV im Verfahren zur Erteilung des Betriebsplanes gem. § 48 BBergG in dem dort geregelten Prüfungsverfahren hinsichtlich der Berücksichtigung öffentlich-rechtlicher und damit nicht zuletzt auch landesverfassungsrechtlicher Gesichtspunkte zu einem Verbot der Abbaggerung Hornos führen muß.

4. Die Abbaggerung Hornos gemäß Art. 2 § 1 i. V. m. Art. 1 BbgBkGG ist im Unterschied zur Mehrheitsmeinung des Verfassungsgerichts auch mit anderen Normen der LV nicht zu vereinbaren.

Die jetzt getroffene gesetzgeberische Entscheidung zur Liquidation der Gemeinde Horno verstößt gegen Art. 8 Abs. 1 LV, weil dadurch Gesundheit und körperliche Integrität der Bewohner Hornos bedroht werden, vor allem durch die psychischen Auswirkungen der Vernichtung ihrer Heimat und der gegen ihren ausdrücklichen Willen geplanten Umsiedlung.

In ähnlicher Weise wird Art. 39 Abs. 2 LV verletzt, weil mit der Abbaggerung Hornos die natürlichen Lebensgrundlagen der Dorfbewohner gravierend verändert werden, woraus unzumutbare Gefährdungen für diese Bürger erwachsen werden.

Schließlich verstößt Art. 2 § 1 i. V. m. Art. 1 BbgBkGG gegen Art. 41 Abs. 1 LV, weil damit der Weg zu einer Enteignung der Dorfbewohner in Horno freigelegt wird, die das angestammte Siedlungsgebiet der Sorben betrifft. Und dies steht eben unter dem besonderen Schutz des Art. 25 LV. Dieser Schutz hat innerhalb des Gemeinwohlerfordernisses nach Art. 41 Abs. 4 LV Priorität.

5. Die mit Art. 2 § 1 BbgBkGG gesetzlich vorgesehene Auflösung der Gemeinde Horno am Tage der nächsten landesweiten Kommunalwahlen im Herbst 1998 widerspricht auch dem Art. 98 LV. Zwar ist der Gesetzgeber insofern dem Urteil des erkennenden Gerichtes vom 1. Juni 1995 gefolgt, als er nunmehr entsprechend Art. 98 Abs. 2 Satz 2 LV die Auflösung der Gemeinde Horno durch ein förmliches Gesetz anordnet. Allerdings bleibt anzumerken, daß in jener Entscheidung des erkennenden Gerichts bereits darauf hingewiesen wurde, daß wegen des Fehlens eines förmlichen Gesetzes

die Frage der Bedeutung des Art. 25 LV für die Liquidation der sorbischen Gemeinde Horno noch gar nicht geprüft werden brauchte. Eine derartige Prüfung ist aber nunmehr unabänderlich geboten. Art. 98 Abs. 1 LV knüpft die Änderungen des Gebietes von Gemeinden an „Gründe des öffentlichen Wohls". Der Landesgesetzgeber sieht in seinem jetzigen Gesetz das öffentliche Wohl gewahrt, weil die Abbaggerung der Gemeinde Horno der Braunkohleproduktion zugute kommt. Die Erhaltung des angestammten sorbischen Siedlungsgebietes, zu dem die Gemeinde Horno in besonderer Weise zählt, und damit der Schutz der sorbischen ethnischen Identität rangiert für den Gesetzgeber offensichtlich erst hinter den Interessen des Braunkohletagebaus. Dem kann verfassungsrechtlich nicht gefolgt werden (vgl. Ziff. 1).

Es ist letztlich angefügt, daß die gesetzgeberisch vorgesehene Auflösung der Gemeinde Horno keine „normale Gebietsänderung" im Sinne des Art. 98 LV ist, sondern in ihrem realen Gehalt die **existentielle Liquidation** eines qualifizierten Rechtsschutz genießenden sorbischen Dorfes mit jahrhundertealter Tradition. Diese Tatsache drückt sich nicht zuletzt darin aus, daß 91 Prozent der Dorfbewohner nicht bereit sind, dem Gesetzgeber und seinen Interessen Folge zu leisten und auf ihren Selbstverwaltungs- und Minderheitenschutzrechten als Sorben beharren.

Entscheidungen
des Staatsgerichtshofs
der Freien Hansestadt Bremen

Die amtierenden Richter des Staatsgerichtshofs der Freien Hansestadt Bremen*

Prof. Günter Pottschmidt, Präsident
(Brigitte Dreger)

Prof. Dr. Alfred Rinken, Vizepräsident
(Heinz Brandt)
(Hans Alexy)

Dr. Jörg Bewersdorf
(Annegret Derleder)
(Dr. Axel Boetticher)

Prof. Dr. Eckart Klein
(Dr. Erich Röper)
(Dr. Herbert Müffelmann)

Uwe Lissau
(Rainer Kulenkampff)
(Dr. Albert Schnelle)

Prof. Dr. Ulrich K. Preuß
(Dr. Annegret Lenze)
(Sabine Heinke)

Konrad Wesser
(Friedrich Wulf)
(Peter Friedrich)

* In Klammern die Stellvertreterinnen und Stellvertreter.

Nr. 1

1. Volksbegehren und Volksentscheid sind mit Art. 70 Abs. 2 BremLV und § 9 Nr. 1 BremVEG dann nicht vereinbar, wenn sie auf den Gesamtbestand des Haushalts Einfluß nehmen, damit das Gleichgewicht des gesamten Haushalts stören, zu einer Neuordnung des Gesamtgefüges zwingen und zu einer wesentlichen Beeinträchtigung des Budgetrechts des Parlaments führen (Bestätigung von BremStGH, Urteil vom 17. Juni 1997 – St 7/96 –).

2. Maßnahmen, durch die auf den Gesamtbestand des Haushaltes Einfluß genommen, das Haushaltsgleichgewicht gestört und eine wesentliche Beeinträchtigung des parlamentarischen Budgetrechtes herbeigeführt wird, können nicht nur in einer gesetzlichen Verpflichtung zu erheblichen Mehrausgaben bestehen, sondern auch in einer gesetzlichen Beschränkung der Handlungsmöglichkeiten auf der Einnahmenseite. Zu den staatlichen Finanzierungsquellen gehören neben Abgaben Einnahmen aus erwerbswirtschaftlicher Tätigkeit und zu letzteren Einnahmen aus der Veräußerung staatlichen Wirtschaftsvermögens.

3. Diese Grundsätze gelten gemäß Art. 148 Abs. 1 S. 2 BremLV, §§ 22 Abs. 1 und 24 BremVEG auch für die Zulassung eines Volksbegehrens über den Entwurf eines Ortsgesetzes in der Stadtgemeinde Bremen.

Landesverfassung der Freien Hansestadt Bremen Art. 70 Abs. 2, Art. 74, Art. 87 Abs. 2, Art. 148 Abs. 2 Satz 1

Bremisches Volksentscheidgesetz § 9 Nr. 1, § 22 Abs. 1, § 24

Urteil vom 11. Mai 1998 – St 3/97 –

betreffend Antrag auf Zulassung eines Volksbegehrens über den Entwurf eines Ortsgesetzes zur Sicherung angemessenen Wohnraums und eines sozial verpflichteten Wohnungswesens in der Stadtgemeinde Bremen

Entscheidungsformel:

Die gesetzlichen Voraussetzungen für die Zulassung eines Volksbegehrens über den Entwurf eines Ortsgesetzes zur Sicherung angemessenen Wohraums und eines sozial verpflichteten Wohnungswesens in der Stadtgemeinde Bremen sind nicht gegeben.

Gründe:

A.

Gegenstand des Verfahrens ist die Frage, ob die gesetzlichen Voraussetzungen für die Zulassung eines Volksbegehrens über den Entwurf eines Ortsgesetzes zur Sicherung angemessenen Wohnraums und eines sozial verpflichteten Wohnungswesens in der Stadtgemeinde Bremen gegeben sind.

I.

Mit Schreiben vom 22. Juli 1997 hat der Senat der Freien Hansestadt Bremen durch seinen Präsidenten dem Staatsgerichtshof einen Antrag auf Zulassung eines Volksbegehrens über den „Entwurf eines Ortsgesetzes zur Sicherung angemessenen Wohnraums und eines sozial verpflichteten Wohnungswesens in der Stadtgemeinde Bremen" zur Entscheidung über die Zulässigkeit des Volksbegehrens vorgelegt. Der Gesetzentwurf lautet wie folgt:

§ 1

Jede Bewohnerin und jeder Bewohner der Stadtgemeinde Bremen hat Anspruch auf eine angemessene Wohnung.

§ 2

Zur Verwirklichung dieses Anspruchs ist die Stadtgemeinde Bremen Eigentümerin von Wohnungen und von privatrechtlich organisierten Wohnungsunternehmen oder beteiligt sich an solchen Unternehmen.

§ 3

Wesentliche Aufgaben der in direktem oder indirektem Eigentum der Stadtgemeinde Bremen befindlichen Wohnungsunternehmen sind

a) die Sicherung einer sozialverträglichen Miethöhe und angemessener Wohnbedingungen,

b) die Wohnungsversorgung derjenigen Bevölkerungsschichten, die auf dem allgemeinen Wohnungsmarkt eine geringere Chance haben, eine angemessene Wohnung zu finden.

§ 4

Zur Sicherung der Ziele dieses Gesetzes ist die Stadtgemeinde Bremen verpflichtet, die direkten oder indirekten Eigentumsanteile an den kommunalen Wohnungsunternehmen im bisherigen Umfang zu halten. Es ist ihr untersagt, das direkte oder indirekte Eigentum oder Miteigentum an diesen Unternehmen ganz oder teilweise zu veräußern, zu beleihen oder in anderer Weise aus der Verfügungsgewalt zu geben.

§ 5

Soweit die Stadtgemeinde Bremen lediglich direkte oder indirekte Anteile an einem Wohnungsunternehmen hält, darf sie zur Sicherung der Ziele dieses Gesetzes keinerlei Vereinbarungen treffen, die die Wahrnehmung der ihr gesellschaftlich aus dem Anteilseigentum erwachsenen Rechte beeinträchtigen oder erschweren.

§ 6

Dieses Gesetz tritt am Tage nach seiner Verkündung in Kraft.

II.

Der Senat der Freien Hansestadt Bremen bejaht das Vorliegen der formellen Voraussetzungen des am 9. Juni 1997 beim Wahlbereichsleiter für den Wahlbereich Bremen eingegangenen Antrags auf Zulassung eines Volksbegehrens. Insbesondere habe die Prüfung des Wahlbereichsleiters ergeben, daß der Zulassungsantrag die nach § 10 Abs. 2 Nr. 2 i.V.m. § 22 Abs. 4 des Gesetzes über das Verfahren beim Volksentscheid vom 27. Februar 1996 – BremVEG – (Brem.GBl. S. 41) erforderliche Anzahl von mindestens 4000 bestätigten Unterstützungsunterschriften enthält. Zwar fehle die vom Gesetz vorgesehene Begründung (§ 10 Abs. 2 Nr. 1 BremVEG); da es sich hierbei aber lediglich um eine Soll-Vorschrift handle, habe das nicht die Unzulässigkeit des Antrags zur Folge.

Der Senat der Freien Hansestadt Bremen hält aber die materiellrechtlichen Voraussetzungen für die Zulassung des Volksbegehrens nicht für gegeben. Zur Begründung führt er im wesentlichen aus:

1. Das Volksbegehren sei gemäß Art. 70 Abs. 2 BremLV und § 9 Nr. 1 BremVEG unzulässig, da in dem vorgelegten Gesetzentwurf Regelungen enthalten seien, die sich auf den Haushaltsplan der Stadtgemeinde Bremen so nachhaltig auswirkten, daß das Budgetrecht der Stadtbürgerschaft und in den Auswirkungen auch das Budgetrecht der Bürgerschaft (Landtag) wesentlich beeinträchtigt würden. Wie der Staatsgerichtshof in seinem Urteil vom 17. Juni 1997 – St 7/96 – entschieden habe, sei die Zulässigkeit von Volks-

begehren und Volksentscheiden bei finanzwirksamen Gesetzen begrenzt, wenn das vom parlamentarischen Gesetzgeber demokratisch zu verantwortende Gesamtkonzept für den sachgerechten Ausgleich von Einnahmen und Ausgaben berührt werde. Die Aufgabe der Gesamtdeckung sei, so führt der Senat aus, die zentrale Verpflichtung, aber auch das zentrale Recht des Haushaltsgesetzgebers. Die Gesamtdeckung des Haushalts sei aber nicht nur bei einer Verpflichtung zu erheblichen Ausgaben betroffen, sondern auch durch eine Beschränkung der Handlungsmöglichkeiten auf der Einnahmenseite. Auf der Einnahmenseite stehe dem Haushaltsgesetzgeber neben der Erhöhung von Steuern, Gebühren und Beiträgen die Möglichkeit der Veräußerung von staatlichem Wirtschaftsvermögen zur Verfügung. Maßnahmen der Vermögensveräußerung seien ein wichtiges Instrument, um in Zeiten einer besonders bedrängten Haushaltslage mindestens vorübergehend Mindereinnahmen auszugleichen und damit einer übermäßigen Verschuldung entgegenzuwirken. Die Freie Hansestadt Bremen habe festgestellt, daß in den Jahren 1996 bis 2000 zur Abdeckung finanzwirksamer Belange – sie beträfen u. a. Verpflichtungen aus dem Vulkan-Konkurs, den Stadtreparaturfonds für zwingend notwendige Erhaltungsinvestitionen und Pensionsverpflichtungen der Bremer Lagerhausgesellschaft – Haushaltsmittel in Höhe von insgesamt ca. 1,5 Milliarden DM benötigt würden. Die Freie Hansestadt Bremen habe vorgesehen, diesen Finanzbedarf möglichst durch Veräußerung von Vermögen zu decken. Durch die Teilveräußerung der „Bremische Gesellschaft für Stadterneuerung, Stadtentwicklung und Wohnungsbau mbH" sei bereits ein Betrag von über 90 Mio. DM, durch die Teilveräußerung der „GEWOBA Aktiengesellschaft Wohnen und Bauen" ein Betrag von 220 Mio. DM erlöst worden. Werde der zusätzlich zu deckende Finanzbedarf nicht durch die Veräußerung von Gesellschaftsanteilen gedeckt, so könne er nur durch Neuverschuldung gedeckt werden. Vermögensveräußerungen seien deshalb unverzichtbarer Teil des mittelfristigen Ausgleichskonzepts der Bürgerschaft und des Senats. Diese Handlungsmöglichkeiten würden dem Haushaltsgesetzgeber durch die §§ 4 und 5 des Gesetzentwurfs verboten. Zwar bestünden zur Zeit keine konkreten Pläne zum Verkauf von weiteren Anteilen an Wohnungsbaugesellschaften; im Rahmen der mit dem Bund geführten Verhandlungen über die Haushaltssanierung der Freien Hansestadt Bremen könne die Frage der Vermögensveräußerung aber jederzeit aktuell werden. Der Gesetzentwurf ziele auf eine Einschnürung der finanzwirtschaftlichen Handlungsfähigkeit des Haushaltsgesetzgebers der Stadtgemeinde und treffe damit das Budgetrecht des Parlaments in seinem Kern. Der Gesetzesentwurf ziele auf die Blockierung eines Finanzvolumens von ca. 1 Milliarde DM; dieser Eingriff sei deshalb als „wesentlich" im Sinne der Rechtsprechung des Staatsgerichtshofs zu qualifizieren. Durch die §§ 1 und 2 des Gesetzentwurfs würden darüber hinaus zusätzliche haushaltswirksame Ansprüche geschaffen. Diese Regelungen legten der Stadtgemeinde über das ihr durch den Programmsatz des Art. 14 Abs. 1 BremLV Aufgegebene hinaus konkrete finanzwirksame Pflichten auf.

2. Das Volksbegehren sei aber auch gemäß § 9 Nr. 2 BremVEG unzulässig, da der Gesetzentwurf mit der Landesverfassung unvereinbar sei: Durch die in ihm enthaltenen Regelungen werde in die verfassungsrechtlich geschützte exekutive Eigenverantwortung des Senats eingegriffen. Art. 14 Abs. 1 BremLV nenne den Staat und die Gemeinden als Adressaten des Auftrags, die Verwirklichung des Anspruchs auf eine angemessene Wohnung zu fördern. Für die Stadtgemeinde Bremen handelten deren Organe, also Stadtbürgerschaft und Senat. Art. 14 Abs. 1 BremLV schaffe keine Kompetenzen; vielmehr setze er die Kompetenzen von Stadtbürgerschaft und Senat voraus. Bei seiner Entschließung über die Frage, welche Maßnahmen er zu Förderung des Anspruchs auf angemessene Wohnung ergreife, habe der Senat im Rahmen seiner Befugnisse aus Art. 118 Abs. 1 BremLV ein nicht sehr eng umgrenztes Ermessen. Sollte er zu der Auffassung kommen, daß er, ohne seinen Förderungsauftrag aus Art. 14 Abs. 1 BremLV zu verletzen, das Eigentum an Wohnungen und Wohnungsbauunternehmen oder von Anteilen hieran veräußern könne, so sei der Weg durch Art. 101 BremLV und § 65 Abs. 7 LHO vorgegeben. Die Probleme wären, nachdem der Senat sich seine Meinung gebildet habe, im Zusammenwirken mit der Stadtbürgerschaft zu regeln. Selbstverständlich könne die Stadtbürgerschaft im Rahmen ihrer verfassungsrechtlichen Befugnisse den Vorschlägen des Senats ihre Zustimmung verweigern.

In dieses von den Art. 14, 67, 118, 101 BremLV und der Landeshaushaltsordnung geprägte Zusammenspiel von Senat und Stadtbürgerschaft greife der Entwurf des Ortsgesetzes ein. Er beschneide die Freiheit des Senats, eigenverantwortlich zu entscheiden, ob und wie er auf Entwicklungen des Wohnungsmarktes zu reagieren habe. Ihm werde in verfassungswidriger Weise durch Gesetz vorgegeben, daß er den in Art. 14 Abs. 1 BremLV ihm zugewiesenen Teil des Förderungsauftrags auf eine ganz bestimmte Weise zu erfüllen habe. Nicht nur werde er auf die in § 2 des Entwurfs fixierten Möglichkeiten festgelegt; ihm werde darüber hinaus in § 4 und § 5 vorgeschrieben, wie er sich als Träger oder als Gesellschafter privatrechtlich organisierter Wohnungsunternehmen wirtschaftlich zu verhalten habe. Ihm werde – insbesondere in § 4 des Entwurfs – ausdrücklich verboten, vom Bundesrecht vorgesehene gesellschaftsrechtliche Möglichkeiten zu nutzen und Gesellschaftsanteile zu veräußern.

Der Senat beantragt

festzustellen, daß die gesetzlichen Voraussetzungen für das Volksbegehren zum Ortsgesetz zur Sicherung angemessenen Wohnraums und eines sozialverpflichteten Wohnungswesens in der Stadtgemeinde Bremen nicht gegeben sind.

III.

Der Staatsgerichtshof hat den Vertrauenspersonen der Antragsteller auf Zulassung des geplanten Volksbegehrens gemäß § 15 Abs. 2 des Gesetzes über den Staatsgerichtshof (BremStGHG) vom 18. Juni 1996 (Brem.GBl. S. 179) sowie dem Präsidenten der Bremischen Bürgerschaft und dem Senator für Justiz und Verfassung gemäß § 14 Abs. 2 BremStGHG Gelegenheit zur Äußerung gegeben. Der Präsident der Bremischen Bürgerschaft und der Senator für Justiz und Verfassung haben von einer Stellungnahme abgesehen.

Die Vertrauenspersonen der Antragsteller halten das beantragte Volksbegehren für zulässig.

1. Art. 70 Abs. 2 BremLV stehe der Zulässigkeit des Volksbegehrens nicht entgegen. Das ergebe sich schon daraus, daß das in dieser Bestimmung aufgestellte „Finanztabu" entgegen der vom Staatsgerichtshof in seinem Urteil vom 17. Juni 1997 geäußerten Auffassung für die Verfahrensetappe des Volks*begehrens* noch nicht gelte. Die dem Art. 67 Abs. 1 BremLV entnommene These, daß das Volksbegehren in der bremischen Landesverfassung keine eigenständige Form der Volksgesetzgebung sei, beruhe auf einer Überinterpretation dieser Verfassungsnorm; sie sei der Gewaltenteilung gewidmet und nicht sedes materiae der hier zu beantwortenden Rechtsfrage. Entgegen der vom Staatsgerichtshof geäußerten Auffassung zwinge der Bürgerantrag gemäß Art. 87 Abs. 2 BremLV keineswegs dazu, ein Volksbegehren zum Haushalt als unzulässig anzusehen. Vielmehr gehe die systematische Logik in die entgegengesetzte Richtung: Wenn die Verfassung das für den Bürgerantrag geltende „Finanztabu" in Art. 87 Abs. 2 Satz 2 selbst aufstelle und nicht in den relativ weitgefaßten Auftrag zu einem Ausführungsgesetz (Art. 87 Abs. 2 Satz 3 BremLV) einschließe, so sei erst recht nicht anzunehmen, daß der vergleichsweise eng gehaltene Auftrag zur Regelung des Verfahrens beim Volksentscheid (Art. 74 BremLV) den einfachen Gesetzgeber ermächtige, das „Finanztabu" auf eine frühere Etappe des Volksgesetzgebungsverfahrens vorzuverlegen. Der Bremischen Landesverfassung sei ein imperfektes Volksbegehren keineswegs unbekannt. Art. 70 Abs. 1 lit. d Satz 5 BremLV nenne einen Fall, in dem ein Volksbegehren erst nach Erfüllung einer aufschiebenden Bedingung zulässig und bis dahin, so müsse man schließen, unzulässig sei. Diese Bestimmung spreche dafür, daß die Verfassung die Fälle,

Zulässigkeit eines Volksbegehrens für ein Ortsgesetz 209

in denen ein Volks*begehren* unzulässig sei, ausdrücklich aufführe; zugleich bestehe eine Vermutung dafür, daß die Verfassung diese Fälle abschließend benannt habe; der Fall, daß das Volksbegehren über eine Finanzmaterie gehe, sei aber gerade nicht aufgeführt. Auch der vom Staatsgerichtshof vorgenommenen Interpretation des in Art. 70 Abs. 2 BremLV verwendeten Begriffs „Haushaltsplan" könne nicht gefolgt werden. Bei einer den Wortlaut, die Systematik sowie die Entstehungsgeschichte der Norm berücksichtigenden Auslegung werde deutlich, daß der Begriff „Haushaltsplan" in Art. 70 Abs. 2 BremLV nicht alle materiell auf die Gesamtheit der Einnahmen und Ausgaben des Staates einwirkenden Gesetze meine, sondern den formellen Haushaltsplan im Sinne des Art. 131 Abs. 2 Satz 2 Nr. 1 BremLV. Dieses „Tabu" beginne zu wirken, sobald der Haushaltsplan bei der Bürgerschaft eingebracht und damit zur „Gesetzesvorlage" (Art. 123 Abs. 1 BremLV) geworden sei. Auf den formellen Haushaltsplan habe der Gesetzentwurf keinerlei Wirkung. Die im Haushaltsplan 1996/97 genannte Position „Erlöse aus der Veräußerung von Beteiligungen u. a." (Kapitel 3986 Titel 133 20-7) sei so allgemein formuliert, daß er auch, wenn der Gesetzentwurf Gesetz werde, unverändert bleiben könne; außerdem sei er durch bereits vorgenommene Verkäufe von Anteilen schon übererfüllt. Da das beantragte Volksbegehren somit weder direkt noch indirekt eine Einzelheit des Haushaltsplans im formellen Sinne betreffe, müsse es zugelassen werden.

Der in dem beantragten Volksbegehren zur Abstimmung zu stellende Gesetzentwurf sei aber auch dann mit Art. 70 Abs. 2 BremLV vereinbar, wenn die im Urteil des Staatsgerichtshofs vom 17. Juni 1997 aufgestellten Kriterien Anwendung fänden. Der von den Antragstellern des Volksbegehrens verfolgte ordnungspolitische Zweck stehe eindeutig im Vordergrund; die haushaltsmäßigen Fernwirkungen seien gering. Es sei das mit dem Gesetzentwurf verfolgte ordnungspolitische Ziel, ein kleines Segment, das systematisch Bestandteil des kommunalen Vermögenshaushalts sei, von weiteren Privatisierungsbestrebungen auszunehmen, weil der über kommunales Eigentum an Wohnungsbaugesellschaften ausübbare Einfluß auf die Wohnungswirtschaft unter den herrschenden Voraussetzungen am effektivsten geeignet sei, eine aktive kommunale Wohnungspolitik im Rahmen des sozialstaatlichen Auftrags des Grundgesetzes und der Landesverfassung zu betreiben. Der Gesetzentwurf greife nicht in konkrete Finanzbedarfe zur Finanzierung von Vulkan-Altlasten, von Verpflichtungen der Bremer Lagerhausgesellschaft oder des Stadtreparaturfonds ein. Die trotz laufenden Volksbegehrens durchgeführten Vermögensverschiebungen bei den Gesellschaften seien bereits die Beträge, die für diese Zwecke realisiert werden sollten; konkretisierte Pläne des Senats und der ihn tragenden Fraktionen, weitere Anteile zu veräußern, gebe es gegenwärtig nicht. Das im Volksbegehren beantragte Gesetz schmälere auch im wesentlichen nicht das Vermögen der Stadtgemeinde oder seine Verwertung, sondern schreibe nur eine andere Form der Verwertung, nämlich Gewinnausschüttung und Sicherung des erheblichen Anlagevermögens vor, verbunden mit dem Erhalt der noch verbliebenen kommunalen wohnungswirtschaftlichen Steuerungsmöglichkeiten. Zwar sei bei einem angenommenen Verkauf die rechnerische Zinsersparnis für den Haushalt zunächst höher als die Überschüsse der Gesellschaft in der Vergangenheit. Es sei jedoch möglich und es gebe konkrete Pläne, die Überschüsse der Gesellschaften erheblich zu steigern. Vor allem aber entstünden durch die Anteilsverkäufe an den Wohnungsbaugesellschaften für die Stadtgemeinde voraussichtlich erhebliche Mehrkosten bei gleichzeitigem Verlust an Steuerungsmöglichkeiten im Rahmen einer sozial orientierten Wohnungspolitik.

2. In den Bereich der verfassungsrechtlich geschützten exekutiven Eigenverantwortung des Senats greife der Entwurf nicht ein. Der Senat der Freien Hansestadt Bremen sei sich offenbar nicht darüber im klaren, daß die Volksgesetzgebung der Landesverfassung, die über Art. 148 Abs. 1 Satz 2 BremLV auch auf kommunaler Ebene gelte, selbständig neben das parlamentarische Verfahren trete. Irrig behaupte der Senat, er habe die alleinige Kompetenz, auf Entwicklungen auf dem Wohnungsmarkt durch entsprechende Maßnahmen zu reagieren. Die gewählten Vertreter der Stadtbürgerschaft seien aber als Vertreter der Gemeinde mindestens ebenso Adressaten von Art. 14 Abs. 1 BremLV, der die Förderung des Anspruches eines jeden Bürgers auf eine angemessene Wohnung postuliere. Prüfungsmaßstab für die Zulässigkeit des Gesetzentwurfs sei deshalb, ob die Stadtbürgerschaft ein entsprechendes Gesetz erlassen könnte. Hierzu wäre sie befugt. Art. 148 Abs. 1 Satz 2 BremLV i. V. m. Art. 101 Nr. 1 BremLV sichere ihr die umfassenden Gesetzgebungskompetenzen im Rahmen ihrer Zuständigkeit. Zu ihrer Zuständigkeit gehöre nach Art. 101 Nr. 4 und 6 BremLV aber gerade, die Umwandlung der Rechtsform von Eigenunternehmen zu beschließen und über größere Vermögensdispositionen, die nicht Geschäfte der laufenden Verwaltung sind, zu befinden. Wenn aber die Stadtbürgerschaft diese weitreichende Kompetenz als Wächterin des Vermögens der Stadtgemeinde habe, könne sie, statt sich auf Einzelbeschlüsse zu beschränken, auch eine generelle gesetzliche Regelung im Rahmen ihrer Gesezgebungskompetenz über das Vermögen der Stadtgemeinde treffen. Es bestehe kein Zweifel, daß ein Gesetz, das die Stadtbürgerschaft erlassen dürfe, auch Gegenstand der Volksgesetzgebung sein könne.

Zulässigkeit eines Volksbegehrens für ein Ortsgesetz

B.

Der Antrag des Senats ist zulässig (I.) und begründet (II.).

I.

Der Staatsgerichtshof ist gemäß Art. 140 Abs. 2 BremLV i.V.m. § 31 Abs. 1 BremStGHG und § 12 Abs. 2 BremVEG berufen, über die Zulassung eines Volksbegehrens im Lande Bremen zu entscheiden. § 22 Abs. 1 Brem-VEG erklärt § 12 Abs. 2 BremVEG auf das Verfahren beim Volksbegehren in der Stadtgemeinde Bremen für entsprechend anwendbar. Daß das Gesetz über den Staatsgerichtshof in der Überschrift zum Abschnitt 5 nur das „Verfahren nach § 12 Abs. 2 des Gesetzes über das Verfahren beim Volksentscheid" nennt, stellt die Zuständigkeit des Staatsgerichtshofs auch für die Zulassung eines Volksbegehrens in der Stadtgemeinde Bremen nicht in Frage. Diese beruht jedenfalls auf der durch die Ermächtigung des Art. 140 Abs. 2 BremLV gedeckten Zuständigkeitsbegründung in § 22 Abs. 1 i.V.m. § 12 Abs. 2 BremVEG.

Nach § 12 Abs. 2 analog i.V.m. § 24 BremVEG wird die Entscheidung des Staatsgerichtshofs über die Zulassung eines Volksbegehrens in der Stadtgemeinde Bremen durch den Senat herbeigeführt, wenn dieser die gesetzlichen Voraussetzungen für die Zulassung nach den §§ 9 Nr. 1 oder 10 Abs. 2 Nr. 1 BremVEG nicht für gegeben hält oder wenn er der Auffassung ist, daß der Ortsgesetzentwurf mit geltendem Landes- oder Bundesrecht unvereinbar ist. Der Senat hat in seinem Antrag die Gründe darzulegen, aus denen er das Volksbegehren für nicht zulässig hält. Diese Voraussetzungen hat der Senat mit seinem Antrag an den Staatsgerichtshof vom 22. Juli 1997 erfüllt.

II.

Der Antrag des Senats ist begründet. Die gesetzlichen Voraussetzungen für die Zulassung eines Volksbegehrens über den Entwurf eines Ortsgesetzes zur Sicherung angemessenen Wohnraums und eines sozial verpflichteten Wohnungswesens in der Stadtgemeinde Bremen sind nicht gegeben.

Die Überprüfung durch den Staatsgerichtshof beschränkt sich bei Volksbegehren, die auf den Erlaß, die Aufhebung oder Änderung eines Ortsgesetzes gerichtet sind, darauf, ob der Zulassungsantrag einen ausgearbeiteten Gesetzentwurf enthält, der durch Gründe erläutert sein soll (§ 22 Abs. 1 i.V.m. § 10 Abs. 2 Nr. 1 BremVEG), und ob die materiellen Voraussetzungen eines Volksbegehrens nach § 24 BremVEG gegeben sind (vgl.

BremStGH, Urteil vom 17. Juni 1996 – St 7/96 –, Urteilsabdruck S. 26 f, für Volksbegehren im Lande Bremen).

1. Der Zulassungsantrag enthält einen ausgearbeiteten Entwurf eines Ortsgesetzes und erfüllt damit die wesentliche formelle Voraussetzung des § 10 Abs. 2 Nr. 1 BremVEG. Dadurch, daß die Antragsteller des Volksbegehrens dem Entwurf keine Begründung beigefügt haben, verzichten sie auf deren Klarstellungs- und Erläuterungsfunktion. Die Unzulässigkeit des Antrags hat der Begründungsmangel, da es sich bei § 10 Abs. 2 Nr. 1 BremVEG insoweit nur um eine Soll-Vorschrift handelt, nicht zur Folge, jedenfalls solange der Entwurf aus sich heraus verständlich ist.

2. Unzulässig ist das Volksbegehren, weil der Ortsgesetzentwurf die inhaltlichen Voraussetzungen nicht erfüllt, welche die Landesverfassung und das Gesetz über das Verfahren beim Volksentscheid enthalten.

a) Nach Art. 70 Abs. 2 BremLV, der gemäß Art. 148 Abs. 1 Satz 2 BremLV auf Volksentscheide in der Stadtgemeinde Bremen entsprechend anwendbar ist, ist ein Volksentscheid über den Haushaltsplan, über Dienstbezüge und über Steuern, Abgaben und Gebühren sowie über Einzelheiten solcher Gesetzesvorlagen unzulässig. Nach § 24 Satz 2 i. V. m. § 9 Nr. 1 BremVEG gilt dieser Haushaltsvorbehalt bereits für das Stadium des *Volksbegehrens*. Wie der Staatsgerichtshof in seinem Urteil vom 17. Juni 1997 – St 7/96 – Urteilsabdruck S. 28 f, NVwZ 1998, 388, entschieden hat, wird durch diese Vorverlagerung des Haushaltsvorbehalts die Grenze des Art. 74 BremLV, nach dem „das Verfahren beim Volksentscheid" durch ein besonderes Gesetz geregelt wird, nicht in verfassungswidriger Weise überschritten. Sie ist vielmehr Konsequenz der bremischen Verfassungslage, die durch eine enge Verflechtung von Volksbegehren und Volksentscheid in der Form gekennzeichnet ist, daß das Volksbegehren als unselbständige Vorstufe zum gesetzgebenden Volksentscheid ausgestaltet ist. Im einzelnen hat der Staatsgerichtshof ausgeführt:

> „In Art. 67 Abs. 1 BremLV, in dem die gesetzgebende Gewalt des Volkes festgelegt wird, wird durch den in Klammern gesetzten Zusatz der Begriff der Volksgesetzgebung mit dem Volks*entscheid* identifiziert. Das Volks*begehren* ist danach in der bremischen Landesverfassung keine eigenständige Form der Volksgesetzgebung. Es findet daher in den folgenden Artikeln auch stets nur als ein möglicher Weg zur Herbeiführung eines Volksentscheides Erwähnung, ohne eine rechtliche Ausgestaltung als eigenständiges Institut der Volksgesetzgebung zu erfahren (Art. 70 Abs. 1 lit. d, 71 und 72 Abs. 2 BremLV). Danach durfte der Gesetzgeber die in Art. 70 Abs. 2 BremLV für den Volksentscheid niedergelegten Schranken der Zulässigkeit auf das Volksbegehren vorverlagern. Daraus folgt, daß ein auf einen unzulässigen Volksentscheid gerichtetes Volksbegehren seinerseits unzulässig ist.

Zulässigkeit eines Volksbegehrens für ein Ortsgesetz 213

Diese Auslegung der Art. 67, 69 ff BremLV wird durch Art. 87 BremLV bestätigt. Danach können mindestens zwei vom Hundert der Einwohner, die das 16. Lebensjahr vollendet haben, Bürgeranträge stellen, die auf Beratung und Beschlußfassung durch die Bürgerschaft gerichtet sind; eine Gesetzgebung durch die Bürgerschaft kann dadurch jedoch nicht erzwungen werden. Der Bürgerantrag erfüllt damit die Funktion, auf die politische Öffentlichkeit und auf den parlamentarischen Gesetzgeber einzuwirken. Auch Bürgeranträge, die sich auf den Haushalt richten, sind unzulässig. Dies macht deutlich, daß das Budgetrecht des Parlaments bereits gegen Einwirkungen aus dem Bereich der nicht-formierten politischen Öffentlichkeit geschützt werden soll. Selbst wenn man die Möglichkeit eines selbständigen Volksbegehrens annehmen wollte, so zwänge doch Art. 87 Abs. 2 BremLV zu dem Schluß der Unzulässigkeit von Volksbegehren zum Haushalt."

Die gegen diese Begründung von den Antragstellern des Volksbegehrens vorgebrachten Einwände vermögen nicht zu überzeugen. Sie berücksichtigen nicht hinreichend, daß der Staatsgerichtshof konkret die geltende bremische Landesverfassung ausgelegt hat, in der das Volksbegehren im Unterabschnitt „Der Volksentscheid" als dessen unselbständiger Teil geregelt ist. Aus dem letzten Satz des Art. 70 Abs. 1 lit. d BremLV läßt sich nicht auf die generelle Zulässigkeit eines „imperfekten Volksbegehrens" schließen, wie dies die Antragsteller des Volksbegehrens tun; diese Bestimmung erklärt ein auf einen inhaltlich zulässigen Volksentscheid gerichtetes Volksbegehren aus prozeduralen Gründen für unzulässig. Für die Frage, ob ein Volksbegehren, das auf einen gemäß Art. 70 Abs. 2 BremLV inhaltlich unzulässigen Volksentscheid gerichtet ist, zugelassen werden kann, gibt die Vorschrift nichts her. Vor allem aber verkennen die Antragsteller des Volksbegehrens den Regelungszusammenhang, in dem das Volksbegehren nach Art. 70 BremLV und der 1994 in die Landesverfassung eingefügte Bürgerantrag nach Art. 87 Abs. 2 BremLV stehen. Nach Art. 123 Abs. 1 BremLV sind sowohl das Volksbegehren als auch der Bürgerantrag direktdemokratische Instrumente der Gesetzesinitiative. Hinter dem zulässigen Volksbegehren nach Art. 70 Abs. 1 lit. d BremLV steht der Volksentscheid; er kann nur dadurch abgewendet werden, daß der begehrte Gesetzentwurf in der Bürgerschaft unverändert angenommen wird. Für eine Gesetzesinitiative ohne Volksentscheid steht eine Initiativmöglichkeit mit deutlich geringeren Zugangshürden (unterzeichnungsberechtigt sind die Einwohner, nicht nur die Stimmberechtigten; das Quorum beträgt 2% und nicht 10%) und einem geringeren Kostenaufwand zur Verfügung. Da nicht nur der Volksentscheid, sondern auch der Bürgerantrag unter einem Haushaltsvorbehalt steht, würde eine zusätzliche direktdemokratische Gesetzesinitiative durch ein auf einen gemäß Art. 70 Abs. 2 BremLV unzulässigen Volksentscheid gerichtetes Volksbegehren (sog. imperfektes Volksbegehren) ausschließlich der Umgehung der Haushaltsklausel des Art. 87

Abs. 2 Satz 2 BremLV dienen; eine solche Umgehungsregelung ist nicht Bestandteil der Landesverfassung. Es sei nur ergänzend angemerkt, daß auch die Bremische Bürgerschaft im Verfahren der Verfassungsänderung 1994 offensichtlich von der Erstreckung des Haushaltsvorbehalts auf das Stadium des Volksbegehrens im Rahmen des Art. 70 BremLV ausgegangen ist (vgl. Bremische Bürgerschaft, LT-Drs. 13/592, S. 6).

Der in Art. 70 Abs. 2 BremLV und in § 9 Nr. 1 BremVEG verwandte Begriff „Haushaltsplan" ist über eine rein wörtliche Interpretation hinaus in einem weiteren, materiellen Sinne zu verstehen. Diese Inhaltsbestimmung des Begriffs „Haushaltsplan" hat der Staatsgerichtshof in seinem Urteil vom 17. Juni 1997 in erster Linie auf eine teleologische Auslegung gestützt, bei der die Folgen der Norminterpretation berücksichtigt werden. Im einzelnen hat der Staatsgerichtshof den Zweck des Haushaltsvorbehalts folgendermaßen umschrieben (Urteilsabdruck S. 30, 32):

Die eigentliche Zielsetzung von Art. 70 Abs. 2 BremLV und § 9 Nr. 1 BremVEG „besteht darin, Volksbegehren und Volksentscheide bei finanzwirksamen Gesetzen zu begrenzen und diese weitgehend dem parlamentarischen Gesetzgeber zuzuweisen, da allein dieser alle Einnahmen und notwendigen Ausgaben insgesamt im Blick hat, diese unter Beachtung der haushaltsrechtlichen Vorgaben der Verfassung und des Vorbehalts des Möglichen sowie eines von ihm demokratisch zu verantwortenden Gesamtkonzepts in eine sachgerechte Relation zueinander setzen kann und für den Ausgleich von Einnahmen und Ausgaben sorgen muß (ebenso für Art. 73 BayVerf, BayVerfGH, Entscheidung vom 17. November 1994, DVBl. 1995, 419, 426)."

„Der ‚Parlamentsvorbehalt' wird im Hinblick auf den Haushaltsplan deshalb gemacht, weil verhindert werden soll, daß Haushaltsschieflagen dadurch entstehen, daß entweder Prioritäten neu festgelegt werden müssen oder entsprechende Korrekturen bei der Durchführung staatlicher Aufgaben erforderlich sind, ohne daß diese Konsequenzen für jedermann bei der Abstimmung erkennbar würden, zumal plebiszitäre Gesetzentwürfe bei finanzwirksamen Gesetzen nicht der Deckungspflicht des Art. 102 BremLV unterliegen."

Die gegen die weite Auslegung des Begriffs „Haushaltsplan" von den Antragstellern des Volksbegehrens vorgebrachten, vorwiegend grammatikalischen, rechtshistorischen und rechtsvergleichenden Einwände vermögen vor allem deshalb nicht zu überzeugen, weil sie sich mit der auf die Notwendigkeit des haushaltsmäßigen Gesamtausgleichs abstellenden teleologischen Argumentation des Staatsgerichtshofs nicht auseinandersetzen.

b) Volksbegehren und Volksentscheide sind mit Art. 70 Abs. 2 BremLV und § 9 Nr. 1 BremVEG dann nicht vereinbar, wenn sie auf den Gesamtbestand des Haushalts Einfluß nehmen, damit das Gleichgewicht des gesamten Haushalts stören, zu einer Neuordnung des Gesamtgefüges zwingen und

Zulässigkeit eines Volksbegehrens für ein Ortsgesetz 215

zu einer wesentlichen Beeinträchtigung des Budgetrechtes des Parlaments führen (BremStGH, Urteil vom 17. Juni 1997, Urteilsabdruck S. 33, unter Bezugnahme auf BayVerfGH, Entscheidung vom 15. Dezember 1976, BayVerfGHE 29, 244, 263; Entscheidung vom 17. November 1994, BayVerfGHE 47, 276, 304 ff). An diesem Maßstab gemessen, ist keineswegs jedes Gesetz mit finanziellen Folgen dem Volksbegehren und dem Volksentscheid entzogen. Eine so weitgehende Auslegung des Art. 70 Abs. 2 BremLV und des § 9 Nr. 1 BremVEG hätte die praktische Bedeutungslosigkeit der Regelungen über die auf Erlaß, Aufhebung oder Änderung eines Gesetzes gerichteten Volksbegehren zur Folge, da sich im modernen Verfassungsstaat fast alle Gesetze unmittelbar oder mittelbar auf den Haushalt auswirken. Es kommt vielmehr entscheidend darauf an, welche finanziellen Auswirkungen das begehrte Gesetz nach seinem Gesamtinhalt auf die Haushaltsplanung im ganzen hat. Erforderlich ist eine differenziert wertende Gesamtbeurteilung, in deren Rahmen Art, Höhe, Dauer und Disponibilität der finanziellen Belastungen als Folge eines Gesetzesvorhabens im jeweiligen Einzelfall zu gewichten sind. Ein wichtiger Anhaltspunkt, jedoch nicht alleiniger Entscheidungsmaßstab ist der Prozentwert, den die Kosten eines auf einen Gesetzentwurf gerichteten Volksbegehrens im Verhältnis zum Gesamthaushalt darstellen (BremStGH, Urteil vom 17. Juni 1997, Urteilsabdruck S. 32 f).

Maßnahmen, durch die auf den Gesamtbestand des Haushalts Einfluß genommen, das Haushaltsgleichgewicht gestört und eine wesentliche Beeinträchtigung des parlamentarischen Budgetrechtes herbeigeführt wird, können nicht nur in einer gesetzlichen Verpflichtung zu erheblichen Mehrausgaben bestehen, sondern auch in einer gesetzlichen Beschränkung der Handlungsmöglichkeiten auf der Einnahmenseite. Das ergibt sich für „Steuern, Abgaben und Gebühren" unmittelbar aus Art. 70 Abs. 2 BremLV. Zu den staatlichen und kommunalen Finanzierungsquellen gehören aber neben Abgaben auch Einnahmen aus erwerbswirtschaftlicher Tätigkeit (vgl. *Kirchhof,* in: Handbuch des Staatsrechts, Bd. IV, 1990, § 88, Rdn. 298 ff) und zu letzteren die Einnahmen aus der Veräußerung staatlichen bzw. kommunalen Wirtschaftsvermögens. Deshalb sind auch die in den §§ 4 und 5 des Ortsgesetzentwurfs enthaltenen, auf das Eigentum der Stadtgemeinde Bremen an Wohnungsunternehmen bezogenen Veräußerungs- und Verfügungsbeschränkungen an §§ 24, 9 Nr. 1 BremVEG i.V. m. Art. 70 Abs. 2 BremLV zu messen. Maßstab ist der „Haushaltsplan" in dem oben dargelegten materiellen Verständnis.

c) Der Entwurf des Ortsgesetzes zur Sicherung angemessenen Wohnraums und eines sozial verpflichteten Wohnungswesens in der Stadtgemeinde Bremen ist mit §§ 24, 9 Nr. 1 BremVEG i.V.m. Art. 70 Abs. 2 BremLV nicht vereinbar, da das auf seinen Erlaß gerichtete Volksbegehren den Haushaltsplan in dem dargestellten Sinne zum Gegenstand hat, d. h. zu einer wesentlichen Beeinträchtigung des Budgetrechts der Stadtbürgerschaft führen würde.

§ 4 des Ortsgesetzentwurfs verpflichtet die Stadtgemeinde Bremen, zur Sicherung der im Entwurf genannten Ziele „die direkten oder indirekten Eigentumsanteile an den kommunalen Wohnungsunternehmen im bisherigen Umfang zu halten", und untersagt ihr, „das direkte oder indirekte Eigentum oder Miteigentum an diesen Unternehmen ganz oder teilweise zu veräußern, zu beleihen oder in anderer Weise aus der Verfügungsgewalt zu geben". Nach § 5 des Ortsgesetzentwurfs darf die Stadtgemeinde Bremen, soweit sie „lediglich direkte oder indirekte Anteile an einem Wohnungsunternehmen hält", zur Sicherung der verfolgten Ziele keinerlei Vereinbarungen treffen, die die Wahrnehmung der ihr gesellschaftlich aus dem Anteilseigentum erwachsenen Rechte beeinträchtigen oder erschweren. Zwar nimmt der Ortsgesetzentwurf mit diesen Bestimmungen nicht auf die Haushaltsposition eines konkreten Haushaltsplans Bezug, da nach den Angaben des Senats der Freien Hansestadt Bremen zur Zeit keine konkreten Pläne zum Verkauf von Anteilen an Wohnungsbaugesellschaften bestehen. Da aber, wie der Senat weiter ausgeführt hat, vor allem auch im Rahmen der mit dem Bund geführten Verhandlungen über die Haushaltssanierung der Freien Hansestadt Bremen die Frage der Vermögensveräußerung jederzeit aktuell werden kann, würden die dem kommunalen Haushaltsgesetzgeber durch die genannten Bestimmungen auferlegten generellen Verfügungsbeschränkungen dessen finanzwirtschaftliche Handlungsfähigkeit in einem Maße einschränken, das angesichts des für die Stadtgemeinde Bremen jedenfalls auf mehrere hundert Millionen DM zu beziffernden Finanzvolumens eine wesentliche Beeinträchtigung des Budgetrechts der Stadtbürgerschaft darstellt.

Da es sich bei den §§ 4 und 5 um die zentralen Bestimmungen des Ortsgesetzentwurfs handelt, hat deren Unvereinbarkeit mit §§ 24, 9 Nr. 1 BremVEG i. V. m. Art. 70 Abs. 2 BremLV die Unzulässigkeit des Volksbegehrens insgesamt zur Folge. Auf die Frage, ob auch den §§ 1 bis 3 des Ortsgesetzentwurfs verfassungsrechtliche Bedenken entgegenstehen, braucht deshalb nicht eingegangen zu werden. Ebenso kann offen bleiben, ob durch die Regelungen des Ortsgesetzentwurfs in verfassungsrechtlich geschützte Rechte des Senats als Magistrat der Stadtgemeinde Bremen eingegriffen wird.

C.

Diese Entscheidung ist mit fünf zu zwei Stimmen ergangen.

Abweichende Meinung der Richter Preuß und Rinken zu dem Urteil des Bremischen Staatsgerichtshofs vom 11. Mai 1998 – St 3/97

Wir können der Entscheidung des Staatsgerichtshofs nicht zustimmen, weil wir der Auffassung sind, daß das beantragte Volksbegehren über den Entwurf eines Ortsgesetzes zur Sicherung angemessenen Wohnraums und eines sozial verpflichteten Wohnungswesens in der Stadtgemeinde Bremen nicht gegen den Haushaltsvorbehalt der §§ 24, 9 Nr. 1 BremVEG i.V.m. Art. 70 Abs. 2 BremLV verstößt. Entgegen der in der Urteilsbegründung vertretenen Argumentationslinie handelt es sich in der jetzt getroffenen Entscheidung nicht lediglich um die Anwendung der im Urteil des Staatsgerichtshofs vom 17. Juni 1997 (– St 7/96 –, NVwZ 1998, 388) entwickelten Grundsätze auf einen im wesentlichen gleichgelagerten Sachverhalt; vielmehr erfordert die Unterschiedlichkeit der Fälle ihre differenzierte rechtliche Bewertung. Das der Entscheidung zugrundeliegende, im Vergleich zum Urteil vom 17. Juni 1997 erweiterte Verständnis des Haushaltsvorbehalts wird der Bedeutung, die der Volksgesetzgebung in der Bremischen Landesverfassung zukommt, nicht gerecht (1.). Es trägt nicht der engen Formulierung Rechnung, die der Haushaltsvorbehalt in Art. 70 Abs. 2 BremLV gefunden hat (2.). Es ist auch nicht zum Schutz des parlamentarischen Budgetrechts erforderlich, dem der Vorbehalt des Art. 70 Abs. 2 BremLV dient (3.). Die Grenzen, die einer außerbudgetären Gesetzgebung mit Wirkungen auf das Budget gesetzt sind, sind im vorliegenden Fall nicht erreicht (4.).

1. Die zeitlich vor dem Grundgesetz erlassene Landesverfassung der Freien Hansestadt Bremen vom 21. Oktober 1947 gehört zu jener Gruppe von Landesverfassungen, die an die plebiszitfreundliche Tradition der Weimarer Zeit anknüpfen. In den Art. 66 Abs. 2, 67 Abs. 1 und 123 nennt die Bremische Landesverfassung die Volksgesetzgebung an systematisch hervorgehobener Stelle und stellt in Art. 70 mit Volksbegehren, Volksentscheid und Referendum ein direktdemokratisches Instrumentarium zur Verfügung. Daß dieses Instrumentarium in der Verfassungspraxis keine wesentliche Bedeutung erlangt hat, hat den verfassungsändernden Gesetzgeber nicht etwa zu dessen Abschaffung veranlaßt. Vielmehr sind die direktdemokratischen Instrumente durch verfassungsändernden Volksentscheid mit dem Gesetz vom 1. November 1994 (Brem.GBl. S. 289) sowohl für die staatliche als auch für die kommunale Ebene deutlich verstärkt worden. Die Herabsetzung des Quorums beim Volksbegehren (Art. 70 Abs. 1 lit. d BremLV), die Einführung des Volksentscheids in der Stadtgemeinde Bremen (Art. 148 Abs. 1 Satz 2 BremLV) und die Einführung des Bürgerantrags im Lande und in der Stadtgemeinde Bremen (Art. 87 Abs. 2, 148 Abs. 1 Satz 2 BremLV) spiegeln

die Absicht des verfassungsändernden Gesetzgebers wieder, die Möglichkeiten einer direktdemokratischen Einflußnahme des Volkes auf die aktuelle Politik zu verbessern. Es hieße diese Absicht des Gesetzgebers konterkarieren und die in der Bevölkerung geförderten Erwartungen auf aktivere und effektivere Beteiligung am demokratischen Entscheidungsprozeß enttäuschen, wenn direktdemokratische politische Initiativen durch eine extensive Praktizierung des Haushaltsvorbehalts regelmäßig dem Verdikt der Unzulässigkeit anheimfallen würden. Erforderlich ist deshalb eine Auslegung des Haushaltsvorbehalts, die sowohl der Effektivität der Volksgesetzgebung als auch dem Budgetrecht der (Stadt-)Bürgerschaft gerecht wird.

2. Für eine solche Auslegung des Haushaltsvorbehalts ist dessen Formulierung in Art. 70 Abs. 2 BremLV der für den Staatsgerichtshof verbindliche Ausgangspunkt. Während einige Landesverfassungen ganz allgemein Volksbegehren und Volksentscheide über „Finanzfragen" (Art. 68 Abs. 1 Satz 4 NWLV, Art. 103 Abs. 3 Satz 2 RPfLV) oder über „finanzwirksame Gesetze" (Art. 99 Abs. 1 Satz 3 SaarlLV) ausschließen, formuliert Art. 70 Abs. 2 BremLV den Vorbehalt sehr eng, indem er einen Volksentscheid über „den Haushaltsplan" für unzulässig erklärt (ebenso Art. 124 Abs. 2 Satz 3 HessLV; ähnlich Art. 60 Abs. 6 BWLV, Art. 60 Abs. 2 MecklVLV, Art. 73 Abs. 1 SächsLV, Art. 81 Abs. 1 Satz 3 SALV: „Staatshaushaltsgesetz" bzw. „Staatshaushaltsgesetze"; vgl. auch Art. 73 BayLV, Art. 76 Abs. 2 BrbgLV, Art. 48 Abs. 1 NdsLV, Art. 41 Abs. 2 SchlHLV: „Staatshaushalt", „Landeshaushalt", „Haushalt des Landes"). Mit dem Begriff „Haushaltsplan", mit der vom Wortlaut her engsten Formulierung also, knüpft Art. 70 Abs. 2 BremLV an die Bestimmung des § 4 Abs. 2 der Bremischen Verfassung vom 18. Mai 1920 an, in der „Haushaltsplan" in einem engen rechtstechnischen Sinne gebraucht worden war. Wie der Staatsgerichtshof in seinem Urteil vom 17. Juni 1997 entschieden hat, steht der enge Wortlaut des Art. 70 Abs. 2 BremLV einer teleologischen Auslegung, die an der Funktion der Norm im Gesamtzusammenhang der geltenden Verfassung orientiert ist, und einem auf einer solchen Auslegung beruhenden materiellen Verständnis des Begriffes „Haushaltsplan" nicht entgegen. Zutreffend hat der Staatsgerichtshof in der genannten Entscheidung für die Zulässigkeit eines Volksbegehrens bzw. eines Volksentscheids nach Art. 70 Abs. 2 BremLV nicht darauf abgestellt, ob durch das Vorhaben der Volksgesetzgebung der formale Haushaltsplan betroffen ist, sondern es als den Zweck der Norm bezeichnet, im Hinblick auf finanzwirksame Gesetzesvorhaben Volksbegehren und Volksentscheide dann auszuschließen, „wenn sie auf den Gesamtbestand des Haushalts Einfluß nehmen, damit das Gleichgewicht des gesamten Haushalts stören, zu einer Neuordnung des Gesamtgefüges zwingen und zu einer wesentlichen Beeinträchti-

Zulässigkeit eines Volksbegehrens für ein Ortsgesetz 219

gung des Budgetrechtes des Parlaments führen" würden (Urteilsabdruck S. 33). Bei der Anwendung dieser Formel, durch die der Norminhalt im Rahmen richterlicher Geltungsfortbildung über den rechtstechnischen Wortlaut der Norm hinaus erweitert wird, bleibt – und das ist im vorliegenden Zusammenhang hervorzuheben – der enge Wortlaut als Grenzbestimmung relevant: Die erweiternde Auslegung ist nur bis zur Grenze des funktionell unabdingbar Notwendigen zulässig.

Diese Notwendigkeit einer Beschränkung der sich aus der erweiternden Auslegung des Begriffs „Haushaltsplan" ergebenden Folgen hat auch der Staatsgerichtshof in dem Urteil vom 17. Juni 1997 gesehen, wenn es dort (Urteilsabdruck S. 32f) heißt, der Bedeutung von Art. 70 Abs. 2 BremLV und § 9 Nr. 1 BremVEG entspreche es nicht, Volksbegehren und Volksentscheide so sehr einzuschränken, daß unter den Begriff „Haushaltsplan" jedes Gesetz mit finanzieller Folge zu subsumieren sei. Würde der Begriff „Haushaltsplan" vorbehaltlos im Sinne des „Budgetrechts der Bürgerschaft" verstanden werden, so hätte diese Auslegung die praktische Bedeutungslosigkeit der Regelungen über die auf Erlaß, Aufhebung oder Änderung eines Gesetzes gerichteten Volksbegehren zur Folge, da sich im modernen Verfassungsstaat fast alle Gesetze unmittelbar oder mittelbar auf den Haushalt auswirkten. Es komme vielmehr entscheidend darauf an, welche finanziellen Auswirkungen das begehrte Gesetz nach seinem Gesamtinhalt auf die Haushaltsplanung im ganzen habe. Erforderlich sei eine differenziert wertende Gesamtbeurteilung, in deren Rahmen Art, Höhe, Dauer und Disponibilität der finanziellen Belastungen als Folge eines Gesetzesvorhabens im jeweiligen Einzelfall zu gewichten seien. Es ist unser zentraler Einwand gegen das hier in Rede stehende Urteil vom 11. Mai 1998, daß der Staatsgerichtshof diesen differenzierenden Ansatz nicht auf die andersartige Konstellation des nun zu entscheidenden Falles angewandt, sondern sich auf die Umsetzung des allgemeinen Kriteriums der „wesentlichen Beeinträchtigung des Budgerechts" beschränkt hat, wobei sich die Wesentlichkeitsbeurteilung ausschließlich an der Höhe des in Frage stehenden Finanzvolumens orientiert. Im Ergebnis betrifft dann der Haushaltsvorbehalt des Art. 70 Abs. 2 BremLV alle finanzwirksamen Gesetzesvorhaben, soweit es sich nicht um finanzielle Bagatellsachen handelt. Die Unterschiedlichkeit der Fallkonstellationen geht in der Weite des allgemeinen Finanzvorbehalts unter.

Anders als die das Urteil vom 11. Mai 1998 tragende Urteilsbegründung sind wir der Auffassung, daß die unterschiedlichen Fallkonstellationen eine auch in der Sache differenzierte Beurteilung erfordern. In der Entscheidung vom 17. Juni 1997 ging es um ein Volksbegehren zu einem Gesetzentwurf, dessen Verabschiedung durch Volksentscheid die Einstellung erheblicher Personalmittel in den Haushalt des Landes erfordert hätte; dies wäre nur durch grundlegende Umschichtungen innerhalb zukünftiger Haushalte möglich gewesen. Zu Recht hat der Staatsgerichtshof daher in dem Inhalt der Gesetzesvorlage eine wesentliche Beeinträchtigung des Budgetrechts der Bürgerschaft gesehen und das darauf gerichtete Volksbegehren für unzulässig erklärt. Es lag hier eine *unmittelbare* Einwirkung auf den Haushalt vor. Im vorliegenden Fall würde dagegen das begehrte Ortsgesetz den Haushalt nur *mittelbar* beeinflussen. Da es zur Zeit keine konkretisierten Pläne des Senats und der Stadtbürgerschaft zu einer weiteren Veräußerung von Gesellschaftsanteilen an kommunalen Wohnungsunternehmen gibt, hätte die Verabschiedung des Ortsgesetzes keine unmittelbare Haushaltswirkung, durch die der Haushalt der Stadtgemeinde berührt und der Haushaltsgesetzgeber zu einer konkreten Reaktion gezwungen würde. Einer Auslegung des Haushaltsvorbehalts, die dessen Funktion als Sicherung der budgetrechtlichen Gesamtverantwortung der (Stadt-)Bürgerschaft wahrt, ohne jede haushaltsrelevante Initiative des Volkes als lästige Störung des zwischen Bürgerschaft und Senat eingespielten Politikprozesses zu diskreditieren, wird nur eine differenzierte Betrachtungsweise gerecht, die den Haushaltsvorbehalt auf *unmittelbare* Einflußnahmen des Volksgesetzgebers auf Ausgaben und Einnahmen des Haushaltsplans in dem oben beschriebenen materiellen Sinne beschränkt, ihn aber nicht auf politische Konzeptvorgaben ausdehnt, mögen mit ihnen *mittelbar* auch Auswirkungen auf den Haushalt verbunden sein.

3. Auch der Schutz des parlamentarischen Budgetrechts erfordert nicht die Unterbindung einer nur mittelbaren Einwirkung der Volksgesetzgebung auf die Haushaltsgesetzgebung. Das Budgetrecht ist die zentrale Befugnis, durch die das Parlament gemeinsam mit der Regierung an der Staatsleitung teilhat. Es umschließt die Befugnisse des Parlaments bei der Aufstellung, der Feststellung und dem Vollzug des Staatshaushaltsplans. Diese Befugnisse bestehen im Bewilligungsrecht, im Kontrollrecht und im Entlastungsrecht (*Fischer-Menshausen*, in: v. Münch/Kunig (Hrsg.), GG-Kommentar, 3. Aufl., 1996, Art. 110 Rdn. 20). Durch die Bewilligung legen die parlamentarische Mehrheit und die von ihr getragene Regierung die von ihnen verfolgte politische Programmatik fest und machen sichtbar, welche allokativen und insbesondere distributiven Wirkungen die vom Staatshaushalt erfaßten Finanzströme haben; dadurch werden namentlich die ordnungs- und verteilungspolitischen Ziele und Effekte ihrer Politik transparent. „Durch die Entscheidung über die Prioritäten und durch die Verteilungsentscheidungen im einzelnen erhalten eine Regierung und die sie tragende parlamentarische Mehrheit ihr wirtschafts- und sozialpolitisches Profil" (BVerfGE 79, 311, 329). Neben dieser politischen Programmfunktion hat das parlamentarische Bewilligungsrecht die weitere Funktion, die Regierung zu binden. Durch den

Haushalt spezifiziert das Parlament die Ausgaben, zu denen die Regierung ermächtigt wird, und legt damit die konkreten Zwecke fest, die sie verfolgen darf. Dadurch wird zugleich der Maßstab festgelegt, anhand dessen das Parlament die ihm obliegende Kontrolle der Regierung vornimmt. Insofern verwirklicht es die rechtliche Bindungs- und Kontrollfunktion des Budgets (zu den verschiedenen Funktionen des Budgets vgl. *Neumark,* in: Handbuch der Finanzwissenschaft, Band 1, 2. Aufl., 1952, S. 552 ff; *Stern,* Staatsrecht, Band 2, 1980, S. 1196 ff; *Mahrenholz,* in: AK-GG, 2. Aufl., Art. 110 Rdn. 7 ff; *Kisker,* in: Isensee/Kirchhof (Hrsg.), Handbuch des Staatsrechts, Band IV, 1990, § 89 Rdn. 12 ff; *Fischer-Menshausen,* aaO, Art. 110 Rdnr. 2; BVerfGE 79, 311, 328 ff). Wenn, wie der Staatsgerichtshof zutreffend festgestellt hat, Art. 70 Abs. 2 BremLV das Budgetrecht des Parlaments schützen soll, dann ist der Schutzgegenstand zum einen das Recht der parlamentarischen Mehrheit und der von ihr getragenen Regierung, ihr politisches Programm, das in der Wahl eine demokratische Legitimation erhalten hat, in der Gestalt des in der Regel in komplizierten politischen Aushandlungsprozessen erreichten ausgeglichenen Haushaltsplans zu verwirklichen. Zum anderen ist es das Recht der Bürgerschaft, durch budgetäre Zweckspezifikation das Regierungshandeln zu bestimmen und zu kontrollieren. Art. 70 Abs. 2 BremLV schirmt daher die Bürgerschaft und insbesondere die Regierungsmehrheit gegen Eingriffe in dieses politisch ohnehin sehr prekäre Haushaltsgleichgewicht ab.

Dagegen läßt sich dieser Schutz nicht auf alle Faktoren erweitern, die in wesentlicher Weise Einfluß darauf haben, ob es in Zukunft gelingt, einen ausgeglichenen Haushaltsplan auf- und festzustellen. Die mit dem Budgetrecht umschriebenen parlamentarischen Befugnisse der Etatbewilligung, der Kontrolle des Haushaltsvollzugs und der Entscheidung über die Entlastung der Regierung beziehen sich auf die Funktionen, die das Parlament im Haushaltskreislauf wahrnimmt (hierzu *Kisker,* aaO, Rdn. 30 ff). Unberührt bleibt die materielle Gesetzgebungstätigkeit des Parlaments, die das Budget beeinflussen mag, ohne jedoch eine Station des Haushaltskreislaufs zu sein. Solche außerbudgetäre Gesetzgebung ist dem Parlament keineswegs untersagt (vgl. *Heckel,* in: Anschütz/Thoma (Hrsg.), HdbStR II, 1932, S. 408 f). So hat das Bundesverfassungsgericht mit Recht darauf verwiesen, daß „der Gestaltungsspielraum für das einzelne Haushaltsgesetz dadurch beschränkt [ist], daß der größte Teil der Ausgaben durch außerbudgetäre Gesetze und bei einer hohen Staatsverschuldung durch die Zins- und Tilgungslasten festgelegt ist" (BVerfGE, aaO S. 329). Es ist danach keine Seltenheit, daß der außerbudgetäre parlamentarische Gesetzgeber u. U. seinem eigenen Budgetrecht Beschränkungen auferlegt, ohne daß dies als ein unzulässiger Eingriff in den funktionell gesonderten Haushaltskreislauf angesehen wird. Das Prinzip der Gewaltenteilung gebietet, daß gegenüber dem Budgetprozeß, der durch die enge Verflechtung von Parlament und Regierung im Bereich der Staatsleitung gekennzeichnet ist, die Selbständigkeit der anderen wichtigen Funktion des Parlaments, nämlich die der materiellen Gesetzgebung, gewahrt bleibt. Für die Auslegung der Landesverfassung, die im Gegensatz zum Grundgesetz die Volksgesetzgebung eingerichtet und dieser damit einen eigenständigen politischen Gestaltungsraum im Bereich der materiellen Gesetzgebung eingeräumt hat, besteht kein Anlaß, den Funktionsbereich des Haushaltskreislaufs derart auszudehnen, daß damit praktisch eine Sperre der Volksgesetzgebung errichtet und außerbudgetäre Gesetzgebung so gut wie unmöglich wird.

Die Unzulässigkeit der Volksgesetzgebung nach Art. 70 Abs. 2 BremLV bezieht sich erkennbar auf den Haushaltskreislauf. Diese Vorschrift sperrt Gesetzesvorlagen über „Steuern, Abgaben und Gebühren" für die Volksgesetzgebung, also Einnahmen, die früher als ordentliche Einnahmen qualifiziert wurden und deren Besonderheit u. a. darin bestand, daß allein sie zum Haushaltsausgleich verwendet werden durften (*Fischer-Menshausen*, aaO, Rdn. 16 zu Art. 110). Diese Einnahmearten waren typischerweise Bestandteile des Haushaltsplans. Gesetzesvorlagen dieses Inhalts haben, um eine von *J. Heckel* geprägte Formel zu gebrauchen, die Leistung von Ausgaben und die Minderung von Einnahmen „zum Gegenstand", im Gegensatz zu Vorlagen, welche solche Ausgabenmehrungen oder Einnahmenminderungen nur „zur Folge haben" (aaO S. 409). Art. 70 Abs. 2 BremLV zählt sowohl auf der Ausgaben- wie auf der Einnahmenseite nur unmittelbar etatbezogene Leistungen auf und schließt damit lediglich Gesetzesvorlagen aus, die Einnahmenminderungen oder Ausgabenmehrungen zum Gegenstand haben.

Eine Auslegung des Art. 70 Abs. 2 BremLV, die diese Unterscheidung berücksichtigt, ermöglicht damit eine mittlere Linie zwischen einem vom Staatsgerichtshof zu Recht abgelehnten formellen Verständnis des Begriffs Haushaltsplan einerseits, und einer weiten, alle wesentlichen finanzwirksamen Gesetzesvorlagen umfassenden Interpretation dieses Begriffs andererseits. „Geschützt" gegen Volksinitiativen ist danach zum einen der durch Gesetz festgestellte Haushalts*plan* im förmlichen Sinne, zum anderen aber auch der vom Senat aufgestellte und in die Beratungen des Haushaltsgesetzgebers gegebene nächstjährige Haushalts*planentwurf*; es kann ausnahmsweise auch die zeitlich noch weiter ausgreifende Haushalts*planung* dann sein, wenn (etwa kraft rechtlicher Verpflichtungen) bestimmte Haushaltseckwerte zukünftiger Haushalte festgelegt werden, auf denen erkennbar die nächstjährigen Haushalte aufbauen werden. Ein unmittelbarer Zusammenhang mit dem Haushaltsplan besteht, wenn gerade das Gefüge der Haushaltsposten, ihre innere Einheit, betroffen ist. Es sind die in der Kriterienbildung des Staatsgerichtshofs enthaltenen Hinweise auf den „Gesamtbestand" des Haushalts, auf das „Gleichgewicht des gesamten Haushalts", auf den Zwang zu einer Neuordnung des „Gesamtgefüges" des Haushalts die Elemente, auf die in besonderer Weise abgestellt werden muß. Nur aus einer solchen Gefährdung des Gesamtgefüges eines konkreten Haushalts oder einer konkreten Haushaltsplanung kann sich eine wesentliche Beeinträchtigung des Budgetrechts des Parlaments ergeben. Wird dieser Zusammenhang gelöst und der Schutz des parlamentarischen Budgetrechts verabsolutiert, so wird der Volksvertretung gegenüber der Direktbeteiligung des Volkes ein unangemessenes Übergewicht eingeräumt. Der „Parlamentsvorbehalt" wird im Hinblick auf den Haushaltsplan deshalb gemacht, weil verhindert werden soll, daß Haushaltsschieflagen dadurch entstehen, daß entweder Prioritäten neu festgelegt werden müssen oder entsprechende Korrekturen bei der Durchführung staatlicher Aufgaben erforderlich sind, ohne daß diese Konsequenzen für jedermann bei der Abstimmung erkennbar würden, zumal plebiszitäre Gesetzentwürfe bei finanzwirksamen Gesetzen nicht der Deckungspflicht des Art. 102 BremLV unterliegen (BremStGH, Urteil vom 17. Juni 1997, aaO S. 32). Diese Gründe für eine Vorrangigkeit des parlamentarischen Haushaltsrechts vor einer haushaltswirksamen Volksgesetzgebung liegen bei einer politischen Konzept- und Rahmengesetzgebung nicht oder doch nur in stark reduzierter Form vor.

4. Bei dem Entwurf eines Ortsgesetzes zur Sicherung angemessenen Wohnraums und eines sozial verpflichteten Wohnungswesens in der Stadtgemeinde Bremen handelt es um ein Gesetz, das mangels konkreter Verkaufspläne Einnahmenminderungen nicht „zum Gegenstand" hat, sondern nur „zur Folge" haben kann. Mit den Bestimmungen der §§ 4 und 5 des Ortsgesetzentwurfs wird Stadtbürgerschaft und Senat ein wohnungs- und sozialpolitischer Rahmen gesetzt, auf den sie sich in ihrer Haushaltspolitik einstellen können, nicht aber wird unmittelbar Bestimmung „über den Haushaltsplan" getroffen. Solcher „Fremdbestimmung" durch politische und rechtliche Rahmensetzungen ist der Haushaltsgesetzgeber auf Landes- und Gemeindeebene in vielfältiger Weise ausgesetzt, genannt seien nur bundes- und europarechtliche Vorgaben; hinzu kommen nach dem Willen der Bremischen Landesverfassung direktdemokratische Vorgaben. Ebenso wie die Bürgerschaft als Beteiligte des Budgetprozesses in der Lage und in der Pflicht ist, in den Beratungen der zukünftigen Haushalte ihre eigenen einnahmenmindernden Beschlüsse und die ihr rechtlich vorgegebenen Restriktionen zu berücksichtigen, so ist es auch ihre Pflicht und so liegt es auch in ihrer Macht, finanzwirksame Restriktionen zu bewältigen, die nicht von ihr selbst, sondern durch Volksentscheid beschlossen worden sind. Der in diesem Zusammenhang häufig beschworenen Gefahr populistischer Demagogie wird bereits durch die erheblichen verfahrensrechtlichen Anforderungen begegnet, die an

die Aktualisierung des Volkes als Gesetzgeber gestellt werden (vgl. Art. 70, 72 BremLV, §§ 8 ff, 22 ff BremVEG). Schließlich ist auf die Fähigkeit der Bürger zu verweisen, in der öffentlichen Auseinandersetzung über das Für und Wider eines Gesetzentwurfs sich auf der Grundlage vernünftiger Gründe ihre Meinung zu bilden und ihre Entscheidung zu treffen. Durch die Einrichtung des Volksgesetzgebungsverfahrens hat der Verfassunggeber die Unterstellung eines hinreichenden Maßes bürgerschaftlichen Vernunftgebrauchs gemacht; es kann nicht die Funktion des in Art. 70 Abs. 2 BremLV eng formulierten Haushaltsvorbehalts sein, diesen Vertrauensvorschuß zu widerrufen.

Die Möglichkeit, daß durch eine Anhäufung von Volksentscheiden mit Vorwirkungen auf zukünftige Haushalte am Ende die Fähigkeit von Senat und Bürgerschaft, einen Haushalt aufzustellen, derart beschränkt wird, daß die Gemeinde finanzwirtschaftlich und letztlich auch politisch handlungsunfähig werden könnte, dürfte nur eine rein theoretische Befürchtung sein. Es gibt kein Erfahrungswissen, nach dem die in besonderem Maße dem Zwang zur Öffentlichkeit unterliegende Volksgesetzgebung in stärkerem Maße einer Tendenz zur kollektiven Selbstschädigung unterliegt als die parlamentarische. Sollte gleichwohl ein derartiger Fall eintreten, so würde eine dem Art. 70 Abs. 2 BremLV immanente Schranke wirksam, die *Heckel* im Zusammenhang mit Art. 73 Abs. 4 WRV in überzeugender Weise begründet hat. Danach wäre auch ein Volksbegehren, das Einnahmenminderungen oder Ausgabenmehrungen bloß zur Folge hätte, dann unzulässig, wenn „ein balanzierter Etat überhaupt nicht mehr aufgestellt werden kann" (aaO S. 410). Denn in einem solchen Falle wäre das parlamentarische Budgetrecht eine inhaltslose Hülle. Daß eine derartige Grenzsituation durch das vorliegend beantragte Volksbegehren entstehen könnte, ist nicht ersichtlich.

Entscheidungen des Hamburgischen Verfassungsgerichts

Die amtierenden Richterinnen und Richter des Hamburgischen Verfassungsgerichts

Wilhelm Rapp, Präsident
Dr. Uwe Mückenheim
Prof. Dr. Werner Thieme
Herbert Dau
Dr. Jürgen Gündisch
Eva Leithäuser
Dr. Hans-Jürgen Grambow
Ingrid Teichmüller
Dr. Inga Schmidt-Syaßen

Nr. 1

1. Um zu verhindern, daß die Wahl nach § 35 Abs. 3 Satz 1 Buchst. a BezWG als abgelehnt gilt, hat der Gewählte seinem Dienstherrn schriftlich anzuzeigen, daß er in einem beim Bezirkswahlleiter eingereichten Wahlvorschlag benannt ist. Diese Anzeige muß zur Verhinderung der Rechtsfolge des § 35 Abs. 3 Satz 1 Buchst. a BezWG spätestens innerhalb von 7 Tagen nach dem Empfang der Nachricht des Bezirkswahlleiters erstattet werden.

2. Bedienstete, die die Aufgabe eines technischen Sachbearbeiters in einer Bauprüfabteilung wahrnehmen, üben Hoheitsbefugnisse mit staatlicher Zwangs- oder Befehlsgewalt aus.

3. Aus Art. 6 Abs. 2 HVerf folgt der ungeschriebene Landesverfassungsrechtssatz, daß die Allgemeinheit und die Gleichheit des aktiven und passiven Wahlrechts über den Anwendungsbereich dieser Vorschrift hinaus auch für sonstige demokratische Wahlen politischer Art gelten, für die das Land Hamburg die Regelungskompetenz hat.

4. §§ 14 Abs. 1, 13 BezWG verstoßen nicht gegen diesen ungeschriebenen Landesverfassungsrechtssatz des hamburgischen Landesrechts.

5. §§ 14 Abs. 1, 13 BezWG führen nicht zu einer faktischen Unwählbarkeit.

6. Art. 73 HVerf beschränkt nicht das Recht des hamburgischen Gesetzgebers, den Zugang von Bediensteten der Freien und Hansestadt Hamburg zu öffentlichen Ehrenämtern nach Art. 137 Abs. 1 GG einzuschränken.

7. §§ 14 Abs. 1, 13 BezWG verstoßen nicht gegen das Willkürverbot.

Art. 137 Abs. 1 Grundgesetz

Art. 6 Abs. 2, 73 HVerf

§§ 13, 14 Abs. 1, 35 Abs. 3 Satz 1 Buchst. a BezWG

Urteil vom 3. April 1998 – HVerfG 2/97 –

Hamburgisches Verfassungsgericht

Entscheidungsformel:
Die Anträge werden abgelehnt.

Gründe:

Die Antragstellerin begehrt die Feststellung, daß sie nicht wegen der Art ihrer beruflichen Tätigkeit in der Bauverwaltung der Freien und Hansestadt Hamburg daran gehindert ist, ihre Wahl zur Bezirksversammlung anzunehmen.

Die Antragstellerin ist Angestellte der Freien und Hansestadt Hamburg. Sie ist Bauingenieurin und als technische Sachbearbeiterin in der Bauprüfabteilung des Bezirksamts im Ortsamt tätig. Sie ist nach der Geschäftsverteilung im Ortsamt örtlich zuständig für die Ortsteile und, deren bauliche Nutzung durch Wohnbebauung geprägt ist.

Für den Arbeitsplatz der Antragstellerin gibt es keine konkrete Arbeitsplatzbeschreibung, sondern nur eine solche, die für technische Sachbearbeiter einer Bauprüfabteilung allgemein entwickelt worden ist und auch Aufgaben im Zusammenhang mit gewerblichen und industriellen Bauvorhaben enthält. Nach der eigenen Beschreibung der Antragstellerin umfaßt ihr Arbeitsplatz im Ortsamt folgende Tätigkeiten:

Innendienst

Fachliche Beratung aller am Bau Beteiligten, wie Bauwilligen, Architekten und Unternehmern in planungs- und bauordnungsrechtlichen Belangen	10%
Prüfung und Genehmigung von Vorbescheiden, Bau- und Abbruchanträgen, Anträgen auf Abgeschlossenheitsbescheinigungen, Ergänzungsanträgen	40%
Vorbereitung von Baulasten gemäß § 79 HBauO	5%
Stellungnahmen zu Widersprüchen	5%
Bearbeitung von Beschwerden und Eingaben	5%
Amtshilfe in bautechnischen Angelegenheiten	
Ahndung von Ordnungswidrigkeiten, Anordnung von Zwangsmaßnahmen	2%
Anordnung sofortiger Vollziehung von Zwangsmaßnahmen aufgrund von Gefahrenzuständen vor Ort	1%

Außendienst

Überwachung von Baustellen	20%
Rohbau- und Schlußabnahmen	5%
Abnahme von verlegten Stahleinlagen	5%
Bauaufsichtliche Abnahme „Fliegender Bauten"	2%

Im Mai 1997 stellte die Partei die Antragstellerin als Kandidatin für die Bezirksversammlung auf und schlug sie als eine ihrer Bewerberinnen für die Wahl am 21. September 1997 vor. Diesen Vorschlag ließ der Landeswahlleiter zu und gab dies am 29. August 1997 im Amtlichen Anzeiger Nr. 102 (S. 2012) bekannt.

Die Antragstellerin trägt vor, sie habe unverzüglich nach ihrer Aufstellung Mitte Mai 1997 die Personalabteilung des Bezirksamts mündlich darüber unterrichtet, daß sie für die Bezirksversammlung kandidiere. In dem Gespräch mit ihrer zuständigen Personalsachbearbeiterin habe sie die Auskunft erhalten, es solle zunächst abgewartet werden, ob sie überhaupt gewählt werden würde. Daraus seien bei ihr, der Antragstellerin, Bedenken weder gegen die angekündigte Vorgehensweise noch gegen ihre Wählbarkeit zur Bezirksversammlung aufgekommen, zumal sie als Bauprüferin zu jener Zeit mit Billigung ihrer Personalabteilung bereits Mitglied des Umweltausschusses der Bezirksversammlung gewesen sei.

Als die Antragstellerin am 21. September 1997 zum Mitglied der Bezirksversammlung gewählt worden war, teilte sie dies der Personalabteilung des Bezirksamts mit Schreiben vom 22. September 1997 mit. Am 25. September 1997 leitete der Bezirksamtsleiter die Anzeige der Antragstellerin an das Personalamt zur Entscheidung darüber weiter, ob die Antragstellerin Hoheitsbefugnisse i. S. d. §§ 14 Abs. 1, 13 Satz 1 des Gesetzes über die Wahl zu den Bezirksversammlungen (i. d. F. vom 22. 7. 1986 – GVBl. S. 230 – mit späteren Änderungen – BezWG) ausübe. Dem Schreiben des Bezirksamts war die allgemeine Arbeitsplatzbeschreibung für technische Sachbearbeiter beigefügt, die bereits erwähnt worden ist. In einem weiteren Schreiben des Bezirksamts an das Personalamt vom 6. Oktober 1997 heißt es u. a.: die Tätigkeit der Antragstellerin in der Bauprüfdienststelle des Ortsamts umfasse vollständig hoheitliche Aufgaben. Es könne von 10–20 % belastenden Entscheidungen ausgegangen werden.

Mit Bescheid vom 6. Oktober 1997 entschied das Personalamt, daß die Antragstellerin nach dem eigentümlichen und regelmäßigen Aufgabenbereich ihres Arbeitsplatzes Hoheitsbefugnisse mit staatlicher Zwangs- und Befehlsgewalt ausübe und daher in ihrer Wählbarkeit beschränkt sei. Das Personalamt ging dabei davon aus, daß die Antragstellerin für einen auch gewerblich und industriell genutzten Bezirk zuständig sei und die vom Bezirksamt eingereichte Arbeitsplatzbeschreibung auch für den Arbeitsplatz der Antragstellerin zutreffe. Weiter heißt es: Endziel der Tätigkeit der Antragstellerin sei der Erlaß von Verwaltungsakten auf dem Gebiet des Bauordnungsrechts. Das sei hoheitliche Tätigkeit. Auch wenn die Antragstellerin nur 10–20 % belastende Entscheidungen erlasse, müsse bedacht werden, daß jede Baugenehmigung auch eine den Nachbarn des Bauherrn belastende Drittwirkung habe. An den

Grundsätzen der Rechtsprechung des Hamburgischen Verfassungsgerichts gemessen übe die Antragstellerin zu 85 % ihrer Arbeitszeit hoheitliche Tätigkeit aus und trete in dieser Weise den Bürgern gegenüber in Erscheinung. – Dieser Bescheid wurde der Antragstellerin nicht förmlich zugestellt, sondern mit einfacher Post am 6. Oktober 1997 an sie abgesandt.

Am 17. Oktober 1997 hat die Antragstellerin das vorliegende Verfahren beim Hamburgischen Verfassungsgericht eingeleitet.

Sie beantragt,

> unter Aufhebung des Bescheides der Antragsgegnerin vom 6. Oktober 1997 festzustellen, daß die Antragstellerin keine Hoheitsbefugnisse i. S. von §§ 14 Abs. 1, 13 BezWG ausübt,

hilfsweise

> festzustellen, daß die Antragstellerin ohne weiteres wählbar ist und ihre Wahl annehmen kann.

Sie macht geltend:

ihre zentrale Aufgabe sei es, Bauherren zu unterstützen und zu beraten. Die moderne Bauverwaltung sei durch ihren Service-Charakter geprägt. Die von ihr, der Antragstellerin, betreuten Verwaltungsverfahren endeten üblicherweise mit dem begünstigenden Verwaltungsakt einer Baugenehmigung. Belastende Verwaltungsakte, wie Zwangsgeldfestsetzungen oder Stilllegungsverfügungen, seien die seltene Ausnahme. Ihre erste und einzige Baueinstellung habe sie vor 1½ Jahren verfügt. Das Personalamt sei bei seinem Bescheid zu Unrecht von einer Tätigkeit im Bezirk ausgegangen und habe aus der für einen solchen Industriebezirk passenden Arbeitsplatzbeschreibung unzutreffende Schlüsse über den Charakter ihres Arbeitsplatzes gezogen.

Sollte das Gericht die Feststellung der Antragsgegnerin billigen, müßten verfassungsrechtliche Bedenken gegen die Gültigkeit des § 13 BezWG bedacht werden. Art. 137 Abs. 1 GG erlaube eine Einschränkung der Wählbarkeit von Beamten nur aus Gründen der Gewaltenteilung. Unter diesem Gesichtspunkt sei es jedoch nicht plausibel, nur einen Teil der Beamten von der Wählbarkeit auszunehmen. Überdies verfolge § 13 BezWG nicht das Ziel der Gewaltenteilung. Auch die Abwehr von Interessenkollisionen sei mit dieser Regelung nicht beabsichtigt.

Vor dem Gleichheitssatz könne die willkürliche Beschränkung der Wählbarkeit in der genannten Bestimmung keinen Bestand haben. Es sei nicht sinnvoll, einen in einem anderen Bezirk tätigen Schutzpolizisten aus der Bezirksversammlung fernzuhalten, während etwa dem Leiter eines Planungsstabs, dessen Wirken nach außen nicht in Erscheinung trete, die Wählbarkeit nach § 13 BezWG nicht abgesprochen werden könne.

Beschränkung der Wählbarkeit von öffentlichen Bediensteten 231

Die Antragsgegnerin beantragt,

den Antrag der Antragstellerin abzulehnen.

Sie macht geltend:

es sei davon auszugehen, daß der Bescheid des Personalamts vom 6. Oktober 1997 der Antragstellerin frühestens am 8. Oktober 1997 zugegangen sei. Daß das Personalamt in diesem Bescheid von der allgemeinen Arbeitsplatzbeschreibung für technische Sachbearbeiter im Bauprüfdienst ausgegangen sei, mache keine Ermittlungen zum Aufgabenbereich der Antragstellerin erforderlich. Denn nach den eigenen Angaben der Antragstellerin unterscheide sich ihr Aufgabenbereich nicht wesentlich von dem im Bescheid zugrunde gelegten.

Auch wenn die von der Antragstellerin entworfene Arbeitsplatzbeschreibung zugrunde gelegt würde, sei festzustellen, daß die Antragstellerin die typischen Aufgaben der Bauprüfung und damit Hoheitsbefugnisse mit staatlicher Zwangs- und Befehlsgewalt ausübe und auch im übrigen die Merkmale der §§ 14 Abs. 1, 13 BezWG erfülle. Die Erteilung von baurechtlichen Genehmigungen sei Ausübung von Hoheitsbefugnissen mit staatlicher Zwangs- und Befehlsgewalt. Auch ein begünstigender Verwaltungsakt stelle verbindlich und durchsetzbar fest, was im Einzelfall Recht sei. Dieses Verständnis von hoheitlicher Tätigkeit entspreche dem Willen des Gesetzgebers, der nach den Gesetzesmaterialien nicht nur Akte der Eingriffsverwaltung, sondern z.B. auch polizeiliche Erlaubnisse als hoheitliche Tätigkeit gemeint habe. Dementsprechend sei die Arbeit der Antragstellerin als typische Bauprüfertätigkeit hoheitlich. Ihr Arbeitsschwerpunkt ziele auf den Erlaß von Baubescheiden.

Dieses Verständnis des § 13 BezWG entspreche der Verfassung und stehe im Einklang mit Art. 137 Abs. 1 und Art. 3 Abs. 1 GG. Art. 137 Abs. 1 GG müsse auf die Wählbarkeit zur Bezirksversammlung jedenfalls entsprechende Anwendung finden. Zwar habe die Bezirksversammlung keine legislativen Befugnisse. Ihre gegenüber der Verwaltung kontrollierende und machtbeschränkende Funktion rechtfertige jedenfalls aber die entsprechende Anwendung dieser Grundgesetzbestimmung.

Allerdings habe der hamburgische Gesetzgeber nicht alle Beamten und Angestellten von der Wählbarkeit zu den Bezirksversammlungen ausgeschlossen. Er habe dennoch mit der Beschränkung auf Hoheitsträger eine nachvollziehbare, gerechtfertigte Differenzierung vorgenommen, die auch vor Art. 137 Abs. 1 GG Bestand habe. Die Ausübung von Hoheitsbefugnissen bedeute einen stärkeren Eingriff in Grundrechte der Bürger, der in höherem Maße als bei Akten der Leistungsverwaltung einen Bedarf an Kontrolle durch unbefangene Bürger in der Bezirksversammlung auslöse. Deswegen liege in einer derart sachlich begründbaren Differenzierung auch kein Verstoß gegen Art. 3 Abs. 1 GG.

Die Sachakten der Antragsgegnerin, die Personalakten der Antragstellerin und die Verfahrensakten HVerfG 3/97 waren Gegenstand der mündlichen Verhandlung.

I.

Die Anträge sind zulässig.

1. Sie sind insbesondere rechtzeitig gestellt worden. Die nach § 15 Abs. 2 Satz 1 BezWG geltende Antragsfrist von 10 Tagen war noch nicht abgelaufen, als der Antrag am 17. Oktober 1997 bei Gericht einging. Die Frist beginnt mit der Zustellung des Bescheides des Dienstherrn. Die Antragsgegnerin hat den Bescheid vom 6. Oktober 1997 der Antragstellerin entgegen § 15 Abs. 1 Satz 3 BezWG jedoch nicht förmlich zugestellt, sondern ihn mit einfachem Brief an sie versandt. Wann die Antragstellerin den Brief erhalten hat, ist nicht sicher festzustellen.

Darauf kommt es aber auch nicht an. Denn der Mangel der Zustellung, der nach § 1 Hamburgisches Verwaltungszustellungsgesetz (vom 21. 6. 1954 – BL I 20102 – a) i. V. m. § 9 Abs. 1 VwZG grundsätzlich durch den Nachweis des Zugangs geheilt wird, ist nach § 9 Abs. 2 VwZG dann nicht heilbar, wenn mit der Zustellung eine Frist für die Erhebung der Klage beginnt. § 9 Abs. 2 VwZG ist auf die Antragsfrist des § 15 Abs. 2 Satz 1 BezWG entsprechend anzuwenden mit der Folge, daß der Lauf dieser Frist mangels erforderlicher Zustellung nicht begonnen hatte, mithin am 17. Oktober 1997 auch noch nicht abgelaufen war.

2. Der Antragstellerin fehlt auch nicht das für die Durchführung dieses Verfahrens erforderliche Rechtsschutzinteresse. Das wäre ihr für dieses Verfahren, in dem sie um ihr Recht zur Annahme der Wahl streitet, zwar abzusprechen, wenn die Wahl bereits als abgelehnt zu gelten hätte. Das ist jedoch hier nicht der Fall.

Nach § 35 Abs. 1 BezWG verständigt der Bezirkswahlleiter die gewählten Bewerber über ihre Wahl und fordert sie auf, innerhalb von 7 Tagen schriftlich mitzuteilen, ob sie die Wahl annehmen. Ist der Gewählte – wie die Antragstellerin – Angestellter i. S. von § 15 BezWG, so gilt die Wahl nach § 35 Abs. 3 BezWahlG als abgelehnt, wenn der Bewerber nicht innerhalb der genannten Frist den Nachweis seiner Wählbarkeit führt (§ 35 Abs. 3 Satz 1 Buchst. b und c BezWG) oder wenn er es unterlassen hat, die Entscheidung seines Dienstherrn herbeizuführen (§ 35 Abs. 3 Satz 1 Buchst. a BezWG). Die

Antragstellerin hat jedoch rechtzeitig den Eintritt der Ablehnungsfiktion verhindert.

a. Die nach der genannten Regelung fristgebundenen Nachweise – der Beurlaubung ohne Dienstbezüge oder der Nicht-Ausübung von Hoheitsbefugnissen – können von der Antragstellerin zur Vermeidung der Ablehnungsfiktion noch fristgerecht geführt werden. Denn nach § 35 Abs. 3 Satz 2 BezWG ist der Ablauf der Frist gehemmt, bis die Entscheidung des Dienstherrn unanfechtbar geworden oder eine Entscheidung des Verfassungsgerichts gefällt worden ist. Da der Bescheid der Antragsgegnerin vom 6. Oktober 1997 bei Beginn der 7-Tage-Frist noch nicht unanfechtbar war und dieser Zustand bis heute fortbesteht, kann die seit der Benachrichtigung der Antragstellerin durch den Bezirkswahlleiter verstrichene Zeit in diese Frist nicht eingerechnet werden.

b. Die Wahl der Antragstellerin gilt auch nicht deswegen als abgelehnt, weil sie es unterlassen hätte, die Entscheidung ihres Dienstherrn herbeizuführen.

Nach § 15 Abs. 1 Satz 2 BezWG und § 27 Abs. 4 der Wahlordnung für die Wahlen zur Hamburgischen Bürgerschaft und zu den Bezirksversammlungen (vom 29.7.1986 – Gesetz- und Verordnungsblatt S. 237, 258, 266 – HmbWO) ist es Aufgabe des Dienstherrn, durch die oberste Dienstbehörde darüber zu entscheiden, ob der Beamte oder Angestellte Hoheitsbefugnisse ausübt. Der Wahlbewerber führt diese Entscheidung nach § 15 Abs. 1 Satz 1 BezWG, § 27 Abs. 1 HmbWO durch eine bei seinem Dienstvorgesetzten einzureichende Anzeige herbei, daß er in einem beim Bezirkswahlleiter eingereichten Wahlvorschlag benannt ist. Dem Wahlbewerber sind andere Pflichten als die der Anzeige nicht auferlegt, und der Dienstherr hat auf eine solche Anzeige hin zu entscheiden. Danach hat ein gewählter Bediensteter es nach § 35 Abs. 3 Satz 1 Buchst. a BezWG nur dann unterlassen, die Entscheidung seines Dienstherrn herbeizuführen, wenn er keine Anzeige erstattet hat.

Zwar hat die Antragstellerin ihre Pflicht aus § 15 Abs. 1 BezWG, ihrem Dienstherrn unverzüglich den sie betreffenden Wahlvorschlag anzuzeigen, nach ihrem eigenen Vorbringen im Mai 1997 nicht durch eine schriftliche Anzeige erfüllt. Aus § 27 Abs. 1 und 2 HmbWO folgt, daß die von § 15 Abs. 1 BezWG geforderte Anzeige in schriftlicher Form gemacht werden muß. Darauf kommt es jedoch deswegen nicht an, weil die Antragstellerin durch ihren Brief vom 22. September 1997 an die Personalabteilung des Bezirksamts eine Tätigkeit entfaltet hat, die den Eintritt der Ablehnungsfiktion nach § 35 Abs. 3 Satz 1 Buchst. a BezWG ausschließt.

Der Brief der Antragstellerin an die Personalabteilung vom 22. September 1997 ist nach Inhalt, Form und Adressat diejenige Anzeige, die ein im

Dienst der Freien und Hansestadt Hamburg stehender Wahlbewerber nach
§ 15 Abs. 1 BezWG, § 27 Abs. 1 HmbWO seinem Dienstherrn zu erstatten
hat. Inhaltlich ist der Brief von seinen Adressaten, auf die es insoweit
ankommt, als eine solche Anzeige verstanden worden, wie das daraufhin eingeleitete Verfahren der obersten Dienstbehörde zeigt.

Allerdings ist die Anzeige vom 22. September 1997 nicht unverzüglich
erstattet worden, nachdem die Antragstellerin bereits im Mai 1997 in einem
Wahlvorschlag ihrer Partei benannt worden war. Das rechtfertigt es jedoch
nicht, ihr ein Unterlassen i. S. § 35 Abs. 3 Satz 1 Buchst. a BezWG anzulasten,
das die Ablehnungsfiktion auslöst. Die Regelung des § 35 Abs. 3 Satz 1
Buchst. a BezWG gibt nichts dafür her, daß mit ihr ein Verstoß gegen die
Pflicht, die Anzeige unverzüglich zu erstatten, wahlrechtlich sanktioniert
werden sollte. Es spricht mehr für die Annahme, daß die Vorschrift Gewählte
ausschließen will, die bis zu dem auch sonst in § 35 Abs. 3 BezWG entscheidenden Stichtag 7 Tage nach Empfang der Nachricht des Bezirkswahlleiters
untätig geblieben sind. Anderenfalls wäre es nötig gewesen, die für die Unterlassung entscheidende Zeit in der Vorschrift zu präzisieren. Die Ablehnungsfiktion stellt einen erheblichen Eingriff dar, der im Interesse der Wähler und des Gewählten klare und vorhersehbare Voraussetzungen erfordert.
Da es bei § 35 Abs. 3 Satz 1 Buchst. a BezWG an solchen Voraussetzungen
fehlt, muß die Bestimmung wahlrechtsfreundlich auf Fälle der völligen Untätigkeit beschränkt werden.

Ein solcher Fall liegt hier jedoch nicht vor. Da die 7-Tage-Frist des § 35
Abs. 3 BezWG jedenfalls nicht vor dem 22. September 1997 abgelaufen war,
hat die Antragstellerin durch ihre Anzeige vom 22. September 1997 noch
rechtzeitig den Eintritt der Ablehnungsfiktion verhindert.

II.

Die Anträge der Antragstellerin sind aber unbegründet.

Die Antragstellerin übt an ihrem Arbeitsplatz in der Bauprüfdienststelle des Ortsamtes Hoheitsbefugnisse i. S. §§ 14 Abs. 1, 13 Satz 1 BezWG
aus (1). Diese Vorschriften verstoßen nicht gegen höherrangiges Recht (2).

1. Nach § 13 Satz 1 BezWG können Beamte der Freien und Hansestadt
Hamburg mit Dienstbezügen, zu deren eigentümlichem und regelmäßigem
Aufgabenbereich die Ausübung von Hoheitsbefugnissen mit staatlicher
Zwangs- oder Befehlsgewalt gehört, die Wahl zu den Bezirksversammlungen
nur annehmen, wenn sie nachweisen, daß sie von ihrem Dienstherrn ohne
Bezüge beurlaubt worden sind. Diese Regelung gilt nach § 14 Abs. 1 BezWG

Beschränkung der Wählbarkeit von öffentlichen Bediensteten 235

sinngemäß für Angestellte, wenn sie Hoheitsbefugnisse unter den in § 13 genannten Voraussetzungen ausüben. Die Antragstellerin ist Angestellte der Freien und Hansestadt Hamburg, erhält Vergütung und ist von ihrem Dienstherrn nicht ohne Bezüge beurlaubt worden. Danach könnte sie ihre Wahl zur Bezirksversammlung nur annehmen, wenn sie keine Hoheitsbefugnisse unter den in § 13 BezWG genannten Voraussetzungen ausübte. Diese Feststellung kann jedoch nicht getroffen werden, so daß der Hauptantrag der Antragstellerin abzulehnen ist.

a. Nach dieser Bestimmung ist der Kreis der in ihrer Wählbarkeit beschränkten Beamten in dreifacher Hinsicht eingeengt. Nicht betroffen sind Beamte, die keine Hoheitsbefugnisse ausüben. Erforderlich ist weiter, daß es sich um Hoheitsbefugnisse mit staatlicher Zwangs- oder Befehlsgewalt handelt. Damit ist die Ausübung obrigkeitlicher Befugnisse im Verhältnis der Verwaltung zum Staatsbürger gemeint. Der Kreis der in ihrer Wählbarkeit beschränkten Beamten wird drittens dadurch eingeengt, daß die Ausübung von Hoheitsbefugnissen in diesem Sinne zum eigentümlichen und regelmäßigen Aufgabenbereich des Beamten gehören muß, d. h. daß das obrigkeitliche Handeln gegenüber dem Staatsbürger für die Tätigkeit des Beamten nicht von untergeordneter Bedeutung sein darf, sondern das Bild seines Amtes prägen muß. Dieses Verständnis der §§ 14 Abs. 1, 13 BezWG entspricht den Erkenntnissen des Hamburgischen Verfassungsgerichts im Urteil vom 6. März 1974 (DÖV 1975, 429 f). Zwar gibt es seit jener Zeit bis heute im Verfassungsleben Hamburgs Diskussionen über eine Änderung dieser Vorschriften, die jedoch nicht zu einer Gesetzesänderung geführt haben. Der vorliegende Fall gibt dem Gericht keine Veranlassung, von der damaligen Entscheidung abzuweichen.

b. Diesem Bild eines obrigkeitlich handelnden Bediensteten, der gegenüber dem betroffenen Staatsbürger unter Einsatz staatlicher Zwangs- oder Befehlsgewalt auftritt und dessen Amt durch diese Wirkungsweise geprägt ist, entspricht die Antragstellerin in ihrer Tätigkeit als technische Sachbearbeiterin in der Bauprüfdienststelle des Ortsamts.

Die Antragstellerin nimmt in den beiden Ortsteilen, für die sie im Ortsamtsbereich zuständig ist, die Aufgaben der Bauaufsichtsbehörde wahr. Das folgt aus ihrer eigenen Arbeitsplatzbeschreibung. Zu diesem Aufgabenbereich gehört die Ausübung von Hoheitsbefugnissen mit staatlicher Zwangs- und Befehlsgewalt, und zwar unabhängig von der Bebauungsstruktur in den beiden von ihr betreuten Ortsteilen. Nach § 58 Abs. 1 Hamburgische Bauordnung (vom 1. Juli 1986 – GVBl. S. 183 mit spät. Änderungen – HBauO) gehört es zu den Aufgaben der Bauaufsichtsbehörde, darauf zu achten, daß die baurechtlichen Vorschriften sowie die anderen öffentlich-rechtlichen Vorschriften über die Errichtung, Änderung, Nutzung, Instandhaltung und den Abbruch baulicher Anlagen eingehalten und die auf Grund dieser Vorschriften erlassenen Anordnungen befolgt werden. Diese gesetzliche Aufgabenbeschreibung kennzeichnet die Bauaufsichtsbehörde als die auf das Bauwesen sachlich spezialisierte Polizeibehörde, der dementsprechend die – einer polizeilichen Generalklausel ähnliche – Befugnis nach § 58 Abs. 1 Satz 2 HBauO zusteht, in Wahrnehmung ihrer Aufgaben nach pflichtgemäßem Ermessen die erforderlichen Maßnahmen zu treffen.

Im Besonderen hat die Antragstellerin das Baugenehmigungsverfahren durchzuführen, über Ausnahmen nach § 66 HBauO und Befreiungen nach § 67 HBauO zu befinden und die Genehmigungen nach § 69 HBauO sowie Vorbescheide nach § 65 HBauO zu erteilen oder zu versagen. Sie hat ferner die allgemeine Bauaufsicht auszuüben und kann im Rahmen der Bauaufsicht Baueinstellungsverfügungen nach § 75 HBauO, Nutzungsverbote sowie Beseitigungsanordnungen nach § 76 HBauO und sonstige Anordnungen nach §§ 76 Abs. 3, 69 Abs. 3, 83 HBauO erlassen. Darüber hinaus ist sie befugt, die Ordnungswidrigkeiten, die § 80 Abs. 1 HBauO normiert, zu ahnden, Zwangsmaßnahmen anzuordnen und diese bei Gefahrenzuständen für sofort vollziehbar zu erklären. Jede dieser Vorschriften der Hamburgischen Bauordnung verleiht der Antragstellerin staatliche Befehlsgewalt, d. h. die Befugnis, einseitig gebietend die baurechtliche Lage im Einzelfall derart zu bestimmen, daß die davon betroffenen Bürger diese Bestimmung als maßgeblich zu beachten haben. Die Antragstellerin übt die ihr verliehene Befehlsgewalt aus durch den Erlaß von Verwaltungsakten. Falls ein derart befehlender Verwaltungsakt vom Bürger nicht beachtet oder befolgt wird, hat die Antragstellerin die Zwangsgewalt, die Befolgung des Verwaltungsaktes nach den Vorschriften des Hamburgischen Verwaltungsvollstreckungsgesetzes zu erzwingen.

Der Hinweis der Antragstellerin darauf, daß sie die Bauantragsteller berate und daß die moderne Bauverwaltung durch ihren Service-Charakter geprägt sei, vermag den Charakter der Tätigkeit der Antragstellerin nicht entscheidend zu ändern. Es mag sein, daß die Bauaufsichtsbehörden ihre Aufgaben heute in stärkerem Maße darin sehen, Bauherren zu beraten, wenn angebrachte Anträge nicht genehmigungsfähig oder unvollständig sind. Aber diese Beratung geschieht sichtbar vor dem Regelungshintergrund, daß die Weigerung des Bauherrn notfalls die Ablehnung des Bauantrags zur Folge hätte. Auf diese Weise wird die Zahl der belastenden Verwaltungsakte in Gestalt von Ablehnungen seltener. Ein derart freundlicher Umgang mit dem Bürger, der Unterstützung und Beratung einschließt, ist jedoch kein Gegensatz zu der Ausübung von Hoheitsbefugnissen und darf dem Hoheitsträger nicht den Blick dafür verstellen, daß er nach der Beratung und Unterstützung des Bürgers die ihm übertragenen Hoheitsbefugnisse auszuüben hat. Inhaltlich stehen die gesetzlichen Vorgaben und damit die zu erfüllenden Aufgaben nicht zur Disposition.

Die Baugenehmigung stellt maßgeblich fest, daß im Einzelfall so wie genehmigt und nicht anders gebaut werden darf. Abweichungen von der Genehmigung können die Einstellung des Bauvorhabens zur Folge haben (§ 75 Abs. 1 Nr. 2 HBauO). Bei der Qualifizierung des Charakters einer Baugenehmigung muß überdies bedacht werden, daß bei Erteilung der Baugenehmigung auch über die nachbarlichen Belange zu befinden ist (§ 68 HBauO) und daß die Baugenehmigung den Nachbarn des Bauherrn belastende Drittwirkungen hat. Deswegen ist sie für den Nachbarn ein belastender Verwaltungsakt von teils erheblichem Gewicht. Darüber hinaus gibt es kaum eine Baugenehmigung, die nicht mit Nebenbestimmungen (§ 69 Abs. 2 HBauO, § 36 VwVfG) versehen ist, die einen den Bauherrn – teils erheblich – belastenden Charakter haben und, wenn in Form einer Auflage erteilt, selbständig erzwingbar sind. So löst z. B. die Pflicht des Bauherrn, bei der Errichtung oder Änderung baulicher Anlagen für die notwendigen Stell- und Fahrradplätze zu sorgen oder dafür Ausgleichsbeträge zu zahlen, nach §§ 48, 49 HBauO Nebenbestimmungen in der Baugenehmigung aus, die eine ganz erheblich belastende Wirkung haben und es rechtfertigen, die Baugenehmigung keineswegs einschränkungslos als einen begünstigenden Verwaltungsakt zu verstehen.

Die Ausübung von Hoheitsbefugnissen im dargelegten Sinn gehört schließlich auch zum eigentümlichen und regelmäßigen Aufgabenbereich der Antragstellerin. Das obrigkeitliche Handeln gegenüber dem Bürger ist keineswegs von untergeordneter Bedeutung, sondern steht im Vordergrund und prägt das Bild ihrer Tätigkeit als technische Sachbearbeiterin der Bauaufsichtsbehörde in den beiden Ortsteilen des Ortsamts. Aus den eigenen Angaben und Beschreibungen der Antragstellerin über ihren Arbeitsplatz ergibt sich, daß sie zahlreiche Arbeiten ausführt, die obrigkeitliches Handeln darstellen. Die Prüfung von bauordnungsrechtlichen Anträgen und deren Bescheidung sowie die Überwachung von Baustellen sind ein wesentlicher Teil ihrer Tätigkeit. Diese Aufgaben stellen nach den obigen Ausführungen obrigkeitliches Handeln dar und prägen in ihrer Außenwirkung gegenüber dem Bürger das Bild der Tätigkeit der Antragstellerin.

2. Die Regelungen der §§ 14 Abs. 1, 13 BezWG stehen im Einklang mit höherrangigem Recht, so daß auch der Hilfsantrag der Antragstellerin erfolglos bleiben muß.

Sie schränken zwar für Angehörige des öffentlichen Dienstes die Allgemeinheit und Gleichheit des passiven Wahlrechts ein (a). Diese Einschränkung ist jedoch nach Art. 137 Abs. 1 GG zulässig (b). Sie verstößt auch nicht gegen allgemeingültige Regelungsschranken, insbesondere nicht gegen das Willkürverbot (c).

a. §§ 14 Abs. 1, 13 BezWG beschränken die Wählbarkeit von Angestellten der Freien und Hansestadt Hamburg zu den Bezirksversammlungen. Damit modifizieren sie den Verfassungssatz von der Allgemeinheit und Gleichheit der Wahl. Die Ausgestaltung des Wahlrechts zu den Bezirksversammlungen in Hamburg ist zwar nicht nach Bundes-, jedoch nach hamburgischem Verfassungsrecht den Grundsätzen der Gleichheit und Allgemeinheit verpflichtet.

Art. 28 Abs. 1 Satz 2 GG bestimmt diejenigen Wahlrechtsgrundsätze, die in den Ländern und Gemeinden bundesverfassungsrechtlich zu gelten haben. Diese Verfassungsbestimmung ist aber nicht auf die Wahlen zu den Bezirksversammlungen in Hamburg anwendbar. Die auf der Grundlage des Art. 4 Abs. 2 HVerf geschaffenen Bezirke sind keine Gebietskörperschaften. Das schließt eine unmittelbare Anwendung von Art. 28 Abs. 1 Satz 2 GG auf die Bezirke aus. Auch eine entsprechende Anwendung dieser Vorschrift ist nicht möglich. Sie scheitert vor allem daran, daß sich die Bezirke wegen mangelnder Rechtsfähigkeit und der ihnen fehlenden Allzuständigkeit, die die gemeindliche Selbstverwaltung prägt, mit den Kommunen nicht vergleichen lassen (BVerfGE 83, 60, 76).

Auch die Hamburgische Verfassung schreibt nicht ausdrücklich Grundsätze für die Wahlen zu den Bezirksversammlungen vor. Sie beschränkt sich insoweit darauf, in Art. 6 Abs. 2 HVerf unter anderem Allgemeinheit und Gleichheit für die Wahl zur Bürgerschaft zu verlangen. In Art. 56 HVerf wird lediglich geregelt, daß das Volk zur Mitwirkung an der Verwaltung durch ehrenamtlich tätige Mitglieder der Verwaltungsbehörden berufen ist. Damit sind auch die Bezirksversammlungen angesprochen, ohne daß die Verfassung aber ausdrücklich Vorgaben für das passive Wahlrecht macht.

Dem Art. 6 Abs. 2 HVerf, wonach die Bürgerschaftsabgeordneten in allgemeiner und gleicher Wahl gewählt werden, ist aber als ungeschriebener Landesverfassungssatz zu entnehmen, daß die Grundsätze der Allgemeinheit und Gleichheit des aktiven und passiven Wahlrechts über den Anwendungsbereich des Art. 6 Abs. 2 HVerf hinaus auch für sonstige demokratische Wahlen politischer Art gelten, für die das Land Hamburg Regelungskompetenz hat. Dieser Verfassungssatz des Landes Hamburg stimmt inhaltlich mit jenem ungeschriebenen Rechtssatz des Bundesverfassungsrechts überein, den das Bundesverfassungsgericht (BVerfGE 13, 91; 30, 246, 60, 167) der insoweit mit Art. 6 Abs. 2 HVerf übereinstimmenden Regelung des Art. 38 Abs. 1 GG entnommen hat.

Seine Geltung wird nicht deswegen in Frage gestellt, weil es im Bundesverfassungsrecht einen gleichen Rechtssatz gibt. Die Verfassungsräume des Bundes und der Länder stehen nach der Rechtsprechung des Bundesverfassungsgerichts (BVerfGE 4, 178, 189; 22, 267, 270) grundsätzlich selbständig nebeneinander. Auch Art. 31 GG steht der Geltung des Landesverfassungsrechtssatzes nicht entgegen. Denn Bundesverfassungsrecht bricht nicht inhaltsgleiches Landesverfassungsrecht (BVerfGE 36, 362 ff).

Der ungeschriebene Landesverfassungsrechtssatz, daß die Grundsätze der Allgemeinheit und Gleichheit des aktiven und passiven Wahlrechts in Hamburg über Art. 6 Abs. 2 HVerf hinaus auch für sonstige demokratische Wahlen politischer Art gelten, ist auf die Wahlen zur Bezirksversammlung anwendbar.

Diese Wahlen haben zwar keine verfassungsrechtliche Wurzel, sondern sind nur durch das einfache Recht in §§ 7 Abs. 1, 8 Abs. 1 Bezirksverwaltungsgesetz (vom 11.6.1997 – GVBl. S. 205, 206 – BezVG) vorgeschrieben. Das steht indes der Anwendung dieses Rechtssatzes auf Bezirksversammlungswahlen nicht entgegen. Er soll die Geltung der Grundsätze der Allgemeinheit und Gleichheit gerade über den ausdrücklich in der Verfassung geregelten Bereich hinaus erstrecken, weil die demokratische Ordnung verlangt, daß im Bereich politischer Willensbildung alle jeweils Wahlberechtigten grundsätzlich gleich zu bewerten sind. Dementsprechend hat das Bundesverfassungsgericht (aaO Bd. 30 und Bd. 60) den bundesverfassungsrechtlichen Rechtssatz auf Wahlen im Bereich der Sozialversicherung und auf Personalvertretungswahlen angewendet, die ebensowenig verfassungsrechtlich verwurzelt sind wie die hamburgischen Wahlen zu den Bezirksversammlungen.

Auch Wesen und Funktion der Bezirksversammlungen stehen der Anwendung des Verfassungsrechtssatzes auf die Bezirksversammlungswahlen nicht entgegen. Die Bezirksversammlungen sind zwar keine Parlamente i. S. von Gesetzgebungsorganen. Das aber setzt der genannte Rechtssatz für seine Anwendung auch nicht voraus. Er gilt nicht nur für die Wahlen zu gesetzgebenden oder sonst rechtsetzenden Körperschaften, sondern allgemein für Wahlen zu Gremien, die der demokratischen Legitimation bedürfen und diese Legitimation aus Wahlen erhalten sollen. Das trifft für die Bezirksversammlung zu. Das Bundesverfassungsgericht (Bd. 83 S. 60 ff) hat erkannt, daß die Bezirksversammlungen Staatsgewalt ausüben und demgemäß demokratischer Legitimation bedürfen. Der hamburgische Gesetzgeber hat sich entschlossen, den Bezirksversammlungen, die als Teil der Bezirksverwaltung vollziehende Gewalt ausüben, die erforderliche demokratische Legitimation durch Volkswahlen zu verschaffen. Dann aber verlangt die demokratische Ordnung, daß diese Legitimation grundsätzlich von allen Staatsbürgern getragen wird. Dabei macht es keinen Unterschied, ob das zu legitimierende

Staatsorgan eine gesetzgebende Körperschaft, ein sonst rechtsetzendes Organ oder ein Gremium der Verwaltung ist. Entscheidend ist nur, daß es Staatsgewalt ausübt, der Legitimation bedarf und diese durch Wahlen erhalten soll. Das ist bei der Bezirksversammlung der Fall.

b. Nach Art. 137 Abs. 1 GG kann die Wählbarkeit von Angestellten des öffentlichen Dienstes in den Ländern und Gemeinden gesetzlich beschränkt werden. Diese grundgesetzliche Bestimmung stellt die einzige Ermächtigung zur Beschränkung der Allgemeinheit des passiven Wahlrechts dar, außerhalb derer eine solche Beschränkung in Anknüpfung an ein Dienstverhältnis durch einfaches Gesetz nicht zulässig ist (BVerfGE 38, 326, 336).

Die Regelungen der §§ 14 Abs. 1, 13 BezWG sind mit Art. 137 Abs. 1 GG vereinbar.

Diese Vorschriften sind in einem hamburgischen Landesgesetz enthalten, entsprechen also der Forderung des Art. 137 Abs. 1 GG nach einer gesetzlichen Regelung. Der Ermächtigung des Art. 137 Abs. 1 GG ist nach Inhalt und Standort in den Übergangs- und Schlußbestimmungen des Grundgesetzes nichts dafür zu entnehmen, daß sie etwa dem Bund die Sonderzuständigkeit für alle Wählbarkeitsbeschränkungen zuweist. Art. 137 Abs. 1 GG ermächtigt vielmehr den nach Art. 70 ff GG jeweils zuständigen Gesetzgeber, indem die Ermächtigungsnorm allgemein eine gesetzliche Beschränkung verlangt und nicht etwa eine solche „durch Bundesgesetz" voraussetzt. Die in §§ 14 Abs. 1, 13 BezWG geregelten Materien fallen nach Art. 70 Abs. 1 GG eindeutig in die Gesetzgebungskompetenz des Landes Hamburg, weil sie nur hamburgische Bedienstete erfassen und mit der Beschränkung der Wählbarkeit zur hamburgischen Bezirksversammlung materiell einen Gegenstand regeln, der dem Landeswahlrecht zuzuordnen ist.

§§ 14 Abs. 1, 13 BezWG bestimmen, daß die von diesen Vorschriften erfaßten Bediensteten die Wahl zur Bezirksversammlung nur annehmen können, wenn sie nachweisen, daß ihr Dienstherr sie ohne Bezüge beurlaubt hat. Sie setzen also eine Unvereinbarkeit zwischen dem öffentlichen Amt des Bediensteten und dem Mandat in der Bezirksversammlung voraus und regeln die wahlrechtlichen Konsequenzen für den Fall eines Zusammentreffens von Amt und Mandat in der Art einer Folgeregelung, die die Wählbarkeit im engeren Sinne, d.h. die Möglichkeit, die Wahl anzunehmen, beschränkt. Solche die Wählbarkeit beschränkenden gesetzlichen Regelungen sind nach Art. 137 Abs. 1 GG zulässig (BVerfGE 38, 326 ff).

Unzulässig oder nur unter besonderen Voraussetzungen zulässig sind nach Art. 137 Abs. 1 GG dagegen Vorschriften, die eine Unwählbarkeit begründen oder zu einem faktischen Ausschluß von der Wählbarkeit führen (BVerfGE 12, 73, 77; 18, 172, 181; 38, 326, 338; 48, 64, 88; 57, 43, 66 ff). Die nach Art. 137 Abs. 1 GG zulässige Wählbarkeitsbeschränkung muß dem Wahlbewerber im Kern die Wahl zwischen Amt und Mandat ermöglichen. Eine nach Art. 137 Abs. 1 GG unzulässige Unwählbarkeit liegt dann vor, wenn der Bewerber rechtlich von der Wählbarkeit schlechthin, d. h. von der Bewerbung um das Mandat, von dessen Annahme oder seiner Ausübung ausgeschlossen wird. Davon kann bei §§ 14 Abs. 1, 13 BezWG keine Rede sein.

Ein faktischer Ausschluß von der Wählbarkeit ist gegeben, wenn der Bewerber sich wegen der Folgen der beschränkenden Regelung generell außerstande sieht, sich für das Mandat zu entscheiden (BVerfGE 38, 326, 338). Einen solchen faktischen Ausschluß hat das Bundesverfassungsgericht (BVerfGE 48, 64 ff) im Rahmen der Ermächtigung des Art. 137 Abs. 1 GG angesichts der besonderen Verhältnisse im kommunalen Bereich dort als zulässig erachtet, aber nur dann, wenn ansonsten der Gefahr von Interessenkollisionen nicht wirksam zu begegnen ist. Ob danach ein faktischer Ausschluß von der Wählbarkeit zu den hamburgischen Bezirksversammlungen im Rahmen des Art. 137 Abs. 1 GG zulässig wäre, erscheint zweifelhaft, kann jedoch unentschieden bleiben, weil §§ 14 Abs. 1, 13 BezWG nicht zu einer faktischen Unwählbarkeit führen. Der nach §§ 14 Abs. 1, 13 BezWG in seinem passiven Wahlrecht beschränkte Bedienstete ist vielmehr auch unter Berücksichtigung der finanziellen Folgen seiner Entscheidung generell imstande, sich für das Mandat zu entscheiden.

Für die Beantwortung der Frage, ob eine das passive Wahlrecht beschränkende Regelung zu einer faktischen Unwählbarkeit führt, kommt es darauf an, welche Auswirkungen die Annahme des Mandats auf die finanzielle Existenz des Wahlbewerbers hat, insbesondere ob ihm auch bei einer Entscheidung für das Mandat eine Existenzgrundlage verbleibt. Dabei ist nicht auf Besonderheiten des einzelnen Wahlbewerbers, sondern in generalisierender Sicht auf diejenigen Verhältnisse und Gestaltungsmöglichkeiten von Wahlbewerbern abzustellen, die sich infolge der Wahlrechtsbeschränkung bei einer Entscheidung für das Mandat allgemein für Wahlbewerber des öffentlichen Dienstes ergeben.

Bei generalisierender Betrachtung ist davon auszugehen, daß ein öffentlicher Bediensteter, der sich um ein Mandat bewirbt, zur Erhaltung seiner Existenzgrundlage grundsätzlich auf die Bezüge aus seinem Amt angewiesen ist und nicht etwa von privaten Einkünften oder vorhandenem Vermögen lebt. Dementsprechend müßten sich einerseits für ihn generell Perspektiven aufzeigen lassen, die ihm bei Annahme des Mandats entweder seine Dienstbezüge erhalten oder einen angemessenen Ersatz für die entfallenden Bezüge zur Sicherung seiner Existenz verschaffen. Andererseits darf bei generalisierender Betrachtung nicht verkannt werden, daß die Aufgabe der beruflichen Tätigkeit je nach den Umständen einmal schwerer, das andere Mal leichter fallen wird, daß mithin auch gewisse Erschwernisse bei der Entscheidung für das Mandat in Kauf genommen werden müssen und nicht bereits einen faktischen Ausschluß der Wählbarkeit darstellen.

Das Mandat in der Bezirksversammlung ist nach § 9 Abs. 1 Satz 1 BezVG ein Ehrenamt, für das der Bezirksabgeordnete nach dem Gesetz über Entschädigungsleistungen anläßlich ehrenamtlicher Tätigkeit in der Verwaltung (vom 1.7.1963, GVBl. S. 111 mit spät. Änderungen) eine steuerfreie Aufwandsentschädigung von 576,00 DM monatlich, geringe Sitzungsgelder und zur Abgeltung der entstehenden Fahrkosten eine monatliche Pauschale von 100,00 DM erhält. Daß diese Zahlungen keinen angemessenen Ersatz für die möglicherweise entfallenden Amtsbezüge darstellen, vor allem zur Sicherung der Existenzgrundlage des Bezirksabgeordneten nicht ausreichen, bedarf angesichts der geringen Höhe dieser Beträge keiner weiteren Begründung.

Der Wahlbewerber ist jedoch nach einer Annahme des Mandats nicht allein auf diese geringe Aufwandsentschädigung angewiesen. Wenn er sich ohne Bezüge aus seinem bisherigen Amt beurlauben läßt, hat er faktisch und rechtlich die Möglichkeit, sich auf dem allgemeinen Arbeitsmarkt um eine berufliche Tätigkeit zu bemühen, die ihm eine Existenzgrundlage bietet. Daran wird er durch die Wahrnehmung des Mandats in der Bezirksversammlung nicht gehindert. Die Tätigkeit als Bezirksabgeordneter nimmt keineswegs seine volle Arbeitskraft in Anspruch, sondern bindet sie vornehmlich außerhalb der üblichen Arbeits- und Dienstzeiten. Aufgrund seiner fachlichen Ausbildung sowie seiner beruflichen Qualifikation und Erfahrung wird es ihm möglich sein, eine Verwendung außerhalb der öffentlichen Verwaltung zu finden und dadurch seine Existenzgrundlage zu sichern. Es mag sein, daß es einem beurlaubten Angestellten des öffentlichen Dienstes nicht immer und nicht auf Anhieb gelingt, eine ihm zusagende Tätigkeit außerhalb der öffentlichen Verwaltung zu finden. Das aber wird bei der gebotenen generalisierenden Betrachtung auch nicht vorausgesetzt. Es kann von einem Wahlbewerber, der sich für die Annahme des Mandats beurlauben lassen muß, erwartet werden, daß er seine Entscheidung rechtzeitig vorbereitet und nicht erst im Augenblick der Beurlaubung die Suche nach einer anderweitigen Existenzgrundlage beginnt. Der beurlaubte Angestellte hat bei der Gestaltung seiner Lebensverhältnisse in einer solchen Situation zudem den Vorteil, daß ihm sein Arbeitsplatz in der Verwaltung erhalten bleibt und daß er dorthin nach Beendigung seines Mandats zurückkehren kann.

Darüber hinaus steht es einem Wahlbewerber, dessen Wählbarkeit nach §§ 14 Abs. 1, 13 BezWG beschränkt ist, frei, sich bei seinem Dienstherrn um die Umsetzung auf einen Arbeitsplatz zu bemühen, der nach dem Bezirkswahlrecht mit der Ausübung eines Mandats in der Bezirksversammlung vereinbar ist und daher keine Beurlaubung ohne Bezüge voraussetzt. Auf eine solche Umsetzung hat der Wahlbewerber zwar keinen Anspruch. Die Freie und Hansestadt Hamburg behandelt derartige Umsetzungswünsche von Wahlbewerbern für die Bezirksversammlungen jedoch in ständiger Verwaltungspraxis wohlwollend. Daß es dennoch nicht in jedem Fall, vor allem nicht kurzfristig, gelingt, für den Wahlbewerber einen mit dem Mandat zu vereinbarenden, gleichwertigen oder auch möglicherweise geringer dotierten Dienstposten in der Verwaltung zu finden, spricht nicht gegen eine Berücksichtigung dieser Gestaltungsmöglichkeit. Die verschiedenen Gestaltungsmöglichkeiten sprechen dafür, daß sich ein im Wahlrecht beschränkter Bediensteter ohne eine Gefährdung seiner Existenzgrundlage für das Mandat entscheiden kann.

Da schließlich Angestellte des öffentlichen Dienstes in den Ländern nach Art. 137 Abs. 1 GG in ihrer Wählbarkeit beschränkt werden können, hält sich die Regelung der §§ 14 Abs. 1, 13 BezWG, die eine solche Beschränkung bestimmen, im Rahmen dieser Ermächtigung. Weitere, ungeschriebene Voraussetzungen enthält Art. 137 Abs. 1 GG nicht. Für eine Regelung, die sich – wie hier – im Rahmen des Art. 137 Abs. 1 GG hält, bedarf es insbesondere nicht noch des Nachweises eines besonderen zwingenden rechtfertigenden Grundes, jedenfalls dann nicht, wenn – wie hier – die wahlrechtsbeschränkende Regelung nicht zu einem faktischen Ausschluß der Wählbarkeit führt.

c. §§ 14 Abs. 1, 13 BezWG sind auch nicht wegen Verstoßes gegen allgemeingültige Regelungsschranken des Verfassungsrechts nichtig.

Der durch Art. 137 Abs. 1 GG ermächtigte Gesetzgeber hat nach dieser Norm ein sogenanntes Entschließungsermessen, ob er von der Ermächtigung Gebrauch machen will oder nicht. Eine Pflicht zur einschränkenden Regelung wird durch Art. 137 Abs. 1 GG nicht festgesetzt (BVerfGE 48, 65, 85; 57, 43, 57 f).

In diesem Bereich könnte sich aufgrund anderer Verfassungsgrundsätze außerhalb des Art. 137 Abs. 1 GG eine Rechtspflicht des Gesetzgebers ergeben, im Rahmen dieser Ermächtigung das passive Wahlrecht für Angehörige des öffentlichen Dienstes einzuschränken. So hat das Bundesverfassungsgericht (BVerfGE 12, 73, 77; 18, 172, 183) erkannt, daß es mit dem Grundsatz der Gewaltenteilung nicht zu vereinbaren ist, wenn dieselbe Person in einem bestimmten Gemeinwesen ein Amt innehat und gleichzeitig der Vertretungskörperschaft desselben Gemeinwesens als Mitglied angehört: ein Bundesbeamter kann nicht gleichzeitig dem Bundestag, ein Landesbeamter nicht dem Landtag und ein Gemeindebeamter nicht dem Rat der Gemeinde angehören. Daraus mag eine Regelungspflicht folgen. Sie besteht möglicherweise auch im hamburgischen Bezirkswahlrecht, wenngleich die Tätigkeit eines Bediensteten der Freien und Hansestadt Hamburg in der der vollziehenden Gewalt zugehörigen Bezirksversammlung nicht augenfällig dem Grundsatz der Gewaltenteilung zuwiderläuft, den das Bundesverfassungsgericht zur Begründung einer Regelungspflicht herangezogen hat. Diese Fragen können für das hamburgische Bezirkswahlrecht aber unentschieden bleiben, weil zumindest § 18 BezWG eine Regelung enthält, die der genannten Forderung des Bundesverfassungsgerichts entspricht. Nach § 18 BezWG sind Bedienstete der Bezirksverwaltung unabhängig von §§ 14 Abs. 1, 13 BezWG zu der Bezirksversammlung des sie beschäftigenden Bezirksamts nicht wählbar. Damit wäre einer bestehenden Regelungspflicht im Bezirkswahlrecht entsprochen, während §§ 14 Abs. 1, 13 BezWG über den nach dem Grundsatz der Gewaltenteilung zu fordernden Mindeststandard wahlbeschränkender Regelungen hinausgehen.

Jenseits der Regelungspflicht steht dem Gesetzgeber nach der Ermächtigungsnorm ein Auswahlermessen zu. Nach der Rechtsprechung des Bundesverfassungsgerichts (BVerfGE 12, 73, 80; 38, 326, 340) läßt Art. 137 Abs. 1 GG dem Gesetzgeber Raum, in welchem Umfang und in welcher Weise er die Beschränkung verwirklicht. Andererseits hat das Bundesverfassungsgericht (BVerfGE 40, 296, 320 f) auf die Schwierigkeit einer Grenzziehung bei Ausübung des gesetzgeberischen Auswahlermessens hingewiesen und es deswegen dem Gesetzgeber gestattet, in seiner Regelung bis an die äußerste Grenze der Ermächtigung des Art. 137 Abs. 1 GG zu gehen. Einen derartigen Totalausschluß aller öffentlichen Bediensteten hat der hamburgische Gesetzgeber zwar erwogen, aber verworfen, weil er „auf den bewährten und unverzichtbaren Sachverstand von Beamten für die Parlaments- und Ausschußarbeit" nicht verzichten wollte (vgl. Urteil des HVerfG vom 6. März 1974 S. 18 UA).

Das gesetzgeberische Auswahlermessen, das Art. 137 Abs. 1 GG einräumt, ist nicht durch hamburgisches Verfassungsrecht eingeschränkt. Die Antragstellerin hat eine solche Einschränkung durch Art. 73 HVerf erwogen. Sie besteht jedoch nicht. Nach Art. 73 HVerf darf die Wahrnehmung staatsbürgerlicher Rechte und Pflichten in öffentlichen Ehrenämtern insbesondere durch ein Arbeits- oder Dienstverhältnis nicht behindert werden. Diese Verfassungsnorm steht dem aus Art. 137 Abs. 1 GG folgenden Recht des hamburgischen Gesetzgebers nicht entgegen, die Wählbarkeit von Angehörigen des öffentlichen Dienstes zur Bezirksversammlung zu beschränken. Dabei kann offenbleiben, welche Verhaltensweisen im einzelnen gegen das Behinderungsverbot des Art. 73 HVerf verstoßen. Eine Regelung, die die Wählbarkeit beschränkt, ist jedenfalls keine verfassungsrechtlich unzulässige Behinderung der Wahrnehmung des Wahlamts. Das folgt aus dem Zusammenhang der Regelungen des Grundgesetzes und der hamburgischen Verfassung.

Sowohl im Grundgesetz als auch in der hamburgischen Verfassung stehen ein Behinderungsverbot und eine Ermächtigung zur Einschränkung des passiven Wahlrechts nebeneinander. Für das Verhältnis von Art. 48 Abs. 2 GG zu Art. 137 Abs. 1 GG hat das Bundesverfassungsgericht (BVerfGE 42, 312, 326) entschieden, daß die Reichweite des Behinderungsverbots in Art. 48 Abs. 2 GG aufgrund der in der Verfassung zugelassenen Ausnahme des Art. 137 Abs. 1 GG eingeschränkt werden kann. Dasselbe hat für das Bürgerschaftswahlrecht des hamburgischen Verfassungsrechts zu gelten: Nach Art. 13 Abs. 3 Satz 1 HVerf darf niemand gehindert werden, das Amt eines Bürgerschaftsabgeordneten zu übernehmen und auszuüben. Nach Art. 13 Abs. 2 Satz 2 HVerf kann das Gesetz jedoch Beschränkungen der Wählbarkeit vorsehen. Auch diese gesetzliche Beschränkbarkeit muß zugleich als eine Ausnahme vom Behinderungsverbot verstanden werden, weil Art. 13 Abs. 3 Satz 1 HVerf anderenfalls keinen Raum für die Anwendbarkeit des genannten Gesetzesvorbehalts ließe. Auch Art. 73 HVerf steht unter einem solchen Vorbehalt, der sich zwar nicht aus der hamburgischen Verfassung selbst, aber aus Art. 137 Abs. 1 GG ergibt. Dementsprechend wird Art. 73 HVerf durch wahlbeschränkende Regelungen nicht berührt, die sich – wie hier – im Rahmen des Art. 137 Abs. 1 GG halten.

Das vom hamburgischen Gesetzgeber in §§ 14 Abs. 1, 13 BezWG ausgeübte Auswahlermessen ist nur daraufhin zu prüfen, ob es gegen das Willkürverbot verstößt. Andere Maßstäbe einer verfassungsgerichtlichen Prüfung gibt es insoweit nicht (*Schlaich*, in: AöR Bd. 105, 188, 228 ff). Dabei kann dahingestellt bleiben, ob das Willkürverbot aus dem Gleichheitssatz des Art. 3 GG folgt oder aus dem verfassungsrechtlichen Grundsatz der Verhältnismäßigkeit herzuleiten ist. Sein Inhalt ist davon unabhängig.

Die Regelungen der §§ 14 Abs. 1, 13 BezWG verstoßen nicht gegen das Willkürverbot und sind damit gültig.

Das Willkürverbot verbietet nach ständiger Rechtsprechung des Bundesverfassungsgerichts (zum folgenden *Leibholz-Rinck,* GG, Kommentar, Anm. 21 ff zu Art. 3 GG m. w. N.) allgemein eine an sachwidrigen Kriterien ausgerichtete Differenzierung. Es ist verletzt, wenn eine vom Gesetz vorgenommene Differenzierung sich nicht auf einen vernünftigen oder sonstwie einleuchtenden Grund zurückführen läßt. Es muß ein innerer Zusammenhang zwischen den vorgefundenen Verschiedenheiten und der differenzierenden Regelung bestehen. Bei steter Orientierung am Gerechtigkeitsgedanken muß Gleiches gleich, Ungleiches dagegen seiner Eigenart entsprechend verschieden behandelt werden. Eine Bestimmung verstößt gegen das Willkürverbot, wenn sich ein einleuchtender Grund für die gesetzliche Differenzierung oder Gleichbehandlung nicht finden läßt, kurzum, wenn die Bestimmung als willkürlich bezeichnet werden muß. Bei der Auswahl der Tatbestände, für die eine gesetzliche Regelung getroffen wird, ist sachgemäß zu verfahren, d. h. nach Gesichtspunkten, die sich aus der Eigenart des zu regelnden Sachverhalts ergeben, in diesem Sinne also nicht willkürlich sind. Was sachlich vertretbar oder sachfremd und deshalb willkürlich ist, läßt sich nicht abstrakt und allgemein feststellen, sondern stets nur im Bezug auf die Eigenart des konkret geregelten Sachverhalts. Das Willkürverbot verlangt, daß eine vom Gesetz vorgenommene unterschiedliche Behandlung sich – sachbereichsbezogen – auf einen vernünftigen oder sonstwie einleuchtenden Grund zurückführen läßt.

Eine derart sachbereichsbezogene Prüfung der §§ 14 Abs. 1, 13 BezWG hat nicht der Frage nachzugehen, ob der Gesetzgeber den mit der Regelung verfolgten Zweck nach Maßstäben einer Willkürkontrolle verfolgen durfte. Art. 137 Abs. 1 GG begrenzt den Gesetzgeber nicht auf bestimmte Zwecke. Entscheidend für die Prüfung ist vielmehr die vom Gesetz getroffene Auswahl unter den nach Art. 137 Abs. 1 GG erfaßten Bediensteten.

Bei der Prüfung der Auswahlentscheidung ist der vom Gesetzgeber verfolgte Regelungszweck ein wichtiger Orientierungspunkt, ohne dessen maßgebliche Beachtung eine sachbereichsbezogene Willkürprüfung mißlingt. Die Eigenart des geregelten Sachverhalts kann nicht gelöst werden von dem mit der Regelung verfolgten Zweck. Ob eine Norm sachgerecht oder willkürlich ist, muß maßgeblich vom Regelungszweck her entschieden werden. Die Sachgerechtheit einer Regelung, die einen bestimmten Zweck verfolgt, kann nicht deswegen in Frage gestellt werden, weil sie nicht geeignet ist, ein anderes, mit ihr gar nicht erstrebtes Ziel zu erreichen. Wenn der verfolgte Zweck geeignet ist, zugleich auch erwünschte Nebeneffekte zu erreichen, darf die Sachgerechtheit der Norm auch nicht an ihrer Tauglichkeit gemessen werden, diese Nebeneffekte zu fördern. Nur wenn ein Normgeber den Zweck seiner Regelung nicht erkennbar macht, muß er sich gefallen lassen, im Rahmen einer Willkürprüfung an anderen Zielen gemessen zu werden als denen, die ihm vorgeschwebt haben, aber nicht deutlich geworden sind. Diese Zentrierung auf den Regelungszweck trägt dem Umstand Rechnung, daß Willkür auch ein subjektives Merkmal enthält und daher auf grobe gesetzgeberische Mißgriffe beschränkt bleiben muß.

Mit den Vorschriften der §§ 14 Abs. 1, 13 BezWG konnte der hamburgische Gesetzgeber nicht das Ziel verfolgen, die Gewaltenteilung zu sichern. Denn Amt und Mandat in der Bezirksversammlung werden innerhalb derselben Staatsgewalt ausgeübt. Die hamburgische Bezirksversammlung hatte bei Erlaß des Bezirkswahlgesetzes und seiner Neufassung im Jahre 1986 keine Rechtsetzungsbefugnisse, sondern war ein Gremium der Exekutive. Ein Bezirksabgeordneter dient in Ausübung seines Mandats mithin derselben Staatsgewalt wie in seinem Amt. Wie das erkennende Gericht bereits im Urteil vom 6. 3. 1974 entschieden hat, verfolgen die §§ 14 Abs. 1, 13 BezWG auch nicht das Ziel, Interessenkollisionen zwischen Amt und Mandat zu vermeiden oder zu verringern. Ihr Ziel ist es vielmehr, bestimmte Angehörige des öffentlichen Dienstes von den Bezirksversammlungen fernzuhalten, weil sie wegen ihrer Amtstätigkeit keine für eine Verwaltungskontrolle berufenen Volksvertreter sind.

Es mag in der politischen Diskussion über die Beschränkung des passiven Wahlrechts von Angehörigen des öffentlichen Dienstes gute Gründe dafür geben, daß Inkompatibilitätsvorschriften zuerst dem Ziel dienen, Interessenkollisionen zu vermeiden, und nicht vorrangig den Zweck verfolgen sollten, eine wirkliche Repräsentation des Volkes zu schaffen oder seine Repräsentation in der Volksvertretung zu verbessern und glaubwürdiger zu machen. Diese Gründe haben jedoch keinen Raum in der gerichtlichen Normprüfung. Die Normprüfung hat sich vielmehr an dem vom Gesetzgeber in rechtlich zulässiger Weise verfolgten Zweck zu orientieren und danach zu entscheiden, ob sich für die in der Norm vorgenommene Differenzierung ein zur Erreichung des verfolgten Zieles einleuchtender Grund finden läßt.

Das ist hier möglich. Der hamburgische Gesetzgeber wollte, wie bereits ausgeführt, nicht gänzlich auf den bewährten Sachverstand von Beamten für die Parlaments- und Ausschußarbeit verzichten. Ein Ausschluß aller öffentlichen Bediensteten vom passiven Wahlrecht kam für ihn daher nicht in Betracht. Auch ein Verzicht auf jegliche Beschränkung des passiven Wahlrechts, der die Gefahr einer Personalunion von Kontrolleuren und Kontrollierten heraufbeschworen hätte, war ersichtlich nicht gewollt. Bei der danach schwierigen Differenzierung war es vertretbar und sachgerecht, unter den im Wahlrecht beschränkbaren Bediensteten diejenigen aus der Bezirksversammlung fernzuhalten, die wegen ihrer obrigkeitlichen, dem Bürger gegenüber sichtbaren Amtstätigkeit keine wahren Volksvertreter im Sinne einer Laienbeteiligung sind, weil sie erkennbar im Lager der zu kontrollierenden Verwaltung stehen. Dabei hat das Kriterium der Außenwirkung der Amtstätigkeit zudem den Vorzug, daß es auf die Sicht des Wahlbürgers abstellt und klare, vorhersehbare Ergebnisse der Rechtsanwendung ermöglicht. Eine willkürliche Differenzierung liegt daher nicht vor.

3. Eine Kostenentscheidung ist nach § 66 HVerfGG nicht geboten, zumal es nach § 66 Abs. 4 Satz 2 HVerfGG nicht möglich ist, über den Ersatz der notwendigen Auslagen der Antragstellerin zu befinden.

Die Entscheidung ist einstimmig ergangen.

Entscheidungen
des Staatsgerichtshofes
des Landes Hessen

Die amtierenden Richterinnen und Richter des Staatsgerichtshofes des Landes Hessen

Prof. Dr. Klaus Lange, Präsident
Dr. Helmut Wilhelm, Vizepräsident
Elisabeth Buchberger
Felizitas Fertig
Dr. Karl Heinz Gasser
Paul Leo Giani (ab 9. 12. 1998)
Roland Kern (bis 9. 12. 1998)
Dr. Günter Paul
Rudolf Rainer
Georg Schmidt-von Rhein
Dr. Wolfgang Teufel
Dr. Manfred Voucko

Stellvertretende Richterinnen und Richter

Jörg Britzke
Werner Eisenberg
Ferdinand Georgen
Dr. Bernhard Heitsch
Dr. Harald Klein
Ursula Kraemer
Dr. Helga Laux
Dr. Wilhelm Nassauer
Karin Wolski
Prof. Dr. Johannes Baltzer
Helmut Enders
Gerhard Fuckner (ab 9. 12. 1998)
Paul Leo Giani (bis 9. 12. 1998)
Joachim Poppe
Manfred Stremplat
Elisabeth Vogelheim

Nr. 1

Bei der Würdigung der Umstände, die für oder gegen den Erlaß einer einstweiligen Anordnung sprechen, überwiegt das öffentliche Interesse an der keine statusrechtlichen Folgen auslösenden Besetzung des Dienstpostens eines Schulleiters gegenüber dem Interesse der im Auswahlverfahren als Mitbewerberin unterlegenen Antragstellerin an dessen Freihaltung.

Gesetz über den Staatsgerichtshof § 26

Beschluß vom 22. April 1998 – P.St. 1307 e.A. –

wegen Verletzung von Grundrechten
hier: Antrag auf Erlaß einer einstweiligen Anordnung

Entscheidungsformel:

Der Antrag wird als offensichtlich unbegründet zurückgewiesen.
Gerichtskosten werden nicht erhoben, außergerichtliche Kosten nicht erstattet.

Gründe:

I.

Der am 14. April 1998 beim Staatsgerichtshof eingegangene Antrag,

> dem Land Hessen im Wege der einstweiligen Anordnung zu verbieten, die Schulleiterstelle an der E.-Schule in W. bis zur Entscheidung über die am 6. April 1998 beim Verwaltungsgericht Wiesbaden erhobene Klage der Antragstellerin, hilfsweise bis zur Entscheidung über ihre Grundrechtsklage P.St. 1289 anderweitig – auch nur kommissarisch – zu besetzen,

ist offensichtlich unbegründet.
Der Staatsgerichtshof interpretiert diesen Antrag so, daß (nur) die – endgültige oder kommissarische – Übertragung des umstrittenen Dienstpostens an einen Mitbewerber oder an eine sonstige Person verhindert werden soll. Dagegen ist Gegenstand des Eilantrages nicht die Verhinderung einer eventuellen späteren Beförderung eines Mitbewerbers auf diesem Dienstposten.

Auf eine solche Beförderungsentscheidung bezieht sich auch die in der Hauptsache erhobene Grundrechtsklage nicht. Im übrigen ist nicht ersichtlich, daß insoweit der fachgerichtliche Rechtsweg im Eilverfahren erschöpft wäre.

Nach § 26 Abs. 1 des Gesetzes über den Staatsgerichtshof vom 30. November 1994 (GVBl. S. 684) – StGHG – kann der Staatsgerichtshof, um im Streitfall einen Zustand vorläufig zu regeln, eine einstweilige Anordnung erlassen, wenn es zur Abwendung schwerer Nachteile, zur Verhinderung drohender Gewalt oder aus einem anderen wichtigen Grund dringend geboten ist und ein vorrangiges öffentliches Interesse nicht entgegensteht. Dabei haben die Gründe, die für die Verfassungswidrigkeit des angegriffenen Hoheitsaktes vorgetragen werden, grundsätzlich außer Betracht zu bleiben, es sei denn die Grundrechtsklage erweist sich von vornherein als unzulässig oder offensichtlich unbegründet (vgl. StGH, Beschluß vom 2. 8. 1972 – P.St. 692, 693 –, ESVGH 22, 215, 217 f; Urteil vom 20. 7. 1983 – P.St. 1001 –, ESVGH 34, 8, 9). Der Staatsgerichtshof muß vielmehr die nachteiligen Folgen gegeneinander abwägen, die einerseits einträten, wenn eine einstweilige Anordnung nicht erginge, die Grundrechtsklage aber später Erfolg hätte, bzw. die andererseits entstünden, wenn die begehrte einstweilige Anordnung erlassen würde, der Grundrechtsklage aber letztlich der Erfolg zu versagen wäre (vgl. StGH aaO). Bei dieser Abwägung sind nicht nur die Interessen des Antragstellers, sondern alle in Frage kommenden Belange und Gesichtspunkte zu berücksichtigen, wobei nach § 26 Abs. 1 StGHG entgegenstehenden vorrangigen öffentlichen Interessen ein besonderes Gewicht zukommt.

Es mag dahinstehen, ob dem Erlaß einer einstweiligen Anordnung der von der Antragstellerin begehrten Art schon der Umstand entgegensteht, daß die von der Antragstellerin befürchtete Übertragung des Dienstpostens eines Schulleiters an der E.-Schule in W. an einen Mitbewerber oder an eine sonstige Person möglicherweise noch gar nicht unmittelbar bevorsteht und daher der Erlaß einer Eilentscheidung nicht im Sinne des Gesetzes geboten ist. Zweifel hieran könnten sich aus dem Inhalt des Schreibens des Hessischen Kultusministeriums vom 26. November 1997 an den Bevollmächtigten der Antragstellerin ergeben, in welchem der weitere Verfahrensablauf aus der Sicht des Kultusministeriums prognostiziert wird.

Gegenwärtig mag auch offen bleiben, ob die von der Antragstellerin erhobene Grundrechtsklage unzulässig oder offensichtlich unbegründet ist und ob schon aus diesem Grunde der Erlaß einer einstweiligen Anordnung ausscheidet.

Jedenfalls kommt die von der Antragstellerin begehrte Anordnung – und dies gilt für eine dem Haupt- wie dem Hilfsantrag Rechnung tragende Maßnahme – deshalb nicht in Betracht, weil die Nachteile, die im Falle des

Ergehens einer solchen Entscheidung bei späterem Mißerfolg der Grundrechtsklage einträten, deutlich schwerwiegender wären als die Nachteile, die die Antragstellerin hinnehmen müßte, wenn eine einstweilige Anordnung nicht erginge, die Antragstellerin aber letztlich im Grundrechtsklageverfahren obsiegen würde.

Im Falle des Erlasses der von der Antragstellerin gewünschten einstweiligen Anordnung durch den Staatsgerichtshof könnte die Schulleiterstelle an der E.-Schule in W. und damit eine zentrale Funktionsstelle in diesem schulischen Bereich trotz Abschlusses der um die Besetzung dieser Stelle geführten fachgerichtlichen Eilverfahren möglicherweise auf Monate hinaus nicht besetzt werden. Damit lägen die auf diesem Dienstposten im öffentlichen Interesse wahrzunehmenden Aufgaben weiterhin brach, was sich – und dies bedarf keiner weiteren Vertiefung – nachteilig auf den gesamten organisatorischen und unterrichtsbezogenen Ablauf an dieser Schule auswirken würde und erhebliche Nachteile für Schüler, Eltern und Lehrkräfte mit sich brächte.

Im Vergleich hierzu wiegen die Nachteile, die die Antragstellerin im Falle der Ablehnung einer einstweiligen Anordnung zu ertragen hätte, weniger schwer. Möglicherweise würde in diesem Fall die Wahrnehmung des umstrittenen Dienstpostens einem Mitbewerber der Antragstellerin oder einer sonstigen Person übertragen werden. Diesem von der Antragstellerin befürchteten Vorgang kommt indes – anders als einer Beförderung – eine statusrechtliche Bedeutung nicht zu, er schafft keine vollendeten und später nicht mehr umkehrbaren Verhältnisse (vgl. Hess. VGH, Beschluß vom 27.11.1990 – 1 TG 2527/90 –, NVwZ 1992, 195). Ein der Antragstellerin erwachsender Nachteil könnte sich aus einer derartigen Dienstpostenübertragung somit allenfalls insofern ergeben, als der diesen Dienstposten für einige Zeit wahrnehmende Mitbewerber möglicherweise einen für die spätere Beförderungsentscheidung ins Gewicht fallenden Bewährungsvorsprung erlangen könnte. Insoweit ist allerdings in der fachgerichtlichen Rechtsprechung schon umstritten, ob ein auf diese Weise erzielter Bewährungsvorsprung bei einer Beförderungsentscheidung überhaupt berücksichtigt werden dürfte, wenn sich das die Vergabe des Dienstpostens betreffende Auswahlverfahren später als fehlerhaft herausstellt (vgl. hierzu verneinend: OVG Saarlouis, Beschluß vom 10.4.1992 – 1 W 7/89 –, NVwZ 1990, 687; OVG Bremen, Beschluß vom 20.5.1987 – 2 B 66/87 – ZBR 1988, 65; bejahend: Hess.VGH, Beschluß vom 30.4.1992 – 1 TG 703/92). Was insofern verfassungsrechtlich geboten ist, mag indes dahingestellt bleiben. Denn jedenfalls kann eine solche der Antragstellerin möglicherweise drohende Gefahr nicht als so bedeutsam eingeschätzt werden, daß sie den Erlaß einer einstweiligen Anordnung und damit die Beeinträchtigung des zuvor dargestellten, gewichtigen öffentlichen

Interesses rechtfertigen könnte, zumal die von der Antragstellerin befürchtete Bewährung eines Mitbewerbers keineswegs als sicher erscheint. Im Vergleich hierzu überwiegt die konkret und unabweisbar drohende Beeinträchtigung vorrangiger öffentlicher Interessen durch die Schwächung der Funktionsfähigkeit der Schule, so daß die vom Staatsgerichtshof durchzuführende Abwägung zu einer Ablehnung des Antrags auf Erlaß einer einstweiligen Anordnung führen muß.

II.

Dieser Beschluß ist mit der qualifizierten Mehrheit des § 26 Abs. 3 S. 2 StGHG ergangen. Widerspruch gegen ihn kann deshalb nicht erhoben werden.

III.

Die Kostenentscheidung beruht auf § 28 StGHG.

Entscheidungen des Verfassungsgerichtshofes des Saarlandes

Die amtierenden und stellvertretenden Richterinnen und Richter des Verfassungsgerichtshofes des Saarlandes

Prof. Dr. Roland Rixecker, Präsident
(Prof. Dr. Heike Jung)

Prof. Dr. Elmar Wadle, Vizepräsident
(Winfried Adam)

Otto Dietz
(Günther Hahn)

Prof. Dr. Günter Ellscheid
(Dieter Knicker)

Karl-Heinz Friese
(Ulrich Sperber)

Dr. Jakob Seiwerth
(Jürgen Grünert)

Hans-Georg Warken
(Wolfgang Schild)

Prof. Dr. Rudolf Wendt
(Jakob Lang)

Nr. 1

1. Ist Gegenstand eines Organstreitverfahrens ein fortdauerndes legislatives Unterlassen, so beginnt die Antragsfrist zu dem Zeitpunkt, zu dem sich der Gesetzgeber als solcher erkennbar und eindeutig weigert, die zur Wahrung der als verletzt gerügten Rechte erforderlichen Schritte zu unternehmen. Das kann dazu führen, daß ein Organstreitverfahren bereits vor Fristbeginn zulässig ist.

2. Rechte auf Überprüfung von Gesetzen mit offenem Ausgang kennt das Verfassungsrecht des Saarlandes nicht.

3. Differenzierungen der Wahlrechtsgleichheit sind zur Sicherung der Funktionsfähigkeit der kommunalen Volksvertretungen und zur Sicherung der Verwirklichung des Repräsentationsprinzips durch nachhaltige Orientierung der Entscheidungen der kommunalen Volksvertretungen am Gemeinwohl zulässig.

4. Es kann nicht festgestellt werden, daß die fortdauernde Hinnahme von kommunalwahlrechtlichen Sperrklauseln die Wahlrechtsgleichheit von Parteien verletzt.*

Grundgesetz Art. 28 Abs. 1 Satz 2

Verfassung des Saarlandes Art. 97 Nr. 1, Art. 121, Art. 60 Abs. 1, Art. 61 Abs. 1

Gesetz über den Verfassungsgerichtshof des Saarlandes § 9 Nr. 5, § 26 Abs. 3, § 40

Kommunalwahlgesetz § 41 Abs. 1, § 51, § 67

Urteil vom 2. Juni 1998 – Lv 4/97

in dem Organstreitverfahren der Ökologisch-Demokratischen Partei (ÖDP), Landesverband Saarland, vertreten durch den Landesvorstand, gegen den Landtag des Saarlandes, vertreten durch den Präsidenten.

---

* Nichtamtliche Leitsätze.

Entscheidungsformel:

Der Hauptantrag und der erste Hilfsantrag der Antragstellerin werden zurückgewiesen. Der zweite Hilfsantrag der Antragstellerin wird verworfen.

Der Antragsgegner hat der Antragstellerin die notwendigen Auslagen zu erstatten.

Gründe:

I.

Die Antragstellerin ist eine politische Partei, die sich bislang vereinzelt an Kommunalwahlen im Saarland beteiligt hat, jedoch beabsichtigt, bei den 1999 bevorstehenden Kommunalwahlen im Saarland in zahlreichen Gemeinden mit eigenen Wahlvorschlägen anzutreten. Sie wendet sich im Organstreitverfahren gegen die Verfassungsmäßigkeit der 5%-Sperrklausel im saarländischen Kommunalwahlrecht, die der Gesetzgeber zu korrigieren ihres Erachtens pflichtwidrig unterlassen hat.

Das saarländische Kommunalwahlrecht enthält seit dem Gesetz Nr. 702 (Saarländisches Gemeinde- und Kreiswahlgesetz) vom 9.2.1960 (Amtsbl. 1960 S. 101) eine Regelung, die dem heutigen § 41 Abs. 1 des Kommunalwahlgesetzes – KWG – Gesetz Nr. 984 vom 13.12.1973 (Amtsbl. S. 841) i.d.F. der Bekanntmachung vom 3.12.1988 (Amtsbl. S. 1273), zuletzt geändert durch Gesetz Nr. 1386 vom 23.4.1997 (Amtsbl. S. 538) entspricht. Danach werden bei Verteilung der Gemeinderatssitze nur Wahlvorschläge berücksichtigt, die mindestens fünf vom Hundert der im Wahlgebiet abgegebenen gültigen Stimmen erhalten haben. § 51 KWG ordnet die entsprechende Anwendung dieser Vorschrift für die Wahlen zu den Ortsräten und Bezirksräten an. Nach § 58 KWG gilt sie für die Wahlen zu den Kreistagen und nach § 67 KWG für die Wahl des Stadtverbandstages entsprechend. Die Vorschrift ist durch die Gesetze Nr. 1154 zur Änderung des Kommunalwahlgesetzes vom 29.6.1983 (Amtsbl. 1983 S. 457) und Nr. 1233 zur Änderung des Kommunalwahlgesetzes vom 19.10.1988 (Amtsbl. 1988 S. 1170) im Wortlaut bestätigt worden.

Demgegenüber hat das saarländische Kommunalverfassungsrecht durch das Gesetz Nr. 1334 vom 11.5.1994 (Amtsbl. S. 818) mit der Einführung der unmittelbaren Wahl von Bürgermeistern, Landräten und des Stadtverbandspräsidenten sowie durch das Gesetz Nr. 1386 vom 23.4.1997 (Amtsbl. S. 538) mit der Einführung von Bürgerbegehren und Bürgerentscheid einschneidende Änderungen erfahren, ohne daß der Gesetzgeber sich aus diesen Anlässen ausdrücklich mit der kommunalwahlrechtlichen Sperrklausel befaßt hat. Im Verlauf des Organstreitverfahrens hat die Regierung des Saarlandes den Entwurf eines Gesetzes zur Änderung des Kommunalwahlrechts – Drucksache 11/1599 vom 13.3.1998 – im Landtag eingebracht. In der Begründung des Gesetzentwurfs hat die Regierung des Saarlandes sich mit der 5%-Sperrklausel befaßt und – in Auseinandersetzung mit den gegen sie erhobenen Einwänden – vorgeschlagen an ihr festzuhalten. Sie sei auch weiterhin an dem Ziel orientiert, einer übermäßigen Parteien- und Wählergruppenzersplitterung in den kommunalen Räten im Interesse funktionsfähiger, stabiler Mehrheiten entgegenzuwirken. Der Landtag des Saarlandes hat den Gesetzentwurf noch nicht abschließend beraten. In der mündlichen Verhandlung vor dem Verfassungsgerichtshof des Saarlandes hat er mitteilen lassen, insoweit werde die Entscheidung des Verfassungsgerichtshofs des Saarlandes abgewartet.

Die Antragstellerin vertritt – mit ihrem am 24.9.1997, drei Monate nach der am 26.6.1997 erfolgten Bekanntgabe des Gesetzes Nr. 1386 vom 23.4.1997 (Amtsbl. 1997 S. 538) eingegangenen Begehren – die Rechtsauffassung, der saarländische Gesetzgeber habe nach den Änderungen des saarländischen Kommunalverfassungsrechts die Sperrklausel aufheben, abmildern oder wenigstens überprüfen müssen. Die Sperrklausel selbst verletze verfassungsmäßige Rechte der Antragstellerin, die Wahlrechtsgleichheit, da sie zu einem unterschiedlichen Erfolgswert von bei Kommunalwahlen abgegebenen Stimmen führe. Eine verfassungsrechtliche Rechtfertigung für diesen Eingriff fehle. Zur Sicherung der Funktionsfähigkeit kommunaler Organe, vor allem des Gemeinderats, sei sie nicht erforderlich. Das gelte gerade nach den Änderungen des saarländischen Kommunalverfassungsrechts in den Jahren 1994 und 1997. Die den kommunalen Vertretungsorganen nach Einführung der unmittelbaren Wahl von Bürgermeistern, Landräten und des Stadtverbandspräsidenten verbliebenen Aufgaben ließen sich auch von einem – parteipolitisch zersplitterten – Rat mit wechselnden Mehrheiten erfüllen. Den Bürgern sei die Möglichkeit eingeräumt worden, kommunalpolitische Ziele auch dann durchzusetzen, wenn die in dem kommunalen Vertretungsorgan repräsentierten Parteien mehrheitlich deren Verwirklichung ablehnten. Vor allem aber zeige das vorhandene empirische Material aus Bundesländern, deren Kommunalwahlrecht keine oder nur eine deutliche geringere Sperrklausel kenne – sie findet sich nur im Kommunalwahlrecht der Bundesländer Bremen, Hessen, Mecklenburg-Vorpommern, Nordrhein-Westfalen, Saarland, Schleswig-Holstein und Thüringen –, daß solche Regelungen zur Erhaltung der Funktionsfähigkeit der kommunalen Selbstverwaltung nicht erforderlich seien.

260   Verfassungsgerichtshof des Saarlandes

Die Antragstellerin beantragt,

festzustellen, daß der Antragsgegner die Rechte der Antragstellerin aus Art. 12 i.V.m. Art. 60 Abs. 1, 61 Abs. 1 und 63 Abs. 1 der Verfassung des Saarlandes und i.V.m. Art. 21 Abs. 1 GG verletzt hat, indem er es unterlassen hat, die verfassungswidrige 5%-Sperrklausel des Kommunalwahlgesetzes für die Wahlen zu den Gemeinderäten (§ 41 Abs. 1), zu den Ortsräten und Bezirksräten (§§ 51 i.V.m. 41 Abs. 1), zu den Kreistagen (§§ 58 i.V.m. 41 Abs. 1) sowie zum Stadtverbandstag Saarbrücken (§§ 67 i.V.m. 58 i.V.m. 41 Abs. 1) aufzuheben,

hilfsweise

festzustellen, daß der Antragsgegner die Rechte der Antragstellerin aus Art. 12 i.V.m. Art. 60 Abs. 1, 61 Abs. 1 und 63 Abs. 1 der Verfassung des Saarlandes und i.V.m. Art. 21 Abs. 1 GG verletzt hat, indem er es unterlassen hat, die verfassungswidrige 5%-Sperrklausel des Kommunalwahlgesetzes für die Wahlen zu den Gemeinderäten (§ 41 Abs. 1), zu den Ortsräten und Bezirksräten (§§ 51 i.V.m. 41 Abs. 1), zu den Kreistagen (§§ 58 i.V.m. 41 Abs. 1) sowie zum Stadtverbandstag Saarbrücken (§§ 67 i.V.m. 58 i.V.m. 41 Abs. 1) abzumildern,

weiter hilfsweise,

sie zu überprüfen.

Der Antragsgegner beantragt,

die Anträge zurückzuweisen.

Der Antragsgegner hält die Anträge für unzulässig, weil sie nach § 40 Abs. 3 VerfGHG verfristet seien. Für den Fristbeginn sei darauf abzustellen, zu welchem Zeitpunkt sich der Antragsgegner unzweifelhaft geweigert habe, das Verlangen der Antragstellerin zu erfüllen. Danach werde weder durch das Gesetz Nr. 1334 noch durch das Gesetz Nr. 1386 eine neue Frist in Lauf gesetzt. Denn die mit diesen Akten vorgenommenen Änderungen des saarländischen Kommunalverfassungsrechts hätten keinen konkreten Anlaß geboten, § 41 Abs. 1 KWG und die Vorschriften, die seine entsprechende Anwendung anordnen, auf ihre Verfassungsmäßigkeit zu überprüfen. Der Antragsgegner habe keineswegs zu erkennen gegeben, daß eine abschließende Regelung des kommunalen Wahlrechts gewollt sei. Es sei daher durchaus möglich, daß sich der Gesetzgeber noch vor den saarländischen Kommunalwahlen im Jahre 1999 mit der 5%-Sperrklausel befasse. Die für das Organstreitverfahren geltende Frist des § 40 Abs. 3 VerfGHG sei aber auch abgelaufen, wenn von dem Antragsgegner eine Entscheidung über die Aufrechterhaltung der 5%-Sperrklausel mit Verabschiedung des Gesetzes Nr. 1386 zu verlangen gewesen wäre. Als politische Partei habe die Antragstellerin bereits vor der Verkündung des Gesetzes im Amtsblatt des Saarlandes Kenntnis davon haben müssen, daß der Gesetzgeber die 5%-Sperrklausel nicht antasten werde. Der Gesetzgeber dürfe auch weiterhin im Kommunalwahlrecht Sperrklauseln vorsehen. Die Bedeutung der Aufgaben der kommunalen Selbstverwaltung, die trotz der Änderungen des saarländischen Kommunalverfassungsrechts nicht geschmälert sei, gebiete es, die kommunalen Räte funktionsfähig zu erhalten und einer Zersplitterung der in ihnen repräsentierten Parteien entgegenzuwirken. Der Gesetzgeber dürfe weiterhin der Gefahr entgegenwirken, daß Splitterparteien ein störungsfreies Funktionieren der Selbstverwaltung verhinderten.

Die Landesregierung hat sich an dem Verfahren nicht beteiligt. Der Verfassungsgerichtshof des Saarlandes hat Stellungnahmen des Saarländischen Städte- und Gemeindetages und des Landkreistages sowie des Ministeriums des Innern des Saarlandes eingeholt und mit ihnen Erfahrungsberichte aus anderen Bundesländern erhalten. Aus den Bundesländern, deren Kommunalwahlrecht – bei Verschiedenheiten des Kommunalverfassungsrechts – keine Sperrklausel kennt, sind Störungen der Funktionsfähigkeit der kommunalen Vertretungsorgane nicht bekannt geworden.

II.

A.

1. Der Hauptantrag und der erste Hilfsantrag sind zulässig (Art. 97 Nr. 1 SVerf; § 9 Nr. 5, §§ 39 ff VerfGHG).

Die Antragstellerin wirkt als politische Partei an der Willensbildung des Volkes mit und nimmt daher Funktionen eines Verfassungsorgans wahr. Die Verletzung der ihr insoweit von der Verfassung des Saarlandes gewährten Rechte hat sie daher in dem Verfahren nach Art. 97 Nr. 1 SVerf geltend zu machen (VerfGH B. v. 12. 10. 1994 – Lv 10/94 –; für das Verfassungsprozeßrecht des Bundes vgl. BVerfGE 4, 27; 82, 322, 335).

Die Antragstellerin wendet sich gegen ein gesetzgeberisches Unterlassen des Antragsgegners. Zulässiger Gegenstand eines Organstreitverfahrens kann nach § 40 Abs. 1 VerfGHG das Unterlassen eines Verfassungsorgans, also auch des Gesetzgebers selbst, sein (so auch VerfGH Berlin LVerfGE 3, 86, 93, sowie VerfGH NRW NVwZ 1995, 579; offengelassen von BVerfGE 92, 80, 87). Das bedeutet nicht, daß im Organstreit nach Ablauf der Frist zur Beanstandung eines gesetzgeberischen Aktes als verfassungswidrig stets geltend gemacht werden kann, die Korrektur dieser Maßnahme werde von der Legislative verfassungswidrig unterlassen. Ist jedoch nicht auszuschließen, daß erst eine Veränderung tatsächlicher Verhältnisse zu der Verfassungswidrigkeit einer die Rechte eines Antragstellers beeinträchtigenden Regelung geführt hat, so verbieten weder der Wortlaut noch der Sinn des § 40 Verf-

GHG, der den Streit von Verfassungsorganen über den Umfang ihrer Rechte und Pflichten zeitlich begrenzen will, ein Unterlassen des Gesetzgebers zum Gegenstand des Organstreits zu machen. In diesem Sinne macht die Antragstellerin geltend, daß nach den vom Verfassungsgerichtshof eingeholten Auskünften in den Bundesländern, die – teilweise seit Jahrzehnten – keine kommunalwahlrechtlichen Sperrklauseln kennen, die Funktionsfähigkeit der Gemeindevertretungen, deren Sicherung Sperrklauseln nach herkömmlicher Auffassung dienen, nirgends beeinträchtigt worden sei.

Der Antrag ist nicht nach § 40 Abs. 3 VerfGHG verfristet. Nach dieser Vorschrift muß im Organstreitverfahren ein Antrag binnen drei Monaten gestellt werden, nachdem die beanstandete Maßnahme oder Unterlassung dem Antragsteller bekannt geworden ist. § 40 Abs. 3 VerfGHG gilt auch dann, wenn der Gesetzgeber die als unerfüllt gerügte Handlungspflicht nicht zu einem bestimmten Zeitpunkt, sondern fortdauernd nicht befolgt hat. Anders als in Fällen, in denen eine bestimmte Legislativmaßnahme angegriffen wird – oder auch einmal das Unterlassen einer nur zu einem bestimmten Zeitpunkt zu erfüllenden Handlungspflicht –, fehlt es indessen bei fortdauerndem legislativen Unterlassen an einem von vornherein klaren und bestimmten Zeitpunkt des Beginns der Dreimonatsfrist des § 40 Abs. 3 VerfGHG. Der Sinn der Vorschrift liegt jedoch darin, im Organstreitverfahren angreifbare Verfassungsverletzungen nach einer bestimmten Zeit im Interesse der Rechtssicherheit außer Streit zu stellen (BVerfGE 80, 188, 210). Damit wird vor allem das Interesse desjenigen Verfassungsorgans berücksichtigt, dessen Verhalten als verfassungswidrig gerügt wird, sich nicht unbegrenzte Zeit Einwänden gegen die Rechtmäßigkeit seines Verhaltens ausgesetzt zu sehen. Daher kann der Fristbeginn nur dem Zeitpunkt zugeordnet werden, zu dem sich dieses Verfassungsorgan erkennbar und eindeutig geweigert hat, die von dem Antragsteller zur Wahrung seiner als verletzt gerügten Rechte erforderlichen Schritte zu unternehmen, weil erst dann ein Schutzbedürfnis des jeweiligen Antragsgegners begründet wird.

Geht man davon aus, so war die Frist des § 40 Abs. 3 VerfGHG noch nicht in Lauf gesetzt. Der Landtag des Saarlandes hat sich weder im Rahmen seiner Beratungen des Gesetzes Nr. 1334 vom 11.5.1994 noch während jener des Gesetzes Nr. 1386 vom 23.4.1997 mit der 5%-Sperrklausel im saarländischen Kommunalwahlrecht erkennbar und eindeutig befaßt. Daß sich ein einzelnes Mitglied des Antragsgegners in der 38. Sitzung des Landtags des Saarlandes am 23.4.1997 während der zweiten und abschließenden Beratung des Gesetzes Nr. 1386 vom 23.4.1997 dahin geäußert hat, die 5%-Sperrklausel sei verfassungsrechtlichen Einwänden zum Trotz nach dem breiten Konsens der Abgeordneten verfassungskonform, stellt keine erkennbare und eindeutige Weigerung des Antragsgegners dar. Denn der Abgeordnete hat das

Thema lediglich beiläufig und ohne daß es Gegenstand der vorherigen gesetzgeberischen Beratungen gewesen wäre aufgegriffen; eine Beschlußfassung, die allein den Willen des Plenums verbindlich manifestieren könnte, ist bei dieser Gelegenheit nicht erfolgt.

Daß eine definitive Weigerung des Antragsgegners noch für den Zeitpunkt der mündlichen Verhandlung nicht festgestellt werden kann, steht der Zulässigkeit des Antrags im Organstreitverfahren nicht entgegen. Der Antragstellerin, die sich bei ihren Wahlkampfvorbereitungen auf eine bestimmte Wahlrechtslage einstellen muß, ist es in Anbetracht der in nicht ferner Zukunft stattfindenden Kommunalwahlen nicht zumutbar, die Frage der Nichtigkeit der Sperrklausel weiterhin ungeklärt zu lassen. Knüpft man im Falle gesetzgeberischen Unterlassens aus Gründen der Rechtssicherheit den Beginn der Frist des § 40 VerfGHG an die erkennbare und eindeutige Weigerung tätig zu werden, so muß der Feststellungsantrag schon vor diesem Zeitpunkt zulässig sein, weil sonst das untätige Verfassungsorgan durch das Unterlassen einer definitiven Ablehnung des Tätigwerdens die Klärung der verfassungsrechtlichen Lage verhindern könnte. Ein solches Ergebnis ist mit § 40 Abs. 3 VerfGHG nicht gewollt. Es ist ein allgemein anerkannter Rechtsgrundsatz, daß fristgebundene Rechtshandlungen auch schon vor dem Beginn der Frist wirksam vorgenommen werden können. Davon wollte der Gesetzgeber in § 40 Abs. 3 VerfGHG nicht abweichen.

2. Der zweite Hilfsantrag ist unzulässig.

Ein Antrag im Organstreitverfahren ist nach § 40 Abs. 1 VerfGHG nur zulässig, wenn der Antragsteller geltend macht, in einem ihm von der Verfassung gewährten Recht verletzt oder unmittelbar gefährdet zu sein, und wenn dies nach seinem Vorbringen zumindest möglich erscheint. An dieser Voraussetzung fehlt es.

Die Antragstellerin ist der Ansicht, sie werde dadurch in ihrem Recht auf Wahlrechtsgleichheit verletzt, daß der Antragsgegner es unterlasse, die nachträglich verfassungswidrig gewordene 5%-Sperrklausel durch eine verfassungsgemäße Regelung zu ersetzen oder zumindest zu prüfen, ob die Klausel verfassungswidrig geworden ist. In diesem Recht kann die Antragstellerin indessen nicht allein dadurch verletzt sein, daß der Gesetzgeber nicht in die Überprüfung der Verfassungsmäßigkeit der Sperrklausel eintritt, sondern nur dadurch, daß die Verfassungswidrigkeit der Sperrklausel tatsächlich besteht und der Gesetzgeber die Beseitigung der verfassungswidrigen Gesetzeslage gleichwohl unterläßt. Das im zweiten Hilfsantrag formulierte Begehren läßt nun aber die Frage der Verfassungswidrigkeit der Sperrklausel und damit die Frage der Rechtsverletzung offen; er soll nämlich nur behandelt werden, wenn der Verfassungsgerichtshof nicht zur Feststellung der nachträglichen Verfassungswidrigkeit der Sperrklausel gelangen kann. Demnach beruht der zweite Hilfsantrag nicht auf der Behauptung, in dem Recht auf Wahlrechtsgleichheit verletzt oder gefährdet zu sein; insoweit macht die Antragstellerin bei sinngemäßer Auffassung ihres Begehrens im zweiten Hilfsantrag eine Rechtsverletzung nicht einmal geltend.

Der Antrag wäre deshalb nur zulässig, wenn der Antragstellerin ein verfassungsmäßiges Recht auf Überprüfung der Sperrklausel mit offenem Ausgang zustünde und die Antragstellerin sich auf ein solches Recht beriefe. Ob sie dies will, kann offen bleiben, weil ein solches Recht der Verfassung des Saarlandes nicht zu entnehmen ist. Zwar ist der Gesetzgeber verpflichtet, ein auf einer vertretbaren, nicht ermessensfehlerhaften Prognose beruhendes Gesetz zu ändern, wenn die Prognose sich nachträglich als unrichtig erweist oder sonst die Einschränkung des verfassungsmäßigen Rechts als nicht mehr gerechtfertigt erscheint. Daraus mag man auch eine Überprüfungspflicht des Gesetzgebers ableiten. Eine solche Pflicht obläge dem Gesetzgeber jedoch nicht gegenüber demjenigen, der glaubt, durch die Fortgeltung eines Gesetzes in seinen verfassungsmäßigen Rechten verletzt zu sein. Dieser bleibt vielmehr darauf beschränkt, die behauptete Rechtsverletzung in dem dafür vorgesehenen Verfahren als tatsächlich eingetreten oder drohend darzulegen (vgl. VerfGH Berlin, LVerfGE 3, 86, 95).

B.

Der Hauptantrag und der erste Hilfsantrag sind jedoch nicht begründet.

1. Die Verfassung des Saarlandes gewährleistet – im Rahmen des von ihr bestimmten Systems der Verhältniswahl (Art. 121 SVerf) – die Gleichheit der Wahl. Das folgt aus dem in Art. 60 Abs. 1, Art. 61 Abs. 1 SVerf bestimmten Demokratieprinzip sowie aus dem Gleichheitssatz des Art. 12 SVerf. Art. 28 Abs. 1 Satz 2 GG ordnet im übrigen mit unmittelbarer Geltung für das Verfassungsrecht der Bundesländer gleichfalls an, daß das Volk in den Gemeinden eine Vertretung haben muß, die aus allgemeinen, unmittelbaren, freien, gleichen und geheimen Wahlen hervorgegangen ist.

Die Gleichheit der Wahl ist Voraussetzung der demokratischen politischen Willensbildung des Volkes und nimmt daher an dem besonderen verfassungsrechtlichen Rang ihrer Gewährleistung teil. Wegen ihrer Bedeutung und ihres Zusammenhangs mit dem egalitären demokratischen Prinzip ist sie streng und formal zu verstehen (vgl. vor allem BVerfGE 82, 322, 337). Die Stimmen aller Wahlbürger sind folglich ungeachtet der zwischen ihnen bestehenden Unterschiede gleich zu gewichten. Das bedeutet zunächst, daß jeder Stimme der gleiche Zählwert zukommt. Differenzierungen sind insoweit ausgeschlossen. Zur Wahlrechtsgleichheit zählt jedoch gleichfalls – in den Grenzen, die das Wahlsystem und die von den Bedingungen des Funktionierens von Volksvertretungen abhängige Größe der zu wählenden Organe ziehen – grundsätzlich der gleiche Erfolgswert einer jeden Stimme. Sperrklauseln stellen Beschränkungen dieser Gleichheit des Erfolgswertes von Wählerstimmen dar, weil sie den für einen bestimmten Wahlvorschlag abgegebenen Stimmen den Einfluß auf die Zusammensetzung der gewählten Volksvertretung versagen, soweit sie ein bestimmtes Maß der Unterstützung nicht erreicht haben.

Dem Gesetzgeber bleibt bei der Ordnung des Wahlrechts zu Volksvertretungen nur ein „eng bemessener Spielraum für Differenzierungen". Zu ihrer Rechtfertigung bedarf er eines „Grundes von hinreichend zwingendem Charakter" (BVerfGE 82, 322, 338 m. w. N.). Das bedeutet nichts anderes, als daß eine Beschränkung der Gleichheit des Erfolgswertes von Stimmen nur dann zulässig ist, wenn sich der Gesetzgeber dafür auf eine von der Verfassung selbst gegebene Erlaubnis oder ein von ihr selbst gebilligtes Ziel berufen kann, zu dessen Verwirklichung ihm Differenzierungen erforderlich erscheinen dürfen. Zu diesen Differenzierungen der Wahlrechtsgleichheit durch Sperrklauseln rechtfertigenden Gründen zählt vor allem die Sicherung der Funktionsfähigkeit der zu wählenden Volksvertretung (vgl. u. a. BVerfGE 1, 208, 247; 4, 31, 40; 6, 84, 92, 93; 51, 222, 236; 82, 322, 347; NJW 1990, 3001, 3002). Volksvertretungen müssen die ihnen obliegenden Aufgaben wirksam erfüllen können. Daher darf die Verfassung Differenzierungen im Erfolgswert von Wählerstimmen gestatten, die geeignet und erforderlich sind, Gefahren für die Funktionsfähigkeit von Volksvertretungen, die aus dem Wahlrechtssystem und seinen Regelungen folgen können, abzuwehren.

2. Der Verfassungsgerichtshof des Saarlandes kann – infolge von Stimmengleichheit im Ergebnis seiner Entscheidung – nicht mit der gemäß § 22 Abs. 1 VerfGHG erforderlichen Stimmenmehrheit feststellen, daß der Antragsgegner den verfassungsrechtlichen Status der Antragstellerin durch die fortdauernde Hinnahme der Sperrklauseln im saarländischen Kommunalwahlrecht verletzt hat.

a. Ein Teil der die Entscheidung des Verfassungsgerichtshofs im Ergebnis tragenden Verfassungsrichter ist der Auffassung, daß die Entscheidung des Gesetzgebers, die Beschränkung der Gleichheit des Erfolgswertes der bei Kommunalwahlen abgegebenen Stimmen sei zur Sicherung der Funktionsfähigkeit der kommunalen Vertretungskörperschaften erforderlich, auch gegenwärtig nicht zu beanstanden ist.

Sie gehen davon aus, daß weder die Einführung der unmittelbaren Wahl von Bürgermeistern, Landräten und des Stadtverbandspräsidenten durch das

Gesetz Nr. 1334 vom 11. Mai 1994 noch die Einführung von Bürgerbegehren und Bürgerentscheid durch das Gesetz Nr. 1386 vom 23. April 1997 zu einer ins Gewicht fallenden Veränderung der Aufgaben der kommunalen Selbstverwaltungskörperschaften geführt hat. Den Räten in den Gemeinden, Kreisen und dem Stadtverband verbleibt auch nach diesen Änderungen des saarländischen Kommunalverfassungsrechtes eine Vielzahl wesentlicher, für die Erfüllung der öffentlichen Aufgaben der örtlichen Gemeinschaft notwendiger Zuständigkeiten. So obliegen gemäß § 35 KSVG ausschließlich der kommunalen Vertretungskörperschaft die gemeindliche Rechtsetzung, nämlich das Satzungsrecht, die Erhebung gemeindlicher Abgaben, der Erlaß der Haushaltssatzung und damit die Festlegung der Schwerpunkte gemeindlicher Politik, die Regelungen über den Anschluß- und Benutzungszwang, die gemeindliche Wirtschaftsförderung oder die Aufstellung von Bauleitplänen, die bei stadtverbandsangehörigen Gemeinden gemäß § 197 Abs. 3 der Stadtverband wahrnimmt. Die Regelung über Bürgerbegehren und Bürgerentscheid in § 21 a KSVG stellt zudem klar, daß derart wichtige, den örtlichen Wirkungskreis betreffende Angelegenheiten nicht durch die Bürger unmittelbar geregelt werden dürfen.

Auch die unmittelbare Wahl der Bürgermeister, Landräte und des Stadtverbandspräsidenten führt nicht dazu, daß die „kommunale Exekutive" nicht mehr von den Entscheidungsbefugnissen der kommunalen Räte abhängt. Abgesehen davon, daß die hauptamtlichen und ehrenamtlichen Beigeordneten weiterhin von den Räten gewählt werden und über die Übertragung bestimmter, eigenständig zu erledigender Geschäftszweige an Beigeordnete der Rat entscheidet, kann auch nur der Rat mit qualifizierter Mehrheit der Bürgerschaft die Abwahl des unmittelbar gewählten Bürgermeisters, Landrates oder Stadtverbandspräsidenten vorschlagen. Nach dem Konzept der saarländischen Kommunalverfassung ist es namentlich die Aufgabe der Räte, die Kontrolle der Tätigkeit der Bürgermeister, Landräte und des Stadtverbandspräsidenten auszuüben. Kommunale Selbstverwaltung ist demnach nicht dadurch definiert, daß die Verwaltung der Gemeinden, der Landkreise oder des Stadtverbandes Saarbrücken sich für die Beschlußfassung über notwendige, ausschließlich dem Rat vorbehaltene Angelegenheiten wechselnde Mehrheiten zusammensucht. Kommt es mithin darauf an, daß wesentliche, für die Verwaltung des allseitigen örtlichen Wirkungskreises überaus wichtige, ausschließlich dem Rat vorbehaltene Angelegenheiten geregelt werden, so kann die Funktionsfähigkeit dieser Art gemeindlicher Selbstverwaltung durch eine übermäßige Zersplitterung gefährdet werden. Das wiederum kann dazu führen, daß nicht nur die Erledigung verzögert oder verhindert wird, sondern zur Beschaffung von Mehrheiten auch Zugeständnisse gemacht werden, die der Erfüllung der Pflichten der Räte gegenüber den Bürgerinnen und Bürgern zuwiderlaufen.

Daß solche Störungen bei Fehlen einer Sperrklausel eintreten können, ist nicht auszuschließen. Angesichts der von dem Gesetzgeber bestimmten Größe der kommunalen Volksvertretungen im Saarland erlauben – anders als in anderen Bundesländern – vergleichsweise wenige gültige Stimmen, einen Sitz zu erringen. Die Zahlen bewegen sich zwischen rund 140 in der kleinsten und rund 1 400 gültigen Stimmen in der größten saarländischen Gemeinde und liegen zumeist um 200. Je nach den in einer Gemeinde auch unvorhergesehen auftretenden Interessengegensätzen im Vorfeld einer Kommunalwahl kann es daher sehr rasch zu einer politischen Zersplitterung der Räte kommen, die einer gemeinwohlverträglichen Arbeit der kommunalen Volksvertretung abträglich sein kann. Dabei kann keine Rolle spielen, daß aus anderen Bundesländern mit anderen kommunalverfassungsrechtlichen Systemen ohne wahlrechtliche Sperrklausel Störungen für das Funktionieren kommunaler Organe oder auch nur Gefahren bislang nicht bekannt geworden sind. Der Gesetzgeber ist nicht verpflichtet, mit dem Schutz vor solchen Risiken so lange zu warten, bis sie sich erstmals tatsächlich verwirklicht haben (BVerfGE 6, 104, 120). Im übrigen besagt der Umstand, daß Beeinträchtigungen der Funktionsfähigkeit der Selbstverwaltung in diesen Bundesländern bislang nicht bekannt geworden sind, nicht, daß sie nicht eingetreten und – durch welche Instrumentarien auch immer – mit nachteiligen Folgen für den gerechten Interessenausgleich in einer Kommune bewältigt worden sind. Vorkehrungen dagegen darf der Gesetzgeber treffen.

b. Die die Entscheidung des Verfassungsgerichtshofs im Ergebnis tragenden Verfassungsrichter insgesamt sehen einen die Beschränkung der Gleichheit des Erfolgswertes gerade im Bereich des Kommunalwahlrechts rechtfertigenden Grund in der Sicherung der Verwirklichung des Repräsentationsprinzips durch nachhaltige Orientierung der Entscheidungen der kommunalen Volksvertretungen am Gemeinwohl. Daß der Wahlrechtsgesetzgeber von Verfassungs wegen legitimiert ist, solche Vorkehrungen zu treffen, folgt für sie aus Art. 117 Abs. 2 SVerf, nach der die Gemeinden „zur Förderung des Wohls ihrer Einwohner" alle Aufgaben der örtlichen Gemeinschaft zu erfüllen haben, aus Art. 121 SVerf, wonach – zu diesem Zweck – Vertretungskörperschaften zu wählen sind, und aus Art. 28 Abs. 1 Satz 2 GG, nach dem das Volk in den Gemeinden eine demokratische Repräsentation zu erhalten hat. Daß das saarländische Kommunalverfassungsrecht eine verfassungsrechtliche Regelung, wie sie Art. 38 Abs. 1 Satz 2 GG für die Abgeordneten des Deutschen Bundestages enthält – sie sind Vertreter des ganzen Volkes, an Aufträge und Weisungen nicht gebunden und nur ihrem Gewissen unterworfen –, nicht kennt, ist unerheblich. Gegenstand der genannten verfassungsrechtlichen Bestimmungen ist, was § 30 Abs. 1 Satz 2 KSVG verlangt, wenn er von den Mitgliedern des Gemeinderates fordert, nach freier, nur „durch die Rücksicht auf das Gemeinwohl" bestimmter Gewissensüberzeugung zu handeln.

Gehört danach zu den Verfassungserwartungen, daß die Mitglieder der kommunalen Volksvertretungen in solcher Weise gemeinwohlorientiert handeln, darf der Gesetzgeber – typisierend – Vorkehrungen treffen, die die Gewähr dafür bieten, daß sie nicht nur singuläre, partikuläre oder temporäre Interessen vertreten (so BVerfGE 6, 84, 92). Eine Regelung des kommunalen Wahlrechts, die dazu führen kann, daß die Wählerschaft eines Straßenzuges oder einer Siedlung eines Ortsteils Sitz und Stimme in den über die Belange dieses Straßenzuges oder dieser Siedlung entscheidenden Gremien erhält, trägt allgemein – auch ohne dokumentierte Erfahrungen in der Vergangenheit – die Gefahr in sich, daß Gruppen eine parlamentarische Vertretung erlangen, die „nicht ein am Gemeinwohl orientiertes politisches Programm vertreten, sondern im wesentlichen nur einseitige Interessen verfechten" (BVerfGE aaO). Wenn der Gesetzgeber annimmt, eine Partei oder Wählervereinigung, der es – auch über mehrere Wahlperioden hinweg – nicht gelingt, eine gewisse Mindestzahl von Wählerstimmen auf sich zu vereinigen, werde von der Wählerschaft offenbar nicht als Repräsentant einer Pluralität von Interessen betrachtet, ihr Programm werde von der Wählerschaft offenbar nicht dahin gedeutet, daß es auf Dauer verschiedene, miteinander nicht ohne weiteres vereinbare Bedürfnisse der Wählerschaft aufgreift und sie gemeinwohlorientiert ausgleicht, handelt er nicht lebensfern oder gar willkürlich. Demgemäß wird aus der kommunalen Praxis durchaus von einzelnen Fällen berichtet, in denen gewählte Mitglieder von kommunalen Vertretungskörperschaften lediglich kurzfristige einzelne Interessen repräsentiert und nach deren Befriedigung am weiteren politischen Leben einer Gemeinde nicht teilgenommen haben (vgl. etwa Abg. *Braun,* Niederschrift der Sitzung des Ausschusses für innere Verwaltung (88) vom 12.3.1998, S. 23). Das mag nicht zu Beeinträchtigungen des Staatsganzen oder der kommunalen Selbstverwaltung insgesamt geführt haben, wohl aber zu einer Verletzung der von der Verfassung statuierten Pflichten der Volksvertretung. Daß eine solche Mißachtung einer Gemeinwohlorientierung auch bei Parteien und Wählervereinigungen auftreten kann, die mehr als fünf vom Hundert der abgegebenen gültigen Stimmen errungen haben, ist gewiß nicht auszuschließen. Da inhaltliche Anforderungen an den Erfolgswert von Wählerstimmen indessen nicht gestellt werden dürfen, kann die Gemeinwohlorientierung aber nur durch formale Regelungen gesichert werden, die aus der Nachhaltigkeit eines gewissen Erfolges in der Wählerschaft mit Überzeugungskraft für die Aufnahme und den Ausgleich einer Pluralität von Interessen durch die Gewählten sprechen. Daß Machtmißbrauch durch fehlende Orientierung an einem wie immer inhaltlich bestimmten Gemeinwohl auch bei Beibehaltung von Sperrklauseln nicht zu verhindern sind, ist einzuräumen. Er ist indessen nicht mehr und nicht weniger wahrscheinlich als jener, der bei der Notwendigkeit, für die Gewinnung von Mehrheiten in den kommunalen Vertretungskörperschaften Kompromisse mit den dort geltend gemachten und ansonsten nicht zum Zuge kommenden singulären, partikulären oder temporären Interessen zu schließen, auftreten kann. Zu seiner Abwehr stehen andere Instrumente der Verfassung – das Vorhandensein kontrollierender Gewalten und die Kommunikationsfreiheiten – zur Verfügung.

c. Die Höhe der Sperrklausel, die den sie seit Jahrzehnten kennenden deutschen Wahlsystemen gemein ist, ist von Verfassung wegen nach Auffassung der die Entscheidung tragenden Verfassungsrichter nicht zu beanstanden.

III.

Der Verfassungsgerichtshof ordnet die volle Erstattung der Auslagen der Antragstellerin gemäß § 26 Abs. 3 VerfGHG an. Ihre Anträge haben zur Klärung einer wichtigen verfassungsrechtlichen Frage, der sich der Antragsgegner bis zur Einleitung dieses Verfahrens nicht angenommen hat, beigetragen und damit – auch unter dem Gesichtspunkt der Kosten der Verwaltung – zur Rechtssicherheit für künftige Kommunalwahlen geführt. Die Antragstellerin als einer unter mehreren von den Sperrklauseln betroffenen politischen Parteien die Kosten der Klärung der Zulässigkeit solcher Regelungen allein tragen zu lassen, erscheint nicht sachgerecht.

Entscheidungen des Verfassungsgerichtshofes des Freistaates Sachsen

Die amtierenden Richter des Verfassungsgerichtshofes des Freistaates Sachsen

Dr. Thomas Pfeiffer, Präsident
Klaus Budewig, Vizepräsident
Ulrich Hagenloch
Alfred Graf von Keyserlingk
Hans Dietrich Knoth
Prof. Dr. Hans v. Mangoldt
Siegfried Reich
Prof. Dr. Hans-Peter Schneider
Prof. Dr. Hans-Heinrich Trute

Stellvertreterinnen und Stellvertreter

Heinrich Rehak
Martin Burkert
Jürgen Niemeyer
Dr. Andreas Spilger
Hannelore Leuthold
Dr. Günter Kröber
Susanne Schlichting
Heide Boysen-Tilly
Prof. Dr. Christoph Degenhart

Nr. 1

Artikel 81 Abs. 1 Nr. 4 SächsVerf als abschließende Aufzählung der mit der Verfassungsbeschwerde verfahrensrechtlich durchsetzbaren Grundrechte*

Verfassung des Freistaates Sachsen Art. 81 Abs. 1 Nr. 4, 110
Sächsisches Verfassungsgerichtshofsgesetz § 27 Abs. 1
Gesetz über Kindertageseinrichtungen §§ 13, 14

Beschluß vom 23. Januar 1998 – Vf. 27-IV-97 –

in dem Verfahren über die Verfassungsbeschwerde des W.-Kindergartens L. e. V. sowie 9 weiterer Beschwerdeführer

Entscheidungsformel:
Die Verfassungsbeschwerde wird verworfen.

Gründe:

I.

1. Die Beschwerdeführer wenden sich mit ihrer am 30. Juni 1997 eingegangenen Verfassungsbeschwerde unmittelbar gegen § 13 und § 14 des Gesetzes zur Förderung von Kindern in Tageseinrichtungen im Freistaat Sachsen (Gesetz über Kindertageseinrichtungen – SäKitaG) in der Fassung des Gesetzes über Maßnahmen zur Sicherung der öffentlichen Haushalte im Freistaat Sachsen (Haushaltsbegleitgesetz 1996) vom 22. Juli 1996 (SächsGVBl. S. 278).

Durch Art. 1 des Haushaltsbegleitgesetzes 1996 wurden die Vorschriften über die Betriebskosten der Kindertageseinrichtungen wie folgt neu gefaßt:

* Nichtamtlicher Leitsatz.

§ 13
Betriebskosten

(1) Die Betriebskosten der Kindertageseinrichtungen tragen deren Träger. Betriebskosten sind die Personal- und Sachkosten.

(2) Personalkosten im Sinne dieses Gesetzes sind die Aufwendungen des Trägers der Kindertageseinrichtungen für die Vergütung des Personals im Sinne des § 12 nach den Bestimmungen des Bundesangestelltentarifs in der für das Beitrittsgebiet geltenden Fassung (BAT VKA-Ost) oder vergleichbarer Vergütungsregelungen einschließlich des gesetzlichen Arbeitgeberanteils zur Sozialversicherung und der zu der gesetzlichen Zusatzversorgung nach Maßgabe des Personalschlüssels gemäß § 12 Abs. 4.

(3) Sachkosten im Sinne dieses Gesetzes sind die sonstigen Aufwendungen des Trägers der Kindertageseinrichtung, soweit sie für den ordentlichen Betrieb der Kindertageseinrichtung erforderlich sind. Insbesondere sind dies Aufwendungen für Heizung, Reinigung und pädagogisches Material. Aufwendungen für Abschreibungen, Zinsen und Miete sowie Personalkostenumlagen sind nicht Sachkosten im Sinne dieses Gesetzes. Die nachzuweisenden Sachkosten im Sinne dieses Gesetzes betragen höchstens 45 vom Hundert der Personalkosten nach Absatz 2. Sachkosten, die den Betrag nach Satz 4 übersteigen, können von den freien Trägern gegenüber der Gemeinde nur auf der Grundlage vorher geschlossener Vereinbarungen geltend gemacht werden.

§ 14
Aufbringung der Betriebskosten

(1) Die Betriebskosten der Kindertageseinrichtungen werden durch Zuschüsse des Freistaates Sachsen, Leistungen des örtlichen Trägers der öffentlichen Jugendhilfe, von den Gemeinden, durch Elternbeiträge und sonstige Einnahmen aufgebracht. Ist Träger der Kindertageseinrichtung ein Träger der freien Jugendhilfe, hat er im Rahmen seiner Leistungsfähigkeit einen angemessenen Eigenanteil zu erbringen.

(2) Die Betriebskosten ergeben sich aus den in der jeweiligen Gemeinde, getrennt nach Kinderkrippe, Kindergarten und Hort, ermittelten durchschnittlichen Personalkosten aller Einrichtungen nach § 13 Abs. 2 sowie der Sachkosten der Einrichtungen nach § 13 Abs. 3.

(...)

(7) Der Freistaat Sachsen gewährt dem Träger der Kindertageseinrichtung auf Antrag einen Zuschuß in Höhe von 52 vom Hundert der Personalkosten im Sinne des § 13 Abs. 2. Der Zuschuß wird auf der Grundlage des nachgewiesenen Personalschlüssels nach § 12 Abs. 4 gewährt.

(...)

(9) Die durch den Landeszuschuß und die Elternbeiträge nicht gedeckten Betriebskosten hat die Gemeinde zu übernehmen. Ist ein Träger der freien

Jugendhilfe Träger der Kindertageseinrichtung, hat er nach Maßgabe von Absatz 1 in Verbindung mit § 13 Abs. 3 Satz 5 gegen die Gemeinde Anspruch auf Erstattung der nicht gedeckten Betriebskosten, soweit diese angemessen sind.

(10) Das Staatsministerium für Soziales, Gesundheit und Familie erläßt im Einvernehmen mit dem Staatsministerium des Innern und der Finanzen durch Rechtsverordnung nähere Vorschriften über
1. das Verfahren und die Auszahlung der Zuschüsse des Freistaates Sachsen, der Leistungen der örtlichen Träger der Jugendhilfe und des Finanzierungsanteils der Gemeinden,
2. die Feststellung der Leistungsfähigkeit des Trägers der freien Jugendhilfe.

(11) Die finanziellen Leistungen gemäß der Absätze 4 und 5 sind Pflichtleistungen der Gemeinden und Landkreise. Die Bewilligung und Auszahlung der Zuschüsse des Freistaates Sachsen wird den Landkreisen und Kreisfreien Städten als Pflichtaufgabe nach Weisung übertragen.

(...)

2. Die Beschwerdeführer zu 1. bis 10. betreiben Kindertageseinrichtungen in freier Trägerschaft. Sie machen geltend, sie seien durch die Betriebskostenvorschriften der §§ 13, 14 SäKitaG selbst, gegenwärtig und unmittelbar betroffen. Die Finanzierung ihrer Kindertageseinrichtungen erfolge nach Maßgabe der genannten Regelungen. Diese führten zu einer erheblichen Verschlechterung der wirtschaftlichen Situation der Beschwerdeführer. Gelinge es ihnen nicht, die Finanzierung durch freiwillige Vereinbarungen mit der jeweiligen Gemeinde zu sichern, müßten sie nicht nur Mitarbeiter entlassen, sondern den Betrieb ihrer Kindertageseinrichtungen einstellen.

Eine unmittelbare Betroffenheit liege vor, weil es den Beschwerdeführern durch die Neuregelung des § 13 Abs. 3 Satz 3 SäKitaG kraft Gesetzes verwehrt werde, Aufwendungen für Abschreibungen, Zinsen und Miete sowie Personalkostenumlagen als Teil der Betriebskosten anzusetzen und dafür eine „angemessene Kostenerstattung" zu erhalten. Einer Umsetzung dieser Regelung durch einen Zuwendungsbescheid bedürfe es nicht. Entsprechendes gelte für die Begrenzung der nachzuweisenden bzw. erstattungsfähigen Sachkosten auf 45 vom Hundert der Personalkosten durch § 13 Abs. 3 Satz 4 SäKitaG. Auch insoweit bestünden unmittelbare Auswirkungen auf die wirtschaftliche Situation der Beschwerdeführer. Höhere Sachkosten könnten die freien Träger von Kindertageseinrichtungen gegenüber den jeweiligen Gemeinden nur auf der Grundlage vorher abgeschlossener Vereinbarungen geltend machen (§ 13 Abs. 3 Satz 5 SäKitaG); auf den Abschluß solcher Vereinbarungen bestehe indessen kein Anspruch.

Zulässig sei die Verfassungsbeschwerde auch insoweit, als sie sich gegen die Vorschriften über die Aufbringung der Betriebskosten, also gegen § 14 SäKitaG richte. Die Höhe der vom Freistaat Sachsen zu gewährenden Zuschüsse ergebe sich unmittelbar aus § 14 Abs. 7 SäKitaG, die Höhe des ungekürzten Elternbeitrags für Kinderkrippen, Kindergärten und Horte aus § 14 Abs. 3 SäKitaG.

Die Verfassungsbeschwerde sei auch begründet. Die angegriffenen Regelungen verstießen gegen Art. 110 SächsVerf. Freien Trägern von Kindertageseinrichtungen stehe ein Anspruch auf angemessene Kostenerstattung durch das Land gemäß Art. 110 Abs. 2 SächsVerf zu, wenn sie – wie die Beschwerdeführer – im öffentlichen Interesse liegende gemeinnützige Einrichtungen unterhielten, die nach ihren Leistungen denen der Kirchen und Religionsgemeinschaften gleichwertig seien. Die konkrete Ausgestaltung dieses Anspruches obliege dem Gesetzgeber, wobei ein vollständiger Kostenersatz nicht verlangt werden könne. Angemessen sei eine Kostenerstattung jedoch nur dann, wenn sie ein Überleben der freien Träger von Kindertageseinrichtungen ermögliche und deren Arbeitsfähigkeit erhalte. Diesen verfassungsrechtlichen Anforderungen würden die angegriffenen Regelungen nicht gerecht.

Wenn Aufwendungen für Abschreibungen, Zinsen und Miete bei der Ermittlung der vom Freistaat Sachsen zu erstattenden Sachkosten unberücksichtigt blieben, müsse den freien Trägern eine andere Möglichkeit zur Kostendeckung gegeben werden. Eine solche sähen die neugefaßten §§ 13, 14 SäKitaG indessen nicht vor. Sämtliche Einnahmen aus dem Betrieb der Kindertageseinrichtungen – auch die Elternbeiträge, deren Höhe gesetzlich festgelegt sei – würden zunächst auf die Betriebskosten angerechnet. Eine Anrechnung auf Abschreibungen, Zinsen und Miete könne nur erfolgen, wenn die Betriebskosten vollständig gedeckt seien. Freien Trägern von Kindertageseinrichtungen bleibe damit nur noch die Möglichkeit, die Kosten für Abschreibungen, Zinsen und Miete durch den Abschluß freiwilliger Vereinbarungen mit der jeweiligen Gemeinde zu decken. Kämen entsprechende Verträge – etwa aufgrund einer schlechten gemeindlichen Haushaltslage – nicht zustande, so entstünden erhebliche Finanzierungslücken, wie sie anhand der detaillierten Betriebskostenabrechnungen sämtlicher Beschwerdeführer für das Jahr 1995 und der Betriebskostenplanungen für das Jahr 1997 belegt werden könnten. Deckungslücken träten auch deshalb auf, weil die Verwaltungskosten für den Betrieb von Kindertageseinrichtungen nicht erstattet würden. Neben den Kosten für die Unterhaltung eines Büros, für EDV, Büromaterial, Porto und Telefonkosten betreffe dies insbesondere die Buchführungskosten. Steuerrechtlich seien die freien Träger von Kindertageseinrichtungen zur doppelten Buchführung verpflichtet; die dabei anfallenden Kosten (etwa für einen Steuerberater) würden von den Gemeinden jedoch nicht als Teil der angemessenen Betriebskosten anerkannt.

Die angegriffenen Regelungen der §§ 13, 14 SäKitaG verstießen auch deshalb gegen Art. 110 SächsVerf, weil für die Nichtberücksichtigung der Aufwendungen für Abschreibungen, Zinsen und Miete sowie Personalkostenumlagen kein sachlicher Grund bestehe. Mietkosten entstünden unabhängig davon, ob eine Kindertageseinrichtung von einer Kirche, einer Gemeinde oder einem freien Träger betrieben werde. Könnten trägereigene Räume nicht genutzt werden, handele es sich um einen Teil der zu erstattenden angemessenen Kosten im Sinne von Art. 110 SächsVerf. Ein nachvollziehbarer Grund für die in § 13 Abs. 3 Satz 4 SäKitaG enthaltene Begrenzung der kraft Gesetzes erstattungsfähigen Sachkosten auf 45% der Personalkosten sei nicht ersichtlich. Aus den Betriebskostenabrechnungen der Vergangenheit lasse sich eine solche Kostenverteilung nicht begründen. Die starre Koppelung der erstattungsfähigen Sachkosten an die Personalkosten führe darüber hinaus zu einer sachlich nicht gerechtfertigten Ungleichbehandlung, weil der Personalkostenbedarf nicht notwendigerweise auf den Sachkostenbedarf schließen lasse. So erhielten Träger von Kindertageseinrichtungen, die junge, unverheiratete Kräfte mit wenigen Berufsjahren beschäftigten, denen nach dem BAT-Ost ein geringeres Arbeitsentgelt zustehe, aufgrund ihrer niedrigeren Personalkosten weniger Sachkosten erstattet als Träger von Kindertageseinrichtungen mit älterem, verheiratetem Betreuungspersonal. Auch hingen die Personalkosten aufgrund des gesetzlich festgelegten Personalschlüssels (§ 12 Abs. 4 SäKitaG) für Kinderkrippen, Kindergärten und Horte davon ab, wie hoch der Betreuungsaufwand der Kindertageseinrichtung sei, ohne daß sich der tatsächliche Sachkostenbedarf bei einer identischen Kinderzahl wesentlich unterscheide. Bei einer Kinderkrippe mit 30 Kindern seien im Vergleich zu einem Kinderhort Sachkosten in nahezu vierfacher Höhe erstattungsfähig.

Schließlich liege ein Verstoß gegen Art. 110 SächsVerf auch deshalb vor, weil es freien Trägern von Kindertageseinrichtungen aufgrund der in §§ 13, 14 SäKitaG enthaltenen Neuregelungen nicht mehr möglich sei, besondere Betreuungskonzepte umzusetzen. Anders als nach der früheren Rechtslage, bei der die monatlichen Kosten eines Krippen,- Hort,- und Kindergartenplatzes durch feste Beträge bestimmt worden seien, sei es den freien Trägern aufgrund des neuen Personalschlüssels nunmehr verwehrt, zur Verbesserung der Kinderbetreuung mehr Personal zu beschäftigen und dieses anteilig niedriger zu bezahlen. Dadurch, daß nur noch solche Betreuungskonzepte eine höchstmögliche Bezuschussung erwarten könnten, die sich am neuen Personalschlüssel und am BAT-Ost orientierten, greife der Gesetzgeber nicht nur in die inneren Angelegenheiten der freien Träger und deren

Recht auf die Umsetzung ihrer Weltanschauungen und pädagogischen Konzepte, sondern auch in das elterliche Erziehungsrecht ein. Die angegriffenen Neuregelungen der §§ 13, 14 SäKitaG seien aus den vorgenannten Gründen aufzuheben. Zur Gewährleistung einer angemessenen Kostenerstattung und Vermeidung einer Vielzahl von einstweiligen Anordnungen vor den Verwaltungsgerichten seien die Vorschriften des SäKitaG über die Finanzierung von Kindertageseinrichtungen in ihrer bis zum 31. Juli 1996 geltenden Fassung bis zu einer anderweitigen Entscheidung des Gesetzgebers weiter anzuwenden.

3. Der Sächsische Landtag hat von einer Stellungnahme abgesehen. Der Staatsminister der Justiz hält die Verfassungsbeschwerde für unzulässig, jedenfalls aber für unbegründet.

II.

Die Verfassungsbeschwerde ist unzulässig.

1. Nach Art. 81 Abs. 1 Nr. 4 SächsVerf, § 27 Abs. 1 SächsVerfGHG kann eine Verfassungsbeschwerde von jeder Person mit der Behauptung erhoben werden, durch die öffentliche Gewalt in einem ihrer Grundrechte (Art. 4, 14 bis 38, 41, 78, 91, 102, 105 und 107 SächsVerf) verletzt zu sein. Diese Zulässigkeitsvoraussetzung ist nur erfüllt, wenn die als verletzt bezeichnete Verfassungsnorm ein subjektives Recht vermittelt, das der Rechtsträger geltend machen und verfahrensrechtlich durchsetzen kann. Es genügt nicht, die Verletzung einer Norm der Sächsischen Verfassung darzulegen und zu behaupten, sie enthalte eine Grundrechtsgewährleistung. Entscheidend für die Zulässigkeit einer Verfassungsbeschwerde ist insoweit nicht die Rechtsauffassung des Beschwerdeführers, sondern die wirkliche Rechtsnatur der Verfassungsnorm (vgl. SächsVerfGH, Beschluß vom 23. Januar 1997 – Vf. 7-IV-94 –, LKV 1997, 251).

Eine auf die Verletzung von Art. 110 SächsVerf gestützte Rüge ist unzulässig, weil es sich bei der genannten Norm jedenfalls nicht um ein unmittelbar mit der Verfassungsbeschwerde verfolgbares Grundrecht handelt. Art. 81 Abs. 1 Nr. 4 SächsVerf enthält eine abschließende Aufzählung der in der Verfassung des Freistaates Sachsen verbürgten und mit der Verfassungsbeschwerde verfahrensrechtlich durchsetzbaren Grundrechte. Entsprechendes gilt für die einfachrechtliche Vorschrift des § 27 Abs. 1 SächsVerfGHG. Ein Verstoß gegen andere als dort genannte Bestimmungen kann mit der Verfassungsbeschwerde nicht gerügt werden (zur Verfassungsbeschwerde nach Bundesrecht vgl. BVerfGE 3, 58 [74]; *Kley/Rühmann*, in: Umbach/Clemens, BVerfGG, § 90 Rn. 40).

Daß es sich bei Art. 81 Abs. 1 Nr. 4 SächsVerf um einen abschließenden Katalog handelt, ergibt sich bereits aus dem Wortlaut der Norm. Danach entscheidet der Verfassungsgerichtshof über Verfassungsbeschwerden, die mit der Behauptung erhoben werden können, in einem der „in dieser Verfassung niedergelegten Grundrechte (Artikel 4, 14 bis 38, 41, 78, 91, 102, 105 und 107) verletzt" zu sein. Nach dieser Formulierung handelt es sich bei den in Klammern gesetzten Bestimmungen um eine abschließende Aufzählung. Verfassungssystematische Erwägung stehen dieser Auslegung nicht entgegen. Mit Art. 81 Abs. 1 SächsVerf folgt die Verfassung des Freistaates Sachsen dem Enumerationsprinzip, nach dem der Rechtsweg zum Verfassungsgerichtshof nur kraft spezieller Zuständigkeits- bzw. Verfahrensregelungen eröffnet ist. Dieser Systematik entspricht es, nur die in Art. 81 Abs. 1 Nr. 4 SächsVerf aufgezählten Normen als unmittelbar beschwerdefähige Grundrechte auszulegen.

Auch die historische Interpretation bestätigt diese Auslegung. Art. 81 Abs. 1 Nr. 4 SächsVerf beruht auf Art. 82 Abs. 1 Nr. 4 der überarbeiteten Fassung des Gohrischen Entwurfs, wie er im November 1990 von den Fraktionen der CDU und der F.D.P. in den Sächsischen Landtag eingebracht wurde (Landtagsdrucksache 1/25). In der 2. Lesung des Entwurfs der Verfassung wurde der damalige Art. 82 Abs. 1 Nr. 4 unwidersprochen als „abschließende Aufzählung der Grundrechte" bezeichnet (Plenarprotokoll 1/46 S. 3021). Zuvor war in den Klausurtagungen des Verfassungs- und Rechtsausschusses für Art. 82 Abs. 1 Nr. 4 des Entwurfs – anders als für andere Bestimmungen des Absatzes 1 – kein Änderungsbedarf gesehen worden.

2. Enthält Art. 81 Abs. 1 Nr. 4 SächsVerf einen abschließenden Katalog der mit der Verfassungsbeschwerde rügefähigen Grundrechte, so genügt der Vortrag der Beschwerdeführer insgesamt nicht den Anforderungen des Art. 81 Abs. 1 Nr. 4 SächsVerf und § 27 Abs. 1 SächsVerfGHG an die Darlegung der Beschwerdebefugnis. Eine Verletzung anderer Vorschriften der Sächsischen Verfassung als des Art. 110 SächsVerf machen die anwaltlich vertretenen Beschwerdeführer nicht geltend. Die ausdrückliche Benennung eines als verletzt gerügten Grundrechtsartikels ist zwar entbehrlich, wenn das Vorbringen der Beschwerdeführer den Inhalt eines vermeintlich verletzten Grundrechts hinreichend umschreibt (vgl. BVerfGE 21, 191 [194]; 47, 182 [187] m. w. N.). Ein solcher Fall liegt jedoch nicht vor. Soweit die Beschwerdeführer rügen, die angegriffenen Regelungen der §§ 13, 14 SäKitaG über die Ermittlung der erstattungsfähigen Sachkosten seien sachwidrig bzw. führten zu einer sachlich nicht gerechtfertigten Ungleichbehandlung, machen sie – wie sich aus dem Kontext der Beschwerdeschrift ergibt – keine Verletzung

des allgemeinen Gleichheitsgrundsatzes nach Art. 18 Abs. 1 SächsVerf geltend, sondern lediglich eine Verletzung von Art. 110 SächsVerf. Entsprechendes gilt für die behauptete Beeinträchtigung des elterlichen Erziehungsrechts. Eine vermeintliche Verletzung des Art. 22 Abs. 3 SächsVerf könnten die Beschwerdeführer mangels Betroffenheit in eigenen Grundrechten ohnehin nicht geltend machen.

III.

Die Entscheidung ergeht kostenfrei (§ 16 Abs. 1 SächsVerfGHG).

Nr. 2

Die Frist zur Einlegung einer Verfassungsbeschwerde gegen eine gerichtliche Entscheidung wird durch die Erhebung einer Gegenvorstellung nicht unterbrochen oder neu in Gang gesetzt.*

Sächsisches Verfassungsgerichtshofsgesetz §§ 27 Abs. 2, 28, 29 Abs. 1 S. 1

Beschluß vom 23. Januar 1998 – Vf. 41-IV-97 –

in dem Verfahren über die Verfassungsbeschwerden des Herrn H.

Entscheidungsformel:

Die Verfassungsbeschwerde wird verworfen.

Gründe:

I.

Der Beschwerdeführer wendet sich mit seiner am 14. Oktober 1997 eingegangenen Verfassungsbeschwerde gegen die Kostenentscheidung des Urteils des Amtsgerichtes Leipzig vom 4. Juli 1997 (18 C 3167/97), gegen den auf seine sofortige Beschwerde ergangenen Beschluß des Landgerichtes Leipzig vom 25. August 1997 (12 T 6388/97) und gegen den auf seine Gegenvorstellung ergangenen Beschluß des Landgerichtes Leipzig vom 11. September 1997.

* Nichtamtlicher Leitsatz.

Mit seiner Verfassungsbeschwerde rügt der Beschwerdeführer die Verletzung des Art. 78 Abs. 2 SächsVerf. Bei der aufgrund § 91a ZPO zu treffenden Kostenentscheidung seien geltende Normen offenkundig unrichtig und rechtsmißbräuchlich ausgelegt worden; Inhalt und Bedeutung des Billigkeitsgedankens des § 91a ZPO seien verkannt worden. Dadurch sei er in seinem Anspruch auf rechtliches Gehör verletzt.

Die Verfassungsbeschwerde sei fristgerecht erhoben worden. Die Frist zur Einlegung der Verfassungsbeschwerde habe erst mit der Zustellung des auf seine Gegenvorstellung ergangenen Beschlusses, also am 15. September 1997, zu laufen begonnen. Es entspreche dem Gebot der Rechtswegerschöpfung, Instanzgerichte zu verpflichten, Grundrechtsverletzungen selbst zu beseitigen. Der Gegenvorstellung, mit der er die Verletzung elementaren Verfassungsrechts gerügt habe, habe der Erfolg nicht von vornherein abgesprochen werden können.

Der Staatsminister der Justiz hält die Verfassungsbeschwerde für unzulässig.

II.

Die Verfassungsbeschwerde ist unzulässig.

1. Soweit sie sich gegen den Beschluß des Amtsgerichtes Leipzig vom 4. Juli 1997 und den Beschluß des Landgerichtes Leipzig vom 25. August 1997 richtet, ist sie erst nach Ablauf der Monatsfrist des § 29 Abs. 1 Satz 1 SächsVerfGHG, die mit dem Zugang des den Rechtsweg abschließenden Beschlusses des Landgerichtes Leipzig am 28. August 1997 begann, am 14. Oktober 1997 eingegangen. Durch die innerhalb der Frist zur Einlegung der Verfassungsbeschwerde erhobene formlose Gegenvorstellung, die dem Rechtsweg (§ 27 Abs. 2 SächsVerfGHG) nicht zuzuordnen ist, und die hierauf ergangene Entscheidung des Landgerichtes Leipzig vom 11. September 1997 ist die Frist des § 29 Abs. 1 Satz 1 SächsVerfGHG nicht unterbrochen oder neu in Gang gesetzt worden. Der Lauf von Verfassungsbeschwerdefristen darf im Interesse der Rechtssicherheit nicht mit Ungewißheiten belastet werden, die dem Gegenvorstellungsrecht anhaften.

2. Soweit sich die Verfassungsbeschwerde gegen den Beschluß des Landgerichtes Leipzig vom 11. September 1997 richtet, genügt sie nicht den Begründungsanforderungen des § 28 SächsVerfGHG. Der Beschwerdeführer hat nicht hinreichend deutlich die Möglichkeiten vorgetragen, gerade durch die Entscheidung in seinem Grundrecht oder grundrechtsgleichen Rechten verletzt zu sein.

III.

Der Verfassungsgerichtshof ist zu dieser Entscheidung einstimmig gelangt und trifft sie daher durch Beschluß nach § 10 SächsVerfGHG i. V. m. § 24 BVerfGG.

IV.

Die Entscheidung ist kostenfrei (§ 16 Abs. 1 SächsVerfGHG).

Nr. 3

Verweigert die Staatsregierung die Beantwortung von Fragen einzelner Abgeordneter, muß sie die Verweigerung begründen und die von ihr für maßgeblich erachteten tatsächlichen und rechtlichen Gesichtspunkte darlegen.

Bei der Entscheidung darüber, ob gesetzliche Regelungen oder Rechte Dritter entgegenstehen (Art. 51 Abs. 2 SächsVerf), verfügt die Staatsregierung weder über ein Ermessen noch eine Einschätzungsprärogative. Ihr Verhalten unterliegt insoweit uneingeschränkt der verfassungsrechtlichen Kontrolle.

Verfassung des Freistaates Sachsen Art. 51 Abs. 1 und Abs. 2

Urteil vom 16. April 1998 – Vf. 14-I-97 –

in dem Organstreitverfahren des Abgeordneten des Sächsischen Landtages, Herrn H., gegen die Sächsische Staatsregierung

Entscheidungsformel:

1. Die Antragsgegnerin hat den Antragsteller dadurch in seinen Rechten aus Art. 51 Abs. 1 Satz 1 der Verfassung des Freistaates Sachsen verletzt, daß der Staatsminister für Soziales, Gesundheit und Familie Frage 2 der Kleinen Anfrage des Antragstellers vom 1. September 1996 nicht und Frage 3 nicht nach bestem Wissen vollständig beantwortet hat.

2. Der Freistaat Sachsen hat dem Antragsteller die notwendigen Auslagen zu erstatten.

Gründe:

A.

Der Antragsteller ist Mitglied des Sächsischen Landtages. Er wendet sich gegen die Behandlung mehrerer Fragen, die er im Rahmen einer Kleinen Anfrage an die Sächsische Staatsregierung gerichtet hat. Die Fragen betreffen die Bewilligung von Mitteln für Fachkraftförderung für Jugendhilfe durch das Sächsische Staatsministerium für Soziales, Gesundheit und Familie.

I.

Der Antragsteller richtete gemäß § 60 der GO-LT am 1. September 1996 folgende Kleine Anfrage an die Staatsregierung:

„1. Welche Mittel zur Fachkraftförderung in der Jugendarbeit wurden vom SMS nach der entsprechenden Verwaltungsvorschrift zum

- 31. Mai 1996
- 30. Juni 1996
- 31. Juli 1996
- 31. August 1996

bewilligt?

2. Welchem Träger wurde bis zum 31. August 1996 welche Stellenzahl bewilligt (mit Bitte um Einzelaufstellung und zeitliche Zuordnung der Bewilligung)?

3. Welchem Träger wurde bis zum 31. August 1996 ein Antrag auf Fachkraftförderung mit welcher Begründung abgelehnt (mit Bitte um Einzelaufstellung)?"

Der Staatsminister für Soziales, Gesundheit und Familie antwortete wie folgt:

„*Frage 1:*

Welche Mittel zur Fachkraftförderung in der Jugendarbeit wurden vom SMS nach der entsprechenden Verwaltungsvorschrift zum

- 31. Mai 1996
- 30. Juni 1996
- 31. Juli 1996
- 31. August 1996

bewilligt?

Die Zuständigkeit für die Förderung der Jugendarbeit obliegt nach dem SächsAGSGB VIII dem Sächsischen Staatsministerium für Kultus.

Bezogen auf den Zuständigkeitsbereich des Sächsischen Staatsministeriums für Soziales, Gesundheit und Familie (SMS) wird davon ausgegangen, daß hier die weiteren Leistungsbereiche des SGB VIII wie die Jugendsozialarbeit, der erzieherische Kinder- und Jugendschutz oder die Hilfen zur Erziehung gemeint sind, wenn die Fachkraftförderung des SMS angesprochen wird.

Nach der Förderrichtlinie des SMS waren in der Jugendhilfe während der angefragten Zeiträume folgende Mittel bewilligt:

– 31. Mai 1996	Bewilligte Mittel	7 542 TDM
– 30. Juni 1996	Bewilligte Mittel	9 073 TDM
– 31. Juli 1996	Bewilligte Mittel	13 548 TDM
– 31. August 1996	Bewilligte Mittel	13 616 TDM

Frage 2:

2. Welchem Träger wurde bis zum 31. August 1996 welche Stellenzahl bewilligt (mit Bitte um Einzelaufstellung und zeitliche Zuordnung der Bewilligung)?

Eine nach Zeiträumen eines Jahres differenzierende Aufstellung, die dazu noch nach Trägern, Abschlüssen und Maßnahmen getrennt ist, wäre mit einem unverhältnismäßig hohen Aufwand verbunden. Darüber hinaus bestehen datenschutzrechtliche Bedenken mitzuteilen, welche Stellenzahl bei welchem Träger bewilligt wurde.

Frage 3:

3. Welchem Träger wurde bis zum 31. August 1996 ein Antrag auf Fachkraftförderung mit welcher Begründung abgelehnt (mit Bitte um Einzelaufstellung)?

Wenn Ablehnungen im Einzelfall ausgesprochen wurden, so geschah dies vorwiegend aufgrund der mangelnden fachlichen Qualifikation des betreffenden Mitarbeiters, sehr selten aufgrund der Ablehnung der Maßnahme durch den örtlichen Träger der öffentlichen Jugendhilfe, wegen der fehlenden Kofinanzierung oder der verspäteten Antragstellung. Hierbei hatte und hat der Antragsteller bei einem abschlägigen Bescheid jederzeit die Möglichkeit, verwaltungsrechtlich vorzugehen. Im übrigen bestünden auch hier datenschutzrechtliche Bedenken, betroffene Träger und die bei diesen vorliegenden Ablehnungsgründe in einer Aufstellung aufzuführen."

Die Antwort wurde als DS 2/3867 am 4. Oktober 1996 ausgegeben.

II.

Der Antragsteller sieht sich durch die unvollständige Beantwortung der Fragen 2 und 3 in seinen Rechten aus Art. 51 SächsVerf verletzt. Er ist der Ansicht, es seien keine Gründe für die Verweigerung einer Beantwortung gemäß Art. 51 Abs. 2 SächsVerf zu sehen. Der allgemeine Hinweis auf datenschutzrechtliche Bedenken genüge nicht, um die Beantwortung einer Frage abzulehnen. Er weist darauf hin, daß eine zeitgleich an das Sächsische Staatsministerium für Kultus gerichtete vergleichbare Anfrage ohne datenschutzrechtliche Bedenken beantwortet wurde.

Die Formulierung „kann" in Art. 51 Abs. 2 SächsVerf erfordere die Herstellung praktischer Konkordanz der Verfassungsbestimmungen, was allenfalls dazu führen könne, die Behandlung datenschutzrechtlich relevanter Daten in den zuständigen Ausschuß, dessen Sitzungen nichtöffentlich seien, zu verlegen, oder die Geheimschutzordnung des Landtages anzuwenden.

Auch sei der Verwaltungsaufwand für die Beantwortung der Anfrage nicht zu hoch, wie sich auch daran zeige, daß das Sächsische Staatsministerium für Kultus auf die vergleichbare Frage in DS 2/3865 ohne weiteres geantwortet habe. Schließlich habe die Staatsregierung in DS 2/4779 selbst zugesagt, in Fällen übermäßigen Verwaltungsaufwands sich durch Teilbeantwortung, zeitlich versetzte Beantwortung o. ä. zu bemühen, dem Informationsanspruch des Landtages Rechnung zu tragen. Dies sei hier jedoch nicht versucht worden.

Der Antragsteller hat mit Schriftsatz vom 2. April 1997, der am 3. April 1997 bei dem Verfassungsgerichtshof einging, ein Organstreitverfahren nach Art. 81 Abs. 1 Nr. 1 SächsVerf eingeleitet und beantragt festzustellen,

daß der Antragsteller dadurch in seinen Rechten aus Art. 51 Abs. 1 S. 1 SächsVerf verletzt, zumindest jedoch unmittelbar gefährdet ist, daß die Sächsische Staatsregierung seine gemäß § 60 der Geschäftsordnung des Sächsischen Landtages an die Staatsregierung gerichtete Kleine Anfrage zum Thema „Bewilligung von Mitteln zur Fachkraftförderung in der Jugendarbeit beim SMS" nicht vollständig und nicht nach bestem Wissen beantwortet hat.

Die Antragsgegnerin hält den Antrag für unbegründet.

Einer weitergehenden Beantwortung der Fragen habe der Schutz von den dem Sozialgeheimnis unterfallenden Betriebs- und Geschäftsgeheimnissen der freien Träger der Jugendhilfe entgegengestanden. Für deren Übermittlung fehle eine Ermächtigungsgrundlage. Außerdem könne aus den Angaben auf persönliche Daten der Beschäftigten der freien Träger geschlossen werden. Die Antragsgegnerin verweist insoweit auf ein Schreiben des Sächsischen Datenschutzbeauftragten vom 7. November 1994, das eine Anfrage des Antragstellers zu Fördermaßnahmen gem. § 249 h Arbeitsförderungsgesetz betrifft.

Schließlich bestehe eine Pflicht zur gegenseitigen Rücksichtnahme der Staatsorgane. Hieraus ergebe sich die Notwendigkeit, zur Vermeidung einer Gefährdung der Funktions- und Arbeitsfähigkeit der Staatsregierung das

Fragerecht der Abgeordneten über den Wortlaut des Art. 51 Abs. 2 SächsVerf hinaus einzuschränken. Insoweit stehe der Staatsregierung eine Einschätzungsprärogative zu. Hierfür spreche auch der Wortlaut des Art. 51 Abs. 2 SächsVerf („kann"). Im konkreten Falle könne der Arbeitsaufwand für die Beantwortung der Anfrage auf eine Arbeitswoche eines Sachbearbeiters geschätzt werden, da bereits 380 von 720 Anträgen vom Sächsischen Staatsministerium für Soziales, Gesundheit und Familie bewilligt seien und die erfragten Daten von Hand herausgesucht werden müßten.

B.

Der Antrag ist zulässig.

I.

Der Rechtsweg zum Verfassungsgerichtshof ist gemäß Art. 81 Abs. 1 Nr. 1 SächsVerf gegeben. Die Beteiligten streiten über den Umfang der Rechte und Pflichten aus ihrem wechselseitigen Verfassungsrechtsverhältnis in einem konkreten Anwendungsfall, aus dessen Anlaß über die Auslegung der Sächsischen Verfassung zu entscheiden ist. Der Anspruch eines Abgeordneten des Sächsischen Landtages gegenüber der Staatsregierung auf Beantwortung einer Kleinen Anfrage kann sich aus Art. 51 SächsVerf ergeben.

II.

Der Antrag ist rechtzeitig gestellt (§ 18 Abs. 3 SächsVerfGHG). Die beanstandeten Handlungen der Antragsgegnerin, nämlich die Antworten, die die Staatsregierung auf die Fragen des Antragstellers im Landtag erteilte, wurden diesem mit der Ausgabe der Landtagsdrucksache 2/3867 am 4. Oktober 1996 bekannt. Der Antrag ging bei Gericht am 3. April 1997 ein, somit innerhalb der Frist von sechs Monaten ab Kenntnis der beanstandeten Maßnahme.

C.

Der Antrag ist begründet.
Die Antragsgegnerin hat dadurch, daß der Staatsminister für Soziales, Gesundheit und Familie Frage 2 der Kleinen Anfrage des Antragstellers vom 1. September 1996 nicht und Frage 3 nicht nach bestem Wissen vollständig beantwortet hat, den Antragsteller in seinen Rechten aus Art. 51 Abs. 1 Satz 1 SächsVerf verletzt.

I.

Gemäß Art. 51 Abs. 1 SächsVerf haben die Staatsregierung oder ihre Mitglieder im Landtag und in den Ausschüssen Fragen einzelner Abgeordneter oder parlamentarische Anfragen nach bestem Wissen unverzüglich und vollständig zu beantworten. Nach Art. 51 Abs. 2 SächsVerf kann die Staatsregierung die Beantwortung von Fragen insbesondere dann ablehnen, wenn einer Beantwortung gesetzliche Regelungen oder Rechte Dritter entgegenstehen.

1. Die Formulierung „kann" bedeutet nicht, daß die Staatsregierung bei der Beurteilung der Frage, ob gesetzliche Regelungen oder Rechte Dritter einer Beantwortung entgegenstehen, über ein Ermessen oder über eine Einschätzungsprärogative verfügt. Vielmehr unterliegt ihre diesbezügliche Entscheidung der vollen verfassungsgerichtlichen Nachprüfung. Lediglich im Hinblick darauf, welche Schlüsse die Staatsregierung aus dem Vorliegen solcher Schranken ziehen will, d. h. ob und inwieweit sie gleichwohl zu antworten bereit ist, räumt ihr das Wort „kann" in den Grenzen des Rechts einen Entscheidungsspielraum ein (vgl. zu dieser Problematik bei anderer Verfassungsrechtslage auch VerfGH NRW DÖV 1994, 210; HambVerfG, Urteil vom 27. Juli 1977, HVerfG 1/77).

2. Verweigert die Staatsregierung die Antwort unter Berufung auf Art. 51 Abs. 2 SächsVerf, hat sie die von ihr für maßgeblich erachteten tatsächlichen und rechtlichen Gesichtspunkte bei der Verweigerung darzulegen, damit die Ablehnung nachvollziehbar wird. Andernfalls wäre es dem Abgeordneten nicht möglich zu beurteilen, ob die Verweigerung der Antwort verfassungsgemäß ist. Auf deren Nachvollziehbarkeit ist er jedoch zur Wahrnehmung seiner parlamentarischen Aufgaben sowie zur Durchsetzung seiner Rechte angewiesen. Unterbleibt eine Beantwortung unter Berufung auf Schranken des Art. 51 Abs. 2 SächsVerf vollständig oder teilweise, so erstreckt sich die Darlegungspflicht auch darauf, ob dies unter Beachtung der Wechselwirkung von Verfassungsrecht und einfachem Recht gerechtfertigt ist und weshalb Form und Verfahren der Informationsübermittlung nicht so gestaltet werden konnten, daß die durch die Schranken des Art. 51 Abs. 2 SächsVerf geschützten Rechtsgüter auf andere Weise als durch die Antwortverweigerung hinreichend gewahrt werden können (z. B. durch Mitteilung in nichtöffentlicher Sitzung oder durch entsprechende Geheimhaltungsvermerke, vgl. BVerfGE 67, 100, 134 ff).

II.

Diesen Anforderungen genügte die Beantwortung der Kleinen Anfrage, die sich insoweit auf den bloßen Hinweis auf „datenschutzrechtliche Bedenken" beschränkte, nicht. Obwohl der Antragsteller seine Frage nicht ausdrücklich auf die in die Zuständigkeit des Sächsischen Staatsministeriums für Soziales, Gesundheit und Familie fallenden Leistungsbereiche des Achten Buches des Sozialgesetzbuches bezog, hat die Staatsregierung die Frage so verstanden, wie sie gemeint war. Sie hätte deshalb die gesetzlichen Regelungen nennen und mitteilen müssen, welche Rechte welches Personenkreises nach ihrer Ansicht von der Beantwortung der Kleinen Anfrage betroffen gewesen wären. Schließlich hätte die Staatsregierung darlegen müssen, aus welchen Gründen nicht einmal eine nichtöffentliche Beantwortung möglich war.

III.

Die Staatsregierung kann sich nicht darauf berufen, daß die Beantwortung der Fragen Ziffern 2 und 3 ihre Funktions- und Arbeitsfähigkeit beeinträchtige, mit der Rechtsfolge, daß der Abgeordnete unter dem Gesichtspunkt der gegenseitigen Rücksichtnahme der Staatsorgane auf die vollständige Beantwortung seiner Fragen verzichten müsse. Es kann offen bleiben, ob die Antwortspflicht insoweit rechtlichen Schranken unterliegt. Der Einsatz einer Arbeitswoche eines Sachbearbeiters einer nachgeordneten Behörde hätte die Funktions- und Arbeitsfähigkeit der Staatsregierung nämlich nicht beeinträchtigt.

D.

Die Entscheidung ergeht kostenfrei (§ 16 Abs. 1 SächsVerfGHG). Es erscheint angemessen, dem Antragsteller seine notwendigen Auslagen zu erstatten (§ 16 Abs. 4 SächsVerfGHG).

Nr. 4

Das Informationsrecht des Abgeordneten aus Art. 51 SächsVerf überläßt ihm die Wahl zwischen der mündlichen Anfrage und der Kleinen Anfrage.

Er hat einen Anspruch darauf, daß seine Anfrage in dem von ihm gewählten Verfahren beantwortet wird.

Wird eine mündliche Anfrage nicht beantwortet, bleibt der Abgeordnete auch dann in seinem verfassungsrechtlichen Anspruch verletzt, wenn die Staatsregierung auf eine nachfolgende, wesentlich inhaltsgleiche Kleine Anfrage zutreffend geantwortet hat.

Verfassung des Freistaates Sachsen Art. 51, 81 Abs. 1 Nr. 1

Urteil vom 16. April 1998 – Vf. 19-I-97 –

in dem Organstreitverfahren des Abgeordneten des Sächsischen Landtages, Herrn Dr. H., gegen die Sächsische Staatsregierung

Entscheidungsformel:

1. Die Antragsgegnerin hat den Antragsteller dadurch in seinen Rechten aus Art. 51 Abs. 1 Satz 1 der Verfassung des Freistaates Sachsen verletzt, daß sie in der 46. Sitzung des Sächsischen Landtages vom 15. November 1996 Frage 1 seiner mündlichen Anfrage vom 6. November 1996 und seine beiden Zusatzfragen nicht nach bestem Wissen vollständig beantwortet hat.

2. Die Antragsgegnerin hat den Antragsteller dadurch in seinen Rechten aus Art. 51 Abs. 1 Satz 1 der Verfassung des Freistaates Sachsen verletzt, daß sie Frage 1 der Kleinen Anfrage vom 2. Dezember 1996 nicht nach bestem Wissen vollständig beantwortet hat.

3. Im übrigen wird der Antrag zurückgewiesen.

4. Der Freistaat Sachsen hat dem Antragsteller die notwendigen Auslagen zu erstatten.

Gründe:

A.

Der Antragsteller ist Mitglied des Sächsischen Landtages. Er wendet sich gegen die Behandlung mehrerer Fragen, die er als Abgeordneter des Sächsischen Landtages zu Auswirkungen der Bundeswehrübung „Jäger 96" im Landschaftsschutzgebiet Sächsische Schweiz an die Sächsische Staatsregierung gerichtet hat.

I.

In der 46. Sitzung des Sächsischen Landtages vom 15. November 1996 richtete der Antragsteller eine mündliche Anfrage an die Staatsregierung (DS 2/4309).
Diese lautete:

„Es geht um die Folgen der Bundeswehrübung „Jäger 96" im Landschaftsschutzgebiet Sächsische Schweiz. Ungeachtet zahlreicher Proteste von Umweltschützern, Bürgerinnen und Bürgern aus der betroffenen Region sowie auch von mehreren Parteien hat die Bundeswehr Mitte Oktober ihre Übung in der Sächsischen Schweiz durchgeführt. Für die Beschimpfung von Demonstranten und die verbalen Attacken durch den verantwortlichen Offizier hat sich die Bundeswehr inzwischen entschuldigt und erklärt, sie hätte aus den Vorgängen Lehren gezogen.

Dem Vernehmen nach liegen inzwischen von verschiedenen sächsischen Behörden und eventuell auch von der Bundeswehr selbst Berichte über unmittelbare Schäden, den realen Ablauf sowie die Auswirkungen der Militärübung vor, deren Ergebnisse auch für das Landesparlament, das sich mit diesem Thema in der vergangenen Plenarsitzung befaßt hat, von Interesse sein dürften.

Daher frage ich die Staatsregierung:

1. Welche Schäden, welche Beeinträchtigungen von Bürgerinnen und Bürgern, welche Verletzungen der erteilten Auflagen für die Durchführung und ggf. welche Gesetzesverstöße (z B. unerlaubtes Überfliegen des Nationalparkes, Nichteinhaltung der vorgeschriebenen Flughöhe, Befahren von Wegen außerhalb des genehmigten Übungsgeländes) u. ä. sind der Staatsregierung bis dato im Zusammenhang mit der Bundeswehrübung ‚Jäger 96' bekannt geworden?

2. Welche Schlußfolgerungen zieht die Staatsregierung aus der Vorbereitung, der Durchführung und den Nachwirkungen der genannten Übung, insbesondere hinsichtlich des generellen Verzichts auf Militäraktionen in Landschaftsschutzgebieten des Freistaates Sachsen?"

Der Staatsminister des Innern antwortete in derselben Sitzung mündlich:

„Ihre erste Frage beantworte ich mit ‚keine'. Ich zitiere dazu aus dem Schreiben des Landratsamtes Sächsische Schweiz vom 11. November 1996: ‚Nach Rücksprache mit den von der Bundeswehrübung Jäger 96 betroffenen Gemeinden Gohrisch und Reinhardtsdorf-Schöna liegen keine Erkenntnisse über Schäden oder erhebliche Beeinträchtigungen infolge der Übung vor. Gleiches gilt für die mit der Übung befaßten Fachämter des Landkreises Sächsische Schweiz, das Umweltamt sowie das Ordnungsamt.'

Zu Ihrer Frage 2: Die Kommunikation zwischen der Übungstruppe und der Verwaltung, insbesondere dem Landratsamt, in Vorbereitung der Übung war verbesserungsbedürftig. Die Notwendigkeit intensiver Vorbereitungsgespräche steht außer Frage. Es wird alles getan werden, um bei eventuellen zukünftigen Übungen dieses Defizit abzubauen."

Fragerechte von Abgeordneten – Wahlmöglichkeit mündliche Anfrage – 291

Der Antragsteller stellte hierauf folgende Zusatzfrage:

„Habe ich Ihren Ausführungen richtig entnommen, daß Sie hier sagen, es liege Ihnen noch kein Gutachten der Nationalparkverwaltung über Dinge vor, die im Zusammenhang mit der Übung geschehen sind? Meines Wissens soll es das Gutachten geben."

Der Staatsminister des Innern antwortete wie folgt:

„Ich bleibe bei meiner Antwort ‚keine'. Diese Antwort beruht auf der zitierten Äußerung des Landratsamtes sowie einer eingeholten Stellungnahme des Umweltministeriums."

Der Antragsteller stellte eine weitere Zusatzfrage:

„Die zweite Nachfrage: Sie sind nicht auf das Problem einer generellen Ablehnung von Militärübungen in Landschaftsschutzgebieten eingegangen. Ich frage Sie also noch einmal: Wie steht die Staatsregierung zu einem generellen Verbot von Militärübungen im Bereich von Landschaftsschutzgebieten?"

Der Staatsminister des Innern antwortete:

„Die Nachfrage ist nicht Teilstück Ihrer hier gestellten schriftlichen Anfrage."

und hiernach, als der Antragsteller einwarf: „Das steht doch genau drin.":

„Aber Sie haben 1. und 2. gefragt. Das andere ist Vorspann."

Der Antragsteller gab sich mit diesen Antworten nicht zufrieden. Er richtete vielmehr am 2. Dezember 1996 eine Kleine Anfrage an die Staatsregierung, die zusammen mit der Antwort der Staatsregierung vom 7. Januar 1997 in der am 14. Januar 1997 ausgegebenen LT-Drs. 2/4519 abgedruckt ist. Diese Kleine Anfrage enthielt u. a. folgende Fragen:

„1. Warum wurde auf meine Frage, über welche Erkenntnisse die Staatsregierung hinsichtlich von konkreten Schäden, Gefahren für Personen oder Gesetzesverstößen verfügt, nicht nur ein Offener Brief des BUND an den Ministerpräsidenten im Zusammenhang mit der Gefährdung von Menschen verschwiegen, sondern auch eine Auswertung der o. g. Bundeswehrübung durch die Nationalparkverwaltung?

2. Welches sind die wesentlichen Inhalte der Bewertung durch die Nationalparkverwaltung, insbesondere hinsichtlich eventuell registrierter Verstöße gegen Auflagen oder Gesetze zum Schutze des Nationalparks?

...

5. Welche Schlußfolgerungen zieht die Staatsregierung aus der o. g. Bundeswehrübung, insbesondere hinsichtlich eines von verschiedenen Seiten geforderten generellen Verbots von Militäraktionen in sächsischen Landschaftsschutzgebieten?"

LVerfGE 8

Die Antworten des Staatsministers des Innern lauteten insoweit:

„1. Die Nationalparkverwaltung hatte auf Anforderung nach Beendigung der Übung einen dienstlichen Bericht gegeben. Diese Erkenntnisse sind – wie auch die Stellungnahme betroffener Kommunen des Landkreises und anderer Behörden – in meine am 15. November 1996 gegebene Antwort eingeflossen.

Der Inhalt des in der Anfrage erwähnten Schreibens des BUND an den Ministerpräsidenten über eine Gefährdung von Personen durch Fahrzeuge der Bundeswehr konnte bislang in wesentlichen Punkten nicht bestätigt werden. Der Staatsregierung ist gegenwärtig keine Anzeige gegen die Bundesrepublik bekannt; ebenso liegen keine näheren Angaben zu dem angeblichen Vorfall vor. Die Bundeswehr bestreitet nach Befragung der Fahrzeugbesatzungen einen solchen Vorfall.

2. Die Nationalparkverwaltung Sächsische Schweiz bewertet im Hinblick auf die o. a. Übung, daß ‚zumindest eine Beschränkung von Luftübungen der Bundeswehr auf Bereiche außerhalb des Nationsparks praktisch nicht realisierbar' sei. Im übrigen enthält der verwaltungsinterne Bericht der Nationalparkverwaltung Sachverhaltsschilderungen sowie Bewertungen anderer und eigene Schlußfolgerungen.

...

5. Ein generelles Verbot von Bundeswehrübungen in Landschaftsschutzgebieten im Freistaat Sachsen würde eine Änderung von Bundes- und Landesgesetzen erfordern. Für eine entsprechende Gesetzesinitiative sieht die Staatsregierung keinen Anlaß.
Die Frage, ob künftig ggf. weitere Übungen in dem 1996 genutzten Gebiet durchgeführt werden sollen, liegt im Verantwortungsbereich der Bundeswehr.
Die Kommunikation zwischen der Bundeswehr und den sächsischen Behörden im Vorfeld von Übungen ist verbesserungsbedürftig. Dieser Erfahrung aus der letzten Übung wird bei eventuellen weiteren Rechnung getragen."

Der Bericht der Nationalparkverwaltung des Nationalparks Sächsische Schweiz vom 29. Oktober 1996 war dem Sächsischen Staatsministerium für Landesentwicklung und Umwelt am 1. November 1996 zugegangen. Er enthielt u. a. folgende Aussagen:

„... Der Ablauf der Bundeswehrübung erfolgte im wesentlichen ordnungsgemäß entsprechend der Anmeldung vom 6.8.1996 sowie der dazu vom Landratsamt Sächsische Schweiz mit Telefax vom 1.10.1996 verfügten Beschränkungen nach § 66 Abs. 1 BLG ...
Entsprechend der Schutzgebietskarte der Bundeswehr ... sind der Nationalpark Sächsische Schweiz und das geplante Naturschutzgebiet Pfaffenstein als Kategorie 3 (Verbot jeglichen Einsatzes von Personal und Material) ausgewiesen. In der Anmeldung der Bundeswehr Punkt 6.6 heißt es dementsprechend: ‚Für das Gebiet des Nationalparks Sächsische Schweiz wird keine Übungsgenehmigung erteilt, es ist aus dem Übungsraum auszuklammern'.
Gegen diese Festlegung wurden folgende Verstöße registriert:"

Es folgen Meldungen zu vier Ereignissen des Überflugs von im Nationalpark gelegenen Gebieten, wobei jeweils der Beobachter namentlich und mit seiner Dienststellung benannt wird.

Unter der Überschrift „Quantifizierbare Beeinträchtigungen" wurde mitgeteilt, daß sichtbare Beeinträchtigungen der Naturausstattung der Nationalparkverwaltung nicht bekannt seien, sie aber vom Staatsforstamt Cunnersdorf Informationen über Wegeschäden erhalten habe; weiterhin habe das Überfliegen in geringer Höhe zu „massiver Verlärmung" der Nationalparkregion geführt.

Ferner sei unabhängig von den relativ geringen Beeinträchtigungen die Einschätzung bei Bevölkerung und Gästen verbreitet, daß die Übung als solche unvereinbar mit dem Anliegen des Naturschutzes sei, was einen Glaubwürdigkeitsverlust bedeute und mithin die Arbeit der Naturschutzwarte erschwere.

Als „Schlußfolgerungen" wurde ausgeführt, daß das mehrfache Eindringen von Luftfahrzeugen in den Nationalpark verdeutliche, daß zumindest eine Beschränkung von Luftübungen der Bundeswehr auf Bereiche außerhalb des Nationalparkes praktisch nicht realisierbar sei. Im Hinblick darauf, daß im Bewußtsein breiter Bevölkerungskreise die gesamte Sächsische Schweiz besonders schutzwürdig und -bedürftig sei, wurde um Prüfung gebeten, ob in Zukunft Übungen in der Nationalparkregion ganz unterbleiben oder wenigstens Verzicht auf Luftübungen erfolgen könnte.

II.

Der Antragsteller meint, im Hinblick auf diesen Bericht der Nationalparkverwaltung habe die Staatsregierung am 15. November 1996 und 7. Januar 1997 seine Fragen unrichtig und unvollständig beantwortet. Seines Erachtens hätte zu einer richtigen Beantwortung der Frage 1 die Aufzählung der in dem Schreiben der Nationalparkverwaltung vom 29. Oktober 1996 registrierten Verstöße gehört und hätte auf die ausdrückliche Zusatzfrage 1 dieses Schreiben der Nationalparkverwaltung genannt werden müssen. Schließlich hätte nach Ansicht des Antragstellers die Staatsregierung die Antwort auf Zusatzfrage 2 nicht verweigern dürfen.

Auch die Kleine Anfrage vom 2. Dezember 1996 sei nicht wahrheitsgemäß beantwortet. Die Staatsregierung habe zu Frage 1 die wahren Gründe dafür, daß das Schreiben der Nationalparkverwaltung in der Antwort vom 15. November 1996 nicht erwähnt wurde, verschwiegen und zu Frage 2 nicht die wesentlichen Inhalte der Bewertung durch die Nationalparkverwaltung mitgeteilt. Es treffe nicht zu, daß die Erkenntnisse der Nationalparkverwaltung in die Antwort der Staatsregierung vom 15. November 1996 mit eingeflossen seien. Zu den Erkenntnissen der Nationalparkverwaltung gehöre nämlich die Verletzung des Überflugverbotes, und diese habe die Staatsregierung in ihrer Antwort am 15. November 1996 verschwiegen. Die Staatsregierung habe diese Verstöße auch in ihrer Beantwortung der Frage 2 der Kleinen Anfrage vom 2. Dezember 1996 wahrheitswidrig verschwiegen.

Der Antragsteller hat mit Schriftsatz vom 18. April 1997, bei dem Verfassungsgerichtshof eingegangen am 25. April 1997, ein Organstreitverfahren nach Art. 81 Abs. 1 Nr. 1 SächsVerf eingeleitet und beantragt festzustellen,

> daß die Sächsische Staatsregierung den Antragsteller dadurch in seinen verfassungsmäßigen Rechten aus Art. 51 Abs. 1 der Sächsischen Verfassung verletzt, zumindest jedoch unmittelbar gefährdet hat, daß sie Fragen, die der Antragsteller zu Auswirkungen der Bundeswehrübung „Jäger 96" im Landschaftsschutzgebiet Sächsische Schweiz in der Fragestunde während der 46. Sitzung des 2. Sächsischen Landtages am 15. November 1996 und in einer Kleinen Anfrage (LT-Drs. 2/4519) an sie gerichtet hatte, weder nach bestem Wissen noch vollständig beantwortet sowie in der Fragestunde am 15. November 1996 eine den Gegenstand betreffende Nachfrage des Antragstellers als unzulässig zurückgewiesen hat.

Die Antragsgegnerin hält diesen Antrag für unzulässig, soweit er die Nichtbeantwortung der Zusatzfrage 2 in der Fragestunde vom 15. November 1996 zum Gegenstand hat. Die Frage sei mit der Antwort auf Frage 5 der Kleinen Anfrage vom 2. 12. 1996 nachträglich beantwortet worden und damit erledigt. Hierdurch entfalle das Rechtsschutzbedürfnis.

Im übrigen seien die mündlichen Anfragen vollständig und zutreffend beantwortet worden. Die erste Frage und die sie betreffende Zusatzfrage seien richtig beantwortet, denn Schäden oder Gesetzesverletzungen seien der Staatsregierung am 15. November 1996 nicht bekannt gewesen. Es hätten allenfalls Verdachtsmomente vorgelegen, nach denen aber nicht gefragt worden sei.

Die im Bericht der Nationalparkverwaltung geschilderten Ereignisse seien von den Berichten der Gemeinden und des Landkreises nicht bestätigt worden und hätten daher nur Anlaß sein können, die Angelegenheit näher zu untersuchen. Dies sei in den zwei Wochen zwischen Eingang des Berichtes am 1. November 1996 und der Beantwortung der Fragen am 15. November 1996 nicht möglich gewesen. Darüber hinaus sei zweifelhaft, ob die Vorfälle, die die Nationalparkverwaltung in ihrem Bericht vom 29. Oktober 1996 wiedergegeben habe, überhaupt Verletzungen von Auflagen oder Gesetzen darstellten. Der Landkreis Sächsische Schweiz habe nur die Auflage erteilt, den Einsatz von Luftfahrzeugen auf das unbedingt notwendige Maß zu beschränken (Schreiben vom 1. Oktober 1996 unter Nr. 3). Es sei fraglich, ob die

Schutzgebietskarte in Verbindung mit der Anmeldung der Übung Gesetzesqualität besitze.

Nur Verdachtsmomente enthalte auch ein Schreiben des BUND an den Ministerpräsidenten über die Gefährdung von Wanderern durch Bundeswehrfahrzeuge, da weder die Namen der Betroffenen genannt würden noch bisher Anzeige erstattet worden sei.

Richtig beantwortet seien auch die Fragen 1 und 2 der Kleinen Anfrage vom 2. Dezember 1996. Es treffe zu, daß der Bericht der Nationalparkverwaltung in die am 15. November 1996 erteilte Antwort auf Frage 1 der mündlichen Anfrage eingeflossen sei. Da in Frage 2 der Kleinen Anfrage nach den wesentlichen Inhalten der Bewertung durch die Nationalparkverwaltung, nicht nach den mitgeteilten Tatsachen gefragt worden sei, habe sich die Antwort auf die Zusammenfassung der Schlußfolgerungen beschränken können.

B.

Der Antrag ist zulässig.

I.

Der Rechtsweg zum Verfassungsgerichtshof ist gemäß Art. 81 Abs. 1 Nr. 1 SächsVerf gegeben. Eine verfassungsrechtliche Streitigkeit im Sinne dieser Bestimmung liegt vor. Die Beteiligten streiten über den Umfang der Rechte und Pflichten aus ihrem wechselseitigen Verfassungsrechtsverhältnis in einem konkreten Anwendungsfall, aus dessen Anlaß über die Auslegung der SächsVerf zu entscheiden ist. Im Streit steht der Anspruch eines Abgeordneten des Sächsischen Landtages gegenüber der Staatsregierung auf Beantwortung von Fragen in der Fragestunde sowie von einer Kleinen Anfrage. Dieser Anspruch kann sich aus Art. 51 SächsVerf ergeben.

II.

Das erforderliche Rechtsschutzinteresse ist auch hinsichtlich der Antwort auf die Zusatzfrage 2 zur mündlichen Anfrage vom 15. November 1996 gegeben. Zwar hat die Staatsregierung auf eine Kleine Anfrage des Antragstellers vom 2. Dezember 1996, die einen im wesentlichen identischen Inhalt hatte, am 7. Januar 1997 eine von ihm nicht beanstandete Antwort erteilt (Ziff. 5 der Antwort). Jedoch kann der Anspruch aus Art. 51 SächsVerf in seiner Ausgestaltung durch die in Art. 51 Abs. 3 SächsVerf vorgesehene Geschäftsordnung nur in dem konkreten Verfahren erfüllt werden, das der Abgeordnete gewählt hat. Um bestimmte Informationen zu erhalten, kann sich der Abgeordnete sowohl des Fragerechts nach § 58 GO als auch der

Kleinen Anfrage nach § 60 GO bedienen. Beide Verfahren sind indes verschieden ausgestaltet. Unbeschadet der Tatsache, daß der Abgeordnete im Ergebnis die gleichen Informationen in beiden Verfahren erhalten kann, dienen sie verschiedenen Zwecken. Im Rahmen einer Fragestunde soll dem Abgeordneten Gelegenheit gegeben werden, durch kurze mündliche Anfragen, die zugleich eine kurze Beantwortung erlauben (vgl. Nr. 1 und 5 der Richtlinie für die Fragestunde), aktuell einen Sachverhalt in Erfahrung zu bringen. Die Befugnis des Landtagspräsidenten, Zusatzfragen und weitere Zusatzfragen anderer Mitglieder des Landtages zuzulassen (Nr. 9 und 10 der Richtlinie für die Fragestunde), ermöglicht in begrenztem Umfang eine zeitnahe parlamentarische Debatte, die der Aktuellen Stunde (§ 59 GO) nahekommt. Demgegenüber sind Kleine Anfragen eher geeignet, zur Aufklärung umfangreicher Sachkomplexe beizutragen, und dienen schon wegen der längeren Antwortfrist weniger zur zeitnahen Befriedigung eines aktuellen Informationsbedarfs. Sie können bis zu fünf Einzelfragen enthalten und werden in der Regel schriftlich beantwortet (§ 60 Abs. 3 Satz 1 GO). Zusatzfragen sind daher nicht möglich. Nur wenn der Abgeordnete unter den Voraussetzungen des § 60 Abs. 5 GO, d. h. mit erheblicher zeitlicher Verzögerung nach Ablauf von vier Sitzungswochen, eine mündliche Beantwortung verlangt, können von ihm zwei Zusatzfragen gestellt werden, nicht jedoch weitere Zusatzfragen anderer Abgeordneter. Diese unterschiedlichen Funktionen und Zielsetzungen können für die Wahl des Abgeordneten zwischen beiden Verfahren ausschlaggebend sein. Da das Informationsrecht des Antragstellers aus Art. 51 Abs. 1 SächsVerf auch diese Wahlmöglichkeit umfaßt, kann er zur Erfüllung des Anspruchs auf Beantwortung seiner zweiten Zusatzfrage in der Fragestunde nicht auf eine Antwort im Rahmen seiner späteren Kleinen Anfrage verwiesen werden. Deshalb ließ die Beantwortung der Kleinen Anfrage vom 2. Dezember 1996 das Rechtsschutzbedürfnis hinsichtlich der Zusatzfrage 2 zur mündlichen Anfrage vom 15. November 1996 nicht entfallen.

III.

Der Antrag ist rechtzeitig gestellt (§ 18 Abs. 3 SächsVerfGHG). Soweit der Antragsteller geltend macht, daß seinem Recht auf Antwort in der Fragestunde vom 15. November 1996 nicht genügt wurde, beginnt die sechsmonatige Antragsfrist am 15. November 1996. Soweit er die Beantwortung der Kleinen Anfrage vom 2. Dezember 1996 angreift, beginnt die Frist mit der schriftlichen Beantwortung vom 7. Januar 1997, die dem Antragsteller in der Landtagsdrucksache 2/4519 vom 14. Januar 1997 mitgeteilt wurde. Der Antrag ging am 25. April 1997, somit hinsichtlich beider Vorgänge fristwahrend, bei dem Verfassungsgerichtshof ein.

C.

Die Antragsgegnerin hat den Antragsteller dadurch in seinen Rechten aus Art. 51 Abs. 1 Satz 1 der Verfassung des Freistaates Sachsen verletzt, daß sie in der 46. Plenarsitzung des Sächsischen Landtags vom 15. November 1996 Frage 1 seiner mündlichen Anfrage vom 6. November 1996 und seine beiden Zusatzfragen nicht nach bestem Wissen vollständig beantwortet hat. Im übrigen ist der Antrag unbegründet.

I.

Gemäß Art. 51 Abs. 1 SächsVerf haben die Staatsregierung oder ihre Mitglieder im Landtag und in den Ausschüssen Fragen einzelner Abgeordneter oder parlamentarische Anfragen nach bestem Wissen unverzüglich und vollständig zu beantworten.

1. Der Wortlaut des Art. 51 Abs. 1 Satz 1 SächsVerf enthält mit den Begriffen „nach bestem Wissen", „unverzüglich" und „vollständig" drei die Pflicht der Staatsregierung näher charakterisierende Merkmale, von denen hier allein „mit bestem Wissen" und „vollständig" relevant sind. Sie stehen in engem sachlichen Zusammenhang und beeinflussen einander.

Bestem Wissen entspricht die Antwort, wenn das Wissen, das bei der Staatsregierung präsent ist, sowie jene Informationen, die innerhalb der Antwortfrist mit zumutbarem Aufwand zumindest in ihren Geschäftsbereichen eingeholt werden können, mitgeteilt werden. Soweit ein Staatsminister namens der Staatsregierung antwortet, kommt es nicht auf das Wissen des Antwort erteilenden Staatsministers, sondern auf das Wissen der Staatsregierung an.

Vollständig ist die Antwort, wenn alle Informationen, über die die Staatsregierung verfügt oder mit zumutbarem Aufwand verfügen könnte, lückenlos mitgeteilt werden, d. h. nichts, was bekannt ist oder was mit zumutbarem Aufwand hätte in Erfahrung gebracht werden können, verschwiegen wird. Nicht vollständig ist auch eine ausweichende Antwort (vgl. StGH Niedersachsen, Beschluß vom 25. November 1997, StGH 1/97).

2. Dieses Verständnis des Wortlauts von Art. 51 Abs. 1 SächsVerf entspricht auch dem Sinn und Zweck des Fragerechts. Der Abgeordnete soll mit den von der Staatsregierung erlangten Auskünften seine verfassungsrechtlichen Aufgaben erfüllen können. Dazu gehören insbesondere die Beteiligung an der Gesetzgebung und die Kontrolle der Regierung. Das Fragerecht des Abgeordneten aus Art. 51 SächsVerf dient dazu, den Mitgliedern des Parlaments die Informationen zu verschaffen, die sie zu ihrer Arbeit, insbesondere

zu einer wirksamen Kontrolle der Regierung und Verwaltung, benötigen. Die Staatsregierung als Spitze der Landesverwaltung verfügt über Mittel für eine umfassende Sammlung, Sichtung und Aufbereitung der für die Bewältigung der Staatsaufgaben erforderlichen Informationen. Das Fragerecht soll dem Abgeordneten die Teilhabe an diesen Informationen ermöglichen.

3. Der Umfang der Antwortpflicht ist jedoch beschränkt. Die Geschäftsordnung des Sächsischen Landtages, die in Ausführung des Art. 51 Abs. 3 SächsVerf ergangen ist, enthält verschiedene Frageverfahren mit unterschiedlichen zeitlichen Vorgaben für die Beantwortung. Im Rahmen dieser zeitlichen Beschränkungen kann nicht in jedem Falle das Ausschöpfen jeder denkbaren Erkenntnisquelle verlangt werden.

II.

1. Diese Rechte des Antragstellers hat die Sächsische Staatsregierung dadurch verletzt, daß der Staatsminister des Innern auf die Frage 1 des Antragstellers in der Fragestunde vom 15. November 1996, die lautete:

„1. Welche Schäden, welche Beeinträchtigungen von Bürgerinnen und Bürgern, welche Verletzungen der erteilten Auflagen für die Durchführung und ggf. welche Gesetzesverstöße (z. B. unerlaubtes Überfliegen des Nationalparkes, Nichteinhaltung der vorgeschriebenen Flughöhe, Befahren von Wegen außerhalb des genehmigten Übungsgeländes) u. ä. sind der Staatsregierung bis dato im Zusammenhang mit der Bundeswehrübung ‚Jäger 96' bekannt geworden?"

antwortete:

„Herr Abgeordneter, Ihre erste Frage beantworte ich mit ‚keine'. Ich zitiere dazu aus dem Schreiben des Landratsamtes Sächsische Schweiz vom 11. November 1996: ‚Nach Rücksprache mit den von der Bundeswehrübung Jäger 96 betroffenen Gemeinden Gohrisch und Reinhardtsdorf-Schöna liegen keine Erkenntnisse über Schäden oder erhebliche Beeinträchtigungen infolge der Übung vor. Gleiches gilt für die mit der Übung befaßten Fachämter des Landkreises Sächsische Schweiz, das Umweltamt sowie das Ordnungsamt.'"

Der Staatsregierung lag zu diesem Zeitpunkt der Bericht der Nationalparkverwaltung vom 29. Oktober 1996 vor. Dieser enthielt Mitteilungen zu Tiefflügen der Bundeswehr, die nach den berichteten Sachverhalten gegen § 6 Abs. 1 LuftVG, § 17 Abs. 3 S. 1 SächsNatSchG i. V. m. § 6 Abs. 1 Nr. 16 der VO über die Festsetzung des Nationalparkes Sächsische Schweiz vom 12. 9. 1990 (GBl. DDR 1990, Sonderdruck Nr. 1470 v. 1. 10. 1990, fortgeltend gem. Art. 9 EinigungsV, Anlage II Kap. XII, Abschn. III Nr. 5e) verstießen, an die auch die Bundeswehr gebunden ist, ohne daß § 30 Abs. 1 LuftVG oder § 68 Abs. 3 BLG dies ausnahmsweise erlaubt hätten.

Die Frage bezog sich nach ihrem Wortlaut „bekannt geworden" auf die der Staatsregierung vorliegenden Erkenntnisse über Schäden und Vorkommnisse der beschriebenen Art. So wurde die Frage auch von der Antragsgegnerin verstanden, die in ihrer Antwort die Formulierung – „keine Erkenntnisse" – verwendete. Entgegen der von der Staatsregierung vertretenen Auffassung, mitteilungspflichtige Erkenntnisse lägen erst dann vor, wenn sie den Wahrheitsgehalt des Berichts der Nationalparkverwaltung vom 29. Oktober 1996 überprüft und bewertet habe, richtete sich die Frage auf der Staatsregierung zur Kenntnis gelangte Informationen. Wenn sie die im Bericht dargestellten Verstöße für überprüfungsbedürftig hielt, hätte sie darauf hinweisen können.

2. Die Antragsgegnerin hat die Zusatzfrage, welche lautete:

„1. Habe ich Ihren Ausführungen richtig entnommen, daß Sie hier sagen, es liege Ihnen noch kein Gutachten der Nationalparkverwaltung über Dinge vor, die im Zusammenhang mit der Übung geschehen sind? Meines Wissens soll es das Gutachten geben."

ausweichend und damit nicht nach bestem Wissen vollständig beantwortet. Die Antwort des Staatsministers des Innern:

„Ich bleibe bei meiner Antwort ‚keine'. Diese Antwort beruht auf der hier zitierten Äußerung des Landratsamtes sowie einer eingeholten Stellungnahme des Umweltministeriums."

verfehlt die Zusatzfrage. Der Antragsteller hatte nicht erneut nach Erkenntnissen über Schäden und sonstige Vorkommnisse gefragt, sondern nunmehr konkreter nach einer bestimmten Erkenntnisquelle, nämlich danach, ob der Antragsgegnerin ein Gutachten der Nationalparkverwaltung über Dinge vorliege, die sich im Zusammenhang mit der Wehrübung ereignet haben. Die Antwort hätte, statt zu wiederholen, daß Erkenntnisse über Schäden und sonstige Vorkommnisse nicht vorlägen, die Stellungnahme der Nationalparkverwaltung vom 29. Oktober 1996, die der Antragsgegnerin seit 1. November 1996 vorlag, nennen müssen, und zwar ohne Rücksicht darauf, ob sich die Antragsgegnerin die darin enthaltenen Feststellungen und Wertungen zu eigen macht.

3. Die zweite Zusatzfrage des Antragstellers blieb am 15. November 1996 unbeantwortet.
Diese lautete:

„Die zweite Nachfrage: Sie sind nicht auf das Problem einer generellen Ablehnung von Militärübungen in Landschaftsschutzgebieten eingegangen. Ich frage Sie also noch einmal: Wie steht die Staatsregierung zu einem generellen Verbot von Militärübungen im Bereich von Landschaftsschutzgebieten?"

Der Staatsminister des Innern antwortete:

> „Die Nachfrage ist nicht Teilstück Ihrer hier gestellten schriftlichen Anfrage."

und auf den Einwurf des Antragstellers: „Das steht doch genau drin,"

> „Aber Sie haben 1. und 2. gefragt. Das andere ist Vorspann."

Die Verweigerung einer Antwort in der 46. Plenarsitzung auf die zweite Zusatzfrage verletzte das Recht des Antragstellers auf eine Antwort. Die schriftliche Antwort, die am 7. Januar 1997 auf eine im wesentlichen gleichlautende, nachgeschobene Kleine Anfrage gegeben wurde, war aus den unter B. II. genannten Gründen nicht geeignet, den Anspruch zu erfüllen.

4. Frage 1 der Kleinen Anfrage vom 2. Dezember 1996, welche lautete:

> „1. Warum wurde auf meine Frage, über welche Erkenntnisse die Staatsregierung hinsichtlich von konkreten Schäden, Gefahren für Personen oder Gesetzesverstöße verfügt, nicht nur ein offener Brief des BUND an den Ministerpräsidenten im Zusammenhang mit der Gefährdung von Menschen verschwiegen, sondern auch eine Auswertung der o. g. Bundeswehrübung durch die Nationalparkverwaltung?"

wurde nicht nach bestem Wissen vollständig beantwortet.

Der Staatsminister des Innern antwortete wie folgt:

> „Die Nationalparkverwaltung hatte auf Anforderung nach Beendigung der Übung einen dienstlichen Bericht gegeben. Diese Erkenntnisse sind – wie auch die Stellungnahmen betroffener Kommunen und anderer Behörden – in meine am 15. November 1996 gegebene Antwort mit eingeflossen."

Die Antwort erfolgte deshalb nicht nach bestem Wissen vollständig, weil es nicht zutrifft, daß der dienstliche Bericht der Nationalparkverwaltung vom 29. Oktober 1996 in die Antwort des Staatsministers eingeflossen ist. Die Formulierung „eingeflossen" besagt, daß die Informationen in irgendeiner Weise berücksichtigt wurden. Dieser Bericht ist aber weder erwähnt, noch ist sein Inhalt oder sind Teile davon in die Antwort übernommen. Erwähnt ist nur eine „eingeholte Stellungnahme" des Umweltministeriums. Die Antragsgegnerin hat im übrigen in diesem Organstreitverfahren selbst klargestellt, daß der Bericht der Nationalparkverwaltung deshalb nicht berücksichtigt wurde, weil sie die darin enthaltenen Informationen und Wertungen für überprüfungsbedürftig hielt.

5. Nicht zu beanstanden ist indes die durch den Staatsminister des Innern auf die zweite Frage der Kleinen Anfrage vom 2. Dezember 1996 erteilte Antwort der Staatsregierung, welche lautet:

„Welches sind die wesentlichen Inhalte der Bewertung durch die Nationalparkverwaltung, insbesondere hinsichtlich eventuell registrierter Verstöße gegen Auflagen oder Gesetze zum Schutze des Nationalparks?"

Die Antwort lautete:

„Die Nationalparkverwaltung Sächsische Schweiz bewertet im Hinblick auf die o. a. Übung, daß ‚zumindest eine Beschränkung von Luftübungen der Bundeswehr auf Bereiche außerhalb des Nationalparks praktisch nicht realisierbar' sei. Im übrigen enthält der verwaltungsinterne Bericht der Nationalparkverwaltung Sachverhaltsschilderungen sowie Bewertungen anderer und eigene Schlußfolgerungen."

Zwar ist in der Antwort nicht wiedergegeben, warum nach Ansicht der Nationalparkverwaltung eine Beschränkung von Luftübungen der Bundeswehr auf Bereiche außerhalb des Nationalparks nicht realisierbar ist, nämlich wegen des mehrfachen Eindringens von Luftfahrzeugen in den Nationalpark. Nach den Gründen für die Bewertung hat indes der Antragsteller nicht gefragt, vielmehr nach deren „wesentlichen Inhalten". Damit hat die Staatsregierung ihrer Pflicht zur Beantwortung genügt. Der Umstand, daß der Antragsteller nicht nach dem gesamten Inhalt, sondern nach den wesentlichen Inhalten gefragt hat, erlaubte es der Antragsgegnerin, aus ihrer Sicht zu gewichten, was sie als wesentlichen Inhalt wertet und die Antwort hierauf zu beschränken.

D.

Die Entscheidung ergeht kostenfrei (§ 16 Abs. 1 SächsVerfGHG). Es erscheint angemessen, dem Antragsteller seine notwendigen Auslagen zu erstatten (§ 16 Abs. 4 SächsVerfGHG).

Nr. 5

1. Zur Prüfung formellen Bundesrechts an der Sächsischen Verfassung.[*]

2. Zur Verletzung rechtlichen Gehörs wegen fehlerhafter Anwendung der Präklusionsvorschriften der ZPO.[*]

* Nichtamtlicher Leitsatz.

Verfassung des Freistaates Sachsen Art. 78 Abs. 2

Grundgesetz Art. 103 Abs. 1, 142

Zivilprozeßordnung §§ 277 Abs. 1, 282 Abs. 1, 296 Abs. 1

Beschluß vom 14. Mai 1998 – Vf. 1-IV-95 –

in dem Verfahren über die Verfassungsbeschwerde der S. GmbH

Entscheidungsformel:

1. Das Urteil des Amtsgerichts Eilenburg – Zweigstelle Delitzsch – vom 21. Dezember 1994 verletzt die Beschwerdeführerin in ihrem Grundrecht aus Artikel 78 Absatz 2 der Verfassung des Freistaates Sachsen. Es wird aufgehoben. Die Sache wird an das Amtsgericht zurückverwiesen.

2. Der Freistaat Sachsen hat der Beschwerdeführerin ihre notwendigen Auslagen zu erstatten.

Gründe:

Die Beschwerdeführerin wendet sich mit der Verfassungsbeschwerde (Vf. 1-IV-95) gegen ein Urteil des Amtsgerichts Eilenburg – Zweigstelle Delitzsch – vom 21.12.1994, das sie zur Zahlung von DM 1 436,00 nebst 6 % Zinsen hieraus seit dem 27.1.1994 sowie zur Zahlung von 14,79 DM Nebenkosten verpflichtet hat.

I.

Dem Rechtsstreit lag folgender Sachverhalt zugrunde:

1. Die Klägerin des Ausgangsverfahrens erledigte für die Beschwerdeführerin deren Buchhaltung und beriet diese steuerlich. Sie ist Inhaberin eines von der Beschwerdeführerin am 26. Januar 1994 begebenen Verrechnungsschecks über 1 436,00 DM. Die näheren Umstände der Scheckausstellung sind streitig. Nachdem die Klägerin des Ausgangsverfahrens den Scheck am 27. Januar 1994 bei der bezogenen Bank zur Zahlung vorgelegt hatte, dieser jedoch wegen Schecksperre nicht eingelöst worden war, nahm sie die Beschwerdeführerin – nach vorausgegangenem Mahnverfahren – zunächst im Scheckprozeß als Ausstellerin des Schecks in Anspruch.

Mit Schriftsätzen vom 7. September 1994 und 22. September 1994 widersprach die Prozeßbevollmächtigte der Beschwerdeführerin der Forderung im Scheckprozeß, beantragte, der Beschwerdeführerin die Ausführung ihrer Rechte im Nachverfahren vorzubehalten und machte Einwendungen gegen die Scheckverpflichtung der Beschwerdeführerin geltend, die sie auf die Behauptung stützte, die Scheckausstellung sei aufgrund einer widerrechtlichen Drohung seitens der Klägerin erfolgt. Die Klägerin habe sie wegen angeblich noch offener Vergütungsansprüche zur Scheckausstellung veranlaßt und ihr gedroht, ansonsten Geschäftsunterlagen, die sich aufgrund der buchhalterischen Tätigkeit noch in ihrem Besitz befanden, nicht herauszugeben. Da die Unterlagen von ihr dringend benötigt worden seien, habe sie den Scheck über 1 436,00 DM ausgestellt. Die Scheckbegebung habe sie aber wegen widerrechtlicher Drohung gemäß § 123 Abs. 1 BGB angefochten. Im übrigen bestreitet sie, daß die Klägerin für die in Rechnung gestellten 1 436,00 DM tatsächlich Leistungen erbracht habe. Wegen der aus ihrer Sicht mangelhaften Durchführung der Buchhaltungsarbeiten durch die Klägerin behalte sie sich zudem die Erhebung einer Widerklage vor. Zum Beweis dafür, daß die Konten durch die Klägerin nicht abgestimmt sowie die Wertansätze in den Jahresabschlüssen nicht ordnungsgemäß gewesen seien und die Buchhaltung deshalb völlig neu erstellt werden mußte, wodurch ihr erhebliche Kosten entstanden seien, legte die Beschwerdeführerin in einer Anlage zum Schriftsatz vom 22. September 1994 ein Schreiben ihres jetzigen Steuerberaters vor.

Im Termin zur mündlichen Verhandlung vor dem Amtsgericht Eilenburg am 9.9.1994 erklärte die Klägerin die Abstandnahme vom Scheckprozeß. Daraufhin bot die Prozeßbevollmächtigte der Beschwerdeführerin zum Beweis für die Behauptung, die Scheckbegebung sei aufgrund einer widerrechtlichen Drohung seitens der Klägerin erfolgt, das Zeugnis der Ehefrau des Geschäftsführers der Beschwerdeführerin an. Zum Beweis für die Behauptung, die Klägerin habe für den erhaltenen Scheck keine Leistungen erbracht, benannte sie ihren jetzigen Steuerberater als Zeugen. Die Klägerin rügte die Beweisangebote als verspätet und beantragte, die Beschwerdeführerin zu verurteilen, an sie die Schecksumme über 1 436,00 DM nebst 6 v. H. Zinsen seit dem Tag der Vorlegung des Schecks sowie 14,79 DM Schecknebenkosten zu bezahlen.

Das Amtsgericht Eilenburg verurteilte die Beschwerdeführerin antragsgemäß und führte zur Begründung aus, die von der Beschwerdeführerin behauptete widerrechtliche Drohung bei der Scheckbegebung sei von ihr nicht bewiesen worden. Das zum Beweis dieser Behauptung angebotene Zeugnis der Ehefrau des Geschäftsführers der Beschwerdeführerin sei „wegen Verstoßes gegen die allgemeine Prozeßförderungspflicht gemäß §§ 277 Abs. 1, 282 Abs. 1, 296 Abs. 1 ZPO als verspätet zurückzuweisen". Zur Erhebung des Beweises sei die Anberaumung eines weiteren Verhandlungstermines erforderlich, welcher die Erledigung des Rechtsstreites verzögern würde. Durch die Abstandnahme der Klägerin vom Scheckprozeß sei gemäß § 596 ZPO das ordentliche Verfahren eingeleitet worden, womit die Beschwerdeführerin stets habe rechnen müssen. Durch ihren Schriftsatz vom 22. September 1994 habe sie auch erkennen lassen, daß sie mit einer solchen prozessualen Erklärung rechnete. Sie habe ausreichend Gelegenheit gehabt, sich zu dem Klagevorbringen zu äußern und entsprechende Beweise anzubieten. Die Behauptung, den Scheck erst auf eine widerrechtliche Drohung der Klägerin hin ausgestellt zu haben, habe sie bereits in ihrem Schriftsatz vom 22. September 1994 aufgestellt. Es sei ihr bereits zu diesem Zeitpunkt ohne weiteres möglich gewesen, den erst im Termin vom 9. November 1994 angebotenen Zeugenbeweis anzutreten. Die Einwendung der Beschwerdeführerin, die Klägerin habe keine Leistungen erbracht, die die Ausstellung des Schecks in Höhe von 1 436,00 DM rechtfertigen würden, sei rechtlich unbeachtlich. Das nachträgliche Beweisangebot durch das Zeugnis des jetzigen Steuerberaters der Beschwerdeführerin sei aus den gleichen Gründen als verspätet zurückzuweisen.

2. Mit ihrer am 19. Januar 1995 erhobenen Verfassungsbeschwerde rügt die Beschwerdeführerin eine Verletzung ihres Anspruches auf rechtliches Gehör. Zur Begründung führt sie aus, die Abstandnahme vom Scheckprozeß in der mündlichen Verhandlung vom 9. November 1994 sei für sie überraschend erfolgt und habe von ihr nicht vorhergesehen werden können. Ihre Beweisangebote seien zu Unrecht als prozessual verspätet zurückgewiesen worden. Soweit das Gericht bereits in der mündlichen Verhandlung erklärt habe, ihre Beweisangebote seien verspätet, sei dies offenkundig falsch und mit der ZPO nicht in Übereinstimmung zu bringen. Die Verzögerung des Prozesses sei nicht durch sie, sondern durch die Klägerseite eingetreten, die weder rechtzeitig vor dem Termin das Abgehen vom Scheckprozeß erklärt noch auf ihre Klageerwiderung, in der sie bereits den Scheckanspruch bestritten habe, geantwortet habe, obwohl hierfür ein Zeitraum von ca. acht Wochen zur Verfügung gestanden habe. Statt dessen habe sie im Termin zur mündlichen Verhandlung überraschend die Abstandnahme vom Scheckprozeß erklärt und das Vorbringen, welches ihr seit dem Schriftsatz der Beschwerdeführerin vom 22. September 1994 bekannt war, unsubstantiiert bestritten. Der Verzögerungseinwand treffe auch deshalb nicht zu, weil in der Zeit zwischen dem Termin zur mündlichen Verhandlung am 9. November 1994 und dem Verkündungstermin vom 21. Dezember 1994 problemlos weitere Termine hätten angesetzt werden können.

3. Der Verfassungsgerichtshof sah sich zunächst an einer Entscheidung dadurch gehindert, daß er mit seiner Ansicht, Art. 31 GG stehe einer Überprüfung der Anwendung von gerichtlichem Verfahrensrecht des Bundes am Maßstab der Sächsischen Verfassung nicht entgegen, insoweit von der ständi-

gen Rechtsprechung des Hessischen Staatsgerichtshofs abwich. Der Verfassungsgerichtshof beschloß daher am 20. September 1995, das Verfahren auszusetzen und gemäß Art. 100 Abs. 3 GG eine Entscheidung des Bundesverfassungsgerichts darüber einzuholen, ob Art. 31 GG so auszulegen ist, daß er dem Sächsischen Verfassungsgerichtshof nicht gestatte, die Anwendung von gerichtlichem Verfahrensrecht des Bundes am Maßstab der Sächsischen Verfassung zu überprüfen. Das Bundesverfassungsgericht hat mit Beschluß vom 15. Oktober 1997 (2 BvN 1/95) der Divergenzvorlage stattgegeben und festgestellt, daß das Grundgesetz den Verfassungsgerichtshof nicht daran hindert, die Anwendung von Bundesrecht des gerichtlichen Verfahrens durch Gerichte des Freistaates Sachsen an den Grundrechten und grundrechtsgleichen Gewährleistungen der Sächsischen Verfassung zu messen, soweit sie den gleichen Inhalt wie entsprechende Rechte des Grundgesetzes haben.

4. Weder das Sächsische Staatsministerium der Justiz noch die Prozeßgegnerin des Ausgangsverfahrens haben sich zu dem Verfahren geäußert.

II.

1. Die Verfassungsbeschwerde ist zulässig.

a) Der Verfassungsgerichtshof ist zur Entscheidung über die Verfassungsbeschwerde befugt. Er kann ohne Verstoß gegen das Grundgesetz prüfen, ob das angegriffene Urteil des Amtsgerichts Eilenburg vom 21. Dezember 1994 bei der Anwendung von §§ 277 Abs. 1, 282 Abs. 1, 296 Abs. 1 ZPO, auf die gestützt es einen Beweisantrag der Beschwerdeführerin als verspätet zurückgewiesen hat, gegen deren Anspruch auf rechtliches Gehör aus Art. 78 Abs. 2 SächsVerf verstößt.

aa) Das Amtsgericht Eilenburg ist ein Gericht des Freistaates Sachsen; sein Urteil stellt einen Akt der Landesstaatsgewalt dar. Dieser beruht auf der Anwendung von gerichtlichem Verfahrensrecht des Bundes insofern, als nicht auszuschließen ist, daß die Entscheidung anders ausgefallen wäre, wenn sie sich nicht auf §§ 277 Abs. 1, 282 Abs. 1, 296 Abs. 1 ZPO gestützt hätte und statt dessen der Beschwerdeführerin durch Vertagung Gelegenheit zum Beweis ihrer Behauptungen gegeben worden wäre.

bb) Bei der Anwendung der §§ 277 Abs. 1, 282 Abs. 1, 296 Abs. 1 ZPO war das Amtsgericht Eilenburg an Grundrechte der Landesverfassung gebunden, die nach Art. 142 GG „ungeachtet der Vorschrift des Artikels 31" wirksam sind (vgl. BVerfG, Beschluß vom 15. Oktober 1997, Umdruck, S. 38 f). Dazu zählt der Anspruch auf rechtliches Gehör aus Art. 78 Abs. 2

SächsVerf. Die Behauptung der Beschwerdeführerin, sie sei durch die fehlerhafte Anwendung der genannten Präklusionsvorschriften in ihrem Anspruch auf rechtliches Gehör aus Art. 78 Abs. 2 SächsVerf verletzt, könnte einen Verstoß gegen die Landesverfassung begründen.

cc) Der Anspruch auf rechtliches Gehör aus Art. 78 Abs. 2 SächsVerf ist in bezug auf den vorliegend zu entscheidenden Fall auch im Grundgesetz inhaltsgleich gewährleistet. Die fehlerhafte Anwendung von Präklusionsvorschriften der Zivilprozeßordung könnte einen Verstoß nicht nur gegen Art. 78 Abs. 2 SächsVerf, sondern mit gleicher Maßgabe und im selben Umfang ebenso gegen Art. 103 Abs. 1 GG darstellen (vgl. BVerfGE 75, 302, 314f). Würde der Fall nach dem Grundgesetz zu entscheiden sein, müßte daher der Verfassungsgerichtshof, wenn das angegriffene Urteil gegen Art. 78 Abs. 2 SächsVerf verstößt, bei Art. 103 Abs. 1 GG als Prüfungsmaßstab ebenfalls zur Begründetheit der Verfassungsbeschwerde gelangen (unten 2b).

b) Die Verfassungsbeschwerde gegen das am 4. Januar 1995 zugestellte Urteil des Amtsgerichts Eilenburg ist innerhalb der Monatsfrist des § 29 Abs. 1 Satz 1 SächsVerfGHG erhoben und ordnungsgemäß begründet worden (§ 28 SächsVerfGHG). Die Beschwerdeführerin rügt eine Verletzung des Grundrechts auf rechtliches Gehör (Art. 78 Abs. 2 SächsVerf) im amtsgerichtlichen Verfahren und hat die jenen Vorwurf stützenden tatsächlichen Umstände hinreichend konkret und substantiiert dargelegt.

2. Die Verfassungsbeschwerde ist auch begründet. Das angegriffene Urteil des Amtsgerichts Eilenburg verletzt die Beschwerdeführerin dadurch in ihrem Grundrecht auf rechtliches Gehör (Art. 78 Abs. 2 SächsVerf), daß es unter Berufung auf Präklusionsvorschriften der ZPO ihre Beweisangebote zurückgewiesen hat, obwohl nach dem Übergang vom Scheckprozeß zum Normalverfahren insbesondere der Zeugenbeweis hätte zugelassen werden müssen.

a) Zwar ist es nicht Aufgabe des Verfassungsgerichtshofs, Entscheidungen der Fachgerichte allgemein auf die richtige Auslegung der Gesetze und die korrekte Anwendung des einfachen Rechts im konkreten Fall hin zu kontrollieren. Denn der Verfassungsgerichtshof ist kein Rechtsmittelgericht. Es ist jedoch zu prüfen, ob bei der Anwendung von einfachem Recht, hier der Zivilprozeßordnung, Grundrechte der Beschwerdeführerin verletzt worden sind. Das ist hier der Fall.

b) Das Grundrecht auf rechtliches Gehör, wie es in Art. 78 Abs. 2 SächsVerf und in Art. 103 Abs. 1 GG gewährleistet ist, begründet die Pflicht des Gerichts, vor dem Erlaß der Entscheidung zu prüfen, ob die Verfahrensbeteiligten ausreichend Gelegenheit hatten, sich zu äußern und die ihnen zweckmäßig erscheinenden Prozeßhandlungen vorzunehmen (vgl. BVerfGE 36, 85, 88; 42, 243, 246; 50, 280, 185 f). Demgegenüber beschränken die Präklusionsvorschriften der Zivilprozeßordnung im Interesse der Verfahrensbeschleunigung die Möglichkeit der Parteien, mit ihren Angriffs- und Verteidigungsmitteln berücksichtigt zu werden, und stellen somit zugleich Grenzen der Gewährung rechtlichen Gehörs dar.

Im Lichte des Art. 78 Abs. 2 SächsVerf wie des Art. 103 Abs. 1 GG betrachtet, haben Präklusionsvorschriften strengen Ausnahmecharakter, weil sie sich nachteilig auf das Bemühen um eine materiell richtige Entscheidung auswirken können und mit einschneidenden Folgen für die säumige Partei verbunden sind (vgl. BVerfGE 55, 72, 94; 59, 330, 334; 60, 1, 6; 62, 249, 254; 63, 177, 180; 67, 39, 41; 69, 145, 149; 75, 302, 312). Dieser Ausnahmecharakter gebietet es, die Auslegung und Anwendung solcher das rechtliche Gehör beschränkenden Vorschriften durch die Fachgerichte schon wegen der Intensität des Eingriffs einer strengeren verfassungsgerichtlichen Kontrolle zu unterziehen, als dies bei der Anwendung einfachen Rechts üblich ist. Denn Präklusionsvorschriften haben schon ihrer Natur nach einen engen Grundrechtsbezug, bewegen sich also stets im grundrechtsrelevanten Bereich.

Dennoch stellt nicht jede unrichtige Anwendung von Präklusionsvorschriften durch die Fachgerichte zugleich auch einen Verfassungsverstoß dar. Sonst würden sie als äußerste verfassungsrechtliche Grenze einer Beschränkung des Anspruchs auf rechtliches Gehör praktisch auf die Ebene der Verfassung selbst gehoben werden. Daher ist das rechtliche Gehör auch bei fehlerhafter Auslegung oder Anwendung von Präklusionsvorschriften nur dann verletzt, wenn dadurch eine verfassungsrechtlich erforderliche Anhörung oder Einlassung nicht stattgefunden hat (vgl. BVerfGE 75, 302, 314 f). So verhält es sich hier.

c) Die bloße Verwechslung der Präklusionsvorschriften durch den Amtsrichter – statt § 296 Abs. 1 ZPO hätte Abs. 2 angewandt werden müssen – stellt noch keinen Verstoß gegen den Anspruch der Beschwerdeführerin auf Gewährung rechtlichen Gehörs dar (vgl. BVerfGE 75, 302, 315). Auch ist verfassungsrechtlich nicht zu beanstanden, daß der Amtsrichter unmittelbar nach Abstandnahme des Klägers vom Scheckprozeß beim selben Termin im ordentlichen Verfahren weiterverhandelt hat (vgl. *Zöller/Greger*, ZPO, 19. Aufl., § 596 Rdn. 9; *Braun*, in: Münchener Kommentar zur ZPO, § 596 Rdn. 6; *Stein/Jonas/Schlösser*, ZPO, 21. Aufl., § 596 Rdn. 7). Tritt die Beklagte jedoch wie hier nach der Abstandnahme vom Scheckprozeß gegen die nunmehr im ordentlichen Verfahren verfolgte Klageforderung Beweis an, darf dieser nicht als verspätet zurückgewiesen werden (*Zöller/Greger,* aaO; *Braun,* aaO; *Stein/Jonas/Schlösser,* aaO; *Wieczorek/Schütze,* ZPO, 2. Aufl., § 596 A II). Vielmehr bedarf es in diesem Fall, um dem Anspruch auf rechtliches Gehör (Art. 78 Abs. 2 SächsVerf) zu entsprechen, unausweichlich einer Vertagung, um so die Durchführung einer ordnungsgemäßen Beweisaufnahme mit allen nunmehr zulässigen Beweismitteln zu ermöglichen. Da im vorliegenden Fall kein weiterer Verhandlungs- bzw. Beweistermin anberaumt, sondern im Urteil des Amtsgerichts das Beweisangebot der Beschwerdeführerin als verspätet zurückgewiesen worden ist, hat eine verfassungsrechtlich erforderliche Anhörung nicht stattgefunden. Darin liegt ein Verstoß gegen das Grundrecht der Beschwerdeführerin aus Art. 78 Abs. 2 SächsVerf.

d) Schließlich darf der Beschwerdeführerin auch der Umstand, daß sie die Behauptung, den Scheck erst aufgrund einer widerrechtlichen Drohung ausgestellt zu haben, bereits in ihrem Schriftsatz vom 22. September 1994 vorgebracht hat und schon damals dafür hätte Beweis anbieten können, nicht entgegengehalten werden, weil sie im Scheckprozeß selbst unter Berücksichtigung ihrer allgemeinen Prozeßförderungspflicht nicht gehalten war, Beweismittel zu benennen, die erst in einem eventuellen Nachverfahren prozessual relevant sein konnten.

e) Im Ergebnis wurde durch die Ablehnung von Beweisanträgen der Beschwerdeführerin nach dem Übergang des Klägers im Ausgangsverfahren vom Scheckprozeß zum ordentlichen Verfahren im Urteil des Amtsgerichts Eilenburg ihr Grundrecht auf rechtliches Gehör (Art. 78 Abs. 2 SächsVerf) verletzt. Die angegriffene Entscheidung beruht auch auf diesem Verfassungsverstoß. Denn es ist nicht auszuschließen, daß sie anders, d. h. für die Beschwerdeführerin günstiger, ausgefallen wäre, wenn das Amtsgericht die von ihr benannten Zeugen vernommen hätte (vgl. BVerfGE 62, 249, 255 f). Somit mußte der Verfassungsbeschwerde stattgegeben und das angegriffene Urteil des Amtsgerichts Eilenburg aufgehoben werden.

III.

Die Kostenentscheidung beruht auf § 16 Abs. 1 und 3 SächsVerfGHG.

Nr. 6

1. **Zur Auslegung von Prozeßerklärungen im verfassungsgerichtlichen Verfahren.***

2. **Zu den Darlegungs- und Begründungsobliegenheiten bei der Rüge eines Grundrechtsverstoßes durch Verletzung fachgerichtlichen Verfahrensrechts.***

Verfassung des Freistaates Sachsen Art. 14 Abs. 1, 15, 18 Abs. 1, 28 Abs. 1, 78 Abs. 2

Sächsisches Verfassungsgerichtshofsgesetz § 27 Abs. 2 Satz 1 und Satz 2

Kündigungsschutzgesetz § 9 Abs. 1 Satz 2

Bürgerliches Gesetzbuch §§ 138 Abs. 1, 242

Zivilprozeßordnung § 320 Abs. 5

Sächsisches Personalvertretungsgesetz §§ 73 Abs. 2, 76 Abs. 2, 78 Abs. 1

Beschluß vom 14. Mai 1998 – Vf. 25-IV-97 –

in dem Verfahren über die Verfassungsbeschwerde des Herrn S.

Entscheidungsformel:

Die Verfassungsbeschwerde wird verworfen.

Gründe:

I.

Der Beschwerdeführer war Leiter des Rechtsamts des früheren Landkreises X. Mit seiner Verfassungsbeschwerde wendet er sich gegen Urteile des Arbeitsgerichts Z. und des Sächsischen Landesarbeitsgerichts, durch die sein Arbeitsverhältnis auf Antrag des Arbeitgebers aufgelöst wurde, gegen die Erteilung von Auskünften über ihn durch den Y.-Kreis und gegen die Ablehnung seines Antrags auf Tatbestandsberichtigung durch das Sächsische Landesarbeitsgericht.

1. Durch Schreiben vom 9. Juni 1994 teilte der Landrat des damaligen Landkreises X. dem Personalrat des Landratsamtes mit, daß er beabsichtige,

* Nichtamtlicher Leitsatz.

den Beschwerdeführer wegen Verstößen gegen die Arbeitszeitregelung und die Dienstordnung sowie wegen mangelnder charakterlicher Eignung zu kündigen. Nachdem der Personalrat der Kündigung zugestimmt hatte, kündigte der Landkreis das Arbeitsverhältnis mit Schreiben vom 21. Juni 1994 ordentlich zum 30. September 1994. Eine weitere, außerordentliche Kündigung vom 29. September 1994 wurde durch rechtskräftiges Teilurteil des Sächsischen Landesarbeitsgerichts vom 12. März 1996 für unwirksam erklärt. „In Ergänzung" zur Anhörung vom Juni 1994 teilte der Landrat des Y.-kreises dem Personalrat unter dem 3. Juni 1996 mit, daß nachträglich weitere Kündigungsgründe bekannt geworden seien. Nach Auskunft des Justizministeriums von B. sei dem Beschwerdeführer im Jahr 1987 die Zulassung als Rechtsanwalt entzogen worden. Aufgrund von Presseveröffentlichungen bestehe der Verdacht, daß der Beschwerdeführer wegen eines Vermögensdelikts vorbestraft sei, was er bei seiner Bewerbung im Jahr 1992 verschwiegen habe. Ein nachträglich vorgelegtes polizeiliches Führungszeugnis weise allerdings keine Eintragung auf.

2. Auf die Kündigungsschutzklage des Beschwerdeführers stellte das Arbeitsgericht Z. durch Urteil vom 25. Juli 1996 fest, daß das Arbeitsverhältnis durch die Kündigung vom 21. Juni 1994 nicht aufgelöst wurde. Zugleich löste es das Arbeitsverhältnis auf Antrag des beklagten Landkreises zum 30. September 1994 auf und verpflichtete ihn zur Zahlung einer Abfindung in Höhe von 21 835,35 DM.

In den Entscheidungsgründen führte das Gericht im wesentlichen aus, die Kündigung sei unwirksam, weil sie sozialwidrig sei. Es lägen weder Gründe in der Person noch im Verhalten des Beschwerdeführers vor, die eine Kündigung bedingen könnten (§ 1 Abs. 1, Abs. 2 Satz 1 KSchG). Das personalvertretungsrechtliche Beteiligungsverfahren sei ordnungsgemäß nach den Vorschriften des Sächsischen Personalvertretungsgesetzes (SächsPersVG) durchgeführt worden. Insbesondere habe der Beklagte dem Personalrat die für die Kündigung herangezogenen Gründe umfassend und rechtzeitig mitgeteilt. Auf den Hilfsantrag des Beklagten sei das Arbeitsverhältnis aufzulösen, weil Gründe vorlägen, die eine den Betriebszwecken dienliche weitere Zusammenarbeit zwischen Arbeitgeber und Arbeitnehmer nicht erwarten ließen (§ 9 Abs. 1 Satz 2 KSchG). Durch sein Prozeßverhalten habe der Beschwerdeführer eine Schärfe in die Auseinandersetzung der Parteien getragen, die eine Zusammenarbeit mit mehreren Mitarbeitern, insbesondere der Leitungsebene „gänzlich unmöglich" erscheinen lasse. Mehrfach habe der Beschwerdeführer den Beklagten bzw. dessen Mitarbeiter schriftsätzlich des Prozeßbetrugs bzw. der Lüge bezichtigt. Die zahlreichen „Ausfälle" stünden außer Verhältnis zum Prozeßverhalten des Beklagten. Dieser habe den

Beschwerdeführer weder in rechtsmißbräuchlicher Weise provoziert noch habe er einen Prozeßbetrug begangen, wie es der Beschwerdeführer geltend gemacht habe.

3. Die vom Beschwerdeführer erhobene Berufung wies das Sächsische Landesarbeitsgericht durch Urteil vom 28. April 1997 zurück. Das Arbeitsgericht habe dem Auflösungsantrag des Beklagten zu Recht entsprochen. Vor Ausspruch der Kündigung sei der Personalrat ordnungsgemäß nach §§ 76, 78 SächsPersVG beteiligt worden. Der Landrat habe hinreichend dargelegt, welche Gründe den Arbeitgeber aus seiner subjektiven Sicht zur Kündigung bewogen hätten; eine wissentliche Irreführung des Personalrats durch „Scheinbegründungen" sei nicht erfolgt. Entgegen der Ansicht des Beschwerdeführers komme es für die Ordnungsgemäßheit der Personalratsbeteiligung auch nicht darauf an, ob sich ein Vorwurf im Kündigungsschutzverfahren als zutreffend herausgestellt habe bzw. vom Arbeitgeber habe bewiesen werden können. Die Kündigung sei nicht wegen eines Verstoßes gegen die guten Sitten nach § 138 BGB nichtig. Der schwere Vorwurf der Sittenwidrigkeit komme nur in „besonders krassen Fällen" in Betracht, in denen eine Kündigung aus verwerflichen Motiven ausgesprochen werde oder wenn sie aus anderen Gründen dem Anstandsgefühl aller billig und gerecht Denkenden widerspreche. Dem Beschwerdeführer sei es nicht gelungen, einen Verstoß gegen § 138 BGB schlüssig darzulegen. Sein Vorbringen, die vom Beklagten herangezogenen Kündigungsgründe seien nicht substantiiert und unwahr, reiche zur Begründung einer Sittenwidrigkeit der Kündigung nicht aus. Trotz der umfangreichen Ausführungen des Beschwerdeführers bestünden „nicht die geringsten Anhaltspunkte" dafür, daß es sich bei der – sozialwidrigen – Kündigung um eine Kündigung aus Rachsucht oder zur Vergeltung handele. Auch ein Verstoß gegen Treu und Glauben (§ 242 BGB) oder ein sonstiger Mangel im Sinne des § 13 Abs. 3 KSchG sei nicht gegeben. Angesichts der Konkretisierung der allgemeinen Treuepflicht des Arbeitgebers in den Bestimmungen des Kündigungsschutzgesetzes könne eine Kündigung nur dann rechtsmißbräuchlich sein, wenn sie aus Gründen erfolge, die durch § 1 KSchG nicht erfaßt seien. Solche Gründe lägen hier nicht vor. Einer Anhörung des Beschwerdeführers vor Ausspruch der Kündigung habe es nicht bedurft. Entgegen der Ansicht des Beschwerdeführers habe sich der Beklagte im Kündigungsschreiben auch keiner „aufbauschenden Diktion" bedient, aus der auf eine Treuwidrigkeit der Kündigung geschlossen werden könnte.

Der zulässige Auflösungsantrag sei auch begründet. Der Beschwerdeführer habe im Verlauf des Rechtsstreits und eines Parallelverfahrens vor dem Arbeitsgericht Z. zahlreiche Bedienstete des Beklagten in einer Weise mit ehrverletzenden Äußerungen überzogen, die mit der Wahrnehmung berechtigter Interessen nicht mehr entschuldigt werden könne. Daß der Landkreis X. aufgrund der zum 1. Januar 1996 in Kraft getretenen Kreisgebietsreform aufgelöst worden sei und der Rechtsnachfolger dieses Landkreises – der Y.-Kreis – auf ein eigenständiges Rechtsamt verzichtet habe, stehe der Auflösung des Arbeitsverhältnisses nicht entgegen. Nach der vom Beschwerdeführer selbst zur Gerichtsakte gereichten Organisationsstruktur des Beklagten komme eine Beschäftigung des Beschwerdeführers nur in den Bereichen „Landrat", Dezernat I (Hauptamt) oder Dezernat III (Recht, Sicherheit und Ordnung) in Betracht. In jedem dieser Bereiche sei jedoch mindestens eine der Leitungsebene zuzuordnende Person beschäftigt, die der Beschwerdeführer mit heftigsten Vorwürfen überzogen habe. Aufgrund der zahlreichen ehrverletzenden Äußerungen, die außer Verhältnis zum Verhalten des Beklagten stünden, sei eine den Betriebszwecken dienende weitere Zusammenarbeit mit dem Beschwerdeführer für die Zukunft ausgeschlossen.

4. Einen Antrag des Beschwerdeführers auf Berichtigung des Tatbestands wies das Sächsische Landesarbeitsgericht durch Beschluß vom 2. Juni 1997 (zugegangen am 5. Juni 1997) mit der Begründung zurück, der Tatbestand des Urteils vom 28. April 1997 entspreche den gesetzlichen Anforderungen des § 313 Abs. 2 ZPO. Im übrigen habe der Beschwerdeführer nicht substantiiert vorgetragen, daß er die Berichtigung bzw. Ergänzung wesentlicher Punkte begehre.

5. Die gegen die Nichtzulassung der Revision im Urteil vom 28. April 1997 eingelegte Beschwerde wies das Bundesarbeitsgericht mit Beschluß vom 20. August 1997 zurück. Dazu führte es aus, die vom Beschwerdeführer behauptete Divergenz zu Entscheidungen des Bundesarbeitsgerichts liege nicht vor.

6. Bereits im Frühjahr 1996 hatte sich der Beschwerdeführer vergeblich bei der Gemeinde A. um das Amt des Bürgermeisters beworben. Nach eigenen Angaben wurde er kurzfristig aus der Bewerberliste gestrichen, nachdem – so die Behauptung des Beschwerdeführers – das Landratsamt telefonische Auskünfte über die fristlose Kündigung vom 29. Juni 1994 erteilt und Fotokopien des Urteils des Sächsischen Landesarbeitsgerichts vom 12. März 1996 sowie einiger Zeitungsausschnitte übersandt hatte.

II.

1. Mit seiner am 2. Juni 1997 erhobenen und am 7. Juli 1997 erweiterten Verfassungsbeschwerde rügt der Beschwerdeführer eine Verletzung von Art. 14 Abs. 1, 15, 18 Abs. 1, 28 Abs. 1 und 78 Abs. 2 SächsVerf. Dazu trägt er

Auslegung von Prozeßerklärungen im verfassungsgerichtlichen Verfahren   313

im wesentlichen vor, weder das Arbeitsgericht Z. noch das Sächsische Landesarbeitsgericht habe sich mit seinem Vorbringen auseinandergesetzt, die Kündigung bzw. der Auflösungsantrag sei unwirksam, weil der Beklagte des Ausgangsverfahrens den Personalrat getäuscht und auch seine prozessuale Wahrheitspflicht in grober Weise verletzt habe. Der Landkreis habe die Beendigung des Arbeitsverhältnisses durch falsche Tatsachenbehauptungen und andere rechtsstaatswidrige Machenschaften herbeigeführt. Keiner der von den früheren Vorgesetzten leichtfertig – wenn nicht gar aus niedrigen Beweggründen – erhobenen Vorwürfe habe sich beweisen lassen. Dadurch, daß die Arbeitsgerichte dem grundrechtswidrigen Auflösungsantrag stattgegeben hätten, sei die Eignung des Beschwerdeführers als Rechtsamtsleiter in Abrede gestellt und sein allgemeines Persönlichkeitsrecht (Art. 15 Abs. 1 i.V.m. Art. 14 SächsVerf) verletzt worden. Die Rechtsanwendung des Arbeitsgerichts und des Landesarbeitsgerichts in den angegriffenen Urteilen und im Beschluß vom 2. Juni 1997 sei unter keinem Aspekt mehr nachvollziehbar; sie verletze das Willkürverbot des Art. 18 Abs. 1 SächsVerf. Der Tatbestand und die Entscheidungsgründe des Berufungsurteils, aber auch des erstinstanzlichen Urteils, seien sowohl im Hinblick auf den von den Parteien vorgetragenen Sachverhalt als auch hinsichtlich der Prozeßgeschichte lückenhaft und rechtlich unvertretbar. Im Berufungsverfahren habe der Beschwerdeführer ausführlich dargelegt und auch unter Beweis gestellt, daß der Landrat des Landkreises X. den Personalrat bei der Anhörung zur beabsichtigten Kündigung bewußt getäuscht habe. Insbesondere aus der Angabe unzutreffender Kündigungsgründe und aus der verfälschenden, widersprüchlichen Darstellung des Sachverhalts durch den Beklagten hätte das Landesarbeitsgericht auf die Sittenwidrigkeit (§ 138 BGB) und Treuwidrigkeit (§ 242 BGB) der Kündigung bzw. des Auflösungsantrags schließen müssen, zumal ein wesentlicher Teil des Sachvortrags im Berufungsverfahren unstreitig gestellt worden sei. Eine Verletzung der Menschenwürde, des allgemeinen Persönlichkeitsrechts und des Willkürverbots sei darin zu sehen, daß eine gerichtliche Auflösung des Arbeitsverhältnisses erfolgt sei, obwohl der Beklagte zuvor eine Untersuchung der Prozeßfähigkeit des Beschwerdeführers beantragt habe.

Die Vereitelung der aussichtsreichen Bewerbung des Beschwerdeführers um das Amt des Bürgermeisters der Gemeinde A. verstoße gegen die Berufsfreiheit (Art. 28 Abs. 1 SächsVerf). Mit der Versendung der Urteilskopie habe der Y.-Kreis zugleich das allgemeine Persönlichkeitsrecht verletzt. Es sei zu vermuten, daß weitere Bewerbungen auf ähnliche Weise vereitelt worden seien. Durch eine vom Landratsamt zumindest gebilligte Pressekampagne seien dem Beschwerdeführer schwere und unabwendbare Nachteile entstanden.

Mit Schreiben vom 6. Dezember 1997 hat der Beschwerdeführer, der in seiner Beschwerdeschrift auch die Durchführung des personalvertretungsrechtlichen Beteiligungsverfahrens angegriffen hatte, erklärt, er nehme die Verfassungsbeschwerde „hinsichtlich des Antrags Ziff. 5 zurück". Bei der Anhörung des Personalrats handele es sich um einen Akt öffentlicher Gewalt, weil das Personalvertretungsrecht dem öffentlichen Recht zuzuordnen sei. Nach der neueren Rechtsprechung des Bundesarbeitsgerichts stünden Mängel im personalvertretungsrechtlichen Beteiligungsverfahren einem arbeitgeberseitigen Auflösungsantrag nicht mehr entgegen, so daß es für die gerichtliche Auflösung eines Arbeitsverhältnisses nunmehr unerheblich sei, ob eine ordnungsgemäße Personalratsbeteiligung stattgefunden habe. Sollte der Verfassungsgerichtshof die Auffassung vertreten, daß die in Rede stehenden Maßnahmen weder Akte der öffentlichen Gewalt noch selbstständig angreifbar seien, mache der Beschwerdeführer diesen Teil seines Vorbringens „auch zum Gegenstand des Sachvortrags zu Ziff. 5 der Verfassungsbeschwerde."

Auf einen gerichtlichen Hinweis hat der Beschwerdeführer ausgeführt, er könne die Widersprüche in seinem Schreiben vom 6. Dezember 1997 nicht mehr aufklären und bitte darum, die Antragsrücknahme als gegenstandslos zu betrachten.

Mit Schreiben vom 11. Januar 1998 hat der Beschwerdeführer seine Verfassungsbeschwerde insoweit zurückgenommen, als sie sich gegen die Kündigung vom 21. Juni 1994 und gegen den Auflösungsantrag nach § 9 Abs. 1 Satz 2 KSchG gerichtet hat.

2. Der Staatsminister der Justiz hält die Verfassungsbeschwerde für unzulässig.

III.

1. Soweit der Beschwerdeführer die Kündigung vom 21. Juni 1994 und den arbeitgeberseitigen Auflösungsantrag (§ 9 Abs. 1 Satz 2 KSchG) angegriffen hat, ist die Verfassungsbeschwerde zurückgenommen und das Verfahren dadurch beendet worden.

Eine wirksame Antragsrücknahme liegt auch insoweit vor, als mit der Verfassungsbeschwerde zunächst die Durchführung des personalvertretungsrechtlichen Beteiligungsverfahrens angegriffen worden ist. Im Schreiben vom 6. Dezember 1997 hat der Beschwerdeführer zwar erklärt, daß er die Verfassungsbeschwerde „hinsichtlich des Antrags Ziff. 5" zurücknimmt. Diese Verfahrenserklärung ist aus der – dafür maßgeblichen – Sicht eines verständigen Empfängers jedoch dahin auszulegen (vgl. BVerfGE 1, 14, 39; 68, 1, 68), daß sie sich auf den Antrag zu 4) der Beschwerdeschrift bezieht, also auf die Anhörungsschreiben vom 9. Juni 1994 und 3. Juni 1996. Im Kontext der Darlegungen des Beschwerdeführers zum Verfahren nach §§ 76 ff SächsPersVG verbietet sich die Annahme, die Rücknahmeerklärung betreffe die Auskunftserteilung und die Übersendung von Fotokopien an die Gemeinde A., d. h. den Antrag zu 5) der Beschwerdeschrift. Eine andere Beurteilung ist auch nicht deshalb geboten, weil der Beschwerdeführer im Schreiben vom 6. Dezember 1997 erklärt hat, er wolle seinen Sachvortrag zum personalrechtlichen Beteiligungsverfahren „fürsorglich (...) zum Gegenstand des Sachvortrags zu Ziff. 5 der Verfassungsbeschwerde" machen. Aus der Bezugnahme auf die Beschwerdeschrift („dort Bl. 28 ff") im Schreiben vom 6. Dezember 1997 ergibt sich noch hinreichend deutlich, daß der Beschwerdeführer insoweit die Urteile des Arbeitsgerichts Z. und des Sächsischen Landesarbeitsgerichts mit der Begründung angreift, das Beteiligungsverfahren sei rechtswidrig durchgeführt worden.

Daß der Beschwerdeführer auf einen Hinweis des Verfassungsgerichtshofs ausgeführt hat, er könne die Widersprüche seines unter Zeitdruck erstellten Schreibens nicht aufklären, steht der vorgenannten Auslegung nicht entgegen. Auch im Verfahren vor dem Verfassungsgerichtshof sind Prozeßerklärungen so auszulegen, wie sie ein verständiger Empfänger verstehen muß. Dementsprechend kann die Antragsrücknahme auch nicht als „gegenstandslos" angesehen werden, wie es der Beschwerdeführer angeregt hat. Auch insoweit ist das Verfahren daher beendet.

2. Im übrigen ist die Verfassungsbeschwerde unzulässig.

a. Soweit sich der Beschwerdeführer gegen die Urteile des Arbeitsgerichts Z. und des Sächsischen Landesarbeitsgerichts wendet, genügt sein Vortrag nicht den Anforderungen des § 28 SächsVerfGHG.

Zur Erfüllung der Begründungsobliegenheit nach § 28 SächsVerfGHG reicht es nicht aus, eine Verletzung von Grundrechten nur zu behaupten oder bestimmte Grundrechtsnormen zu benennen. Vielmehr ist ein Beschwerdeführer gehalten darzulegen, mit welchen verfassungsrechtlichen Anforderungen die angegriffene Maßnahme kollidieren soll. Der Vortrag des maßgeblichen Sachverhalts muß hinreichend deutlich die Möglichkeit der Verletzung bestimmter Grundrechte oder grundrechtsähnlicher Rechte durch die angegriffene Maßnahme ergeben (vgl. SächsVerfGH, JbSächsOVG 3, 93 [96 f]).

Rügt ein Beschwerdeführer einen Grundrechtsverstoß durch Verletzung fachgerichtlichen Verfahrensrechts bzw. des von den Fachgerichten auszulegenden und anzuwendenden materiellen Rechts, so hat er darzulegen und zu begründen, daß und wodurch der Richter, dessen einfachrechtliche Sichtweise zweifelhaft sein mag, die Bedeutung verfassungsbeschwerdefähiger Rechte für den seiner besonderen fachlichen Kompetenz zugewiesenen

Normbereich verfehlt, etwa die Grundrechtsrelevanz der von ihm zu entscheidenden Frage überhaupt nicht gesehen, den Gehalt des maßgeblichen Grundrechts verkannt oder seine Auswirkungen auf das einfache Recht in grundsätzlich fehlerhafter Weise mißachtet hat. Es ist nicht Aufgabe des Verfassungsgerichtshofes, die Auslegung einfachen Rechts, die Beweisbedürftigkeit des Parteivorbringens oder die Subsumtion des Sachverhalts unter die einschlägigen Normen durch die Fachgerichte zu kontrollieren. Vielmehr ist er zur Wahrung spezifischen Verfassungsrechts berufen. Läßt der maßgebliche Sachverhalt die Verletzung eines Grundrechts oder grundrechtsähnlichen Rechts nach der Sächsischen Verfassung unter keinem rechtlichen Gesichtspunkt als möglich erscheinen, ist die Verfassungsbeschwerde unzulässig (vgl. SächsVerfGH, Beschluß vom 20. August 1997, Vf. 15-IV-97, std. Rspr.).

Der vom Beschwerdeführer vorgetragene Sachverhalt begründet nicht die Möglichkeit der Verletzung solcher Rechte.

aa) Die Rüge, das Arbeitsgericht Z. und das Sächsische Landesarbeitsgericht hätten sich nicht mit dem Vorbringen des Beschwerdeführers zur Fehlerhaftigkeit der Personalratsbeteiligung und zur Sittenwidrigkeit der Kündigung auseinandergesetzt, berührt zwar den Schutzbereich des Art. 78 Abs. 2 SächsVerf, aus dem sich die Pflicht des Gerichts ergibt, die Ausführungen der Verfahrensbeteiligten zur Kenntnis zu nehmen und in Erwägung zu ziehen, sofern das Vorbringen nicht nach den Vorschriften des Prozeßrechts unberücksichtigt bleiben kann oder muß.

Grundsätzlich ist aber davon auszugehen, daß die Gerichte das von ihnen entgegengenommene Parteivorbringen berücksichtigt haben, zumal sie durch das Gebot des rechtlichen Gehörs nicht verpflichtet sind, sich mit jedem Vorbringen in der Begründung der Entscheidung ausdrücklich zu befassen (vgl. BVerfGE 54, 80, 91 f; 86, 133, 145 f; std. Rspr.). Deshalb muß ein Beschwerdeführer besondere Umstände darlegen, nach denen sein Vorbringen entweder überhaupt nicht zur Kenntnis genommen oder bei der Entscheidung nicht erwogen worden ist (vgl. BVerfGE 86, 133, 146 m. w. N.; SächsVerfGH, Beschluß vom 20. August 1997, Vf. 15-IV-97; std. Rspr.).

Solche Umstände hat der Beschwerdeführers nicht vorgetragen.

Sowohl das Arbeitsgericht Z. als auch das Sächsische Landesarbeitsgericht ist auf das Vorbringen des Beschwerdeführers eingegangen, der Personalrat sei über das Vorliegen von Kündigungsgründen getäuscht worden. Daß beide Gerichte den Inhalt des Schreibens vom 9. Juni 1994 für die ordnungsgemäße Durchführung des personalvertretungsrechtlichen Beteiligungsverfahrens (§§ 73 Abs. 2, 76 Abs. 2, 78 Abs. 1 SächsPersVG) haben ausreichen lassen, läßt – entgegen der Auffassung des Beschwerdeführers – nicht auf eine Verletzung des rechtlichen Gehörs schließen. Nach dem Rechtsstandpunkt des Arbeitgerichts und des Landesarbeitsgerichts genügte der Arbeitgeber seiner gesetzlichen Unterrichtungspflicht gegenüber dem Personalrat, weil er sämtliche – aus Sicht des Arbeitgebers – maßgeblichen Gründe für die Kündigung rechtzeitig mitgeteilt hat. Ob die vom Landrat genannten Umstände geeignet waren, die streitbefangene Kündigung zu rechtfertigen, war – wie es den Entscheidungsgründen der angegriffenen Urteile ausdrücklich zu entnehmen ist – für die Prüfung des personalvertretungsrechtlichen Mitwirkungsverfahrens unerheblich.

Auch soweit der Beschwerdeführer im Berufungsverfahren vertiefend bzw. ergänzend vorgetragen hat, der Arbeitgeber habe dem Personalrat absichtlich einen unzutreffenden Sachverhalt unterbreitet und die Kündigung verstoße schon angesichts des prozessualen und außerprozessualen Verhaltens des Beklagten gegen die guten Sitten (§ 138 Abs. 1 BGB) und gegen den Grundsatz von Treu und Glauben (§ 242 BGB), hat das Landesarbeitsgericht dieses Vorbringen ersichtlich zur Kenntnis genommen und auch in Erwägung gezogen. Daß der entsprechende Tatsachenvortrag vom Sächsischen Landesarbeitsgericht als unschlüssig angesehen und dementsprechend auf die Erhebung der angebotenen Beweise verzichtet wurde, läßt die Möglichkeit einer Verletzung des rechtlichen Gehörs ebensowenig erkennen wie die vom Beschwerdeführer beanstandete Abfassung des Tatbestandes im Berufungsurteil. Art. 78 Abs. 2 SächsVerf bietet keinen Schutz gegen Entscheidungen, die den Sachvortrag eines Beteiligten aus Gründen des formellen oder materiellen Rechts ganz oder teilweise für irrelevant erachten (vgl. SächsVerfGH, Beschluß vom 27. Juni 1996, Vf. 1-IV-96).

bb) Der vom Beschwerdeführer vorgetragene Sachverhalt begründet auch nicht die Möglichkeit einer Verletzung des allgemeinen Persönlichkeitsrechts (Art. 15 i.V.m. Art. 14 Abs. 1 SächsVerf), des Willkürverbots (Art. 18 Abs. 1 SächsVerf) oder gar der Menschenwürde (Art. 14 Abs. 1 SächsVerf). Mit seiner Rüge, das Arbeitsgericht Z. und das Sächsische Landesarbeitsgericht hätten das wahrheitswidrige Vorbringen des beklagten Landkreises in rechtlich unvertretbarer Weise zur Urteilsbegründung herangezogen, wiederholt der Beschwerdeführer im wesentlichen seinen Sachvortrag aus dem Ausgangsverfahren, ohne substantiiert darzulegen, weshalb die angegriffenen Urteile in verfahrens- oder verfassungswidriger Weise ergangen sein sollen. Die auf – zutreffend wiedergegebene – schriftsätzliche Äußerungen des Beschwerdeführers gestützte Feststellung der Fachgerichte, daß im Verlauf des Ausgangsverfahrens Gründe eingetreten seien, die eine den Betriebszwecken dienliche Zusammenarbeit zwischen dem Beschwerdeführer und dem beklagten Landkreis nicht erwarten lasse (§ 9 Abs. 1 Satz 2 KSchG), läßt die Möglichkeit einer Verletzung der durch das allgemeine Persönlichkeitsrecht geschützten Ehre bzw. des sozialen Geltungsanspruchs des Beschwerdeführers nicht erkennen (vgl. BVerfGE 54, 148, 153 ff; 54, 208, 217).

Entgegen der Auffassung des Beschwerdeführers kann eine Grundrechtsverletzung auch nicht darin erblickt werden, daß die Fachgerichte dem arbeitgeberseitigen Auflösungsantrag stattgegeben haben, nachdem der beklagte Landkreis eine Untersuchung der Prozeßfähigkeit des Beschwerdeführers angeregt hatte. Die Sittenwidrigkeit oder Unzulässigkeit der Kündigung kann es bereits deshalb nicht zur Folge haben, weil die Kündigung der Anregung der Untersuchung der Prozeßfähigkeit zeitlich vorausging. Ob ein solches Prozeßverhalten nach den Umständen des Einzelfalls zur Sittenwidrigkeit der Kündigung bzw. zur Unzulässigkeit des Auflösungsantrags führen mußte – wie der Beschwerdeführer meint – ist ebenso wie die Überprüfung der Personalratsbeteiligung und die fachgerichtliche Würdigung des Parteivorbringens lediglich eine Frage der Auslegung und Anwendung des einfachen Rechts. Daß sowohl das Arbeitsgericht als auch das Landesarbeitsgericht aus den in ihren Entscheidungen dargelegten – nachvollziehbaren – Gründen zu anderen Ergebnissen gekommen sind, als es der Rechtsauffassung des Beschwerdeführers entspricht, vermag den Vorwurf der Willkür nicht zu begründen. Willkürlich ist ein Richterspruch nur dann, wenn er unter keinem denkbaren Aspekt rechtlich vertretbar ist und sich der Schluß aufdrängt, daß er auf sachfremden Erwägungen beruht (vgl. BVerfGE 42, 64, 74; 86, 59, 62 f; 87, 273, 278 f; std. Rspr.). Für das Vorliegen eines solchen Falles ist hier nichts dargelegt und auch nichts ersichtlich.

b. Soweit der Beschwerdeführer die Erteilung fernmündlicher Auskünfte und die Übersendung von Fotokopien an die Gemeinde A. angreift, ist die Verfassungsbeschwerde jedenfalls deshalb unzulässig, weil der Rechtsweg nicht erschöpft ist (§ 27 Abs. 2 Satz 1 SächsVerfGHG). Hat der Y.-Kreis durch eine schuldhafte Verletzung seiner nachvertraglichen Fürsorgepflicht das berufliche Fortkommen und das allgemeine Persönlichkeitsrecht beeinträchtigt, kann der Beschwerdeführer sein Rechtsschutzbegehren durch eine Klage vor den Arbeitsgerichten verfolgen (vgl. nur *Schaub,* Arbeitsrechtshandbuch, 8. Aufl. 1996, § 147). Der aus § 27 Abs. 2 Satz 1 SächsVerfGH erwachsenden Obliegenheit, vor Erhebung der Verfassungsbeschwerde alle zulässigen prozessualen Möglichkeiten zur Beseitigung der behaupteten Grundrechtsverletzung auszuschöpfen, ist der Beschwerdeführer nicht schon dadurch nachgekommen, daß er im Berufungsverfahren vor dem Sächsischen Landesarbeitsgericht geltend gemacht hat, der arbeitgeberseitige Auflösungsantrag stelle im Hinblick auf die hier angegriffenen Maßnahmen eine unzulässige Rechtsausübung dar. Ob das Landratsamt des Y.-kreises telefonische Auskünfte erteilt und Fotokopien übersandt hat, wie es der Beschwerdeführer behauptet, war nach dem − verfassungsrechtlich nicht zu beanstandenden (s. o.) − Urteil des Sächsischen Landesarbeitsgerichts vom 28. April 1997 nicht entscheidungserheblich. Durch die Rechtskraft dieses Urteils ist der Beschwerdeführer nicht gehindert, eine fachgerichtliche Entscheidung über die angegriffenen Maßnahmen herbeizuführen.

Von dem Erfordernis der Rechtswegerschöpfung kann auch nicht nach § 27 Abs. 2 Satz 2 SächsVerfGHG abgesehen werden. Eine allgemeine Bedeutung kommt der Verfassungsbeschwerde nicht zu. Dem Beschwerdeführer entsteht auch kein schwerer oder unabwendbarer Nachteil, wenn er zunächst fachgerichtlichen Rechtsschutz in Anspruch nimmt. Daß über die bislang geführten arbeitsgerichtlichen Verfahren mehrfach in der regionalen Tagespresse berichtet wurde, gebietet keine andere Beurteilung. Soweit es im Falle einer erneuten Klageerhebung zu einer unzutreffenden Presseberichterstattung kommen sollte, ist es dem Beschwerdeführer zuzumuten, sich dagegen mit den Mitteln des § 10 SächsPresseG zur Wehr zu setzen.

c. Soweit sich die Verfassungsbeschwerde gegen den Beschluß des Sächsischen Landesarbeitsgerichts vom 2. Juni 1997 richtet, liegt ein Rechtsschutzinteresse nicht vor. Der Beschwerdeführer ist durch die Ablehnung, den Tatbestand des Berufungsurteils zu berichtigen, nicht beschwert (vgl. BVerfGE 30, 54 [58]). Nach § 320 Abs. 5 ZPO hätte eine Berichtigung des Tatbestandes keine Änderung des übrigen Teils des Urteils zur Folge. Da ferner die Verfassungsbeschwerde gegen das angegriffene Urteil selbst unzulässig (s. o.) und damit die Sachentscheidung endgültig wirksam ist, könnte sich eine nachträgliche Tatbestandsberichtigung auch nicht mehr zugunsten des Beschwerdeführers auswirken (vgl. BVerfG, aaO). Im übrigen läßt das Vorbringen des Beschwerdeführers auch hier nicht hinreichend deutlich die Möglichkeit einer Verletzung in Grundrechten oder grundrechtsgleichen Rechten erkennen (§ 28 SächsVerfGHG).

IV.

Da die Verfassungsbeschwerde unzulässig ist, kann offenbleiben, ob und gegebenenfalls in welchen Grenzen der Verfassungsgerichtshof befugt ist, Akte der Landesstaatsgewalt auf ihre Vereinbarkeit mit Landesgrundrechten zu überprüfen, wenn sie auf der Anwendung materiellen Bundesrechts beruhen (vgl. BVerfG, Beschluß vom 15. Oktober 1997, NJW 1998, 1296; JbSächsOVG 3, 97, 99 ff).

V.

Der Verfassungsgerichtshof ist zu dieser Entscheidung einstimmig gelangt und trifft sie daher durch Beschluß nach § 10 SächsVerfGHG i. V. m. § 24 BVerfGG.

VI.

Die Entscheidung ergeht kostenfrei (§ 16 Abs. 1 Satz 1 SächsVerfGHG).

Nr. 7

1. Zu den verfassungsrechtlichen Anforderungen an einen richterlichen Geschäftsverteilungsplan.*

2. Überprüfung der Auslegung und Anwendung des Geschäftsverteilungsplanes am Maßstab des Willkürverbots und dem Grundrecht auf den gesetzlichen Richter.*

Sächsisches Verfassungsgerichtshofsgesetz § 27 Abs. 2 Satz 1

Arbeitsgerichtsgesetz §§ 35 Abs. 2, 39 Abs. 1

Beschluß vom 25. Juni 1998 – Vf. 7-IV-97 –

in dem Verfahren über die Verfassungsbeschwerden des W. e.V.

Entscheidungsformel:

Die Verfassungsbeschwerde wird zurückgewiesen.

Gründe:

A.

Der Beschwerdeführer wendet sich gegen ein Urteil des Sächsischen Landesarbeitsgerichts vom 25. Juni 1996, mit dem seine Berufung gegen das Urteil des Arbeitsgerichts Leipzig vom 29. September 1995 zurückgewiesen wurde.

I. Der Beschwerdeführer ist als Projektträger für Arbeitsbeschaffungs- und Arbeitsförderungsmaßnahmen tätig. In dieser Eigenschaft werden ihm

---

* Nichtamtlicher Leitsatz.

von der Bundesanstalt für Arbeit Arbeitskräfte zugewiesen. Im Rahmen eines Projekts „Koordinierung Pro Leipzig" beschäftigte er die Klägerin des Ausgangsverfahrens (im folgenden: Klägerin) als Koordinatorin. Diese Tätigkeit wurde zunächst durch zwei aufeinanderfolgende ABM-Maßnahmen finanziert, an die sich eine Maßnahme nach § 249h AFG mit demselben Inhalt anschloß, die bis zum 30. April 1994 befristet war. Noch vor diesem Zeitpunkt wurde ein selbständiger Verein „Pro Leipzig e. V." gegründet, für den die Klägerin fortan arbeitete, während ihre Bezahlung weiterhin aus den Mitteln des Beschwerdeführers erfolgte. Unter dem 20. Oktober 1994 kündigte der Beschwerdeführer das Arbeitsverhältnis der Klägerin zum 30. November 1994 aus betriebsbedingten Gründen. Zur Begründung berief er sich darauf, daß die Maßnahme nach § 249h AFG ausgelaufen und die Klägerin vom Arbeitsamt ihm nicht erneut zugewiesen worden sei; ein anderer Arbeitsplatz sei bei ihm nicht vorhanden. Nach einer Profiländerung wurde die Maßnahme, in deren Rahmen die Klägerin tätig gewesen war, beim Beschwerdeführer bis zum 31. Dezember 1995 verlängert.

Der Kündigungsschutzklage der Klägerin hat das Arbeitsgericht Leipzig mit Urteil vom 29. September 1995 stattgegeben. Die Berufung des Beschwerdeführers hat das Sächsische Landesarbeitsgericht mit Urteil vom 25. Juni 1996 zurückgewiesen, weil dem Beschwerdeführer die Weiterbeschäftigung der Klägerin in der Maßnahme nach deren Verlängerung möglich und zumutbar gewesen sei; soweit dies wegen des geänderten Anforderungsprofils nicht möglich gewesen sei, habe er diese Ursache willkürlich selbst gesetzt. Die Nichtzulassungsbeschwerde des Beschwerdeführers, die er u. a. auf eine nicht ordnungsgemäße Besetzung des Landesarbeitsgerichts gestützt hatte, hat das Bundesarbeitsgericht gemäß § 72 Abs. 2 ArbGG mit Beschluß vom 16. Januar 1997, zugestellt am 30. Januar 1997, zurückgewiesen.

II. Das Landesarbeitsgericht war bei der Entscheidung vom 25. Juni 1996 mit dem Vorsitzenden Richter am Landesarbeitsgericht L und den ehrenamtlichen Richtern R (auf Arbeitgeberseite) und Sch (auf Arbeitnehmerseite) besetzt, die auch den dem Urteil zugrundeliegenden Verhandlungstermin am 14. Mai 1996 wahrgenommen hatten. Bei einem vorausgegangenen Verhandlungstermin war auf Arbeitnehmerseite statt dessen der ehrenamtliche Richter Su tätig.

Der Geschäftsverteilungsplan des Sächsischen Landesarbeitsgerichts für 1996 enthält u. a. folgende Regelungen:

> „1. Die ehrenamtlichen Richter werden auf Listen geführt. ... Die Verteilung der ehrenamtlichen Richter auf die Listen bestimmt sich nach dem Wohnsitz in dem Bezirk des Arbeitsgerichts, für den die Liste geführt wird.

2. Die ehrenamtlichen Richter werden in Listen getrennt nach Arbeitgeber- und Arbeitnehmerbeisitzern alphabetisch geführt, wobei für ... die Kammern 7 und 9 für alle Sitzungen jeweils getrennte Listen (... Liste Kammern Leipzig) geführt werden. Die ehrenamtlichen Richter sind nach der Reihenfolge der Listen jeweils bei Festlegung des Sitzungstages durch den Vorsitzenden von der Geschäftsstelle zu bestimmen. Erfolgen am selben Tag Ladungen für Sitzungen mehrerer Kammern, für die eine Liste ehrenamtlicher Richter geführt wird, so ist mit der Ladung für die Kammer mit der niedrigeren Ordnungsnummer zu beginnen. ... die Verhinderung gilt stets für die gesamte Sitzung. Bei bereits geladenen Beisitzern bleibt es bei der bisherigen Reihenfolge. Verhinderte Richter sind zum nächstmöglichen Termin außerhalb des Turnus zu laden."

III. Mit seiner am 28. Februar 1997 eingegangenen Verfassungsbeschwerde rügt der Beschwerdeführer zunächst die Verletzung seines Rechts auf den gesetzlichen Richter aus Art. 78 Abs. 1 Satz 1 SächsVerf. Bei der Entscheidung des Landesarbeitsgerichts hätten ehrenamtliche Richter mitgewirkt, die nicht hätten herangezogen werden dürfen. Es sei unzulässig, getrennte Listen für verschiedene Kammern zu führen und diese nach dem Wohnsitz des ehrenamtlichen Richters im Bezirk des Arbeitsgerichts, für das die Liste geführt wird, zu besetzen. Die Richterauswahl sei deshalb willkürlich erfolgt, weil das Landesarbeitsgericht seinen eigenen Geschäftsverteilungsplan nicht hinreichend beachtet habe. Der Beschwerdeführer führt aus, daß die alphabetische Reihenfolge sowohl auf der Seite der Arbeitgeber als auch auf der der Arbeitnehmer nicht eingehalten worden sei. Dies sei willkürlich geschehen, denn der Verstoß habe im konkreten Fall dazu geführt, daß der Beisitzer auf Arbeitnehmerseite im Fortsetzungstermin gewechselt habe, während der Beisitzer für die Arbeitgeberseite beibehalten wurde. Dieser sei mithin bereits voreingenommen gewesen. Schließlich ergebe sich die Willkür daraus, daß aus besonderen, in dem Geschäftsverteilungsplan nicht konkretisierten Gründen von dessen Regeln abgewichen werden könne.

Weiterhin rügt der Beschwerdeführer die Verletzung seines auf Art. 31 SächsVerf beruhenden Rechts auf Eigentum. Dieses Grundrecht schütze auch vor der Belastung mit Verbindlichkeiten wie der Lohnzahlungspflicht. Das Landesarbeitsgericht habe bei seiner Entscheidung verkannt, daß Grundlage einer Lohnzahlungspflicht unbedingt die Zuweisung durch das Arbeitsamt sein müsse, die aber nicht erfolgt sei. Dies beruhe auch nicht auf dem vom Beschwerdeführer vorgenommenen Profilwechsel. Vielmehr sei die Klägerin ihm vom Arbeitsamt bereits deswegen nicht zugewiesen worden, weil sie die Anforderungen an ihre Qualifikation nicht erfüllt habe. Damit sei es nicht der Beschwerdeführer, der die Ursache für die Nichtzuweisung gesetzt habe. Der Beschwerdeführer verfüge lediglich über zweckgebundene Mittel und müsse infolge der Weiterbeschäftigung der Klägerin des Ausgangsverfahrens letztlich Gesamtvollstreckung anmelden. Der Sächsische Staatsminister der Justiz hat hierzu Stellung genommen. Er bezieht sich insbesondere auf eine Äußerung des Präsidenten des Landesarbeitsgerichts. Danach beruhe die Unterbrechung der alphabetischen Reihenfolge bei den Arbeitgebervertretern darauf, daß die außerhalb des Turnus geladenen Richter bei einem früheren Termin aufgrund von Verhinderung abgesagt hätten. Dies entspreche den Regelungen des Geschäftsverteilungsplans. Auf Seiten der Arbeitnehmervertreter ergäben sich allerdings zwei Abweichungen vom Geschäftsverteilungsplan, die jeweils auf einem Fehler der Geschäftsstelle bei der Ladung der ehrenamtlichen Richter beruhten. Diese habe es einmal unterlassen, den das Vorangehen einer Absage bezeichnenden „Reiter" auf der Karteikarte des ehrenamtlichen Richters zu beachten, das andere Mal es versäumt, nach Ladung die Karteikarte umzustecken. Die Geschäftsstellenverwalterinnen hätten aber versichert, nicht willkürlich gehandelt zu haben. Solche Fehler entsprechen nach Auffassung des Staatsministers der Justiz eher dem Rechtsanwendungsfehler eines Berufsrichters bei der Feststellung seiner Zuständigkeit als einer auf sachfremden Erwägungen beruhenden Willkürentscheidung und bedeute daher keine Verletzung des Rechts auf den gesetzlichen Richter. Auch eine Verletzung des Grundrechts auf Eigentum liege nicht vor. Zum einen schütze dieses nicht das Vermögen, das durch das Urteil des Landesarbeitsgerichts jedoch allein betroffen sei. Zum anderen sei das Urteil nachvollziehbar und schlüssig. Habe es der Beschwerdeführer selbst zu verantworten, daß ihm die Klägerin des Ausgangsverfahrens nicht mehr zugewiesen wurde, so werde er durch die Entscheidung, sie weiter beschäftigen zu müssen, nicht schwer und unerträglich betroffen.

Die Klägerin des Ausgangsverfahrens hat zu der Verfassungsbeschwerde Stellung genommen.

In einem weiteren Schriftsatz vom 24. Juli 1997 hat der Beschwerdeführer im Hinblick auf die Stellungnahme des Präsidenten des Landesarbeitsgerichts behauptet, daß die Ladungen der ehrenamtlichen Richter auf Arbeitnehmerseite auch unter Berücksichtigung der Absagen nicht ordnungsgemäß erfolgt seien. Jedenfalls sei dies mangels Aufzeichnungen zum Absagedatum nicht nachprüfbar. Bei den eingestandenen Fehlern bei der Ladung der ehrenamtlichen Richter auf Arbeitnehmerseite werde mit Nichtwissen bestritten, daß ein unbewußtes Fehlverhalten der Geschäftsstellenverwalterin vorgelegen habe.

B.

1. Die Verfassungsbeschwerde ist zulässig.

a) Soweit die Anwendung von Bundesrecht des gerichtlichen Verfahrens, nämlich die Regelungen des ArbGG zur Heranziehung der ehrenamtlichen Richter im arbeitsgerichtlichen Verfahren, durch Gerichte des Freistaats Sachsen im Streit steht, ist der Sächsische Verfassungsgerichtshof zur Überprüfung anhand der Grundrechte und grundrechtsgleichen Gewährleistungen der Sächsischen Verfassung befugt, soweit sie den gleichen Inhalt wie entsprechende Rechte des Grundgesetzes haben (BVerfG, Beschluß vom 15. Oktober 1997, 2 BvN 1/95; SächsVerfGH, Beschluß vom 14. Mai 1998, Vf. 1-IV-95).

b) Auch soweit die Anwendung materiellen Bundesrechts durch das Sächsische Landesarbeitsgericht anhand der Sächsischen Verfassung zu beurteilen ist, ist der Verfassungsgerichtshof zur vorliegenden Sachentscheidung befugt, ohne das Verfahren gem. Art. 100 Abs. 3 GG aussetzen zu müssen. Mit der von ihm beanspruchten Prüfungskompetenz hinsichtlich der Anwendung materiellen Bundesrechts weicht der Verfassungsgerichtshof zwar von der ständigen Rechtsprechung des Staatsgerichtshofs des Landes Hessen ab (vgl. z. B. Beschluß vom 11. November 1992, P.St. 1145; vom 8. Januar 1969, P.St. 497; s. auch Beschluß des BVerfG vom 15. Oktober 1997, 2 BvN 1/95). Hierauf beruht die Entscheidung aber letztlich nicht, da die Verfassungsbeschwerde unbegründet ist und ihr ein Erfolg erst recht zu versagen wäre, wenn das Grundgesetz daran hindern sollte, die Entscheidung des Landesarbeitsgerichts an Art. 15, 28 Abs. 1, 31 Abs. 1 SächsVerf zu messen.

2. Mit der Zurückweisung der Nichtzulassungsbeschwerde durch das Bundesarbeitsgericht ist auch der Rechtsweg im Sinne von § 27 Abs. 2 Satz 1 SächsVerfGHG erschöpft. Der Beschwerdeführer hat bereits in diesem Verfahren die Rüge einer Verletzung des Rechts auf den gesetzlichen Richter (Art. 78 Abs. 1 Satz 1 SächsVerf) in konkreter Form hinreichend substantiiert erhoben (vgl. BVerfG NVwZ 1993, 1080). Eine vorherige Nichtigkeitsklage nach § 79 ArbGG in Verb. mit § 579 Abs. 1 Nr. 1 und 2 ZPO wäre nicht statthaft gewesen, da der Anfechtungsgrund: hier die Besetzungsrüge, bereits erfolglos mit einem Rechtsmittel geltend gemacht worden ist (vgl. *Zöller/Greger*, ZPO, § 579 Rdn. 11).

II. Die Verfassungsbeschwerde ist jedoch unbegründet.

1. Bei der Entscheidung des Sächsischen Landesarbeitsgerichts vom 25. Juni 1996 wurde das Recht des Beschwerdeführers auf den gesetzlichen Richter (Art. 78 Abs. 1 Satz 1 SächsVerf) nicht verletzt. Die Bestimmung erfolgte auf der Grundlage einer hinreichend abstrakt-generellen Regelung,

die für jeden Streitfall den Richter bezeichnete, der für die Entscheidung zuständig sein sollte. Es wurde nicht willkürlich von Regelungen, die der Bestimmung des gesetzlichen Richters dienen, abgewichen.

a) Der Geschäftsverteilungsplan des Landesarbeitsgerichts genügt den verfassungsrechtlichen Anforderungen. Er enthält eine abstrakt-generelle und hinreichend klare Regelung, aus der sich der im Einzelfall zur Entscheidung berufene Richter eindeutig ablesen läßt.

aa) Die Regelung des Geschäftsverteilungsplans, nach der die ehrenamtlichen Richter auf Listen geführt werden, die nicht auf das ganze Gericht bezogen sind, sondern nur für bestimmte Kammern gelten, verstößt nicht gegen den Grundsatz des gesetzlichen Richters. Insoweit liegt keine Unbestimmtheit hinsichtlich der Person des zur Entscheidung berufenen Richters vor.

bb) Das Fehlen einer Regelung, nach der die Gerichtsbesetzung im Fortsetzungstermin zwingend dieselbe bleibt, ist mit der Garantie des gesetzlichen Richters vereinbar (vgl. BVerfG, NZA 1998, 445; a. A. – ohne Begründung – *Berkemann,* JR 1997, 281, 284). Ein Ermessen des Vorsitzenden oder der Kammer besteht nach dem Geschäftsverteilungsplan des Landesarbeitsgerichts insoweit nicht. Daher ist ebenfalls keine Unbestimmtheit hinsichtlich der Person des zur Entscheidung berufenen Richters gegeben.

cc) Die vom Landesarbeitsgericht gewählte Regelung im Geschäftsverteilungsplan, nach der bei Absage eines ehrenamtlichen Richters dieser bei nächster Gelegenheit erneut – außerturnusmäßig – geladen werden muß, ist als solche verfassungsgemäß, wenngleich sie in der praktischen Handhabung – wie gerade dieser Fall zeigt – verfassungsrechtliche Bedenken aufwerfen kann. Aus diesen Bedenken ergeben sich gesteigerte Anforderungen an die Pflicht der Gerichte, den Wechsel in der Besetzung mit ehrenamtlichen Richtern so präzise wie möglich zu dokumentieren, damit die Beachtung des Rechts auf den gesetzlichen Richter nachvollzogen und kontrolliert werden kann.

dd) Schließlich sind die Regelungen des Geschäftsverteilungsplans auch insoweit mit der Garantie des gesetzlichen Richters vereinbar, als vorgesehen ist, daß die Ladung der ehrenamtlichen Richter bei der Festlegung des Sitzungstages durch den Vorsitzenden erfolgt, so daß die Gerichtsbesetzung für einen bestimmten Sitzungstag schon vor Terminierung der einzelnen Sachen feststeht. Dies ist vom Bundesverfassungsgericht für ehrenamtliche Richter offengelassen worden (BVerfGE 95, 322, 327), nach Auffassung des Verfassungsgerichtshofes jedoch sowohl nach der Sächsischen Verfassung als auch nach dem Grundgesetz für ehrenamtliche Arbeitsrichter positiv zu beantworten (im Ergebnis ebenso *Berkemann,* JR 1997, 281, 284; *Katholnigg,*

JR 1997, 284 ff; a. A. *Quack,* ArbuR 1997, 503, 504; jeweils zum GG). Eine solche Regelung greift zwar in das Recht auf den gesetzlichen Richter ein, kann aber durch das Verfassungsgut der Funktionsfähigkeit und Effektivität der Rechtsprechung gerechtfertigt sein, wenn diese auf andere Weise, d. h. mit einem anderen Heranziehungssystem, nicht mehr zuverlässig gewährleistet ist und wenn sie zur Erreichung dieses Ziels geeignet, erforderlich und verhältnismäßig ist.

Dabei sind der hohe Rang des Anspruchs auf den gesetzlichen Richter auf der einen Seite und die Aufgabe der rechtsprechenden Gewalt, effektiven und zeitnahen Rechtsschutz zu gewährleisten (Art. 78 Abs. 1 und 3 Sächs-Verf), zu berücksichtigen und einander so zuzuordnen, daß beide Verfassungsgüter optimale Wirksamkeit erlangen können. Ein derart schonender Ausgleich zwischen widerstreitenden Anforderungen der Verfassung setzt freilich voraus, daß ein Mitwirkungssystem vorstellbar ist, welches nicht nur dem Anspruch auf den gesetzlichen Richter möglichst weitgehend entspricht, sondern auch die Funktionsfähigkeit und Effektivität der Rechtsprechung nicht übermäßig belastet.

Zwar wirft in dieser Hinsicht das vom Landesarbeitsgericht angewandte Besetzungsverfahren nicht unerhebliche verfassungsrechtliche Bedenken auf; es läßt sich jedoch – bei allen theoretisch denkbaren Modellen, die das Recht auf den gesetzlichen Richter besser wahren würden – nach Ansicht des Verfassungsgerichtshofes derzeit kein Besetzungsverfahren erkennen, das einerseits jeglichen Ermessensspielraum des Vorsitzenden Richters ausschlösse und gleichzeitig die Funktionsfähigkeit der Rechtsprechung nicht erheblich stören würde. Ein System, das die Mitwirkung an einem Verfahren von abstrakten Kriterien (z. B Aktenzeichen, Buchstaben, Sachgegenstand) abhängig macht, führt zu einer erheblichen Erschwernis der Arbeit der ehrenamtlichen Richter. Zur Vermeidung von Prozeßverzögerungen, die dem Grundsatz des effektiven Rechtsschutzes widersprechen, müßten an jedem Sitzungstag mehrere ehrenamtliche Richter erscheinen und zwischen den Terminen ggf. warten. Jeder ehrenamtliche Richter müßte eine Vielzahl von Terminstagen wahrnehmen. Weil dadurch die Zahl der Absagen zunehmen könnte, müßte die Zahl der ehrenamtlichen Richter stark vergrößert werden. Aus diesen Gründen ist zu besorgen, daß die Bereitschaft zur Übernahme dieses Ehrenamtes insbesondere bei den sachkundigen Beisitzern sinken und die Heranziehung qualifizierter Personen erschweren würde. Ebenso wäre ein System, nach dem die Terminierung der einzelnen Sachen nach abstrakt-generellen Kriterien vorzunehmen wäre, in der Praxis schwer durchführbar. Diese Lösung kann auch mit dem Grundrecht auf effektiven Rechtsschutz in Widerstreit treten, weil Gesichtspunkte wie relative Eilbedürftigkeit der Sache, Terminierungswünsche der Verfahrensbeteiligten

Verfassungsrechtliche Anforderungen an einen Geschäftsverteilungsplan 327

oder besondere Schwierigkeit kaum berücksichtigt werden können, ohne im Ergebnis wieder zu einem Ermessensspielraum zu kommen.

b) Die Bestimmung der entscheidenden Richter des Landesarbeitsgerichts beim Urteil vom 25. Juni 1996 war nicht willkürlich. Die Auslegung und Anwendung des Geschäftsverteilungsplans des Landesarbeitsgerichts hat sich nicht so weit von dem verfassungsrechtlichen Grundsatz des gesetzlichen Richters entfernt, daß sie unter keinem denkbaren Gesichtspunkt mehr zu rechtfertigen und offensichtlich unhaltbar ist.

aa) Der Umstand, daß beim Fortsetzungstermin vor dem Landesarbeitsgericht der Beisitzer der Arbeitgeberseite im Gegensatz zu dem auf Arbeitnehmerseite nicht wechselte, bedeutet keine Willkür. Diese Besetzungskonstellation ergibt sich aus den Regelungen des Arbeitsgerichtsgesetzes und des Geschäftsverteilungsplans. Die ehrenamtlichen Richter sind nach § 39 Abs. 1 ArbGG in der Reihenfolge einer Liste zu den Sitzungen – verstanden als Sitzungstage – heranzuziehen. Nach § 35 Abs. 2 ArbGG haben an jeder Entscheidung zwei ehrenamtliche Richter von verschiedenen Listen teilzunehmen. Hieraus ergibt sich, daß es von Sitzungstag zu Sitzungstag zu unterschiedlichen Kombinationen der Beisitzer kommen kann. Nach der Rechtsprechung des Bundesarbeitsgerichts kann dem nur durch eine geschäftsplanmäßige Regelung, daß in Fällen der Vertagung, etwa zur Fortsetzung oder Durchführung einer Beweisaufnahme, die Kammerbesetzung die gleiche bleibt, begegnet werden (vgl. BAG NZA 1997, 333; BAG AP Nr. 3, 4 § 39 ArbGG 1979; BAG AP Nr. 54 Anl. I Kap. XIX Einigungsvertrag). Eine solche Regelung enthält der Geschäftsverteilungsplan des Landesarbeitsgerichts aber nicht. Die entscheidende Kammer des Landesarbeitsgerichts hat auch keinen entsprechenden Beschluß gefaßt. Die Gerichtsbesetzung entsprach damit insoweit der gesetzlichen Regelung und bietet keinen Anhaltspunkt für die Annahme von Willkür.

bb) Willkür kann auch nicht daraus hergeleitet werden, daß der Geschäftsverteilungsplan permanent nicht beachtet worden sein soll mit der Folge, daß die Heranziehung der Richter im Einzelfall nicht mehr verständlich ist. Hierfür trägt der Beschwerdeführer die objektive Beweislast. Die von ihm akzeptierte Feststellung des Landesarbeitsgerichts, daß in den der Ladung zum Termin vom 25. Juni 1996 vorangehenden Monaten zwei Fehler bei der Ladung der ehrenamtlichen Richter von der Liste der Arbeitnehmervertreter vorgekommen sind, ist ebenso wie die Fehler, die sich bei der Rekonstruktion durch den Verfassungsgerichtshof ergeben haben, nicht geeignet, die permanente Nichtanwendung des Geschäftsverteilungsplanes zu belegen. Der Umstand, daß die Absagedaten nicht dokumentiert sind und daher die Einhaltung des Geschäftsverteilungsplanes nicht bis ins letzte überprüft werden kann, stellt keinen Anhaltspunkt dafür dar, daß die neue Ladung nicht gleich als nächste nach Eintreffen der Absage erfolgte. Das Vorbringen des Beschwerdeführers gab daher keinen Anlaß zu weiterer Aufklärung.

Im vorliegenden Fall bietet die fehlende Dokumentation auch keinen Anlaß, eine Ausnahme von der grundsätzlichen Verteilung der Darlegungslast im Verfassungsprozeß zu machen. Allerdings folgt aus dem Recht auf den gesetzlichen Richter (in Verbindung mit der Garantie effektiven gerichtlichen Rechtsschutzes) grundsätzlich auch die Pflicht, die zugrunde liegenden Vorgänge, insbesondere Absagen und Nachladungen, möglichst lückenlos zu dokumentieren. Die Grenze zur Verfassungswidrigkeit ist erst dann überschritten, wenn der Pflicht zu möglichst vollständiger Dokumentation als verfahrensmäßiger Absicherung des Rechts auf den gesetzlichen Richter willkürlich nicht genügt ist. Dafür fehlen im vorliegenden Fall jedoch hinreichende tatsächliche Anhaltspunkte.

cc) Die Behauptung, daß aus nicht näher konkretisierten Gründen vom Geschäftsverteilungsplan abgewichen werden könne, ist unzutreffend. Eine derartige Regelung findet sich dort nicht. Sie entspräche auch nicht der Rechtsprechung des Bundesarbeitsgerichts (Entscheidungen vom 26. September 1996, NZA 1997, 333 und vom 26. 9. 1996, AP Nr. 3 zu § 39 ArbGG 1979, anders noch BAG vom 19. 6. 1973, AP Nr. 47 zu Art. 9 GG „Arbeitskampf").

2. Das Landesarbeitsgericht hat bei seiner Auslegung des § 1 KSchG die Bedeutung und Tragweite der Eigentumsgarantie (Art. 31 SächsVerf) sowie seines sich aus der Berufsfreiheit ergebenden Kündigungsrechts (Art. 15, 28 Abs. 1 SächsVerf) nicht verkannt und seine Ausstrahlungswirkung auf das einfache Recht nicht in grundsätzlich fehlerhafter Weise außer Betracht gelassen. Dies könnte allenfalls dann angenommen werden, wenn das Landesarbeitsgericht dem Beschwerdeführer die Möglichkeit, der Klägerin zu kündigen, faktisch genommen oder an unverhältnismäßige Voraussetzungen geknüpft hätte. Das hat das Landesarbeitsgericht nicht getan. Es hat zwar die Behauptung des Beschwerdeführers, die Klägerin sei ihm nicht erneut zugewiesen worden, weil sie die Anforderungen an ihre Qualifikation nicht erfüllt habe, nicht ausdrücklich gewürdigt. Damit war aber nicht die Möglichkeit ausgeschlossen, im Hinblick auf die fehlende Weiterqualifikation zu kündigen oder aber darzulegen, daß der Beschwerdeführer sich darum bemüht habe, die erneute Zuweisung der Klägerin bei der Bundesanstalt für Arbeit zu erreichen, aber wegen der mangelnden Qualifikation gescheitert sei (vgl. BAG, NZA 1997, 253, 255).

C.

Die Entscheidung ist kostenfrei (§ 16 Abs. 1 Satz 1 SächsVerfGHG).

Nr. 8

Der Landtagspräsident darf einen von ihm für formell verfassungswidrig gehaltenen Volksantrag bis zu einer gegenteiligen Entscheidung des Verfassungsgerichtshofes nicht als unzulässig behandeln.*

Verfassung des Freistaates Sachsen Art. 71 Abs. 2

Gesetz über Volksantrag, Volksbegehren und Volksentscheid § 11

Beschluß vom 25. Juni 1998 – Vf. 27-X-98 –

in dem Verfahren über den Antrag auf Erlaß einer einstweiligen Anordnung zu dem Antrag an den Sächsischen Verfassungsgerichtshof gem. § 11 Abs. 1 des Gesetzes über Volksantrag, Volksbegehren und Volksentscheid

Entscheidungsformel:

Dem Präsidenten des Landtages des Freistaates Sachsen wird aufgegeben, den Volksantrag betreffend den „Entwurf eines Gesetzes über das Leitbild, die Leitlinien und die Durchführung der Gemeindegebietsreform im Freistaat Sachsen" nicht als unzulässig zu behandeln.

Der Freistaat Sachsen hat der Antragstellerin die notwendigen Auslagen zu erstatten.

Gründe:

I.

Die Antragstellerin ist Vertrauensperson des Volksantrags betreffend den „Entwurf eines Gesetzes über das Leitbild, die Leitlinien und die Durchführung der Gemeindegebietsreform im Freistaat Sachsen".

Am 18. Dezember 1997 übergab sie zusammen mit der stellvertretenden Vertrauensperson, dem Antragsteller B im Verfahren Vf. 13-X-98, dem Präsidenten des Sächsischen Landtages einen Volksantrag betreffend den „Entwurf eines Gesetzes über das Leitbild, die Leitlinien und die Durchführung der Gemeindegebietsreform im Freistaat Sachsen" sowie Unterschriftenbögen mit 58 691 Unterschriften von Unterstützern des Volksantrages, die von den Meldebehörden der Gemeinden als von Stimmberechtigten stammend bestätigt worden waren.

---

* Nichtamtlicher Leitsatz.

Der Landtagspräsident holte die Stellungnahme der Staatsregierung ein. Mit Bescheid vom 17. Februar 1998, der der Vertrauensperson am 19. Februar 1998 und der stellvertretenden Vertrauensperson am 23. Februar 1998 zugestellt wurde, erklärte er den Volksantrag für unzulässig. Seine Überprüfung habe ergeben, daß der Volksantrag nicht von mindestens 40 000 Stimmberechtigten formell wirksam unterstützt werde. Die Unterschriften von mindestens 31 696 der von den Gemeinden als stimmberechtigt bestätigten Unterzeichnern seien ungültig. Die bei der Überprüfung durch den Landtagspräsidenten am häufigsten festgestellten Mängel seien die unvollständige Ausfüllung des Unterschriftenbogens gewesen, insbesondere das Fehlen des Ortes der Unterschriftleistung; Angaben seien nicht eigenhändig, sondern für mehrere Personen von einer Hand vorgenommen worden; einige Angaben seien unleserlich gewesen. Unterschriften, deren Stimmrecht zu Unrecht bestätigt worden sei, seien gemäß § 9 Nr. 2 VVVG ungültig.

Hiergegen haben die Antragstellerin und die stellvertretende Vertrauensperson mit Schriftsatz vom 19. März 1998, eingegangen am gleichen Tag, den Verfassungsgerichtshof des Freistaates Sachsen angerufen (Vf. 12-X-98 und Vf. 13-X-98). Der Landtagspräsident habe verkannt, daß die Stimmrechtsbestätigung gemäß § 6 Satz 1 VVVG nur den Zweck habe zu bestätigen, daß der jeweilige Unterzeichner am Tag der Unterzeichnung des Volksantrages das Wahlrecht zum Sächsischen Landtag habe. Dementsprechend solle § 5 Abs. 2 VVVG lediglich gewährleisten, daß der jeweilige Unterzeichner eindeutig identifizierbar sei, damit die Meldebehörde anhand des Wählerverzeichnisses und der Melderegister prüfen könne, ob er die Voraussetzungen des § 2 VVVG erfülle. Die Auffassung des Landtagspräsidenten sei mit dem Grundsatz der Verhältnismäßigkeit nicht in Einklang zu bringen. Die Gemeinden seien zu einer Identifizierung der Stimmberechtigten, was der Landtagspräsident nicht bestreitet, in der Lage gewesen.

Die Antragstellerin beantragt, durch einstweilige Anordnung dem Präsidenten des Landtages des Freistaates Sachsen aufzugeben:

    1. den Volksantrag mit Begründung im Sächsischen Amtsblatt zu veröffentlichen (Art. 71 Abs. 3 der Verfassung des Freistaates Sachsen – SächsVerf –, § 13 VVVG)

und

    2. eine Sitzung des Landtages des Freistaates Sachsen einzuberufen und die Tagesordnung dieser Sitzung dahin festzusetzen, daß der Volksantrag betreffend den „Entwurf eines Gesetzes über das Leitbild, die Leitlinien und die Durchführung der Gemeindegebietsreform im Freistaat Sachsen" entsprechend § 51 der Geschäftsordnung des Landtages des Freistaates Sachsen – GO – zu behandeln ist (Art. 71 Abs. 4 SächsVerf, § 79 Abs. 3 GO),

Prüfungskompetenz des Landtagspräsidenten

hilfsweise zu 2)

im Präsidium des Landtages des Freistaates Sachsen darauf hinzuwirken, daß die Tagesordnung einer Sitzung des Landtages des Freistaates Sachsen dahin festgesetzt wird, daß der Volksantrag betreffend den „Entwurf eines Gesetzes über das Leitbild, die Leitlinien und die Durchführung der Gemeindegebietsreform im Freistaat Sachsen" gemäß § 51 der Geschäftsordnung des Landtages des Freistaates Sachsen – GO – zu behandeln ist (Art. 71 Abs. 4 SächsVerf, § 81 Abs. 2 GO),

hilfsweise zu 1) und 2)

den „Entwurf eines Gesetzes über das Leitbild, die Leitlinien und die Durchführung der Gemeindegebietsreform im Freistaat Sachsen" auf seine Verfassungsgemäßheit zu prüfen und diese Prüfung abzuschließen (Art. 71 Abs. 2 Satz 3, 4 SächsVerf, § 12 VVVG) sowie für den Fall, daß diese Prüfung positiv ausfällt, weiterhin

a) den Volksantrag mit Begründung im Sächsischen Amtsblatt zu veröffentlichen (Art. 71 Abs. 3 der Verfassung des Freistaates Sachsen – SächsVerf –, § 13 VVVG)

und

b) eine Sitzung des Landtages des Freistaates Sachsen einzuberufen und die Tagesordnung dieser Sitzung dahin festzusetzen, daß der Volksantrag betreffend den „Entwurf eines Gesetzes über das Leitbild, die Leitlinien und die Durchführung der Gemeindegebietsreform im Freistaat Sachsen" entsprechend § 51 der Geschäftsordnung des Landtages des Freistaates Sachsen – GO – zu behandeln ist (Art. 71 Abs. 4 SächsVerf, § 79 Abs. 3 GO),

hilfsweise zu b)

im Präsidium des Landtages des Freistaates Sachsen darauf hinzuwirken, daß die Tagesordnung einer Sitzung des Landtages des Freistaates Sachsen dahin festgesetzt wird, daß der Volksantrag betreffend den „Entwurf eines Gesetzes über das Leitbild, die Leitlinien und die Durchführung der Gemeindegebietsreform im Freistaat Sachsen" gemäß § 51 der Geschäftsordnung des Landtages des Freistaates Sachsen – GO – zu behandeln ist (Art. 71 Abs. 4 SächsVerf, § 81 Abs. 2 GO),

jeweils ehe die bisher im Gesetzgebungsverfahren befindlichen Entwürfe der Gesetze zur Gemeindegebietsreform im Freistaat Sachsen im Landtag des Freistaates Sachsen erneut beraten werden (§§ 43, 44, 46 der GO) und ehe über die Gesetzentwürfe als Ganzes abgestimmt wird (§ 48 der GO).

Höchst hilfsweise zu allen vorstehenden Anträgen:

Dem Landtagspräsidenten wird aufgegeben, den Volksantrag betreffend den „Entwurf eines Gesetzes über das Leitbild, die Leitlinien und die Durchführung der Gemeindegebietsreform im Freistaat Sachsen" bis zur Entscheidung in der Hauptsache als einen, den formellen Anforderungen genügenden Volksantrag zu behandeln.

Zur Begründung trägt sie vor:
Die einstweilige Anordnung sei zur Abwendung schwerer Nachteile und aus wichtigen Gründen des Gemeinwohles dringend erforderlich. Dem Landtag lägen die Gesetze zur Gemeindegebietsreform zur Beratung vor, deren Leitbild und System der Umsetzung dem von dem Bürgerantrag vertretenen Gesetz grundlegend widersprächen. Mit ihrer Verabschiedung würden vollendete Tatsachen geschaffen; das Anliegen des Volksantrages könnte, auch wenn er Erfolg habe, nicht mehr erreicht werden. Die Veröffentlichung eines erledigten Volksantrages und eine Anhörung dazu seien eine untaugliche Abhilfe. Gegenüber dem Eingriff in parlamentarische Mitwirkungsrechte des Volkes seien die Nachteile, die einträten, wenn die einstweilige Anordnung ergänge, das Hauptsacheverfahren aber später erfolglos bliebe, gering. Die Veröffentlichung des Volksantrages, die Befassung des Landtages mit dem Volksantrag und die – ggf. erfolgte – Anhörung der Antragstellerin bewirke keinerlei Nachteile. Dies ergäbe sich schon aus Art. 71 Abs. 2 Satz 4 SächsVerf, der den Eintritt eines solchen Nachteils für den Fall eines als verfassungswidrig erkannten, aber vom Verfassungsgerichtshof noch nicht für unzulässig erklärten Volksantrages ohne weiteres in Kauf nehme. Mit der einstweiligen Anordnung werde auch nicht die Hauptsache vorweggenommen. Die Hauptsache sei die Aufhebung des Bescheides des Landtagspräsidenten und die Feststellung der Zulässigkeit des Volksantrages. Beides nehme die beantragte einstweilige Anordnung nicht vorweg. Im übrigen gelte dieses Verbot nicht, wenn – wie hier – unter den obwaltenden Umständen eine Entscheidung in der Hauptsache zu spät käme und dem Antragsteller in anderer Weise ausreichender Rechtsschutz nicht mehr gewährleistet werden könne.

Der Präsident des Sächsischen Landtages hält den Antrag für unbegründet. Er beinhalte eine Vorwegnahme der Hauptsache, da er eine – von der Sächsischen Verfassung nicht vorgesehene – parlamentarische Weiterbehandlung des nach seiner Auffassung unzulässigen Volksantrages bedeute. Die Antragstellerin erleide ohne die einstweilige Anordnung keinen irreparablen Schaden. Auch ein zulässiger Volksantrag entfalte keine rechtliche Sperrkung für eine Behandlung und Verabschiedung der von der Staatsregierung dem Landtag zugeleiteten Entwürfe der Gemeindegebietsreformgesetze. Der Landtag sei in seiner Entscheidung frei, ob und wann er – auch inhaltlich vorgreiflich – andere Gesetzesentwürfe zu konkreten Gebietsreformmaßnahmen behandle und ggf. beschließe. Inwieweit mit Rücksicht auf einen laufenden Volksantrag anderweitige Gesetzgebungsverfahren zurückgestellt würden, sei eine rein politische Entscheidung, in die auch der Landtagspräsident nicht eingreifen könne. Durch eine spätere Behandlung des Volksantrages werde allenfalls die politische Durchsetzung des Anliegens erschwert.

Die Sächsische Staatsregierung hat sich zum Verfahren nicht geäußert.

II.

Der Antrag auf Erlaß einer einstweiligen Anordnung ist begründet. Nach Art. 71 Abs. 2 Satz 4 SächsVerf darf ein vom Landtagspräsidenten für verfassungswidrig gehaltener Volksantrag bis zu einer gegenteiligen Entscheidung des Verfassungsgerichtshofes nicht als unzulässig behandelt werden. Diese Vorschrift bezieht sich nach Wortlaut wie Entstehungsgeschichte (vgl. Verfassungsausschuß, 9. Klausurtagung, 4./5. April 1992, S. 60) auf alle Fälle der Verfassungswidrigkeit eines Volksantrages, umfaßt also auch den möglicherweise formell fehlerhaften Volksantrag. Zur Wahrung der Verfassung muß deshalb eine einstweilige Anordnung in jedem Fall ergehen, es sei denn, das Hauptverfahren wäre unzulässig oder offensichtlich unbegründet. Dafür ist nichts vorgetragen und nichts ersichtlich. Es kann deshalb dahinstehen, ob ohne Antrag des Landtagspräsidenten gemäß Art. 71 Abs. 2 Satz 3 SächsVerf der Verfassungsgerichtshof in eine Prüfung der inhaltlichen Verfassungswidrigkeit eintreten kann.

III.

Die Kostenentscheidung beruht auf § 16 Abs. 1 und 4 SächsVerfGHG.

Entscheidungen des Thüringer Verfassungsgerichtshofs

Die amtierenden Richterinnen und Richter des Thüringer Verfassungsgerichtshofs

Gunter Becker, Präsident
Hans-Joachim Bauer
Christian Ebeling
Reinhard Lothholz
Thomas Morneweg
Gertrud Neuwirth
Prof. Dr. Ulrich Rommelfanger
Manfred Scherer
Prof. Dr. Rudolf Steinberg

Stellvertreterinnen und Stellvertreter

Dr. Hans-Joachim Strauch
Dr. Hartmut Schwan
Prof. Dr. Erhard Denninger
Dipl. Ing. Christiane Kretschmer
Renate Hemsteg von Fintel
Rudolf Metz
Dr. Dieter Lingenberg
Prof. Dr. Heribert Hirte
Prof. Dr. Karl-Ulrich Meyn

Nr. 1

1. Auch wenn nach Art. 105 S. 2 ThürVerf das in der Zeit der Geltung der Vorläufigen Landessatzung für das Land Thüringen vom 7. November 1990 gesetzte Recht spätestens mit dem 31. Dezember 1997 außer Kraft getreten ist, soweit es in Widerspruch zur Landesverfassung vom 23. Oktober 1993 steht, bleibt ein Normenkontrollverfahren nach dem 31. Dezember 1997 zulässig. Erweist eine Rechtsnorm des vorkonstitutionellen Landesrechts sich danach als verfassungswidrig, ist ihr Außerkrafttreten festzustellen. Diese Feststellung ist nicht möglich in Bezug auf eine Rechtsnorm, welche im Entscheidungszeitpunkt keinerlei Rechtswirkungen mehr entfaltet.

2. Die landesrechtlichen Regelungen des Rundfunkrechts sind als auf Art. 5 Abs. 1 GG bezogen so auszulegen, daß sie sich in das vom BVerfG entwickelte Rundfunkverfassungsrecht einfügen. Dem tragen Art. 11 Abs. 2, Art. 12 ThürVerf Rechnung, indem Art. 11 Abs. 2 die Freiheit des Rundfunks garantiert, Art. 12 Abs. 1 das Land zur Gewährleistung von Rundfunk verpflichtet und Art. 12 Abs. 2 dem Freistaat Thüringen zur Aufgabe macht, nach Maßgabe der Gesetze die politischen, weltanschaulichen und gesellschaftlichen Gruppierungen in den Aufsichtsgremien der Rundfunkveranstalter zu beteiligen.

3. Der MDR-Rundfunkrat wird nicht dadurch zum Programmgestaltungsorgan, daß er den Intendanten auffordern kann, eine als programmgrundsatzwidrig erachtete Sendung zu unterlassen oder abzusetzen und daß diesbezügliche Intendantenentscheidungen im Hinblick auf die Wahlzuständigkeit des Rundfunkrats getroffen sein mögen.

4. Das verfassungsrechtliche Gebot der Staatsferne bei der Rundfunkprogrammgestaltung verbietet nicht die Mitgliedschaft von Vertretern der Landesregierung oder sonst der Staatsseite zuzurechnenden Stellen im Rundfunkrat, sofern deren Zahl begrenzt und angemessen ist.

5. Sind der Staatsseite zuzurechnende Vertreter im Rundfunkrat in einer Anzahl vertreten, welche es ermöglicht, mit Zwei-Drittel-Mehrheit zu fassende Entscheidungen zu blockieren, ist dies ein Indiz

für eine unangemessene, nicht mehr begrenzte Größe der Staatsrepräsentanz im Aufsichtsgremium.

6. Für die Frage der Verletzung des Gebots der Staatsferne durch Überrepräsentanz der Staatsseite im Rundfunkrat kommt es nicht allein auf die numerische Mitgliederstärke der dem Staat zuzurechnenden Gruppen an. Entscheidend ist der Umfang der möglichen Einflußnahme der Staatsseite auf die Ergebnisse der Kontrolltätigkeit des Rundfunkrats. Bei der Gesamtgewichtung der Einflußmöglichkeiten sind der numerischen Quote diejenigen Elemente des Rundfunkorgansationsrechts entgegenzustellen, welche den Staatseinfluß neutralisieren. Danach sind in die differenzierende Gesamtbetrachtung einzubeziehen der Grad der Staatsnähe der als Staatsseite behandelten Mitglieder nach Maßgabe strukturell divergierender Interessenlagen, die Mitwirkung der Parlamentsopposition bei der Mitgliederberufung, Inkompatibilitätsbestimmungen, die konkrete Ausgestaltung des Verfahrens zur Benennung der Vertreter außerstaatlicher Gruppen, die Unabhängigkeit der Rundfunkratsmitglieder in ihrem Stimmverhalten sowie die Klarheit und Präzision der durch das Organsationsrecht bestimmten Programmziele und der Arbeitsmethoden der Programm-Macher.

7. § 22 Abs. 4 MDR-StaatsV erlaubt eine einschränkende Auslegung dahin, daß die Vertreter der Landesregierungen ihr Anwesenheits- und Rederecht ausschließlich im Hinblick auf die den Landesregierungen gem. § 37 MDR-StaatsV zukommenden Rechtsaufsichtsbefugnisse wahrnehmen. Das Gebot der Staatsferne verpflichtet den Vorsitzenden des Rundfunkrats, im Rahmen seiner Ordnungsgewalt darauf hinzuwirken, daß solche Beiträge unterbleiben, die im Sinn einer Einflußnahme eines gem. § 22 Abs. 4 MDR-StaatsV anwesenden Regierungsvertreters auf Programminhalte oder sonst im Sinne einer Wahrnehmung von dem Rundfunkrat vorbehaltenen Kompetenzen verstanden werden können.

8. Es ist verfassungsrechtlich unbedenklich, daß § 19 Abs. 1 Nr. 16 MDR-StaatsV es den Länderparlamenten überläßt, weitere gesellschaftlich bedeutsame, durch Mitglieder im Rundfunkrat vertretene Gruppen durch einfachen Parlamentsbeschluß zu bestimmen.

9. Die Auswahl der im Rundfunkrat vertretenen außerstaatlichen Gruppen in § 19 Abs. 1 MDR-StaatsV ist mit Art. 12 Abs. 2 ThürVerf vereinbar.

Verfassung des Freistaats Thüringen Art. 11 Abs. 2, 12
Thüringer Gesetz zum Staatsvertrag über den Mitteldeutschen Rundfunk
Art. I
Staatsvertrag über den Mitteldeutschen Rundfunk
§§ 19 i. V. m. 22 Abs. 4, 19 Abs. 1 Nr. 16 i. V. m. Abs. 3 Satz 2, 45

Urteil vom 19. Juni 1998 – VerfGH 10/96

in dem Normenkontrollverfahren der SPD-Fraktion im Thüringer Landtag betreffend das Thüringer Gesetz zum Staatsvertrag über den Mitteldeutschen Rundfunk vom 25. Juni 1991 (GVBl. S. 118)

Entscheidungsformel:

1. Der Normenkontrollantrag wird, soweit er Art. I des Gesetzes zu dem Staatsvertrag über den Mitteldeutschen Rundfunk vom 25. Juni 1991 (GVBl. S. 118) in Verbindung mit § 45 des Staatsvertrages über den Mitteldeutschen Rundfunk betrifft, als unzulässig verworfen.

2. Art. I des Gesetzes zu dem Staatsvertrag über den Mitteldeutschen Rundfunk vom 25. Juni 1991 (GVBl. S. 118), soweit er sich auf §§ 19 Abs. 1, 22 Abs. 4 des Staatsvertrages bezieht, gilt über den 31. Dezember 1997 hinaus fort, weil er mit der Verfassung des Freistaats Thüringen vereinbar ist.

Gründe:

A.

Die Antragstellerin wendet sich im Wege der abstrakten Normenkontrolle gegen das Gesetz zum Staatsvertrag über den Mitteldeutschen Rundfunk vom 25. Juni 1991 – GVBl. S. 118 – (MDR-ZustG), soweit es die Zustimmung zu den §§ 19 i. V. m. 22 Abs. 4, 19 Abs. 1 Nr. 16 i. V. m. Abs. 3 Satz 2 und zu § 45 des Staatsvertrags (StaatsV) betrifft. Diese Vorschriften regeln die Zusammensetzung des Rundfunkrates sowie die Wahl der Mitglieder des Rundfunkbeirates, die Wahl des Gründungsintendanten und die Kompetenzen dieser Organe des Mitteldeutschen Rundfunks.

I.

Mit dem MDR-ZustG hat der Thüringer Landtag dem am 30. Mai 1991 unterzeichneten Staatsvertrag der Länder Sachsen, Sachsen-Anhalt und Thüringen über den Mitteldeutschen Rundfunk zugestimmt. Der Staatsvertrag ist zum 1. Juli 1991 in Kraft getreten (§ 47 StaatsV). Er bestimmt die Errichtung der Rundfunkanstalt Mitteldeutscher Rundfunk (MDR) als gemeinnützige rechtsfähige Anstalt des öffentlichen Rechts zur Veranstaltung von Rundfunk in den Ländern Sachsen, Sachsen-Anhalt und Thüringen.

1. Als Organe des MDR bestimmt § 18 Abs. 1 StaatsV den Intendanten, den Rundfunkrat und den Verwaltungsrat.

a) Der Intendant leitet den MDR. Er trägt die Verantwortung für den gesamten Betrieb und die Programmgestaltung (§ 29 Abs. 1 Satz 1 StaatsV). Der Intendant beruft die Landesfunkhausdirektoren (vgl. § 20 Abs. 3 StaatsV), die Programmdirektoren, den Verwaltungsdirektor, den Betriebsdirektor und den Juristischen Direktor (vgl. § 20 Abs. 4 StaatsV). Er vertritt den MDR gerichtlich und außergerichtlich. Der Intendant wird für eine Amtszeit von 6 Jahren gewählt (§ 30 Abs. 1 Satz 1 StaatsV).

b) Der Rundfunkrat vertritt die Interessen der Allgemeinheit auf dem Gebiet des Rundfunks. Er hat die Einhaltung der für die Programme geltenden Grundsätze zu überwachen und den Intendanten in allen Programmangelegenheiten zu beraten (§ 20 Abs. 1, 2 StaatsV), sowie über Richtlinien der Programmgestaltung zu beschließen (§ 20 Abs. 4 Nr. 2 StaatsV). Ferner sind dem Rundfunkrat gemäß § 20 Abs. 3, Abs. 4 Nr. 3, 4 und 5 StaatsV als Personalentscheidungen übertragen:

– Wahl und Abberufung des Intendanten,
– Zustimmung zum Berufungsvorschlag des Intendanten für die Ämter der Programmdirektoren, des Verwaltungsdirektors, des Betriebsdirektors und des Juristischen Direktors,
– Zustimmung zum Berufungsvorschlag des Intendanten für die Ämter der Landesfunkhausdirektoren,
– Wahl und Abberufung der Mitglieder des Verwaltungsrates.

Die Amtszeit des Rundfunkrats beträgt sechs Jahre. Sie beginnt mit dem ersten Zusammentritt des Rundfunkrats (§ 21 Abs. 1 Satz 1 StaatsV). Die Zusammensetzung des Rundfunkrates bestimmt § 19 StaatsV wie folgt:

(1) Der Rundfunkrat setzt sich zusammen aus:
1. je einem Vertreter der Landesregierungen,
2. Vertretern der in mindestens zwei Landtagen durch Fraktionen oder Gruppen vertretenen Parteien in der Weise, daß jede Partei entsprechend der Gesamtstärke der Fraktionen oder Gruppen je angefangene fünfzig Abgeordnete ein Mitglied entsendet; – dabei kann im Rahmen dieser Bestimmung eine Gruppe nur eine Partei vertreten. Es wird in der

Reihenfolge Sachsen, Sachsen-Anhalt, Thüringen entsandt. Die Auswahl der zu entsendenden Vertreter innerhalb eines Landes ist gemäß dem d'Hondt'schen Höchstzahlverfahren vorzunehmen –,

3. zwei Mitgliedern der evangelischen Kirchen, und zwar aus Sachsen und Thüringen,
4. zwei Mitgliedern der katholischen Kirche, und zwar aus Sachsen-Anhalt und Thüringen,
5. einem Mitglied der jüdischen Kultusgemeinden aus Sachsen,
6. drei Mitgliedern der Arbeitnehmerverbände, und zwar je ein Mitglied aus Sachsen, Sachsen-Anhalt und Thüringen,
7. drei Mitgliedern der Arbeitgeberverbände, und zwar je ein Mitglied aus Sachsen, Sachsen-Anhalt und Thüringen,
8. drei Mitgliedern der Handwerksverbände, und zwar je ein Mitglied aus Sachsen, Sachsen-Anhalt und Thüringen,
9. drei Mitgliedern der kommunalen Spitzenverbände, und zwar je ein Mitglied aus Sachsen, Sachsen-Anhalt und Thüringen,
10. einem Mitglied der Industrie- und Handelskammern, und zwar aus Sachsen,
11. einem Mitglied der Bauernverbände, und zwar aus Sachsen-Anhalt,
12. einem Mitglied des Deutschen Sportbundes, und zwar aus Sachsen,
13. einem Mitglied der Jugendverbände, und zwar aus Thüringen,
14. einem Mitglied der Frauenverbände, und zwar aus Sachsen-Anhalt,
15. einem Mitglied der Vereinigungen der Opfer des Stalinismus, und zwar aus Sachsen,
16. je einem Mitglied acht weiterer gesellschaftlich bedeutsamer Organisationen und Gruppen, von denen die gesetzgebende Körperschaft des Landes Sachsen vier und die des Landes Sachsen-Anhalt sowie des Landes Thüringen je zwei bestimmen.

(2) ...

(3) Weitere gesellschaftlich bedeutsame Organisationen und Gruppen nach Abs. 1 Nr. 16 können sich bis spätestens vier Monate vor Ablauf der Amtszeit des Rundfunkrates bei der gesetzgebenden Körperschaft des Landes, in dessen Gebiet sie wirken, um einen Sitz im Rundfunkrat bewerben. Die gesetzgebende Körperschaft des jeweiligen Landes bestimmt entsprechend den Grundsätzen der Verhältniswahl nach dem Höchstzahlverfahren d'Hondt für jeweils eine Amtsperiode des Rundfunkrats, welcher der Organisationen oder Gruppen, die sich beworben haben, ein Sitz zusteht. Bei dem Verfahren nach Satz 2 sind Listenverbindungen ausgeschlossen.

(4) Die Organisationen und Gruppen, denen nach den Absätzen 1 bis 3 Sitze im Rundfunkrat zustehen, entsenden die Mitglieder in eigener Verantwortung und unterrichten den Vorsitzenden des amtierenden Rundfunkrates. Dieser stellt die ordnungsgemäße Entsendung fest. Die entsendende Stelle nach Satz 1 kann das von ihr benannte Mitglied bei Verlust der Mitgliedschaft abberufen.

(5) ...

Die Mitglieder des Rundfunkrates vertreten bei der Wahrnehmung ihrer Aufgaben die Interessen der Allgemeinheit. Sie sind in ihrer Amtsführung an Aufträge oder Weisungen nicht gebunden (§ 18 Abs. 7 StaatsV). Die Mitgliedschaft im Rundfunkrat und die Mitgliedschaft im Verwaltungsrat schließen sich gegenseitig aus (§ 18 Abs. 3 StaatsV). Mitglieder der gesetzgebenden Körperschaften des Bundes und der Länder, des Europäischen Parlaments und der Regierungen des Bundes oder eines der Bundesländer können dem Rundfunkrat mit Ausnahme der Mitglieder nach § 19 Abs. 1 Nr. 2 StaatsV nicht angehören (§ 18 Abs. 5 StaatsV).

Jede Landesregierung ist berechtigt, zu den Sitzungen des Rundfunkrates einen Vertreter zu entsenden; der Vertreter ist jederzeit vom Rundfunkrat zu hören (§ 22 Abs. 4 StaatsV).

c) Der Verwaltungsrat besteht aus sieben vom Rundfunkrat gewählten Mitgliedern (§ 25 Abs. 1 StaatsV). Er überwacht die Geschäftsführung des Intendanten mit Ausnahme der inhaltlichen Gestaltung des Programms. Dem Verwaltungsrat obliegt der Vorschlag für die Wahl des Intendanten und für dessen Abberufung sowie die Zustimmung zum Abschluß und zur Kündigung besonderer Arbeitsverträge (§§ 26 Abs. 2 Nr. 1, Nr. 5, 31 Abs. 1 Nr. 1 StaatsV).

d) Der MDR untersteht der Rechtsaufsicht der Regierungen der Staatsvertragsländer (§ 37 StaatsV). Die Rechtsaufsicht betrifft die Beachtung des Staatsvertrags und der allgemeinen Rechtsvorschriften. Gegenüber dem Intendanten kann die Rechtsaufsicht nur ausgeübt werden, wenn der Rundfunkrat oder der Verwaltungsrat die ihnen zustehende Aufsicht nicht in angemessener Frist wahrnehmen (§ 37 Abs. 4 StaatsV). Die Rechtsaufsicht wird geführt durch die Regierungen der Staatsvertragsländer und zwar, beginnend mit Sachsen, jeweils durch eine der Landesregierungen in zweijährigem Wechsel. Die aufsichtsführende Landesregierung beteiligt vor der Einleitung einer Aufsichtsmaßnahme die Regierungen der anderen Staatsvertragsländer.

2. Für die Gründungsphase hat § 45 StaatsV als vorläufiges Organ einen Rundfunkbeirat eingerichtet. § 45 StaatsV lautet:

> (1) Mit dem Inkrafttreten dieses Staatsvertrages wird bis zur konstituierenden Sitzung des ersten Rundfunkrates ein Rundfunkbeirat berufen. Dem Rundfunkbeirat gehören je drei von den Landtagen zu wählende Mitglieder an, wobei jeweils zwei der Mitglieder nicht dem Landtag angehören dürfen. Der Rundfunkbeirat wählt einen Vorsitzenden und einen Stellvertreter.
>
> (2) Abweichend von § 30 wählt der Rundfunkbeirat den Gründungsintendanten für die Amtszeit von sechs Jahren innerhalb von vierzehn Tagen nach Inkrafttreten dieses Vertrages mit der Mehrheit seiner Mitglieder und berät und

unterstützt ihn beim Aufbau des MDR. Der Gründungsintendant hat alle Rechte und Pflichten eines Intendanten. Bis zur Konstituierung des Rundfunkrates und des Verwaltungsrates beteiligt er an deren Stellen den Rundfunkbeirat. Nach seiner Konstituierung hat der Rundfunkrat den Intendanten zu bestätigen. Der Beschluß bedarf der Mehrheit der Mitglieder des Rundfunkrates.

(3) Die Gründungsfunkhausdirektoren können auf Vorschlag des Gründungsintendanten mit Zustimmung des Rundfunkbeirates berufen werden. Die Berufung darf nicht gegen das Votum der Mitglieder des Rundfunkbeirates, in deren Land das Funkhaus liegt, erfolgen.

§ 46 Staatsvertrag trifft für die Gründungszeit folgende weitere Regelungen:

Übergangsbestimmung
(1) Die konstituierende Sitzung des ersten Rundfunkrates findet spätestens am 1. November 1991 statt. ...

(2) Der Rundfunkrat wählt unverzüglich, spätestens innerhalb eines Monats nach seinem ersten Zusammentritt, den Verwaltungsrat nach diesem Staatsvertrag.

Der Rundfunkbeirat ist am 7. Juli 1991 zu seiner konstituierenden Sitzung zusammengetreten. Er hat an diesem Tag den Gründungsintendanten gewählt. Am 19. August 1991 hat der Rundfunkbeirat der Berufung der drei Gründungsfunkhausdirektoren zugestimmt. Am 4. November 1991 hat der Rundfunkrat sich konstituiert. Er hat in derselben Sitzung die Wahl des Gründungsintendanten durch den Rundfunkbeirat bestätigt. Am 3. Dezember 1991 hat der Rundfunkrat die Mitglieder des Verwaltungsrates gewählt.

Am 11. September 1995 hat der Rundfunkrat der Berufung eines Direktors des Landesfunkhauses Sachsen-Anhalt zugestimmt. Der Verlängerung der Berufungen der Direktoren der Funkhäuser Thüringen und Sachsen hat der Rundfunkrat am 17. Juni 1996 zugestimmt. Am 17. Juni bzw. 9. September 1996 hat der Rundfunkrat der Wieder- bzw. Neuberufung der weiteren Direktoren zugestimmt. Am 21. Oktober 1996 hat der Rundfunkrat mit Wirkung ab 1. Juli 1997 den Intendanten für eine weitere Amtszeit gewählt.

II.

Das Normenkontrollverfahren ist am 7. Mai 1996 beim Thüringer Verfassungsgerichtshof eingeleitet worden. Die Antragstellerin beantragt festzustellen, daß das MDR-Zustimmungsgesetz vom 27. Juni 1991 verfassungswidrig und nichtig ist, soweit es sich bezieht auf

1. § 45 StaatsV;

2. a) § 19 i. V. m. § 22 Abs. 4 StaatsV;
   b) § 19 Abs. 1 Nr. 16 StaatsV i. V. m. § 19 Abs. 3 Satz 2 StaatsV.

Diese Anträge begründet die Antragstellerin wie folgt:

1.a) Die Bestimmungen des § 45 StaatsV unterlägen weiterhin der Normenkontrolle. Sie seien nicht gegenstandslos geworden. § 45 StaatsV stehe in Geltung und zeitige Rechtswirkungen. Die Entscheidungen des Rundfunkbeirates hätten den Rundfunkrat gebunden, so daß dieser schon aus tatsächlichen Gründen keinen oder nur einen sehr geringen Handlungsspielraum in Bezug auf eine Änderung der vorangegangenen Entscheidungen gehabt habe. Dies gelte vor allem für die mit weniger qualifizierten Mehrheiten getroffenen Personalentscheidungen des Rundfunkbeirats, insbesondere für die Wahl des Gründungsintendanten mit einer weit in die Zeit nach Bildung des Rundfunkrates reichenden Amtszeit.

b) § 45 StaatsV sei darin verfassungswidrig, daß er das Gebot der Staatsferne verletze und innerhalb des MDR eine plurale, die Meinungsvielfalt sichernde Organisationsstruktur nicht sichergestellt habe. Diesen vom Bundesverfassungsgericht entwickelten Kriterien habe auch der Rundfunkbeirat als nur vorläufiges Organ genügen müssen. Gegen das Gebot der Staatsferne verstoße § 45 Abs. 1 Satz 2 StaatsV, weil sämtliche neun Mitglieder des Rundfunkbeirats durch die Landtage der Staatsvertragsländer gewählt worden sind, auch wenn zwei der jeweils gewählten drei Vertreter nicht dem Landtag des Wahllandes angehören durften, zumal eine den staatlichen Ausfluß ausgleichende Beteiligung gesellschaftlich relevanter Gruppen in § 45 StaatsV nicht vorgesehen ist. Auch die besondere historische Lage, die Aufbausituation und der für den 1. Januar 1992 festgelegte Sendebeginn hätten die Vertragsländer nicht gehindert, an Stelle des Rundfunkbeirats ordentliche Rundfunkorgane zu bestellen. Jedenfalls hätte das Gründungsgremium in einer die Meinungsvielfalt sichernden Besetzung eingerichtet werden müssen. Verfassungswidrig sei § 45 StaatsV auch deswegen, weil er dem Rundfunkbeirat Aufgaben sowohl des Rundfunkrats wie des Verwaltungsrats übertragen habe. Rundfunkrat und Verwaltungsrat seien bewußt mit ausschließlichen Befugnissen ausgestattet worden, um eine lediglich an finanziellen Erwägungen ausgerichtete Programmgestaltung zu verhindern. Dies unterstreiche die Unzulässigkeit einer Mitgliedschaft zugleich in beiden MDR-Organen. Durch die Vermengung beider Kompetenzbereiche habe § 45 StaatsV bewirkt, daß der Rundfunkbeirat irregulär auf die Programmgestaltung des MDR habe einwirken können.

2. Die in § 19 StaatsV geregelte binnenplurale Zusammensetzung des Rundfunkrates genüge nicht den zur Wahrung der Rundfunkfreiheit notwendigen verfassungsrechtlichen Anforderungen.

a) So verletze insbesondere § 19 i.V.m. § 22 Abs. 4 StaatsV das in der Rechtsprechung der Verfassungsgerichte und im verfassungsrechtlichen Schrifttum entwickelte Gebot der Staatsferne. Mit diesem werde verhindert, daß der Rundfunk vom Staat oder von einer gesellschaftlichen Gruppe als Meinungsbildungsinstrument mißbraucht werde. Das zulässige Ausmaß staatlicher Präsenz im Rundfunk dürfe 30% nicht übersteigen. Die staatliche Präsenz im Rundfunkrat werde gebildet durch die Mitglieder der Landesregierungen und die aufgrund von § 19 Abs. 1 Nr. 2 StaatsV bestellten Parteivertreter. Zur staatlichen Präsenz rechneten auch die Vertreter der kommunalen Spitzenverbände, weil nach der Rechtsprechung des Bundesverfassungsgerichts auch die Kommunen Träger staatlicher Gewalt und damit Teil des Staates seien.

Danach seien von 43 Mitgliedern des MDR-Rundfunkrates 15 dem Staat zuzurechnen, nämlich 3 Vertreter der Landesregierungen, 9 Parteienvertreter und 3 Vertreter der kommunalen Spitzenverbände. Die staatliche Präsenz im MDR-Rundfunkrat liege daher bei über 30%. Die bereits danach gegebene Verfassungswidrigkeit werde durch die Regelung des § 22 Abs. 4 StaatsV gefestigt. § 22 Abs. 4 StaatsV sei nicht durch die Gewährleistungsverantwortung der Staatsvertragsländer legitimiert. Eine vorgeschaltete Aufsichtstätigkeit dieser Länder wäre verfassungswidrig. Sinn und Zweck des § 22 Abs. 4 StaatsV liege ausschließlich in der Ausweitung der staatlichen Einflußnahme auf Entscheidungsprozesse des Rundfunkrates. Die nach § 22 Abs. 4 StaatsV teilnahmeberechtigten Vertreter der Landesregierungen seien deswegen der Staatsquote zuzurechnen. Danach betrüge die Quote der dem Staat zurechenbaren Vertreter 39% und sei auf jeden Fall in verfassungswidriger Weise zu hoch.

b) Unvereinbar mit der verfassungsrechtlich gewährleisteten Rundfunkfreiheit sei auch § 19 Abs. 1 Nr. 16 StaatsV i.V.m. § 19 Abs. 3 Satz 2 StaatsV. Nach § 19 Abs. 1 Nr. 16 StaatsV könnten die Landtage acht weitere entsendungsberechtigte Gruppen bestimmen, ohne daß der MDR-Staatsvertrag irgendwelche inhaltlichen Kriterien für deren Auswahl vorgebe. Verfassungswidrig sei dies vor allem deshalb, weil das Entsendungsrecht einer einmal bestimmten Gruppe nach § 19 Abs. 3 Satz 2 StaatsV auf die Amtsperiode eines Rundfunkrates begrenzt sei. Die von den Landtagen ausgewählten Gruppen könnten durch Hinweis auf ihre nur befristete Repräsentanz im Rundfunkrat zu einem der Parlamentsmehrheit gefälligen Abstimmungsverhalten veranlaßt werden.

Diese Gefahr wiege weit schwerer als der durch § 19 Abs. 1 Nr. 16, Abs. 3 Satz 2 StaatsV eröffnete Vorteil einer Anpassung der Rundfunkratsbesetzung an sich wandelnde gesellschaftliche Entwicklungen.

III.

Der Thüringer Landtag und die Thüringer Landesregierung hatten Gelegenheit, zur Normenkontrollklage Stellung zu nehmen.

B.

Der Normenkontrollantrag ist nur zum Teil zulässig.

I.

Zulässig ist der Antrag, soweit er zur verfassungsrechtlichen Prüfung des § 19 StaatsV führt.

1. Die allgemeinen Voraussetzungen eines Normenkontrollantrags nach Art. 80 Abs. 1 Nr. 4 ThürVerf, § 11 Nr. 4 ThürVerfGHG sind gegeben. Der Antrag betrifft ein Landesgesetz. Dieses Landesrecht ist nicht förmlich außer Kraft gesetzt.

2. Gegenstand des Antrags ist mit Art. I Abs. 1 des MDR-Zustimmungsgesetzes auch der Staatsvertrag über den Mitteldeutschen Rundfunk, denn das Zustimmungsgesetz füllt erst in Verbindung mit den Regelungen des Staatsvertrags den Gesetzesvorbehalt des Art. 12 Abs. 2 ThürVerf aus. Diese den Inhalt des Staatsvertrags in Landesrecht überleitende Funktion des Zustimmungsgesetzes (vgl. BVerfGE 1, 396, 411; 6, 290, 294f; *Linck/Jutzi/ Hopfe,* Die Verfassung des Freistaats Thüringen, 1994, Art. 77 Rdn. 9) bewirkt zugleich die Überprüfbarkeit des Inhalts des Staatsvertrags am Maßstab der Landesverfassung. Unerheblich ist insoweit, daß im Fall einer Verfassungswidrigkeit des Zustimmungsgesetzes nicht der Staatsvertrag selbst für nichtig erklärt werden könnte. Es genügt der mit der Feststellung des Verfassungsverstoßes verbundene Wegfall der transformierenden Wirkung des Zustimmungsgesetzes für dasjenige Staatsvertragsland, dessen Verfassung der Staatsvertrag verletzt.

3. Der Normenkontrollantrag ist nicht deswegen unzulässig, weil zur Zeit des Inkrafttretens des MDR-Zustimmungsgesetzes die Landesverfassung als der dem Thüringer Verfassungsgerichtshof ausschließlich zugängliche Prüfungsmaßstab noch nicht in Kraft getreten war. Die Möglichkeit, das vor der Landesverfassung in Geltung gekommene Landesrecht (sog. vorkonstitutionelles Recht) an der Landesverfassung zu messen, eröffnet Art. 105 Satz 2 ThürVerf. Danach ist das in der Zeit der Geltung der Vorläufigen Landessatzung für das Land Thüringen vom 7. November 1990 (GBl. S. 1) – zuletzt geändert durch Gesetz vom 15. Dezember 1992 (GVBl. S. 575) –

gesetzte Recht, soweit es in Widerspruch zur Verfassung vom 25. Oktober 1993 steht, spätestens am 31. Dezember 1997 außer Kraft getreten. Art. 105 Satz 2 ThürVerf verlangt und gestattet damit eine verfassungsrechtliche Prüfung jenes vorkonstitutionellen Landesrechts. Gestattungsadressat ist insbesondere der Thüringer Verfassungsgerichtshof im Rahmen seiner Zuständigkeit nach Art. 80 ThürVerf.

4. Der Normenkontrollantrag ist nicht dadurch unzulässig geworden, daß aufgrund der Bestimmung des Art. 105 Satz 2 ThürVerf verfassungswidrige Teile des MDR-Staatsvertrags ohne weiteres am 31. Dezember 1997 außer Kraft getreten wären. Nach der überzeugenden Rechtsprechung des Bundesverfassungsgerichts bleibt ein Normenkontrollantrag nach dem Außerkrafttreten eines Gesetzes solange zulässig, als Regelungen des Gesetzes noch Außenwirkung entfalten können (zum Beispiel für aus der Zeit dieser Regelungen stammende Sachverhalte: BVerfGE 5, 25, 28; 20, 56, 94). Diese Rechtswirkung kann bei den durch Art. 105 Satz 2 ThürVerf betroffenen Rechtsnormen mit dem bloßen Schein der Wirksamkeit dergestalt verbunden sein, daß die nicht für verfassungswidrig erklärte Norm weiterhin als gültig angesehen und angewandt wird. Art. 80 Abs. 1 Nr. 4 ThürVerf ist i.V.m. Art. 105 Satz 2 ThürVerf deswegen dahingehend anzuwenden, daß – ungeachtet der allgemeinen Frage der Wirkung einer Verfassungswidrigkeit auf den Gesetzesbestand (vgl. dazu *Umbach/Clemens/Stuth*, BVerfGG, 1992, § 78 Rdn. 4 ff) – der Thüringer Verfassungsgerichtshof über die Verfassungswidrigkeit vorkonstitutionellen Thüringer Landesrechts mit der Maßgabe zu entscheiden hat, daß er gegebenenfalls das Außerkrafttreten einer Rechtsnorm zum 31. Dezember 1997 feststellt.

§ 19 StaatsV enthält wichtige Regelungen der MDR-Organisation. Diese entfalten zweifellos auch über den 31. Dezember 1997 hinaus Rechtswirkungen.

II.

Unzulässig ist der Normenkontrollantrag dagegen, soweit er sich auf § 45 StaatsV bezieht. Diese Bestimmung entfaltet über den 31. Dezember 1997 hinaus keinerlei Rechtswirkungen. Der Regelungsgehalt des § 45 StaatsV ist spätestens seit Ende 1997 erschöpft.

1. Art. 105 Satz 2 ThürVerf wahrt das Bedürfnis, die Geltung von Landesrecht im Wege der abstrakten Normenkontrolle zu klären, nur insoweit, als das im Zweifel stehende Recht für sich gesehen noch Rechtswirkungen haben kann. Er erweitert damit nicht die allgemeinen Grundsätze über das Rechtsschutzbedürfnis von Normenkontrollanträgen (vgl. dazu *Maunz/Schmidt-Bleibtreu/Klein/Ulsamer*, BVerfGG, § 76 Rdn. 15).

Für Regelungen, welche an Sachverhalte anknüpfen, die ihrer Art nach einmalig sind und der Vergangenheit angehören, rechtfertigt auch die klarstellende, von der Interessenlage des Antragstellers losgelöste, sogenannte objektive Funktion der abstrakten Normenkontrolle (vgl. BVerfGE 1, 396, 407) eine Feststellung der Verfassungswidrigkeit nur dann, wenn die damalige Sachverhaltsgestaltung noch in der Gegenwart in einer Weise wirkt, welche Grundlage weiterer rechtlicher Gestaltungen sein kann. Dies ist für die durch § 45 StaatsV geregelte Materie nicht der Fall.

2. § 45 StaatsV ist seinem Inhalt nach eine Übergangsbestimmung für den Gründungszeitraum des MDR, auch wenn sie – im Gegensatz zu dem nachfolgenden § 46 – nicht als solche bezeichnet wird. Die Vorschrift kann ihrem Inhalt nach jedenfalls nach dem 31. Dezember 1997 nicht mehr zur Anwendung kommen und sie hat keine über dieses Datum hinaus reichenden Rechtswirkungen.

Die in § 45 Abs. 1 StaatsV enthaltene Regelung über die Berufung des Rundfunkbeirates, dessen Zusammensetzung und die Bestimmung des Beiratsvorsitzenden und seines Vertreters ist mit der Konstituierung des Rundfunkbeirates am 7. Juli 1991 vollzogen worden. Rechtswirkung kam ihr zu bis zur Konstituierung des Rundfunkrates am 4. November 1991. Danach war der Gehalt dieser Vertragsbestimmung erschöpft. Dasselbe gilt für die in § 45 Abs. 2 StaatsV geregelte Wahl des Gründungsintendanten durch den Rundfunkbeirat. Diese hat sich in rechtlicher Hinsicht dadurch erschöpft, daß der Rundfunkrat am 4. November 1991 die Intendantenwahl bestätigt hat. Selbst wenn der Wahl des Intendanten durch den Rundfunkbeirat wegen der Dauer der Amtsperiode eine von der Wahlbestätigung durch den Rundfunkrat unabhängige Rechtswirkung für den gesamten Wahlzeitraum zukäme, wäre diese Wirkung dadurch erschöpft, daß der Rundfunkrat am 21. Oktober 1996 den Intendanten für eine weitere, am 1. Juli 1997 beginnende Amtsperiode gewählt hat. Entsprechendes gilt für die durch den Gründungsintendanten berufenen Funkhausdirektoren bzw. die sonstigen Rundfunkdirektoren.

3. Mithin ist der Normenkontrollantrag unzulässig, soweit festgestellt werden soll, daß die Übergangsregelung des § 45 StaatsV unvereinbar mit der Thüringer Verfassung ist.

C.

Soweit der Normenkontrollantrag zulässig ist, hat er in der Sache keinen Erfolg. Das MDR-ZustG ist über den 31. 12. 1997 hinaus in Kraft geblieben, denn die durch die Antragstellerin geltend gemachte Verfassungswidrigkeit des § 19 StaatsV ist nicht gegeben. Die Bestimmungen über die Besetzung des MDR-Rundfunkrats stehen in Einklang mit den materiellen Regelungen der Art. 11 Abs. 2, 12 ThürVerf.

I.

§ 19 Abs. 1 StaatsV verletzt nicht das durch Art. 11 Abs. 2 ThürVerf gewährleistete Freiheitsrecht des Rundfunks.

1. Die verfassungsrechtlich garantierte Freiheit des Rundfunks ist eine der Grundlagen des Grundrechts auf freie Meinungsäußerung und Meinungsbildung (Art. 5 Abs. 1 S. 1 GG), welche wiederum ein entscheidendes Element einer freiheitlichen demokratischen Ordnung und der Verwirklichung der Persönlichkeitsrechte der diese Ordnung tragenden Bürger ist (BVerfGE 57, 295, 319 f; 90, 60, 87). Art. 11 ThürVerf folgt darin Art. 5 Abs. 1 GG.

Die der Verwirklichung der Meinungsbildungsfreiheit dienende Funktion der Rundfunkfreiheit (BVerfGE 57, 295, 320) hat nach Maßgabe der Kompetenzverteilung zwischen dem Bund und den Bundesländern, welche dem Bund die Zuständigkeit für die Errichtung und den Betrieb von Sendeanlagen, den Ländern die Kompetenz zur Veranstaltung von Rundfunk zuweist (BVerfGE 12, 105, 223 ff, 240 ff), zwingende verfassungsrechtliche Folgen für das Rundfunkwesen der Bundesrepublik. Zunächst gebietet das Homogenitätsprinzip des Art. 28 Abs. 1 S. 1 GG den Ländern, ungeachtet der grundsätzlichen Autonomie der Landesverfassungen, die Rechtsgrundlagen für die Veranstaltung von Rundfunk so zu gestalten, daß sie den aus dem Grundgesetz abgeleiteten Anforderungen an den Schutz von Meinungs- und Rundfunkfreiheit genügen. Dabei sind die landesrechtlichen Regelungen als auf Art. 5 Abs. 1 GG bezogen so auszulegen, daß sie sich in das vom Bundesverfassungsgericht entwickelte Rundfunkverfassungsrecht einfügen, denn dieses Recht setzt dem Verständnis des Landesrechts nicht nur einen Rahmen, es wirkt vielmehr unmittelbar auf das Landesrecht ein (BVerfGE 13, 54, 80). Diesem Umstand tragen Art. 11 Abs. 2, 12 ThürVerf in bewußter Übereinstimmung mit dem Grundrechtsschutz des Grundgesetzes (*Linck/Jutzi/ Hopfe*, aaO, Art. 11 Rdn. 39 ff, Art. 12 Rdn. 12) Rechnung, indem Art. 11 Abs. 2 ThürVerf die Freiheit des Rundfunks (zur Terminologie vgl. *Linck/Jutzi/ Hopfe*, aaO, Rdn. 40) garantiert und Art. 12 Abs. 1 ThürVerf das Land zur Gewährleistung von Rundfunk verpflichtet.

Rundfunkfreiheit ist in erster Linie Programmgestaltungsfreiheit (BVerfGE 90, 60, 87; 95, 220, 235). Der Rundfunk darf nicht Verlautbarungsinstrument einer im wesentlichen ausschließlich verbreiteten Weltsicht sein. Er hat das Meinungsbild der vielfältigen Lebenswelten der Rundfunkempfänger aufzunehmen und ihm bei der Programmgestaltung zu entsprechen. Das Rundfunkprogramm hat sich als Spiegel dieser Lebenswelten zu verstehen, weil nur so Meinungspluralismus und durch ihn vermittelt Meinungsbildungsfreiheit möglich sind. Hieraus folgt als Verfassungsprinzip das Verbot jeder staatlichen Betätigung als Rundfunkveranstalter oder das Gebot der Staatsfreiheit des Rundfunks (BVerfGE 12, 205, 263; 83, 238, 330), weil ein seitens des „Staates", verstanden als Inbegriff der Kräfte, welche die politischen Gestaltungsentscheidungen im Gemeinwesen treffen, maßgeblich bestimmtes Rundfunkprogramm Staatsrundfunk wäre, dessen Abwehr angesichts schlimmer historischer Erfahrungen die Rundfunkfreiheitsgarantie der Verfassungen gerade bezweckt.

Des weiteren verpflichtet das Verfassungsrecht den Staat als Gewährsträger von Rundfunk, die Rundfunkfreiheit nachhaltig durch eine in formellem Gesetzesrecht, zu dem auch das Zustimmungsgesetz zu einem Rundfunkstaatsvertrag gehört (BVerfGE 57, 295, 320f), niedergelegte „positive Ordnung" sicherzustellen (BVerfGE 57, 295, 319; 90, 60, 87; 95, 220, 236). Diese Ordnung muß gewährleisten, daß Rundfunk frei, umfassend und möglichst wahrheitsgemäß stattfindet (BVerfGE 12, 105, 260f; 90, 60, 87). Die Ausgestaltung dieser Ordnung ist dem Gesetzgeber übertragen. Er hat allerdings bei der Wahl der Sicherungsmittel zu beachten, daß Rundfunk wegen seiner Suggestivkraft und Aktualität eine besonders starke Meinungsbildungsfähigkeit hat und daß, anders als bei den sog. Print-Medien, die physikalisch-technischen Gegebenheiten einer Vielfalt der Informationsquellen gegenwärtig enge Grenzen setzen (BVerfGE 90, 60, 87). Der Gesetzgeber hat bei der Formulierung der „positiven Ordnung" sein Ausgestaltungsermessen so auszuüben, daß das Rundfunkprogramm weder dem Staat noch einer gesellschaftlichen Machtgruppierung überlassen wird (BVerfGE 83, 238, 234; 90, 60, 88). Diese Vorgaben des Bundesverfassungsrechts übernimmt Art. 12 Abs. 2 ThürVerf, indem er das Land verpflichtet, „nach Maßgabe der Gesetze" die politischen, weltanschaulichen und gesellschaftlichen Gruppierungen in den Aufsichtsgremien der Rundfunkveranstalter zu beteiligen. Dieses Beteiligungsgebot der Landesverfassung nimmt § 19 StaatsV auf, welcher in Verbindung mit dem Zustimmungsgesetz vom 25. Juni 1991 für den Freistaat Thüringen zunächst in formeller Hinsicht die „positive Ordnung" im Sinn der Rechtsprechung des Bundesverfassungsgerichts darstellt.

2. Der durch das MDR-ZustG für den Freistaat Thüringen verbindlich gemachte Staatsvertrag entspricht in seinem § 19 auch inhaltlich den Anforderungen des Verfassungsrechts an eine die Rundfunkfreiheit sichernde positive Ordnung.

a) § 19 StaatsV verletzt nicht bereits deswegen die Rundfunkfreiheitsgarantie des Art. 11 Abs. 2 ThürVerf, weil nach Nr. 1 dieser Bestimmung Vertreter der Landesregierung dem Rundfunkrat angehören. Dies verstößt nicht gegen das Verbot jeglichen Staatsrundfunks, denn der Rundfunkrat des MDR hat nicht die Aufgabe, das MDR-Programm zu gestalten, und zwar auch nicht, soweit ihm gemäß § 20 Abs. 4 Nr. 2 StaatsV obliegt, die allgemeinen Programmgrundsätze der §§ 6 ff StaatsV in Programmrichtlinien zu konkretisieren. § 20 Abs. 2 StaatsV verpflichtet den Rundfunkrat, die Einhaltung der in den §§ 6, 8 und 9 des Staatsvertrags festgelegten Programmgrundsätze im Sendebetrieb zu überwachen. Danach hat der MDR einen umfassenden Überblick über das internationale, nationale und länderbezogene Geschehen in allen wesentlichen Lebensbereichen zu geben (§ 6 Abs. 1 S. 1 StaatsV); das Programm soll so der individuellen und öffentlichen Meinungsbildung durch Information, Bildung, Beratung und Unterhaltung dienen (§ 6 Abs. 1 S. 2 StaatsV). Die Sendungen sind in ihren informativen Teilen der Wahrheit verpflichtet und deswegen gewissenhaft und sachlich zu recherchieren; Kommentare sind deutlich von den Nachrichten zu trennen und als Meinung des namhaft gemachten Kommentators zu kennzeichnen (§ 8 Abs. 1, 3 StaatsV). Das Gesamtprogramm ist an die verfassungsmäßige Ordnung der Bundesrepublik gebunden; es hat sich als Beitrag zur Verwirklichung der freiheitlich demokratischen Grundordnung zu verstehen (§ 8 Abs. 1 S. 2, Abs. 3 StaatsV). In allen Angelegenheiten von öffentlichem Interesse sind die verschiedenen Auffassungen ausgewogen und angemessen zu berücksichtigen (§ 8 Abs. 4 StaatsV). Dies gilt auch für die gem. § 4 StaatsV von den Landesfunkhäusern eigenständig gestalteten Programme (§ 9 StaatsV). Seine Überwachungsaufgabe nach § 20 Abs. 2 StaatsV nimmt der Rundfunkrat als Vertreter der Interessen der Allgemeinheit im Sendegebiet wahr.

Freilich verfügt der Rundfunkrat zur Wahrnehmung dieser Aufgaben über nicht unerhebliche Kontroll- und Einwirkungsbefugnisse. Hierzu zählen neben der Möglichkeit, Verstöße gegen die Programmgrundsätze festzustellen und zu rügen, die Aufforderung an den Intendanten, eine als grundsatzwidrig erachtete Sendung zu unterlassen oder als grundsatzwidrig empfundene Programmgestaltungen nicht fortzusetzen; diese Einwirkungsmöglichkeiten sind auch im Zusammenhang mit der Zuständigkeit des Rundfunkrats für die Wahl und Abberufung des Intendanten zu sehen.

Gleichwohl ist der Rundfunkrat des MDR kein Programmgestaltungs-, sondern ein Aufsichtsorgan (so auch BVerfGE 83, 238, 333 für das im WDR-Gesetz bestimmte Aufsichtsorgan). Die Verantwortung für die Programmgestaltung des MDR ist allein dem Intendanten übertragen (§ 29 StaatsV). Die Bestimmungen des § 20 StaatsV stimmen im wesentlichen überein mit den Regelungen anderer Rundfunkstaatsverträge oder Rundfunkgesetze. Diese sehen sämtlich Organe vor, welche die Konformität des Programms der Rundfunkanstalt oder – nach Zulassung von Privatrundfunk – des privatrechtlich organisierten Senders mit den dem Rundfunk zugrunde liegenden „positiven Ordnungen" beobachten und Verstöße gegen die dort festgelegten Grundsätze rügen. Es kann dahinstehen, ob diese Aufsichtsgremien nicht angesichts dessen eine verfassungsrechtliche Notwendigkeit sind, weil ein Programm auch durch eine zumindest in wesentlichen Grundsätzen einheitliche Überzeugung der Redakteure und Journalisten als den eigentlichen Adressaten des nach professionellen Maßstäben autonom zu erfüllenden publizistischen Auftrags (vgl. BVerfGE 90, 60, 87), und als den konkreten Gestaltern der einzelnen Sendungen und ihrer Abfolge, sich gewissermaßen „von innen her" vom Prinzip entfernen kann, daß das Rundfunkprogramm ein Spiegel des allgemeinen Meinungsbefundes sein soll. Jedenfalls entspricht es der Gefahr der Vereinnahmung eines Senders durch die „Programm-Macher", die Eingriffsbefugnisse der Kontrollgremien nicht auf das Rügerecht zu beschränken. Deshalb ermächtigt die Verpflichtung, Rundfunkfreiheit zu gewährleisten, zur Bestellung von Aufsichtsorganen (vgl. BVerfGE 83, 238, 332 f), deren Einfluß effektiv sein muß (BVerfGE 57, 295, 330, 331).

b) Auch der Umstand, daß dem Rundfunkrat als dem Aufsichtsorgan des MDR nach § 19 Abs. 1 Nr. 1 StaatsV je ein Vertreter der Landesregierungen (der Vertragsländer) angehört, daß die Landtage der Staatsvertragsländer über die Parteien nach Maßgabe des § 19 Abs. 1 Nr. 2 StaatsV im Rundfunkrat präsent sind, und daß nach § 19 Abs. 1 Nr. 9 die Gemeindeebene repräsentiert ist, verstößt nicht gegen Art. 11 Abs. 2 ThürVerf.

Das Gebot der Staatsfreiheit des Rundfunks gilt der Programmgestaltungsseite des Rundfunkbetriebs. Es verbietet nicht die Präsenz der „Staatsseite" in den Aufsichtsgremien, in welche in faktisch angemessenem Verhältnis Repräsentanten aller politischen, weltanschaulichen und gesellschaftlichen Gruppen berufen sind. Diese Präsenz entspricht vielmehr dem Herkommen des deutschen Rundfunkrechts (BVerfGE 12, 205, 263; 73, 118, 165; 83, 238, 330). Sie ist verfassungsrechtlich unbedenklich, wenn die Kontrollgremien nicht Teil der unmittelbaren Staatsverwaltung sind und keinem direkten Einfluß auf die Wahrnehmung ihrer gesetzlichen Aufgaben unterliegen (BVerfGE 73, 118, 165). Die Mitgliedschaft von Vertretern der Staatsseite steht im Einklang mit dem Grundsatz der Repräsentation der Allgemeinheit im Rundfunkrat jedenfalls solange, als die der Staatsseite zuzurechnenden Stellen (meist Verfassungsorgane) durch freie Wahlen demokratisch legitimiert sind. Die Zulässigkeit zumindest einer Parteien-Repräsentanz im Rundfunkaufsichtsgremium ergibt sich aus Art. 12 Abs. 2 ThürVerf, welcher die

Beteiligung „politischer" Gruppen vorschreibt und damit – in Kenntnis der älteren Regelung des § 19 Abs. 1 Nr. 2 StaatsV beschlossen – nicht nur vor- oder außerparlamentarisch tätige Verbände meinen kann. Das Bundesverfassungsgericht hat die Anwesenheit von Vertretern der Landesregierungen, Parlamenten und Kommunen in den Aufsichtsgremien der Rundfunkanstalten wiederholt zur Kenntnis genommen und sie für vereinbar mit dem Verbot des Staatsrundfunks erachtet (BVerfGE 12, 205, 263; 73, 118, 165; 83, 238, 330). Sie verträgt sich daher damit, daß Gewährleistung der Rundfunkfreiheit dem Staat nicht nur die aktive Programmgestaltung, sondern jeden, auch nur mittelbaren Einfluß auf den Inhalt der Rundfunksendungen verbietet (BVerfGE 73, 118, 182 f; 90, 60, 87), weil dieses Verbot sich auf den Einsatz staatlicher Mittel (Gesetzgebung, Zustimmung zur Veränderung der Finanzgrundlagen einer Anstalt) bezieht (BVerfGE 90, 60, 94), nicht auf die Teilhabe an der Aufsicht über die Wahrung der Programmgrundsätze – auch – durch weisungsunabhängige (vgl. § 18 Abs. 7 S. 2 StaatsV) Delegierte staatlicher Stellen.

3. Die Präsenz der Staatsseite in einem Rundfunkaufsichtsgremium unterliegt indessen Schranken. Die Kompetenz des Rundfunkrats zur Programmaufsicht mit der Möglichkeit der Programmkritik und der an den Intendanten gerichteten Unterlassungsaufforderung kann den Grad einer direkten, nicht nur reaktiven, sondern „vorsorglichen" Einflußnahme auf Programminhalte erreichen und damit Aufsicht in Gestaltung verwandeln. Diese Möglichkeit ist verfassungsrechtlich deswegen akzeptabel, weil der Rundfunkrat sich – in Übereinstimmung mit dem binnenpluralistischen Strukturmodell des Art. 12 Abs. 2 ThürVerf – aus einer Vielzahl von Gruppierungen mit tendenziell nicht gleichzuschaltender Interessenlage zusammensetzt. Die Möglichkeit der Einflußnahme auf die Art und Weise der Aufsichtsführung hängt damit ab vom Gewicht jeder der Mitglieds-Gruppen im Rundfunkrat. Das gilt für die Staatsseite ebenso wie für jede der dort präsenten außerstaatlichen weltanschaulichen, politischen oder gesellschaftlichen Gruppen. Die Repräsentanz der staatlichen Stellen im Rundfunkrat darf so das Maß des Angemessenen (BVerfGE 12, 105, 263) nicht übersteigen, ihre Zahl muß „begrenzt" sein (BVerfGE 83, 238, 330).

Das Gewicht der Staatsseite verbleibt in der Ausgestaltung des § 19 Abs. 1 StaatsV jedenfalls noch innerhalb der Grenzen, die das Verfassungsrecht zur Wahrung der Rundfunkfreiheit dem Gestaltungsermessen des Gesetzgebers zieht. Dieses Gewicht ergibt sich zunächst aus der numerischen Stärke der Gruppen, welche zu den Kräften zählen, die im staatlich verfaßten Gemeinwesen, hier bezogen auf das Sendegebiet des MDR (vgl. § 1 Abs. 1 StaatsV), die politischen Grundentscheidungen treffen.

a) Eindeutig Staatsrepräsentanten sind die Vertreter der Landesregierungen nach § 19 Abs. 1 Nr. 1 StaatsV, denn die Landesregierung hat als oberstes Organ der vollziehenden Gewalt (vgl. Art. 70 Abs. 1 ThürVerf, Art. 59 Abs. 1 SächsVerf, Art. 64 Abs. 1 VerfSachsAnh) maßgeblichen Anteil am Zustandekommen und an der Durchführung dieser Entscheidungen.

Nicht in die Staatsquote zu rechnen sind die gem. § 22 Abs. 4 StaatsV zu den Rundfunkratssitzungen entsandten Regierungsvertreter. Die Mitgliedschaft ist in § 19 Abs. 1 MDR-StaatsV abschließend geregelt. § 22 Abs. 4 MDR-StaatsV erweitert den Mitgliederkreis nicht, weil, wie näher auszuführen sein wird, diese Bestimmung nicht Aufsichtsbefugnisse der Landesregierungen im Sinne des § 20 StaatsV begründet, sondern ihnen ein Teilnahmerecht im Zusammenhang mit der Wahrnehmung der Rechtsaufsicht gewährt.

b) Zur Staatsseite zählen auch die gem. § 19 Abs. 1 Nr. 2 StaatsV von den in den Landtagen vertretenen Parteien in den Rundfunkrat entsandten Personen. Sie sind zwar nicht Repräsentanten der Landtage selbst, sondern der mit Fraktions- oder Gruppenstärke in mindestens zwei der Parlamente der Vertragsländer vertretenen Parteien. Dennoch sind diese Parteivertreter der gesetzgebenden Staatsgewalt zuzurechnen, weil das für das Delegierungsrecht notwendige Element der Parlamentsrepräsentanz die entsendenden Parteien, welche selbst wegen ihres besonderen Status Rundfunk nicht betreiben könnten (BVerfGE 73, 118, 190), den Gesetzgebungsorganen zuordnet. Diese Verfassungsorgane nehmen als oberste Organe der politischen Willensbildung (vgl. Art. 48 Abs. 1 ThürVerf, ähnlich Art. 39 Abs. 1 SächsVerf, Art. 41 Abs. 1 VerfSachsAnh) auf die politische Willensbildung in den Ländern und auf die Ausübung der den Bundesländern zukommenden Staatsgewalt maßgeblichen Einfluß. Diese Betrachtungsweise liegt auch dem Staatsvertrag zugrunde. Dies zeigt § 18 Abs. 5 StaatsV, wonach ein Abgeordneter des Bundestags oder eines Landtags nur dann Mitglied des Rundfunkrats sein kann, wenn er in ihn nach Maßgabe des § 19 Abs. 1 Nr. 2 StaatsV entsandt ist.

c) Zweifelhaft ist dagegen, ob auch die gem. § 19 Abs. 1 Nr. 9 StaatsV durch die kommunalen Spitzenverbände in den Rundfunkrat delegierten Vertreter zur Staatsseite zu rechnen sind. Für ihre Zugehörigkeit spricht die Tatsache, daß die Gemeinden, auch wenn ihnen das Recht zur Selbstverwaltung übertragen ist, als Träger öffentlicher Gewalt selbst ein Stück „Staat" sind (BVerfGE 73, 118, 191). Dagegen steht der Umstand, daß nicht ein kommunales Organ (z. B. Gemeindevertretung oder Kreistag) die Rundfunkratsmitglieder bestimmt, sondern – jeweils für eines der Vertragsländer – eine zur Wahrung der kommunalen Interessen gebildete, privatrechtlich organisierte

Vereinigung, der die Gemeinden als Mitglieder angehören können (vgl. § 126 S. 1 ThürKO). Ob auch auf diesem Weg öffentliche Gewalt gewissermaßen ausgelagert in die Entscheidungsprozesse des Aufsichtsgremiums einfließt oder ob die Staatsgewalt durch den Vereinszweck der Spitzenverbände so mediatisiert und neutralisiert ist, daß im Vordergrund der zu § 19 Abs. 1 Nr. 9 StaatsV gebotenen Wertung das Einbringen des Vereinigungszwecks steht, kann offenbleiben. Denn auch dann, wenn die drei durch die kommunalen Spitzenverbände in den Rundfunkrat des MDR entsandten Vertreter zur Staatsseite zählten, würde deren Gewicht noch keinen bestimmenden Einfluß auf die Arbeit des Rundfunkrats erhalten.

d) Die numerische Stärke der Staatsseite ergibt sich für den MDR-Rundfunkrat dergestalt, daß zu den jeweils drei Regierungs- und Kommunenvertretern eine offene, weil vom Ergebnis der Landtagswahlen und der ihm entsprechenden Zusammensetzung der Landtage abhängige Zahl von Parteivertretern kommt. Auf der Grundlage der durch die Verfassungen oder Wahlgesetze der Vertragsländer bestimmten Parlamentsstärken (insgesamt 307 Abgeordnete) errechnet sich, Überhangmandate nicht berücksichtigt, aus § 19 Abs. 1 Nr. 2 1. Halbsatz StaatsV eine Mindestzahl von sieben Parteivertretern. Die numerische Mindeststärke der Staatsseite im MDR-Rundfunkrat beträgt daher 13 Mitglieder. Hinzu kommen gem. § 19 Abs. 1 Nr. 3 bis 8, 10 bis 16 StaatsV 28 durch außerstaatliche Gruppen delegierte Rundfunkratsmitglieder. Das danach der Staatsseite zukommende Gewicht verbleibt auch bei rein zahlenmäßiger Würdigung im Bereich des verfassungsrechtlich Unbedenklichen. Denn selbst wenn die „Staatsgruppe" als Abstimmungseinheit gedacht wird, kann sie bei einem numerischen Gewicht von rd. 32% Mehrheitsentscheidungen weder herbeiführen noch verhindern. Sie kann nicht einmal die mit Zwei-Drittel-Mehrheit zu fassenden Entscheidungen nach § 23 Abs. 3 Satz 3 in Verbindung mit § 20 Abs. 4 Nr. 1 bis 5 StaatsV (Beschlüsse über die Satzung, über Programmrichtlinien, über die Wahl und Abberufung des Intendanten, von Rundfunkdirektoren oder von Verwaltungsratsmitgliedern) blockieren.

e) Die verfassungsrechtliche Betrachtung des § 19 Abs. 1 StaatsV darf sich jedoch nicht auf die rechnerische Mindeststärke der Staatsseite beschränken. Sie hat auch Verhältnisse in Rechnung zu stellen, welche die Offenheit des § 19 Abs. 1 Nr. 2 StaatsV mit sich bringen kann. Rein theoretisch könnte dann, wenn in sämtlichen Landtagen jeweils nur kleine Parteien in Fraktions- oder Gruppenstärke vertreten wären, und wenn die entsendungsberechtigte Partei zwar in zwei, nicht aber in drei der Vertragsstaaten-Parlamente gewählt wäre, eine Zahl von über 30 Parteivertreter in den MDR-Rundfunkrat einziehen und damit ein zahlenmäßiges „Staatsgewicht" jenseits der verfassungsrechtlichen Zulässigkeitsgrenze zustande bringen. Dieser Extremfall kann indessen nicht der Normenkontrolle zugrunde gelegt werden. Er setzt politische Verhältnisse voraus, welche als „Szenario" sich zwar darstellen lassen, die aber nach einer an der politischen Geschichte der Bundesrepublik und ihren verfassungsrechtlichen Gegebenheiten orientierten Betrachtungsweise des Möglichen als irreal vernünftigerweise auszuschließen sind.

Diese Betrachtungsweise kann sich ausrichten an der Wirklichkeit der seit der Gründung des MDR festzustellenden tatsächlichen Rundfunkrats-Mitgliederzahlen. In den ersten, im November 1991 zusammengetretenen Rundfunkrat waren gem. § 19 Abs. 1 Nr. 2 StaatsV neun Parteivertreter entsandt worden, so daß dem MDR-Rundfunkrat neben 28 außerstaatlichen Gruppenvertretern insgesamt 15 „Staatsrepräsentanten" angehörten. Hier hätte die Staatsgruppe einen mit Zwei-Drittel-Mehrheit zu fassenden Rundfunkratsbeschluß verhindern können. Im zweiten, seit November 1997 amtierenden Rundfunkrat hat die Zahl der Parteivertreter sich auf acht vermindert, so daß bei 42 Mitgliedern insgesamt die 14 Staatsvertreter gleichfalls über eine Sperrminorität von genau einem Drittel verfügen. Es ist danach für die verfassungsrechtliche Prüfung von einer numerischen Stärke der Staatsseite oberhalb der Drittel-Grenze auszugehen. Dabei wird bei einer an der Zeitgeschichte der Parlamentswahlen in Bund und Bundesländern orientierten Einschätzung die Anzahl der gem. § 19 Abs. 1 Nr. 2 StaatsV in den Rundfunkrat entsandten Parlaments-Parteivertreter die Menge 12 und damit unter Einbeziehung der weiteren Staatsvertreter eine Quote von rd. 40% der Mitglieder nicht überschreiten. Jedenfalls läßt sich ausschließen, daß die Staatsseite in der Lage sein wird, die außerstaatlichen Gruppen bei Abstimmungen zu majorisieren, so daß insbesondere es der Staatsseite nicht möglich sein wird, allein über die Besetzung des Programmausschusses (§ 24 StaatsV) zu entscheiden.

f) Auch unter der Voraussetzung der Möglichkeiten einer Ein-Drittel-Sperrminorität hält § 19 Abs. 1 StaatsV den Anforderungen des § 11 Abs. 2 ThürVerf stand. Denn die Prämisse eines im Beratungs- und Abstimmungsverhalten einheitlich agierenden „Staatsblocks" bedarf der Korrektur. Maßgeblich für die Entscheidung über das Gewicht der Staatsseite in einem binnenpluralistisch strukturierten Rundfunkaufsichtsgremium ist nicht allein die aufaddierte numerische Mitgliederstärke der dem „Staat" zuzurechnenden Gruppen. Entscheidend ist vielmehr der Umfang der möglichen Einflußnahme der Staatsseite auf die Ergebnisse der Kontrolltätigkeit des Rundfunkrats. Dabei behält die numerische Quote ihr Gewicht, jedoch nur im Sinne einer Indizwirkung. Dieser sind bei der Gesamtgewichtung der Einflußmöglichkeiten diejenigen Elemente der „positiven Ordnung" entgegenzustellen, welche den Staatseinfluß neutralisieren und verhindern, daß das Mitwirkungsrecht der Rundfunkratsmitglieder bei der Aufsicht über die Wahrung der Programmgrundsätze mittelbar Programmgestaltung im Sinne eines Staatsrundfunks wird. In die so gebotene differenzierende Gesamtbetrachtung des Rundfunkorganisationsrechts sind neben der Anzahl der „Staatsvertreter" im Rundfunkrat der Grad ihrer Staatsnähe, insbesondere strukturell divergierende Interessenlagen der jeweiligen Staatsgruppen, die Mitwirkung der Oppositionsfraktionen bei der Mitgliederberufung, Inkompatibilitätsbestimmungen zur Verhinderung staatlicher Einflußnahmen über scheinbar außerstaatliche Gruppen, die konkrete Ausgestaltung des Verfahrens zur Benennung der Vertreter der außerstaatlichen Gruppen und die Unabhängigkeit der Gremienmitglieder hinsichtlich ihres Stimmverhaltens im Aufsichtsgremium einzubeziehen. Auch kommt es für die Beurteilung der Möglichkeiten staatlicher Einflußnahme auf die Klarheit und Präzision der Bestimmung der Programmziele des Rundfunks und der Arbeitsinhalte der Programm-Macher im Sinne einer Definition des bei der Programmgestaltung geforderten journalistisch-publizistischen Ethos in der positiven gesetzlichen Ordnung des Rundfunkrechts an, denn diese Maßstäbe sind Richtschnur und Entscheidungsgrundlage des Rundfunkrats. Der Bestimmtheit der Eingriffsnormen entspricht die der Begrenzung eventueller Eingriffsbefugnisse.

Bereits bei der Ermittlung des der Gruppe der Regierungsvertreter zukommenden Gewichts ist zu beachten, daß die drei als Repräsentanten der Regierungen der Staatsvertragsländer dem Rundfunkrat angehörenden Mitglieder keineswegs identische Interessen verfolgen. Dies ist nicht einmal dann der Fall, wenn in sämtlichen Vertragsländern die Landesregierung von einer aus Mitgliedern derselben Partei gebildeten Landtagsfraktion getragen wird. Gerade bei einer Mehr-Länder-Anstalt wie dem MDR gewinnt der Gesichtspunkt der föderalen Brechung (vgl. dazu *Jarass,* Die Freiheit des Rundfunks vom Staat, 1981, S. 42, 50) besonderes Gewicht. Die rechtliche und politische Selbständigkeit der Bundesländer, welche ein wesentliches Strukturelement der deutschen Verfassungsordnung ist, muß auch in bezug auf die Prognose darüber, wie die Vertreter der drei Landesregierungen sich im Rundfunkrat des MDR verhalten werden, Geltung behalten. Vollends auf der Hand liegt die Bedeutung des Gesichtspunkts der föderalen Brechung dann, wenn die drei Landesregierungen von unterschiedlichen Parteien getragen werden.

Die Bewertung des seitens der Parteivertreter möglichen Einflusses auf die Programmgestaltung des MDR hat zunächst zu bedenken, daß es bei dieser Gruppe von Rundfunkratsmitgliedern nicht unmittelbar um Parlamentsdelegierte geht, daß die Zurechnung zur „Staatsseite" vielmehr auf der Parlamentsrepräsentanz der entsendenden Fraktionen und Gruppen beruht.

Schon dies bewirkt ein Stück Staatsferne. Großes Gewicht hat ferner der Umstand, daß sämtliche Parlamentsparteien, wenn sie nur eine hinreichend große Zustimmung der Wahlbürger in Gestalt der Wahlergebnisse in zwei der drei Vertragsländern nachweisen können, im MDR-Rundfunkrat vertreten sind. Damit ist sichergestellt, daß insbesondere auch die in Opposition zu den Regierungsparteien stehenden Fraktionen und Gruppen im MDR-Rundfunkrat vertreten sind. Dies relativiert die Möglichkeit einer einheitlichen Einflußnahme auf Sendungsinhalte seitens dieser Repräsentantengruppe stark. Denn die Annahme einer abgestimmten Einflußnahme auf das Rundfunkprogramm des MDR im Sinne eines Staatsrundfunks dürfte, solange es in einem Parlament Oppositionsfraktionen gibt, eher Theorie sein (vgl. auch BVerfGE 73, 118, 165, wo eine Differenzierung zwischen Mehrheits- und Minderheits- bzw. Oppositionsparteien bei der Gewichtung des staatlichen Einflusses angedeutet wird). Der Umstand, daß zu erwarten steht, daß sowohl Regierungs- wie Oppositions- wie Kommunalvertreter im Rundfunkrat sich einem der Verfassungsordnung der Bundesrepublik widersprechenden Programm widersetzen werden, darf nicht als mittelbarer Staatsrundfunk umgemünzt werden, denn mit einem solchermaßen übereinstimmenden Verhalten nähme die Staatsseite nur eine Aufgabe wahr, die zu den Hauptpflichten aller Mitglieder des Rundfunkrats gehört. Schließlich ist auch bei der Gruppe der Parlaments-Parteivertreter – bei dem einzelnen Vertreter verstärkt durch einen spezifisch regionalen Bezug – der Gesichtspunkt der föderalen Brechung von Interessenbündelungen in Rechnung zu stellen als Gegengewicht zu im Widerspruch zur Programmautonomie der Rundfunkanstalt stehenden, „operativen" Einflußnahmen aller Staatsvertreter zwecks Unterdrückung der Staatsseite mißliebiger Sendungen oder zur Herbeiführung staatlicherseits erwünschter Programminhalte.

Die Gruppe der Kommunen-Vertreter (§ 19 Abs. 1 Nr. 9 StaatsV) stellt, nicht zuletzt auch deswegen, weil sie nicht durch die Gemeinden oder kommunalen Gebietskörperschaften direkt berufen, sondern durch die kommunalen Spitzenverbände nominiert ist, die Repräsentanz spezifischer Kommunalinteressen dar. Dieses ist zwar Teil des in der Ausübung von Staatsgewalt zum Ausdruck kommenden öffentlichen Interesses. Die kommunalen Belange laufen damit jedoch mit dem allgemeinen Staatsinteresse, insbesondere mit den Vorstellungen und Zielen der Bundesländer keineswegs parallel. Im spezifischen Kommunalinteresse tritt vielmehr die den Gemeinden verfassungsrechtlich gewährleistete Selbstverwaltung hervor. Von hier aus ist die Möglichkeit einer Beteiligung der Gemeinderepräsentanten an einer programm-manipulativen Einflußnahme der Staatsseite im MDR-Rundfunkrat mit dem Ergebnis zu bewerten, daß die Wahrscheinlichkeit eines abgestimmten Verhaltens sehr gering ist.

Die strukturell bedingt gebrochenen Interessenlagen der Staatsseite sind in ihrer „Manipulationsrelevanz" weiter dadurch vermindert, daß § 18 Abs. 7 S. 1 StaatsV den Rundfunkratsmitgliedern aufgibt, bei der Wahrnehmung ihres Amtes allein die Interessen der Allgemeinheit zu vertreten. Dabei steht „Allgemeininteresse" nicht dem Staatsinteresse gleich. Es bestimmt sich vielmehr aus dem Programmauftrag des MDR und der Verpflichtung des Rundfunks, die verfassungsmäßige Ordnung zu wahren, der Wahrheit verpflichtet zu sein, zur Verwirklichung einer freiheitlich-demokratischen Ordnung beizutragen und die Zusammengehörigkeit im vereinigten Deutschland zu fördern (§ 8 Abs. 1 StaatsV). Damit ist zunächst den Repräsentanten der außerstaatlichen Gruppen geboten, die partikulären Belange allenfalls im Sinne eines Vorverständnisses bei der Bewertung des allgemeinen Interesses zu berücksichtigen. Die Vertreter der Staatsseite haben als Mitglieder des Rundfunkrats zu beachten, daß ein freiheitlich-demokratisch verfaßter Staat das allgemeine Interesse nur insoweit verkörpert, als es um die Achtung und Wahrung der verfassungsrechtlichen Ordnung, ihrer Grundrechte und Grundgewährleistungen, ihres Kompetenzgefüges und ihrer freiheitssichernden formellen Rechtsinstitute geht. Dagegen sind die in die Gesetzgebung und den Gesetzesvollzug eingeflossenen politischen Gestaltungsziele als solche Ergebnis und Teil des demokratischen Meinungsbildungsprozesses und die Folge demokratisch durchgeführter Wahlen. Als solches gebührt ihnen als Rechtsordnung Respekt und Befolgung, ohne daß sie als Allgemeininteresse allgemeine, nicht in Frage zu stellende Verbindlichkeit in Anspruch nehmen dürften. Daß dabei die Amtspflichten der Rundfunkratsmitglieder „tendenziell in Widerspruch" zu dem „Rekrutierungsprinzip" des binnenpluralistischen Gruppenmodells stehen (BVerfGE 83, 238, 334), trifft zwar zu und liegt in der Natur der gewählten, herkömmlichen Repräsentation. Es muß jedoch in einer auf Meinungspluralismus bedachten Organisationsform davon ausgegangen werden, daß die mit der Verantwortung für die Interessen der Allgemeinheit bedachten Persönlichkeiten die „schwirige Rollendifferenzierung" (BVerfGE aaO) bewältigen und im Stande sind, sich ihren Amtspflichten gemäß zu verhalten; die bisherigen Erfahrungen widerlegen dieses Postulat nicht. Hieran kann eine verfassungsrechtliche Würdigung anknüpfen. In dieser Verantwortung und in ihrer Verpflichtung auf eine Orientierung am allgemeinen Interesse sind die Rundfunkratsmitglieder sachlich unabhängig, denn § 18 Abs. 7 S. 2 StaatsV stellt sie im Sinne eines Verbots abweichenden Verhaltens von der Befolgung von Aufträgen und Weisungen frei.

Die Möglichkeit staatlicher Einflußnahme auf das MDR-Programm wird auch dadurch begrenzt, daß die positive Ordnung des Staatsvertrags die Programmgrundsätze nicht nur im Sinn einer allgemeinen Richtlinie bestimmt. Die inhaltlichen Grenzen der Programmautonomie des Senders sind in §§ 6 ff StaatsV nach Maßgabe des Möglichen klar und genau definiert. Sowohl die Programmgestalter wie das Aufsichtsgremium finden hier eine zuverlässige Bestimmung desjenigen, was innerhalb des Rundfunkauftrags liegt und was diesen überschreitet. Gleiches gilt für die von den Journalisten und Publizisten geforderte Arbeitsmethode. Insbesondere aus § 8 StaatsV kann der Programm-Macher erkennen, welche berufsethischen Grundsätze er befolgen muß. Der Rundfunkrat kann andererseits auf der Grundlage dieser Regelungen hinreichend sicher darüber befinden, ob ein Programmbeitrag diesem Ethos nicht mehr entspricht oder ob er innerhalb der Programmautonomie des Senders und damit außerhalb der Einwirkungsmöglichkeiten des Rundfunkrats verbleibt.

g) Die Regelung des § 22 Abs. 4 StaatsV trägt nicht dazu bei, das durch die Begleitvorschriften der positiven Ordnung des Staatsvertrags modifizierte Gewicht der Staatsseite in einer Weise zu erhöhen, daß insgesamt gesehen die Möglichkeit einer Einflußnahme des Staates auf konkrete Programminhalte des MDR zu bejahen wäre. Allerdings gibt § 22 Abs. 4 StaatsV den Regierungen der Vertragsländer mit dem Recht, zu den Rundfunkratssitzungen Vertreter zu entsenden, welche jederzeit Anspruch auf Anhörung haben, äußerlich gesehen ein weitreichendes Mittel in die Hand, auf den Gang der Beratungen und der Entscheidungsfindung des Rundfunkrats einzuwirken. § 22 Abs. 4 StaatsV würde damit das Staatsgewicht bei der Programmaufsicht in einer Weise erhöhen, die als Möglichkeit einer mittelbaren Einflußnahme auf das MDR-Programm mit inhaltlicher Gestaltungstendenz zu qualifizieren und damit als verfassungswidrig zu verwerfen wäre.

Der Wortlaut des § 22 Abs. 4 StaatsV erlaubt jedoch eine an Sinn und Zweck der Vorschrift ausgerichtete Einschränkung seines Geltungsinhalts. § 22 Abs. 4 StaatsV steht im Zusammenhang mit der nach § 37 StaatsV den Vertragsländern obliegenden Rechtsaufsicht. Die Regelung entspricht zum Teil gleichlautenden Bestimmungen anderer Rundfunkrechtsordnungen (vgl. § 19 Abs. 2 WDR-Gesetz, § 20 Abs. 4 NDR-StaatsV, § 7 Abs. 5 der Satzung des Senders Freies Berlin); auch diese Bestimmungen sind Teil der Gestaltung der Rechtsaufsicht der Gewährsländer über die Rundfunkanstalten. Wie der Vertreter der Regierung des Freistaats Thüringen in der mündlichen Verhandlung des Thüringer Verfassungsgerichtshofs erklärt hat, nehmen die Vertragsländer an den Rundfunkratssitzungen auch nur im Hinblick auf ihre Rechtsaufsichtsbefugnisse teil. So gesehen ist die Bestimmung verfassungsrechtlich unbedenklich. Es ist im Hinblick darauf, daß es sich bei den Vertragsländern des Staatsvertrags um neue Bundesländer mit noch kaum vorhandenen rundfunkrechtlichen Erfahrungen handelt und daß auch der

Sender selbst eine Neuschöpfung auf dem Gebiet der ehemaligen DDR ist und rundfunkrechtliche Erfahrungen erst im Verlauf seiner Tätigkeit zu sammeln in der Lage war, nicht zu beanstanden, daß § 22 Abs. 4 StaatsV nicht nur dem Vertreter der jeweils nach Maßgabe des § 37 Abs. 1 StaatsV rechtsaufsichtsführenden Landesregierung das Anwesenheits- und Rederecht gibt. Gleichwohl verpflichtet das Gebot der Staatsferne die gem. § 22 Abs. 4 StaatsV anwesenden Regierungsvertreter zur Zurückhaltung und zur Beschränkung ihrer Beiträge auf Fragen der Rechtsaufsicht. Dem Vorsitzenden des Rundfunkrats obliegt es, im Rahmen seiner Ordnungsgewalt als Leiter der Ratssitzungen darauf hinzuwirken, daß diese Beschränkung beachtet wird und daß vor allem solche Beiträge von Regierungsvertretern unterbleiben, die im Sinne einer Einflußnahme auf Programminhalte oder sonst im Sinne der Wahrnehmung von dem Rundfunkrat vorbehaltenen Kompetenzen verstanden werden können.

h) Insgesamt gesehen neutralisieren und mediatisieren die Bestimmungen des Staatsvertrags das Gewicht der Staatsseite innerhalb des Aufsichtsgremiums Rundfunkrat in einer Weise, die die Möglichkeit einer Programminhaltsmanipulation seitens der Vertreter von Staatsgewalt ausübenden Stellen als allenfalls theoretisch erscheinen und damit verfassungsrechtlich unbedenklich sein läßt.

II.

§ 19 Abs. 1 StaatsV begegnet auch insoweit keinen durchgreifenden verfassungsrechtlichen Bedenken, als er in Nr. 1 bis 8, 10 bis 15 die Gruppen benennt, welche dem außerstaatlichen Bereich angehörend im Rundfunkrat vertreten sind und ihre Mitglieder selbständig benennen, jedoch in Nr. 16 einen „Block" von 8 Mitgliedern den Landtagen der Staatsvertragsländer nach festgelegten Quoten zur Bestimmung der entsendungsberechtigten Gruppen nach Maßgabe des § 19 Abs. 3 StaatsV anvertraut.

1. Verfassungsrechtlich akzeptabel ist zunächst das in § 19 Abs. 1 Nr. 16 StaatsV geregelte Verfahren, wonach die gesetzgebende Körperschaft die ihr zugewiesene Auswahlentscheidung in der Form eines Parlamentsbeschlusses trifft.

§ 19 Abs. 1 Nr. 16 StaatsV ist in Verbindung mit dem Zustimmungsgesetz vom 25.6.1991 für Thüringen Bestandteil der positiven Ordnung eines die Rundfunkfreiheit sichernden Rundfunkorganisationsrechts. Insofern ist den bundesverfassungsrechtlichen Vorgaben formal entsprochen (siehe oben C. I 1). Jedoch hat der Gesetzgeber mit der Zustimmung zu § 19 Abs. 1 Nr. 16 StaatsV den rundfunkverfassungsrechtlichen Vorbehalt des Gesetzes (vgl. BVerfGE 57, 295, 320) nicht in vollem Umfang ausgeschöpft.

Er hat sich vielmehr selbst ermächtigt, mittels der Gruppenbestimmung Einfluß auf die Benennung eines nicht unerheblichen Teils der Mitglieder des MDR-Rundfunkrats in einem nicht gesetzesförmigen Verfahren zu nehmen. Es kann offen bleiben, ob eine solche Delegation aus dem Gesetzgebungsverfahren in das Verfahren der geschäftsordnungsmäßigen Parlamentsbeschlüsse, deren Problematik im Fall eines Zustimmungsgesetzes zu einem Mehr-Länder-Staatsvertrag dadurch verschärft wird, daß ein Teil der offen gelassenen Regelungen den Landtagen der anderen Vertragsländer in die Hand gegeben wurde, generell unvereinbar ist mit dem Prinzip des Gesetzesvorbehalts. Die Entscheidung des Thüringer Landtags, dem in § 19 Abs. 1 Nr. 16 in Verbindung mit Abs. 3 StaatsV geregelten Verfahren zuzustimmen, war jedenfalls in der besonderen historischen Situation, in die sich der Rundfunkstaatsvertrag gestellt sah, nahezu zwingend. Im Gebiet der ehemaligen DDR, in dem das Sendegebiet des MDR vollständig sich befindet, war mit dem Abschütteln der staatszentralistisch-sozialistischen, die Schicksale der Bürger weitgehend von außen bestimmenden Herrschaftsstrukturen ein elementares Bedürfnis der Bürger nach Teilhabe an fremdbestimmenden Programmentscheidungen entstanden. Nach Jahrzehnten des zensierten Staatsrundfunks traf dieses Teilhabebedürfnis gerade auch den sich etablierenden „freien Rundfunk". Die in § 19 StaatsV getroffene Entscheidung für ein breit angelegtes binnenpluralistisches Rekrutierungsmodell war deswegen unumgänglich. Das Bedürfnis nach breiter Teilhabe an Aufsicht über das Programm der neuen Sender begegnete jedoch in seiner Realisierung der Schwierigkeit, daß die Allgemeinheit der gesellschaftlichen Kräfte, deren Meinungsbild nach der für die Rundfunkordnungen der neu entstehenden Anstalten maßgeblichen Rechtsprechung des Bundesverfassungsgerichts die Zusammensetzung der Aufsichtsgremien wiederspiegeln soll, sich in den neuen Bundesländern noch nicht annähernd so weit formiert und entwickelt hatte, wie dies in der Entwicklung der Alt-Bundesrepublik geschehen war. Wenn im Februar 1991 das Bundesverfassungsgericht für das Sendegebiet des Westdeutschen Rundfunks (Nordrhein-Westfalen) im Gruppenrepräsentationsmodell des WDR-Gesetzes ein „unvollkommenes Modell zur Sicherung allgemeiner Interessen" gesehen hat (BVerfGE 83, 238, 335), dann mußte dieser Mangel der Gruppenrepräsentation um sehr viel mehr dort anhaften, wo eine Gesellschaft nach einem extremen Umbruch sich im Jahre 1991 anschickte, sich in ihren bestimmenden Kräften neu zu orientieren und zu definieren. Bürgergruppen, die nach Maßgabe solcher Interessendefinitionen mit Aussicht auf Stetigkeit, Repräsentationskraft und dauerhaften Bestand als Meinungsspiegler für den Rundfunkrat des MDR geeignet waren, bestanden damals im wesentlichen nur in den Gewerkschaften, in den Verbänden und Organisationen der Arbeitgeber im weiteren Sinn, den politischen Parteien neuen Zuschnitts und in den Kirchen. Der Zwang zur Grundsatzentscheidung für eine Gruppenrepräsentanz stieß auf die Not, geeignete Repräsentationsgruppen in ausreichender Zahl noch nicht oder nur zu dem Preis benennen zu können, daß die allenthalben im Gang befindlichen gesellschaftlichen Neugruppierungen ignoriert würden. Von daher ergab sich im Jahr 1991 die Notwendigkeit der offenen Regelung in § 19 Abs. 1 Nr. 16 StaatsV (vgl. auch die Begründung des Gesetzentwurfes der Landesregierung, Lt-Drs. 1/395 zu § 19) ebenso wie es gerechtfertigt war, die Benennung nicht einem Gesetzgebungsverfahren zu überantworten, sondern sie durch einfachen Parlamentsbeschluß herbeizuführen.

Das offene Bestimmungsverfahren des § 19 Abs. 1 Nr. 16 StaatsV in zeitlicher Hinsicht einzuschränken, war weder aus der Sicht des Jahres 1991 geboten, noch kann für die gem. Art. 105 S. 2 ThürVerf maßgebliche Zeit nach dem 31.12.1997 – jedenfalls für die Dauer der Unkündbarkeit des Staatsvertrages – eine solche Änderung des Auswahlverfahrens, auf dessen Grundlage im übrigen der zweite MDR-Rundfunkrat bereits bestellt ist, verfassungsrechtlich gefordert werden. Denn weder konnte im Jahr 1991 abgeschätzt werden, wie der Gruppenbildungsprozeß verläuft, noch ist ex post feststellbar, daß er sich vor der Konstituierung des zweiten Rundfunkrats in einer Weise verfestigt hätte, die als Abschluß der Neuformierung der gesellschaftlichen Kräfte im Sendegebiet des MDR zu bestimmen wäre. Im übrigen erscheinen die Regelungen in § 19 Abs. 1 Nr. 16, Abs. 3 StaatsV nicht als generell ungeeignet, den sich auch künftig wandelnden gesellschaftlichen Verhältnissen und der durch den rasanten Fortgang der vielfältigen Möglichkeiten der Telekommunikation und -information nicht unberührt bleibenden Welt des „Mediums und Faktors" Rundfunk (BVerfGE 12, 205, 260; 57, 295, 320) in einer Weise Rechnung zu tragen, die öffentlichen Mißverständnissen weniger Vorschub leistet als ein förmliches Gesetzgebungsverfahren, ohne indes die Veränderungsvorgänge der Öffentlichkeit vorzuenthalten.

War das Benennungsverfahren gem. § 19 Abs. 1 Nr. 16 StaatsV verfassungsrechtlich nicht unbedenklich, so werden die verbleibenden Zweifel doch dadurch beseitigt, daß der Gesetzgeber mit der Beschlußfassung zum Zustimmungsgesetz die Berufungsmodalitäten in § 19 Abs. 3 StaatsV weitgehend vorbestimmt hatte. Festgelegt waren das Auswahlverfahren aufgrund einer in zeitlicher Hinsicht geschlossenen Bewerberliste und die formellen Bedingungen des Wahlvorgangs. Offen war die Bestimmung der vier bzw. zweimal zwei benennungsberechtigten Bewerber. Dies war angesichts der geschilderten Verhältnisse unvermeidbar.

2. § 19 Abs. 1 Nr. 16, Abs. 3 StaatsV bewirkt weder für sich selbst noch zusammen mit den anderen Besetzungsregelungen des § 19 Abs. 1 StaatsV

einen Verstoß gegen den Verfassungsgrundsatz der Staatsferne bei Rundfunkveranstaltungen. Das parlamentsoffene Bestimmungsverfahren macht die Vertreter der nachbenannten Gruppen weder zu Mitgliedern der „Staatsfraktion" im MDR-Rundfunkrat, noch vermehrt der mit der Nachberufungskompetenz verbundene Einfluß des Landtags auf die persönliche Mitgliedschaft im MDR-Rundfunkrat das Gewicht der Staatsseite in diesem Gremium so, daß das Grenzgewicht zulässiger Teilhabe des Staates an der Rundfunkaufsicht überschritten wäre.

III.

§ 19 Abs. 1 StaatsV entspricht schließlich auch in seiner Gesamtheit gesehen den Anforderungen des Verfassungsrechts an die Zusammensetzung eines am Modell der binnenpluralistischen Struktur orientierten Rundfunkaufsichtsgremiums. § 19 Abs. 1 StaatsV spiegelt – äußerlich gesehen – das Regelungsbild des Art. 12 Abs. 2 ThürVerf. Die Bestimmung der entsendungsberechtigten Gruppen überläßt Art. 12 Abs. 2 ThürVerf dem Gesetzgeber mit der Vorgabe, daß durch politische Gestaltungsvorstellungen, weltanschauliche Überzeugungsinhalte oder gesellschaftliche Befunde verbundene Personenvereinigungen zu beteiligen sind. Hierin entspricht Art. 12 Abs. 2 dem Bundesverfassungsrecht, auf das die Verfassungsbestimmung zugeschnitten ist (*Linck/Jutzi/Hopfe*, aaO, Art. 12 Rdn. 12). Dem Verfassungsrecht entspricht § 19 Abs. 1 StaatsV auch in seiner konkreten Gruppenauswahl. In dieser bleibt zwar noch die oben genannte Not des MDR-Gründungsjahrs erkennbar. Zwar endet die Gestaltungsbefugnis des Gesetzgebers bei der Bestimmung derjenigen Gruppierungen, welche in einem Rundfunkaufsichtsgremium das vielfältige Meinungsbild der Allgemeinheit einbringen und die Korrespondenz des Rundfunkprogramms mit diesem Bild kontrollieren sollen, nicht erst an der Willkürgrenze des Art. 3 Abs. 1 GG (BVerfGE 83, 238, 334). Dennoch kann angesichts der im Sendegebiet des MDR weiterhin in besonderem Maß in Fluß befindlichen gesellschaftlichen Verhältnisse und der Öffnungsklausel des § 19 Abs. 1 Nr. 16, Abs. 3 StaatsV nicht festgestellt werden, daß der Thüringer Gesetzgeber mit der Zustimmung zum Staatsvertrag einer Regelung zugestimmt hat, die zur Wahrnehmung ihrer freiheitssichernden Aufgabe jedenfalls nach dem 31. Dezember 1997 ungeeignet ist.

Dem Normenkontrollantrag folgende Feststellungen mußten aus diesen Gründen unterbleiben.

D.

Das Verfahren ist kostenfrei (§ 28 Abs. 1 ThürVerfGHG).
Die Anordnung einer Auslagenerstattung war nicht veranlaßt (§ 29 Abs. 2 ThürVerfGHG).

E.

Diese Entscheidung ist mit 5:4 Stimmen ergangen.

Sachregister

Abgeordneter
s. a. Parlament
Fragerecht und Antwortpflicht 282 ff
Fragerecht, Nachprüfbarkeit bei Nichtbeantwortung 287
Fragerecht, Sinn und Zweck 297
Informationsrecht, mündliche und Kleine Anfrage 296
Verfassungsrechtliche Aufgaben 297
Abstammung
und Minderheitenschutz 187
Abtreibung
Fristenlösung 1975 190, 192
Abwägung
Bestandsschutz 122
Einstweilige Anordnung 252, 59
Gesamtabwägung 141, 162, 167
und Staatsziele 135, 138
Verfassungsrechtliche Kontrolle und politische Verantwortung 139
und Verhältnismäßigkeit 149
Abwehransprüche
Grundrechte, Staatsziele 128
und staatliche Schutzpflichten 182
Abwehrfunktion
als Wesensmerkmal der Grundrechte 133
Ämter
von aneinandergrenzenden Gemeinden eines Landkreises 71 ff
Äquivalenzprinzip
und Umlagenhöhe 36
Allgemeinheit
Gefahrenschutz 53
Rundfunkfreiheit und Repräsentation der – 352
Allgemeininteresse
und Staatsinteresse 359

Altersgrenze
für Prüfingenieur für Baustatik 45 ff
Amt und Mandat
Wahl zwischen – 241
Anderssprachige
Sorbenfrage 157
Angestellte des öffentlichen Dienstes
Wählbarkeitsbeschränkungen 240
Anhörung
aufgrund kommunaler Selbstverwaltung 167 ff
Anspruch
und Begriff der „Rechte" 128
Verfassungsrechtlich abgeleiteter Leistungsanspruch 66
Arbeitsförderung
als Staatsziel 142
Arbeitsgerichtsbarkeit
Geschäftsverteilungsplan 320 ff
Grundrechtsverstoß, Darlegungs- und Begründungsobliegenheit 309 ff
Rechtswegerschöpfung 318
Arbeitsplatzeffekt
Gesetzgeberische Einschätzung 148 f, 152
Auflösung
einer Gemeinde 167
einer Gemeinde (Fall Horno) 117
Ausgaben
und Budgetrecht 221
Ausgleichsleistungen
der kommunalen Körperschaften 23
Auslegung
Entstehungsgeschichte einer Verfassungsnorm 177
Erweiternde – 219
Geschäftsverteilungsplan 327

LVerfGE 8

Landesverfassung, Erfordernis bundesrechtskonformer – 124
Objektivierter Wille des Gesetzgebers 122
Prozeßerklärungen im verfassungsgerichtlichen Verfahren 309 ff
Staatsziele 135, 138
und Willkürurteil 87
Auswahlermessen
und Willkürverbot 244 ff
Baden-Württemberg
Finanzausgleich 23
Finanzausgleich, kommunaler 31
Baden-Württemberg (Landesverfassung)
Finanzverantwortung für Gemeinden 29
Kommunale Selbstverwaltungsgarantie 41
Kommunale Verfassungsbeschwerde 5 ff
Steuereinnahmen und Gemeindebeteiligung 23
Bauaufsichtsbehörde
Aufgaben 235
Baugenehmigung
Hoheitsbefugnisse 237
Bauprüfdienststelle
Hoheitsbefugnisse 235
Baustatik
Altersgrenze für Prüfingenieur 45 ff
Beamte
Wählbarkeit zur Bezirksversammlung (Hamburg) 235
Beförderung
Bewährungsvorsprung 253
Dienstpostenbesetzung oder Freihaltung 251 ff
Begründungslast
bei Grundrechtsverstößen der Fachgerichtsbarkeit 309 ff
Behindertenfahrdienst
Kürzungen der Haushaltsmittel 63
Beiladung Betroffener
im abstrakten Normenkontrollverfahren 115 f

Bekenntnisprinzip
und Minderheitenrecht 135
Benachteiligungsverbot
Behinderte und – 64
Bergbau
und Gesetzgebungskompetenz der Länder 119
Bergrecht
Betriebsplanzulassung und Bestandsschutz 125
und Bodenschätze 133
und Eigentumsschutz 165
und Minderheitenschutz 188
Rohstoffsicherungsklausel 125, 151, 189
Zulassungsverfahren und öffentliche Belange 125
Berlin
BauPrüfVO und Erlöschen einer Anerkennung für Prüfingenieure (Baustatik) 45 ff
Behindertenfahrdienst (Telebus-Teletaxi-System) 63
Berlin (Landesverfassung)
Behinderte und Nichtbehinderte, faktische Gleichstellung 62 ff
Behinderte, Benachteiligungsverbot 64
Berufswahlfreiheit 45 ff
Freiheit der Person 58
Menschenwürde 68
Berufsfreiheit
und Drei-Stufen-Theorie 52
und Kündigungsschutzgesetz 328
Berufswahl
Altersgrenze für Prüfingenieur für Baustatik 45 ff
Berufswahlfreiheit
Inhalt 52
Beschleunigungsgebot
in Haftsachen 58
Beschwer
Kommunale Normenkontrolle, erforderliche 19
Bestandsschutz
Sorbischer Minderheitenschutz 121

Betriebskostenabrechnung
Streit um Vermieterstellung 82 ff
Betroffenheit
Unmittelbare durch eine Rechtsnorm 50
Beurteilungsspielraum
Einschätzungen und Prognosen des Gesetzgebers 139
Bevölkerung
Anhörung betroffener Gemeindegebiete 168
Beweisantrag
Verspätungsrüge und rechtliches Gehör 305 ff
Bezirksversammlung (Hamburg)
Demokratische Legitimation 239
Exekutive 246
keine Gebietskörperschaft 238
Gewaltenteilung und Vertretungskörperschaft 243
Hoheitsbefugnisse des Gewählten und Wahl zur – 234 ff
Mandat als Ehrenamt 242
Mandatsannahme und Existenzgrundlage 241
Wählbarkeit, faktischer Ausschluß 241
Brandenburg
Ämter aneinandergrenzender Gemeinden eines Landkreises 71 ff
Braunkohlengrundlagengesetz (Fall Horno) 99 ff
Schulträgerschaft und Kostenfinanzierung 88
Brandenburg (Landesverfassung)
Arbeitsförderung 197
Eigentumsschutz 165
Freizügigkeit 164
Gemeindeaufgaben und Finanzierung 95
Gemeinden und Gemeindeverbände, Gebietsänderungen 76
Gemeindeverbände, Selbstverwaltungsgarantie 73 ff
Gesellschaftliche Gruppen 182
Grundrechte und Staatsziele 127, 195

Grundsatz fairen Verfahrens 86
Kulturelles Leben, Denkmalschutz 166
Normenkontrolle, abstrakte 115
Rechte, Recht auf … 129
Rechtliches Gehör 85
Sorbische Minderheit 103
Strukturförderung 142, 193, 197
Unversehrtheitsrecht 162
Vollbeschäftigung, Arbeitsförderung 142, 193
Braunkohlengrundlagengesetz
Fall Horno (Brandenburg) 99 ff
Bremen
Volksentscheidgesetz 203 ff
Bremen (Landesverfassung)
Haushaltsplan 214, 218
Plebiszitfreundliche Verfassung 217
Volksbegehren ohne Begründung 212
Volksbegehren und Volksentscheid, Verflechtung 212 f
Volksbegehren, unzulässiges 212
Volksbegehren, Zulassung 211 ff
Budgetrecht des Parlaments
und Volksbegehren 215, 220
Bund und Länder
Finanzausgleich 33
Konnexitätsprinzip 29
Raumordnungs- und Landesplanungsrecht 118
Verfassungsräume, selbständige 239
Bundesrecht
Bergrecht 119, 125
Bundesrechtliches Verfahrensrecht und grundrechtsgleiche Gewährleistung der Landesverfassung 84, 304 f, 324
Landesverfassung, bundesrechtskonforme Auslegung 124
Minderheitenschutzartikel, angestrebter 132
und Minderheitenschutz auf landesrechtlicher Ebene (Fall Horno) 187
Raumordnungs – und Landesplanungsrecht 118
und Staatsziele, landesverfassungsrechtliche 135

Bundesverfassungsgericht
Äquivalenzprinzip und Umlagenhöhe 36
Altersgrenze und gegenwärtiges Betroffensein durch eine Norm 50
Apothekenurteil 52
Berufswahlfreiheit 52
Betroffenheit, gegenwärtige 50
Bezirksversammlungen 239
Bundesrechtliches Verfahrensrecht und grundrechtsgleiche Gewährleistung der Landesverfassung 84, 304f, 324
Gemeindeneugliederung 169
Gewaltenteilung und Vertretungskörperschaft 243
Normenkontrollantrag und Außerkrafttreten eines Gesetzes 347
Öffentliche Bedienstete, Auswahlermessen bei Wählbarkeit 244
Präklusionsvorschriften, Ausnahmecharakter 307
Rundfunk und Gebot der Staatsfreiheit 353
Rundfunkfreiheit 350
Schutzpflichten des Gesetzgebers: Einschätzzungs-, Wertungs- und Gestaltungsspielraum 190
Schutzpflichten, staatliche und richterliche Kontrolldichte 190
Wahlrechtsallgemeinheit, Wahlrechtsgleichheit aktiven/passiven Wahlrechts 238
Wahlrechtseinschränkungen und Behinderungsverbot 245
Wahlrechtsgleichheit und Sperrklauseln 265
Willkürverbot 245
Bundkörperschaften
oder Gebietskörperschaften 78
Darlegungslast
bei Grundrechtsverstößen der Fachgerichtsbarkeit 309 ff
Daseinsvorsorge
Energiesicherung 143

Öffentlicher Personennahverkehr, Sicherstellung 28, 40
Datenschutz
und Fragerecht des Abgeordneten 288
DDR
Grundrechtskonzeption 131
Demokratie
und Wahlgleichheit 264
Demokratische Legitimation
von Bezirksversammlungen 239
Denkmalschutz
Landesschutz 166
und Sorbenfrage (Fall Horno) 159
Deutsche Bundesbahn
Verkehrs- und Tarifverbund Stuttgart 5
Verkehrsverbund 27
Dienstpostenbesetzung
Besetzungsinteresse, überwiegendes 251 ff
Dienstverhältnis
und Wählbarkeitsbeschränkungen 240
Diskriminierungsverbot
Minderheitenschutz 188
Drei-Stufen-Theorie
und Berufsfreiheit 52
Ehrenamtliche Richter
Geschäftsverteilungsplan und gesetzlicher Richter 324 ff
Eigentumsgarantie
und Kündigungsschutzgesetz 328
Eigentumsschutz
und Bergrecht 165
Eingriffsverbot
oder Staatsziele (Sorbischer Minderheitenschutz) 120
Einigungsvertrag
Sorben, Minderheitenschutz 179
Einschätzungsspielraum
aufgrund Prognosen 144
Einstweilige Anordnung
Abwägungsgebot 59, 252
Dienstpostenbesetzung, überwiegendes öffentliches Interesse hieran 251 ff

Sachregister

Strafvollstreckung als Freiheitsbeeinträchtigung 57 ff
Volksantrag, vom Landtagspräsidenten für unzulässig erklärter 329 ff
Einwohner
und Gebietskörperschaften 77
Einwohnerzahl
als Umlagenmaßstab 40
Elterliches Erziehungsrecht
Beeinträchtigung 280
Energiesicherung
Rohstoffsicherungsklausel 151
als Staatsziel 143
Energiewirtschaftsrecht
Gesetz zur Neuregelung 147
Entlastung der Regierung 221
Entscheidungsspielraum
der Regierung 287
Entschließungsermessen
des Gesetzgebers 243
Erlaubnisvorbehalt
Präventives Verbot mit – 125
Europarat
Rahmenübereinkommen zu nationalen Minderheiten 132, 135, 137
Exekutive
s. a. Regierung
Staatliche Planung, Parlament und – 120
Fachgerichtsbarkeit
Grundrechtsverstoß, Darlegungs- und Begründungsobliegenheiten 309 ff
Landesrechtliche Regelung bei bundesrechtlichen Verfahren 84
Präklusionsvorschriften, unrichtige Anwendung 306 f
Fahrdienst
Behindertenfahrdienst, Einschränkungen 62 ff
Familienrechtliche Abstammung
und Minderheitenschutz 187
Finanzausgleich
Bund und Länder 33
Kommunaler –
s. dort

Land und Selbstverwaltungskörperschaften 33
und Umlagenmaßstäbe 36
Finanzhoheit
von Gemeinden, Gemeindeverbänden 41
Finanzielle Leistungsfähigkeit
und kommunale Selbstverwaltungsgarantie 41
Finanzierung
Angelegenheiten der örtlichen Gemeinschaft 95
von Kindertageseinrichtungen in freier Trägerschaft 275
Kommunale Finanzausstattung 96
der Schulen 88 ff
eines Verkehrslastenausgleichs 19
Finanzierungsquellen
Staatliche, kommunale 215
Flüchtlinge
Gleichbehandlung deutscher – 187
Förderung
der sorbischen Sprache und Kultur (Fall Horno) 161
Förderungsauftrag
aufgrund Behindertengleichstellung 65
Fragerecht von Abgeordneten
s. Abgeordneter
Freier Beruf
Altersgrenze für Prüfingenieur für Baustatik 45 ff
Freizügigkeit
Umfang 164
Frist
Unterlassen, fortdauerndes legislatives und Organstreitverfahren 262
Verfassungsbeschwerde nach Gegenvorstellung 280 ff
Gebietsbezogene Allzuständigkeit
Gemeinden, Kreise 76
Gebietskörperschaften
und Ämter 77
oder Bundkörperschaften 78
und Gemeindeverbände 75 f

Gebietsveränderungen
und Minderheitenschutz 181
Gebot der Staatsferne 337
Gebührenrecht
und Äquivalenzprinzip 36
Gegenvorstellung
und fristgerecht erhobene Verfassungsbeschwerde 281
Gegenwärtige Betroffenheit
durch eine Rechtsnorm 50
Gemeinden
s. a. Kommunales Recht
Ämter aneinandergrenzender Gemeinden eines Landkreises 71 ff
Ämter als Verwaltungsgemeinschaften 80
und Ämter, Aufgabenverlagerung 78 ff
Ämter, Gemeinden und Kreise, Verhältnis 80
Allzuständigkeit, gebietbezogene 76
Aufgabenerledigung und Kostentragung 94
Aufgabenhochzonung 79
Aufgabenlast und Finanzierung 95
Auflösung 167 ff
Auflösung (Fall Horno) 117
Bezirke, keine Vergleichbarkeit 238
Finanzhoheit 41
Finanzielle Leistungsfähigkeit 41
Finanzverantwortung für die – 29
Gebietsänderungen 167 ff
Kostenverteilung Gemeinden–Land 29
Schulkosten, eigene und Kreisumlage 88 ff
Steuereinnahmen und Gemeindebeteiligung 23
als Träger öffentlicher Gewalt 354
Verbandsgebiet und Finanzbedarf 39
Gemeindeverbände
Ämter aneinandergrenzender Gemeinde eines Landkreises 71 ff
Begriff 74
Finanzhoheit 41
Finanzverantwortung für die – 29
als Gebietskörperschaften 75

und kommunale Normenkontrolle 19 ff
Landkreise als – 75
Selbstverwaltungsgarantie 73 ff
Steuereinnahmen und Gemeindebeteiligung 23
Gemeindevertretungen
und Neugliederungsmaßnahmen 173
Sperrklauseln im Kommunalwahlrecht 257 ff
Gemeinschaftsbelange
und Leistungsfähigkeit 66
Gemeinwohl
und kommunales Repräsentationsprinzip 267
Gerichtliche Entscheidungen
s. a. Fachgerichtsbarkeit
Landesverfassungsbeschwerde und bundesrechtlich geregeltes Verfahren 84, 304 f, 324
Gerichtliche Kontrolle
Schutzpflichten des Gesetzgebers 190
Gerichtliches Verfahren
Grundsatz fairen Verfahrens 86
Gerichtsbesetzung
Geschäftsverteilungsplan und gesetzlicher Richter 324 ff
Gesamtabwägung
des Gesetzgebers 141, 162, 167
Geschäftsverteilungsplan des Gerichts
Verfassungsrechtliche Anforderungen, Überprüfung 320 ff
Gesellschaftliche Gruppen
Grundrechtsbezug 182
Gesetzesentstehung
und Motivationslage 35, 122
Gesetzesinitiative
mittels imperfekten Volksbegehrens 213
Gesetzessystematik
und Systemgerechtigkeit 32
Gesetzeswirkung
nach Außerkrafttreten 347 f
Gesetzgeber
Auswahlermessen und Willkürverbot 244 ff

Sachregister

Entschließungsermessen 243
Gesamtabwägung 141, 162, 167
  und Gesetzesauslegung 122
  Prognosen und Überprüfungspflicht 264
  Sachverhaltsermittlung 140
  Staatsziele, Einschätzungs- und Beurteilungsspielraum 139
  Unterlassen als Gegenstand eines Organverfahren 257 ff
Gesetzgebungskompetenz 118
Gesetzgebungsorgane
  und Rundfunkratbesetzung 354
Gesetzgebungstätigkeit
  und Budgetrecht 221
Gesetzlicher Richter
  Geschäftsverteilungsplan, erforderlicher 324 ff
Gestaltungsermessen
  bei Schutzpflichten des Gesetzgebers 190
Gewaltenteilung
  und Vertretungskörperschaft 243
Gleichheitsgrundsatz
  Anknüpfungsmerkmale, bevorzugte 187
  und Behindertengleichstellung 65
  und Bestandsschutz (Fall Horno) 124
  und Minderheitenschutz 187, 195 f
  und Staatsziele 135 f
  und Systemgerechtigkeit 32
  und Willkürverbot 36, 245
Gleichstellung von Mann und Frau
  Ausgleich faktischer Nachteile 136
Grundgesetz
  Konnexitätsprinzip 29
Grundrechte
  Abwehrfunktion als Wesensmerkmal 133
  Durchsetzbarkeit (abschließende Aufzählung) 273 ff
  Einzelne Grundrechte
    s. dort
  und gesellschaftsrechtliche Gruppen 182
  und Planungsakte 137

Rechtsnatur 128
Rundfunkfreiheit 349 ff
Schutz vor tatsächlichen Auswirkungen 163
Schutzpflichten, grundrechtliche und Staatszielverpflichtungen 134
Soziale – 129
oder Staatsziele 120, 127
als subjektive Rechte 129
Grundrechtsgewährleistung
  und Verfassungsbeschwerde 278
Grundrechtskonzeption
  Marxistisch-leninistische – 131
Gruppenrepräsentationsmodell
  im Rundfunkrecht 362 f
Haftsachen
  und verfassungsrechtliches Beschleunigungsgebot 58
Hamburg
  Bauaufsichtsbehörde, Aufgaben 235
  Bezirksversammlung
    s. dort
  Bezirkswahlgesetz 227 ff
Hamburg (Landesverfassung)
  Allgemeinheit und Gleichheit aktiven/passiven Wahlrechts 238
  Bezirksversammlungswahlen 238
  Bürgerschaftswahlrecht 245
  Wahlrechtseinschränkungen und Behinderungsverbot 245
Haushaltsgleichgewicht
  Störungen 215
Haushaltsplan
  Begriff 214, 218, 222
  Mittelbare, unmittelbare Auswirkungen 220
  und politische Programmatik 220
  und Regierung 220
Haushaltsplanentwurf 222
Haushaltsplanung 222
Haushaltsvollzug
  Kontrolle 221
Haushaltsvorbehalt
  und Volksbegehren 212 ff, 223

Heimat
und Minderheitenschutz 187
Hoheitsbefugnisse
und Wahl zur Bezirksversammlung
234 ff
Hoheitsträger
Kommunale Hoheitsträger
s. dort
Homogenitätsprinzip
Rundfunkrecht und – 349
Horno-Fall
Braunkohlengrundlagengesetz (Brandenburg) 99 ff
Impermeabilitätsgrundsatz 41
Ingenieur
Führung der Bezeichnung 50
Interessenkollision
zwischen Amt und Mandat 241, 247
Jänschwalde
Fall Horno und Bedeutung für das
Amt – 156
Kernenergie
Zivile Nutzung und staatliche Schutzpflichten 190
Kindertageseinrichtungen
Freie Trägerschaft, Betriebskostenvorschriften 273 ff
Kindertagesstätten
Trägerschaft 73
Kleine Anfrage
Informationsrecht des Abgeordneten
288 ff
Klinikkostenbeiträge 20, 23, 30
Körperliche Unversehrtheit
Umsiedlungsproblematik (Fall Horno)
162
Körperschaften
Ämter 77
Gebiets- oder Bundkörperschaften 78
und Hoheitsgewalt 76
Gewaltenteilung und Vertretungskörperschaft 243
Kommunale Finanzausstattung
Gestaltungsfreiheit des Gesetzgebers
96

Kommunale Hoheitsträger
Finanzausgleich 23
und Lastenausgleich 29
Sonderlastenausgleich und Kontrollmöglichkeiten 29 f
Kommunale Neugliederung
im öffentlichen Wohl 167 ff
Kommunale Selbstverwaltungsgarantie
Ämter, Gemeinden und Kreise, Verhältnis 80
Ämter ohne – 78
Bezirke, keine Vergleichbarkeit 238
Gebietsänderungen und Anhörungsrecht 167
Gemeindeauflösung und – 172
Schulträgerschaft und Kostenfinanzierung 90
und Finanzhoheit von Gemeinden
41
Kommunale Spitzenverbände
Rundfunkratbesetzung 354, 358
Kommunale Verfassungsbeschwerde
Ämter als Gemeindeverbände 71 ff
Erstreckung des Inhalts einer – 20
Rechtsschutzinteresse 21
Unmittelbare Beschwer 19 ff
Kommunale Verwaltungsträger
Begriff 75
Kommunaler Finanzausgleich
und Ausgleichsleistungen kommunaler
Körperschaften 23
Einwohneranzahl 40
Fremde Aufgaben, Finanzierung durch
Landkreise 28
Kopfbeiträge 31
Schulkostenbeitrag 93 f
Sonderlastenausgleich 23
Strukturelle Defizite 37
Systembruch im bestehenden Regelwerk
32
und Umlagenmaßstäbe 36
Willkürverbot 20, 24
zwischen kommunalen Hoheitsträgern
23

Kommunales Wahlrecht
Interessenkollision und Wählbarkeitseinschränkungen 241, 247
Repräsentationsprinzip und Gemeinwohl 267
Sperrklauseln und Wahlrechtsgleichheit 257 ff
Wahlrechtsgleichheit, Differenzierungen 257 ff
Kommunalwahlen
und Gemeindeauflösung (Fall Horno) 173
Konnexitätsprinzip
und landesrechtliche Ebene 29
Kontaktsperre-Beschluß 190
Kopfbeiträge
im Finanzausgleich 31
Kosten
Aufgabenerledigung durch Gemeinden 94
Kostenentscheidung
Gegenvorstellung und fristgerecht erhobene Verfassungsbeschwerde 281
Kostenerstattung
und Betriebskostenberechnung 275
Kostenfinanzierung
einer Schulträgerschaft 88 ff
Kostenverteilung
Bund-Länder, Länder und Gemeinden 29
Kraftfahrzeugsteuer
Gemeindezuweisungen 32
Kreise
s. Landkreise
Kündigung
Personalratsbeteiligung 317
Kündigungsschutzgesetz
Auslegung 328
Kultureller Bereich
und staatliche Betätigung 159
Kulturelles Leben
Landesschutz 166
Kulturförderung
Fall Horno und sorbische Minderheit 159 ff, 185

Länder und Bund
s. Bund und Länder
Landesplanungsrecht
Ausfüllungskompetenz der Länder 118
Braunkohleplanung 119
Landesrecht
Gesetzgebungskompetenz 118
Kostenverteilung Gemeinden–Land 29
Rundfunkrecht und Homogenitätsprinzip 349
Vorkonstitutionelles Recht und Normenkontrollverfahren 337 ff
Landesverfassungen
s. Länder, einzelne
Landesverfassungsbeschwerde
s. Verfassungsbeschwerde
Landesverfassungsrecht
Auslegung, bundesrechtskonforme 124
Landesverfassungsgerichtsbarkeit
und bundesrechtlich geordnetes Verfahren 84, 239, 304 f, 324
Landkreise
Ämter aneinandergrenzender Gemeinden eines Landkreises 71 ff
Ämter, Gemeinden und Kreise, Verhältnis 80
Finanzielle Leistungsfähigkeit 41
Finanzierung fremder Aufgaben 28
Gebietsbezogene Allzuständigkeit 76
als Gemeindeverbände 75
und Impermeabilitätsgrundsatz 41
Kreisangehörige Gemeinden und kommunale Normenkontrolle wegen eines Verkehrslastenausgleichs 22
Öffentlicher Personennahverkehr, Sicherstellung 28, 40
und Schulträgerschaft 90
Schulträgerschaft und Kreisumlage 95
Verkehrslastenausgleich, Finanzierung 19
Leistungsansprüche
Verfassungsrechtliche abgeleitete – 66

Sachregister

Leistungsfähigkeit
und Herabsetzung einer Altersgrenze (Prüfingenieur) 45 ff
Mandat
s. Wahlrecht
Meinungsbildungsfreiheit
Rundfunkfreiheit als Verwirklichung der – 349 f
Menschenwürde
und Behindertentransporte 68
Energiesicherung 143
und Gebrauch sorbischer Sprache (Fall Horno) 163
und nationaler Identitätsschutz 178
Mietrecht
Streit um Vermieterstellung 82 ff
Minderheitenschutz
Abstammung, Sprache, Heimat 187
und Bekenntnisprinzip 135
und Gebietsveränderungen 181
als Grundrecht mit staatlicher Schutzpflicht 175 ff
Rahmenübereinkommen des Europarats 132, 135, 137
Sorbenschutz (Fall Horno) 103, 106 ff, 175 ff, 195 ff
und Sozialstaatsprinzip 136
UN-Pakt 179, 182, 188
Wahlrecht 187
Mitteldeutscher Rundfunk
Normenkontrollverfahren gegen den Staatsvertrag zum – 337 ff
Mündliche Anfrage
Informationsrecht des Abgeordneten 288 ff
Nationaler Identitätsschutz
als subjektives Recht 178
Staatszielbestimmung der Bewahrung – 155
und Gebietsveränderungen 181
Nationale Minderheiten
Rahmenübereinkommen des Europarats 132, 135, 137
Neugliederungsgesetze
Anforderungen 169

Neugliederungsmaßnahmen
und Gemeindevertretung 173
Nichtzulassungsbeschwerde
und Rechtswegerschöpfung 324
Norm
s. Rechtsnorm
Normenkontrollverfahren (abstraktes)
Beiladung Betroffener 115 f
Staatsziel oder Grundrecht, Bedeutung für das – 127
und vorkonstitutionelles Landesrecht 337 ff
Zuverlässigkeit bei vorkonstitutionellem Landesrecht 337
Öffentliche Aufgabe
der Energiesicherung 143
Öffentliche Gewalt
und Rundfunkratbesetzung 354 f
Öffentliche Interessen
Einstweilige Anordnung und überwiegende – 252
Öffentlicher Dienst
Dienstpostenbesetzung oder Freihaltung 251 ff
Kündigung und Personalratsbeteiligung 317
Wahlrechtsbeschränkungen 237, 240
Öffentlicher Nahverkehr
Schwerbehinderte 67
Öffentlicher Personennahverkehr
Sicherstellung durch Stadt- und Landkreise 28, 40
Verkehrs- und Tarifverbund 5
Öffentliches Wohl
Auflösung einer Gemeinde (Fall Horno) 167 ff
Begriff 169
Organstreitverfahren
Fragerecht des Abgeordneten, Antwortpflicht der Regierung 281 ff, 288 ff
Fristablauf 262
Rechtsverletzung, erforderliche 263
Unterlassen des Gesetzgebers als Gegenstand eines – 257 ff

Sachregister

Parlament
s. a. Gesetzgeber
s. a. Abgeordneter
Abwägung von Rechtsgütern 139
Budgetrecht und Volksbegehren 215, 220
und Rundfunkratbesetzung 354
Staatliche Planung, Exekutive und – 120

Persönlichkeitsrecht
und Behindertentransporte 68
und Gebrauch sorbischer Sprache (Fall Horno) 163
und nationaler Identitätsschutz 178

Personalrat
Kündigungssachverhalt 317

Personennahverkehr
Öffentlicher –
s. dort

Petitionsrecht
Behindertentransporte und Wahrnehmung – 68

Planungsakte
und Grundrechte 137

Planungsrechtliche Einzelfallregelung 120

Politische Partei
und Rundfunkfreiheit 352, 354 ff
Sperrklauseln im Kommunalwahlrecht 257 ff

Politischer Pakt
und Gesetzesentstehung 35

Politisches Programm
und Gemeinwohlorientierung 268

Präklusionsvorschriften
und Verletzung rechtlichen Gehörs 305 ff

Presseberichterstattung
und Rechtswegerschöpfung 319

Prognosen
und Beurteilungsspielraum des Gesetzgebers 139 ff
Nachvollziehbarkeit, Plausibilität 145
und Überprüfungspflicht 264

Prozeßerklärungen
im verfassungsrechtlichen Verfahren, Auslegung 309 ff

Prüfingenieur für Baustatik
Festlegung einer Altersgrenze 45 ff

Psychische Verletzungen
und körperliche Unversehrtheit 163

Raumordnungsrecht
und Landesplanungsrecht 118

Recht
Personaler Schutzbereich 181
auf Schutz 182
Staatsziele und Abwehrrechte 128
Verständnis von „Recht auf ..." 181, 195

Rechtliches Gehör
Gerichtlicher Hinweis auf entscheidungserhebliche Umstände 86
Parteivorbringen, zu berücksichtigendes 316
Präklusionsvorschriften der ZPO und Verletzung des – 305 ff
Verfahrensmangel und Instanzenzug 59 ff

Rechtsgüterabwägung
s. Abwägung

Rechtsnorm
Grundrecht oder Staatsziel 127 ff
Normenkontrollverfahren und vorkonstitutionelles Recht 337 ff

Rechtsprechung
Verfassungsgut der Funktionsfähigkeit, Effektivität 326

Rechtsschutzbedürfnis 347

Rechtsschutzinteresse
Informationsrecht des Abgeordneten 295
Kommunale Normenkontrolle 20
Normenkontrolle und Gesetzeswirkung 347
Recht zur Annahme der Wahl 232
Tatbestandsberichtigung, unterbliebene 319

Rechtsstaatsprinzip
und Rückwirkung von Gesetzen 54

Rechtswegerschöpfung
Arbeitsgerichtliche Klage und erforderliche – 318
Ausnahmen 319
Nichtzulassungsbeschwerde, zurückgewiesene 324
und Subsidiarität der Verfassungsbeschwerde 51, 84
Verfahrensmangel und Instanzenzug 59 ff
Regierung
Entlastung 221
Entscheidungsspielraum 287
Fragerecht des Abgeordneten 282 ff
und Haushaltsplan 220
und Rundfunkfreiheit 351, 354 ff
Regionalbedeutsamkeit
Rechtfertigung eines Verkehrslastenausgleichs 24 ff
Richterliche Kontrolle
s. Gerichtliche Kontrolle
Richterlicher Geschäftsverteilungsplan
Verfassungsrechtliche Anforderungen, Überprüfung 320 ff
Rohstoffsicherungsklausel
im Bergrecht 125, 189
Energiesicherung 151
Rückwirkung von Gesetzen
Echte, unechte – 54
und Rechtsstaatsprinzip 54
Vertrauensschutz, Verhältnismäßigkeit 55
Rundfunkfreiheit
Aufsichtsgremien 351 ff
Intendantenstellung 351
Landesrecht und Homogenitätsprinzip 349
Organisationsrecht und – 361
Programmautonomie 360
als Programmgestaltungsfreiheit 349
und Rechtsaufsicht 360
und Rundfunkwesen in der Bundesrepublik 349
Staatsfreiheit 350

Rundfunkrat
Amtspflichten der Mitglieder 359
als Aufsichtsorgan 351
Außerstaatlicher Bereich 361 f
Binnenpluralistische Struktur 364
Gruppenrepräsentationsmodell 362 f
Parteimitglieder 352
und Rechtsaufsicht 360
Staatsrepräsentanten 354
Staatsseite, Schranken ihrer Präsenz 353
Rundfunkprogrammgestaltung 337
Rundfunkrecht 337
Saarland
Kommunale Räte 266
Sperrklauseln im Kommunalwahlrecht 257 ff
Wahl, unmittelbare der Bürgermeister, Landräte 266
Saarland (Landesverfassung)
Kommunales Wahlrecht 267
Wahlgleichheit 264
Sachsen
Mitteldeutscher Rundfunk, Staatsvertrag 337 ff
Volksantrag, Volksbegehren, Volksentscheid 329 ff
Sachsen (Landesverfassung)
Fragerecht des Abgeordneten 282 ff
Gesetzlicher Richter 324
Informationsrechte des Abgeordneten (mündliche Anfrage, Kleine Anfrage) 288 ff
Kindertageseinrichtungen, freie Träger (Kostenerstattung) 276
Organstreitverfahren 282 ff
Volksantrag, verfassungswidriger 333
Sachsen-Anhalt
Mitteldeutscher Rundfunk, Staatsvertrag 337 ff
Sachverhaltsermittlung
durch Gesetzgeber 140
Sachverständigengutachten
und gesetzgeberische Sachverhaltsermittlung 140, 145

Sachregister

Scheckprozeß
und Nachverfahren, Anwendung von Präklusionsvorschriften 307
Schienenpersonennahverkehr
und Ausgleich struktureller Defizite 37 ff
Rechtfertigung eines Verkehrslastenausgleichs 24
Schleyer-Urteil 190
Schulträgerschaft
Kostenfinanzierung 88 ff
Schutzpflichten
des Gesetzgebers: Einschätzungs-, Wertungs- und Gestaltungsspielraum 190
und Abwehrrecht 182
Schwangerschaftsabbruch
Fristenlösung 1975 190, 192
Schwerbehinderte
und Benachteiligungsverbot 64
Selbstverwaltungsgarantie
s. Kommunale Selbstverwaltungsgarantie
Siedlungsgebiet
Recht auf Schutz des sorbischen Gebietes (Fall Horno) 182 ff
Sozialstaatsprinzip
Energiesicherung 143
Sonderlastenausgleich
im Rahmen kommunalen Finanzausgleichs 23
Sorbische Minderheit
Schutz durch LV Brandenburg 103, 106 ff
Soziale Grundrechte 129
Sozialgerichtsbarkeit
Verletzung rechtlichen Gehörs 61
Sozialstaatsprinzip
Gebot zum Schutz der Schwächeren 136
Sperrklausel
im Kommunalwahlrecht 257 ff
Sperrminorität
Rundfunkratsbeschlüsse 356

Sprachbewahrung
Fall Horno und sorbische Sprache 156, 161, 185
Sprache
und Minderheitenschutz 187
Staatlich gebundener Beruf
Altersgrenze für Prüfingenieur für Baustatik 45 ff
Staatliche Planung
Exekutive, Legislative 120
Staatliches Handlungsprogramm 128
Staatsbürgerliche Rechte
Behindertentransporte und Wahrnehmung – 68
Staatsfreiheit
Rundfunk und Gebot der – 352 ff
Staatsgewalt
Demokratische Legitimation 240
Staatsrepräsentanten
und Rundfunkratbesetzung 354
Staatsrundfunk
Verbot des – 353
Staatsvertrag
zum Mitteldeutschen Rundfunk 337 ff
Staatsziele
Abwägung, Auslegung 136, 138
und allgemein bzw. anderweitige Bindungen der Staatsgewalt 135
Grundrechtliche Verpflichtungen und Verpflichtungen aus – 134
Nationale Identität, Bewahrung 155
oder staatliches Eingriffsverbot 120, 127
Rechtsnatur 127 f
Strukturförderung, Vollbeschäftigung, Arbeitsförderung 142
Verfassungsrechtliche Kontrolle 139
Zurücktreten 139
Steuereinnahmen
und Gemeindebeteiligung 23
Strafvollstreckung
Einstweilige Anordnung wegen Freiheitsbeeinträchtigung 57 ff
Strombedarfsprognosen 145

Strukturelle Defizite
und kommunaler Finanzausgleich 37
Strukturentwicklung 152
Strukturförderung
als Staatsziel 142
Stuttgart
Öffentlicher Personennahverkehr 5
Verkehrs- und Tarifverbund 5
Subjektiver Anspruch
und Begriff der „Rechte" 128
Subsidiarität
der Verfassungsbeschwerde und rechtzeitiger Rechtsschutz 52
der Verfassungsbeschwerde und fachgerichtlicher Rechtsschutz 85
Systemgerechtigkeit
und Verfassungsmäßigkeit 32
Technikrisiken
Staatliche Schutzpflichten 190
Thüringen
Mitteldeutscher Rundfunk, Staatsvertrag 337 ff
Thüringen (Landesverfassung)
Rundfunkfreiheit 349 ff
Vorkonstitutionelles, der Landesverfassung widersprechendes Recht 346 f
Überraschungsurteil 86
Übergangsbestimmung 348
Umlagerecht
und Äquivalenzprinzip 36
Umsiedlung
Fall Horno 153, 162 f, 190 ff
UN-Pakt
Minderheitenrechte 179, 182, 188
Universitätsprofessoren
und Reduzierung des Emeritierungsalters 55
Unmittelbarkeit
einer Beschwer 20
einer Verletzung durch eine Rechtsnorm 50
Unterlassen (legislatives)
als Gegenstand eines Organstreitverfahrens 257 ff

Untermaßverbot
bei Schutzpflichten des Gesetzgebers 190
Verfahrensmangel
Verletzung rechtlichen Gehörs und Instanzenzug 61
Verfassungsbeschwerde
Enumerationsprinzip 279
Kommunale –
s. dort
Verfassungsbeschwerde (Berlin)
Betroffenheit, gegenwärtige 50
Einstweilige Anordnung wegen Freiheitsbeeinträchtigung 57 ff
gegen Rechtsnormen 49 f
Verfassungsbeschwerde (Brandenburg)
Bundesrechtlich geregeltes Verfahren und landesverfassungsrechtliche Regelung 84
Verfassungsbeschwerde (Sachsen)
Abschließende Aufzählung durchsetzbarer Grundrechte 273 ff
Bundesrechtliches Verfahrensrecht und grundrechtsgleiche Gewährleistung der Landesverfassung 304 f, 324
Frist 280 ff
Grundrechtsverletzung, erforderliche Darlegungs- und Begründungsvoraussetzungen 309 ff
Rechtswegerschöpfung 318 f, 324
Verfassungsgerichtsbarkeit
Bundesverfassungsgerichtsbarkeit
s. dort
Landesverfassungsgerichtsbarkeit
s. dort
und Staatszielkontrolle 139
Verfassungsmäßigkeit
und Motivationslage 35
und Systemgerechtigkeit 32
Verfassungsrechtliche Leistungsansprüche 66
Verfassungsrecht
und Abgeordnetenstellung 297

Sachregister

Bundesverfassungsrecht und inhaltsgleiches Landesverfassungsrecht 239
und Entstehungsgeschichte 177
Verhältnismäßigkeit
Abwägungsergebnis und – 149
und Äquivalenzprinzip 36
und Rückwirkung von Gesetzen 55
und Willkürverbot 245
Verkehrslastenausgleich
Verfassungsmäßigkeit (Verband Region Stuttgart) 5 ff
Verkehrsleistungen
und Verkehrslastenausgleich durch Kommunen 5 ff
Vertragliche Verpflichtung
zum Verkehrslastenausgleich 22
Vertrauensschutz
und Rückwirkung von Gesetzen 55
Verwaltungsgemeinschaften
der Gemeinden 80
Völkerrecht
Minderheitenschutz 188
Völkerrechtliche Verbindlichkeiten
Minderheitenrechte 180
Volksantrag
Behandlung bis zur Entscheidung des VGH 329 ff
Volksbegehren
und Haushaltsvorbehalt 213 ff
Imperfektes – 213
und Volksentscheid 212 f
Vollbeschäftigung
als Staatsziel 142
Vorkonstitutionelles Recht
und Normenkontrollverfahren (Landesverfahren) 337 ff
Vorsitzender Richter
und Besetzungsverfahren 326
Wahlrecht
s. a. Kommunales Wahlrecht
Allgemeinheit und Gleichheit aktiven/ passiven Wahlrechts 238
Behinderungsverbot und Wahlrechtseinschränkungen 245

Bezirksversammlung und – 238
Gewaltenteilung und Vertretungskörperschaft 243
Grundsätze, bundesverfassungsrechtliche 238
Interessenkollisionen im kommunalen Bereich 241
Mandatsannahme und Existenzgrundlage 241
Mandatsannahme, faktischer Ausschluß 241
Minderheitenschutz 187
Öffentlicher Dienst, Wahlrechtseinschränkungen 237
Öffentlicher Dienst, Wählbarkeitsbeschränkungen 240
Sperrklauseln, kommunalwahlrechtliche 257 ff
Wählbarkeitsausschluß, faktischer 240 f
Wählerstimmen, Differenzierung im Erfolgswert 265
Wahl zwischen Amt und Mandat 241
Wahlgleichheit 264
Wahlrechtsgleichheit und kommunale Volksvertretungen 257 ff
Wenden
s. Sorben
Wertungssystem
und Systemgerechtigkeit 32
Willkürverbot
Auswahlermessen, gesetzgeberisches 245
Gerichtsurteil, willkürliches 86 f
Geschäftsverteilungsplan und Besetzungsverfahren 327
und Gleichheitsgrundsatz 36
Kommunaler Finanzausgleich 20, 24
Verletzung 245
Wohnungswesen
Volksbegehren zur Wohnraumsicherung (Zulassungsfrage) 203 ff

LVerfGE 8

Zivilprozeßordnung
  Präklusionsvorschriften, fehlerhafte
    Anwendung 305 ff
Zustellungsmangel
  Heilung 232

Zustimmungsgesetz
  Überprüfbarkeit des Inhalts eines Staatsvertrags am Maßstab des – 346 ff
Zweckverband
  Nahverkehr 28

Gesetzesregister

Bundesrecht

Arbeitsgerichtsgesetz i. d. F. der Bekanntmachung vom 2. Juli 1979 (BGBl. I S. 853, ber. S. 1036) – ArbGG. –	§ 35 Abs. 2 § 39 Abs. 1	Nr. 7 (S) Nr. 7 (S)
Bau- und Raumordnungsgesetz 1998 – Art. 2 – vom 18. August 1997 (BGBl. I S. 2081) – ROG –	§ 2 Abs. 2 Nr. 9 Satz 3	Nr. 4 (Bbg)
Bürgerliches Gesetzbuch vom 18. August 1896 (BGBl. III 400-2) – BGB –	§ 138 Abs. 1 § 242	Nr. 6 (S) Nr. 6 (S)
Bundesberggesetz vom 13. August 1980 (BGBl. I S. 1310) – BBergG –	§ 48 Abs. 1 S. 2 § 48 Abs. 2 S. 1 § 55 Abs. 1 Nr. 9	Nr. 4 (Bbg) Nr. 4 (Bbg) Nr. 4 (Bbg)
Gesetz über die Kosten in Angelegenheiten der freiwilligen Gerichtsbarkeit i. d. F. der Bekanntmachung vom 26. Juli 1956 (BGBl. S. 960) – KostO –	§ 144 a	Nr. 10 (B)
Grundgesetz für die Bundesrepublik Deutschland vom 23. Mai 1949 (BGBl. S. 1) – GG –	Art. 12	Nr. 1 (B)
	Art. 3 Abs. 3 Art. 14 Art. 31 Art. 70 Abs. 1 Art. 74 Abs. 1 Nr. 1 Art. 74 Abs. 1 Nr. 11 Art. 75 Abs. 1 Nr. 4	Nr. 4 (Bbg) Nr. 4 (Bbg) Nr. 4 (Bbg) Nr. 4 (Bbg) Nr. 2 (Bbg) Nr. 4 (Bbg) Nr. 4 (Bbg)
	Art. 3 Abs. 1 Art. 28 Abs. 1 Satz 2 Art. 31	Nr. 1 (H) Nr. 1 (H) Nr. 1 (H)

	Art. 38 Abs. 1	Nr. 1 (H)
	Art. 48 Abs. 2	Nr. 1 (H)
	Art. 70 Abs. 1	Nr. 1 (H)
	Art. 137 Abs. 1	Nr. 1 (H)
	Art. 28 Abs. 1 Satz 2	Nr. 1 (SL)
	Art. 103 Abs. 1	Nr. 5 (S)
	Art. 142	Nr. 5 (S)
	Art. 5 Abs. 1	Nr. 1 (Thür)
	Art. 28 Abs. 1 Satz 1	Nr. 1 (Thür)
Verwaltungsgerichtsordnung i. d. F. der Bekanntmachung vom 19. März 1991 (BGBl. I S. 686) – VwGO –	§ 65	Nr. 4 (Bbg)
Zivilprozeßordnung i. d. F. der Bekanntmachung vom 12. September 1950 (BGBl. I S. 532) – ZPO –	§ 277 Abs. 1	Nr. 5 (S)
	§ 282 Abs. 1	Nr. 5 (S)
	§ 296 Abs. 1	Nr. 5 (S)
	§ 320 Abs. 5	Nr. 6 (S)

Landesrecht

Baden-Württemberg

Gesetz über die Errichtung des Verbandes Region Stuttgart v. 7. Februar 1994 (GBl. S. 92) – GVRS –	§ 4 Abs. 2	Nr. 1 (BW)
	§ 22 Abs. 3	Nr. 1 (BW)
Verfassung des Landes Baden-Württemberg v. 11. November 1953 (GBl. S. 173) – LV –	Art. 71 Abs. 3	Nr. 1 (BW)
	Art. 73 Abs. 1	Nr. 1 (BW)
	Art. 76	Nr. 1 (BW)

Berlin

Gesetz über den Verfassungsgerichtshof vom 18. 11. 1990 (GVBl. S. 2246; GVABl. S. 510) – VerfGHG –	§ 31	Nr. 1 (B)
	§ 49 Abs. 2	Nr. 3 (B)

Gesetzesregister 385

Verfassung von Berlin vom 23. November 1995 (GVBl. S. 779) – VvB –	Art. 8 Abs. 1	Nr. 1 (B)
	Art. 10 Abs. 1	Nr. 4 (B)
	Art. 11	Nr. 4 (B)
	Art. 17	Nr. 2 (B)

Brandenburg

Amtsordnung für das Land Brandenburg vom 15. Oktober 1993 (GVBl. I S. 398) – AmtsO –	§ 1 Abs. 1	Nr. 1 (Bbg)
	§ 4	Nr. 1 (Bbg)
	§ 5	Nr. 1 (Bbg)
Gesetz über das Verfassungsgericht des Landes Brandenburg i. d. F. der Bekanntmachung vom 22. November 1996 (GVBl. I S. 344) – Verfassungsgerichtsgesetz Brandenburg – VerfGGBbg –	§ 12 Nr. 2	Nr. 4 (Bbg)
	§ 12 Nr. 5	Nr. 1 (Bbg)
	§ 45 Abs. 2	Nr. 2 (Bbg)
	§ 51 Abs. 1	Nr. 1 (Bbg)
Gesetz über die Schulen im Land Brandenburg vom 12. April 1996 (GVBl. I S. 102) – Brandenburgisches Schulgesetz – BbgSchulG –	§ 116 Abs. 1	Nr. 3 (Bbg)
Gesetz zur Förderung der Braunkohle im Land Brandenburg, zur Auflösung der Gemeinde Horno und zur Eingliederung des Gemeindegebietes in die Gemeinde Jänschwalde sowie zur Änderung des Enteignungsgesetzes des Landes Brandenburg vom 7. Juli 1997 (GVBl. I S. 72) – Brandenburgisches Braunkohlengrundlagengesetz – BbgBkGG –	Art. 1	Nr. 4 (Bbg)
	Art. 2 § 1	Nr. 4 (Bbg)
Verfassung des Landes Brandenburg vom 20. August 1992 (GVBl. I S. 298) – LV –	Art. 6 Abs. 2	Nr. 2 (Bbg)
	Art. 8 Abs. 1	Nr. 4 (Bbg)
	Art. 10	Nr. 4 (Bbg)
	Art. 12 Abs. 2	Nr. 4 (Bbg)
	Art. 17 Abs. 1	Nr. 4 (Bbg)
	Art. 25 Abs. 1 Satz 1	Nr. 4 (Bbg)
	Art. 25 Abs. 3	Nr. 4 (Bbg)
	Art. 34 Abs. 2	Nr. 4 (Bbg)
	Art. 39 Abs. 2	Nr. 4 (Bbg)
	Art. 41	Nr. 4 (Bbg)
	Art. 44	Nr. 4 (Bbg)
	Art. 48 Abs. 1	Nr. 4 (Bbg)
	Art. 97 Abs. 1	Nr. 1, 3 (Bbg)
	Art. 97 Abs. 2	Nr. 1 (Bbg)

	Art. 98 Abs. 1	Nr. 4 (Bbg)
	Art. 99	Nr. 3 (Bbg)
	Art. 100	Nr. 1 (Bbg)
Sorben(Wenden)-Gesetz vom 7. Juli 1994 (GVBl. I S. 294) – SWG –	§ 1 Abs. 2	Nr. 4 (Bbg)
	§ 1 Abs. 3	Nr. 4 (Bbg)
	§ 2	Nr. 4 (Bbg)
	§ 3	Nr. 4 (Bbg)

Bremen

Gesetz über den Staatsgerichtshof vom 18. Juni 1996 (Brem.GBl. S. 179; SaBremR 1102-a-1) – BremStGHG –	§ 31 Abs. 1	Nr. 1 (HB)
Gesetz über das Verfahren beim Volksentscheid vom 27. Februar 1996 (Brem.GBl. S. 41; SaBremR 112-a-1) – BremVEG –	§ 9	Nr. 1 (HB)
	§ 10 Abs. 2	Nr. 1 (HB)
	§ 12 Abs. 2	Nr. 1 (HB)
	§ 22	Nr. 1 (HB)
	§ 24	Nr. 1 (HB)
Haushaltsordnung der Freien Hansestadt Bremen vom 25. Mai 1971 (Brem.GBl. S. 143; SaBremR 63-c-1) – Landeshaushaltsordnung – LHO –	§ 65 Abs. 7	Nr. 1 (HB)
Landesverfassung der Freien Hansestadt Bremen vom 21. Oktober 1947 (Brem.GBl. 1947, S. 251; SaBremR 100-a-1) – BremLV –	Art. 14 Abs. 1	Nr. 1 (HB)
	Art. 66 Abs. 2	Nr. 1 (HB)
	Art. 67	Nr. 1 (HB)
	Art. 69	Nr. 1 (HB)
	Art. 70	Nr. 1 (HB)
	Art. 71	Nr. 1 (HB)
	Art. 72 Abs. 2	Nr. 1 (HB)
	Art. 74	Nr. 1 (HB)
	Art. 87	Nr. 1 (HB)
	Art. 101	Nr. 1 (HB)
	Art. 102	Nr. 1 (HB)
	Art. 118	Nr. 1 (HB)
	Art. 123 Abs. 1	Nr. 1 (HB)
	Art. 131 Abs. 2	Nr. 1 (HB)
	Art. 140 Abs. 2	Nr. 1 (HB)
	Art. 148 Abs. 1 Satz 2	Nr. 1 (HB)

Hamburg

Bezirksverwaltungsgesetz vom 11. Juni 1997 (GVBl. S. 205, 206) mit späteren Änderungen – BezVG –	§ 9 Abs. 1 Satz 1	Nr. 1 (H)
Gesetz über das Hamburgische Verfassungsgericht i. d. F. vom 2. September 1996 (GVBl. S. 224) – HVerfGG –	§ 66 § 66 Abs. 4 Satz 2	Nr. 1 (H) Nr. 1 (H)
Gesetz über die Wahl zu den Bezirksversammlungen i. d. F. vom 22. Juli 1986 (GVBl. S. 230) mit späteren Änderungen – BezWG –	§ 13 § 13 Satz 1 § 14 Abs. 1 § 15 Abs. 1 § 15 Abs. 1 Satz 1 § 15 Abs. 1 Satz 2 § 15 Abs. 1 Satz 3 § 18 § 35 Abs. 1 § 35 Abs. 3 § 35 Abs. 3 Satz 1 Buchst. a § 35 Abs. 3 Satz 1 Buchst. b § 35 Abs. 3 Satz 1 Buchst. c	Nr. 1 (H) Nr. 1 (H) Nr. 1 (H) Nr. 1 (H) Nr. 1 (H) Nr. 1 (H) Nr. 1 (H) Nr. 1 (H) Nr. 1 (H) Nr. 1 (H) Nr. 1 (H) Nr. 1 (H) Nr. 1 (H)
Hamburgische Bauordnung vom 1. Juli 1986 (GVBl. S. 183) mit späteren Änderungen – HBauO –	§ 48 § 49 § 58 Abs. 1 Satz 2 § 65 § 66 § 67 § 68 § 69 Abs. 3 § 75 § 76 Abs. 3 § 75 § 76 Abs. 3 § 80 Abs. 1 § 83	Nr. 1 (H) Nr. 1 (H) Nr. 1 (H) Nr. 1 (H) Nr. 1 (H) Nr. 1 (H) Nr. 1 (H) Nr. 1 (H) Nr. 1 (H) Nr. 1 (H) Nr. 1 (H) Nr. 1 (H) Nr. 1 (H) Nr. 1 (H)
Hamburgisches Verwaltungszustellungsgesetz vom 21. Juni 1954 (BL I 20102-a)	§ 1	Nr. 1 (H)

Verfassung der Freien und Hansestadt Hamburg vom 6. Juni 1952 (Bl. I 100-a) mit Änderungen – HVerf –	Art. 4 Abs. 2	Nr. 1 (H)
	Art. 6 Abs. 2	Nr. 1 (H)
	Art. 13 Abs. 3 Satz 1	Nr. 1 (H)
	Art. 13 Abs. 2 Satz 2	Nr. 1 (H)
	Art. 56	Nr. 1 (H)
	Art. 73	Nr. 1 (H)
Wahlordnung für die Wahlen zur hamburgischen Bürgerschaft und zu den Bezirksversammlungen vom 29. Juli 1986 (GVBl. S. 237, 258, 266) – HmbWO –	§ 27 Abs. 1	Nr. 1 (H)
	§ 27 Abs. 2	Nr. 1 (H)
	§ 27 Abs. 4	Nr. 1 (H)

Hessen

Gesetz über den Staatsgerichtshof des Landes Hessen vom 30. November 1994 (GVBl. 1994 S. 684) – StGHG –	§ 26	Nr. 1 (He)

Saarland

Gesetz Nr. 645 über den Verfassungsgerichtshof des Saarlandes vom 17. Juli 1958 (Amtsbl. S. 735) i. d. F. der Bekanntmachung vom 19. November 1982 (Amtsbl. S. 917), zuletzt geändert durch Gesetz Nr. 1327 vom 26. Januar 1994 (Amtsbl. S. 509) – VerfGHG –	§ 9 Nr. 5	Nr. 1 (SL)
	§ 26 Abs. 3	Nr. 1 (SL)
	§ 40	Nr. 1 (SL)
Gesetz Nr. 984 – Kommunalwahlgesetz – vom 13. Dezember 1973 (Amtsbl. S. 841) i. d. F. der Bekanntmachung vom 3. Dezember 1988 (Amtsbl. 1273), zuletzt geändert durch Gesetz Nr. 1386 vom 23. April 1997 (Amtsbl. S. 538) – KWG –	§ 41 Abs. 1	Nr. 1 (SL)
	§ 51	Nr. 1 (SL)
	§ 67	Nr. 1 (SL)
Verfassung des Saarlandes vom 15. Dezember 1947 (Amtsbl. S. 1077, zuletzt geändert durch Gesetz Nr. 1366 vom 27. März 1996 (Amtsbl. S. 422) – SVerf –	Art. 60 Abs. 1	Nr. 1 (SL)
	Art. 61 Abs. 1	Nr. 1 (SL)
	Art. 97 Nr. 1	Nr. 1 (SL)
	Art. 121	Nr. 1 (SL)

Sachsen

Gesetz zur Förderung von Kindern in Tageseinrichtungen im Freistaat Sachsen i. d. F. des Gesetzes über Maßnahmen zur Sicherung der öffentlichen Haushalte im Freistaat Sachsen	§ 13	Nr. 1 (S)
	§ 14	Nr. 1 (S)

Gesetzesregister 389

(Haushaltsbegleitgesetz 1996) vom 22. Juli 1996
(GVBl. S. 278) – SäKitaG –

Gesetz über den Verfassungsgerichtshof des Freistaates Sachsen vom 18. Februar 1993 GVBl. S. 177, ber. in GVBl. S. 495) – SächsVerfGHG –	§ 27 Abs. 1 § 27 Abs. 2 Satz 1 § 28 § 29 Abs. 1	Nr. 1 (S) Nr. 2, 6, 7 (S) Nr. 2 (S) Nr. 2 (S)
Gesetz über Volksantrag, Volksbegehren und Volksentscheid vom 19. Oktober 1993 (GVBl. S. 949) – VVVG –	§ 11	Nr. 8 (S)
Sächsisches Personalvertretungsgesetz vom 21. Januar 1993 (GVBl. S. 29) – SächsPersVG –	§ 73 Abs. 2 § 76 Abs. 2 § 78 Abs. 1	Nr. 6 (S) Nr. 6 (S) Nr. 6 (S)
Verfassung des Freistaates Sachsen vom 27. Mai 1992 (GVBl. S. 243) – SächsVerf –	Art. 14 Abs. 1 Art. 15 Art. 18 Abs. 1 Art. 28 Abs. 1 Art. 28 Abs. 2 Art. 31 Abs. 1 Art. 51 Art. 51 Abs. 1 Art. 51 Abs. 2 Art. 71 Abs. 2 Art. 78 Abs. 1 Art. 78 Abs. 2 Art. 78 Abs. 3 Art. 81 Abs. 1 Nr. 1 Art. 110	Nr. 6 (S) Nr. 6, 7 (S) Nr. 6 (S) Nr. 7 (S) Nr. 6, 7 (S) Nr. 3 (S) Nr. 4 (S) Nr. 3 (S) Nr. 3 (S) Nr. 8 (S) Nr. 7 (S) Nr. 5, 6 (S) Nr. 7 (S) Nr. 4 (S) Nr. 1 (S)

Thüringen

Verfassung des Freistaats Thüringen vom 25. Oktober 1993 (GVBl. S. 625) – ThürVerf –	Art. 11 Abs. 2 Art. 12 Art. 80 Abs. 1 Nr. 4 Art. 105 Satz 2	Nr. 1 (Thür) Nr. 1 (Thür) Nr. 1 (Thür) Nr. 1 (Thür)

Zwischenstaatliches Recht und Vertragsgesetze

Vertrag zwischen der Bundesrepublik Deutschland und der Deutschen Demokratischen Republik über die Herstellung der Einheit Deutschlands vom 31. August 1990 (BGBl. II S. 889) – Einigungsvertrag – EV –   Protokollnotiz Nr. 14 zu Art 35   Nr. 4 (Bbg)

Völker- und Europarecht

Rahmenübereinkommen des Europarats zum Schutz nationaler Minderheiten vom 1. Februar 1995 (BGBl. 1997 II S. 1406)   Art. 4 Abs. 2   Nr. 4 (Bbg)
    Art. 16   Nr. 4 (Bbg)

UN-Pakt über bürgerliche und politische Rechte vom 19. Dezember 1966 (BGBl. 1973 II S. 1543) – CCPR –   Art. 27   Nr. 4 (Bbg)